카를 융
기억 꿈 사상

MEMORIES, DREAMS, REFLECTIONS
by C. G. JUNG. recorded and edited by Aniela Jaffé

This Korean translation published by arrangement with Pantheon Books,
a division of Random House, Inc., New York
through KCC(Korean Copyright Center), Seoul.

Photos : Erica Anderson, USA / H. Cartier-Bresson, Magnum
         Aniela Jaffé, Zürich / H. Meiner, Zürich

Erinnerungen Träume Gedanken

카를 융

기억 꿈 사상

C. G. Jung

카를 구스타프 융 | A.야페 편집 | 조성기 옮김

김영사

카를 구스타프 융 자서전

기억, 꿈, 사상

저자_ 카를 구스타프 융
역자_ 조성기

1판 1쇄 발행_ 2007. 12. 14.
1판 20쇄 발행_ 2024. 8. 26.

발행처_ 김영사
발행인_ 박강휘

등록번호_ 제406-2003-036호
등록일자_ 1979. 5. 17.

경기도 파주시 문발로 197(문발동) 우편번호 10881
마케팅부 031)955-3100, 편집부 031)955-3200, 팩스 031)955-3111

값은 뒤표지에 있습니다.
ISBN 978-89-349-2764-8 03990

홈페이지_ www.gimmyoung.com   블로그_ blog.naver.com/gybook
인스타그램_ instagram.com/gimmyoung   이메일_ bestbook@gimmyoung.com

좋은 독자가 좋은 책을 만듭니다.
김영사는 독자 여러분의 의견에 항상 귀 기울이고 있습니다.

인간은 원숭이도, 암소도, 나무도 아니다.
나는 하나의 인간이다.
그런데 인간은 도대체 무엇이란 말인가?

자서전 문학의 백미

나는 대학교육까지 16년 동안 수많은 강의를 들었지만 깊은 인상을 받은 강의는 별로 들어본 기억이 없다. 그러다가 1983년 대학원에 들어가서 내 인생의 전환점을 마련해준 강의를 듣게 되었다. 미국 유학을 막 마치고 돌아온 신진교수의 종교심리학 강의였다. 그중에서도 융에 관한 강의가 내 가슴을 파고들었다. 그리하여 결국 대학원 학위논문도 카를 융 심리학과 관련되고 말았다.

그 무렵부터 나는 그동안 단편적으로만 접해왔던 융에 대하여 집중적으로 연구하기 시작했다. 이부영 교수의 《분석심리학》을 비롯하여 융과 관련된 저서들을 섭렵했다. 아직 번역되지 않은 《욥에의 회답》 같은 작품들은 도서관에 있는 융 전집에서 시식(試

食)을 해보기도 했다. 하지만 내가 가장 읽고 싶었던 카를 융 자서전《기억, 꿈, 사상》(Erinnerungen, Träume, Gedanken)은 19권이나 되는 전집에도 실려 있지 않았다. 자서전은 학문적인 저작이 아니므로 융의 요청에 의해 전집에 포함되지 않았다는 사실은 나중에 알게 되었다.

그 후에 카를 구스타프 융의 자서전이 번역되어 나오기도 했으나 주로 영어본을 기초로 한 번역본은 중역으로 인한 지나친 의역과 오역이 너무 많아 독서를 추천하기가 민망할 정도였다. 어떤 번역본은 직역으로 인한 불명확성의 문제가 있기도 했다.

무엇보다 세계적으로 저작권 협약이 체결된 이후에는 정당하게 번역권을 가진 출판사에서 융 자서전이 번역 출간되어야 할 필요성이 제기되었다.

그런 중에 우연히 김영사에 들렀다가 융 자서전 번역자를 물색하고 있다는 소식을 들었다. 내가 융에 빠졌던 이력을 이야기하자 담당자가 무척 반가워했다. 그 책을 번역하기 위해서는 외국어 실력뿐만 아니라 그 분야에 소양이 있어야 하고 정확한 한글 문장을 구사할 줄 알아야 하며 융처럼 신에 대한 갈등 경험이 있어야 하는데 내가 바로 적임자라는 것이었다.

내가 평소에 가장 감명있게 읽은 책으로 추천하기도 하는, 자서전 문학의 백미(白眉)인 융 자서전을 원서로 읽어보고 번역해보는 일은 내 일생에서 무척 귀중한 경험이 될 것 같아 얼마간의 망설임 끝에 번역 청탁을 수락했다.

번역 과정에서는 좀더 정확한 뜻을 파악하기 위해 영어, 독일어 판본들을 상호참조하였다. 그러다 보니 10개월 동안 거의 매일 밤을 꼬박 새며 번역작업을 해야 했다. 이제는 밤을 새고 새벽 6시쯤 잠을 자는 것이 습관이 되어버렸다.

그동안 책 몇 권을 번역하면서 쌓은 영어, 독일어 어학실력(?)이 크게 도움이 되었음은 말할 필요가 없다. 대학원 시절에 문법과 단어들을 익혔던 라틴어, 헬라어, 히브리어 상식 또한 시시때때로 도움이 되었다. 왜냐하면 융 자서전에는 어떤 설명도 없이 라틴어, 헬라어, 히브리어, 프랑스어, 인도어, 스위스 사투리 들이 막바로 나오는 경우가 다반사이기 때문이다.
마침 내가 근무하는 대학에서 안식년을 보내도록 허락해주었기에 이 어려운 일이 가능했다.

이 책은 융의 제자요 여비서인 아니엘라 야폐가 융의 나이 82세가 된 1957년부터 5년 가까이 그와 줄기차게 대담을 한 결과 엮어진 자서전이다. 융이 한 문장 한 문장 손을 보았으므로 거의 융 자신의 집필로 이루어진 저서라고 해도 과언이 아니다. 이 책의 특징은 야폐가 쓴 서문의 한 구절로 요약할 수 있겠다.
'나는 종종 융에게 외적 사건들에 대해 물어보았으나 얻는 것이 없었다. 인생경험의 정신적인 정수(精髓)만이 그의 기억 속에 남아 있었으며, 그것만이 애써서 말할 가치가 있는 것이었다.'
융은 처음에는 자기 자신을 객관적으로 묘사하는 것이 불가능하다는 이유로 자서전 출간을 거부했으나 자신이 죽은 후에 출간해야 한다는 조건을 내걸고 동의했다. 과연 그 조건대로 융이 86세의 나이로 죽은 다음해인 1962년에 자서전이 출간되기에 이르렀다.

융은 80세가 넘은 나이에 자기 인생 전체를 돌아보면서 자신의 일생을 한 마디로 규정했다.

'나의 생애는 무의식의 자기 실현의 역사다.'

자기실현(Selfstverwirklichung)은 '자아'가 무의식 밑바닥 중심 부분에 있는 '자기'를 진지하게 들여다보고 그 소리를 듣고 그 지시를 받아 나가는 과정을 가리킨다. 그러나 그림자, 아니마, 아니무스, 원형 등 무수한 무의식 층이 겹겹이 가로막고 있어 '자기'의 소리가 '자아'에게 잘 전달되지 않는다. 그리하여 '자기'는 '자아'에게 꿈의 상징과 종교의 상징들을 통하여 그 소리를 전하려고 한다.

그와 같이 '자기'가 '자아'에게 보내주는 신호들을 포착해나가는 과정이 융 자서전의 중심 내용을 이루는 셈이다.

80세가 넘은 나이에도 4세 무렵에 꾼 꿈을 생생하게 묘사하고 있는 대목은 그저 놀라울 뿐이다.

이 책은 한 인간의 정신의 깊이와 폭이 얼마나 깊고 넓을 수 있는가를 인상 깊게 감동적으로 보여준다. 그리고 무엇보다 신(神)의 존재를 심리학적으로 증명하려고 노력한 저서라고 할 만하다.

카를 융은 일생 동안 종교적인 주제에 매달려 있었다고 해도 과언이 아니다. 그는 신을 가리켜 '위대한 위험'이라고 규정했다. 섣불리 신에게 접근했다가는 어떤 위험스런 상황이 벌어질지 모르는 법이다. 그렇게 위험스럽긴 하지만 신은 탐구해볼 만한 가치가 있는 '위대한 위험'인 것이다.

카를 융은 죽기 2년 전 BBC방송과 인터뷰를 했다. 그때 기자가 융에게 신을 믿느냐고 물었다. 수백만의 시청자들은 융이 어떤 대답을 할 것인가 긴장하며 기다렸다. 융이 천천히 대답했다. "나는 신을 압니다."

나에게 가장 감동적이었던 책을 한글로 옮길 수 있는 일생일대의 기회를 가지게 된 것에 대해, 신과 융과 그동안 수고해준 모든 분들에게 감사를 드린다.

2007. 11. 1
관악산 기슭에서
조성기

신화는 과학보다 정확하다

나의 생애는 무의식의 자기(Selbst : 인격의 가장 깊은 구심점—옮 긴이) 실현의 역사다. 무의식에 있는 모든 것은 외부로 나타나 사 건이 되려 하고, 인격 역시 무의식의 조건에 따라 발달하며 스스 로를 전체로서 체험하려고 한다. 나는 이와 같은 형성과정을 표 현하기 위해 과학적인 용어를 사용할 수는 없다. 왜냐하면 나 자 신을 과학적인 문제로서 경험할 수 없기 때문이다.

내적 견지에서 우리는 어떤 존재이며, 영원의 관점에서는 인간 이 어떤 존재로 보이는가는 오직 신화를 통해서만 표현할 수 있 다. 신화는 훨씬 개인적이며, 과학보다 더욱 정확하게 삶을 말해 준다. 과학은 평균 개념들을 가지고 연구하는 것으로, 그 개념들 은 각 개인의 생애가 지니고 있는 주관적인 다양성을 제대로 다루기에는 너무나 일반적이다.

그래서 이제 나이 83세에 나는 내 생애의 신화를 이야기하는 일을 감행하게 되었다. 나는 단지 직접적인 진술, 즉 '지나온 이야기를 들려주는 일'만 할 수 있을 뿐이다. 그 이야기들이 사실 그대로인가 하는 것은 문제가 되지 않는다. 다만 문제는 그것이 '나의' 옛이야기, '나의' 진실인가 하는 것이다.

자서전을 만드는 데 어려운 점은 판단의 근거가 되는 객관적인 평가기준을 가지고 있지 않다는 것이다. 적절하게 비교할 만한 것들도 없다. 나는 내가 여러 면에서 다른 사람과 다르다는 것은 알고 있으나 내가 실제로 어떤 사람인지는 알지 못한다.

인간은 자신을 무엇과도 비교해 볼 수 없다. 인간은 원숭이도, 암소도, 나무도 아니다. 나는 하나의 인간이다. 그런데 인간은 도대체 무엇이란 말인가? 모든 존재와 마찬가지로 나도 무한한 신성으로부터 떨어져나왔지만, 어떤 동물이나 식물 또는 돌에도 대비해 볼 수 없다. 오직 신화적인 존재만이 인간을 넘어선다. 그렇다면 인간이 어떻게 자기 자신에 대해 어떤 결정적인 견해를 가질 수 있겠는가?

인간은 자신이 제어하지 않거나 부분적으로만 지배하는 일종의 심적 과정이다. 그러므로 인간은 자기 자신과 자기 생애에 대하여 최종적인 판단을 내릴 수 없다. 그런 판단을 내릴 수 있다면 인간은 자신에 대해 모든 것을 알 수 있을 터이나, 기껏해봤자 그런 것을 상상만 할 수 있을 뿐이다. 사실 인간은 모든 것이 어떻게 일어나는지를 결코 알지 못한다. 한 생애의 이야기는 어떤 지점, 즉 그 사람이 기억해내는 바로 그 지점에서 시작하는데, 이미 너무나 복잡하게 얽혀 있다. 인간은 일생이 어떻게 되어나갈지 모른다. 그러므로 생애의 이야기는 시작이 없으며, 그 목표지점도 단지 막연하게만 제시될 뿐이다.

인간의 생애는 일종의 애매한 실험이다. 그것은 숫자상으로만 보면 거창한 현상이다. 인생은 허무하기 짝이 없고 너무나 불충분하여, 어떤 것이 존재할 수 있고 발전할 수 있다는 사실이 기적 그 자체라 할 만하다. 내가 젊은 의대생이었을 때 이러한 사실을 이미 깊이 느꼈는데, 내가 그 시기 이전에 파멸되지 않았다는 사실이 기적처럼 여겨졌다.

언제나 나에게 인생은 뿌리를 통하여 살아가는 식물처럼 생각되었다. 식물의 고유한 삶은 뿌리 속에 감추어져 보이지 않는다. 지상에 드러나 보이는 부분은 단지 여름 동안만 버틴다. 그러다가 시들고 마는데 하루살이같이 덧없는 현상이다. 생명과 문화의 끝없는 생성과 소멸을 생각하면 전적으로 허무한 느낌을 받게 된다. 하지만 나는 영원한 변화 속에서도 살아서 존속하는 그 무언가에 대한 감각을 결코 잃어버린 적이 없다. 우리가 보고 있는 것은 사라져갈 꽃이다. 그러나 땅속 뿌리는 여전히 남아 있다.

엄밀히 말해 나의 생애에서 이야기할 만한 가치가 있는 것들은 영원한 불멸의 세계가 무상(無常)한 세계로 침투했던 사건들뿐이다. 그러므로 나는 내적 체험들을 주로 이야기하게 되는데, 여기에는 나의 꿈과 환상 들이 포함된다. 그것들은 동시에 나의 과학적인 작업에서 원재료를 이루고 있다. 그것은 이글거리는 현무암 용암류와도 같아서 그것으로부터 가공될 돌이 결정(結晶)되어 나오는 법이다.

다른 기억들, 즉 여행과 사람들 그리고 주변상황에 관한 기억들은 내적 사건들 앞에서 빛이 바래고 말았다. 우리 시대의 역사는 많은 사람이 겪었고 그것에 관해 글을 쓰기도 했다. 그 역사를 알려면 그런 글을 참조하든지 거기에 대해 이야기해달라고 하면 될 것이다. 내 생애의 외적 사실들에 대한 기억은 대부분 희미해졌거나 사라져버렸다. 하지만 다른 실체와의 만남, 즉 무의식과의 충돌은 나의 기억에 생생하게 새겨져 있다. 거기는 항상 충만하고 풍성하여 다른 모든 것은 그 뒤로 물러나게 되었다.

이리하여 사람들 역시 그 이름이 이미 오래전부터 내 운명의 두루마리에 기입되어 있는 경우에만 나의 기억에 지워지지 않도록 깊이 새겨지게 되었다. 그러한 사람들과 아는 사이가 된다는 것은 동시에 일종의 기억상기와도 같은 것이었다.

또한 젊었을 때나 그 이후에 밖에서부터 나에게로 다가와 의미를 가지게 된 것들도 내적 체험의 표지가 찍혀 있는 것들이었다. 나는 인생의 복잡한 문제에 관해 내부로부터 해답과 해결책을 찾지 못하면 그것들은 결국 별 의미가 없다는 사실을 아주 일찍부터 깨달았다. 외적인 상황들은 내적 체험을 대신할 수 없다. 그리하여 나의 생애는 외적인 사건에 있어서는 빈약한 편이다. 나는 외적 사건들에 대해서는 많은 이야기를 할 수 없다. 그런 이야기를 하는 것은 나에게는 공허하거나 실제적이지 않은 일로 여겨지기 때문이다.

나는 나 자신을 내적 사건들을 통해서만 이해할 수 있다. 그것들이 내 생애의 특이성을 이루며, 나의 '자서전'은 그러한 내적 사건들을 다루고 있는 것이다.

차 례

옮긴이 서문 | 자서전 문학의 백미 · 6
프롤로그 | 신화는 과학보다 정확하다 · 11

1 일생을 사로잡은 꿈 유년시절

검은 옷을 입은 남자 · 23
불화와 불확실성 속에서 · 38

2 이제 반항아가 가까이 오도다 학창시절

신경증 발작을 일으키다 · 55
너는 누구냐? · 68
자연과 사원 · 86
두 인격의 어머니 · 95
악의 기원 · 111
칸트와 쇼펜하우어를 읽다 · 123
자연과학 vs. 신의 세계 · 139
여행과 환상, 매력적인 모험의 세계로! · 146

3 아름다운 시간들 대학시절

파우스트와 요한복음 · 163
아버지의 죽음과 궁핍한 시절 · 177

차라투스트라는 니체의 파우스트 · 191
정신의학에서 길을 찾다 · 203

상처입은 자만이 다른 사람을 치유할 수 있다!

환자들 · 221
꿈의 분석 · 248
집단무의식의 원형에 대하여 · 259

프로이트와의 만남

이론적인 불화 · 275
리비도의 변환과 상징 · 291

내 안의 여인 아니마

신화와 환상 · 315
필레몬과의 대화 · 329
죽은 자를 향한 일곱 가지 설법 · 344

연금술을 발견하다

의식과 무의식의 관계 · 365
성배전설과 동물 상징 · 383

아, 내 가슴에 두 영혼이 살고 있다

죽은 자들과 소통하는 곳 · 401
카르마 · 415

여행

북아프리카, 순진한 인류의 청소년기로! · 427
푸에블로 인디언, 자기 자리에 있는 사람들 · 441
케냐와 우간다, 아프리카의 고독을 겪다 · 453
인도, 이방의 문화에서 유럽의 뿌리로! · 487
라벤나와 로마, 보이는 환상과 보이지 않는 실재 · 504

환상들

생의 한계점에 이르러 · 513
융합의 신비 · 519

📟 사후의 삶에 관하여

꿈과 예감 · 531
신화, 의식과 무의식의 사이 · 543
단일성과 무한성 · 559

📟 만년의 사상

대극의 통합을 위하여 · 577
원형, 그 역동적인 에너지 · 600
그런데 사랑이 없으면 · 618

📟 회고

비밀로 가득 찬 세계 · 623
모든 사람이 명석한데 나만이 흐리멍덩하구나 · 628

편집자의 말 | A. 야페 · 631
카를 구스타프 융 분석심리학 개념 및 용어 · 646
찾아보기 · 654

| 일러두기 |

1. 융의 개념 및 용어들은 혼란을 피하기 위해 독일어를 병기했다.

2. 전반부에서는 융이 전통적인 기독교 분위기에서 성장하였으므로 'Gott'를 '하느님'으로 번역했으나, 후반부에서는 전통적인 기독교 개념을 극복하므로 주로 '신'이라고 번역했다.

3. 각 장의 작은 제목 구분은 원서에는 없으나 독자들이 읽기 편하도록 임의로 구분했다. 행과 문단 나누기 또한 원서와는 다르게 처리했다.

4. 원서의 주(註)는 괄호로 묶어 본문에 삽입했다.

5. 이해하기 어려운 내용이나 용어들은 옮긴이주로 설명했다.

6. 부록의 '카를 구스타프 융 분석심리학 개념 및 용어'는 옮긴이가 새롭게 정리한 것이다.

일생을 사로잡은 꿈
유년시절

그러나 낮이 되면 새로운 위험이
숨어서 기다리고 있었다.
마치 내가 나 자신과 불화를 느끼고
그것을 두려워하는 것 같았다.

Carl Gustav Jung

카를 구스타프 융(1960)

검은 옷을 입은 남자

1875년에 내가 태어나고 여섯 달이 지났을 때, 나의 부모는 투르가우주(州) 보덴호숫가의 케스빌에서 라인폭포 상류에 위치한 라우펜성의 목사관으로 이사를 했다.

나의 기억은 두세 살 적부터 시작된다. 나는 목사관, 정원, 세탁장, 교회, 성곽, 라인폭포, 뵈르트의 작은 성, 그리고 교회 관리인의 농가 등을 회상할 수 있다. 이러한 것들은 모호한 바다에 떠다니는 기억의 섬들일 뿐이다. 그것들은 서로 이어져 있지 않은 듯이 보인다.

아마도 내 생애에서 최초라고 할 만한 한 가지 기억이 떠오른다. 그래서 그 기억은 자못 흐릿한 인상으로만 남아 있다. 나는 나무그늘 아래 유모차에 누워 있다. 화창하고 따뜻한 여름날, 하늘은 푸르다. 황금빛 햇살이 초록 나뭇잎들 사이로 비치고 있다. 유모차 덮개는 젖혀 있다. 나는 그 눈부신 아름다움에 막 눈을 뜨고 말할 수 없는 편안함을 느낀다. 나는 나무의 잎사귀와 꽃들 사이로 반짝이는 햇빛을 바라본다. 모든 것이 온통 경이롭고, 다채롭고, 그리고 찬란하다.

또 다른 기억이 하나 있다. 나는 우리집 서쪽에 있는 식당에서 높은 아기의자에 앉아 빵조각들이 들어 있는 따뜻한 우유를 떠먹고 있다. 그 우유는 맛이 좋고 독특한 냄새를 풍긴다. 그것은 내가 처음으로 우유냄새를 의식하는 순간이었다. 이 기억 역시 아주 먼 시절로 거슬러 올라간다.

그리고 또 하나의 기억이 있다. 어느 상쾌한 여름저녁이었다. 어떤 친척아주머니 한 분이 "지금 너에게 보여줄 게 있단다" 하고 말했다. 그녀는 나를 집 앞 닥센으로 통하는 길로 데려갔다. 저 멀리 아래쪽 지평선에 알프스의 산줄기가 타오르는 듯한 저녁놀을 이고 있었다. 그날 저녁은 알프스가 아주 선명하게 보였다. "자, 저쪽을 보렴. 산들이 온통 붉구나." 그때 처음으로 나는 알프스를 바라보았다! 그리고 나는 닥센 아이들이 이튿날 학교에서 취리히 유틀리산으로 소풍을 갈 거라는 말을 들었다. 나도 무척 가고 싶었다. 하지만 서운하게도 나와 같이 작은 아이들은 따라갈 수 없다는 것이었다. 어쩔 도리가 없었다. 그날 이후로 취리히와 유틀리산은 다다를 수 없는 꿈의 나라가 되고 말았다. 꿈의 나라는 그 불타오르는 눈덮인 산들 가까이에 있었다.

그로부터 얼마 지난 시기의 기억이 떠오른다. 어머니가 친구를 방문하기 위해 나를 데리고 투르가우로 간 일이 있었다. 어머니의 친구는 보덴호숫가에 성(城)을 하나 가지고 있었다. 그때 나는 호숫가를 떠날 줄 몰랐다. 햇빛은 수면에 반짝이고, 기선이 일으키는 파도가 호숫가로 밀려와 땅 위의 모래에 잔무늬를 만들고 있었다. 호수는 끝도 없이 멀리 펼쳐져 있었다. 그 호수의 광활함은 나에게는 말할 수 없는 즐거움이었고 비길 데 없는 장관이었다. 그때 호수 근처에 살아야겠다는 생각이 내 마음에 깊이 박혔다. 물이 없이는 아무도 존재할 수 없을 것처럼 여겨졌다.

또 다른 기억이 떠오른다. 낯선 사람들과 큰 소동, 흥분의 기억이다. 하녀가 달려와서 소리지른다. "어부들이 시체 한 구를 라인폭포에서 건져냈어요. 그들이 시체를 세탁장으로 옮겼으면 하는군요!" 아버지는 "좋아, 그렇게 하도록 해!"라고 대답했다. 나는 당장 그 시체를 보고 싶었다. 어머니는 나를 잡아끌어 정원으로 나가지 못하도록 엄하게 막았다. 사람들이 나간 후에 나는 몰래 정원을 지나 세탁장으로 급히 가보았다. 그런데 문이 잠겨 있었다. 나는 집 주변을 돌아다녔다. 집 뒤편에 언덕 밑으로 이어지는 덮개 없는 배수구가 있었는데, 거기서 피와 물이 졸졸 흐르고 있는 것을 보았다. 나는 거기에 온통 관심이 쏠리고 말았다. 그 무렵 나는 아직 네 살도 되지 않은 나이였다.

그리고 또 다른 영상이 떠오른다. 나는 마음이 안정되지 않고 열이 있어 잠을 잘 수가 없었다. 아버지는 나를 두 팔에 안고 방을 이리저리 돌아다니며 옛날 학창시절의 노래를 불러주었다. 무척 마음에 들었고 나를 늘 편하게 해주었던 노래 하나가 특히 생각난다. 그것은 이를테면 국가원수에 관한 노래였다. "모두 조용히, 사람마다 머리 숙여……" 운운하는 그런 가사로 시작되었다. 나는 밤의 정적 속에서 나를 내려다보며 노래를 부르던 아버지의 목소리를 지금도 회상할 수 있다.

나중에 어머니에게 들은 얘기지만, 나는 그 당시 흔한 습진으로 고생을 했다. 부모의 결혼생활의 어려움을 암시하는 어두운 전조(前兆)가 나를 둘러싸고 있었다. 1878년의 나의 병은 아마 부모의 일시적인 별거와 연관이 있었을 것이다. 그 무렵 어머니는 여러 달 동안 바젤의 병원에서 지냈는데, 추측컨대 그녀의 병은 결혼생활에 대한 실망에서 비롯되었던 것 같다. 당시 어머니보다 스무 살이나 많은 친척아주머니가 나를 돌봐주었다. 어머니의 오랜 부재로 나는 무척 힘들었다.

그후로 '사랑'이라는 말을 들을 적마다 나는 항상 미심쩍은 느낌을 갖게 되었다. '여성'이라는 말도 오랫동안 생래적인 불신감으로 다가왔다. '아버지'라는 말은 신뢰감을 주면서도 무력함을 뜻하기도 했다. 이것이 내가 인생을 출발하면서 함께 가져가야 하는 불리한 조건이었다. 나중에는 인생 초기의 이러한 인상들이 수정되었다. 나는 친구를 믿었다가 그들로 인해 실망하기도 했지만, 여성들은 신뢰하지 않았기 때문에 그녀들에게 실망하지도 않았다.

어머니가 없는 동안 하녀도 함께 나를 돌봐주었다. 나는 하녀가 어떻게 나를 안아올렸으며 어떻게 내가 머리를 그녀의 어깨에 기댔는지 지금도 생각난다. 그녀는 검은머리와 올리브빛 피부를 가지고 있었는데 어머니와는 전혀 달랐다. 나는 머리털이 자라기 시작하는 그녀의 이마 주변과 심하게 그을린 피부의 목덜미, 그리고 그녀의 귀를 기억하고 있다. 이런 것이 나에게는 무척 생소하면서도 이상하게 친숙하게 느껴졌다. 마치 그녀가 우리 가족에 속해 있는 것이 아니라 나에게만 속해 있는 듯싶었다. 또한 그녀는 내가 이해할 수 없는 다른 신비한 것들과 내게는 알려지지 않은 방법으로 관계를 맺고 있는 것 같았다.

이런 소녀의 유형이 나중에 내 아니마(Anima)의 한 측면이 되었다. 그녀에게서 받은 생소한 느낌과, 그런데도 그녀를 처음부터 알아온 것 같은 감정은 나에게 훗날 여성적인 것의 본질을 나타내는 여성상의 특징이 되었다.

부모가 별거하고 있던 시기의 또 다른 추억의 영상이 떠오른다. 금발에 푸른 눈을 가진 무척 아리땁고 사랑스러운 젊은 아가씨가, 어느 맑은 가을날 나를 데리고 황금빛 단풍나무와 밤나무 밑으로 산책을 나갔다. 우리는 라인강변을 따라 뵈르트의 작은 성 근처에 있는 폭포 아래로 갔다. 햇살은 나뭇잎들 사이로 빛나고 누렇게 물든 잎들은 땅에 떨어져 있었다. 그 젊은 아가씨는 나중에 나의 장모가 되었다. 그녀는 내 아버지를 존경했다. 스물한 살이 되어서야 비로소 나는 그녀를 다시 보게 되었다.

이러한 것들은 나의 '외적' 기억들이다. 다음 것들은 훨씬 강력하고 정말 압도적인 것들인데, 그 일부만이 흐릿하게 기억날 뿐이다. 계단 밑으로 굴러떨어진 일이라든지 각이 진 난로다리에 부딪혔던 일 등이다. 나는 통증과 피, 머리의 상처를 꿰매주던 의사를 기억하고 있다. 그 상처자국은 김나지움(9년제 중·고등학교) 시절의 후반기까지 남아 있었다.

어머니가 나에게 이야기하기를, 내가 한번은 하녀와 함께 노이하우젠으로 가다가 라인폭포 다리 위에서 갑자기 넘어져 한쪽 다리가 난간 아래로 미끄러졌다고 했다. 바로 그 순간 하녀가 나를 붙잡아 끌어올려주었다. 이러한 일들은 무의식적인 자살충동이나 이 세상의 삶에 대한 숙명적인 저항을 시사하고 있다.

그 무렵, 밤중이 되면 막연히 불안한 마음이 들었다. 무언가가 집 주변을 돌아다녔다. 라인폭포의 거칠고 세찬 소리가 항상 들려왔으며, 주변은 온통 위험지대였다. 사람들은 물에 빠져 익사하고 시체들이 바위에 걸렸다. 근처 묘지에서는 교회 관리인이 구덩이를 팠고 갈색 흙더미가 쌓였다. 검은 프록코트에 유난히 높은 모자를 쓰고 광택나는 검정 구두를 신은 사람들이 엄숙한 표정으로 검은 상자를 운반한다. 아버지는 목사복을 입고 울리는 음성으로 말한다. 여자들은 울고 있다. 사람들이 누군가를 그 구덩이에 묻었다고 한다. 얼마 전까지 여기 있던 어떤 사람이 갑자기 보이지 않게 되었다. 나는 그 사람들이 땅에 묻혔다거나 '주 예수'가 그들을 자기 곁으로 데리고 갔다는 얘기를 들었다.

어머니는 나에게 매일 저녁 올려야 할 기도문 하나를 가르쳐주었다. 밤에 대한 막연한 불안감이 있을 때 그 기도문은 나에게 다소 안도감을 주었으므로 나는 즐겨 기도를 올렸다.

　　두 날개를 펴소서,
　　오 나의 기쁨이신 예수님.
　　당신의 작은 아이를 받아주소서.

사탄이 그 아이를 삼키려 하면,

아기천사들이 노래하게 하소서.

그 아이가 다쳐서는 안 된다고.

'주 예수'는 그 성에서 부자이면서 권세있고 존경받는 '주(영주라는 의미—옮긴이)' 베겐스타인처럼 다정하고 멋있고 자비로운 '주'여서 밤에는 어린아이들을 잘 보살펴주었다. 왜 예수에게 새처럼 날개가 있어야 하는지 약간 놀랐지만, 그것이 나를 그 이상 혼란스럽게 하지는 않았다.

그보다 더 중요하고 호기심을 자아냈던 것은 작은 아이를 '쿠에클리(작은 과자를 뜻하는 스위스 바젤 사투리로, 작은 아이를 의미하는 '퀴흐라인'과 발음이 비슷하여 착오를 일으킨 것임—옮긴이)'에 비유한 사실이었다. '주 예수'가 원치 않는 것이 분명한데도 쓴 약처럼 그 과자를 '받아 먹는다(독어에서는 받아들인다는 말과 먹는다는 말이 같은 단어임—옮긴이)'는 것이었다. 이것은 나로서는 이해하기 어려웠다. 그러나 사탄이 그 과자를 좋아하기 때문에 과자를 삼키지 못하도록 막아야 한다는 것은 금방 알아차렸다. 그래서 '주 예수'가 그리 내키지는 않았지만 사탄을 막기 위해 과자를 먹은 것이었다.

그 정도까지는 나의 논증이 '위안'이 되었다. 하지만 이제 '주 예수'가 다른 사람들까지도 '자기 입에 넣는다(자기 곁으로 데려간다는 말을 오해한 것임—옮긴이)'고 했다. 그리고 이 말은 사람들을 무덤에 묻는다는 말과 같은 뜻이라고 했다.

이러한 불길한 유추는 불행한 결과를 가져왔다. 나는 '주 예수'를 의심하기 시작했다. 예수는 크고 다정하고 자비로운 새의 모습을 잃어버리고, 검은 프록코트와 높은 모자에 광택나는 검정 구두를 신고 검은 상자를 나르는 음울한 사람들과 연관되었다.

반복되는 이런 생각들은 내 의식의 첫 외상(Trauma)으로 이어졌다. 어느 무더운 여름날, 나는 여느 때와 마찬가지로 집 앞 길거리에 혼자 앉아 모래장난을 하고 있었다. 그 길은 집 앞을 지나 언덕으로 이어지다가 언덕 위로 해서 숲 속으로 사라졌다. 그래서 집에서 길이 길게 뻗어 있는 것을 멀리까지 내다볼 수 있었다.

그 길에서 나는 챙이 넓은 모자를 쓰고 길고 검은 외투를 입은 어떤 형상이 숲에서 내려오는 것을 보았다. 그 형상은 여자옷 종류를 입은 남자 같기도 했다. 그 형상이 느린 걸음으로 점점 더 가까이 다가왔다.

그제야 나는 그 사람이 정말 남자라는 것을 알았다. 그는 발에까지 드리워진 검은 예복을 입고 있었다. 그를 보는 순간, 나는 금방이라도 죽을 것 같은 공포로 무서워 어쩔 줄을 몰랐다. 왜냐하면 "저 사람은 예수회 수도사다!" 하는 사실을 충격적으로 인식했기 때문이었다.

얼마 전에 나는 아버지가 동료 목사들과 '예수회 수도사들'의 비밀행각에 관해 이야기를 나누는 것을 엿들은 적이 있었다. 아버지가 반쯤은 화를 내고 반쯤은 불안해하는 감정적인 어투로 발언하는 것을 보면서, 나는 '예수회 수도사들'이 아버지에게조차 아주 위험한 그런 것이라는 인상을 받았다. 사실 나는 '예수회 수도사'가 무슨 말인지 알지 못했다. 그러나 '예수'라는 말은 내 작은 기도문을 통해 알고 있었다.

나는 길을 내려오고 있는 남자가 분명히 변장을 하고 있다고 생각했다. 그러기 위해 그는 여자옷을 입고 있는 것이었다. 그는 악한 의도를 가지고 있는 듯이 보였다. 나는 공포에 질려 허겁지겁 집 안으로 뛰어들어가 계단을 후닥닥 올라가서 다락방의 어두컴컴한 구석 들보 아래 숨었다.

얼마나 오래 그곳에 있었는지 알 수 없으나 꽤 긴 시간이었음이 틀림없다. 왜냐하면 내가 다시 1층으로 내려가는 모험을 감행하여 아주 조심스럽게 창문 밖으로 머리를 내밀었을 때, 그 어디에도 그 검은 형상의 흔적은 보이지 않았기 때문이다.

며칠 동안이나 소름끼치는 공포가 내 수족을 꼼짝 못하게 하여, 나는 집 안에 갇혀 있어야만 했다. 나중에 다시 길에서 놀이를 시작했을 때도 숲 가장자리는 여전히 꺼림칙한 경계의 대상이었다. 물론 그후에 나는 그 검은 형상이 전혀 해를 끼치지 않는 가톨릭 신부였다는 것을 알게 되었다.

방금 말한 이런 사건보다 앞섰는지 그렇지 않은지는 정확하게 말할 수 없지만, 하여튼 그 시기와 거의 같은 무렵에, 내가 기억할 수 있는 한에서는 최초의 꿈을 우연히 꾸었다. 그 꿈은 이를테면 일생 동안 나를 사로잡았다. 그때 나는 서너 살이었다.

목사관은 라우펜성 근처에 홀로 외롭게 서 있었다. 교회 관리인의 농가 뒤쪽으로는 넓은 초원이 펼쳐져 있었다.

꿈에서 나는 그 초원에 서 있었다. 한순간 나는 거기서 테두리가 쳐져 있는 컴컴한 직사각형 구멍이 땅바닥에 나 있는 것을 발견했다. 이전에는 그런 것을 본 적이 없었다. 나는 호기심이 생겨그 구멍으로 다가가서 그 아래를 들여다보았다. 그러자 돌계단이저 밑으로 이어져 있는 것이 보였다.

무서운 마음으로 머뭇거리면서 나는 아래로 내려갔다. 밑바닥에는 녹색 커튼으로 가려진 둥근 아치형 문이 하나 있었다. 그 커튼은 방직된 직물이나 수놓은 비단으로 만든 듯 크고 묵직하여무척 호화로워 보였다. 그 뒤에 무엇이 숨겨져 있을까 궁금한 마음에 나는 커튼을 옆으로 밀어젖혔다.

희미한 빛 가운데 길이 10미터가량 되는 장방형 방이 눈에 들어왔다. 둥근 천장은 돌들로 꾸며져 있었고 바닥 역시 포석(鋪石)들로 덮여 있었다. 중앙에는 붉은 양탄자가 입구에서 낮은 단까지 깔려 있었다. 단 위에는 말할 수 없이 화려한 황금보좌가 놓여 있었다. 확실하지는 않지만 아마도 붉은 방석이 보좌에 놓여있었던 것 같다. 그것은 웅장한 보좌로, 동화 속 임금의 보좌 그대로였다!

그 위에 무언가가 서 있었다. 그것은 천장에 거의 닿을 정도로거대한 형상이었다. 처음에 나는 그것이 나무기둥인 줄 알았다.그 직경은 50~60센티미터가량 되고 높이는 4~5미터쯤 되었다.그 형상은 기묘하게 조립되어 있었다. 피부와 살아 있는 살로 만들어졌으며, 꼭대기에는 얼굴도 머리칼도 없는 둥근 공 모양의 머리 비슷한 것이 붙어 있었다. 다만 정수리에 눈이 하나 있었는데, 그 눈은 미동도 하지 않고 위쪽만 응시하고 있었다.

창문도 없고 빛도 들어오지 않는데 방은 비교적 밝은 편이었다. 그 형상의 머리 위에는 어떤 밝은 기운이 감돌고 있었다. 그 형상이 움직이지 않고 있는데도 어느 순간 벌레처럼 꿈틀거리며 보좌에서 내려와 나에게 기어올지도 모른다는 생각이 들었다. 나는 두려움에 온몸이 마비되는 것 같았다. 그 견딜 수 없는 순간에 어머니의 목소리가 갑자기 바깥에서인 듯 위에서인 듯 들려왔다. 어머니가 외쳤다. "자, 그를 좀 보라구. 저것이 사람을 잡아먹는 것이야!"

나는 소스라치게 놀라며 잠에서 깨어났다. 나는 두려움으로 식은땀에 젖어 있었다. 그후로 많은 날 동안 밤마다 잠자러 가는 것이 무서웠다. 그 꿈과 비슷한 꿈을 또 꾸지 않을까 겁을 먹었기 때문이었다.

나는 그 꿈을 여러 해 동안 골똘히 생각했다. 오랜 후에야 비로소 그 기이한 형상이 일종의 남근상이라는 것을 깨달았다. 그것이 의식을 행할 때 쓰이는 남근상이라는 것을 알기까지는 수십 년이 걸렸다. 나는 어머니가 "저것이 사람을 잡아먹는 것이야!"라고 했을 때 '저것'에 강조점을 두었는지, 아니면 '사람을 잡아먹는 것'에 강조점을 두었는지는 정말 알 수 없었다. 전자의 경우라면 '예수'나 '제수이트'가 어린아이들을 잡아먹는 것이 아니라 남근상이 잡아먹는다는 의미가 되고, 후자의 경우라면 '사람을 잡아먹는 것'은 일반적으로 남근상으로 표현되고, 음울한 '주 예수'와 예수회 수도사 그리고 남근상은 모두 동일하다는 의미가 될 것이다.

그 남근상의 추상적 의미는, 그것이 스스로 남근이 발기되듯 수직으로(남근 발기는 어원적으로 보면 수직이라는 말과 통함) 보좌에 서 있다는 사실을 통해 나타나고 있다. 초원의 구멍은 아마도 무덤을 의미할 것이다. 무덤 그 자체는 일종의 지하사원이고, 그곳의 녹색 커튼은 초원을 연상하게 한다. 그러므로 그 커튼은 녹색식물로 뒤덮인 지구의 신비를 나타내는 셈이다. 그 양탄자는 붉은 피였다.

둥근 천장은 어디서 유래되었을까? 내가 그 무렵 이미 샤프하우젠의 망대(望臺)인 무노트에 올라간 일이 있었을까? 누가 세 살짜리 아이를 그곳으로 데리고 올라갈 리는 없었을 것이다. 그렇다면 이것은 기억의 흔적과는 상관이 없다고 할 수 있다. 마찬가지로 해부학적으로 정확한 그 발기된 남근상이 어디서 유래한 것인지도 알지 못한다. 요도의 입구를 눈으로 해석한 것이라든지 그 위에 있는 듯한 광원(光源) 같은 것은 남근상이라는 낱말의 어원을 시사하고 있다. 남근상(Phallus)에 해당하는 헬라어와 비슷한 '팔로스(φαλός)'는 빛나는, 찬란한 등의 의미를 가지고 있다.

아무튼 그 꿈속의 남근상은 보통은 언급되지 않는 지하의 신으로 여겨진다. 그것은 나의 젊은시절 내내 그런 의미로 남아 있었는데, 누가 '주 예수'에 대해 지나치게 강조해서 말할 때마다 다시 생각나곤 했다. '주 예수'는 나에게 결코 온전한 실체가 될 수 없었으며, 완전히 받아들일 수도 없었고, 전폭적으로 사랑할 만한 대상도 되지 못했다. 왜냐하면 예수의 대역인 그 지하의 신이 자꾸만 생각났기 때문이었다. 그것은 내가 구하지도 않았는데 나에게 주어진 무시무시한 계시였다.

예수회 수도사의 그 '변장'이 내가 배웠던 기독교 교리에 그림자를 던졌다. 내게는 그것이 종종 엄숙한 가장무도회나 일종의 장례식처럼 보였다. 거기서 사람들은 심각하거나 슬픈 표정을 짓고 있었지만, 갑자기 몰래 웃기도 하는 등 정말로 슬프지는 않은 듯이 보였다.

나에게 '주 예수'는 어쩐지 일종의 죽음의 신처럼 여겨졌는데, 예수가 밤의 유령을 물리쳐주는 점에서는 도움이 되었으나, 그 자신은 십자가에 못박혀 피투성이 시체가 되었기 때문에 으스스한 느낌이 들었다. 늘 찬양을 받는 그의 사랑과 자비에 대해 나는 남몰래 의심하게 되었다. 왜냐하면 장례식을 항상 연상케 하는 검은 프록코트와 광택나는 구두를 신은 사람들이 주로 '사랑하는 주 예수'에 대해 이야기했기 때문이었다.

아버지의 동료들과 여덟 명의 친척아저씨가 있었는데 모두 목사였다. 그들은 오랫동안 나에게 공포심을 불러일으켰다. 그 무서운 '예수회 수도사들'을 떠올리도록 했던 마음씨 좋은 가톨릭 신부들도 공포심을 불러일으키기는 마찬가지였다. 예수회 수도사들은 아버지까지도 화나게 하고 불안하게 했다. 여러 해 후에 견신례를 받을 때까지 나는, 사람들이 요구하는 그리스도에 대한 긍정적인 관계를 억지로 유지하려고 무진 애를 썼다. 하지만 나의 은밀한 불신을 좀체 극복할 수 없을 듯싶었다.

'검은 옷을 입은 남자'에 대한 불안은 잘 생각해보면 모든 어린

아이가 느낄 법하다. 하지만 그런 불안이 그 체험의 본질은 결코 아니었다. 그 본질은 나의 어린 뇌리를 고통스럽게 파고든 인식, 즉 "저것은 예수회 수도사다!"라는 인식이었다. 그러므로 그 꿈에서도 본질적인 것은 기묘한 상징적 치장과 '사람을 잡아먹는 것'이라는 놀랄 만한 해석이었다.

또한 중요한 것은 '사람을 잡아먹는' 어린아이들의 유령이 아니라, 그것이 지하의 황금보좌를 차지하고 있었다는 사실이었다. 그 무렵의 어린 생각으로는 먼저 황금보좌에 임금이 앉아 있고, 그 다음 푸른 하늘 저 위에 더 아름답고 더 높고 훨씬 더 황금빛이 나는 보좌가 있어, 거기에 사랑하는 하느님과 주 예수가 황금관을 쓰고 하얀 옷을 입고 앉아 있어야 하는 것이었다. 그런데 이러한 주 예수로부터 그 '예수회 수도사'가 생긴 셈이었다. 예수회 수도사는 검은 여자치마를 입고 챙이 넓은 검은 모자를 쓰고 산림지대에서 내려온 것이었다. 나는 위험이 또 닥치지 않나 싶어 자주 고개를 들어 그쪽을 지켜보아야만 했다.

꿈속에서 나는 구멍으로 내려가 거기서 황금보좌에 있는 다른 한 존재를 발견했다. 그것은 사람이 아니고 지하세계에 속한 것으로, 꼼짝 않고 위쪽만 응시하고 있었으며 사람 근육과 비슷했다. 만 50년이 지난 후에야 종교의식에 관한 주석 가운데서 한 구절이 내 눈에 와락 띄었다. 그 구절은 성만찬 상징 속에 있는 식인(食人)의 기본 동기에 관해 언급하고 있었다. 그때 비로소, 그 두 가지 체험에서 의식화되려고 고투하기 시작한 생각이 얼마나 지나치게 어린아이답지 못했는지, 얼마나 성숙했는지, 심지어 얼마나 노숙했는지 분명해졌다. 누가 나의 내부에서 말을 하고 있었던 것일까? 누구의 정신이 이런 체험을 고안해냈을까? 얼마나 빼어난 통찰이 여기에 작용한 것일까?

어린아이에게 익숙한 천진성을 어지럽히지 않으려고 모든 멍텅구리는 뭔가 아주 거북스러운 것을 빨리 없애버리려 한다. 그러기 위해서 그들이 '검은 남자' '사람을 잡아먹는 것' '우연' '회고적인 해석'에 대해 헛소리를 늘어놓고 싶은 유혹을 느끼리라는 것을 나는 알고 있다. 아, 이들 점잖고 쓸모있고 건장한 사람들은 나에게 낙천적인 올챙이들처럼 여겨진다. 그 올챙이들은 아주 얕은 빗물웅덩이에 가득 모여들어 햇볕을 받으며 즐겁게 꼬리치고 있으나 바로 다음날에 웅덩이가 말라버릴 것을 알아차리지 못한다.

그때 무엇이 내 안에서 말을 한 것일까? 누가 뛰어난 문제제기를 표현하는 발언을 한 것일까? 누가 하늘의 것과 땅의 것을 함께 섞어, 나의 후반기 생애를 격렬하기 그지없는 폭풍으로 채운 그 모든 것의 기초를 제공했단 말인가? 하늘과 땅 양쪽에서 온 그 낯선 손님 이외에 그 누가 그런 일을 할 수 있단 말인가?

이러한 유년시절의 꿈을 통해 나는 세상의 비밀들에 관해 눈을 뜨게 되었다. 그때 이를테면 땅에 묻히는 매장식이 거행된 것이었다. 내가 다시 땅에서 나오기까지는 여러 해가 지나갔다. 지금 나는 그 일이 가능한 한 많은 빛을 어둠속으로 가져가기 위해 일어난 것임을 알고 있다. 그것은 어둠의 세계로 들어가는 일종의 통과의례였다. 그때 나의 정신적 삶이 무의식적인 출발을 한 것이었다.

불화와 불확실성 속에서

　나는 1879년 바젤에서 가까운 클라인 휘닝겐으로 이사한 일에 대해서는 거의 기억이 나지 않는다. 그러나 그 몇 해 후에 일어났던 어떤 일에 대한 기억은 가지고 있다. 어느 날 저녁, 아버지는 침대에 있는 나를 안고서 서쪽으로 나 있는 현관으로 데리고 갔다. 아버지는 나에게 휘황찬란하기 그지없는, 녹색으로 빛나는 저녁하늘을 보여주었다. 1883년 크라카타우 폭발이 있었던 후의 일이다.

　다른 날은 아버지가 나를 야외로 데리고 나가서 동쪽 지평선에 나타난 커다란 혜성을 보여주기도 했다.

　한번은 큰 홍수가 있었다. 마을을 가로질러 흐르는 비제강의 댐이 파괴되고 상류지역에서는 다리가 무너졌다. 열네 명이 익사하여 황톳빛 물살에 밀려 라인강까지 떠내려갔다. 물이 빠진 후에 시체들이 모래바닥에 널브러져 있다는 말이 들렸다. 나는 머뭇거리지 않고 곧장 그곳으로 달려갔다. 검은 프록코트를 입은 중년남자의 시체가 눈에 띄었다. 그는 교회에서 이제 방금 나온 듯이 보였다! 그는 반쯤 모래에 덮여 있었으며, 팔로 두 눈을 가리고 있었다.

나는 또한 돼지가 어떻게 도살당하는가 구경하는 일에도 마음을 빼앗겼다. 어머니는 그 일을 알고 깜짝 놀랐다. 이 모든 것은 나에게 대단한 흥밋거리였다.

미술에 관한 최초의 기억은 클라인 휘닝겐 시절로 거슬러 올라간다. 부모가 살고 있던 집은 18세기에 지어진 목사관으로, 거기에 격식을 갖춘 어둠침침한 방이 하나 있었다. 그곳에 고급가구들이 놓여 있었고 오래된 그림들이 벽에 걸려 있었다.

특히 다윗과 골리앗을 그린 이탈리아 화가의 그림이 기억에 남는다. 그 그림은 구이도 레니(Guido Reni) 작품의 복사판으로, 원작은 루브르박물관에 걸려 있다. 그 그림이 어떻게 해서 우리 집에 들어오게 되었는지는 알 수 없다.

오래된 그림이 또 하나 그 방에 걸려 있었는데, 그것은 지금 내 아들 집에 있다. 19세기 초 바젤의 풍경화였다. 나는 종종 그 어둡고 외진 방에 몰래 들어가 그림의 아름다움을 감상하려고 몇 시간이나 그 앞에 앉아 있곤 했다. 그것은 내가 알고 있는 유일한 아름다움이었다.

그 무렵 나는 여섯 살 정도 된 매우 작은 아이였으나, 한번은 친척아주머니 한 분이 나를 바젤로 데려가 박물관의 박제된 동물들을 보여주었다. 내가 무엇이든 아주 주의깊게 살펴보고 싶어했기 때문에 우리는 오랜 시간 그곳에 머물렀다. 4시에 박물관 마감시간을 알리는 종소리가 울렸다. 친척아주머니는 나를 재촉했으나 나는 진열장을 떠날 수 없었다.

그러는 사이에 박물관 문이 닫혀 우리는 다른 길로 해서 계단으로 나가야만 했는데, 바로 고미술품전시실을 지나가게 되었다. 한순간 내가 경이로운 형상들 앞에 서 있는 것이 아닌가! 완전히 압도된 나머지 나는 두 눈이 휘둥그레졌다. 그토록 아름다운 것을 본 적이 없었기 때문이었다.

그런데 나는 그것들을 충분히 구경하고 있을 수가 없었다. 친척아주머니가 늘 한 걸음씩 뒤처져 있는 나를 출구 쪽으로 잡아끌며 소리쳤다. "이 추잡스러운 놈아, 눈을 감아! 추잡스러운 놈아, 눈을 감으라니까!" 그 순간, 나는 그 형상들이 벗은 몸으로 무화과나무 잎사귀를 걸치고 있다는 것을 재빨리 알아차렸다! 전에는 그런 형상을 본 적이 전혀 없었다. 그 아름다운 예술과의 첫 대면이 그런 식으로 이루어졌다. 친척아주머니는 마치 음화(淫畵)전시장을 가로질러 오기라도 한 것처럼 몹시 화를 내고 있었다.

여섯 살 때 부모가 나를 데리고 아를레스하임으로 소풍을 갔다. 이런 때는 어머니가 어떤 옷을 입고 갔는데, 그 옷이 내 마음에 잊혀지지 않고 남아 있다. 동시에 그 옷은 내가 어머니를 기억하는 둘도 없는 물건이 되었다. 그 옷감은 작은 녹색 반달무늬가 새겨진 까만 천이었다. 첫 기억의 영상 속에서 어머니는 날씬한 젊은 여인으로 나타난다. 그런데 나의 나머지 다른 기억들 속에는 어머니가 늘 나이 많고 살이 찐 모습으로 남아 있다.

우리는 어느 교회로 다가갔는데, 어머니가 "저건 가톨릭 성당이야"라고 말했다. 나는 두려움이 섞인 호기심으로 열린 문을 통해 교회 안을 들여다보기 위해 어머니에게서 달아났다.

나는 마침 부활절기간이라 풍성하게 장식된 제단 위의 커다란 초들을 보았다. 그런데 바로 그 순간 갑자기 계단에 발이 걸려 넘어지는 바람에 턱이 쇠붙이에 부딪히고 말았다. 내 부모가 심한 상처로 피를 흘리는 나를 안아올린 것을 기억하고 있다. 나의 마음은 묘한 상태였는데, 한편으로는 내 비명소리가 교회에 온 사람들의 주의를 끌었기 때문에 부끄럽기도 했지만, 또 한편으로는 뭔가 금지된 일을 저질렀다는 느낌도 들었다. '예수회 수도사들, 녹색 커튼, 사람을 잡아먹는 것의 비밀…… 가톨릭 교회도 그러한 예수회 수도사들과 관련이 있다. 내가 넘어져서 비명을 질렀던 것은 바로 그러한 이유 때문이다!'

여러 해 동안 나는 가톨릭 성당으로 들어갈 적마다 피와 넘어짐과 예수회 수도사들에 대한 은밀한 두려움을 느꼈다. 그것이 가톨릭 성당을 둘러싸고 있는 기운이요 분위기였다. 하지만 나는 늘 그런 것에 마음이 끌리기도 했다. 어쩌다가 가톨릭 신부가 가까이 있기라도 하면 나는 기분이 언짢아졌다. 서른 살이 되어 빈의 성스테판성당으로 들어갔을 때에야 비로소 어떤 짓눌림 없이 '어머니 교회(Mater Ecclesia)'를 느낄 수 있었다.

여섯 살이 되자 아버지가 직접 나에게 라틴어를 가르치기 시작했다. 나는 학교에 다니는 것도 그리 싫지는 않았다. 다른 아이들보다 늘 앞서 있었기 때문에 학교공부도 내게는 쉬웠다. 나는 학교에 들어가기 전에 이미 글을 읽을 수 있었다.

내가 아직 글을 읽지 못했을 때 어머니에게 《오르비스 픽투스》(그림이 들어 있는 어린이용 라틴어 교재—옮긴이)를 읽어달라고 졸랐던 일이 기억난다. 그 책에는 다른 나라 종교들, 특히 인도 종교에 관한 이야기들이 들어 있었다. 브라마, 비시누, 시바의 삽화들도 있었는데, 그것들이 내게는 너무나 흥미진진했다. 어머니는 후에 말하기를, 내가 자꾸 그 이야기들을 다시 읽어달라고 했다고 했다.

그런 시간이면 나는 누구에게도 말한 적이 없는 나의 그 '원초적 계시(남근상 꿈을 의미함—옮긴이)'와 이 책이 연관되어 있다는 막연한 느낌을 갖게 되었다. 그것은 내가 결코 누설해서는 안 되는 비밀이었다. 정말 그래야 한다는 것을 어머니가 나에게 간접적으로 확인시켜주었다. 어머니가 '이교도들'이라는 말을 할 때 가벼운 경멸투의 그 어조를 나는 놓치지 않았다. 어머니가 나의 '계시'를 듣는다면 깜짝 놀라며 거부하리라는 것을 나는 알고 있었다. 나는 그러한 상처를 자초하고 싶지는 않았다.

이런 어린이답지 않은 행동은, 한편으로는 예민한 감수성과 상처받기 쉬운 성격과 연관이 있으며, 다른 한편으로는 특히 유년시절의 깊은 고독감과도 연관이 있었다. 누이동생은 나와 아홉 살 차이가 났다. 나는 나만의 방식으로 혼자서 놀았다. 유감스럽게도 나는 무엇을 하면서 놀았는지 기억할 수는 없다. 다만 다른 사람이 방해하지 말았으면 하고 바랐던 것은 기억하고 있다. 나는 놀이에 열중했고 노는 동안에 누가 지켜보거나 따지는 것을 참을 수 없었다.

일곱 살에서 여덟 살까지는 블록들을 가지고 노는 것을 무척 좋아하고 탑들을 세우고 나서 '지진'을 일으켜 무너뜨리며 즐거워하던 기억이 난다. 여덟 살에서 열한 살까지는 늘 전쟁그림, 성을 포위하여 공격하고 포격을 가하고 해전(海戰)을 벌이는 그림들을 그렸다. 그리고 연습장을 모두 잉크얼룩으로 가득 채우고는 그 얼룩들에 대해 기발한 해석을 하며 즐거워했다. 내가 학교를 좋아했던 이유 중 하나는 오랫동안 얻지 못했던 놀이친구를 드디어 거기서 찾았기 때문이었다.

그런데 내 마음속에 기묘한 반응을 일으키는 또 다른 어떤 것을 발견했다. 여기에 대해 이야기하기 전에 우선 밤의 분위기가 무거워지기 시작했다는 것을 언급해야겠다. 온갖 종류의 일, 무섭고 이해하기 어려운 일들이 밤에 일어났다.

내 부모는 각각 따로 잤고 나는 아버지방에서 잠을 잤다. 어머니방 문에서 으스스한 기운이 뻗어나왔다. 밤이면 어머니는 심상치 않은 모습이면서 신비로웠다. 어느 날 밤, 나는 어머니방 문에서 흐릿하게 빛을 내는 모호한 형상 하나가 나오는 것을 보았다. 머리는 목에서 앞쪽으로 불쑥 두드러져 작은 달처럼 허공에 둥실 떠 있는 듯했다. 그리고 곧 새로운 머리가 생겨나 다시 그런 모양이 되었다. 이러한 과정이 예닐곱 번 반복되었다.

나는 물건들이 금방 커졌다가 금방 작아지는 불안한 꿈을 꾸곤 했다. 예를 들어 상당히 먼 거리에 작은 공 하나가 있다고 할 때, 그 공이 점점 다가오면서 엄청나게 커져서 숨통을 누르는 물건으로 변한다. 또는 새들이 앉아 있는 전깃줄이 점점 더 굵어져 내가 잠에서 깰 때까지 나의 공포도 커져만 간다.

이런 꿈들은 사춘기의 생리적 준비단계에서 비롯되는 것들이었지만, 나는 이미 일곱 살 무렵에 그 전조를 경험한 셈이었다. 그 무렵 나는 질식발작이 수반되는 가성후두염을 앓고 있었다. 발작이 일어나는 동안 나는 침대다리께에 서서 뒤쪽으로 몸을 젖히고 있고 아버지는 팔로 나를 받쳐주었다. 나는 머리 위에서 푸르게 빛나는 보름달만 한 원을 보았다. 그 원 안쪽에서 황금빛 형상들이 움직였는데, 나는 그것들을 천사라고 생각했다. 그때마다 이러한 환상은 질식에 대한 두려움을 완화시켜주었다. 그렇지만 그것은 꿈에서 다시 나타났다. 이 경우 심인성 동기가 결정적인 역할을 한 것으로 여겨진다. 정신적인 분위기가 질식할 지경이 되기 시작한 것이었다.

나는 교회에 가는 것을 아주 귀찮아했다. 하지만 크리스마스 때만은 예외였다. "오늘은 하느님이 만드신 날이로다" 하는 크리스마스캐럴이 무척 마음에 들었다. 저녁에는 크리스마스트리가 도착했다. 크리스마스는 내가 마음껏 축하할 수 있는 유일한 기독교 축제였다. 다른 축일들은 거의 내 마음을 별로 끌지 못했다. 두 번째로 마음에 드는 날은 섣달 그믐밤이었다. 강림절은 다가

오는 크리스마스와 어쩐지 어울리지 않는 면이 있었다. 그것은 밤과 폭우, 바람, 그리고 집안의 어둠과도 연관되어 있었다. 뭔가 속삭이고 뭔가 왔다갔다 했다.

그 유년시절에 나는 시골학교 학우들과 사귀는 동안 발견한 것이 한 가지 있다. 그것은 그들이 나를 나 자신으로부터 분리시켰다는 것이었다. 그들과 함께 있으면 집에 있을 때와는 달라졌다. 나는 그들과 장난도 치고 집에서는 결코 생각도 못했던 그런 일을 스스로 꾸미기도 했다. 물론 나 혼자 집에 있을 때도 온갖 것을 꾸밀 수 있다는 것을 잘 알고 있었지만 말이다. 나로서는 나의 변화가 학우들의 영향 탓이라고 여겨졌다. 그들은 내가 되기를 바라는 것과는 다르게 되도록, 어찌해서든지 나를 유혹하거나 강요했다.

보다 넓은 이 세계, 내가 부모 이외에 다른 사람들도 알게 된 이 세계의 영향력은 전적으로 수상하지는 않다 하더라도 의심스럽게 여겨졌다. 또한 막연하긴 하지만 적의에 차 있는 듯이 보였다. 나는 '황금빛 햇살이 초록 나뭇잎들 사이로 비치고 있는' 밝은 대낮세상의 아름다움에 대해 차츰 인식해가고 있었다. 하지만 그와 동시에 나를 꼼짝 못하게 하는 무섭고도 대답하기 어려운 문제들로 차 있는, 피할 길 없는 어둠의 세계를 예감했다.

나의 밤기도는 낮을 잘 마감해주고 편안히 밤과 잠으로 인도해주는 종교의식적인 피난처인 셈이었다. 그러나 낮이 되면 새로운 위험이 숨어서 기다리고 있었다. 마치 내가 나 자신과의 불화를 느끼고 그것을 두려워하는 것 같았다. 나의 내적 안정이 위협을 받았다.

나는 일곱 살에서 아홉 살 사이의 그 시기에 불놀이를 즐겨 했던 것을 기억한다. 우리집 정원에는 큼직한 돌덩이들로 세워진 오래된 담이 있었고, 그 갈라진 틈으로 흥미로운 굴들이 나 있었다. 그 굴에서 나는 아이들의 도움을 받아가며 작은 불을 지키는 놀이를 하곤 했다. 그 불은 '항상' 타올라야 했으므로 늘 잘 간수되어야만 했다. 그렇게 하기 위해서는 필요한 나무를 모으는 우리의 합심노력이 요구되었다. 그런데 그 불을 돌보는 일은 나 이외에 그 누구에게도 허락되지 않았다. 다른 아이들은 다른 굴에서 불을 지필 수는 있었으나, 그 불들은 신성모독적이어서 나와는 아무 상관이 없었다. 오직 나의 불만이 살아 있는 불이었고 확실히 신성한 여운이 감돌고 있었다. 그것은 내가 오랫동안 좋아한 놀이였다.

그 담 앞쪽에는 비탈이 나 있었는데 거기에 약간 솟은 돌 하나가 박혀 있었다. 그 돌은 나의 돌이었다. 나는 혼자 있을 때 종종 그 돌 위에 앉아 생각의 유희를 펼치기 시작했다. 그 내용은 대개 이런 것이었다. '나는 이 돌에 앉아 있다. 나는 위에 있고 돌은 밑에 있다.' 그런데 돌도 '나'라고 말하며 '내가 여기 이 비탈에 누워 있고 어떤 자가 내 위에 앉아 있다'고 생각할 수 있을 것이다. 그러자 의문이 일어났다. '돌 위에 앉아 있는 것이 나인가, 아니면 내가 돌이고 어떤 자가 내 위에 앉아 있단 말인가?'

이런 의문은 그때마다 나를 당황하게 했다. 나는 나 자신에 대해 회의를 느끼며 누가 누구인지 골똘히 생각하면서 자리에서 일어나곤 했다. 그 의문에 대한 답은 불분명한 채로 남아 있었고, 나 자신의 불확실성은 기묘하고 매혹적인 어둠의 느낌을 동반하고 있었다. 하지만 그 돌이 나와 비밀스러운 관계를 맺고 있다는 것은 의심의 여지가 없었다. 나는 몇 시간이고 돌 위에 앉아 돌이 나에게 내준 수수께끼에 사로잡혀 있었다.

30년이 지난 후에 나는 다시 그 비탈에 올라서보았다. 나는 이미 결혼을 했으며 아이들과 집도 있고 사회적인 지위도 있었다. 머릿속에는 착상과 계획 들이 가득 차 있었다. 한순간, 나는 비밀스러운 의미로 충만한 불을 붙이고, 돌이 나인지 돌 위에 앉은 것이 나인지 알지 못한 채 돌 위에 앉아 있던 어린아이로 돌아갔다. 문득 취리히에서의 내 생활이 떠올랐다. 그것은 마치 다른 세계와 다른 시간으로부터 온 기별처럼 낯설게 여겨졌다. 그것은 유혹적이면서 동시에 충격적이었다. 내가 심취했던 유년시절의 세계는 영원한 것이었으며, 나는 그것으로부터 떨어져나와, 계속 굴러가며 점점 더 멀어져가는 시간 속으로 빠져들어가고 만 것이었다. 나는 나의 미래를 잃지 않기 위해 그 장소에서 억지로 몸을 돌려야만 했다.

나는 그 순간을 결코 잊을 수 없다. 왜냐하면 내 유년시절의 영원성이 번개와도 같이 내게 깨달아졌기 때문이다. 이 '영원성'이 의미하는 바는 곧 내가 열 살이 되었을 때 분명해졌다. 나 자신과의 불화와 거대한 세계 속에서의 불확실성은 나로 하여금 그 당시에는 이해되지 않았던 어떤 조치를 하게 했다.

그 무렵 나는 초등학교 학생들이 사용하는, 래커칠을 한 노란 필통을 가지고 있었는데 거기에 작은 자물쇠가 붙어 있었다. 그 필통 안에는 자가 하나 들어 있었다. 그 자의 끝부분에 나는 '프록코트와 높은 모자에 광택나는 검정 구두를 신은' 길이 6센티미터쯤 되는 성인 남자 인형(원문의 '작은 남자'라는 단어를 '인형' 혹은 '남자 인형'으로 번역한다—옮긴이)을 새겼다. 인형을 잉크로 까맣게 칠한 후 자에서 잘라내 필통에 넣어두었다. 그 속에는 내가 인형을 위해서 만든 작은 침대도 들어 있었다. 나는 모직옷감 조각으로 인형의 상의까지 만들어주었다. 그 인형 옆에 라인강에서 주워온 매끄럽고 길쭉한 검은 돌을 놓아두었다. 그 돌은 아래쪽과 위쪽을 나누어 다채롭게 물감을 칠했다. 오랫동안 바지주머니에 넣고 다니던 돌이었다. 그것은 인형의 돌이 되었다.

이 모든 것은 나도 알지 못하는 하나의 큰 비밀이었다. 나는 인형이 들어 있는 필통을 출입이 금지되어 있는 집 꼭대기 다락방(그곳은 마룻바닥이 벌레에 파먹히고 썩어서 위험하기 때문에 출입이 금지되어 있었다)으로 몰래 가지고 가서 지붕 뼈대를 이루는 들보 위에 감추어두고 무척 흐뭇해했다. 왜냐하면 그 필통은 누구도 볼 수 없기 때문이었다. 나는 어떤 사람도 그 필통을 거기서 발견하지 못하리라는 것을 알았다. 아무도 나의 비밀을 발견하여 망가뜨릴 수 없었다. 나는 안정감을 갖게 되었고 나 자신과의 불화로 인한 괴로운 감정은 사라졌다.

온갖 어려운 상황 가운데서, 다시 말해 내가 무슨 일을 저질렀거나 나의 예민한 감정이 상했을 때, 혹은 아버지의 흥분하기 쉬운 성격이나 어머니의 병약함으로 내가 침울해졌을 때, 나는 조심스럽게 싸서 침대에 뉘어놓은 남자 인형과 곱게 칠해진 매끄러운 그의 돌을 생각했다.

나는 아무도 나를 보지 않는다는 확신이 들 때만, 보통 일주일 간격으로 종종 몰래 꼭대기 다락방으로 올라갔다. 거기 들보 위로 기어올라가 필통을 열고 그 인형과 그 돌을 바라보곤 했다. 이렇게 할 적마다 나는 미리 어떤 글을 써놓은 작은 종이두루마리를 필통 속에 넣었다. 그 글은 내가 고안해낸 비밀문자로 학교 수업시간에 적어둔 것이었다. 그것은 작은 종잇조각이었는데, 빽빽하게 글을 써서는 돌돌 말아서 그 남자 인형이 보관하고 있도록 그에게 전달되었다. 새로운 종이두루마리 하나를 보탠다는 것은 항상 엄숙한 의식의 성격을 띠고 있었다고 기억된다.

유감스럽게도 나는 무슨 말을 인형에게 전하고 싶었는지 기억이 나지 않는다. 다만 나의 '편지들'이 인형에게 일종의 도서관을 의미했으리라는 것을 알고 있을 뿐이다. 그 편지들은 특히 내 마음에 드는 어떤 문장들이 아니었나 막연한 추측을 해본다.

이러한 행위의 의미 또는 그와 같은 것에 대해 내가 어떻게 설명할 수 있을 것인가 하는 것은 그 당시에는 문제가 되지 않았다. 아무도 모르고 누구의 손도 미칠 수 없는 무언가를 소유했다는 데서 오는 새로운 자신감과 만족감으로 충분했다. 그것은 결코 누설되어서는 안 되는 신성불가침의 비밀이었다. 왜냐하면 나의 자신감이 그 비밀에 의지하고 있었기 때문이었다. 어떻게 해서 그런가 자문해보지도 않았다. 그것은 그저 자연스러운 일이었다.

이와 같이 비밀을 소유한다는 것은 당시 나의 성격 형성에 깊은 영향을 미쳤다. 나는 이것을 내 이른 소년시절의 본질적인 요소, 즉 내게는 가장 뜻깊은 어떤 것으로 생각하고 있다. 그래서 유년시절의 남근상 꿈에 대해서도 누구에게 말한 적이 없었다. 제수이트 역시 말해서는 안 되는 신비로운 영역에 속했다. 돌과 함께 있었던 그 작은 나무인형은 아직 무의식적이며 유치하긴 하나 그 비밀을 형상화하려는 최초의 시도였다.

나는 언제나 그 비밀에 몰두해 있었고 그것을 탐색해야만 한다는 느낌을 가지고 있었다. 하지만 나는 내가 표현하려고 하는 것이 무엇인지는 알지 못했다. 나는 그 비밀이 어디에 있으며 무엇인지 나에게 설명해주고 가르쳐줄 어떤 것을 발견할 수 있기를 항상 바랐다. 아마도 그것은 자연 속에 있을지도 몰랐다. 그 무렵 식물이나 동물, 그리고 돌 들에 대한 흥미가 부쩍 생겼다. 나는 항상 무언가 신비로운 것을 찾고 있었다.

의식의 차원에서 나는 기독교적 의미로 종교적이었다. 그러나 "하지만 그것은 그다지 확실하지 않다!"면서 늘 깎아내리거나 "땅 밑에 있는 그것은 도대체 무엇일까?" 하는 질문이 항상 따라붙었다. 종교적인 가르침이 나에게 주입되면서 "이것은 아름답고 선한 것이다"라는 말들을 듣게 될 때, 나는 마음속으로 생각하곤 했다. '그렇긴 하지만 사람들이 모르는 아주 신비로운 다른 무언가가 있을 거야.'

남자 인형의 에피소드는 내 유년시절의 정점이었으며 종결이

기도 했다. 그것은 1년 정도 계속되었다. 그후 나는 서른다섯 살이 되기까지 그 사건을 까마득히 잊고 있었다.

내가 《리비도의 변환과 상징》이라는 책 준비에 골몰하면서 아를레스하임 근처 영혼의 돌들이 숨겨져 있는 장소와 오스트레일리아의 추룽가(호주 원주민의 숭배 대상으로, 대개 나무와 돌로 만들어짐. Churinga라고도 표기함—옮긴이)에 대한 책을 읽었을 때, 이러한 기억의 단편들이 유년시절의 안개 속에서 아주 명료하게 다시 떠올라왔다. 나는 모조물을 본 적이 없었으나 그러한 돌을 아주 정확한 이미지로 알고 있다는 사실을 불현듯 깨달았다. 나는 아래쪽과 위쪽이 구분되도록 칠해놓은 매끄러운 그 돌을 상상 속에서 바라보았다. 그 영상은 어쩐지 내게 친숙하게 여겨졌는데, 거기에 필통과 인형에 대한 기억이 보태졌다. 남자 인형은 외투를 입은 고대의 작은 신으로, 많은 옛날그림 속에서 아스클레피오스(의술의 신. 그의 의술로 모든 인간이 불멸의 존재가 될까 두려워 제우스가 그를 벼락으로 죽여버림—옮긴이) 옆에 서서 그에게 두루마리 하나를 읽어주고 있는 텔레스포로스였다.

이러한 회상을 함으로써, 전통을 거치지 않고도 개인의 마음속으로 침투해 들어올 수 있는 영혼의 고태적 구성요소가 있다는 확신이 처음으로 나에게 생겼다. 훨씬 나중에 낱낱이 살펴본 아버지의 장서에는 그러한 정보를 담고 있는 책은 한 권도 없었다. 아버지는 이러한 일에 대해서는 아무것도 알지 못했음이 입증된 셈이었다.

1920년 영국에 있을 때, 나는 유년시절의 경험을 조금도 회상하지 않는 가운데, 가느다란 나뭇가지를 가지고 서로 비슷한 두 개의 형상을 깎아냈다. 그중 하나를 더 큰 규모로 돌에다 다시 조각한 것이 지금 퀴스나흐트 우리집 정원에 서 있다. 그때 비로소 무의식이 그 작품에 이름을 부여해주었다. 그것은 '아트마빅투', 즉 '생명의 숨결'이라는 이름으로 불리었다. 그것은 유년시절의 저 유사(類似) 성적인 대상(꿈에서 본 남근상을 의미함—옮긴이)이 한층 발전한 것으로, 이제는 '생명의 숨결', 창조적인 충동으로 나타난 것이었다.

그 모든 것은 사실 외투에 싸여 '키스타' 속에 감추어져 있는 일종의 카비르(Kabir : 위대한 신들이라고도 하는데 어떤 때는 소인으로, 어떤 때는 거인으로 묘사되며 창조적인 것, 생명의 발생과 관계가 있음)로 여겨진다. 키스타에는 생명력을 저장해두는 물품, 즉 길쭉하고 검은 돌이 갖추어져 있다. 하지만 이런 연관성은 훨씬 후에야 비로소 깨닫게 되었다. 내가 어린아이였을 때 그 일이 나중에 아프리카 원주민에게서 발견한 것과 똑같은 방식으로 행해진 것이었다. 사람들은 우선 행동을 하지만 자신들이 무엇을 하는지는 전혀 알지 못한다. 많은 시간이 지난 후에야 비로소 거기에 대해 숙고해보는 것이다.

이제 반항아가 가까이 오도다
학창시절

나를 다른 길로 유혹한 것은 혼자 있고 싶은 열망,
고독이 주는 황홀감이었다.
자연은 내게 경이로 가득 찬 대상으로 보였고
나는 거기에 깊이 빠져들고 싶었다.

Carl Gustav Jung

카를 구스타프 융의 어머니(1848~1923)

신경증 발작을 일으키다

열한 살이 되던 해는, 그때 내가 바젤로 와서 김나지움에 들어 갔기 때문에 그만큼 내게 중요한 의미를 지녔다. 그리하여 나는 시골에서 같이 놀던 친구들과 헤어져 그야말로 '위대한 세계'로 들어오게 되었다. 그 세계에서는 아버지보다 훨씬 더 유력한 명 사들이 크고 화려한 저택에 살면서 빼어난 말들이 끄는 호화로운 마차를 타고 다녔으며, 품위있는 말투로 독일어와 프랑스어를 구 사했다. 좋은 옷에 세련된 예절을 갖추고 용돈이 풍족한 그들의 아들들이 이제 나의 동급생이 되었다.

나는 놀라움과 은밀하고 지독한 부러움을 안은 채 그들이 방학 동안에 알프스, 그러니까 취리히 근처 저 '불타오르는 눈덮인 산 들'에 다녀온 이야기를 들었다. 심지어 바다에 갔다온 이야기도 들었는데, 나는 정말 견딜 수가 없었다. 마치 그들이 또 다른 세 계, 즉 붉게 타오르는 눈덮인 산들의 다다를 수 없는 영광으로부터, 그리고 너무 멀어 상상조차 할 수 없는 바다로부터 온 존재들인 양 나는 놀란 눈으로 그들을 바라보곤 했다. 그때 나는 처음으로 우리가 가난하다는 사실, 아버지는 가난한 시골 목사요 나는 그보다 더 가난한 목사 아들이라는 사실을 깨달았다. 내 구두 바닥은 구멍이 뚫려, 젖은 양말을 신은 채 여섯 시간이나 수업을 받으며 앉아 있어야 했다.

나는 나의 부모를 다른 눈으로 보기 시작했다. 그들의 걱정과 염려들을 이해할 수 있게 되었다. 특히 아버지에 대해서 연민을 느꼈으나, 이상하게도 어머니에 대해서는 별로 연민이 생기지 않았다. 나로서는 어머니가 좀더 강해 보였다. 그런데도 아버지가 변덕스럽고 과민한 성질을 부릴 때면 나는 어머니 편이라고 느꼈다. 그것은 나의 성격 형성에 결코 바람직한 일이 못 되었다. 이러한 갈등에서 해방되기 위하여 나는 좋든싫든 부모님을 판정해야 하는 상위의 중재재판관 역할을 했다. 그것이 나에게 일종의 자만심을 야기했다. 그 자만심은 그렇지 않아도 흔들리는 자존심을 부추기기도 하고 동시에 약화시키기도 했다.

내가 아홉 살 때 어머니가 작은 여자아이를 출산했다. 아버지는 흥분하고 기뻐했다. 아버지가 나에게 "오늘밤 너에게 누이동생이 생겼다"고 말했다. 나는 무척 놀랐다. 이전에 그 일을 전혀 눈치채지 못했기 때문이었다. 어머니가 자주 침대에 누워 있는 것을 별로 이상하게 생각하지 않았다. 어쨌든 나는 그것을 변명의 여지가 없는 어머니의 약점이라고 여겼다.

아버지는 나를 어머니 침대 옆으로 데리고 갔다. 어머니는 작은 생명체를 팔에 안고 있었다. 그 모습은 무척 실망스러웠다. 노인처럼 붉고 쭈글쭈글한 얼굴에 눈을 감고 있었다. 아마도 갓 태어난 강아지처럼 눈을 뜨지 못하는 듯했다. 등에는 길고 붉은 금발이 두세 가닥 나 있었다. 사람들이 그것을 보라고 가리켰다. 원숭이가 되려는가? 나는 충격을 받고 어찌할 바를 몰랐다. 새로 태어난 아기는 저런 모습이란 말인가?

사람들은 황새가 아이를 데리고 온다고 수군거렸다. 그렇다면 한 배에서 나오는 강아지나 고양이 새끼들은 어떻게 되는가? 새끼들이 다 나올 때까지 황새는 몇 번이나 왔다갔다 해야 한단 말인가? 그리고 소의 경우는 어떻게 되는가? 나는 황새가 어떻게 송아지를 통째로 부리에 물고 운반할 수 있는지 상상할 수 없었다. 농부들은 소가 새끼를 낳는 것이지 황새가 송아지를 데리고 오는 것은 아니라고 말했다. 이런 이야기들 역시 나에게 건네진 저 속임수들 중 하나임이 분명했다. 나는 어머니가 내가 알아서는 안 되는 무언가를 또다시 행한 것이라고 확신하게 되었다.

누이동생의 갑작스러운 출현은 막연한 의혹을 나에게 남겼다. 그 의혹은 나로 하여금 날카로운 호기심을 가지고 예민하게 관찰을 하도록 했다. 그후 어머니가 보여준 수상쩍은 반응은 무언가 유감스러운 일이 누이동생의 출생과 관련된 것이 아닌가 하는 추측을 입증해주었다. 이 사건은 나를 더이상 괴롭히지는 않았지만, 내가 열두 살에 경험한 일을 첨예화하는 데 이바지했다.

어머니는 내가 누구를 방문한다든지 초대를 받아 가려고 하면 갖가지 잔소리를 내 등뒤에다 해대는 기분 나쁜 습관을 가지고 있었다. 이럴 때면 나는 평소보다 훨씬 좋은 옷을 입고 잘 닦인 구두를 신었을 뿐만 아니라, 나의 계획과 공개적인 출현에 대해 긍지를 느끼고 있었다. 하지만 어머니가 내 등뒤에 대고 "아빠 엄마의 안부 전하는 것을 잊지 말거라. 코 닦는 것도 잊지 말고. 너 손수건은 챙겼니? 손은 잘 씻었니?" 운운하는 말들을 길거리 사람들이 듣는다는 것은 나에게는 굴욕으로 느껴졌다. 자애심과 허영심에서 될 수 있는 한 흠잡을 데 없이 보이기 위해 신경을 썼음에도 불구하고, 이와 같이 나의 자만심을 뒤이은 열등감이 세상사람들 앞에서 드러난다는 것은 나로서는 정말 부당한 일로 여겨졌다.

이런 기회는 나에게 매우 중요한 의미를 지니고 있었다. 초대받은 집으로 가는 동안, 나는 평일에 일요일 정장을 입었을 때 항상 그랬던 것처럼, 나 자신이 기품있고 가치있는 존재로 느껴졌다. 그러나 내가 방문하려는 집이 시야에 들어오는 순간, 그런 생각은 현저히 바뀌었다. 그 집 사람들의 위세와 힘이 주는 인상으로 내 마음은 어두워지고 말았다. 그들이 두려워졌고, 초인종을 울릴 때가 되면 나는 작아져서 열네 발(두 팔을 활짝 벌린 길이로, 약 2미터—옮긴이)이나 되는 깊은 땅속으로 들어가고 싶기만 했다. 집 안에서 울리는 초인종소리가 내 귀에는 운명의 종소리처럼 들렸다. 나는 집으로 찾아들어온 개처럼 소심하고 겁이 났다.

어머니가 미리 나를 '제대로' 준비시켰을 때는 더욱 심했다. 내 귀에 다음과 같은 소리가 울렸다. "내 신발은 더럽고 손도 깨끗하지 못하다. 손수건도 없고 목덜미도 까맣다." 그러면 나는 반항심으로 부모의 안부를 전하지 않거나 괜히 고집을 부리며 수줍어하곤 했다. 사태가 아주 나빠질 때는 다락방에 있는 나의 은밀한 보물을 생각했다. 그러면 사람으로서의 가치를 되찾는 데 도움이 되었다. 이를테면 내가 쓸쓸할 때도 나 자신이 범접할 수 없는 비밀, 즉 프록코트에 높은 모자를 쓰고 있는 남자 인형과 돌을 간직하고 있는 '다른 인간'일 수도 있다는 사실을 떠올렸다.

나는 '주 예수' 또는 검은 예복을 입은 제수이트, 프록코트에 높은 모자를 쓰고 무덤가에 서 있는 남자들, 무덤을 닮은 초원의 구멍, 남근상이 있는 지하사원 들이 필통 속의 내 남자 인형과 어떤 연관성이 있을 가능성에 대해 소년시절에 생각해본 적이 있는지 기억할 수 없다. 남근상 모양을 한 신의 꿈이 내 최초의 엄청난 비밀이었으며, 남자 인형은 그 다음 비밀이었다. 그런데 오늘날 생각해보면, 나는 '영혼의 돌'과 '나 자신'이기도 했던 그 돌과의 연관성은 어렴풋이나마 느끼고 있었던 것 같다.

여든세 살의 나이에 지난날의 기억들을 적어나가고 있는 오늘에 이르기까지, 아주 어린시절의 기억들이 어떤 연관성을 가지고 있는지 충분히 밝혀지지는 않았다. 그 기억들은 지하에서 서로 얽혀 있는 하나의 뿌리에서 각각 뻗어나간 작은 가지들과 같으며, 무의식의 발달과정에 있는 정류장들과 같다.

'주 예수'에 대해서 긍정적인 태도를 갖는 것이 차츰 불가능해지기는 했지만, 열한 살 때부터 신의 관념에 흥미를 가지기 시작했다는 것은 기억하고 있다. 나는 신에게 기도하기 시작했다. 그것은 모순이 없는 듯이 여겨졌으므로 어쨌든 나를 만족시켜주었다. 신은 나의 불신감으로 어수선해지는 그런 대상이 아니었다. 게다가 신은 검은 예복을 입고 있는 사람이 아니었으며, 그림 속에서 화려한 옷을 걸치고 있는, 사람들과 매우 친밀한 '주 예수'도 아니었다.

신은 예수보다 훨씬 독특한 존재로서, 내가 들은 바에 의하면, 그에 관한 사람들의 상상은 그 어떤 것도 정확하지 않았다. 사실 신은 아주 힘센 노인과 같은 그런 존재였으나 무척 흡족하게도 "너희는 어떤 형상이나 어떤 닮은 것도 만들지 말라"고 했다. 따라서 사람들은 '비밀'이 아닌 '주 예수'를 대하듯이 신과 그렇게 친밀해질 수는 없었다. 나의 다락방 비밀과의 어떤 유사성에 대해 어렴풋이 눈을 뜨기 시작했다.

학교생활이 따분해졌다. 그것은 너무 많은 시간을 빼앗았다. 차라리 그 시간에 전쟁그림을 그리고 불장난을 하며 보냈으면 싶었다. 종교시간은 말할 수 없이 지루했다.

수학시간에는 심한 불안을 느꼈다. 선생은 대수(代數)가 아주 자명하다는 식으로 큰소리를 쳤지만, 나는 아직 수 그 자체가 무엇인지 알지 못했다. 수는 꽃이나 동물, 화석도 아니었다. 수라는 것은 상상할 수 있는 것이 아니고 헤아림을 통해 생겨나는 수량에 불과했다. 혼란스럽게도 이 수량은 이제 소리를 의미하는 문자로 대체되어, 말하자면 사람들이 들을 수 있게 되었다. 더욱 이상하게도 급우들은 이 수들을 다룰 줄 알았으며, 자명한 것으로 여겼다. 아무도 나에게 수가 무엇인지 설명해주지 못했고, 나는 그러한 의문을 조리있게 말할 수도 없었다. 이러한 나의 어려움을 아무도 이해하지 못하고 있다는 사실을 알고는 공포스럽기까지 했다.

선생은 이해할 수 있는 수량을 소리로 바꾸는 이 기묘한 조작의 목적에 대해 나에게 설명해주려고 무진 애를 썼고 나는 그 수고를 인정하지 않을 수 없었다. 나는 그 조작의 목적이 일종의 단축체계이며, 그렇게 함으로써 다수의 수량이 간단한 공식 속에 정리될 수 있다는 사실을 마침내 깨달았다.

그러나 이러한 것은 나의 흥미를 조금도 끌지 못했다. 나는 이 모든 것이 아주 임의적이라고 생각했다. 수를 소리로 나타내야만 한다면 마찬가지로 사과나무(Apfelbaum)를 a로, 배나무(Birnbaum)을 b로, 물음표를 x로 나타내도 되지 않겠는가. a, b, c, y 그리고 x는 어떤 구체적인 것도 아니고, 사과나무라는 말과 마찬가지로 수의 본질에 대해서 나에게 설명해주는 것도 없었다.

그런데 그중에서도 나를 가장 격앙시켰던 것은 a=b, b=c이면 a=c가 된다는 그런 공식이었다. 확정된 정의에 의한다면, a는 b와 다른 것을 가리키므로 별개의 것이며 b와 똑같이 취급될 수 없는 것이었다. c 역시 말할 필요도 없었다. 등식을 다루는 경우에는 a=a, b=b 등으로 말해지는 것인데, a=b는 즉각 거짓말이나 속임수로밖에 여겨지지 않았다.

그와 마찬가지로 나를 격앙시킨 것은, 선생이 자신이 주장했던 평행선의 정의에 반하여 평행선이 무한대로 가면 서로 교차한다고 말했을 때였다. 이런 것은 시골사람을 등치는 어리석은 속임수와 다를 바 없다고 생각되었다. 나는 그런 속임수와는 상관할수도 없고 상관해서도 안 되었다. 나의 지적 도덕성은 내가 수학을 이해하는 것을 방해하는 이런 장난 같은 모순들과 싸웠다.

만일 내가 학우들처럼 a=b, 혹은 태양=달, 개=고양이 들과 같은 공식들을 갈등없이 받아들일 수 있었다면, 수학이 끝도 없이 나를 속였을지도 모른다는 느낌을 노년에 이르기까지 고집스럽게 가지고 있다. 어느 정도까지 속임을 당했을까는 여든세 살의 나이에 비로소 뭔가 짐작이 간다. 내가 적절하게 계산할 수 있다는 것은 전혀 의심의 여지가 없었는데도 어찌하여 수학과 관계를 맺지 못했는지, 그것은 한평생 나에게 수수께끼로 남아 있었다. 그런데 수학에 대한 나 자신의 '도덕적인' 의혹은 나로서는 가장 이해할 수 없는 것으로 여겨졌다.

나는 그때마다 문자가 있는 자리에 특정한 수치를 끼워넣고 구체적으로 검산하여 그 조작의 의미를 확인함으로써만 방정식을 이해할 수 있었다. 수학을 계속 공부해나가는 과정에서 나는 그 내용을 알 수 없는 대수공식을 베끼기도 하고, 특별하게 결합된 문자들이 칠판 어디에 있었던가를 새겨둠으로써 어느 정도는 따라갈 수 있었다.

검산만으로는 더이상 해나갈 수가 없었다. 왜냐하면 선생이 "이제 우리는 여기에 '수식'을 끼워넣는다"고 하면서 칠판에 두서너 문자를 그리는 일이 종종 발생했기 때문이었다. 나는 그 문자가 어디서 무슨 목적으로 나왔는지 알지 못했다. 선생이 자신에게 만족스러운 진행결과를 가져올 수 있도록 하기 위해 그런 것 같기도 했다. 나는 나 자신의 이해부족으로 몹시 주눅이 들어 있었기 때문에 감히 물어볼 생각도 하지 못했다.

수학수업은 나에게는 정말 무섭고 괴로운 시간이 되고 말았다. 다른 과목은 쉬웠다. 수학에서도 나의 우수한 시각기억 덕분에 오랫동안 감쪽같이 속일 수 있었으므로 대개 좋은 점수를 딸 수 있었다. 그러나 실패에 대한 두려움과 나를 둘러싼 광대한 세계 앞에서 느끼는 왜소감은 내 마음에 의욕상실뿐만 아니라 일종의 은밀한 회의를 불러일으켰다. 이러한 것들이 학교를 극도로 싫어하게 만들었다.

게다가 나는 재능이 전혀 없다는 이유로 미술시간을 면제받기도 했다. 이것은 시간을 얻게 되어 환영할 만한 일이긴 했지만, 나에게 미술재능이 없는 것도 아니어서 또 하나의 새로운 패배를 의미하기도 했다. 물론 나는 그 재능이 근본적으로 나 자신의 기분에 좌우된다는 사실을 알지 못했다. 다시 말해 나의 상상력이 발휘되는 대상만을 그릴 수 있었다. 그러나 나는 장님 눈을 하고 있는 그리스 신들의 모형을 그대로 그려야만 했고, 그것이 잘 안될 때는 좀더 자연스러운 것이 나에게 필요하다고 생각했는지, 선생이 내 앞에 염소 머리를 모사한 그림을 갖다놓기도 했다. 이 과제에서도 나는 완전히 실패하여, 그것이 내 미술수업의 마지막이 되고 말았다.

열두 살은 나에게 참으로 숙명적인 해가 되었다. 1887년 초여름 어느 날, 나는 방과후 12시 무렵 대성당 광장에 서서 같이 학교를 다니는 친구를 기다리고 있었다. 그런데 갑자기 다른 소년이 나를 한 대 때리는 바람에 나는 쓰러지고 말았다. 나는 보도(步道) 경계석에 머리를 부딪혀 그 충격으로 정신이 몽롱해졌다. 반시간가량 머리가 좀 어지러웠다. 얻어맞는 순간, 번개같이 한 생각이 떠올랐다. '이제 너는 더이상 학교에 갈 필요가 없다!'

나는 반쯤만 정신이 멍했는데도 음흉한 공격자에 대한 복수심에서 필요 이상으로 조금 더 그대로 누워 있었다. 그러자 사람들이 나를 그 근처 독신인 두 늙은 친척아주머니 집으로 데려갔다.

그후 나는 학교로 다시 가야 할 때가 되면 그 즉시 기절하기 일쑤였다. 부모가 숙제를 마무리하라고 재촉할 때도 마찬가지였다. 나는 반년 이상이나 학교를 쉬었다. 그것은 내가 '간절히 바라던 꿈'이었다. 나는 자유로울 수 있었고, 몇 시간이고 공상에 잠길 수도 있었으며, 어디든 물가와 숲 속에서 가만히 있거나 그림을 그릴 수도 있었다. 나는 사나운 전투장면이나 공격을 받아 불타는 옛성곽을 그리기도 하고 전체 지면을 만화로 채우기도 했다. (오늘날에도 잠들 무렵이면 그런 만화들이 가끔 떠오른다. 이빨을 드러낸 채 계속 모습을 바꾸는 광대들. 주로 내가 아는 사람들의 얼굴이었는데 나타나자마자 사라지곤 했다.)

무엇보다 나는 신비로운 세계에 몰두할 수 있었다. 그 세계에는 나무들, 물, 늪, 돌, 짐승들, 그리고 아버지의 서재 등이 속해 있었다. 모든 것이 경이로웠다. 하지만 나는 점점 더 그 세계로부터 멀어져가면서 어렴풋이 양심의 가책을 느꼈다. 나는 방랑, 독서, 수집, 놀이 등으로 시간을 빈둥빈둥 보냈다. 그러면서도 나는 거기에서 행복감을 느낄 수 없었다. 오히려 나 자신으로부터 도망치고 있음을 막연하게 의식하고 있었다.

나는 이러한 모든 일이 어떻게 일어나게 되었는지 깨끗이 잊었으나, 걱정하는 부모에 대해 송구한 마음은 가지고 있었다. 부모는 여러 의사를 찾아가 상담했다. 의사들은 머리를 긁적이며 나를 빈터투어에 있는 친척들에게 보내 휴가를 지내도록 했다. 거기에는 나에게 끝없는 황홀감을 안겨준 기차역이 있었다. 그러나 내가 집으로 돌아왔을 때 모든 것은 이전 그대로였다.

어느 의사는 내가 간질병에 걸렸다고 추측했다. 그 무렵 나는 간질병 발작이 어떤가를 알고 있었기 때문에 마음속으로 그런 허튼소리를 비웃었다. 하지만 부모는 그 반대로 이전보다 더욱 걱정을 했다. 그러던 어느 날 아버지의 친구 한 사람이 우리집을 방문했다. 두 사람은 정원에 앉아 있었고, 나는 누를 수 없는 호기심에 사로잡혀 그들 뒤에 있는 빽빽한 숲 속에 숨어 있었다. 손님이 아버지에게 "그런데 아들은 좀 어떤가?" 하고 묻는 소리가 들렸다. 아버지가 대답했다. "아, 그건 슬픈 일이네. 의사들도 이제는 그 아이가 무엇이 잘못되었는지 모르고 있네. 그들은 혹시 간질병이 아닌가 생각하네. 그 아이가 만일 불치의 병에 걸렸다면 끔찍한 일일세. 나는 얼마 안 되는 재산을 다 써버렸어. 만일 그 아이가 자립해서 살아갈 수 없다면 그 아이는 장차 어떻게 되겠는가?"

나는 벼락을 맞은 듯 충격을 받았다. 그것은 현실과의 충돌이었다. '아, 그래. 그렇다면 나는 공부를 해야만 한다!' 그런 생각이 머리를 쳤다.

그후 나는 진지한 아이가 되었다. 나는 슬며시 그곳을 빠져나와 아버지 서재로 들어가 내 라틴어문법책을 가지고 와서 집중하여 열심히 공부하기 시작했다. 10분 뒤에 나는 기절발작을 일으켰다. 나는 의자에서 떨어질 뻔했으나 몇 분이 지나자 상태가 다시 좋아져 공부를 계속했다. "빌어먹을, 졸도 따위는 하지 않을 거야." 나는 속으로 중얼거리며 결심대로 밀고나갔다. 그렇게 15분 가량 지나서 두 번째 발작이 일어났다. 이것도 첫 번째 발작과 마찬가지로 지나갔다. "자, 이제 정말로 너는 공부해야만 해!" 나는 꾹 참아냈다. 한 시간 후에 세 번째 발작이 일어났다. 그래도 나는 포기하지 않고 발작을 이겨냈다고 느낄 때까지 한 시간을 더 공부했다.

갑자기 나는 이전 몇 달의 상태보다 나아진 것을 느꼈다. 정말이지 발작은 다시 일어나지 않았다. 그날부터 나는 문법책과 연습장을 가지고 매일 공부했다. 몇 주 후 나는 다시 학교로 돌아갔다. 학교에서도 더이상 발작이 일어나지 않았다. 모든 속임수는 끝이 났다! 여기서 나는 신경증(Neurose)이 무엇인지 배우게 되었다.

모든 일이 어떻게 일어나게 되었는지 차츰 기억이 어렴풋이 되살아났다. 그 수치스러운 사건 전체를 조정해온 것은 바로 나 자신이라는 사실을 분명히 알게 되었다. 그러했기 때문에 나를 밀쳐 넘어뜨린 친구에게 나는 한 번도 심하게 화를 내지 않은 것이었다. 그 친구는 이를테면 그 사건에 '끼워진' 것에 불과하며 내 편에서 그 사건을 간교하게 조정했다는 것을 나는 알았다. 이런 일이 두번 다시 일어나서는 안 되는 것이었다! 나는 나 자신에게 분노했고 동시에 자신을 부끄럽게 여겼다. 왜냐하면 내가 나 자신에게 옳지 않은 일을 했으며 나 자신에게 웃음거리가 되었다는 것을 알았기 때문이었다. '다른 누구 탓도 아니다. 나 자신이 가증스러운 탈영병이었다!' 그후로 부모님이 나를 염려한다거나 동정하는 어조로 나에게 말하는 것을 더이상 참을 수 없었다.

신경증은 나의 또 다른 비밀이 되었다. 그런데 그것은 부끄러운 비밀, 일종의 패배였다. 그럼에도 신경증은 나를 결국 아주 꼼꼼한 사람으로 만들었고 특히 부지런한 사람이 되게 했다. 그럴 무렵 나는 성실해지기 시작했다. 그것은 내가 무언가 덕을 보려고 하는 외관상의 성실성이 아니라 바로 나 자신을 위한 성실성이었다. 나는 공부를 하기 위해 규칙적으로 아침 5시에 일어났다. 때로는 학교에 가기 전에 새벽 3시부터 아침 7시까지 공부한 적도 있었다.

나를 다른 길로 유혹한 것은 혼자 있고 싶은 열망, 고독이 주는 황홀감이었다. 자연은 내게 경이로 가득 찬 대상으로 보였고, 나는 거기에 깊이 빠져들고 싶었다. 돌 하나, 식물 하나, 그 모든 것이 생동하고 있는 것으로 보였고 형용할 수 없는 듯이 여겨졌다. 그 무렵 나는 자연으로 빠져들면서, 말하자면 자연의 본질 속으로 숨어들면서 모든 인간세계로부터 멀리 떨어져 있었다.

너는 누구냐?

이 시기에 나는 또 하나의 중요한 체험을 했다. 그 일은 내가 살고 있던 클라인 휘닝겐에서 바젤까지 가는 긴 등교길에서 일어났다.

한순간 갑자기, 지금 여기에 '내'가 있다는 의식과 함께, 내가 짙은 구름 속에서 막 빠져나온 듯한 강렬한 느낌을 받았다. 마치 안개의 벽 같은 것이 나의 등뒤에 있었고, 그 벽 너머에는 아직 '나'라는 것이 존재하지 않았다. 하지만 이 순간 '나에게 내가' 생겨났다. 이전에도 내가 존재하고는 있었으나 모든 일이 단지 우연히 일어났을 뿐이었다. 그러나 지금은 '내'가 이제 여기 있고, 내가 이제는 존재한다는 사실을 알게 되었다. 전에는 무슨 일을 할 때 내가 옆으로 밀려나 있었으나 지금은 '내'가 스스로 하고자 한다.

이러한 경험은 나에게 대단히 중요하고 새로운 것으로 여겨졌다. 나의 내부에 '권위자'가 자리잡았다. 이상하게도 이 무렵과 외상성 신경증이 있었던 수개월 동안, 나에게는 그 다락방 보물에 대한 모든 기억이 지워져 있었다. 그렇지 않았다면 나는 권위 감정과, 보물이 나에게 불어넣었던 가치감정 사이의 유사성에 대해 그때 벌써 관심을 가졌을지도 모른다. 하지만 그렇게 되지는 않았고 필통에 대한 기억들은 모두 사라져버렸다.

그 무렵 한번은 비어발트슈테터호반에 집을 가지고 있던 친지 가족으로부터 방학 동안 초대를 받았다. 무척 기쁘게도 그 집은 바로 호숫가에 있었고, 보트장과 노 젓는 보트 한 척이 있었다. 집주인은 그의 아들과 나에게 보트를 사용하도록 허락해주면서 경솔한 짓을 하지 않도록 조심하라고 단단히 주의를 주었다.

나는 이미 바이드링(작은 고깃배 종류—옮긴이)을 노 저어 가는 법을 알고 있었는데, 그것이 오히려 좋지 않은 결과를 낳고 말았다. 그 배는 서서 노를 저어야 했다. 우리집은 바덴강변의 휘닝겐 아바투치 성채의 오래된 요새 참호에 그런 종류의 낡고 작은 배를 가지고 있었다. 우리는 그 배 안에서 온갖 경솔한 장난을 시험 삼아 해보았다. 그런 경험이 있었으므로 나는 우선 보트의 고물에 자리를 잡고 서서 맨손으로 노 하나를 가지고 배를 호수 쪽으로 밀어냈다.

그런 행동은 주인이 볼 때는 지나친 것이었다. 그는 휘파람을 불어 우리가 돌아오도록 한 다음 나를 매우 호되게 꾸짖었다. 나는 완전히 풀이 죽고 말았다. 나는 그가 금지한 바로 그 일을 저질렀다는 것과 그러므로 그의 꾸지람이 지당하다는 것을 인정하지 않을 수 없었다.

그러나 동시에 이런 뚱뚱하고 무식한 멍청이가 감히 '나'를 모욕했다는 사실로 인해 분노에 사로잡혔다. 이 '나'는 단지 성장한 인간에 불과한 것이 아니라 중요한 인물이며, 권위자요, 직위와 위엄을 갖춘 사람이며, 나이 든 남자요, 존경과 경외의 대상이었다. 하지만 기이하게도 현실과는 그토록 대비가 되었으므로 나는 곧바로 나 자신의 분노를 억제했다. 또한 다음과 같은 의문이 떠올랐기 때문이기도 했다. '그래, 그러면 너는 누구냐? 너는 마치 자기가 대단하다고 내세우는 악동처럼 반응하고 있구나! 게다가 너는 그 사람이 전적으로 옳다는 것을 알고 있다! 너는 열두 살에 불과한 학생이지만, 그는 한 집안의 가장인 데다 집 두 채와 멋진 말도 여러 필 가지고 있는 세력가요 부자이지 않은가.'

그때 몹시 난처하게도 나 자신이 실제로는 두 개의 서로 다른 인간이라는 생각이 들었다. 하나는 수학도 잘 모르고 자신감이 없는 학생이었으나, 다른 하나는 위대한 권위를 지닌 중요한 인물로 경시해서는 안 될 사람이며 그 공장주(집주인을 가리키는 말인 듯함—옮긴이)보다 더 막강하고 영향력을 지니고 있는 인물이었다. 이 사람은 18세기에 사는 노인으로, 조임쇠가 있는 신발에 하얀 가발을 쓰고 높고 오목한 뒷바퀴들이 달린 마차를 타고 다녔다. 그 바퀴들 사이에는 좌석 하단부가 용수철과 가죽띠 위에 얹혀 있었다.

나는 이를테면 기이한 체험을 한 적이 있다. 우리가 바젤 옆의 클라인 휘닝겐에 살고 있던 어느 날, 고풍스러운 녹색 마차 한 대가 슈바르츠발트에서 달려나와 우리집 앞을 지나갔다. 그것은 너무 오래되어서 마치 18세기 마차 같았다.

그것을 보는 순간, 나는 벅차오르는 감정을 느꼈다. "저것이다! 저 마차는 분명히 '나의' 시대에서 온 것이다." 그 마차는 마치 내가 직접 타고 다녔던 것과 똑같은 종류이기 때문에 내가 그것을 다시 알아보는 것 같았다! 그러자 누군가가 나에게서 무언가를 훔쳐간 것처럼, 혹은 속임을 당하여 나의 사랑하는 과거를 빼앗겨버린 듯 메스꺼운 느낌이 들었다. 마차는 그 시대의 유물이었다! 그때 무엇이 나의 내부에서 일어났는지, 무엇이 나에게 그토록 강한 인상을 주었는지 표현할 수가 없다. 동경이라고 해야 할지, 향수라고 해야 할지, 재인식이라고 해야 할지. '그래, 저거였어! 그래, 저거였어!'라고 말이다.

나는 18세기로 되돌아간 듯한 체험을 또 하나 했다. 친척아주머니 집에서 나는 18세기의 조각상, 두 인물로 구성된 채색 테라코타 작품을 본 적이 있다. 18세기 말 바젤 사람들에게 잘 알려진 노년의 슈튀켈베르거 박사를 묘사한 작품이었다. 또 다른 형상은 그의 환자였는데, 그녀는 혀를 내민 채 눈을 감고 있었다.

그 전설적인 이야기는 다음과 같았다. 연로한 슈튀켈베르거 박사가 한번은 라인강 다리를 건너고 있을 때, 그를 자주 성가시게 하는 여자환자가 다가와서 그에게 또다시 뭔가를 호소했다. 노신사가 대답했다. "그래요 그래, 당신 몸이 어딘가 좋지 않은 게 분명하오. 잠깐 혀를 내밀고 눈을 감아보시오." 환자는 그의 지시대로 했다. 그 순간 그는 그 자리에서 달아나버리고 그녀는 혀를 내민 채 그곳에 서 있었다. 사람들의 웃음거리가 되고 만 것이다.

그런데 그 늙은 의사의 조각상은, 내가 이상하게도 나 자신의 것 혹은 그와 비슷한 것이라고 인식했던 그 조임쇠 신발을 신고 있었다. 나는 '저건 내가 신었던 신발이구나' 하는 확신이 들었다. 그때 그 확신으로 나는 완전히 혼란에 빠졌다. "그래, 저건 내 구두야!" 나는 내 발에서 그 신발을 느낄 정도였다. 하지만 이런 이상야릇한 느낌이 어디서 오는 것인지 설명할 수는 없었다. 어찌하여 내가 18세기에 속하는가? 그 무렵 나는 종종 1886년을 1786년이라고 쓰곤 했다. 그런 일은 항상 설명하기 힘든 향수(鄕愁)가 동반되면서 일어났다.

그때 비어발트슈테터호숫가의 보트를 가지고 엉뚱한 짓을 하고 나서 거기에 상응하는 벌을 받은 다음 내 생각을 따라가보았을 때, 그때까지 얻은 별개의 인상들이 하나의 통일된 이미지로 완성되었다. 즉, 나는 두 시대에 살고 있고 서로 다른 두 개의 인격이라는 것이었다. 나는 이 결과에 혼란을 느끼고 깊이 숙고하게 되었다.

마침내 나는 실망스러운 마음으로 다음과 같은 사실을 인식하기에 이르렀다. 나는 어떻든 지금은 작은 학생에 불과하다는 사실, 그의 처벌을 받아 마땅하고 그의 나이에 맞게 예절을 지켜주어야 한다는 사실 들이었다. 나의 다른 측면은 의미가 없음이 틀림없었다.

나는 그 측면이 부모님이나 친척들로부터 들은 조부(祖父)에

관한 많은 이야기와 관련이 있지 않은가 추측하기도 했으나, 그
것 역시 사실과 달랐다. 왜냐하면 조부는 1795년에 태어나 19세
기에 살았고, 더군다나 그는 내가 태어나기 훨씬 전에 사망했기
때문이었다. 내가 나를 조부와 동일시한다는 것은 있을 수 없는
일이었다. 그 당시 이런 생각들은 물론 단지 막연한 예감이요 꿈
일 뿐이었다.

그 무렵 내가 괴테와 친척간이라는 전설적인 이야기에 대해 알
고 있었는지는 기억이 나지 않는다. 나는 그런 이야기를 낯선 사
람들에게서 먼저 들었기 때문에, 그 무렵 내가 거기에 대해 알고
있었다고는 생각하지 않는다. 소위 조부가 괴테의 서자였다는 불
쾌한 전설이 전해내려오고 있었던 것이다.

수학과 미술 수업의 패배에 세 번째 패배가 보태졌다. 그것은
체조였는데, 나는 처음부터 그 과목이 싫었다. 아무도 내게 몸을
어떻게 움직이라고 규칙을 정해주지 않았다. 나는 무언가를 배우
려고 학교에 간 것이지, 쓸모없고 의미없는 곡예는 하고 싶지 않
았다. 게다가 이전 사고의 후유증으로 나는 신체와 관련된 것에
대해 일종의 소심증이 생겼다. 한참 지난 후에야 비로소 어느 정
도 그 소심증을 극복할 수 있었지만 말이다.

이러한 소심증은 세계와 그 가능성에 대한 불신과도 관련이 있
었다. 이 세상은 나에게 아름답고 매력적으로 보이긴 했으나 막
연한 위험과 무의미한 것으로 가득 차 있었다. 따라서 나는 항상
무엇이 내게 닥치는지, 그리고 내가 신뢰하는 사람이 누구인지

먼저 알고 싶어했다. 아마도 이것은 수개월 동안 나를 버렸던 어머니와 관련이 있지 않겠는가? 의사가 내 상처 때문에 체조를 하지 못하도록 했을 때 나는 아주 만족했다. 나는 그 부담은 벗었지만 또 하나의 패배를 감수해야 했다.

같은 해(1887) 어느 맑은 여름날, 나는 정오에 학교를 나와 대성당 광장으로 갔다. 하늘은 눈부시게 푸르고 햇빛이 찬란하게 비쳤다. 대성당 지붕은 햇빛 속에 반짝이고 태양은 다채로운 색깔로 윤을 낸 기와에 반사되고 있었다. 나는 그 광경의 아름다움에 압도되어 이렇게 생각했다. '세계는 아름답고 교회도 아름답다. 하느님은 이 모든 것을 창조하시고 푸른 하늘 저 너머 황금보좌에 앉아 있다. 그리고……'

그러자 생각에 구멍이 뚫리고 숨이 막히는 기분이었다. 나는 마비되는 듯한 느낌 속에서 단지 다음과 같은 생각만을 하고 있었다. '더이상 생각을 하지 말자. 무언가 무서운 일, 생각하고 싶지 않은 일, 결코 가까이 다가가서는 안 되는 일이 일어나려 하고 있다. 왜 안 되는가? 왜냐하면 너는 가장 무서운 죄를 범하려 하고 있기 때문이다. 가장 무서운 죄가 무엇인가? 살인? 아니다. 그것일 수 없다. 가장 무서운 죄는 성령을 거스르는 죄이며 그것은 용서를 받을 수 없다. 이 죄를 짓는 자는 저주를 받아 영원히 지옥에 떨어지게 될 것이다. 만일 부모가 그토록 아끼는 외아들이 영원히 저주받는 운명이 된다면 부모에게는 몹시 비통한 일이다. 나는 부모가 그런 일을 당하도록 할 수 없다. 나는 어찌해서

든지 더이상 그것에 관해 생각해서는 안 된다!'

그것은 생각하기는 쉽지만 행하기는 어려웠다. 먼 길을 걸어 집으로 돌아오는 동안 나는 갖가지 다른 것을 생각하려고 애를 썼으나, 자꾸만 내가 무척 좋아하는 그 아름다운 대성당과 보좌에 앉아 있는 하느님 생각으로 돌아오곤 했다. 그러면 내 생각들은 전기충격을 받은 것처럼 다시금 다른 방향으로 흩어져 날아가 버리는 것이었다. 나는 나 자신에게 되풀이해서 말했다. "제발 그것만은 생각하지 마라. 제발 그것만은 생각하지 마라!"

나는 자못 마음이 어지러운 상태로 집에 도착했다. 어머니는 나에게 뭔가 좋지 않은 일이 생긴 것을 눈치채고 물었다. "왜 그러느냐? 학교에서 무슨 일이 있었느냐?" 나는 거짓말을 할 필요 없이 학교에서 아무 일도 없었다고 확실히 말할 수 있었다. 만일 어머니에게 내가 혼란스러운 진정한 이유를 고백할 수 있다면 도움이 될 것이라는 생각은 하고 있었다. 그러기 위해서는 나의 생각을 끝까지 밀고나가야 하는데 그것은 불가능하게 여겨졌다. 어머니는 전혀 짐작조차 하지 못했다. 그 착한 어머니는 내가 용서받지 못할 죄를 범하고 지옥으로 굴러떨어지려는 아주 위험한 상황에 있다는 것을 알 리가 없었다. 나는 고백할 생각을 포기하고, 될 수 있는 한 눈치채지 못하게 조용히 있으려고 했다.

그날 밤 나는 잠이 잘 오지 않았다. 내가 알지 못하는 금지된 생각이 자꾸만 밀려들어오려고 해서, 나는 그것을 막으려고 필사적으로 몸부림을 쳤다. 그후 이틀은 너무나 괴로웠으며, 어머니는 내가 병이 난 것이라고 확신했다. 그러나 나는 고백하고 싶은 유혹을 끝까지 물리쳤다. 그런 고백은 부모에게 커다란 슬픔을 안겨줄 것이라는 생각이 그 유혹을 물리치는 데 도움이 되었다.

사흘째 되는 밤, 견딜 수 없을 정도로 괴로워서 나는 어찌해야 할 바를 몰랐다. 내가 어지러운 잠에서 깨어나자마자 또다시 대성당과 하느님에 대한 생각을 하고 있다는 것을 문득 깨달았다. 나는 하마터면 그 생각을 이어갈 뻔했다! 나는 저항의지가 약해지는 것을 느꼈다. 마음이 불안하여 땀에 흠뻑 젖은 채 잠을 쫓아버리려고 침대에서 일어나 앉았다.

'지금 그것이 다가오고 있다. 지금 문제가 심각하다! 나는 생각해야만 한다. 그러기 전에 미리 숙고해보아야 한다. 나는 왜 내가 알지도 못하는 것을 생각해야만 하는가? 나는 맹세코 원하지 않는 일이다. 그건 분명하다. 그런데 누가 그것을 원하는가? 누가 나로 하여금 나 자신도 알지 못하고 알고 싶지도 않은 어떤 것을 생각하도록 강요하고 있는가? 이 무서운 의지는 어디서 오는 것인가? 왜 내가 거기에 복종하는 사람이 되어야 하는가? 나는 이 아름다운 세상을 만드신 창조주를 찬양하고 이 측량할 수 없는 선물에 대해 그분에게 감사하고 있는데, 나는 왜 상상도 할 수 없을 만큼 사악한 어떤 일을 생각해야만 하는가? 나는 정말이지 그것이 무엇인지 잘 모른다. 왜냐하면 나는 이런 생각의 근처에도 감히 다가갈 수 없고 또 감히 다가가서도 안 되기 때문이다. 나는 그것을 만들지도 않았고 원하지도 않았다. 그것은 악몽처럼 나에게로 온 것이다. 그런 것들이 어디서 오는 것일까? 그것은 나와는 무관하게 일어난 것이다. 그 이유가 무엇인가? 아무튼 나는 나 자신을 창조하지 않았고 하느님이 만든 그대로, 다시 말해 부모님에 의해 이루어진 그대로 세상에 태어났다. 혹시 내 부모가 이런 일을 원했을까? 착한 내 부모는 결코 그런 것을 생각하지 않았을 것이다. 그토록 불경스러운 것을 부모가 생각했을 리 없다.'

나는 이런 사념(思念)이 매우 우스꽝스럽다는 것을 알았다. 그때 나는 초상화로만 알고 있는 조부모에 대해 생각했다. 그들은 비난받을지도 모르는 나의 사념을 수그러지게 할 만큼 무척 너그럽고 품위를 갖춘 것처럼 보였다. 내가 알지 못하는 조상들의 긴 계보를 대충 훑어올라가 마침내 아담과 이브에게까지 이르렀다. 그렇게 해보니 결정적인 생각이 떠올랐다.

아담과 이브는 최초의 인간들로서 부모가 없었다. 하느님에 의해 직접 그의 의도대로, 그들이 그러했던 모습 그대로 만들어졌다. 그들은 선택의 여지 없이 하느님이 창조한 대로 존재해야만 했다. 그들은 어떻게 하면 그들이 다르게 될 수 있는지 알지 못했다. 그들은 하느님의 완전한 피조물이었다. 왜냐하면 하느님은 오로지 완전한 것만 창조하기 때문이다.

그런데도 그들은 하느님이 원치 않는 일을 행함으로써 최초의 죄를 범했다. 어떻게 그런 일이 가능하단 말인가? 하느님이 그들 안에 그런 일을 할 수 있는 가능성을 심어놓았기 때문에 그들이 죄를 지을 수 있었던 것이 아닌가. 그 사실은 뱀이라는 존재로 인해 분명해졌다. 아담과 이브를 말로 꾀도록 하기 위해 하느님이 그들보다 먼저 뱀을 창조했다. 전지한 하느님은 인류 최초의 부

모가 죄를 범하지 않으면 안 되도록 모든 것을 마련해놓았던 것
이다. '그러므로 그들이 죄를 지어야만 하는 것이 하느님의 의도
였다.'

이와 같은 생각이 나를 지독한 괴로움으로부터 해방시켜주었
다. 하느님 자신이 나를 이런 상황에 처하게 했다는 것을 이제는
알게 되었기 때문이었다. 처음에는 하느님이 나로 하여금 죄를
범하도록 의도했는지 아닌지 잘 몰랐다. 나는 계시를 구하기 위
해 기도할 생각을 더이상 하지 않게 되었다. 하느님은 나의 의지
와는 상관없이 나를 이러한 곤경으로 밀어넣고 아무런 도움도 주
지 않은 채 방치했다. 나는 하느님이 의도한 대로, 스스로 혼자서
출구를 찾아야만 한다고 확신했다. 이와 관련하여 논쟁이 계속
이어지기 시작했다.

'하느님이 원하는 것이 무엇인가? 그것을 하라는 것인가, 아니
면 하지 말라는 것인가? 나는 하느님이 무엇을 원하는지, 그것도
지금 당장 나와 함께 무엇을 하기를 원하는지 알아내야만 한다.'

전통적인 도덕에 의하면 죄는 피해야만 한다는 사실에 의문의
여지가 없다는 것은 나도 알고 있었다. 그때까지 내가 바로 그렇
게 해왔으나 이제는 그런 식으로 계속 나갈 수 없다는 것을 깨닫
게 되었다. 잠을 설치고 정신적으로 괴로운 나머지 나는 지칠 대
로 지쳤다. 그런 생각을 하지 않으려고 하면 할수록 나는 견딜 수
없는 극도의 긴장을 느꼈다. 이제는 더이상 이런 식으로 갈 수는
없었다. 하느님의 의지가 무엇이며 하느님이 무엇을 목적으로 하
고 있는지 이해하기 전에는 복종할 수 없었다. 나는 이제 하느님

이야말로 이런 절망적인 문제를 일으킨 장본인이라는 사실을 확신했기 때문이었다.

이상하게도 나는 악마가 나를 속이고 있을지도 모른다는 생각은 한순간도 해보지 않았다. 악마는 그 무렵의 내 정신세계에서 별로 큰 역할을 하지 않았고, 어쨌든 악마는 하느님에 비해 힘이 없는 존재로 여겨졌다.

내가 안개 속에서 빠져나와 '나'를 의식하게 된 대략 그 순간(등교길에서 안개벽 너머 '나'를 확인하게 된 그 사건을 가리킴—옮긴이)부터 하느님의 통일성과 위대함, 그리고 초인성(超人性)이 나의 상상력을 자극하기 시작했다. 그리하여 나를 결정적으로 시험삼아 써보려고 하는 존재가 하느님이며, 모든 것이 하느님을 바르게 이해하느냐에 달려 있다는 사실은 내 마음에서 의문의 여지가 없었다. 나는 결국 굴복을 강요당할지도 모른다는 것을 알고 있었지만, 내가 이해하지 못한 채 그런 일이 일어나서는 안 되는 것이었다. 왜냐하면 문제는 내 영혼의 영원한 구원이기 때문이었다.

'하느님은 내가 더이상 오래 버틸 수 없다는 것을 알고 있다. 내가 용서받을 수 없는 죄를 짓도록 이제 막 강요당하고 있는데도 나를 도와주지 않는다. 하느님은 그의 전능한 힘으로 어렵지 않게 나에게서 이러한 강요를 거두어갈 수도 있겠지만 그렇게 하지 않는다. 내가 영원한 저주를 두려워하여 온힘을 다해 막고 있는 그 일을 하도록 하느님이 특별한 과제를 줌으로써 나의 복종을 시험하려 한 것인가? 그렇다면 나는 나 자신의 도덕적 판단과 종교의 가르침, 더 나아가 하느님 자신의 계명에도 어긋나는 일을 하게 될 것이다. 지옥과 저주가 기다리고 있음을 내가 나의 신앙과 통찰을 통하여 알고 충격을 받고 있는데도 하느님이 내가 당신의 뜻을 순종할 수 있는지 어떤지 보기를 원한단 말인가? 정말 그럴 수도 있을 것이다! 하지만 이것들은 단순히 내 생각에 불과하다. 내가 잘못 생각하는지도 모른다. 나는 감히 그 정도까지 나 자신의 속생각을 털어놓을 수는 없다. 나는 다시 한번 그것을 숙고해보지 않으면 안 된다!'

하지만 나는 결국 다시금 같은 결론에 이르렀다. '분명히 하느님도 내가 용기를 내기를 바라고 있다. 만일 그렇다면, 내가 그것을 실행한다면, 하느님은 나에게 은총과 계시를 내려주실 것이다.'

나는 지옥의 불길 속으로 즉시 뛰어들려고 하는 것처럼 용기를 끌어모아 생각이 떠오르는 대로 내버려두었다. 나는 내 앞에 대성당과 푸른 하늘이 있는 것을 보았다. 하느님은 세상 저 위 높은 곳에서 황금보좌에 앉아 있고, 보좌 밑으로부터 거대한 똥덩어리 하나가 화려하게 채색된 새 지붕에 떨어져 지붕을 산산조각내고 대성당의 벽들을 모조리 부수고 있다.

바로 그것이었다! 나는 엄청난 안도감과 말할 수 없는 해방감을 느꼈다. 저주를 예상했는데 그 대신 은총이 나에게 임하고, 그와 동시에 내가 전혀 알지 못했던 형언할 수 없는 축복이 임했다. 나는 행복감과 감사하는 마음으로 울었다. 내가 하느님의 가차없는 준엄함에 쓰러져 복종하자 하느님의 지혜와 선이 나에게 드러났다. 그것은 마치 내가 계시를 체험한 것과도 같았다. 내가 이전에 이해하지 못했던 많은 것이 나에게 분명해졌다.

내 아버지가 이해하지 못했던 것을 나는 체험했다. 그것은 하느님의 의지로, 아버지는 아주 그럴듯한 이유를 대며 깊은 신앙심을 내세워 그 의지에 대항했다. 그리하여 모든 것을 치유하고 모든 것을 이해할 수 있도록 해주는 하느님의 은총의 기적을 아버지는 한 번도 체험하지 못했다. 아버지는 성서의 계명을 자신의 규범으로 삼았다. 아버지는 성서에 씌어 있고 조상들이 가르치는 대로 하느님을 믿었다. 그러나 아버지는 살아서 직접 임하시는 하느님, 성서와 교회를 넘어서 전능하고 자유로운 하느님, 당신의 자유를 인간이 누리도록 촉구하고, 당신의 요청을 무조건 실현하기 위해 인간으로 하여금 자신의 견해와 신념들을 버리도록 강요할 수도 있는 하느님을 알지 못했다.

인간의 용기를 시험할 때 하느님은 비록 아무리 신성한 것이라고 하더라도 전통으로부터 영향을 받는 것을 거부한다. 하느님은 용기에 대한 그런 시험에서 악한 어떤 것이 실제로 발생하지 않도록 당신의 전능함으로 이미 보살피고 있을 것이다. 사람이 하느님의 의지를 실현한다면 그는 바른 길을 가고 있다고 확신할 수 있을 것이다.

하느님은 또한 아담과 이브를 그러한 방법으로 창조했기 때문에, 그들은 생각하고 싶지 않은 것을 생각하지 않으면 안 되었다. 하느님은 그들이 복종하는가를 알기 위해 그렇게 했다. 그러므로 하느님은 종교적 전통으로는 내가 거부하고 싶은 것도 나에게 요구할 수 있었다. 하지만 내게 은총을 가져다준 것은 복종이었다.

그 체험 이후 나는 하느님의 은총이 무엇인지 알게 되었다. 나는 내가 하느님에게 맡겨졌다는 것과 하느님의 의지를 실현하는 것보다 중요한 것은 없다는 사실을 체험했다. 그렇지 않으면 나는 무의미한 일에 나 자신을 넘겨주는 셈이 된다.

그 무렵부터 나에게 진정한 책임의식이 싹트기 시작했다. 내가 생각해야만 했던 그 생각은 나에게 섬뜩한 것이었다. 그 생각과 함께 하느님은 무서운 어떤 것일 수 있다는 예감이 생겨났다. 내가 체험한 것은 어둡고 무서운 비밀이었다. 그것이 내 생활을 그늘지게 하고 나는 자주 멍하게 생각에 잠기곤 했다.

나는 또한 그 체험으로 나의 열등성을 느꼈다. 나는 나 자신을 일종의 악마 또는 돼지, 어떤 타락한 것이라고 생각했다. 하지만 그때 나는 아버지의 성서를 몰래 탐색하기 시작했다. 복음서에서 바리새인과 세리들에 관한 부분을 읽고는 그 타락한 자들이 선택받은 사람들이라는 것을 발견하고 나는 다소 만족감을 느꼈다. 불성실한 청지기가 칭찬받고 이랬다저랬다 하는 베드로가 교회의 반석으로 명명되었다는 사실은 오랫동안 나에게 강한 인상을 남겼다.

열등감이 커짐에 따라 하느님의 은총은 나에게 점점 더 불가사의한 것이 되었다. 나에 대해 어떤 자신감도 가질 수 없었다. 어머니가 한번은 나에게 "너는 언제나 착한 아이야"라고 말했을 때, 나는 그 말을 정말 이해할 수 없었다. 내가 착한 아이라고? 그것은 일종의 새로운 소식이었다. 나는 항상 나 자신을 타락하고 열등한 인간이라고 생각했다.

대성당에 대한 그러한 체험과 함께 마침내 위대한 비밀에 속한 확실한 어떤 것이 그 모습을 나타냈다. 마치 내가 하늘에서 떨어지는 돌들에 관해 늘 이야기해오다가 지금은 그 돌을 손에 쥔 것과도 같았다. 하지만 그것은 부끄러운 경험이었다. 나는 뭔가 나쁜 것, 뭔가 악하고 음울한 것에 빠져들었다. 그것은 동시에 어떤 영예와도 같았다.

나는 사실 무엇에 관하여 말해야 할지 모르면서도 말하고 싶은 이상한 충동을 자주 느꼈다. 나는 다른 사람들도 그러한 체험을 했는지 시험해보고 문의하고 싶었다. 아니면 우리가 알지 못하는 기이한 것들이 존재한다는 사실을 암시하고 싶었다. 하지만 다른 사람들에게서는 그러한 체험의 흔적조차 발견하지 못했다. 그러자 나는 파문되었거나 선택되었다는 느낌, 저주받았거나 축복받았다는 느낌이 들었다.

나 자신의 체험에 관하여, 즉 지하사원의 남근상 꿈이거나 내가 기억하고 있는 남자 목각인형에 관하여 직접적으로 말할 생각이 한 번도 들지 않았다. 나는 내가 그럴 수 없다는 것을 알고 있었다. 남근상 꿈에 관해서는 내가 예순다섯 살이 되어서야 처음으로 이야기했다. 다른 체험들은 아마 아내에게 말했을 것이나, 그것도 세월이 한참 지나고 나서야 비로소 입을 열었다. 어린시절부터 수십 년 동안 이것들에 관한 엄격한 금기가 있었다.

나의 청년시절 전체는 그 비밀의 개념으로 이해할 수 있다. 그 비밀로 인하여 나는 거의 참을 수 없는 고독에 빠졌다. 오늘날 생각해보니, 누군가에게 그 비밀에 대해 이야기하고 싶은 유혹을 이겨낸 것이 하나의 위대한 업적이라고 여겨진다. 이와 같이 세계에 대한 나의 관계는 이미 그 당시에 오늘날과 같은 형태로 형성되었다. 오늘날에도 나는 외롭다. 왜냐하면 다른 사람들이 알지 못하는 것들, 대부분 도통 알려고도 하지 않는 것들을 내가 알고 있고 그것을 암시만 해야 하기 때문이다.

어머니의 가족 중에는 여섯 명의 목사가 있었고, 아버지뿐만 아니라 그의 두 형제도 목사였다. 그래서 나는 많은 종교적인 대화와 신학적인 토론, 설교 들을 들을 수 있었다. 그럴 적마다 나는 이런 느낌이 들었다. '그래 그래, 정말 좋은 말들이다. 그런데 그 비밀과는 어떤 관계가 있는 거지? 그것은 은총의 비밀이기도 하다. 당신들은 그 비밀에 대해서는 아는 것이 없다. 당신들은 내가 하느님의 은총을 체험하기 위해 심지어 나쁜 일을 하고 저주받을 일을 생각하기를 하느님이 원한다는 사실을 모르고 있다.' 다른 사람들이 하는 말들은 모두 헛다리를 짚고 있었다. 나는 생각했다. '부디 제발, 그 비밀에 대해 뭔가를 아는 누군가가 어디에 있어야 할 텐데. 어딘가에 진리가 있어야 할 텐데.'

나는 아버지의 서재를 샅샅이 뒤져 하느님, 삼위일체, 영혼, 의식(意識) 들에 관한 책이면 무엇이든 읽어나갔다. 그 책들을 모조리 탐독했으나 그것으로 현명해지지는 않았다. 나는 또다시 '이 사람들도 모르는구나' 하는 생각이 들 뿐이었다. 나는 아버지의 루터성서도 읽어보았다. 유감스럽게도 〈욥기〉의 통상적이고 '교화적인' 해석은 나로 하여금 그 책에 대해 더 깊은 관심을 갖지 못하게 했다. 그렇지 않았다면 나는 〈욥기〉 9장 30절 이하, 즉 '내가 눈 녹은 물로 몸을 씻고 …… 할지라도 주께서 나를 개천 ('똥'이라는 뜻으로도 해석할 수 있음—옮긴이)에 빠지게 하시리니' 라는 구절 같은 데서 위로를 받았을 것이다.

나중에 어머니가 내게 말하기를, 그 무렵 내가 자주 침울해졌 다고 했다. 사실은 그렇지가 않았고 그 비밀에 대해 골똘히 생각 하고 있었다. 그런 때는 저 돌 위에 앉아 있으면 이상하게도 복된 평온함이 찾아왔다. 돌이 온갖 의혹에서 나를 자유롭게 해주었 다. 내가 돌이라고 생각하자 갈등은 멈췄다. '돌은 불확실한 것 도 없고 자기를 알려서 전하려는 욕구도 없다. 돌은 영원하며 수 천 년 동안 살아 있다.' 나는 생각을 이어갔다. '이에 반해 나 자 신은 단지 지나가는 일시적 현상에 불과하다. 급히 타올랐다가 꺼지는 불꽃처럼 가능한 온갖 종류의 감정에 불살라지고 있을 뿐 이다.' 나는 내 감정들의 집합이었으며, 내 안의 다른 존재는 시 간을 초월한 돌이었다.

자연과 사원

그 무렵 나는 아버지가 말하는 모든 것에 대해 깊은 의심이 일어났다. 아버지가 은총에 관해 설교하는 것을 들을 때, 나는 항상 나 자신의 체험을 생각하곤 했다. 아버지가 하는 말들은 마치 어떤 사람이 자신은 전혀 믿지 못하거나 소문으로만 들어 알고 있는 이야기를 할 때처럼 진부하고 공허하게 들렸다. 나는 아버지를 도와주고 싶었지만 그 방도를 알지 못했다. 또한 나는 소심하여 나의 체험을 그에게 말한다거나 아버지의 개인적인 선입견들을 간섭할 수 없었다. 게다가 나는 한편으로는 나 자신을 아주 작은 존재로 느끼고 있었고, 다른 한편으로는 나의 '제2의 인격'이 나에게 부여한 그 권위의식을 부리면 어쩌나 두려워했다.

그 후 열여덟 살이 되었을 때 나는 아버지와 수많은 토론을 했다. 그러면서 아버지로 하여금 기적을 일으키는 은총에 대해 뭔가를 알게 하여 양심의 갈등 속에 있는 그를 돕고자 하는 은밀한 희망을 항상 품고 있었다. 나는 아버지가 하느님의 의지를 실현한다면 모든 것은 최상으로 바뀔 것이라고 확신했다.

하지만 우리의 토론은 늘 만족스럽지 못하게 끝나버렸다. 그 토론들은 아버지를 화나게 하고 슬프게 했다. 아버지는 입버릇처럼 말했다. "아, 이런! 너는 항상 생각하려고만 하는구나. 사람은 생각해서는 안 되고 믿어야 해." 나는 생각했다. '아니다. 사람은 체험을 해야 한다. 그러고 나서 알아야 한다.' 그러나 말로는 "나에게 그런 믿음을 주십시오"라고 했다. 그때마다 아버지는 어깨를 으쓱 추켜올리고는 체념한 듯 몸을 돌렸다.

나는 대개 수줍어하는 평범한 집안의 아이들과 사귀기 시작했다. 학교성적도 나아졌다. 그 다음해에는 반에서 1등을 하기까지 했다. 하지만 내 아래에서 나를 시샘하면서 따라잡으려고 기회를 노리는 학우들이 있다는 것을 알았다. 그것이 나의 기분을 상하게 했다. 나는 모든 경쟁을 싫어했다. 누가 놀이까지도 경쟁적으로 하게 되면 나는 그 놀이를 그만두었다. 그후 나는 학급에서 2등에 머물렀는데 그것이 훨씬 마음을 편하게 했다. 학교 과제는 몹시 성가셨다. 나는 그것 역시 경쟁심으로 부담이 되게 하고 싶지 않았다.

감사한 마음으로 기억하는 두세 명의 선생만이 나를 특별히 신뢰해주었다. 그중에서도 내가 즐겨 회상하는 사람은 라틴어선생이었다. 그는 대학교수였으며 아주 현명한 분이었다. 마침 나는 아버지가 가르쳐준 덕분에 라틴어를 여섯 살 때부터 알고 있었다. 그래서 그 선생은 라틴어 연습시간에 나를 대학 도서관으로 보내 책을 가져오라고 자주 심부름을 시켰다. 그러면 될 수 있는 대로 천천히 걸어 돌아오면서 황홀감에 젖어 그 책들을 샅샅이 뒤적이곤 했다.

선생들은 대부분 나를 어리석고 교활한 아이로 여겼다. 학교에서 무슨 나쁜 일이라도 생기면 우선 나에게 혐의를 두었다. 어디선가 격렬한 싸움이 일어나면 내가 충동질을 했다고 추측했다. 실제로는 단 한 번 그런 싸움에 말려든 일이 있었다. 그때 나는 몇몇 학우가 나에 대해 적대감을 품고 있다는 것을 알게 되었다. 그들 중 일곱 명이 숨어서 기다리다가 갑자기 나를 공격했다. 그 무렵 열다섯 살이었던 나는 이미 강인한 체력에 키가 컸고 잘 흥분하는 편이었다. 나는 갑자기 격노하여 양팔로 그중 한 명을 잡고 빙빙 돌려 그의 다리로 다른 몇 명을 후려쳐 땅바닥에 쓰러뜨렸다. 그 사건이 선생들에게 알려졌다. 나는 그 일로 부당하다고 여겨지는 벌을 받았다는 기억이 어렴풋이 날 뿐이다. 하지만 그 후로 나는 편해졌다. 더이상 아무도 나에게 감히 대들려고 하지 않았다.

적들이 생기고 사람들이 나를 부당하게 의심하는 것은 내가 전혀 예상치 못한 일이었으나, 어쨌든 이해하지 못할 일은 아니었다. 내가 비난을 받는 모든 것은 나를 화나게 했으나, 나 자신을 돌아볼 때 그 비난들을 부인할 수는 없었다. 나는 나 자신에 대해 아주 조금 알고 있었고, 그 조금 알고 있는 것마저 모순되었기 때문에 선한 양심을 가지고는 어떤 비난도 거부할 수 없었다.

사실상 나는 언제나 양심의 가책을 지니고 있었고, 실제적인 잘못과 잠재적인 잘못 그 둘을 다 알고 있었다. 그런 이유로 나는 비난들에 대해 특별히 예민했다. 그 비난들이 모두 어느 정도는 급소를 찔렀기 때문이기도 했다. 내가 그 일을 실제로는 하지 않았다 하더라도 어쩌면 나는 그렇게 했을 수도 있었다. 심지어 내가 고소를 당할 경우를 대비하여 알리바이 비망록을 자주 작성하기까지 했다. 내가 실제로 어떤 잘못을 저질렀을 때는 오히려 마음이 참 편했다. 그때는 적어도 무슨 이유로 양심의 가책을 받는지 알 수 있었기 때문이다.

물론 나는 내적인 불확실성을 외적인 확실성으로 보상했다. 더 나은 표현을 쓰면, 결점이 내 의지와는 상관없이 스스로를 보상했다. 나는 나 자신이 잘못이 있으면서도 동시에 잘못이 없기를 바라는 사람임을 발견했다. 속으로는 언제나 나 자신이 둘이라는 것을 알고 있었다. 그 하나는 부모의 아들로서 학교를 다니고 다른 많은 아이보다 그렇게 썩 영리하거나 주의깊지도 않으며 근면하거나 단정하지도 않고 깨끗하지도 못한 아이였다. 이와 반대로 또 다른 하나는 다 자란 어른으로 정말 늙고 의심이 많아 사람을 믿지 않고 인간세상으로부터 동떨어져 있는 인물이었다. 그 대신 그는 자연과는 친밀하게 지냈다. 대지, 태양, 달, 기후, 살아 있는 피조물, 그중에서도 특히 밤과 꿈, 그리고 '하느님'이 내 마음속에 직접 불러일으키는 모든 것과 가까웠다. 여기서 나는 하느님을 따옴표로 묶어놓았다.

자연은 나와 마찬가지로 하느님에 의해 하느님의 자기표현으로 창조되었음에도 불구하고 신성하지 않은 것처럼 하느님에게 외면당하고 있는 듯이 여겨졌다. 하느님의 형상이 단지 인간하고 만 관계가 있다는 것을 나는 받아들일 수 없었다. 사실 높은 산, 강, 호수, 아름다운 나무, 꽃, 그리고 동물 들이 인간들보다도 하 느님의 속성을 훨씬 명료하게 보여주고 있는 듯이 보였다. 인간 들은 우스꽝스러운 의상을 걸치고 비열함과 어리석음, 허영심, 위선과 혐오스러운 이기심으로 가득 차 있지 않은가. 그런 모든 성질은 바로 1890년대 젊은 학생인 나 자신을 통해, 다시 말해 제 1의 인격을 통해 너무나 잘 알고 있었다.

그러한 세계 옆에는 또 다른 영역이 있었다. 그 영역은 사원과 같아서 그 속에 들어가는 자는 누구나 변화되었다. 그는 우주 전 체의 광경에 압도되어 자기 자신을 잊을 정도로 다만 놀라고 경 탄할 수밖에 없게 된다. 여기에 그 '다른 인물'이 살고 있었는데, 그는 하느님을 숨어 있는 인격적인 존재로 알고 있을 뿐만 아니 라 동시에 초개인적인 비밀로 알고 있었다. 여기서는 인간을 신 으로부터 분리시키는 것은 아무것도 없었다. 정말이지, 그것은 마치 인간의 영혼이 하느님과 함께 똑같이 창조의 과정을 바라보 는 것과도 같았다.

내가 오늘날 문장으로 표현하여 펼쳐보이는 것은, 그 무렵에는 물론 뚜렷하게 의식하지 못하고 있었지만 압도적인 예감과 강렬 한 느낌은 받았다. 내가 혼자 있는 순간이면 곧바로 이러한 상태 로 들어갈 수 있었다. 여기서 나는 나 자신이 가치있는 존재이며 참다운 인간이라는 것을 인식했다. 그리하여 나는 또 다른 존재, 즉 제2의 인격의 방해받지 않는 평온과 고독을 추구했다.

나의 전생애에 걸친 제1의 인격과 제2의 인격 간의 대립은 일반적으로 의학에서 말하는 그런 '분열'과는 아무런 연관이 없다. 그와 반대로 그것은 누구에게나 일어나고 있다. 무엇보다 종교는 오래전부터 인간의 제2의 인격, 즉 '내적 인간'에 대해 말해왔다. 제2의 인격은 내 생애에서 주역을 맡았으며, 내부에서 나에게로 다가오려고 하는 것에 대해서는 항상 길을 열어주려고 노력했다. 제2의 인격은 전형적인 형상인데도 대개 의식이 가진 이해력으로는 사람이 제2의 인격이기도 하다는 사실을 알아내기에는 역부족이다.

교회는 점점 나에게 괴로운 장소가 되었다. 그곳에서 사람들은 뻔뻔스럽다고 할 정도로 큰 소리로 하느님에 대해서, 하느님이 무엇을 의도하는지, 하느님이 무엇을 행하는지 설교를 했다. 사람들은 그러한 느낌을 갖도록 훈계를 받고, 내가 알기로는 말로 누설해버려서는 안 되는 가장 심오한 내적 확신인 그 비밀을 믿도록 경고를 받았다.

거기서 나는 아무도, 심지어 목사까지도 그 비밀을 모르는 것처럼 보인다고 결론을 내릴 수밖에 없었다. 정말 그 비밀을 아는 자라면 하느님의 비밀을 감히 공공연하게 드러낸다거나, 말로 다할 수 없는 감정을 진부하고 감상적인 표현으로 더럽히지 않을 것이었다. 게다가 나는 그런 식으로 하느님에게 다가가서는 안 된다는 것을 확신했다. 왜냐하면 나는 체험을 통해, 은총은 오직 하느님의 의지를 철저히 실현하는 자에게만 주어진다는 사실을 알고 있었기 때문이었다.

이런 내용은 설교에서 언급되기도 했지만, 하느님의 의지는 계시를 통하여 알려진다는 가정하에 항상 설교가 이루어졌다. 하지만 나로서는 그 반대로 하느님의 의지는 그 어떤 것보다 헤아릴 수 없는 것으로 여겨졌다. 하느님의 의지는 매일매일 탐색해야 되지 않을까 싶었다. 나는 그 정도까지 노력하지는 않았지만, 그래야만 되는 급박한 이유가 생기면 지체하지 않고 그렇게 할 것이 분명했다. 제1의 인격이 내게 너무 자주 너무 많은 것을 요구했다.

종교적인 계율들이 심지어 하느님의 의지를 대신하지 않나 하는 생각도 들었다. 하느님의 의지는 깜짝 놀랄 만하며 전혀 예기치 않은 것일 수 있는데, 그 계율들은 하느님의 의지를 이해할 필요가 없도록 하는 목적을 위해 있는 듯했다.

나는 점점 더 회의를 느끼게 되었으며, 아버지와 다른 목사들의 설교가 나에게는 곤혹스러운 것이 되고 말았다. 내 주변 사람들은 모두 그런 종잡을 수 없는 말과 그 말이 풍기는 짙은 모호성을 당연한 것으로 여기는 듯했다. 그들은 별생각없이 온갖 모순, 예를 들면 하느님은 전지전능하여 당연히 인간의 역사를 미리 내다본다는 식의 모순들을 받아들이는 것처럼 보였다. 하느님은 인간들을 죄를 지을 수밖에 없는 존재로 그렇게 창조했음에도 불구하고 죄를 짓지 말도록 금하고, 심지어 지옥불길의 영원한 저주로 벌을 주기까지 한다.

악마는 오랫동안 내 생각 속에서 아무런 역할도 하지 못했다.

내게 악마는 힘센 사람의 집을 지키는 못된 경비견처럼 여겨졌다. 하느님 이외에 그 누구도 세계에 대하여 책임을 지고 있지 않았다. 내가 너무나 잘 알고 있는 바와 같이, 하느님은 무서운 존재이기도 했다. '사랑하는 하느님', 인간에 대한 하느님의 사랑, 하느님에 대한 인간의 사랑 들에 관하여 아버지가 감정에 북받쳐 설교하면서 찬양하고 권유할 때 나의 회의와 불안은 더욱 커져만 갔다. 다음과 같은 의심이 마음속에 일기도 했다. 아버지는 자신이 하고 있는 말을 정말 이해하고 있는 것일까? 아버지는 자기 아들인 나를 이삭처럼 인간제물로 삼아 칼로 찌를 수 있을까? 아니면 불공정한 법정에 내맡겨 예수처럼 십자가에 못박히도록 할 수 있을까?

아니, 아버지는 그러한 일을 할 수 없을 것이다. 그러므로 아버지는 성서에 나타난 바에 의하면 정말 무시무시할 수도 있는 하느님의 의지를 경우에 따라서는 실행할 수 없을 것이다. 특히 인간보다는 하느님에게 더 순종하라고 재촉하는 말을 들을 때, 그런 말은 그저 강단 위에서 생각없이 내뱉은 말이라는 것이 나에게 분명해졌다.

사람들은 하느님의 의지를 전혀 알지 못하고 있음이 틀림없었다. 만일 사람들이 하느님의 의지를 안다면, 이 중심과제를 정말 하느님을 몹시 두려워하는 마음으로 거룩한 경외심을 가지고 다루었을 것이다. 내게 일어난 바와 같이, 하느님은 자신의 압도적이고 충격적인 의지를 무력한 인간들에게서 철저히 실현되도록 할 수 있는 존재다. 하느님의 의지를 아는 체하는 자들 중에 하느님이 나에게 무엇을 하라고 시켰는지 미리 알 수 있는 사람이 누구란 말인가?

아무튼 《신약성서》에는 그와 같은 것이 없었다. 《구약성서》, 특히 〈욥기〉가 이런 점에서 깨우침을 줄 수도 있었으나, 그 당시에는 아직 〈욥기〉를 전혀 몰랐다. 그 무렵 내가 받은 견신례(융이 개신교에 속했으므로 첫 성찬에 참여하기 위한 준비, 즉 학습세례라고 해야 할 것이나 여기서는 견신례라는 가톨릭 용어를 사용하기로 함—옮긴이) 학습 중에도 이런 종류의 것은 들어보지 못했다. 하느님에 대한 두려움은 물론 언급되었지만, 그것은 시대에 뒤떨어진 것으로 '유대적'이라 여겨졌고, 오래전에 하느님의 사랑과 자비에 관한 기독교 복음에 자리를 내주었다.

두 인격의 어머니

내 유년시절의 체험에 나타난 상징과 그 이미지의 폭력성은 나를 몹시 당황하게 했다. 나는 자문해보았다. "도대체 누가 그와 같이 말하는 것인가? 누가 남근상을 성소에서 그렇게 노골적으로 전시할 정도로 무례한 짓을 한단 말인가? 하느님이 이토록 추악하게 자신의 교회를 파괴한다는 사실을 나로 하여금 생각하도록 한 자는 누구인가?" 나는 그와 같이 말하고 그렇게 행동한 존재는 하느님 아니면 악마일 거라는 사실에 대해 조금도 의심하지 않았다. 왜냐하면 이런 생각들과 이미지들을 고안해내는 주체가 나 자신이 아니라는 것을 분명하게 느끼고 있었기 때문이었다.

이러한 것들은 내 생애의 결정적인 체험이었다. 그 무렵 나는 내가 책임을 져야 하며 내 운명을 어떻게 만들어가느냐 하는 것은 나에게 달렸다는 생각을 많이 하게 되었다. 해답을 찾아야만 하는 문제가 나에게 제기되었다. 그런데 누가 그 문제를 제기했는가? 아무도 그 문제에 대해 나에게 답을 주지 않았다. 그 해답을 나 자신의 고유한 내면으로부터 스스로 찾지 않으면 안 된다는 사실, 하느님 앞에서 나는 단독자이며 하느님만이 이와 같은 무서운 일을 나에게 요구한다는 사실을 알았다. 처음부터 나는 운명적으로 결정되어 있다는 느낌이 강하게 들어, 내 생애에서 그것을 실현해야만 될 것처럼 여겨졌다.

나로서는 결코 증명할 수 없었던 어떤 내적 확신이 있었다. 그런데 그것이 내게 증명되었다. 나는 확신을 붙든 적이 없었으나 확신이 나를 붙들어주어 그와 반대되는 모든 신념에 종종 대항하게 했다. 내가 바라는 것을 행하는 것이 아니라, 하느님이 바라는 것을 내가 행하도록 정해져 있다는 확신을 그 누구도 빼앗아갈 수 없었다.

그리하여 나는 모든 결정적인 일에서 인간들과 함께 있는 것이 아니라 홀로 하느님과 함께 있다는 느낌을 자주 갖게 되었다. 내가 더이상 혼자가 아닌 '그곳'에 있을 때면 언제나 나는 시간을 초월해 있었다. 나는 수백 년의 세월 속에 있었으며, 그때 답을 준 자는 이미 항상 있었고 지금도 항상 있는 존재였다. 그 '다른 인물'과의 대화는 나의 가장 심오한 체험이었다. 그것은 한편으로는 피흘리는 전투면서 또 한편으로는 극도의 황홀경이었다.

물론 나는 이러한 사실들에 대해 누구와도 말할 수 없었다. 나는 그것들에 관해 대화를 나눌 수 있는 사람이 주변에 없다는 것을 알았다. 경우에 따라 어머니라면 가능할지도 몰랐다. 어머니는 나와 비슷하게 생각하는 것처럼 보였다. 그러나 얼마 지나지 않아, 어머니와 대화를 나누다가 어머니도 나의 기대에 미치지 못한다는 것을 알게 되었다. 어머니는 특히 나를 찬탄했는데 그것이 오히려 나에게는 좋지 않았다. 그리하여 나는 혼자서 나 자신의 생각들에 빠졌다. 그러는 것이 나는 가장 좋았다. 나는 혼자서 놀았고 혼자 돌아다니며 공상하면서 나 자신만의 비밀스러운 세계를 품고 있었다.

어머니는 나에게 무척 좋은 분이었다. 그녀는 본능적으로 넓고 깊고 따뜻한 마음을 지녔고 무척 친절했으며 매우 살이 쪘다. 그녀는 누구의 말이나 즐겨 들어주는 편이었고 또한 이야기하기를 좋아했는데 그 말투는 활달하게 철썩거리는 물소리 같았다. 어머니는 특별한 문학적 재능과 취미, 그리고 깊이를 지니고 있었다. 그러나 이러한 것들이 실제로는 어디서도 제대로 발휘되지 못하고, 손님을 무척 환대하고 요리를 아주 잘하며 유머감각이 풍부하고 참으로 사랑스러운 뚱뚱한 나이든 여자라는 모습 뒤에 숨어 있었다.

그녀는 사람들이 가질 수 있는 온갖 인습적이고 전통적인 견해를 가졌으나, 그녀의 무의식적인 인격이 갑자기 돌출하곤 했다. 그 인격은 예상 외로 강력했으며 범접할 수 없는 권위를 지닌 어둡고 거대한 모습을 하고 있었다. 여기에는 조금도 의심이 없었다. 나는 어머니 역시 두 개의 인격으로 이루어져 있다고 확신했다. 하나는 악의없고 인간적이었으며, 거기에 반해 또 하나는 으스스했다. 그것은 가끔씩만 나타났으나 그럴 때마다 예기치 못하고 있다가 깜짝 놀라곤 했다. 그럴 때 어머니는 독백을 하듯 말했으나 내게는 유용한 말들이었고, 보통 내 가장 깊은 곳을 찔렀기 때문에 나는 할말을 잃곤 했다.

내가 기억하고 있는 첫 번째 사건은 여섯 살 때 일어났다. 학교에는 가지 않던 시기였다. 그 무렵 우리 이웃에 꽤 잘사는 사람이 살았다. 그들에게 세 명의 아이가 있었는데, 맨 위가 내 또래의 남자아이였고 그 밑으로 누이동생 둘이 있었다. 그들은 원래 도시사람들로, 특히 일요일에는 아이들에게 나로서는 우스꽝스럽게 보이는 복장을 입혔다. 광택나는 작은 구두, 빳빳하게 잘 다려진 작은 바지, 작은 흰 장갑 등이었다. 그들은 평상시에도 아이들 몸을 깨끗이 씻기고 머리를 빗겨주었다. 그 아이들은 세련되고 예절이 발랐는데, 몸집이 크고 짓궂은 개구쟁이들과는 불안해하며 거리를 두었다. 개구쟁이들은 찢어진 바지에 구멍난 신발을 신고 더러운 손을 하고 있었다.

어머니가 나를 그 아이들과 비교하며 훈계를 하는 바람에 나는 몹시 부아가 났다. "교양있고 예의바른 저 말쑥한 아이들을 보려무나. 하지만 너는 사람이 어떻게 해볼 수 없는 버릇없는 아이야." 그런 훈계를 자주 듣게 되자 나는 그 아이들을 호되게 때려주기로 결심했다. 그때 무슨 일이 일어났겠는가. 아이들의 어머니가 이 불상사로 몹시 화가 나서 내 어머니에게 달려와 내 폭력 행위에 대해 흥분된 어조로 항의했다. 어머니는 크게 놀라서 나에게 눈물 섞인 훈계를 장시간 늘어놓았다. 일찍이 어머니에게서 그런 훈계를 들어본 적이 없었다.

나는 잘못했다는 생각은 들지 않고, 오히려 그 반대로 내 행위를 돌아보면서 만족스러워했다. 어쨌든 내가 우리 마을과 어울리지 않는 이 외래인들을 혼내 고쳐주려고 했던 것처럼 생각되었다. 하지만 나는 어머니의 격분에 깊이 충격을 받고 뉘우치며 낡은 스피넷(Spinett : 오르간과 비슷한 악기—옮긴이) 뒤에 있는 내 작은 책상으로 물러나 나무토막 장난감을 가지고 놀이를 하기 시작했다.

한동안 침묵이 흘렀다. 어머니는 평상시처럼 창가 자리로 돌아가서 뜨개질을 하고 있었다. 그때 나는 어머니가 중얼중얼 혼잣말 하는 것을 들었다. 내가 우연히 주워들은 그 몇 마디 말을 통해서, 나는 어머니가 좀전의 그 사건을 골똘히 생각하고 있으며, 이번에는 아까와는 반대되는 견해를 가지고 있다는 것을 미루어 짐작할 수 있었다. 갑자기 어머니가 큰 소리로 외쳤다. "물론이지, 새끼들을 그 따위로 키워서는 정말 안 되지!" 그 순간 나는 어머니가 그 정장한 '원숭이새끼들'에 대해 말하고 있다는 것을 알았다.

어머니의 사랑하는 남동생은 사냥꾼으로 개를 기르고 있었는데, 늘 개의 사육이니 잡종이니 순종이니 새끼들에 관한 이야기를 했다. 어머니 역시 그 밉살스러운 아이들을 열등한 잡종 정도로 생각하고 있으므로 어머니의 잔소리를 액면 그대로 심각하게 받아들일 필요가 없다는 것을 알고 나는 안도감을 느꼈다.

그러나 나는 쥐죽은 듯이 가만히 있어야 한다는 것과 의기양양하게 "보세요. 어머니도 나와 같이 생각하시는군요"라고 말해서는 안 된다는 것쯤은 이미 눈치채고 있었다. 내가 그랬다면 어머니는 아까처럼 화를 내면서 "이 고약한 녀석아, 어찌 엄마가 그런 거친 생각을 하고 있다고 덮어씌울 수 있는 거니!" 하며 내 말을 물리쳤을 것이다. 이것으로 보아 내가 잊어버렸지만 이와 비슷한 일련의 이전 경험들이 이미 있었음이 틀림없다는 결론을 내리게 되었다.

내가 회의를 느끼기 시작한 시기에 어머니의 두 가지 본성을 보여주는 또 하나의 사건이 다시 일어났기 때문에 그 이야기를 하려고 한다.

한번은 식사시간에 어떤 찬송가 곡조가 얼마나 단조로운가에 대해서 말들이 오고갔다. 사람들은 찬송가책의 개정 가능성에 대해서도 이야기했다. 바로 그때 어머니가 중얼거렸다. "오, 당신은 내 사랑 중의 사랑, 당신은 저주스러운 축복이로다('바람직한'을 뜻하는 erwunscht를 '저주스러운'을 뜻하는 verwunscht로 잘못 발음한 것임—옮긴이)." 나는 앞서와 마찬가지로 아무것도 못 들은 척하며 환호성을 지르지 않으려고 조심했다. 그때 승리감을 느끼고 있었음에도 불구하고 말이다.

어머니의 두 인격 사이에는 엄청난 차이가 있었다. 그래서 유년시절에 어머니에 대해 불안한 꿈들을 꾸는 일이 자주 있었다. 그녀는 낮에는 사랑스러운 어머니였으나 밤에는 으스스한 분위기를 풍기는 듯했다. 그 시간 어머니는 이상한 동물이기도 한 예언자처럼, 곰의 동굴에 사는 여사제처럼 보였다. 고태적이고 잔인했다. 진리와 자연과도 같이 잔인했다. 그때 어머니는 내가

'자연의 마음(인간 본성에서 솟아나는 것으로, 본성 고유의 지혜를 의미하며 사물을 거침없이 말하는 특징이 있다)'이라고 불러왔던 그것의 화신이었다.

나 또한 내 안에서 이러한 고태적인 성질의 어떤 요소를 인식한다. 그것은 사람이나 사물을 있는 그대로 보는, 항상 기분 좋은 것만은 아닌 재능을 부여한다. 내가 어떤 것을 인지하고 싶지 않을 경우에는 물론 나 스스로를 속이고 보지 못하는 것처럼 할 수도 있다. 하지만 사실은 그 사물이 어떻게 되어 있는가를 정확히 알고 있는 것이다. '진정한 인식'은 본능에서 비롯되거나 타인과의 신비로운 교제에 기인한다. 그것은 비개인적인 관조행위를 통해 보는 '배후의 눈들'이라고 말할 수도 있다.

이러한 사실은 훗날 이상한 일들이 내게 일어나고 나서야 비로소 더욱 잘 이해하게 되었다. 예를 들면, 한번은 알지도 못하는 어느 남자의 인생사를 내가 이야기한 적도 있었다. 아내 친구의 결혼식 때였다. 신부와 그 가족은 내가 전혀 모르는 이들이었다.

식사를 하는 동안 내 맞은편에 멋진 턱수염을 기른 어느 중년 신사가 앉아 있었는데, 그는 변호사라고 했다. 우리는 범죄심리학에 대해 활기찬 대화를 나누었다. 어떤 특정한 질문에 대해 그에게 대답하기 위해 나는 한 사례에 얽힌 이야기를 생각해내고 그것을 많은 부분 세밀하게 꾸몄다. 내가 아직 말을 하고 있는 동안, 그 사람의 표정이 완전히 변하고 식탁에 이상한 침묵이 흐르는 것을 눈치챘다. 나는 당황하여 이야기를 멈췄다.

다행히도 이미 후식시간이 되었기 때문에 나는 곧바로 일어나

호텔 로비로 나갔다. 거기 한구석으로 물러가서 시가에 불을 붙이고는 이 사태를 곰곰이 생각해보려고 했다. 그 순간, 식탁에 함께 있었던 한 신사가 다가와서 나를 비난했다. "어찌 그렇게 경솔한 짓을 저질렀소?" "경솔한 짓이라니요?" "그렇고 말고요. 당신이 늘어놓은 그 이야기 말이오!" "그 이야기는 내가 지어낸 것인데요!"

정말 놀랍게도 내가 맞은편에 앉아 있던 그 사람의 인생사를 낱낱이 이야기했다는 것을 알게 되었다. 게다가 그 순간에, 내가 했던 이야기 중 한 마디도 더이상 기억할 수 없다는 것을 알았다. 오늘날에 이르기까지 나는 그것을 기억해낼 수 없다. 하인리히 츠쇼케(1771~1848, 스위스의 역사소설가이며 정치가)도 《자기관조(自己觀照)》라는 저서에서 비슷한 경험을 이야기하고 있다. 그가 어느 여관에서 한 낯선 청년을 도둑이라고 폭로했다. 그 청년이 도둑질하는 것을 그가 내면의 눈으로 인지했기 때문이었다.

내가 전혀 알 수 없는 어떤 일을 갑자기 알게 되는 일이 내 생애에서 자주 일어났다. 그 인식은 마치 나 자신의 착상인 것처럼 나에게 다가왔다. 그것은 어머니의 경우도 마찬가지였다. 어머니는 자신이 무슨 말을 하고 있는지 잘 몰랐으나, 그 목소리는 절대적인 권위를 지닌 것 같았고 그 상황에 들어맞는 내용을 정확하게 말했다.

어머니는 나를 실제 나이보다 훨씬 많은 것처럼 대했으며, 어른에게 하듯이 나에게 말했다. 어머니는 아버지에게 말할 수 없는 것을 나에게는 모두 이야기했음이 틀림없다. 어머니는 너무 일찍 나를 믿을 만한 친구로 만들어놓고 자신의 여러 가지 고민을 나에게 털어놓았다.

열한 살 무렵에는 어머니가 아버지와 관련된 일을 내게 알려주어 나를 놀라게 한 적도 있다. 나는 이 일을 어떻게 할까 고민하다가, 소문으로 듣기에 영향력있는 사람으로 알려진 아버지의 친구에게 의논해보아야겠다고 마음먹었다. 학교수업이 없는 어느 날 오후, 나는 어머니에게 한 마디 말도 없이 도시로 가서 그분의 집 초인종을 울렸다. 문을 열어준 하녀가 나에게 그가 외출했다고 말했다. 나는 침울하고 실망한 마음으로 집으로 돌아왔다.

그러나 그가 집에 없었다고 하는 것은 특별한 신의 섭리라고 말할 수 있을 것이다. 얼마 지나지 않아 어머니는 아버지의 그 일에 대해 다시 언급하면서 이번에는 전혀 다르게 정말 대수롭지 않게 이야기했기 때문에 모든 것이 없던 일이 되고 말았다. 나는 마음이 크게 상하여 이렇게 생각했다. '너는 바보로구나. 그런 것을 믿다니. 어리석게도 고지식하여 재난을 불러들일 뻔했구나.' 그후로 나는 어머니가 말하는 모든 것을 둘로 나누기로 결심했다. 나는 어머니를 한정된 범위에서만 신뢰하게 되었고, 그러자 내가 심각하게 생각하고 있는 것들에 관해 이제는 어머니에게 쉽게 이야기할 수 없게 되었다.

그러나 많은 경우 어머니의 제2의 인격이 튀어나오는 순간들이 있었다. 그때 어머니가 말하는 것은 항상 그렇게 '요점에 맞게' 정확했으므로 정말이지 나는 무서워 떨었다. 거기서 내가 어머니를 붙들고 늘어졌더라면 나는 대화상대를 얻었을 것이다.

아버지의 경우는 물론 달랐다. 나는 종교적인 고민들을 아버지에게 내놓고 조언을 구하고도 싶었으나 그렇게 하지 못했다. 왜냐하면 아버지가 직무상 명예를 지키려는 동기로 대답할 것이 틀림없다고 여겨졌기 때문이었다. 이러한 나의 예상이 얼마나 들어맞았는가 하는 것이 얼마 지나지 않아 증명되었다.

아버지는 나에게 견신례교육을 개인적으로 해주었으나 그것은 말할 수 없이 지루했다. 한번은 내가 《교리문답서》를 대충 훑어보면서, 나에게 감상적으로 들리거나 아니면 이해할 수 없고 재미없는 '주 예수'에 관한 설명들 외에 다른 무엇이 없나 하고 찾아보려고 했다. 그때 삼위일체에 관한 구절이 눈에 들어왔다. 여기에는 나의 관심을 끄는 뭔가가 있었다. 셋이면서 동시에 하나라는 것이었다. 그것은 내적 모순을 지니고 있는 문제였는데, 그 모순이 내 마음을 끌었다. 나는 우리가 이 문제를 다루게 되는 순간을 간절히 기다렸다.

그 순간이 다가왔을 때 아버지가 말했다. "이제 삼위일체교리를 공부할 차례구나. 하지만 이 부분은 넘어가기로 하자. 사실 나도 이 대목은 잘 모른다." 나는 한편 아버지의 정직성에 감탄했으나 다른 한편으로는 깊이 실망하고 속으로 생각했다. '사람들은 삼위일체에 대해 알지도 못하고 생각하지도 않는다. 그렇다면 내가 어떻게 그것에 관해 이야기할 수 있단 말인가?'

나는 생각이 깊어 보이는 학우들에게 이 문제에 관해 변죽을 울리는 시도를 해보았으나 소용이 없었다. 아무 반응이 없었고 오히려 아이들을 당혹하게 만들어 조심스러웠다.

지루하긴 했지만 나는 억지로 이해하려고 하지 않고 아버지의 방식에 맞는 태도로 믿어보려고 온갖 노력을 기울이며 성찬식에 참여할 준비를 하면서 거기에 마지막 희망을 걸었다.

성찬식은 단지 하나의 추모식사에 불과했다. 1890년에서 30년을 뺀 햇수, 즉 1860년 전에 죽은 '주 예수'를 추도하는 축제였다. 하지만 거기에는 "받아 먹어라. 이것은 내 몸이다"와 같은 다소 시사적인 말들이 있었다. 그것은 우리들이 성찬식 빵을 그의 몸인 양 먹어야 한다는 것을 의미했다. 그 몸이란 것은 원래는 살이기도 했다. 마찬가지로 우리는 포도주도 마셔야만 했는데, 그것은 원래는 피였다. 나는 이런 방식으로 예수와 한 몸이 되어야 한다는 것을 이해했다. 하지만 그것은 나로서는 너무나 있을 수 없는 일로 여겨졌기 때문에, 분명히 그 배후에 뭔가 커다란 비밀이 숨겨져 있을 거라고 생각했다. 아버지가 아주 중요하게 여기는 듯한 성찬식에서 이 비밀을 체험하게 될지도 몰랐다.

관례대로 교회 장로들 중 한 사람이 나의 대부가 되었다. 그는 내게 호감이 가는 노인으로, 말수가 적었으며 수레를 만드는 목수였다. 나는 종종 그의 작업장에서 그가 선반(旋盤)이나 목수용 손도끼를 익숙하게 다루며 일하는 것을 구경하기도 했다.

그는 프록코트와 높은 모자로 근엄하게 모습을 바꾸고는 나를 데리고 교회로 갔다. 교회에서는 낯익은 예복을 입은 아버지가 제단 뒤에 서서 예배용 기도문을 읽었다. 제단 위에는 작은 빵조각이 가득한 커다란 접시들이 놓여 있었다. 내가 보니 그 빵은 별로 좋지 않은 맛없는 빵을 공급하는 빵집에서 나온 것이었다. 포도주가 주석주전자에서 주석잔으로 부어졌다. 아버지는 빵 한 조각을 먹고 포도주를 한 모금 마셨다. 나는 그 포도주를 어느 술집에서 미리 가져다놓은 것인지 알고 있었다. 그 다음 아버지는 술잔을 그 노인에게 건넸다.

나로서는 모두 경직되어 있고 근엄하고 냉담하다고 여겨졌다. 나는 마음을 졸이며 관찰했으나 그들 마음속에 무언가 특별한 일이 일어나고 있는지 알 수도 추측할 수도 없었다. 그것은 세례식이나 장례식 들과 같은 교회의 온갖 행사와 별다를 바 없었다. 나는 성찬식이 뭔가 이미 계획되고 인습에 맞는 격식에 따라 행해지고 있다는 인상을 받았다. 아버지 역시 그 일을 무엇보다 규범에 맞게 수행하려고 애를 쓰고 있는 듯이 보였다. 꼭 알맞은 단어들을 강세로 말하거나 읽는 것도 그런 규범에 속하는 것이었다. 다른 모든 추도식에서 강조되는 것이 여기서는 언급되지 않았다. 즉, 예수가 죽은 지 이제 1860년이 되었다는 사실에 대해 한 마디 말도 없었다.

성찬식은 슬프지도 기쁘지도 않아 보였다. 나는 기념되는 인물의 엄청난 중요성에 비추어 볼 때, 이런 관점에서는 그 축제가 놀랄 정도로 빈약하다고 느껴졌다. 그것은 세계적인 기념축제하고는 비교도 되지 않았다.

갑자기 내 차례가 돌아왔다. 나는 빵을 먹었다. 예상했던 대로 맛이 없었다. 포도주는 아주 조금만 맛보았는데 묽고 시큼했다. 상품의 포도주가 아닌 것이 분명했다. 마지막 기도가 끝나고 사람들은 모두 우울하지도 기쁘지도 않은 채, '그게 그거지 뭐' 하는 표정으로 교회를 떠났다.

나는 아버지와 함께 집으로 돌아오면서, 내가 검은 새 펠트모자를 쓰고 이미 프록코트와 비슷하게 된 검은 새 옷을 입고 있다는 사실을 강하게 의식했다. 그 옷은 늘어뜨린 재킷 종류였는데, 뒤쪽 아래가 작은 두 날개 모양으로 펴지고 그 사이 틈에 손수건을 넣을 수 있는 주머니가 있었다. 그 옷은 내가 남자답고 어른스럽다는 것을 보여주는 듯했다. 나는 사회적으로 지위가 높아져서 슬그머니 남성사회에 받아들여진 느낌이었다. 오늘 특별히 좋은 점심도 먹게 되었다. 나는 하루종일 새 옷을 입고 두루 돌아다니고도 싶었다. 하지만 그외에는 허전했고 내가 무엇을 느꼈는지조차 알지 못했다.

다음날이 지나는 동안, 나는 내게 아무 일도 일어나지 않았다는 것을 그야말로 조금씩 어렴풋이 깨닫기 시작했다. 나는 종교입문의 정점에 있었으므로 뭔지는 모르지만 어떤 일이 일어나기를 기대했으나 아무 일도 일어나지 않았다. 나는 하느님은 불이나 초현세적인 빛 같은 엄청난 것들을 나에게 보여줄 수 있다는 것을 알았다. 그러나 이번 축제에서는, 적어도 나로서는 하느님의 흔적을 찾아볼 수 없었다. 하느님에 관한 언급은 있었으나 단지 말뿐이었다. 나는 다른 사람들에게서도 걷잡을 수 없는 회의라든가 압도적인 감동, 나로서는 하느님의 본질을 이루는 것으로 여겨지는 은총들을 보지 못했다.

나는 '교제'라든가 연합이니 합일이니 하는 것을 발견할 수 없었다. 누구와 일체를 이룬단 말인가? 예수와? 그러나 그는 1860년 전에 죽은 한 남자였다. 왜 인간은 그와 일체가 되어야 한단 말인가? 그는 '하느님의 아들'로 불렸으니, 그는 그리스의 영웅들처럼 반신(半神)으로 여겨진다. 그렇다면 평범한 사람들이 어떻게 그와 일체가 될 수 있다는 것인가? 사람들은 그런 것을 가리켜 '기독교'라고 불렀으나, 내가 하느님을 경험한 바에 의하면 그 모든 것은 하느님과 아무 관련이 없었다.

이에 대해 예수가 사람으로서 하느님과 관련되어 있다는 것은 아주 분명했다. 예수는 하느님이 좋은 아버지인 것처럼 그의 사랑과 자비를 가르친 후, 겟세마네와 십자가에서 회의에 빠졌다. 그도 역시 그때 하느님에 대한 두려움을 경험했다. 그것을 나도 이해할 수 있었다.

그런데 빵과 포도주가 나오는 이 빈약한 추도식의 목적은 무엇이란 말인가? 이 성찬식이 나에게 치명적인 경험이 되었다는 사실을 차츰 이해하게 되었다. 그것은 공허하게 지나갔으며, 좀더 심한 말로 하면 그것은 일종의 손실(損失)이었다. 나는 그 의식에 다시는 참석할 수 없다는 것을 알았다. 나에게 그것은 종교가 아니었고 거기에는 하느님이 존재하지 않았다. 교회는 내가 더이상 가서는 안 되는 곳이었다. 나에게는 그곳이 생명이 아니라 죽음이 있는 곳이었다.

나는 아버지에 대해 짙은 연민에 사로잡혔다. 아버지의 직업과 그 인생의 비극을 홀연히 이해하게 되었다. 그는 자신이 인정할 수 없는 죽음과 씨름하고 있었다. 아버지와 나 사이에 깊은 심연이 생겼고 끝없이 넓은 그 협곡에 다리가 놓일 가능성은 보이지 않았다.

　나는 그렇게 많은 것을 내가 원하는 대로 하도록 맡겨두면서 한 번도 강압하지 않았던 나의 사랑하는 관대한 아버지를, 하느님의 은총을 경험하는 데 필요한 저 회의와 신성모독에 빠지도록 할 수는 없었다. 하느님만이 그 일을 할 수 있지 나는 그렇게 해서는 안 된다. 그것은 비인간적일 것이다. 내가 생각하기에 하느님은 인간적이 아니다. 그는 인간적인 것이 영향을 미치지 못하는 위대한 존재다. 하느님은 자비로우면서도 동시에 두려운 존재다. 그러므로 하느님은 위대한 위험이다. 사람들은 당연히 그 위험으로부터 자신을 구하기 위해 애를 쓴다. 사람들은 하느님의 사랑과 자비라는 한쪽 면에만 매달려 유혹자와 파괴자의 손아귀에 빠지지 않으려고 한다. 예수도 이러한 사실을 인지하고 "우리를 시험에 들지 말게 하옵시고"라고 가르쳤던 것이다.

　내가 가지고 있던 교회와 인간적인 주위세계와의 일치감은 내가 아는 바대로 무너지고 말았다. 나는 생애에서 가장 큰 패배를 경험한 듯이 여겨졌다. 종교를 전체와의 유일하고 의미있는 관계로 여겼던 나의 종교관은 붕괴되고 말았다. 다시 말해 나는 더이상 일반적인 신앙을 가질 수 없게 되었다. 나는 말로 표현할 수 없는 어떤 것, 즉 누구하고도 나누어가질 수 없는 '나의 비밀'과 관련을 맺을 뿐이었다. 그것은 역겹기도 하고, 아주 나쁘게 말하면 천박하기도 하고 우스꽝스럽기도 했다. 그것은 일종의 악마적인 웃음거리였다.

　나는 깊이 생각하기 시작했다. 사람은 하느님에 관하여 무엇을 생각해야 하는가? 나는 하느님과 대성당에 대한 그러한 착상을 스스로 지어낸 것이 아니었다. 세 살 때 꾸었던 꿈은 더욱 말할 필요가 없다. 나의 의지보다 강한 의지가 그 둘을 나에게 강요했던 것이다. 그럼 자연이 내 안에서 그랬던 것인가? 그러나 자연은 창조주의 의지 이외에 아무것도 아니었다. 이것과 관련하여 악마를 고소해봤자 역시 도움이 되지 않는다. 악마 역시 하느님의 창조물이기 때문이다. 하느님만이 실재였으며 파괴하는 불이요 형언할 수 없는 은총이었다.

성찬식의 실패? 그것은 나의 실패였을까? 나는 매우 진지하게 성찬식을 준비하고 은총과 계시를 체험하기를 기대했지만 아무 일도 일어나지 않았다. 하느님은 그 자리에 없었다. 원, 세상에! 나는 교회로부터, 그리고 아버지와 다른 모든 사람의 신앙으로부터 떨어져나왔다. 그들이 기독교를 대표하는 한 그렇다는 말이다. 나는 교회로부터 굴러떨어졌다. 그것이 나를 슬픔으로 가득 차게 했고, 대학에 들어갈 때까지 줄곧 마음을 어둡게 했다.

악의 기원

    나는 그 무렵 나에게 깊은 인상을 주었던, 비교적 아담한 아버지의 서재에서 하느님에 관해 아는 바를 나에게 말해줄 수 있는 책들을 찾기 시작했다. 처음에는 전통적인 견해만을 찾았다. 하지만 내가 찾고 있는 것, 다시 말해 독자적으로 깊이 생각하여 쓴 저자는 보이지 않았다. 그러다가 드디어 1869년에 간행된 비더만(Biedermann)의 《기독교 교리》가 눈에 들어왔다. 이 책의 저자는 스스로 깊이 생각하여 자신의 견해를 소신있게 펼쳐나간 듯했다. 나는 그로부터 종교란 '인간이 하느님과 자립적인 관계를 맺는 영적인 행위'라는 것을 알게 되었다.

    그 견해가 나의 반발을 불러일으켰다. 왜냐하면 종교란 하느님이 나와 함께 이루는 그 무엇이라고 이해하고 있었기 때문이었다. 즉, 그것은 하느님 편에서의 행위로 나는 다만 거기에 맡겨져 있을 뿐이었다. 하느님은 나보다 강하기 때문이었다. 나의 '종교'

는 인간 편에서 하느님과 관계를 맺는 것이 아니었다. 하느님과 같이 거의 알지 못하는 그 어떤 대상과 어떻게 관계를 맺을 수 있단 말인가? 나는 하느님과의 관계를 찾기 위해서 하느님에 관해 더 많이 알아야만 했다. 나는 비더만의 〈하느님의 본질〉이라는 장에서, 하느님은 '인간 자아와 유사하게 상상될 수 있는 인격'으로서, 그리고 또한 '세계를 포괄하면서 세계를 전적으로 초월하는 고유의 자아'로서 스스로를 나타낸다는 것을 알게 되었다.

성서에 대해 내가 아는 한, 이러한 정의가 맞다고 여겨졌다. 하느님은 인격을 가지고 있으며 우주의 자아였다. 그것은 나 자신이 나의 정신적·신체적 표현방식으로서의 자아인 것과 마찬가지였다. 하지만 여기서 나는 강력한 장애물과 마주치고 말았다. 인격도 역시 하나의 성격일 것이다. 성격은 이것이면 이것이지 또 다른 어떤 것이 될 수 없다. 다시 말해 일정한 특성을 갖추고 있다. 그런데 하느님이 모든 것이라면, 그는 구분이 가능한 성격을 어떻게 가질 수 있단 말인가? 만일 하느님이 하나의 성격을 가지고 있다면 그는 주관적이며 한정된 세계의 자아에 지나지 않을 것이다. 하느님은 어떤 종류의 성격 내지는 인격을 소유하고 있는 것일까? 모든 것은 이 문제에 달렸다. 그렇지 않으면 인간은 하느님과 관계를 맺을 수 없기 때문이다.

나는 나 자신의 자아와 유사하게 하느님을 상상하는 것에 대해 자못 심하게 반대하는 마음을 가지고 있었다. 그것은 직접적인 신성모독은 아닐지라도 지나친 오만이라고 여겨졌다. '자아'라는 것은 나로서는 어쨌든 파악하기 어려운 사실로 보였다.

첫째로, 나에게는 자아라는 요소에 서로 모순되는 두 개의 측면, 즉 제1의 인격과 제2의 인격이 있었다. 그리고 이런 형태든 저런 형태든 자아는 뭔가 극히 한정되어 있었다. 자아는 또한 온갖 자기기만과 오해, 기분, 감정, 열정 그리고 죄의 지배를 받고 있었다. 자아는 성공보다는 실패를 훨씬 많이 겪었다. 자아는 유치하고 허영심이 강하며, 이기적이고 고집이 세며, 애정결핍이며, 탐욕스럽고 공정하지 못하며, 민감하고 게으르며, 무책임하며 그외 나쁜 것들 투성이였다. 유감스럽게도 자아는 덕과 재능이 많이 결여되어 있었다. 나는 덕과 재능을 다른 사람들에게서 보게 되면 시샘하면서도 경탄했다. 그런데 어떻게 우리가 하느님의 본질을 이런 자아와 유사하게 상상할 수 있단 말인가?

나는 하느님의 다른 특성들을 열심히 조사했다. 그리하여 내가 발견한 특성들은 모두 내가 견신례학습에서 이미 배운 바와 같았다.

172항에서 다음과 같은 구절을 발견했다. "하느님의 초세계적 속성을 가장 직접적으로 나타내는 표현으로, 첫째 부정적인 표현 : 하느님이 인간들에게는 보이지 않는다 등등. 둘째 긍정적인 표현 : 하느님이 천국을 거주지로 삼고 있다 등등." 이런 구절들은 끔찍했다. 하느님이 직접 혹은 간접적으로(악마를 통하여) 나의 의지에 반하여 나에게 강요했던 그 신성모독적인 이미지가 즉시 머릿속에 떠올랐다.

183항은 다음과 같은 것을 가르쳐주었다. '도덕적인 세계에 대한 하느님의 초세계적인 속성'은 그의 '정의(正義)'에 있는데, 그것은 단순히 '사법상의 정의'를 의미하는 것이 아니라 '하느님의 거룩한 속성의 표현'이라는 것이었다. 나는 이 구절이 내가 몰두하고 있던 하느님의 어두운 측면, 즉 하느님의 복수심과 위험한 격노, 하느님의 전능함으로 창조된 피조물에 대한 이해할 수 없는 행위 등에 관해 뭔가 말해줄 것이라고 기대했다. 하느님은 그 전능한 힘으로 피조물들이 얼마나 무력한가를 알고 있음이 틀림없다. 그런데 하느님은 피조물을 시험할 욕심이 생겼다. 실험결과를 처음부터 알고 있었는데도 피조물을 시험대 위에 세웠다. 자, 그럼 이런 하느님의 성격은 무엇이란 말인가? 그와 같이 행동하는 인간적인 인격은 무엇이란 말인가?

나는 이 문제를 감히 곰곰이 생각해볼 엄두가 나지 않았다. 그때 나는 "하느님이 스스로 만족하여 자신 이외에는 아무것도 필요로 하지 않음에도 불구하고 스스로의 만족을 위해" 세상을 창조했다는 구절과 "자연세계는 그의 선함으로 채웠고, 도덕세계는 그의 사랑으로 채우기를 원한다"는 구절을 읽었다.

우선 나는 '만족'이라는 낯선 단어를 숙고했다. 무엇에 대해, 누구에게 만족한다는 것인가? 아마도 세상에 대해 만족한다는 뜻일 것이다. 하느님은 자신의 하루 일을 보고 좋다고 했다. 그러나 바로 이것을 나는 전혀 이해하지 못했다. 확실히 세상은 측량할 수 없이 아름답기도 하지만 동시에 섬뜩하기도 하다. 인구가 적고 사건도 그렇게 많이 일어나지 않는 시골 작은 마을에서는 사람들이 '노쇠, 질병, 죽음'을 다른 지역보다 더 강렬하게, 더 세세하게, 더 생생하게 체험한다. 내 나이가 아직 열여섯 살이 되지 않았음에도 나는 인간과 짐승의 삶의 현실에 대해 많은 것을 보았으며, 교회와 수업에서도 세상의 고통과 타락에 관한 이야기들을 충분히 들었다.

하느님은 기껏해야 낙원에 대해 '만족'을 느낄 수 있었을 것이다. 그러면서 하느님은 자신이 해로운 독사, 즉 악마를 들여다놓음으로써 낙원의 영광이 너무 오래 지속되지 않도록 스스로 대비하고 있었다. 여기에 대해서도 하느님이 만족을 느꼈을까?

나는 비더만이 그런 것을 의미한 것이 아니라, 내가 점점 더 관심을 가지게 된 종교강론이 일반적으로 그렇듯이, 그야말로 교화를 목적으로 생각없이 말을 늘어놓고 있다는 느낌이 강하게 들었다. 그는 자기가 허튼소리를 하고 있다는 것조차 알지 못했다.

나 자신은 하느님이 인간이나 짐승이 부당하게 고통당하는 것을 보고 잔인한 만족감을 느낀다고는 가정하지 않는다. 하지만 하느님이 대극의 세계를 창조하여 하나가 다른 것을 잡아먹도록 하고 인생이 죽음으로 향한 탄생이 되도록 의도했다고 생각하는 것이 결코 무의미하다고 여겨지지 않는다. 자연법칙의 '놀라운 조화'라는 것은 가까스로 통제된 혼돈과 (착각하기 쉽지만—옮긴이) 거리가 먼 듯이 보였고, 미리 예정된 궤도를 따라 별들이 빛나는 '영원한' 하늘은 단지 질서와 의미도 없는 우연성의 집합처럼 여겨졌다. 왜냐하면 사람들이 말하는 그런 조화로운 성좌는 실제로는 전혀 볼 수 없기 때문이었다. 성좌는 단지 임의적인 결합에 지나지 않았다.

하느님이 자연세계를 어느 정도까지 그의 선함으로 채웠는지
는 나에게 분명하지 않았고 그 사실이 지극히 의심스럽기만 했
다. 이것 역시 생각할 필요 없이 믿어야만 되는 항목들 중 하나임
이 틀림없다. 그런데 하느님이 '지선(至善)'이라면, 그가 창조한
세계와 피조물이 왜 이토록 불완전하고 부패하고 비참하단 말인
가? 분명히 악마에게 침투당해 엉망이 되어버리고 말았다고 생
각했다. 하지만 악마 역시 하느님의 피조물이었다. 나는 악마에
관해 읽어보아야만 했다. 악마는 아주 중요한 존재로 여겨졌다.
나는 다시 교리책을 열어 고통과 불완전함과 악의 근거에 대한
화급한 물음의 답을 찾았으나 아무것도 발견할 수 없었다.

모든 것이 허사였다. 그 교리책은 늘어놓은 미사여구에 불과했
다. 그것은 더 나쁘게 말하면, 하는 일이라고는 진실을 가리는 것
밖에 없는 엄청난 바보짓이었다. 나는 실망하고 더 나아가 분개
하기까지 했다.

그러나 어딘가에서, 어떤 시간에, 나처럼 진리를 탐구하는 자
들이 있었을 것이 틀림없었다. 그들은 이성적으로 생각하고 자신
과 남들을 속이려 하지 않으며, 고통으로 가득한 이 세상의 현실
을 부정하려고 하지 않는 사람들일 것이었다.

그 무렵 어머니, 즉 어머니의 제2의 인격이 갑자기 밑도끝도
없이 "너는 괴테의 《파우스트》를 한번 읽어야 한다"고 말했다.
우리에게 괴테의 훌륭한 최신판 전집이 있어 나는 거기서 《파우
스트》를 찾아냈다. 그 책은 내 마음에 기적의 향유처럼 흘러들어

왔다. 나는 생각했다. '드디어 여기에 악마를 진지하게 다루고, 완전한 세계를 창조하려는 하느님의 의도를 방해하는 힘을 가진 적대자와 피로 계약을 맺기까지 한 자가 있구나.'

나는 파우스트의 행동방식을 유감스럽게 생각했다. 나로서는 파우스트가 그렇게 한쪽으로만 치우쳐 현혹되어서는 안 된다고 여겨졌기 때문이었다. 그는 좀더 현명하고 또한 더욱 도덕적이어야만 했다. 자신의 영혼을 그토록 경박하게 도박에 거는 것이 나로서는 유치하게 보였다. 파우스트는 분명히 허풍쟁이였다!

나는 또한 이 희곡의 무게와 의미가 주로 메피스토텔레스 쪽에 놓여 있다는 인상을 받았다. 파우스트의 영혼이 지옥에 떨어졌다고 하더라도 나는 유감스럽게 생각하지 않았을 것이었다. 그렇게 되어도 그에게 애석할 것이 없었다.

마지막 부분에 나오는 '속아넘어간 악마'라는 것은 마음에 썩 들지 않았다. 메피스토텔레스는 백치 같은 아기천사들에게 속임을 당할 정도로 어리석은 악마가 결코 아니기 때문이었다. 메피스토텔레스는 전혀 다른 의미에서 속임을 당한 것으로 여겨졌다. 그는 그의 보증된 권리를 행사하지 못한 것이 아니라, 좀 경박하고 특색없는 친구인 파우스트가 저승에서까지 속임수를 부린 것이었다. 거기서 그의 소년다움이 드러났으나 위대한 신비로 들어갈 수 있는 축성(祝聖)은 받지 못한 듯했다. 나 같으면 그에게 뭔가 연옥의 불길을 안겨주었을 것이다!

내가 보기에 근본적인 문제는 메피스토텔레스 쪽에 있었다. 그의 모습은 나에게 달라붙어 떠나지 않았다. 거기서 나는 모성비의(母性秘儀:《파우스트》 제2부에 나오는 용어—옮긴이)와의 연관성을 분명하지는 않지만 어렴풋이 느꼈다. 아무튼 메피스토텔레스와 대단원의 그 위대한 축성은 내 의식세계의 언저리에 놀랍고 신비로운 경험으로 남게 되었다.

드디어 나는 악과 그 세계장악력을 알고 있으며, 더 나아가 인간을 어둠과 고통으로부터 구원하는 데 악이 맡은 신비로운 역할을 파악하고 있는 사람이 있었고 여태껏 있어왔다는 사실을 확인하게 되었다. 그런 면에서 괴테는 나에게 예언자라 할 만했다. 그러나 그가 메피스토텔레스를 단순한 놀이나 요술로 순식간에 해치워버린 것은 용서할 수 없었다. 그것은 나에게는 지나치게 신학적이요, 너무 경박하고 무책임한 일로 보였다. 괴테도 악을 해롭지 않은 것으로 여기도록 하는 간교한 주장에 빠져들었다는 사실을 나는 무척 유감스럽게 생각했다.

그 책을 읽고 나는 파우스트가 일종의 철학자였으며, 철학에서 돌아섰음에도 불구하고 철학으로부터 진리를 위한 개방성을 분명히 배웠다는 사실을 알게 되었다. 그때까지만 해도 나는 철학에 대해 거의 아무것도 들은 것이 없었으나, 새로운 희망이 내 안에서 싹트기 시작했다. 어쩌면 내가 가진 질문에 대해 숙고하고 나에게 빛을 던져줄 수 있는 철학자들이 있을지도 모른다는 생각이 들었다.

아버지의 서재에는 철학자의 책이 없었다. 그들은 따지며 생각한다는 이유로 아버지로부터 의심을 받고 있었다. 나는 1832년에 간행된 크루그(Krug)의 《철학사전》 제2판으로 만족해야만 했다. 나는 즉시 신(神)에 관한 항목을 읽기 시작했다. 불만스럽게도 그것은 '신(Gott)'이라는 단어의 어원학으로 시작되고 있었다. 신은 '이론의 여지 없이' '선하다(gut)'는 말에서 유래되었으며, 지존자나 완성자라고 불린다고 했다. 그리고 이어서 말하기를, 신의 존재는 증명될 수 없으며 신이라는 관념의 선재성(先在性)도 마찬가지라고 했다. 후자는 행위로는 그렇지 않을지라도 잠재적으로는 인간 안에 본래부터 존재할 수 있다는 것이었다. 아무튼 우리의 "정신적 능력은 그토록 숭고한 관념을 만들어낼 수 있도록 어느 일정한 수준까지는 이미 발달되어 있음이 틀림없다"는 것이었다.

이러한 설명은 나를 무척 놀라게 했다. 이 '철학자들'은 뭐가 잘못된 것인가? 나는 자문해보았다. 그들은 단지 소문으로만 하느님을 알고 있음이 분명했다. 그런데 신학자들은 이 점에 있어서 철학자들과 달랐다. 신학자들은 하느님에 대해 모순된 말을 하고는 있지만 적어도 하느님이 존재한다는 사실은 확신하고 있었다. 이 사전 편집자 크루그는 자못 에둘러 표현하고 있지만, 사실은 그가 신의 존재에 대해 충분히 확신하고 있다는 점을 내세우고 싶어한다는 것이 분명했다. 그렇다면 왜 그는 그 사실을 직접적으로 말하지 않은 것인가? 왜 그는 사람이 하느님이라는 관념을 '만들어내며' 그럴 수 있기 위해서는 우선 일정한 수준으로 발달해 있지 않으면 안 된다고 정말로 생각하는 것처럼 행하는 것인가?

내가 아는 한, 숲 속을 벌거벗고 방랑하던 원시인들까지도 그런 신의 관념은 가지고 있었다. 그리고 그들은 '신이라는 관념을 만들어내기 위해' 틀어박혀 앉아 있는 '철학자들'이 아니었다. 나역시 '신의 관념을 만들어낸' 적이 없었다. 물론 사람들은 신의 존재를 증명할 수 없다. 예컨대 오스트레일리아에서 양모를 갉아 먹는 옷좀나방이 다른 옷좀나방들에게 오스트레일리아가 존재한다는 것을 어떻게 증명할 수 있겠는가?

하느님의 존재는 우리의 증명 여하에 좌우되는 것이 아니다. 그렇다면 나는 어떻게 하느님에 대한 확신을 갖게 되었는가? 사람들은 이런 면에서 나에게 가능한 한 온갖 이야기를 들려주었으나 사실 나는 아무것도 믿을 수 없었다. 그 어느 것도 나를 설득하지 못했다. 그런 것들로부터 나의 관념이 나온 것이 아니었다. 그리고 그것은 관념, 즉 생각해서 고안해낸 어떤 것이 결코 아니었다. 그것은 사람들이 무언가를 상상하고 생각해서 고안해내고, 그러고 나서 믿는 그런 것이 아니었다. 예를 들면, '주 예수'에 관한 이야기는 내게 언제나 의심스럽게 여겨졌고 그것을 진실로 믿은 적이 없었다. 하지만 사람들은 그 이야기를 대개 배후에서만 암시되고 있는 '하느님'보다 더욱 나에게 강요했다.

어떻게 하느님이 나에게는 자명(自明)한 것이 되었을까? 하느님의 존재는 머리 위에 떨어지는 벽돌과도 같이 너무나 분명한데도, 이 철학자들은 어찌하여 하느님은 일종의 관념이며 자기들이 만들어낼 수도 있고 그러지 않을 수도 있는 임의적인 가설이라고 말하는 것인가?

그 무렵 나는 하느님은 적어도 나에게는 가장 확실하고 직접적인 경험들 중 하나라는 사실을 불현듯 깨닫게 되었다. 대성당과 관련된 저 경악스러운 일은 내가 만들어낸 것이 아니었다. 이와 반대로 그것은 나에게 밀려온 것이었고, 그것을 생각하도록 나는 아주 잔혹하게 강요당했다. 하지만 그런 후에 형언할 수 없는 은총을 받았다.

나는 철학자들에게 틀림없이 뭔가 잘못된 것이 있을 거라는 결론에 이르렀다. 왜냐하면 그들은 하느님이 어떤 의미에서 논의의 대상이 될 수 있는 일종의 가설이라는 기묘한 견해를 가지고 있기 때문이었다. 또한 나는 하느님의 어두운 행위에 관한 어떤 의견이나 설명을 발견하지 못해 무척 불만스럽게 생각했다. 하느님의 어두운 행위는 특별히 철학적 관심을 기울이고 숙고할 만한 가치가 있다고 여겨졌다. 내가 잘 이해하고 있는 바에 의하면, 그것이 사실은 신학자들에게 부담이 될 것이 틀림없는 문제들을 제기할 것이었다. 철학자들이 이러한 것에 관해 전혀 알지 못하고 있는 것 같아 나는 더욱더 실망스러웠다.

그리하여 나는 다음 항목, 즉 악마에 관한 장으로 넘어갔다. 거기서 말하고 있는 바와 같이, 악마가 본래부터 악했다고 생각한다면 우리는 명백한 모순, 즉 이원론에 빠져버리고 말 것이다. 따라서 우리는 악마도 원래는 선한 것으로 창조되었으나 그의 오만 때문에 타락하게 되었다고 가정하는 편이 나을 것이다. 그러나 필자는 이러한 주장은 그것이 설명하려고 하는 악이 이미 자만심이라는 악을 전제로 하고 있다고 지적했다. 나는 그 지적을 읽고 대단히 흡족했다. 그밖에 악의 기원은 '설명되지도 않고 설명할 수도 없는' 것이라고 했다. 내가 보기에 그 말은 그도 신학자들과 마찬가지로 악의 기원에 대해서는 숙고하고 싶지 않다는 뜻이었다. 악과 그 기원에 관한 항목은 둘 다 시원하게 밝혀주는 것이 없었다.

칸트와 쇼펜하우어를 읽다

여기서 이야기하는 여러 가지 내용은 한동안 오래 중단되기는 했으나 수년에 걸친 사색의 발전과 관련이 있다. 그것들은 오로지 나의 제2의 인격 안에서 이루어진 것으로, 그야말로 자못 비밀스러운 것이었다. 나는 이러한 것들을 조사하기 위해 아버지의 허락도 없이 그의 서재를 몰래 이용했다.

그러나 그 기간에 제1의 인격은 게르스테커의 소설 전부와 영국 고전소설들의 독일어 번역판을 드러내놓고 읽었다. 나는 또한 우선 고전을 중심으로 독일문학을 읽기 시작했다. 학교에서 뻔한 사실들에 대해 불필요하게 장황한 설명을 함으로써 흥미를 잃게 한 책들은 빼놓고 읽었다. 나는 광범위하게, 어떤 체계도 없이 희곡, 시, 역사 그리고 나중에는 자연과학서도 읽었다. 독서는 재미를 주었을 뿐만 아니라, 편안하게 기분전환이 되도록 해주었다.

그런데 제2의 인격이 야기한 그 작업은 나를 점점 더 침울하게 만들고 있었다. 왜냐하면 종교적인 문제의 영역에서 나는 단지 굳게 잠긴 문들만 만났고, 어떤 문이 우연히 열렸다 해도 나는 결국 실망에 부딪혔기 때문이었다. 딴 사람들은 정말 모두 다른 곳에 있는 듯했다. 나는 완전히 혼자라는 것을 확실히 느꼈다. 그 문제에 관해 나는 누구와 이야기를 나누고 싶었으나 어디서도 대화의 접촉점을 찾을 수 없었고, 그 반대로 다른 사람들에게서 소외감과 불신과 두려움을 느끼게 되어 말이 없어지고 말았다. 그런 것들도 나를 침울하게 만들었다.

나는 어찌해야 할 바를 몰랐다. 왜 다른 사람들은 나와 비슷한 경험을 가지고 있지 않은가? 왜 학식있는 책들 가운데 여기에 관한 것은 없단 말인가? 내가 그런 경험을 한 유일한 인간이란 말인가? 왜 내가 그 유일한 인간이 되어야만 하는가? 내가 미쳤는지도 모른다는 생각은 한 번도 하지 않았다. 왜냐하면 하느님의 빛과 어둠은 비록 중압감을 주기는 했지만 나에게는 이해될 수 있는 사실들로 여겨졌기 때문이었다.

내가 말려들어간 그 '단 한 번의 사건'은 위협적인 것으로 느껴졌다. 왜냐하면 그것은 고립을 의미했고, 내가 생각한 것보다 부당하게 속죄양으로 취급을 받을수록 더욱 불쾌하게 여겨졌기 때문이었다. 게다가 나에게 오래 인상을 남긴 어떤 사건이 일어났다.

독일어수업에서 내 성적은 중간 정도 되었는데 그것은 교재, 특히 문법과 문장론이 정말 재미가 없었기 때문이기도 했다. 나는 게을러지고 지루해졌다. 작문 주제는 보통 평이하고 유치하게 여겨졌다. 나는 과제물도 그 수준에 맞춰 겉핥기식이거나 마지못해 쓰는 식으로 해치웠다. 나는 평균점수로 슬그머니 통과했는데 그 정도가 나에게는 딱 어울렸다. 그것은 주목을 받지 않으려는 나의 일반적인 성향과 맞아떨어지기도 했다.

나에게 여러 면에서 강요된 '단 한 번의 사건으로 인한 저주받을 고독'에서 어찌해서든지 빠져나오고 싶었다. 나는 나처럼 별 볼일없는 가난한 가정 출신의 아이들과 그리 똑똑하지 못한 아이들에게 호감을 갖는 편이었다. 그들의 어리석음과 버릇없는 행동으로 자주 신경질이 나려고 했지만 말이다. 다른 한편으로 그들은 내가 아무것도 모르는 것처럼 보이게 하고, 나에게서 특이한 면을 눈치채지 못하게 하는 이점을 제공해주었다. 그것은 내가 간절히 바라던 것이었다.

나의 '특이성'은 차츰 불쾌하고 으스스하기까지 한 느낌을 야기하기 시작했다. 그것은 내가 의식하지 못하는 고약한 특성을 틀림없이 지니게 되었을 거라는 느낌이었다. 그 특성은 선생들과 학우들을 나로부터 멀어지게 했을 것이었다.

이런 상황에서 다음과 같은 사건이 청천벽력처럼 나에게 닥쳤다. 우리는 작문 주제를 하나 받았는데 그것은 이례적으로 나의 흥미를 끄는 것이었다. 그래서 나는 열심히 숙제를 하여 내가 보기에 정교하고 훌륭한 작문을 완성했다. 나는 적어도 상위권에 속하는 한 사람이 되기를 기대했다. 최고점수를 받으면 주목을 받게 될 것이므로 1등 말고 그 다음 성적을 기대했다.

우리 선생은 작문을 잘 쓴 순서대로 논평해나가는 버릇이 있었다. 첫 번째 작문은 학급에서 1등을 한 아이의 것이었다. 그것은 적절한 일이었다. 그 다음 다른 학생들의 작문이 이어졌다. 나는 내 이름이 불리기를 기다리고 기다렸으나 허사였다. 끝내 내 이름은 불리지 않았다. 나는 생각했다. '그럴 리가 없어. 내 작문이 저 형편없는 작문들보다 떨어질 정도로 그렇게 못 썼단 말인가. 무엇이 잘못되었는가? 나는 '심사외'가 되어 아주 기분 나쁜 방식으로 주목을 끌게 되어 고립되는 것은 아닌가?'

모든 작문을 논평하고 나서 선생이 한숨 돌리고는 입을 열었다. "자, 여기 또 하나의 작문이 있다. 융의 것이다. 아주 잘 썼기 때문에 나는 융의 작문에 최고점수를 주어야겠지만, 유감스럽게도 이 작문은 거짓이다. 너는 이것을 어디서 베꼈느냐? 진실을 자백해라!"

나는 깜짝 놀라며 격분하여 외쳤다. "나는 그것을 베끼지 않았습니다. 오히려 그 반대로 좋은 작문을 쓰려고 특별히 노력을 기울였단 말입니다."

그러나 선생은 나를 향해 소리쳤다. "너는 거짓말을 하고 있어! 너는 이런 작문을 지금까지 한 번도 쓴 적이 없어. 아무도 네 말을 믿지 않을 거야. 그래, 어디서 베꼈지?"

나는 결백을 맹세했지만 허사였다. 선생은 태도를 바꾸지 않은 채 말했다. "너에게 확실히 말해두마. 네가 이것을 어디서 베꼈는지 내가 알게 된다면 너는 학교에서 쫓겨날 거야." 그러면서 선생은 몸을 돌려버렸다. 급우들이 나를 의심하는 눈빛으로 바라보았다. 나는 그들이 '아하, 그렇게 된 일이구나'라고 생각하고 있다는 것을 알고 섬뜩한 기분이 들었다. 나의 맹세는 끝내 묵살되었다.

나는 이제 낙인이 찍혔고 나를 '특이성'으로부터 벗어나게 해줄 수도 있었던 모든 길이 막혀버린 것을 느꼈다. 나는 깊은 실망과 모욕감으로 선생에 대한 복수를 맹세했다. 나에게 기회가 주어졌다면, 주먹을 쓸 수 있는 자위권에 따라 그때 어떤 일이 일어났을지도 몰랐다. 도대체 어떻게 하면 내가 작문을 베끼지 않았다는 것을 입증할 수 있단 말인가?

며칠 동안 나는 이 사건에 대해 곰곰이 생각해보았으나, 내가 무력하여 맹목적이고 어리석은 운명에 던져졌다는 결론으로 언제나 다시 돌아올 뿐이었다. 그 운명은 나에게 거짓말쟁이요 사기꾼이라는 낙인을 찍어주었다. 이제야 나는 이전에 이해하지 못했던 많은 일을 알 수 있게 되었다. 예를 들면, 아버지가 선생에게 학교에서의 내 행실에 대해 물으면 그 선생은 "아, 그 아이는 중간수준이지만 꽤 노력하는 편입니다"라고 답했는데, 그렇게 대답한 이유가 무엇인가 하는 것 등이었다. 사람들은 나를 상당히 어리석고 천박한 아이로 여기고 있었던 것이다. 이런 말들은 사실 나를 화나게 하지 않았다. 나를 격분시킨 것은 그들이 나를 사기꾼으로 추정하여 나를 도덕적으로 망하게 했다는 점이었다.

나의 비탄과 분노는 위협적으로 말할 수 없이 커져만 갔다. 하지만 그때 내가 이미 이전에 나 자신 안에서 여러 번 관찰했던 어떤 일이 일어났다. 마치 시끄러운 공간에서 방음문을 닫아버린 것과도 같이 갑작스러운 정적이 찾아왔다. 그것은 냉정한 호기심으로 다음과 같은 질문을 나에게 던지는 것 같기도 했다. '그럼, 여기서 무엇이 잘못되었는가? 너는 흥분하고 있구나. 물론 그 선생은 너의 천성을 이해하지 못하는 바보다. 다시 말해 너와 똑같이 이해하지 못하고 있는 것이다. 그러니까 선생도 너와 마찬가지로 의심 많은 사람인 것이다. 너는 너 자신뿐만 아니라 다른 사람들도 믿지 않기 때문에, 단순하며 소박하고 한눈에 그 마음을 알 수 있는 아이들에게 의지하고 있는 것 아닌가? 인간은 이해하지 못하면 흥분하기 마련이다.'

이렇게 숙고하는 가운데, 내가 이전에 그 금지된 것을 생각하지 않으려 할 때 그와 같이 단호하게 강요되었던 그 다른 사념들과 지금 나의 생각들이 유사하다는 느낌을 받았다. 그 무렵 나는 제1의 인격과 제2의 인격 사이의 차이점을 잘 보지 못하고, 제2의 인격의 세계를 나 자신의 개인적 세계라고 주장했다. 하지만 나 자신 이외에 다른 무언가가 거기 있다는 의미심장한 느낌이 늘 있었다. 그것은 마치 별들과 끝없는 우주의 장엄한 세계의 숨결이 나에게 닿는 것 같았으며, 또한 오래전에 죽었으나 아직도 영겁의 시간 속에서 존재하는 사람의 영혼이 보이지 않게 몰래 방 안으로 들어와 있는 것 같기도 했다. 이런 종류의 급전(急轉)은 누멘(Numen : 신성한 힘)의 후광에 둘러싸여 있었다.

그 당시 물론 나는 이와 같은 방식으로 나 자신을 결코 표현할 수 없었을 것이다. 또한 그때의 내 의식상태에 지금 어떤 것을 덧붙이고 있는 것도 아니다. 나는 단지 저 흐릿한 세계를 오늘날의 방법으로 밝혀보고자 시도할 뿐이다.

방금 언급한 사건이 있은 지 몇 개월 후 학우들이 나에게 '족장 아브라함'이라는 별명을 붙여주었다. 제1의 인격은 그것을 이해할 수 없었고, 어리석고 우스꽝스러운 일로 생각했다. 그러나 마음 깊은 곳에서는 왠지 그 별명이 맞다는 느낌이 들었다.

　내 마음 깊은 곳을 암시하는 모든 것은 나에게 고통이 되었다. 책을 읽고 도시생활에 익숙해질수록, 내가 지금 현실로 인식해가고 있는 것들은 시골에서 나와 더불어 성장해온 세계상(世界像)과는 다른 사물의 질서에 속한다는 인상이 더욱 강해졌다. 그 세계상은 작은 마을의 강과 숲, 동물과 사람들 사이에서 성장했다. 그 마을은 햇빛이 비치고 바람과 구름이 지나가고 모호한 것들로 가득한 밤의 어둠에 감싸이기도 했다. 그곳은 단순히 지도 위의 장소가 아니라, 비밀스러운 의미들로 채워진 지정된 신의 세계였다.

　사람들은 그 사실을 알지 못하는 것 같았다. 동물조차도 왠지 그것을 지각할 수 있는 감각을 상실한 듯했다. 우리는 그 사실을 젖소의 슬프고 공허한 시선, 말들의 체념한 듯한 눈, 사람에게 매달리는 개들의 충성, 그리고 심지어 집과 곳간을 서식처와 사냥터로 삼고 있는 고양이의 자신있는 발걸음에서도 볼 수 있었다. 사람들도 동물들과 마찬가지로 무의식적인 것처럼 보였다. 사람들은 무엇을 어떤 목적으로 사용할 수 있을까 하고 땅바닥을 내려다보기도 하고, 나무를 올려다보기도 했다. 동물처럼 무리를 이루고 짝을 짓고 서로 싸웠다. 그런데 그들은 자신들이 질서있는 우주 속에, 신의 세계 안에, 온갖 것이 태어나고 온갖 것이 이미 죽어 있는 영원 속에 살고 있음을 알지 못했다.

나는 항온동물이면 모두 좋아하는 편이었는데, 그 이유는 그것들이 우리와 아주 유사하고 우리의 무지를 나누어가지고 있기 때문이었다. 또한 내가 그 동물들을 좋아했던 것은 그것들이 우리와 마찬가지로 혼을 가지고 있으며, 내가 믿기로는 우리가 그 동물들을 본능적으로 이해하고 있다고 생각했기 때문이었다. 그 동물들도 우리처럼 기쁨과 슬픔, 사랑과 미움, 굶주림과 갈증, 그리고 불안과 신뢰를 경험한다고 나는 생각했다. 언어, 예리한 의식, 과학 들을 제외한 존재의 온갖 본질적인 요소들을 공유하는 셈이었다. 나는 그 제외된 요소들을 인습대로 경탄해 마지않았지만, 인간들을 신의 세계로부터 멀어지고 벗어나게 하여 동물에게는 일어날 수 없는 타락으로 이끌 가능성이 그 요소들에 있음을 발견했다. 동물들은 사랑스럽고 충직하며 변덕스럽지 않고 믿을 만하였으나, 인간들은 나에게 이전보다 훨씬 더 믿을 수 없는 존재가 되고 말았다.

곤충들은 '정상적인' 동물이 아니었다. 그리고 변온척추동물은 곤충이 되어가는 과정에서 하찮은 중간단계를 이루고 있었다. 이런 범주에 들어가는 생물들은 관찰과 수집의 대상이요 호기심의 대상이었는데, 그 이유는 낯설고 비인간적이며 비인격적인 존재의 발현으로 인간보다는 오히려 식물에 가까웠기 때문이었다.

'신의 세계'가 지상에 나타난 것은 일종의 직접적인 메시지에 의해 식물계로부터 시작되었다. 그것은 마치 자기를 관찰하는 자가 없다고 착각하고 있는 창조자의 어깨 너머로, 그가 어떻게 장난감이나 장식품을 만들고 있는가 사람들이 바라본 것과도 같았다. 이에 비해 인간과 '정상적인' 동물들은 자립한 신의 분신들이었다. 그리하여 그들은 자발적으로 돌아다니며 서식처를 정할 수 있었다. 그 반대로 식물계는 무슨 일이 있어도 한 장소에 묶여 있었다. 식물들은 무엇을 의도하는 일도 없고 이탈하지도 않으면서 신의 세계의 아름다움뿐만 아니라 생각까지 표현했다. 나무들은 특히 신비로웠으며 나에게는 생명의 불가해한 의미를 직접적으로 구현하고 있는 것처럼 보였다. 그러므로 숲은 사람들이 생명의 심오한 의미와 그 경이로운 작용을 가장 가까이에서 느낄 수 있는 장소였다.

이와 같은 인상은 내가 고딕양식의 대성당들을 알게 됐을 때 더욱 심화되었다. 그런데 거기서는 우주의 무한함, 의미와 무의미의 혼돈, 주관없는 의도성과 기계적인 법칙의 혼란 들이 돌 속에 감추어져 있었다. 돌은 존재의 끝없는 신비, 영혼의 진수를 내포하고 있었으며 동시에 그 자체이기도 했다. 그 점에서 나는 돌과 나 자신이 서로 유사하다고 어렴풋이 느끼게 되었다. 다시 말해 죽은 것과 살아 있는 것 그 양쪽에 다 신성이 깃들어 있는 것이었다.

그 당시에는, 이미 말한 바와 같이, 나 자신의 감정과 예감을 눈에 보일 수 있도록 구체적으로 표현한다는 것은 나의 힘이 미치지 못하는 일이었다. 왜냐하면 이런 것들은 능동적이면서 사물을 파악하는 나의 자아, 즉 제1의 인격이 수동적인 태도를 취하는 동안 제2의 인격에서 일어났고, 또한 수세기에 걸친 '노인'의 영역으로 수용되었기 때문이었다. 나는 그 노인과 그의 영향력을 이상하게도 성찰해볼 사이도 없이 경험하곤 했다. 노인이 바로 거기에 나타날 때는 제1의 인격은 존재하지 않는 듯한 상태에까지 이르고, 제1의 인격과 차츰 동일화되어가는 자아가 좌중을 압도할 때는 노인이 기억에 남아 있기는 하지만 아득한 비현실적인 꿈처럼 여겨졌다.

열여섯 살에서 열아홉 살 사이에 내 딜레마의 구름이 서서히 걷혀갔다. 그리하여 침울한 기분도 나아지고 제1의 인격도 점점 더 명료하게 나타났다. 나는 학교와 도시생활에 정신을 빼앗겼고, 증가된 나의 지식은 예감으로 가득한 영감의 세계를 차츰 침투해들어가 억압했다. 나는 의식적인 문제제기를 체계적으로 추구해나가기 시작했다. 나는 철학사에 관한 작은 입문서를 읽었고, 그로 인해 이미 사색되었던 모든 사상에 대한 일종의 개관을 얻게 되었다. 만족스럽게도 나는 나의 많은 영감이 그 사상들과 역사적인 유사성을 지니고 있다는 것을 발견했다.

무엇보다 나는 소크라테스식 변론의 장황함에도 불구하고 피타고라스, 헤라클레이토스, 엠페도클레스, 플라톤 들의 사상에 끌렸다. 그들의 사상은 그림전시실과도 같이 아름답고 학문적이었으나 다소 거리감이 있었다. 마이스터 에크하르트에 이르러, 그를 다 이해한 것은 아니었지만 비로소 나는 생명의 숨결을 느꼈다.

기독교적 스콜라철학은 나의 흥미를 끌지 못했고, 성 토마스의 아리스토텔레스적 주지주의는 나에게 사막보다 더 생명력이 없는 것처럼 여겨졌다. 나는 생각했다. 이들은 모두 자기들이 받아들이지도 않고 진정으로 알고 있지도 않은 것을 논리의 곡예로써 억지로 꾸미려 하고 있지 않은가. '이들은 자신들이 믿고 있다는 것을 보여주려고 하지만 사실은 체험이 문제인 것이다!' 나에게는 그들이 코끼리가 존재한다는 것을 소문으로 알고는 있지만 한 번도 본 적이 없는 사람들처럼 보였다. 이제 그들은 논리적인 근거에서 그와 같은 동물이 존재하는 것이 확실하고 그 모양대로 그렇게 만들어졌을 것이 틀림없다는 사실을 논증으로써 증명하려고 애를 썼다.

18세기 비판철학은 그럴 만한 이유들로 인해 처음에는 받아들이기 힘들었다. 헤겔은 난해하고 거만한 문체로 나를 겁먹게 해서 나는 노골적인 불신감으로 그를 대했다. 그는 마치 자신의 언어구조 속에 갇혀 그 감옥에서 거드름을 피우는 몸짓으로 돌아다니고 있는 사람처럼 보였다.

그런데 나의 탐구가 가져다준 큰 소득은 쇼펜하우어였다. 그는 눈에 보이도록 여실히 우리를 둘러싸고 있는 세계의 고통, 그리고 혼란과 고난과 악에 대해 처음으로 이야기한 사람이었다. 이것들을 다른 모든 사람은 거의 주목하지 않는 것 같았으며, 항상 조화와 이해로 해결하고자 했다. 그런데 여기에 비로소 세계가 어쩐지 가장 좋은 것만을 기초로 세워진 것은 아니라는 사실을 직시할 수 있는 용기를 가진 철학자가 나왔다. 그는 가장 선하고 지혜로운 창조의 섭리나 피조물의 조화에 대해 말하지 않았다.

그 대신 인류역사의 고통스러운 과정과 자연의 잔인성에는 일종의 결함, 즉 세계창조의지의 맹목성이 그 밑바닥에 깔려 있다고 솔직하게 토로했다.

이러한 사실은 나의 어릴 적 자연관찰을 통해서도 증명된다는 것을 알았다. 그때 나는 병들어 죽어가는 물고기, 옴에 걸린 여우, 얼어죽거나 굶어죽은 새, 그리고 꽃이 만발한 초원에 숨겨져 있는 무자비한 비극, 즉 개미에 의해 고통당하며 죽어가는 지렁이, 서로를 갈기갈기 찢어놓는 곤충 등을 관찰했다. 또한 내가 인간들과 겪은 경험도 인간 본래의 선함과 도덕성에 대한 신뢰와는 전혀 다른 면들을 가르쳐주었다. 나는 나 자신이 동물과 이를테면 단지 정도의 차이만 날 뿐이라는 사실을 너무나 잘 알고 있었다.

나는 쇼펜하우어의 음울한 세계상에 대해서는 전적으로 동의했으나 그의 문제해결 방법까지는 찬성하지 않았다. 그가 사용하는 '의지'라는 말이 사실은 신과 창조주를 뜻한다는 것과, 그가 이를 '맹목적'이라고 일컫는다는 것을 나는 확실히 알게 되었다. 그런데 나의 경험에 비추어 볼 때 신은 어떤 신성모독에 의해서도 기분이 상하지 않고, 오히려 반대로 인간이 밝고 긍정적인 면뿐만 아니라 어둠과 불경스러움도 갖도록 신성모독을 요구하기까지 할 수 있다는 것을 알았다. 그러므로 나는 쇼펜하우어의 견해에 대해 거리낌을 갖지 않았다. 나는 그 견해가 사실에 의해 증명된 판단이라고 여겼다.

하지만 그런 만큼 더 많이 다음과 같은 그의 생각에는 실망했다. 즉, 맹목적 의지를 역전시키기 위해서는 오직 지성이 그 의지에게 자신의 관념을 내보여야 한다는 것이었다. 신의 의지는 맹목적인데 도대체 어떻게 그 의지가 지성의 관념을 볼 수 있단 말인가? 비록 볼 수 있다고 할지라도 지성의 관념은 신의 의지가 바라는 바를 그대로 보여줄 텐데 무슨 이유로 이를 통해 그 의지가 역전되도록 움직여질 것인가? 그리고 지성이란 무엇이던가? 지성은 인간 마음의 기능으로, 마치 한 아이가 태양의 눈이 멀기를 기대하면서 태양을 향해 들고 있는 지극히 작은 거울 한 조각과도 같다. 이런 것이 나에게는 아주 부적절하게 여겨졌다. 쇼펜하우어가 어떻게 해서 그런 생각을 하게 되었는지 내게는 수수께끼 같은 일이었다.

이런 이유로 나는 쇼펜하우어를 더욱 철저하게 연구하지 않으면 안 되었고, 그와 칸트의 관계에서 차츰 깊은 인상을 받게 되었다. 그리하여 나는 그 철학자의 저서들을 읽기 시작했는데, 특히 《순수이성 비판》은 몹시 골머리를 앓으며 읽었다. 그런데 노력한 보람이 있었다. 쇼펜하우어의 사상체계에서 근본적인 결함을 발견했다고 믿어졌기 때문이었다. 그는 순수한 본체, 즉 '사물 그 자체'를 인격화하고 그 성질을 규정하여 형이상학적인 진술을 하는 심각한 과오를 범했던 것이다. 이러한 사실은 칸트의 인식론에 의해 밝혀진 것으로, 그 인식론은 어쩌면 쇼펜하우어의 '염세적'인 세계상보다 더욱 큰 깨달음을 나에게 주었다.

이러한 철학적 발전은 열일곱 살부터 의학공부를 하던 시절까지 이어졌다. 이것은 세계와 인생에 대한 나의 태도에 혁명적인 변화를 가져왔다. 이전에는 내가 수줍고 소심하고 의심 많고 창백하고 마르고 병약한 모습이었으나, 이제는 모든 방면에서 왕성한 의욕을 보이기 시작했다. 나 자신이 바라는 바를 알고 그것을 붙잡으려고 했다.

또한 나는 확실히 붙임성 있고 속이 트인 사람이 되었다. 나는 가난이라는 것이 불리한 점도 아니며 고통의 주된 원인도 아니라는 사실을 알게 되었다. 부잣집 아들들이라고 해서 가난하고 옷이 꾀죄죄한 소년들보다 결코 나을 것이 없었다. 행복과 불행은 용돈의 액수보다 더 깊은 원인에 의해 좌우되었다. 나는 이전보다 더 많은 더 좋은 친구를 얻었다. 내 발을 받쳐주는 훨씬 든든한 기반을 느끼며 나의 생각을 솔직하게 말할 수 있는 용기까지 갖게 되었다.

그러나 그 모든 것이 하나의 착각이었다는 것을 곧 알아차리고 후회하게 되었다. 나는 서먹함과 조소뿐만 아니라 적의에 찬 배척과 마주쳤다. 어떤 사람들이 나를 허풍쟁이요 '사기꾼'으로 보는 것을 알고 나는 몹시 놀라고 불쾌했다. 이전에 사기꾼이라는 혐의를 받았던 일이 다른 형태이긴 하지만 반복된 셈이었다.

이번에도 나의 흥미를 불러일으킨 작문 주제로 인해 문제가 발생했다. 나는 그 작문을 특별히 공을 들여 썼고 나의 문체를 아주 면밀하게 다듬었다. 하지만 결과는 비참했다. 선생은 그 작문을 보고 이렇게 말했다. "여기 융의 작문이 있는데, 아주 훌륭한 작문이긴 하지만 너무 쉽게 내갈겨써서 진지한 노력을 거의 기울이지 않았다는 것을 알 수 있어. 융, 내가 너에게 말할 수 있는 것은 그런 성의없는 태도로는 인생에서 성공할 수 없다는 거야. 인생이란 진지함과 성실성, 노동과 노력이 요구되는 법이야. D군의 작문을 보라구. 그건 너의 작문만큼 우수하지는 않지만 그 대신 정직하고 성실하며 근면해. 그것이 인생에서 성공하는 길이란 말이야."

나의 패배감은 그 첫 번째 경우처럼 그렇게 깊지는 않았다. 아무튼 선생이 자신도 모르게 내 작문에 감동을 받았고, 적어도 베껴쓴 글이라고 주장하지는 않았기 때문이었다. 나는 물론 선생의 비난에 대해 항의했으나 선생은 다음과 같은 말로 무시해버렸다. "《시학》에 따르면, 가장 좋은 시는 그 창조의 노력을 사람들이 알아차리지 못하는 시라고 말하기는 해. 하지만 너의 작문이 여기에 해당하지는 않아. 나를 속일 수는 없어. 너는 작문을 단지 가볍게 아무 노력도 없이 써갈겼을 뿐이야." 내 작문에 몇 가지 빼어난 착상이 들어 있다고 여겼으나 선생은 그것들에 관해 전혀 언급하지 않았다.

나는 이 사건으로 분노가 치밀었는데, 나에 대한 학우들의 의심이 내 마음을 더욱 무겁게 했다. 그들이 나를 이전의 고립과 침울한 상태로 몰아넣으려고 위협했기 때문이었다. 나는 그런 비방을 들을 만한 잘못이 어찌하여 나에게 있는지 알아내려고 무척 고심했다. 조심스럽게 물어서 조사해본 결과, 내가 사람들이 알리가 없는 것들에 관해 자주 발언하거나 넌지시 의견을 말하기 때문에 그들이 나를 꺼려한다는 사실을 알게 되었다. 예를 들면,

학교 과목에는 전혀 '들어 있지' 않은 칸트나 쇼펜하우어, 또는 고생물학에 대해 무언가 알고 있는 것처럼 젠체했다는 것이었다. 이와 같은 충격적인 확인은 나에게 다음과 같은 것을 가르쳐주었다. 실제로 모든 화급한 문제들은 일상에 속하는 것이 아니라, 나의 어릴 적 비밀이 그러했듯이, 신의 세계에 속한다는 사실이었다. 그것에 대해서는 말을 하지 않는 편이 더 나았다.

그후 나는 학우들과 있을 때는 이런 '비밀스러운 사안'들을 언급하지 않으려고 조심했다. 어른들 중에서는 나를 허풍쟁이나 사기꾼으로 보면 어쩌나 걱정할 필요 없이 이야기를 나눌 수 있는 사람을 알지 못했다. 무엇보다 가장 고통스러웠던 것은, 내 안에서 두 세계로 나누어진 분리를 지양(止揚)하려는 나의 노력이 저지되고 마비되었다는 것이었다. 나를 보통의 일상적인 존재로부터 무한한 신의 세계로 밀어넣는 사건들이 반복해서 일어났다.

'신의 세계'라는 표현이 어떤 사람에게는 감상적으로 들리겠지만 나에게는 전혀 그런 느낌이 들지 않았다. 모든 '초인간적'인 것들, 눈부신 빛, 심연의 어두움, 시공의 무한성이 지닌 차가운 무감정, 비합리적인 우연세계의 으스스한 괴기성 등이 '신의 세계'에 속했다. '신'은 나에게는 모든 것이었지, 단지 '교화적'인 것만은 아니었다.

자연과학 vs. 신의 세계

나이가 들어갈수록 부모님이나 다른 사람들이 나에게 어떤 사람이 되기를 원하는지 더욱 자주 물어왔다. 나는 그 점에 관해서 분명한 생각을 가지고 있지 않았다. 나의 관심은 다양한 분야로 끌렸다. 한편으로는 사실에 기초를 둔 진리들을 추구하는 자연과학에 강한 흥미를 느꼈고, 다른 한편으로는 비교종교사와 관련된 모든 것에 매료되었다. 주로 나의 관심을 끈 학문은 전자에서는 동물학, 고생물학, 지리학이었고, 후자에서는 그리스·로마, 이집트, 선사시대 고고학이었다. 물론 그 무렵에는 이러한 다양한 과목의 선택이 나 자신의 이중성격과 얼마나 잘 부합하는지를 알지 못했다.

자연과학에서는 역사적 초기단계를 지닌 구체적인 사실이 마음에 들었고, 종교학에서는 철학이 포함되어 있는 영적인 문제가 그러했다. 하지만 나로서 서운한 점은, 자연과학에서는 의미의 요소가 결여되어 있는 것이었고, 종교학에서는 경험의 요소가 결여되어 있는 것이었다. 자연과학은 제1의 인격의 정신적 욕구에 아주 잘 부합하였고, 그에 반해서 인문학이나 역사과목은 제2의 인격을 위한 일종의 유익한 시청각수업인 셈이었다.

이런 모순된 상황에서 나는 오랫동안 방향을 잡지 못했다. 바젤의 성알반교회 목사이며 가족 사이에서는 '이제멘리'라는 별명으로 불린 외가어른 한 분이 내게 신학을 하라고 은근히 권하는 것을 눈치챘다. 그는 모두 신학자인 아들들 중 한 사람과 전문적인 문제에 관해 식탁에서 토론을 벌일 때 내가 거기에 이상할 정도로 주의를 기울이는 것을 놓치지 않았다. 아찔하게 높은 대학과 가까운 관계를 맺고 있어서 내 아버지보다 더 많이 아는 신학자가 마침내 나오지 않을까 궁금하던 차였다. 그런데 그 식탁토론에서는 그들이 진정한 체험에 마음을 기울이고 있다는 인상을 전혀 받을 수 없었다. 나의 체험과 같은 것에도 그러했다. 그들은 오로지 성서의 이야기에 관한 학설들만 토론했는데, 그것들은 믿기 어려운 수많은 기적에 관한 이야기들이어서 나는 몹시 언짢았다.

김나지움에 다니는 동안, 나는 매주 목요일 이 친척어른 집에서 점심을 먹어도 좋다는 허락을 받았다. 나는 점심뿐만 아니라 이따금 식탁에서 성숙하고 총명하고 지적인 대화를 들을 수 있는 다시없는 이점(利點)으로 인해 감사한 마음이 들었다. 이런 것이 일상에 존재한다는 것만으로도 나에게는 커다란 경험이었다. 내 주위에서는 누군가가 학문적인 대상에 관해 대화를 나누는 것을 들은 적이 전혀 없기 때문이었다.

아버지에게 그런 것을 요구해보기도 했으나, 아버지는 초조하고 불안해하며 방어적인 태도를 보여 나로서는 이해하기 어려웠다. 몇 년이 지나서야 비로소 나는 불쌍한 아버지가 내적인 의혹으로 분열되어 있었기 때문에 생각을 해서는 안 된다는 사실을 알게 되었다. 그는 자기 자신으로부터 도피하여 맹목적인 믿음만을 주장했다. 그는 그 믿음을 쟁취해야만 했고 필사적인 노력으로 강요하려고 했다.

친척어른과 그 아들들은 교부들의 교리적인 학설로부터 현대 신학에 이르기까지 차분하게 토론할 줄 알았다. 그들은 아마도 자명한 세계질서의 확실성에 근거를 두고 있는 것처럼 보였다. 그들에게서 니체의 이름은 전혀 거론되지 않았고, 야코프 부르크하르트는 단지 마지못해 인정한다는 투로만 언급되곤 했다. 부르크하르트는 '자유주의적'이고 '좀 지나친 자유사상의' 사람으로 불렸다. 그런 지칭을 통해 사람들은 그가 사물의 영원한 질서에서 어쩐지 빗나가 있다는 사실을 시사했다.

친척어른은 내가 얼마나 신학과 멀리 떨어져 있는지 짐작도 하지 못하고 있다는 것을 알기에 그를 실망시킬 일을 생각하면 마음이 몹시 안되었다. 그러나 그 당시 나는 나 자신의 문제를 감히 내놓을 수가 없었다. 그렇게 하면 어떤 예기치 못한 재앙이 나에게 닥칠 것인지 너무나 잘 알고 있기 때문이었다. 내 수중에는 나 자신을 방어할 만한 것이 아무것도 없었다.

그 반대로 제1의 인격은 당시의 과학적 유물론에 완전히 빠져버린, 물론 아직은 빈약한 나의 과학적 지식과 더불어 단호하게 앞으로 나아갔다. 제1의 인격은 역사적인 증거와 내 주위에서는 아무도 이해하지 못하는 것 같은 칸트의 《순수이성 비판》에 의해 간신히 통제되고 있었다. 칸트는 신학자인 친척어른과 그 아들들이 칭찬하는 투로 언급하기는 했으나, 그의 원리는 단지 반대의 견을 반박하는 데 사용되었을 뿐, 그들 자신의 견해에 적용되지는 않았다. 이것에 대해서도 나는 아무 말도 하지 않았다.

그리하여 나는 친척어른과 그의 가족과 함께 식탁에 앉아 있을 때마다 불편해지게 되었다. 습성화된 양심의 가책으로 목요일은 나에게 액운의 날이었다. 나는 사회적으로 영적으로 안정되고 편안한 이런 세계에서 점점 거북한 느낌이 들었다. 이따금 떨어지는, 정신적으로 감흥을 일으키는 물방울들을 갈급해했지만 말이다.

나 자신이 성실치 못해 버림을 받은 듯이 여겨졌다. 나는 스스로 이렇게 고백하지 않을 수 없었다. "그래, 너는 속이는 자다. 너는 거짓말을 함으로써 너에게 잘 대해주는 사람들을 속이고 있어. 그들이 사회적으로 정신적으로 확고한 세계에 살고 있다고 해서, 그들이 가난에 대해 모르고 있다고 해서, 그들의 종교가 동시에 보수를 받는 직업이라고 해서, 또한 하느님 자신이 어떻게 한 인간을 영적인 세계질서로부터 떼어내 신성모독을 하도록 저주할 수 있는지에 대해 생각을 하지 않고 있음이 분명하다고 해서 그들을 탓할 수는 없는 노릇 아닌가. 나는 그들에게 이 사실을 설명할 방도가 없다. 나는 나 자신에 대한 혐오를 받아들이고 그것을 참아내는 법을 배워야만 해." 물론 이런 노력이 지금까지 제대로 성공하지는 못했다.

이와 같은 도덕적 갈등이 내 안에서 첨예화되자 제2의 인격은 차츰 내게 미심쩍고 불쾌한 것이 되어갔다. 더이상 이러한 사실을 나 자신에게 숨길 수 없었다. 나는 제2의 인격을 없애버리려고 노력했으나 잘 되지 않았다. 학교나 친구들 앞에서는 제2의 인격을 잊을 수 있었다. 자연과학을 공부하고 있을 때도 제2의 인격은 사라졌다.

그러나 혼자 집에 있거나 자연 속에 있을 때는 그 즉시 쇼펜하우어와 칸트가 강력하게 되살아나고, 그들과 함께 위대한 '신의 세계'도 되살아났다. 나의 자연과학적 지식도 그 속에 포함되어 그 위대한 그림을 색채와 형상으로 채웠다. 그러면 제1의 인격과 직업선택에 대한 걱정들은 1890년대의 작은 삽화 정도로 여겨지면서 지평선 아래로 가라앉았다.

그러나 수세기에 걸친 여행으로부터 돌아오면 나는 일종의 환락 뒤의 뉘우침 같은 것을 느꼈다. 나, 즉 제1의 인격은 지금 여기에 살고 있으며, 조만간 어떤 직업을 선택할 것인가에 대해 분명한 생각을 가져야만 했다.

여러 번 아버지는 나와 함께 진지하게 이야기를 나누었다. 내가 어떤 공부든 선택할 수 있다고 하면서, 아버지의 충고를 따르고자 한다면 신학은 하지 않는 것이 좋겠다고 했다. "너는 무엇이든 될 수 있다. 신학자만 아니라면 말이야!" 그 무렵 우리 사이에는 어떤 일은 설명 없이도 말하거나 행할 수 있다는 암묵적인 합의 같은 것이 이루어져 있었다. 예컨대 아버지는 내가 왜 자주, 될 수 있는 한 교회에 나가지 않으려 하는지, 왜 더이상 성 찬식에 참석하지 않는지에 대해 나에게 답변을 요구한 적이 한 번도 없었다. 나는 교회와 거리를 두면 둘수록 더욱 마음이 편해 졌다. 한 가지 아쉬운 점은 오르간과 합창 소리를 듣지 못한다는 것이었다.

'교회공동체'에 참여하지 못하는 점은 결코 아쉽지 않았다. 교 회공동체라는 말은 나에게 아무런 의미도 가지고 있지 않았다. 왜냐하면 습관에 따라 정기적으로 교회에 가는 사람들은 '세속 적인 사람들'보다 서로 교제하는 '유대관계'가 약한 것처럼 보였 기 때문이었다. 세속적인 사람들은 물론 그다지 고결하지는 못했 으나 그 대신 훨씬 호감가는 사람들이었다. 그들은 자연스러운 감정을 지녔고 신자들보다 더 사교적이고 명랑하고 따뜻하면서 진실했다.

나는 신학자가 될 생각이 추호도 없다고 말함으로써 아버지를 안심시킬 수 있었다. 그러나 자연과학과 인문과학 사이에서 마음 을 정하지 못하고 계속 망설였다. 양쪽 다 나를 강하게 이끌었다. 그런데 제2의 인격이 임시휴게소를 가지고 있지 않다는 사실이 나에게 분명해지기 시작했다. 제2의 인격 안에서 나는 지금이라 는 시간과 여기라는 공간을 초월해 있었다. 그리고 나 자신은 천 개의 눈을 가진 우주에서 하나의 눈으로 여겨졌으나 지상에서는 조약돌 하나도 움직일 수 없었다. 이에 대해 제1의 인격이 반항 하여 자기가 행동하기도 하고 행동을 야기하려고도 했으나, 당분간은 해결할 수 없는 분열에 처해 있었다. 보아하니 나는 기다리면서 무엇이 일어나는가를 지켜보아야만 했다.

그 무렵 누가 나에게 무엇이 될 생각이냐고 물으면 나는 문헌학자가 되려 한다고 대답하면서 속으로 아시리아와 이집트의 고고학을 생각하곤 했다. 그러나 실제로는 여가시간, 특히 방학기간이면 집에서 어머니와 누이동생과 함께 지내면서 자연과학과 철학을 공부했다. 어머니에게 달려가서 "심심해서 어떻게 해야 할지 모르겠어요!"라고 푸념하던 시기는 오래전에 지나갔다. 언제나 방학은 혼자서 즐길 수 있는 굉장한 시간이었다. 게다가 적어도 여름이면 아버지는 정기적으로 작셀른에서 휴가를 보내느라 집을 떠나 있었다.

여행과 환상,
매력적인 모험의 세계로!

　단 한 번 나도 방학 동안에 여행을 떠난 일이 있었다. 열네 살 때였다. 의사가 그 당시 쇠약해진 나의 건강상태와 변덕스러운 식욕을 고쳐보려고 엔틀레부흐에서 휴양을 하라는 처방을 내렸다. 그때 처음으로 나는 낯선 어른들 사이에 혼자 있게 되었는데, 가톨릭 신부의 집에 묵었다. 이것은 두려우면서도 동시에 매력적인 모험이었다. 나는 좀처럼 신부의 얼굴을 볼 수 없었다. 그의 가정부는 좀 무뚝뚝하기는 했으나 까다로운 사람은 결코 아니었다. 위태로운 일은 일절 일어나지 않았다.

　나는 온갖 종류의 회복기 환자를 위해 일종의 호텔요양소를 운영하고 있는, 나이 많은 시골 의사의 보살핌을 받았다. 어느 모로 보나 각종 환자가 뒤섞인 집단이었다. 농부, 하급관리, 상인, 바젤에서 온 몇 명의 교양있는 사람, 그중에는 박사학위를 가진 화학자도 있었다. 내 아버지도 철학박사였지만 문헌학자요 언어학자였다. 그런데 화학자는 나에게 아주 흥미로운 새로운 대상이었다. 자연과학자, 아마도 돌의 비밀까지 이해하는 사람일 것이었다!

그는 아직 청년이었는데, 나에게 크로켓놀이를 가르쳐주기는 했으나 그가 가지고 있을 엄청난 학식에 대해서는 아무것도 말하지 않았다. 나는 그에게 질문을 하려고 해도 너무 수줍고 어색하고 무지해서 할 수가 없었다. 나는 그를 자연의 비밀(혹은 적어도 그 일부)에 관해 살아 있는 지식을 가진, 내가 알아본 최고의 인물로 존경했다. 그는 나와 같은 식탁에 앉아서 나와 같은 음식을 먹고 때로는 나와 함께 몇 마디 말을 주고받기까지 했다. 나는 보다 높은 어른들의 경지로 들어선 듯한 느낌을 받았다. 이러한 나의 지위상승은 내가 숙소 사람들과 함께 소풍에 같이 가도 좋다는 허락을 받은 데서도 증명되었다. 이런 기회에 한번은 우리가 증류주 제조장을 방문해서 술을 시음하게 되었다. 다음과 같은 고전의 구절이 문자 그대로 실현된 셈이었다.

그러나 이제 반항아가 가까이 오도다.
그 음료는 술이므로……

나는 다양한 작은 술잔에 너무나 고무되어 예기치 않았던, 전혀 새로운 의식상태로 옮겨지는 것을 느꼈다. 그곳에는 더이상 안과 밖이 따로 없고 나와 타인, 제1의 인격과 제2의 인격, 조심스러움과 소심함도 없었다. 땅과 하늘, 세계와 그 안에서 '기고 날고', 돌고, 올라가고, 떨어지는 모든 것이 하나가 되었다. 나는 부끄러워하면서도 기분 좋게 의기양양하게 술에 취했다. 그것은 마치 환희에 넘치는 깊은 생각의 바다에 빠진 것 같기도 했다. 격렬한 파도의 너울거림 때문에 나는 눈과 손과 발로써 모든 단단한 대상을 부여잡고 출렁이는 거리에서, 기울어지는 집과 나무 사이에서 균형을 잡아야만 했다.

나는 생각했다. '굉장하구나. 단지 유감스럽게도 약간 도가 지나쳤을 뿐인데.' 이 경험의 결과는 괴로운 편이었으나 그것은 아름다움과 감각에 대한 하나의 발견과 예감으로 남았다. 나는 그것들을 단지 나 자신의 어리석음 때문에 아깝게도 못 쓰게 만들어왔던 것이다.

휴양기간이 끝나자 아버지가 나를 데리러 와서 함께 루체른으로 여행을 떠났다. 그곳에서 기선을 탔는데 얼마나 행복했는지 모른다. 나는 그때까지 기선 같은 것을 한 번도 본 적이 없었다. 나는 증기기관의 작동을 실컷 볼 수도 없었다. 갑자기 비츠나우에 도착했다는 소리가 들렸다. 그 마을 위쪽으로 높은 산이 우뚝 솟아 있었다. 아버지는 나에게 저것이 리기산이라고 말하면서, 산꼭대기까지 톱니형 기차바퀴로 가는 철로가 놓여 있다고 설명해주었다.

우리는 작은 역건물로 갔다. 그곳에는 세상에서 가장 기이한 기관차가 서 있었는데, 증기통이 직각에서 약간 기울어져 있었다. 기차 안의 좌석도 기울어져 있었다. 아버지가 차표를 내 손에 쥐어주면서 말했다. "너는 혼자서도 리기산 꼭대기까지 올라갈 수 있다. 나는 여기 남아 있겠다. 두 사람 다 올라가려면 차비가 너무 많이 들어서 말이야. 조심하고 어디서나 떨어지지 않도록 해라."

나는 기뻐서 말이 나오지 않을 정도였다. 일찍이 본 적이 없는 웅장하고 높은 산! 그 산은 아득한 유년시절에 바라보았던 그 불타오르는 듯한 산들과 아주 가까이 있었다. 나는 사실 성인 남자가 거의 다 되어 있었다. 이번 여행을 위해 대나무지팡이와 영국식 경마기수모자를 샀는데, 그것은 세계여행에 걸맞은 것들이었다.

이제 나는 이 어마어마한 산에 와 있다! 나는 산과 나 둘 중에서 어느 편이 더 큰지 알 수가 없을 지경이었다. 엄청난 연기와 소리를 뿜어내면서 그 경이로운 기관차가 아찔하게 높은 산꼭대기로 흔들거리며 나를 실어올렸다. 점점 더 새로운 깊고 먼 산의 풍경이 눈앞에 펼쳐지다가 마침내 나는 산꼭대기에 서게 되었다. 산소가 희박한 익숙지 않은 새로운 공기 속에, 상상을 초월하는 넓은 조망 가운데 그렇게 서 있었다. 나는 생각했다. '그래, 이것이야말로 세계다. 나의 세계, 고유한 세계요, 그 비밀이다. 이곳에는 선생도, 학교도, 해답 없는 문제도 없다. 사람들이 질문을 하지 않고도 있는 곳이다.'

거대한 낭떠러지들이 있어서 나는 길을 벗어나지 않도록 조심했다. 그곳은 엄숙했고 사람들은 정중하고 조용히 처신해야만 했다. 그들은 신의 세계에 들어와 있기 때문이었다. 여기서는 신의 세계가 현실로 존재하고 있었다. 이 여행은 아버지가 일찍이 나에게 준 것들 중에서 가장 값지고 가장 좋은 선물이었다.

이때 받은 인상이 너무나 깊었으므로 그 뒤에 일어난 일들에 관한 기억은 완전히 사라지고 말았다. 그러나 제1의 인격 역시 이 여행에서 자기가 바라는 바를 얻었다. 그가 받은 인상들이 대부분의 내 생애 동안 항상 생생하게 남아 있게 된 것이었다. 나는 나 자신을 성숙하고 독립된 존재로 여겼다.

나는 딱딱한 검은 모자를 쓰고 비싼 산책용 지팡이를 들고, 사람을 압도하는 아주 우아한 루체른부두의 호텔 테라스나 비츠나우의 놀라울 정도로 아름다운 정원에서, 아침햇살에 빛나는 줄무늬 차양 아래 하얀 보가 덮인 식탁에 앉아 커피를 마시고 누런 버터와 갖가지 잼을 바른 크루아상(초승달 모양의 빵)을 먹으면서, 긴 여름날을 보내기 위한 휴가계획을 세운다. 커피를 마신 후에는 들뜨지 않고 차분한 걸음걸이로 기선이 있는 곳으로 걸어간다. 그 기선은 사람들을 고트하르트 쪽으로 데려가 꼭대기에 반짝이는 빙하가 덮여 있는 거대한 산들의 기슭으로 실어다 줄 것이다.

이러한 이미지는 수십 년 동안 내가 과로로 피곤해져 휴식처를 찾으려고 할 적마다 되살아나곤 했다. 사실 나는 이런 멋진 여행을 하리라 항상 되풀이해서 스스로 다짐했지만 한 번도 그 다짐을 지키지 못하고 말았다.

첫 번째로 의식에 각인된 이 여행 후 1년 혹은 2년이 지나고 나서 두 번째 여행이 있었다. 작셀른에서 휴가를 보내고 있는 아버지를 방문해도 좋다는 허락이 떨어졌다. 나는 아버지가 그곳의 가톨릭 신부와 친해졌다는 인상 깊은 새로운 소식을 들었다. 이것은 나에게 비상하고 대담한 모험으로 여겨져, 속으로 아버지의 용기에 감탄했다.

거기서 나는 그 당시 시복(諡福)된 클라우스 수도사의 플뤼엘리 은둔처를 방문해 그의 성유물들을 구경했다. 나는 그가 지복(至福)의 상태에 있다는 것을 가톨릭 신자들이 어떻게 알게 되었을까 의아하게 생각했다. 어쩌면 그가 돌아다니면서 그 사실을 사람들에게 알린 것은 아닐까? 나는 그 고장 수호신에게 깊은 감명을 받았고, 이와 같이 신에게 바쳐진 생애가 가능하다는 것을 상상할 수 있었을 뿐만 아니라 이해할 수도 있었다. 내적인 전율과 답을 모르는 물음을 안은 채 말이다.

그의 아내와 자식들은 성자인 남편과 아버지를 어떻게 감당할 수 있었을까? 아버지가 나에게 특히 사랑스럽게 여겨진 것은 바로 그의 결점과 부족함 때문이었는데 말이다. 나는 생각했다. '그렇다. 어떻게 사람이 성자와 함께 살 수 있단 말인가?' 그것이 불가능하다는 것을 분명히 알았기에 성자는 은둔자가 되지 않으면 안 되었다. 그렇지만 그의 은둔처는 집에서 그리 멀리 떨어져 있지 않았다.

나는 이런 생각도 그리 나쁘지는 않다고 여겼다. 즉, 가족들은 한 집에 살고 나는 다른 곳, 집에서 약간 떨어진 막사에 사는 것 말이다. 나는 그 오두막에 수많은 책과 책상을 갖다놓고, 불을 피위 밤을 굽기도 하고 불 위의 삼각받침에 수프통을 걸어놓을 것이다. 성스러운 은둔자로서 나는 더이상 교회에 나가지 않아도 될 것이고, 그 대신 나 자신만의 개인예배처를 갖게 될 것이다.

플뤼엘리에서 내가 생각에 잠겨 마치 꿈속에서 헤매듯이 길을 좀 올라가다가 내리막길로 막 몸을 돌리는 순간, 왼쪽 방향에서 한 소녀의 날씬한 모습이 나타났다. 그녀는 그 지방 전통의상을 입고 예쁜 얼굴을 하고 있었는데, 다정하고 푸른 눈으로 나에게 인사를 했다. 우리는 당연한 것처럼 함께 계곡으로 내려갔다.

그녀는 나와 비슷한 나이인 듯 보였다. 나는 조카들 이외에는 여자아이를 몰랐기 때문에 어떻게 그녀에게 말을 건네야 할지 꽤 당황스러웠다. 그래서 나는 주저하면서 그녀에게 설명하기를, 내가 방학을 맞아 며칠 동안 이곳에 있게 되었다고 했다. 나는 바젤에서 김나지움에 다니고 있으며 앞으로 대학에 가서 공부하려고 한다는 이야기도 했다.

말을 하는 동안 나도 모르게 '운명적인' 이상한 감정에 싸이게 되었다. 나는 생각했다. '그녀는 이제 막 내 앞에 나타났는데도 마치 우리가 하나가 된 것처럼 자연스럽게 나와 함께 걷고 있구나.' 나는 그녀를 곁눈질로 훔쳐보았다. 그녀의 얼굴은 어딘지 수줍음과 경탄이 섞인 표정을 하고 있었다. 그것을 보고 나는 당황했으나 왠지 마음에 들었다.

여기 하나의 운명이 닥쳐올 가능성이 있는 것인가? 내가 그녀를 만난 것이 단순한 우연이란 말인가? 시골 처녀와 운명적으로 만나는 일이 과연 가능한 것인가? 그녀는 가톨릭 신자다. 그녀의 성당 신부가 아마 아버지와 친하게 된 그분인지도 모르지 않는가? 그녀는 내가 누군지 아무것도 알지 못한다. 내가 그녀와 함께 쇼펜하우어와 의지의 부정에 대해서 말할 수는 없지 않은가?

그녀는 어쩐지 으스스해 보이지는 않았다. 그녀의 성당 신부는 아마도 검은 예복을 입은 위험한 제수이트 중 한 사람은 아닐 것이다. 나는 그녀에게 아버지가 개신교 목사라고 말할 수는 없다. 그렇게 하면 그녀가 놀라거나 기분이 상할지도 모른다. 더욱이 철학에 관해 이야기한다거나, 괴테가 그렇게 보잘것없는 것으로 단순화시키긴 했으나 파우스트보다는 더 중요한 악마에 관해 말한다는 것은 생각도 못할 일이다. 그녀는 외떨어진 순진무구한 세상에 살고 있고, 나는 창조의 화려함과 잔혹함 속에 타락한 이 현실에서 살고 있지 않은가. 이러한 사실들에 대해 듣는 것을 그녀가 어떻게 참아낼 수 있을까? 우리 사이에는 뚫을 수 없는 벽이 가로놓여 있다. 여기에는 어떤 유대관계도 없고 또 있을 필요도 없다.

나는 슬픈 마음을 안고 제정신을 찾으면서 대화를 다른 방향으로 돌렸다. 작셀른으로 내려갈 것이냐, 날씨도 좋고 전망도 그러하다 등의 말을 했다.

이 만남은 외견상 전혀 무의미한 것처럼 보였다. 그러나 내적으로는 너무나 중요한 일이어서, 이 만남은 며칠 동안 내 마음을 사로잡았을 뿐만 아니라 길가의 기념비처럼 영원히 내 기억 속에 남게 되었다. 그 무렵 아직 내 인생은 서로 연관되지 않는 개별적인 경험들로 이루어지는 그런 천진한 상태에 있었다. 그 누가 성

클라우스로부터 어여쁜 소녀에게로 이어지는 운명의 실을 발견할 수 있단 말인가?

그 당시는 생각들의 갈등으로 가득 차 있었다. 한편으로는 쇼펜하우어와 기독교가 서로 맞지 않았으며, 또 다른 한편으로는 제1의 인격이 제2의 인격이 주는 부담과 우울로부터 벗어나려고 했다. 침울해하고 있는 쪽은 제2의 인격이 아니라, 제2의 인격을 상기할 때의 제1의 인격이었다.

대극(對極)의 충돌로부터 내 생애 처음으로 체계적인 환상이 나타난 것이 바로 이 무렵이었다. 그것은 단편적으로 나타났는데, 내 기억이 맞는 한, 그 환상의 근원은 아마도 나에게 깊은 충격을 준 한 가지 경험에 있는 듯했다.

어느 날 북서풍이 라인강으로 세차게 불어와 파도를 일으켜 물거품이 일게 했다. 학교 가는 길은 강변을 따라 이어져 있었다. 그때 갑자기 북쪽에서 배 한 척이 커다란 사각 가로돛을 달고 폭풍을 맞받으며 라인강을 거슬러 올라가는 것이 보였다. 그것은 나에게 완전히 새로운 경험이었다. 라인강 위에 범선이라니!

그것이 나의 환상에 날개를 달아주었다. 물살이 빠른 이 강 대신에 모든 알자스지방이 물에 덮여 호수가 된다면? 그러면 우리는 범선과 큰 기선을 갖게 될 것이다. 바젤은 항구가 될 것이고, 우리는 바닷가에 사는 것과 같은 생활을 하게 될 것이다! 그렇게 되면 모든 것은 달라질 것이며, 우리는 또 다른 시간과 또 다른 세계에 있는 것처럼 살게 될 것이다. 그곳에는 김나지움도 없고,

긴 등교길도 없고, 나는 어른이 되어 내 인생을 스스로 꾸려가게 될 것이다. 거기 호수에는 바위언덕이 있으며 좁은 지협으로 해서 육지와 연결되고, 넓은 운하로 길이 끊어져 그 위에 나무다리가 놓여 있으며, 그 다리로 해서 양측면이 탑으로 둘러싸인 문으로 이어지고, 그 문을 들어서면 산비탈에 세워진 작은 중세도시가 나타난다.

바위 위에는 높은 성곽과 망루를 갖추고 든든히 요새화된 성이 서 있었다. 이곳이 나의 집이었다. 집 안에는 잘 꾸민 홀이나 어떤 호화로운 분위기도 찾아볼 수 없었다. 방들은 검소하게 널빤지로 지어졌고 오히려 작은 편이었다. 거기에는 알 만한 가치가 있는 것은 무엇이든지 찾아볼 수 있는 무척 매력적인 도서관이 있었다. 또한 무기수집품들도 있고 보루에는 육중한 대포가 설치되어 있었다. 게다가 작은 성 안에는 방어능력을 갖춘 병사 50명의 수비대가 있었다. 그 작은 도시에는 수백 명의 주민이 살고 있었고, 시장과 원로평의회에 의해 다스려졌다. 나는 이따금 모습을 나타내는 중재재판관, 치안판사, 그리고 고문이었다. 그 작은 도시는 육지 쪽으로 항구를 가지고 있었는데, 거기에 몇 개의 작은 대포로 무장된 나의 쌍돛배가 정박해 있었다.

이와 같은 전체적인 배열에서 신경중추 같은 중심을 이루고 존재이유를 부여하는 것은 망루의 비밀이었다. 그것에 관해서는 나만이 알고 있었다. 그러한 생각은 나에게 충격으로 다가왔다.

탑의 내부는 성벽으로부터 둥근 천장을 이고 있는 지하실에 이르기까지 구리기둥 혹은 굵은 철사줄이 뻗어 있었다. 그것들은 꼭대기에서 잔가지들로 갈라져 마치 나무 정수리 부분처럼 보였다. 좀더 잘 표현한다면, 잔뿌리들이 잔뜩 붙은 근경(根莖)이 공중에 솟아올라 있는 것 같기도 했다. 그것들은 대기로부터 상상도 할 수 없는 어떤 물질을 끌어들여, 팔뚝만 한 구리기둥으로 해서 지하실까지 운반되도록 했다. 거기에 상상할 수 없는 한 묶음의 기계장치들, 일종의 실험실이 있었다. 그 실험실에서 나는 구리뿌리들이 대기로부터 끌어들인 신비로운 재료를 가지고 황금을 제조했다.

그것은 정말 비밀이었다. 그 성질에 관해서는 상상하지도 않았고 상상할 수도 없었다. 또한 그 변화과정의 성격에 대해서도 상상하지 않았다. 실험실에서 이루어진 일에 관해서는 나의 환상이 재치있게, 아니 좀 겁을 먹고 슬쩍 피해서 지나갔다. 거기에는 일종의 내적 금기 같은 것이 있었다. 즉, 그 일들을 더 자세하게 들여다보아서도 안 되고, 어떤 종류의 물질이 대기로부터 끌어들여지고 있는지 알아보려고 해서도 안 되었다. 그리하여 암묵적인 당혹이 지배했는데, 그것은 마치 괴테가 '모성'에 대해 말하면서 "그것들에 관해 말하는 것은 당혹이다"라고 한 것과도 같다.

'정신'이란 물론 내게는 말로 표현하기 힘든 것이었으나, 마음속 깊은 곳에서는 아주 희석된 공기와 본질적으로 다를 것이 없다고 여겼다. 그 구리뿌리들이 끌어들여 구리기둥으로 운반한 것은 일종의 정신적인 진수였다. 그 정신적인 진수가 지하실 아래에서 황금동전으로 완성되어 눈에 보이게 된 셈이었다. 이것은 결코 단순한 마술의 속임수 같은 것이 아니라 존경할 만한 중요한 자연의 비밀이었다. 나는 어떻게 그렇게 되었는지 모르는 채 거기에 참여하게 되었는데, 그 비밀을 원로평의회뿐만 아니라 어느 면에서는 나 자신에게도 숨기지 않으면 안 되었다.

길고 지루했던 등교길이 다행히도 짧게 여겨지기 시작했다. 학교 건물을 나서기가 무섭게 나는 이미 환상의 성(城) 안으로 들어가 있었다. 그 성에서는 보수작업이 착수되고 평의회가 개최되었으며, 범죄자가 재판을 받고 쟁의가 조정되고 대포가 발사되었다. 범선의 갑판이 깨끗이 청소되고 돛이 세워졌다. 배는 미지근한 미풍을 안고 항구를 떠나 조심스럽게 방향을 잡아 나아갔다. 그런데 배가 바위 뒤편으로 돌아나오자 세찬 북서풍에 휘말렸다. 그러다가 내가 어느새 이미 집에 와 있었다. 시간이 몇 분밖에 지나지 않은 것 같았다. 나를 가볍게 집까지 실어다준 마차에서 내리듯이 나는 환상에서 빠져나왔다.

이와 같이 환상에 빠져 수개월을 매우 즐겁게 지내다가 결국 싫증이 나게 되었다. 그때 나는 환상이라는 것이 어리석고 터무니없다는 것을 깨달았다. 그래서 백일몽을 꾸는 대신 점토를 회반죽 삼아 작은 돌들을 가지고 성들과 정교하게 방어시설을 갖춘 광장들을 만들기 시작했다. 그 무렵 아직도 세세한 부분까지 보존되어 있는 휘닝겐요새를 표본으로 삼았다. 이와 관련하여 나는 보방(Vauban : 프랑스의 공병장교—옮긴이)의 축성설계를 쓸모있는 것이면 모조리 연구하여, 얼마 지나지 않아 그 모든 기술용어를 즉각 사용하게 되었다. 나는 보방에서 시작해 온갖 종류의 현대

축성법을 깊이 공부하여, 제한된 재료를 가지고도 배운 대로 정교하게 축성해보려고 애썼다. 2년이 넘도록 여가시간이면 이것에 몰두했다. 그러는 동안에 자연과학과 구체적인 사물에 대한 나의 취향이 제2의 인격의 희생으로 강화되었다.

나는 실제 사물에 관해 아는 것이 거의 없다면 그것에 관해 숙고할 만한 아무런 목적이 없다고 여겼다. 누구나 공상을 할 수는 있으나 실제로 안다는 것은 별개의 문제였다. 부모님이 나에게 과학잡지를 구독신청 하도록 허락해주어, 나는 강렬한 흥미를 느끼며 그 잡지를 읽어나갔다. 나는 쥐라기 화석들과 손에 넣을 수 있는 온갖 종류의 광석을 찾아모았다. 또한 곤충들과 맘모스, 사람의 뼈도 수집했다. 맘모스의 뼈는 라인지방 평원의 사력층 갱에서 나온 것이고, 사람의 뼈는 1811년 휘닝겐 근처 공동묘지에서 발굴된 것이었다.

식물도 나의 관심을 끌긴 했으나 그건 과학적이 아니었다. 나로서는 이해할 수 없는 이유로, 식물은 뽑아서 말라버리게 해서는 안 된다는 생각이 들었다. 식물은 살아 있는 존재로서 오직 성장하여 꽃을 피우는 데 의미가 있었다. 그것은 숨겨진 비밀스러운 의미, 일종의 신의 뜻이었다. 식물은 외경심을 가지고 대해야 하며 철학적인 경탄을 가지고 바라보아야만 했다. 생물학자들이 식물에 대해 말하는 것은 흥미있기는 했으나 본질적인 것은 아니었다. 본질적인 것이 무엇인지는 나도 분명히 설명할 수 없었다. 예를 들면, 식물은 기독교 신앙이나 의지의 부정과 어떤 관련이 있는가 하는 것은 나로서는 알 수 없는 문제였다. 식물은 분명히 순진무구한 신성한 상태에 속해 있었다. 그러므로 사람들이 식물을 방해하지 않는 것이 더 나을 것이었다.

여기에 반해 곤충은 일종의 변성식물, 즉 변조된 꽃이요 열매였다. 곤충은 감히 기묘한 발이나 가늘고 긴 다리로 이리저리 기어다니고 꽃잎이나 꽃받침처럼 생긴 날개로 여기저기 날아다니면서 식물의 해충 노릇을 해댔다. 이러한 불법적인 행위로 인하여 곤충은 집단처형을 당하는 처지가 되고 말았다. 특히 쌍무늬바구미나 유충들이 그러한 응징의 대상이 되었다. '모든 존재에 대한 동정'은 오직 항온동물에 국한되었다. 개구리와 두꺼비만은 그것들이 인간과 닮았다고 해서 변온동물에서 제외되었다.

아름다운 시간들
대학시절

나는 궁핍한 시절을 굳이 그리워하지는 않는다.
그러한 시절에는 하찮은 물건까지도 아끼는 법을
배우게 된다. 나는 언젠가 여송연 한 통을 선물로 받은 일을
지금도 기억하고 있다.
나는 왕자가 된 듯한 기분이었다.

Carl Gustav Jung

카를 구스타프 융의 아버지(1842~1896)

파우스트와 요한복음

자연과학에 대한 관심이 높아졌는데도 나는 이따금 철학서로 되돌아오곤 했다. 직업선택의 문제를 최종적으로 결정해야 할 때가 다가오자 나는 불안한 마음이 들기도 했다.

나는 김나지움시절이 끝나기를 간절히 기다리고 있었다. 그러면 나는 대학에 진학해서 물론 자연과학을 공부할 것이고, 뭔가 참다운 지식을 얻게 될 것이었다. 하지만 이렇게 공공연히 다짐을 하자마자 벌써 회의가 들기 시작했다. 나는 역사나 철학이 적성에 맞는 것이 아닐까? 그러자 다시금 이집트나 바빌로니아에 관한 것에 강하게 마음이 끌렸고 고고학자가 제일 되고 싶었다. 하지만 나는 바젤을 떠나서 유학할 수 있는 돈이 없었다. 또한 바젤에는 이런 분야를 가르칠 만한 선생도 없어 이 계획은 곧 접고 말았다.

오랫동안 나는 결심을 하지 못하고 계속 결정을 미루기만 했다. 아버지가 무척 걱정하며 한번은 이렇게 말했다. "얘는 할 수 있는 모든 것에 흥미를 가지고 있으나 자신이 무엇을 할지는 모르고 있어." 나는 아버지 말이 옳다고 인정하지 않을 수 없었다. 대학입학자격시험이 다가와 어느 단과대학에 등록해야 할지 결정해야만 했을 때, 나는 간단히 제2철학, 즉 자연과학이라고 말해버렸다. 학우들은 내가 제1철학(인문과학―옮긴이)과 제2철학 중에서 무엇을 확실히 택한 건지 헷갈리게 되었다.

이와 같이 외견상 갑작스럽게 결심한 데는 그 나름대로 배경이 있었다. 몇 주 전 제1의 인격과 제2의 인격이 결정을 앞두고 갈등하고 있을 때 나는 두 개의 꿈을 꾸었다. 첫 번째 꿈에서 나는 라인강변을 따라 펼쳐진 울창한 숲 속으로 걸어들어갔다. 나는 작은 언덕처럼 생긴 봉분으로 올라가 그 무덤을 파기 시작했다. 얼마 뒤 놀랍게도 나는 선사시대 동물의 뼈와 맞닥뜨렸다. 이것이 나의 흥미를 강하게 불러일으켰다. 그 순간 나는 자연을, 우리가 살고 있는 세계를, 그리고 우리 주변의 사물들을 알아야만 한다는 것을 깨달았다.

그리고 나서 두 번째 꿈을 꾸었는데, 이번에도 나는 숲 속에 있었다. 숲 속에 수로가 뻗어 있었고, 가장 음침한 곳에 빽빽한 덤불숲으로 둘러싸인 둥근 연못이 보였다. 거기 아주 기묘하고 경이로운 생물이 반쯤 물에 잠긴 채 누워 있었다. 그것은 둥글게 생긴 동물이었는데 다채로운 색깔로 영롱하게 빛나고 있었고, 무수한 세포 혹은 촉수처럼 생긴 기관들로 형체가 이루어져 있었다. 직경이 약 1미터나 되는 거대한 방사선충이었다. 이 장엄한 생물이 맑고 깊은 물속 은밀한 장소에 아무런 방해도 받지 않고 누워 있다는 사실이 나에게 말할 수 없이 놀랍게 여겨졌다. 그것이 나의 지식욕을 강하게 불러일으켰고, 나는 두근거리는 가슴으로 깨어났다. 이 두 개의 꿈이 나로 하여금 자연과학 쪽으로 결정을 내리도록 밀어붙이는 바람에, 그 점에서는 나의 회의가 사라졌다.

이번 기회에 나는 스스로 생계를 꾸려야 할 때가 왔으며 그러한 위치에 있다는 것을 분명히 알게 되었다. 그런 목적을 위해서는 이것이냐 저것이냐 결정을 내려야만 했다. 학우들도 모두 이런 필요성에 온통 마음을 쓰느라 그밖의 다른 일들은 생각도 하지 않는 것을 보고 나는 깊은 인상을 받았다. 나는 나 자신이 특이하다고 여겨졌다. 왜 나는 마음을 정하지 못하고 확실한 방향으로 나아가지 못하는가? 독일어선생이 근면성과 성실성의 표본이라고 추켜세웠던 공부벌레 D군도 신학공부를 하리라는 것이 확실했다.

나는 차분하게 앉아서 이 문제를 심사숙고해보아야겠다고 생각했다. 예를 들어 동물학자가 된다면 단지 학교 교사나 기껏해야 동물원 직원이 될 것이다. 아무리 욕심을 덜 부린다고 해도 거기에는 전망이 없었다. 물론 학교 교사보다는 동물원 직원으로 일하는 것이 더 낫긴 하겠지만 말이다.

이와 같은 막다른 골목길에서 내가 의학을 공부할 수도 있을 것이라는 생각이 계시처럼 떠올랐다. 아버지의 조부가 의사였고 그에 관해 많은 이야기를 들어왔으나, 이상하게도 이전에는 내가 의사가 되리라는 생각은 한 번도 하지 않았다. 사실은 바로 그러한 이유 때문에 나는 의사라는 직업에 대해 어떤 저항감마저 가지고 있었다. '결코 따라서는 안 된다.' 이것이 나의 신조였다. 그러나 이제는 의학공부가 적어도 자연과학 과목으로부터 시작되는 것이라고 스스로 타이르고 있었다. 그렇다면 내가 원하는 대로 해나갈 수도 있을 것이었다. 게다가 의학분야는 아주 다양해서 어떤 학문적인 방향으로 나갈 수도 있는 가능성이 열려 있는 셈이었다.

'학문을 한다는 것'은 내게 확고했으나 다만 어떻게 공부하느냐 하는 것이 문제였다. 나는 스스로 벌어야만 했으며, 돈이 없기 때문에 학문적인 행로를 준비하기 위해 외국 대학에 다닐 수도 없었다. 기껏해야 학문호사가 정도 되는 것이 고작일 것이었다. 또한 나는 학우들이나 교사와 같은 유력한 윗사람들이 대부분 싫어하는 성격을 지니고 있어서 그들이 나에 대해 의심과 비난에 찬 의견을 내놓을 것이기 때문에, 나의 꿈을 지원해줄 후원자를 찾을 가망도 없을 것이었다.

그리하여 내가 최종적으로 의학을 택했을 때도, 인생을 그런 식의 타협으로 시작한다는 것은 좋지 않다는 언짢은 감정이 있었다. 그럼에도 이와 같이 취소하기 어려운 결정이 내려졌으므로 내 마음은 상당히 홀가분해졌다.

이제 정말 괴로운 문제에 당면했는데, 그것은 어디서 대학공부에 필요한 돈을 구하느냐 하는 것이었다. 아버지는 단지 그 일부를 마련할 수 있을 뿐이었다. 아버지는 바젤대학에 장학금을 신청했으며 부끄럽게도 나는 그 장학금을 받게 되었다. 내가 부끄럽게 여긴 이유는, 우리집이 가난하다는 사실이 세상에 널리 알려졌기 때문이 아니라, 이를테면 모든 '윗'사람, 즉 유력한 분들이 나에 대해 좋지 않은 감정을 가지고 있을 거라고 확신하고 있었기 때문이었다. 나는 그 '윗'분들에게 그러한 친절을 기대해본 적이 전혀 없었다. 아마도 착하고 단순소박한 아버지에 대한 좋은 평판 덕을 본 것이 틀림없었다.

나는 나 자신이 아버지와는 전적으로 다르다고 느꼈다. 사실 나는 나 자신에 대해 서로 다른 두 가지 견해를 가지고 있었다. 제1의 인격의 눈으로 바라본 나라는 인간은 별로 호감이 가지 않는 보통수준의 재능을 갖춘 청년으로, 허황된 야심과 세련되지 못한 거친 기질, 모호한 태도 들을 지니고 있었다. 즉시 천진난만할 정도로 흥분하는가 하면, 또 금방 변덕스럽게 유치한 실망에 빠지기도 했다. 깊은 내적인 본질로는 세상에 등을 돌린 반계몽주의자였다.

제2의 인격은 제1의 인격을 까다롭고 배은망덕한 도덕적 과제, 종결되어야 할 일종의 숙제로 여겼다. 이런 과제는 일련의 결점으로 인하여 부담이 가중되었다. 그 결점이란 때때로 부리는 게으름, 의기소침, 침울, 아무도 가치를 두지 않는 이념이나 사물들에 대한 어리석은 열광, 혼자 착각하는 우정, 좁은 마음, 편견, 우둔함(수학!), 타인에 대한 이해부족, 세계관에 대한 모호성과 혼란, 기독교인도 아니고 그렇다고 기독교인이 아닌 것도 아닌 이중성 등이었다.

제2의 인격은 도저히 정의를 내릴 수 없는 특성을 지니고 있었다. 그것은 투철한 생명력으로, 태어나고 살고 죽고, 하나이면서 온갖 것이요 인간성의 전체상이었다. 제2의 인격은 자기 자신으로서는 냉혹할 정도로 분명했으나 무능하고 의욕이 별로 없었다. 제1의 인격의 두텁고 어두운 매개물을 통하여 자신을 나타내기를 간절히 바라기는 했지만 말이다.

제2의 인격이 우세할 때는 제1의 인격은 제2의 인격에 묻혀 숨을 죽이고 있었다. 그 반대로 제1의 인격은 제2의 인격을 어두운 내적 영역으로 보았다. 제2의 인격이 자신을 나타낼 수 있는 표현으로 여기는 것은, 자신이 마치 세계의 언저리에서 던져져 깜깜한 무한 속으로 소리없이 가라앉는 하나의 돌멩이 같다는 것이었다. 그러나 그(제2의 인격)의 안에는 빛이 가득 퍼져 있었다. 햇살이 쏟아지는 풍경을 향해 높은 창문들을 열어놓은 궁전의 넓은 홀과도 같았다. 거기는 의미와 역사적인 연속성이 지배하고 있었다. 그것은 인접한 환경과 실제적으로는 접촉점을 갖지 않는 제1의 인격 인생의 서로 연관없는 우연성과는 큰 대조를 이루고 있었다.

그런데 제2의 인격은 파우스트 속에 인격화된 바와 같이 중세와 은밀한 일체감을 느꼈고, 아마도 괴테의 심금을 깊이 울렸을 흘러간 시대의 유산과도 그러한 일체감을 느꼈다. 그러므로 괴테에게도 제2의 인격은 하나의 실재였다. 이 사실은 나에게 큰 위로가 되었다. 그 무렵 다소 충격적으로 깨달은 바지만, 《파우스트》는 내가 좋아하는 〈요한복음〉 그 이상의 의미를 지니고 있었다.《파우스트》속에는 내가 직접 공감할 수 있는 뭔가가 생동하고 있었다. 〈요한복음〉의 그리스도는 나에게 낯설었는데, 그보다 더 낯선 것은 공관복음서에 나타난 구원자였다. 이에 반해 파우스트는 제2의 인격의 살아 있는 등가물(等價物)이었으며, 나는 괴테가 그 시대에 제공한 해답이 바로 파우스트라는 사실을 확신했다.

이러한 통찰은 나에게 위안이 되었을 뿐만 아니라 내적 안정감과 인류공동체에 속해 있다는 확신을 더욱 강하게 해주었다. 나는 더이상 고립된 존재가 아니며 단순한 호기심의 대상이나 이를테면 잔인한 자연의 희롱물도 아니었다. 나의 대부요 보증인은 위대한 괴테 바로 그 자신이었다.

물론 괴테에 대한 일시적인 이해는 여기서 그쳤다. 나는 경탄하긴 했지만《파우스트》의 최종적인 해결은 비판했다. 메피스토텔레스에 대한 장난스러운 과소평가가 내 마음을 상하게 했다. 파우스트의 비열한 불손, 무엇보다 필레몬과 바우키스의 죽음도 마찬가지였다.

이 무렵 나를 놀라게 하면서도 용기를 북돋워준, 잊을 수 없는 꿈을 꾸었다. 어떤 낯선 거리에서 밤중에 나는 거센 폭풍을 맞받으며 힘들게 앞으로 나가고 있었다. 게다가 짙은 안개가 가득 끼어 있었다. 나는 당장이라도 꺼질 듯한 작은 등불을 들고 양손으로 감싸고 있었다. 그런데 모든 것은 내가 이 작은 등불을 살리느냐 살리지 못하느냐에 달려 있었다. 갑자기 내 뒤에서 뭔가 다가

오는 기척이 느껴졌다. 뒤돌아보니 거대한 검은 형체가 나를 따라오고 있었다. 바로 그 순간, 나는 무서웠지만 어떤 위험을 무릅쓰고라도 나의 작은 등불을 밤과 바람을 뚫고 지켜내야 한다고 생각했다.

내가 잠에서 깨어났을 때 나는 그 형체가 '브로켄의 유령(높은 산에서 비쳐오는 햇빛으로 관찰자의 그림자가 짙은 안개 속에 비쳐보이는 현상—옮긴이)'임을 즉각 알아차렸다. 그것은 소용돌이치는 안개에 내가 들고 가는 불빛으로 비친 나 자신의 그림자였다. 나는 또한 그 작은 등불이 나의 의식이라는 것과 그것이 내가 지닌 유일한 빛이라는 것을 깨달았다. 나 자신의 인식은 내가 가지고 있는 가장 위대하고 유일한 보물이었다. 그것은 어둠의 힘에 비하면 한없이 작고 약했으나 그래도 하나의 빛이었고 나의 유일한 빛이었다.

이 꿈은 나에게 심오한 계시와도 같았다. 그때 나는 제1의 인격이 빛을 운반하는 자이며 제2의 인격은 그림자처럼 제1의 인격을 따라온다는 것을 깨달았다. 나의 과제는 그 빛을 지키고 그 '투철한 생명력(제2의 인격—옮긴이)'을 뒤돌아보지 않는 것이었다. 그쪽은 다른 종류의 금지된 빛의 영역임이 틀림없었다. 나는 폭풍을 거슬러 앞으로 나아가야만 했으며, 폭풍은 끝없는 어둠의 세계로 나를 떠밀어넣으려고 기를 썼다. 그 어둠의 세계에서는 사람들이 아무것도 보지 못하고 의미심장한 비밀의 표피만을 지각할 뿐이었다.

나는 제1의 인격으로서 공부, 돈벌기, 책임, 분규, 혼란, 과실,

복종, 패배 들을 헤쳐나가며 앞으로 나아가야만 했다. 나를 향해 밀려오는 폭풍은 시간이었으며, 그것은 끊임없이 과거로 흘러가면서도 동시에 쉼없이 나를 바짝 따라붙었다. 그것은 강력한 흡인력으로 살아 있는 모든 것을 자기 속으로 탐욕스럽게 끌어들인다. 우리는 단지 앞으로 돌진함으로써 그것으로부터 잠깐 동안 벗어날 수 있을 뿐이다. 과거는 무서울 정도로 바로 여기에 실재하며, 충분한 해답으로써 몸값을 치르고 자유로워지지 못하는 자들을 모두 잡아서 끌고 가버린다.

그 당시 나의 세계관은 완전히 바뀌고 말았다. 나는 나의 길이 이제는 돌이킬 수 없게 외부로, 제한된 세계 속으로, 삼차원의 어둠속으로 이끌려가고 있음을 인식했다. 아담이 일찍이 이런 방식으로 낙원을 떠난 것으로 여겨졌다. 낙원은 아담에게 유령이 되어버렸고, 이마에 땀을 흘리며 돌밭을 경작해야만 하는 그곳에 빛이 있었다.

나는 자문해보았다. "어디서 이런 꿈이 오는 것인가?" 그때까지만 해도 이런 꿈들은 당연히 하느님으로부터 직접 보내지는 것이라고 생각했다. 그러나 이제 나는 수많은 인식비판을 익혔기 때문에 의혹이 거세게 일었다. 예를 들어 사람들은 나의 통찰이 오랫동안 발전하다가 그때 갑자기 꿈속에 나타나게 된 것이라고 말할지 모른다. 이 경우도 분명히 그러했다. 그러나 이러한 말들은 단순한 묘사일 뿐 설명이라고는 할 수 없다. 진정한 문제는 왜 이러한 과정이 일어났으며 왜 그것이 의식을 뚫고 나왔는가 하는 점이다. 의식적으로는 그와 같은 발전을 촉진시키는 아무런 일도 하지 않았고 오히려 나는 다른 방면으로 동조하고 있었다. 그러므로 어떤 것이 배후에서 비밀리에 작용하고 있었음이 틀림없다. 어떤 지적 존재, 아무튼 나보다는 지능이 높은 무언가가 말이다. 의식의 관점에서는 내적인 빛의 영역이 거대한 그림자라고 하는 천재적인 생각은 나에게 떠오르지 않았다.

이제 나는 이전에는 설명할 수 없었던 많은 일을 한꺼번에 이해할 수 있게 되었다. 다시 말해, 내가 내적 영역을 상기시키는 어떤 것을 넌지시 암시할 적마다 사람들 위에 드리워지던 그 의아함과 서먹함의 차가운 그림자를 이해할 수 있게 되었다.

내가 제2의 인격을 뒤에 남겨두고 떠나야만 한다는 것은 분명했다. 그러나 나는 어떤 경우라도 내 앞에서 제2의 인격을 부정한다거나 아무것도 아닌 것처럼 설명할 필요는 없었다. 그렇게 한다면 스스로를 불구로 만드는 것이며, 더 나아가 꿈의 출처를 설명할 수 있는 가능성이 더이상 없게 되는 것이었다. 제2의 인격이 꿈의 생성과 어떤 연관성이 있다는 것은 나로서는 의심의 여지가 없었다. 그리고 제2의 인격으로서는 그 필수적인 보다 높은 지능을 신뢰하는 일이 쉬울 것이었다.

나는 나 자신이 점점 더 제1의 인격과 동일화되는 것을 느꼈으며, 이러한 상황은 훨씬 더 포괄적인 제2의 인격의 단순한 일부임이 판명되었다. 바로 그런 이유로 나는 더이상 제2의 인격과 동일감을 느낄 수 없게 되었다. 제2의 인격은 사실 일종의 '유령'이었다. 세계의 어둠에 맞설 만큼 힘이 커진 혼이었다. 이 사실을 나는 이전에는 알지 못했다. 내가 돌이켜보고 확인할 수 있는 바와 같이, 그 당시는 그 사실이 느낌으로는 어쩔 수 없이 의식되고 있었지만 아직 모호하기만 했다.

아무튼 나와 제2의 인격 사이에는 분열이 생겼으며, 그 결과 나는 제1의 인격 쪽으로 기울었고, 그만큼 제2의 인격으로부터 떨어져나오게 되었다. 제2의 인격은 적어도 어느 정도 자율적인 인격임을 암시하게 되었다. 나는 이것을 유령이 가지고 있을 법한 어떤 특정한 개체라는 관념과 연결시키지는 않았다. 내가 시골 출신이기 때문에 그렇게 연결시킬 가능성도 있었지만 말이다. 시골에서는 사람들이 그것이 있네 없네 해가면서 이런 것들을 믿기도 한다.

이러한 혼과 관련하여 오직 분명한 것은 그 역사적인 성격, 즉 시간성의 확장 내지 무시간성이었다. 물론 나는 이 사실에 대해 나 자신에게 그렇게 많은 말을 하지 않았고, 그것의 공간적인 존재성에 관해서도 상상을 하지 않았다. 그것은 더 자세히 규정되지는 않았지만 그래도 내 존재 배후에서 엄연히 존재하는 요소로 그 역할을 했다.

인간은 신체적으로나 정신적으로 개성적인 기질을 가지고 이 세상에 태어나며, 무엇보다 먼저 부모의 환경과 그들의 정신세계를 알게 된다. 그는 자신의 개성 때문에 부모의 정신세계와는 제약된 범위 안에서만 일치할 뿐이다. 그런데 가족정신은 다른 한편으로는 그 나름대로 시대정신에 의해 깊이 영향을 받는다. 시대정신 그 자체는 대개 무의식적이다. 이 가족정신이 전반적으로 동의를 표시할 경우 그것은 일종의 세계확실성을 의미하게 된다. 하지만 그 정신이 많은 것과 대립하여 스스로 어긋나버리면 세계 불확실감이 생겨난다.

어린아이는 어른들의 말보다는 주위 분위기의 헤아릴 수 없는 미묘한 것들에 대해 훨씬 더 잘 반응한다. 어린아이는 그 분위기에 무의식적으로 적응한다. 즉, 어린아이 마음 가운데 보상(補償)적인 성격의 상호작용이 생겨나게 되는 것이다.

유년시절에 이미 나에게 밀려온 독특한 '종교적' 관념들은 자발적으로 생겨난 심상으로, 부모의 환경에 대한 반응으로 이해될 수 있는 것이었다. 나중에 증상이 드러날 정도로 아버지를 지배한 신앙적인 회의들은 물론 오랜 준비기간을 거쳤다. 자기 세계나 전체 세계의 그와 같은 변혁은 미리부터 오랫동안 그림자를 던졌다. 의식이 필사적으로 그 힘에 저항하면 할수록 그 그림자는 더욱 길어졌다. 미리 내다보는 아버지의 예감이 그를 불안한 상태로 몰아갔고 그 불안이 당연히 나에게까지 미쳤다는 것은 이해할 만한 일이다.

나는 이러한 영향이 어머니로부터 발단되었다는 느낌은 전혀 받지 않았다. 어머니는 어쨌든 눈에 보이지 않는 깊은 기반에 뿌리를 내리고 있었기 때문이었다. 하지만 그것이 나에게는 결코 기독교 신앙의 확신으로 여겨지지 않았다. 내 느낌으로는 그것이 왠지 동물이나 수목, 산과 초원, 폭포 등과 연관된 듯했다. 그리하여 어머니의 기독교적 외관은 인습적인 신앙의 표현(전통교리를 의미함—옮긴이)과 기묘한 대조를 이루었다.

이러한 배경은 나 자신의 태도와 너무나 잘 부합했기 때문에 불안감이 생기지 않았고, 오히려 반대로 그러한 인식은 언제나 사람이 딛고 설 수 있는 확고한 기반이 거기에 있다는 확신과 안정감을 주었다. 이러한 기반 구축이 얼마나 '이교적'인가 하는 생각은 한 번도 들지 않았다. 어머니의 제2의 인격은, 내 무의식이 자극을 받아 만들어내고 있던 기이한 보상적 산물들과 아버지의 전통 사이에서 갈등하기 시작한 나에게 가장 강력한 버팀목이 되어주었다.

돌이켜보면 내 어린시절의 발달이 미래의 사건들을 얼마나 미리 잘 말해주고 있으며, 아버지의 종교적 좌절과 오늘날 세계상의 충격적인 계시에 대한 적응법을 얼마나 잘 준비하고 있었는지 알게 된다. 그러한 계시는 어제오늘에 생긴 것이 아니라 오래전부터 이미 그 그림자를 던져온 것이었다.

우리 인간은 자기 자신만의 개인적인 삶을 가지고 있다고 하지만, 다른 면에서는 수세기에 걸친 집단정신의 고도로 수준 높은 대변자요 희생물이요 후원자인 셈이다. 우리는 평생 동안 자신의 생각대로 살아가고 있다고 여기지만, 사실은 세계라고 하는 극장 무대에서 주로 대사 없는 단역배우 역할만을 해왔다는 사실을 전혀 깨닫지 못하고 있는지도 모른다. 우리가 인지하지 못하고 있음에도 우리의 삶에 영향을 끼치는 사실들이 있다. 그것이 무의식적인 것일수록 그 영향력은 더욱더 크다.

이와 같이, 적어도 우리 존재의 일부는 수세기에 걸쳐서 살아온 것이다. 그 부분을 나의 개인적인 용어로 '제2의 인격(원서에는 'Nr.2'로 표기되어 있음—옮긴이)'이라고 일컬었다. 그것이 한낱 개인적인 흥밋거리가 아니라는 사실이 우리 서양 종교에 의해 입증되었다. 서양 종교는 분명히 말해 이러한 내적 인간에 초점을 맞추어, 2천 년 전부터 내적 인간을 의식의 표층으로 끌어올려 그 인격의 특성을 사람들에게 알리려고 진지하게 노력해왔다. "밖으로 나가지 말라. 진리는 내적 인간에 깃들어 있다!"

아버지의 죽음과 궁핍한 시절

1892~1894년에 나는 아버지와 일련의 격렬한 논쟁을 벌였다. 아버지는 괴팅겐에서 동양어를 에발트 교수에게 배우고 〈아가 (雅歌)〉의 아랍어 번역본에 관한 논문을 썼다. 그의 영웅적인 시기는 대학졸업시험으로 끝나고 말았다. 그후 그는 자신의 어학적인 재능을 잊어버렸다. 라인폭포 옆 라우펜의 시골 목사로서 그는 일종의 달콤한 감상과 학생시절의 추억에 젖어 늘 길쭉한 대학생파이프로 담배를 피웠다. 또한 그는 결혼생활에 대해 실망하고 있었다. 그는 너무나 많은 선행을 베풀고는 그 결과 대개 기분이 언짢았고 곧잘 부아를 내곤 했다. 부모는 두 사람 다 경건한 삶을 살려고 무척 노력했으나 그 때문에 오히려 자주 다툼이 일어났다. 이러한 어려움들이 나중에 아버지의 신앙을 무너뜨리고 말았다는 것은 이해할 만한 일이었다.

그 무렵 아버지는 점점 더 화를 잘 내고 불평하기 일쑤였다. 나는 그의 상태가 염려스럽기 그지없었다. 어머니는 아버지를 자극할지도 모르는 일들은 모두 피하고 논쟁에 끼어들지 않으려고 했다. 어머니의 처신이 현명하다는 것을 알고는 있었으나, 나는 종종 내 성질을 참을 수가 없었다. 아버지의 분노가 폭발하는 동안에는 가만히 있다가 말을 걸 수 있을 만큼 아버지 기분이 나아지면 이따금 아버지와 대화를 해보려고 시도했다. 아버지가 속으로 무슨 생각을 하고 있으며 자기 자신을 어떻게 이해하고 있는지 좀더 자세히 알아보고 싶어서였다.

내가 보기에 어떤 특별한 것이 아버지를 괴롭히고 있다는 사실이 분명했으며, 짐작컨대 그것은 아버지의 종교적 세계관과 관련되어 있을 것이었다. 나는 일련의 암시들을 통해 그것이 종교적인 회의라는 것을 확신했다. 필요한 체험이 아버지에게 주어지지 않는다면 그럴 수밖에 없는 상황이라고 여겨졌다.

토론을 유도해본 결과, 나는 실제로 그와 같은 문제가 확실히 있다는 것을 알게 되었다. 내가 질문을 하기만 하면 아버지는 케케묵은 신학적 답변을 내놓거나 체념하는 듯이 어깨를 으쓱하곤 했다. 그런 반응이 나로 하여금 반박하고 싶은 마음을 불러일으켰다. 나는 아버지가 이런 모든 기회를 잡아서 자신의 상태와 투쟁적으로 대결하지 않는 점을 이해할 수 없었다. 나의 비판적인 질문들이 아버지를 슬프게 한다는 것을 알았으나, 그래도 나는 건설적인 대화를 여전히 기대했다.

모든 경험 중에서 가장 명백한 하느님에 대한 체험을 아버지가 갖지 않았다는 것은 나로서는 상상할 수 없는 일이었다. 나는 적어도 인식론에 관하여, 이러한 종류의 인식은 사람들이 증명할 수 없다는 사실을 잘 알고 있었다. 그런데 그와 마찬가지로 이런 인식들 역시 증명을 전혀 필요로 하지 않는다는 것도 나에게 명백했다. 그것은 마치 일출의 아름다움이나 밤에 일어날 수 있는 일들에 대한 공포를 증명할 필요가 없는 것과도 같았다. 나는 아버지가 어쩔 수 없이 자신에게 들이닥친 운명을 견뎌내는 데 도움이 되리라 기대하며, 이와 같은 자명한 진리를 아버지에게 전달하려고 아주 서툴긴 했지만 나름대로 노력했다.

아버지는 누군가와 말다툼을 해야만 했으며 가족과 자기 자신을 그 대상으로 삼았다. 왜 그는 그런 싸움을 모든 피조물의 비밀스러운 창조자이며 세계의 고통에 대해 실제로 책임이 있는 단 한 분인 하느님과 하지 않았을까? 하느님은 불가사의하고 의미심장하기 그지없는 저 꿈들 중 하나로 아버지에게 대답했을 것이 틀림없다. 하느님은 내가 묻지도 않았는데 나에게조차 그런 꿈을 보여주었으며 나의 운명을 결정지었다. 그 이유는 모르지만 그 일은 그렇게 일어났다. 그렇다. 하느님은 나에게 자기 자신의 존재를 잠깐 볼 수 있도록 허락하기까지 했다. 이것은 물론 아버지에게 밝혀서도 안 되고 밝힐 수도 없는 커다란 비밀이었다. 아마도 아버지가 하느님을 직접 체험하는 일을 이해할 수 있었다면 나는 그것을 밝혔을지도 모른다.

그러나 아버지와 대화하는 가운데 나는 그 문제에 결코 접근하지 못했고 그 언저리에도 가보지 못했다. 왜냐하면 나는 늘 심리적이 아닌 지적인 방식으로 그 문제를 다루면서, 그의 감정을 건드리지 않기 위해 정서적인 측면은 될 수 있는 대로 피하려고 했기 때문이었다. 그러나 이러한 접근방식은 그때마다 투우에게 내보이는 붉은 천과도 같이 신경질적인 반응을 불러일으켰는데 나로서는 이해하기 힘든 일이었다. 지극히 이성적인 논의가 어떻게 그와 같은 정서적인 저항에 부딪히게 되는지 알 수가 없었다.

이렇게 결실 없는 토론을 할 적마다 아버지와 나는 화를 냈으며, 결국 두 사람 다 특유의 열등감을 안은 채 물러서고 말았다. 신학은 아버지와 나 사이를 멀어지게 했다. 나는 그것을 다시 한번 숙명적인 패배로 여겼지만 그렇다고 물론 고독감에 빠지지는 않았다. 나는 아버지가 자신의 운명에 꼼짝없이 매여 있음을 어렴풋이 예감하고 있었다. 아버지는 외로웠고 함께 대화를 나눌 친구도 없었다. 적어도 우리 주변에는 구원의 말을 해줄 만큼 신뢰가 가는 사람이 아무도 없다는 것을 나는 알고 있었다.

한번은 아버지가 기도하는 것을 들은 적이 있다. 아버지는 신앙을 지키려고 필사적으로 몸부림치고 있었다. 나는 충격을 받고 화까지 치밀었다. 아버지가 얼마나 절망적으로 교회와 그 신학적 사고방식에 붙들려 있는가를 보았기 때문이었다. 그것들은 아버지가 하느님에게 직접 도달할 수 있는 모든 길을 막아버리고는 의리없이 아버지를 버리고 말았다.

이제야 나는 나의 체험을 더욱 깊이 이해하게 되었다. 하느님 자신은 나의 꿈속에서 신학과 거기에 기초를 둔 교회를 부인했다. 그런데 다른 한편으로는 하느님이 그밖의 많은 것과 마찬가지로 신학을 허용해주었다. 인간이 그러한 발전을 부추겼다고 생각하는 것은 나로서는 어리석게 여겨졌다. 도대체 인간이란 무엇인가? 인간들은 강아지처럼 눈먼 벙어리로 태어나서, 하느님의 모든 피조물과 마찬가지로 아주 적은 빛만을 갖추고 있을 뿐이다. 그 빛이 그들이 더듬어나가는 어둠을 밝혀줄 수는 없다. 그리하여 내가 알고 있는 신학자들 중에서 '어둠을 밝히는 빛'을 자신의 눈으로 본 사람은 없다는 것을 확신했다. 만일 그들이 그 빛을 보았다면 '신학적인 종교'를 가르칠 리 만무했다. 그 신학적 종교로는 아무것도 시작할 수 없었다. 왜냐하면 그것은 나의 신에 대한 체험과 부합하지 않았기 때문이었다. 그것은 알게 될 것이라는 기대도 주지 않고 믿기만을 요구했다.

아버지는 이것을 온힘을 다해 시도하다가 좌초하고 말았다. 또한 아버지는 정신과의사들의 터무니없는 유물론에 대해서도 자신을 방어하기가 힘들었다. 유물론 역시 신학과 마찬가지로 믿어야만 하는 것이었다! 나는 이 두 가지 다 인식론적 비판이나 경험이 결여되어 있다는 것을 확신하게 되었다.

아버지는 정신의학자들이 뇌 속에서 뭔가를 찾아내 영혼이 있어야 할 자리에 '물질'이 존재하고 '공기 같은 것'은 없다는 것을 증명했다고 분명히 여기고 있었다. 이것은 내가 의학공부를 하더라도 결코 유물론자가 되어서는 안 된다는 아버지의 여러 경고와도 일치하는 것이었다. 하지만 그의 경고는 나에게는 결코 아무것도 믿어서는 안 된다는 의미로 다가왔다.

나는 유물론자들이 신학자들과 마찬가지로 그들의 정의(定義)를 믿는다는 사실을 알고 있었다. 그리고 불쌍한 아버지가 비를 피하려다가 낙숫물을 뒤집어쓴 꼴이 되었다는 것도 알고 있었다. 항상 찬양을 받은 그 신앙이 아버지뿐만 아니라 내가 아는 대부분의 교양있는 진지한 사람들에게 치명적인 속임수를 써왔다는 사실을 깨닫게 되었다. 내가 보기에 신앙의 가장 큰 죄는 경험을 앞지르는 것이라고 여겨졌다. 신학자들은 하느님이 어떤 사물들은 의도를 가지고 배치하고 다른 어떤 사물들은 그냥 '방임했다'는 사실을 어떻게 알았을까? 정신의학자들은 물질에도 인간정신의 특성이 부여되어 있다는 사실을 어떻게 알았을까?

나는 유물론에 빠질 위험이 전혀 없었으나 오히려 아버지가 그럴 위험이 있다는 것이 점점 더 분명해졌다. 누군가가 아버지에게 '암시'에 대해서 은밀히 일러준 것이 틀림없었다. 그 무렵 아버지가 암시에 관한 베른하임의 저서를 지그문트 프로이트의 번역판으로 읽고 있는 것을 보았다. 이것은 내게 새롭고 의미있는 일이었다. 그때까지 나는 아버지가 단지 소설이나 여행기 같은 책을 읽는 것만 보았기 때문이다. '재치있고' 흥미로운 모든 책은 금기가 되어 있는 듯했다.

그러나 독서를 통해 아버지가 행복해지지는 못했다. 아버지는 더 자주 더 심하게 침울해지고 건강염려증도 깊어졌다. 여러 해 동안 이미 아버지는 가능한 온갖 복부증상을 호소했지만 의사는 어떤 확실한 것을 짚어내지 못했다. 이번에는 아버지가 '복부결석'이 있는 느낌이 든다고 호소했다. 오랫동안 우리는 아버지의 호소를 심각하게 받아들이지 않았으나 마침내 의사가 걱정을 하게 되었다. 1895년 여름이 끝나갈 무렵이었다.

그해 초에 나는 바젤대학에서 공부를 시작했다. 내 인생에서 지루하게 보낸 유일한 시기인 소위 학창시절(김나지움과정을 가리킴—옮긴이)이 끝나고, 대학과 학문의 자유를 향한 황금문이 내 앞에 열려 있었다. 나는 자연에 관한 진리를, 그것도 중요한 측면에 대해 듣게 될 것이었다. 나는 인간에 관하여 해부학적이고 생리학적인 모든 것을 알게 되고, 거기에 생물학적인 예외상태, 즉 질병에 대한 지식도 함께 갖추게 될 것이었다.

무엇보다도 나는 아버지가 이전에 속했던 초핑기아라는 학생회 동아리에 가입할 수 있게 되었다. 내가 신입생이었을 때 마르크그라프지방의 한 포도 재배 마을로 동아리 소풍을 갔는데 아버지는 나와 동행하기까지 했다. 거기서 아버지는 익살스럽게 연설을 하기도 했다. 나는 아버지의 그런 모습에서 지나간 학생시절의 유쾌한 기운이 되살아나는 것을 보고 기쁘기 그지없었다. 그와 동시에 나는 아버지의 인생이 대학 졸업과 함께 결정적으로 정지되어버렸다는 사실을 홀연히 깨달았다. 학생들 노래가사가 머리에 떠올랐다.

그들은 눈을 내리깔고
대학을 떠나 속물의 땅으로 돌아갔도다.
오, 저런, 저런, 저런,
오, 얼마나 변해버렸는가!

그 노래의 낱말들이 내 마음을 무겁게 했다. 아버지도 한때는,

대학 신입생시절에는 나와 마찬가지로 열정적인 학생이었다. 세계는 나에게 그러하듯 아버지에게도 활짝 열려 있었다. 무한한 지식의 보물이 내 앞에처럼 아버지 앞에도 놓여 있었다. 그러한 아버지를 온통 기죽게 하고 우둔하게 만들고 쓰라리게 한 것은 도대체 무엇이란 말인가? 그 여름저녁, 아버지가 포도주를 마시는 술자리에서 한 연설은 그가 존재했었고 무언가 되어야 했던 시절에 대한 마지막 생생한 추억을 되살린 것이었다.

그후 얼마 지나지 않아 아버지의 상태가 나빠졌다. 1895년 늦가을 아버지는 병상에 누웠고 1896년 초에 돌아가셨다.

나는 대학수업이 끝난 후, 집으로 돌아와서 아버지가 어떠냐고 물었다. "아, 마찬가지야. 몹시 허약해지셨어." 어머니가 대답했다. 아버지는 어머니에게 뭔가 작은 소리로 속삭였다. 어머니는 나에게 눈짓으로 아버지가 헛소리를 하고 있다는 것을 알려주면서 말했다. "아버지가 네가 국가시험에 합격했는지 알고 싶어하시는구나." 나는 거짓말을 해야 한다는 것을 알아차렸다. "예, 잘 치렀습니다." 아버지는 안심한 듯 한숨을 쉬고 나서 눈을 감았다.

얼마 지난 후에 나는 다시 한번 아버지에게 갔다. 아버지는 혼자였다. 어머니는 옆방에서 뭔가 일을 하고 있었다. 아버지의 목에서 그르렁거리는 소리가 났다. 아버지가 죽음의 고통 가운데 있다는 것을 알았다. 나는 넋이 나간 사람처럼 아버지 침대 곁에 서 있었다. 나는 사람이 죽어가는 것을 한 번도 본 적이 없었다. 갑자기 아버지가 숨을 멈추었다. 나는 아버지의 다음 숨소리를 기다리고 기다렸으나 그것은 다시 돌아오지 않았다.

그때 어머니 생각이 나서 옆방으로 달려갔다. 어머니는 창가에 앉아 뜨개질을 하고 있었다. "아버지가 죽어가고 있어요." 내가 말했다. 어머니는 나와 함께 아버지 침대로 다가가 아버지가 죽은 것을 보았다. 어머니는 놀란 듯이 말했다. "이렇게도 모든 것이 빨리 지나가버리다니."

그후 얼마 동안은 멍하고 괴로운 날들이었는데, 내 기억에는 거의 남아 있지 않다. 한번은 어머니가 나를 향해서인지 주변 공기를 향해서인지 '제2의' 목소리로 이렇게 말했다. "아버지는 너를 위해서 지금 돌아가셨구나." 그 말은 나에게 이런 의미로 들렸다. '두 사람은 서로를 이해하지 못했고, 아버지는 너에게 방해가 되었을지도 모른다.' 이런 견해는 나로서는 어머니의 제2의 인격에 어울리는 것이라고 여겨졌다.

'너를 위해서'라는 말이 나에게 몹시 아프게 다가왔다. 나는 낡은 시대의 한 조각이 돌이킬 수 없이 끝나버린 것을 느꼈다. 다른 한편, 그 무렵 남자다움과 해방감이 조금씩 내 안에서 싹텄다. 아버지가 돌아가신 후 나는 아버지방으로 옮기고 집안에서 그의 자리를 차지했다. 예를 들면, 내가 어머니에게 생활비를 일주일마다 나눠주어야만 했다. 어머니는 절약할 줄을 몰라 금전을 관리할 수 없었기 때문이었다.

돌아가신 지 6주가량 지나고 나서 아버지가 나의 꿈속에 나타났다. 갑자기 아버지가 내 앞에 서서 휴가에서 돌아왔다고 했다. 아버지는 휴양을 잘하고 이제 귀가한 것이었다. 내가 아버지의 방을 차지했기 때문에 아버지가 나를 불쾌하게 여길 거라고 생각했다. 그러나 거기에 대해 아무 말도 없었다! 그렇지만 나는 아버지가 죽었다고 착각한 것이 부끄럽기만 했다. 며칠 후에 또다시 그런 꿈을 꾸었다. 아버지는 건강이 회복되어 집으로 돌아왔고, 다시금 나는 아버지가 죽었다고 생각한 것에 대해 자책했다.

나는 반복해서 자문해보았다. "아버지가 꿈속에서 돌아왔다는 것은 무슨 뜻인가? 그리고 아버지가 그토록 '실재'처럼 보였다는 것은 무엇을 의미하는 것인가?" 그것은 잊을 수 없는 체험으로, 나로 하여금 처음으로 사후(死後)의 삶에 대해 생각하도록 했다.

아버지의 죽음과 더불어 내가 대학을 계속 다닐 것인가 하는 어려운 문제가 대두되었다. 외가친척 몇 사람은 가능한 한 빨리 돈을 벌기 위해서 상점의 점원자리라도 구해야 한다고 했다. 어머니의 막내동생이 어머니를 돕겠다고 나섰다. 어머니가 가진 돈으로는 생활해나가기도 빠듯했기 때문이었다. 친척아저씨 한 사람이 나를 도와주었다. 대학 졸업 때 나는 그에게 3천 프랑의 빚을 지고 있었다. 나머지는 내가 하급조수로 일하고 늙은 친척아주머니로부터 넘겨받은 작은 골동품상점에서 물건들을 하나하나 좋은 값에 팔아 아주 흡족할 만한 이윤을 남김으로써 벌었다.

나는 궁핍한 시절을 굳이 그리워하지는 않는다. 그러한 시절에는 하찮은 물건까지도 아끼는 법을 배우게 된다. 나는 언젠가 여송연 한 통을 선물로 받은 일을 지금도 기억하고 있다. 나는 왕자가 된 듯한 기분이었다. 그 여송연은 일요일에만 한 대씩 피웠기 때문에 1년이나 피웠다.

회고하건대 대학시절은 나에게 아름다운 시간들이었다고 말할 수 있다. 모든 것은 정신적으로 활기를 띠었고 또한 우정을 나누는 시기였다. 나는 초핑기아 동아리에서 여러 차례 신학과 심리학에 관한 주제를 가지고 강연을 했다. 우리는 의학문제에만 국한하지 않고 무척 활발한 토론을 벌였다. 칸트와 쇼펜하우어에 대해서도 논쟁을 했고, 키케로의 다양한 문체에도 정통했으며, 신학과 철학에도 관심을 가졌다. 우리는 무엇보다 소위 고전적인 교양과 세련된 정신적 전통이 어떤 것인지 추측해볼 수 있었다.

나와 가장 가까운 친구 중 한 사람은 알버트 외리였다. 나는 그가 죽을 때(1950)까지 그와 친하게 지냈다. 엄밀히 말하면 우리의 관계는 우리 자신들보다 20년가량 오래된 것이었다. 그 관계는 이미 지난 세기의 60년대 말에 우리의 부친들 사이에서 시작되었다. 그러나 운명이 해가 지나면서 두 사람을 차츰 갈라놓은 것과는 달리, 외리와 나는 함께 나아갔을 뿐만 아니라 신의의 결속으로 끝까지 함께 견디었다.

나는 외리를 초핑기아 회원으로서 알게 되었다. 그는 유머도 많고 감정이 풍부했으며 탁월한 이야기꾼이었다. 특히 인상깊었던 것은 그가 야코프 부르크하르트의 큰조카였다는 사실이었다. 우리 젊은 바젤대학 학생들은 부르크하르트를 그야말로 전설적인 위인으로 존경했고, 그는 우리 한가운데 살면서 영향을 미쳤다. 그렇다. 외리는 그 비범한 인간의 외적 특성의 어떤 부분을 그의 용모 어딘가에서, 그의 동작과 말투에서 전해주고 있었다.

가끔 거리에서 만나는 바흐오펜(바젤대학 로마법률사 교수와 바젤 형사법원 판사를 지낸 법학자요 인류학자. 특히 모성의 권리를 강조하는 이론을 펼친 것으로 유명하다—옮긴이)에 관해서도 부르크하르트와 마찬가지로 나는 내 친구로부터 많은 것을 들었다.

하지만 이런 외부적인 것 이상으로, 역사적 과정을 살피는 그의 방식, 이미 그 당시에 가지고 있던 정치적 판단의 경탄할 만한 성숙성, 동시대 인물들을 파악할 때 자주 깜짝 놀라게 하던 그 정확성, 이런 그의 사려깊은 점들이 나를 매료시켰다. 동시대 인물들의 특징을 짚어내는 그의 기지는 타의 추종을 불허했다. 그의 회의의 시선은 무척 인상적인 주름장식옷이라 하더라도 그 옷 밑의 공허와 허영을 꿰뚫어보았다.

우리 결의(結義)의 제3의 인물은 유감스럽게도 일찍 죽은 안드레아스 피셔였는데, 그는 나중에 여러 해를 소아시아 우르파의 병원장으로 지냈다. 우리는 태양 아래서, 기울고 차는 달 아래서 한 잔의 마르크그레플러산(産) 포도주를 마시며 바일의 '아들러'를 논하고, 할팅겐의 '히르첸'을 논하며 온갖 것을 토론했다. 이런 대화는 내 학창시절의 잊을 수 없는 정점을 이루었다.

직업과 주거지가 달라 서로 떨어져 있었으므로 우리는 그 다음 세기에는 그리 자주 만나지 못했다. 하지만 중년의 장중한 시간이 동년배인 외리와 나, 두 사람에게 다가왔을 때 운명은 우리를 더욱 함께 있도록 인도해주었다. 우리가 서른다섯 살이 되었을 때, 우리는 뜻하지도 않게 나의 요트로 기억될 만한 여행을 같이 하게 되었다. 우리의 바다는 취리히호수였다. 당시 내 밑에서 일하던 세 명의 젊은 의사가 요트승무원 노릇을 해주었다. 우리의 여행은 발렌슈타트에 갔다가 돌아오는 것이었다. 나흘이 걸리는 거리였다.

우리는 신선한 바람을 맞으며 큰 삼각형 돛을 달고 나아갔다. 외리는 포스(Voß : 18세기에 활동한 독일 시인) 역 《오디세이》를 가지고 와서, 배를 타고 가는 중에 우리에게 키르케와 네키야의 모험을 읽어주었다. 번득이는 호수와 그리고 은빛 안개에 휩싸인 기슭 위에 한 개의 빛이 있었다.

이제 우리가 순풍을 맞아 까만 부리(이물이 부리 모양으로 생겼다는 뜻임—옮긴이) 돛단배를 타고, 돛을 부풀리는 미풍에 우리를 내맡기네. 말 잘 듣는 수행원으로. 키르케여, 곱슬곱슬 고운 머리카락, 숭고한 선율의 여신이여!

그런데 그 빛나는 호메로스의 영상 뒤에서 미래에 대한 상념, 즉 우리 앞에 놓인 '세계의 바다' 위를 나아가는 보다 큰 항해에 대한 생각이 불안하게 어렴풋이 떠오르고 있었다. 그때까지도 결혼을 망설이던 외리는 그후 얼마 지나지 않아 아내를 얻었고, 운명은 나에게 오디세우스처럼 네키야, 즉 어두운 저승에로의 하강을 선물했다.

그 무렵 전쟁이 일어나 나는 외리를 아주 가끔만 볼 수 있었다. 주요한 대화도 침묵에 잠기고 말았다. 사람들은 정말이지 피상적인 이야기들만 늘어놓았다. 하지만 우리 사이에는 내적인 대화가

오고갔는데, 그가 나에게 드문드문 던진 어떤 질문들을 통해 나는 그것을 눈치챌 수 있었다. 그는 영리한 친구였고, 나에 관해서도 자기 방식대로 이해하고 있었다. 이러한 묵계와 그의 변함없는 신의는 나에게 무척 소중한 것이었다.

그의 생애의 마지막 10년 동안, 우리 두 사람은 어두운 그림자가 더욱 길어지고 있음을 알고 있었기 때문에 다시 자주 만났다.

※

차라투스트라는
니체의 파우스트

대학시절 동안 나는 종교적인 문제와 관련하여 많은 자극을 받았다. 집에서 나는 작고한 아버지의 교회 부목사인 신학자와 이야기할 아주 적절한 기회를 갖게 되었다. 그는 나를 압도하는 놀랄 만한 열망뿐만 아니라 빼어난 박학다식으로 두드러졌다. 그에게 나는 교부들과 교리사에 관해 많은 것을 배웠다. 특히 개신교 신학에 관한 새로운 이야기를 많이 듣게 되었다.

리츨의 신학은 그 당시 화젯거리가 되었다. 그의 역사적인 견해와, 무엇보다 철도열차비유(증기기관이 뒤에서 한 차량을 밀면 그 힘이 다른 차량들로 전달되어 기차가 움직이듯이 그리스도의 영향력이 그러하다는 설명)는 나를 화나게 했다. 초평기아 동아리에서 나와 토론했던 신학생들은 그리스도의 생애에서 유래한 역사적 영향력에 관한 그러한 관념에 모두 만족하는 것처럼 보였다. 이런 관점은 나에게는 어리석을 뿐 아니라 생명력이 없는 것으로 여겨졌다. 나는 그리스도를 전면에 내세워 그를 하느님과 인간의 드라마에서 결정적인 유일한 인물로 만드는 견해에 대해 동조할 수 없었다. 내가 보기에 이런 견해는 그리스도가 죽은 후에는 그를 낳았던 성령이 사람들 가운데서 그를 대신할 것이라는 그리스도 자신의 견해와도 전적으로 모순되었다.

나에게 성령은 상상조차 할 수 없는 하느님을 적절히 설명해주는 것이라 생각되었다. 성령의 활동은 숭고할 뿐만 아니라 야훼의 행위처럼 기묘하고 미심쩍기까지 한 성질을 가지고 있었다. 견신례학습에서 배운 대로, 나는 순진하게도 기독교의 하느님 이미지를 후자와 동일시했다. (이 무렵 또한 나는 제대로 된 악마가 기독교와 더불어 비로소 생겨났다는 사실도 모르고 있었다.) '주 예수'는 나에게는 의심할 여지 없이 한 사람의 인간이었으며, 따라서 불확실한 존재거나 단순히 성령의 대변자였다.

이와 같이 신학적인 견해와는 동떨어진 극히 비정통적인 견해는 당연히 심한 몰이해에 부딪히게 되었다. 이로 인해 내가 느꼈던 실망감은 차츰 나를 일종의 체념적인 무관심으로 이끌었으며, 이 문제는 경험만이 결정할 수 있다는 나의 확신이 더욱 깊어졌다. 그 당시 내가 읽은 《캉디드Candide(프랑스의 18세기 계몽주의 철학자 볼테르의 소설로, 라이프니츠의 낙천주의를 공격하기 위해 쓴 작품임—옮긴이)》의 글을 빌려 이렇게 말할 수 있겠다. "그 모든 것은 적절한 말이다. 하지만 우리의 정원을 가꾸어야 한다." 그 정원이란 자연과학을 의미하는 것이었다.

대학에서 첫해가 지나는 동안 나는 자연과학이 엄청난 분량의 지식을 얻을 수 있도록 해주지만 통찰은 아주 빈약한데, 그것도 주로 전문적인 성질을 띠고 있다는 사실을 발견했다. 나는 철학 강의를 통해 마음이라는 것이 그 모든 것의 기초를 이루고 있음을 알게 되었다. 마음 없이는 지식도 통찰도 있을 수 없었다. 그런데 우리는 마음에 관해서 그 어떤 것도 들은 일이 없었다. 어디서나 마음은 암암리에 전제되어 있었으나, C. G. 카루스의 경우처럼 마음이 언급된 곳에도 마음에 관한 진정한 지식은 없었다. 이렇게도 저렇게도 들릴 수 있는 철학적인 사색만이 있을 뿐이었다. 그런 기묘한 관찰을 나는 이해할 수 없었다.

그런데 2학기 말에 나는 중대한 발견을 하게 되었다. 예술사가였던 학우 아버지의 서재에서 나는 유령 출몰에 관한 1870년대의 소책자를 보게 되었다. 그것은 심령술의 기원에 관한 보고서로 신학자가 쓴 것이었다. 내가 처음에 가졌던 의혹들은 금방 풀렸다. 왜냐하면 그 책이 어릴 적부터 고향에서 반복해서 들어왔던 것과 근본적으로는 같거나 비슷한 이야기를 다루고 있다는 사실을 깨달았기 때문이었다. 그 자료는 의심할 여지 없이 믿을 만했다. 하지만 그 이야기들이 물리적으로 진실인가 하는 커다란 의문에 대해서는 확실한 해답이 주어지지 않았다.

아무튼 어느 시대나 세계 어느 곳이나 이와 같은 이야기들이 반복해서 보고되고 있다는 것은 틀림없는 사실로 확인할 수 있었다. 여기에는 뭔가 이유가 있을 것이 분명했다. 어디서나 똑같은 종교적인 전제들이 있었다는 데서 이유를 찾을 수도 없을 것이었다. 이 경우는 확실히 그런 것이 아니었다. 그러므로 그것은 인간 영혼의 객관적인 형태와 관련있음이 틀림없었다. 그러나 바로 이러한 핵심적인 문제, 즉 영혼의 객관적인 성질에 관해서 나는 철학자들이 말한 것 외에는 전혀 아무것도 알 수가 없었다.

그 심령술자들의 관찰은 기묘하고 의심스럽게 여겨지긴 했지만, 나에게는 객관적인 정신현상에 관한 최초의 보고서로 보였다. 췰너나 크루크스 같은 이름들이 나에게 인상적이었으며, 그 당시 손에 넣을 수 있는 심령술 문헌들은 모조리 독파했다. 물론 이러한 일들을 내 친구들에게도 이야기했다. 그러나 무척 놀랍게도 그들은 더러는 조소와 불신으로, 더러는 방어적인 불안한 태도로 반응했다. 나는 한편으로 그들이 유령이나 책상이동 같은 일들은 있을 수 없으며 따라서 그것은 거짓이라고 확신있게 주장하는 것을 보고 놀랐고, 다른 한편으로는 불안한 성격을 띤 것 같은 그들의 방어에 대해 의아한 느낌이 들었다.

나 역시 그 보고서들의 절대적인 신빙성에 대해서는 자신이 없었다. 하지만 왜 유령은 존재해서는 안 되는 것일까? 우리는 어떤 일이 '있을 수 없다'는 것을 어떻게 알 수 있단 말인가? 무엇보다 그들의 불안은 무엇을 의미하고 있는 것인가? 나에게는 그러한 가능성이 아주 흥미진진하고 매력적이었다. 그것은 나의 삶을 몇 배나 더욱 아름답게 해주었다. 그리하여 세계는 깊이와 배경을 획득하게 되었다. 예컨대 꿈이 유령들과 관련이 있을 것인가? 때마침 칸트의 《유령을 보는 자의 꿈》을 보게 되었고, 곧이어 이러한 관념을 철학적이고 심리학적으로 평가한 카를 두프렐을 발견했다. 나는 에셴마이어, 파사방, 유스티누스 케르너, 괴레스 들을 발굴했으며, 스베덴보리(Swedenborg)의 일곱 권의 저서도 독파했다.

어머니의 제2의 인격은 이러한 나의 열의에 전적으로 동조했으나, 그외 주변사람들은 나를 낙심하게 했다. 그때까지는 내가 전통적 견해의 바위에 부딪혔다면, 이제는 비인습적인 가능성을 받아들이지 못하는 철저한 무능과 선입견이라고 하는 강철벽에 부딪힌 셈이었다. 그것도 가장 친한 친구들에게서 그런 벽을 느꼈다. 그들에게는 그런 것에 대한 나의 관심이 내가 신학에 빠지는 것보다 더 수상쩍게 보였다! 나는 세계의 가장자리로 밀려난 느낌이었다. 나에게 불같이 흥미를 불러일으킨 것들이 다른 사람들에게는 부질없는 것이며, 심지어 불안을 자아내는 원인이 되기까지 했다.

무엇에 대한 불안일까? 나는 여기에 대해서 설명을 할 수가 없었다. 아무튼 시간과 공간 그리고 인과관계의 한정된 범주를 넘어서는 사건이 있을 수도 있다는 사실은 전대미문의 일도 아니요 세상을 뒤흔들 만한 것도 아니었다. 날씨나 지진을 미리 알아차리는 동물들도 있고, 어떤 사람의 죽음을 일러주는 꿈, 임종시에 멈춰버린 시계, 결정적인 순간에 부서진 컵 들도 있었다. 그것들은 그때까지의 나의 세계에서는 당연하다고 여겨지던 일들이었다. 그런데 지금은 내가 그러한 일들에 관해 들은 유일한 사람이 된 것 같았다!

내가 정말 어떤 세계에 들어와 살고 있는지 매우 진지하게 자문해보았다. 그것은 분명 도시의 세계였다. 그 세계는 시골의 세계, 즉 산과 숲과 강, 동물과 '신의 생각(식물과 수정을 가리킴)'들의 진실된 세계에 대해서는 아무것도 모르고 있었다. 이런 식으로 설명해보니 위안이 되기도 했다. 어쨌든 이러한 설명은 우선 나에게 자신감을 높여주었다. 도시의 세계는 학문적인 지식이 풍부함에도 불구하고 정신적으로는 한정되어 있다는 것을 알았기 때문이었다.

하지만 이러한 통찰은 나에게 위험스러운 것이 되었다. 그것은 우월감을 잔뜩 부추기고 근거없는 비판, 공격적인 성향으로 유도하여 사람들에게 미움을 사도록 했다. 그러다 보니 결국 그 옛날의 의혹과 열등감, 침울, 다시 말해 내가 무슨 수를 써서라도 끊어버리려고 결심했던 악순환이 다시 찾아오게 되었다. 나는 더이상 세상 바깥에 서 있고 싶지 않았고, 괴상한 아이라는 미심쩍은 평판도 듣고 싶지 않았다.

첫 번째 예비과정 후에 나는 해부학 과목의 하급조수가 되었다. 다음 학기에는 수석조수가 나에게 조직학강좌 지도를 맡기기까지 했다. 물론 나는 아주 만족했다. 나는 그 무렵 주로 진화론과 비교해부학에 몰두했고 또한 신활력설도 잘 알고 있었다. 무엇보다도 나를 매료시킨 것은 넓은 의미의 형태학적 관점이었다.

생리학은 그 반대였다. 나는 단지 보여주기 위한 목적으로 행해지는 생체해부 때문에 생리학이 몹시 싫었다. 나는 항온동물은 우리와 가까우며 단순히 뇌신경이 자동으로 움직이는 생물이 아니라는 느낌을 결코 떨쳐버릴 수 없었다. 그래서 나는 될 수 있는 한 그런 실험공개는 빼먹었다. 나는 인간이 동물을 실험하지 않을 수 없다는 것은 알고 있었지만, 그런 실험공개는 야만적이고 끔찍하며 무엇보다도 쓸모없다고 여겨졌다. 단순히 실험공개 과정을 기술한 것만 보아도 나는 그것을 충분히 머릿속으로 그려볼 수 있었다. 동물들에 대한 나의 연민은 쇼펜하우어 철학의 불교적인 몸짓에서 비롯된 것이 아니라 보다 깊은 원초적인 정신적 태도의 바탕, 즉 동물과의 무의식적인 동일시에 기반을 둔 것이었다. 그 무렵에는 물론 이와 같은 중요한 심리적 사실에 대해 전적으로 무지했다. 생리학에 대한 나의 반감이 너무 컸으므로, 그 과목의 시험결과도 그에 따라 역시 좋지 않았다. 아무튼 나는 그 과목을 그럭저럭 통과할 수 있었다.

다음 임상의학 학기는 너무나 바빴기 때문에 전공과 거리가 먼 다른 분야를 넘나들 시간이 거의 없었다. 단지 일요일에만 칸트를 공부할 수 있었다. 나는 또한 에두아르트 폰 하르트만도 열심히 읽었다. 니체는 이미 얼마 동안 독서계획에 들어 있었으나, 마음준비가 덜 되었다고 느껴져 읽기를 망설였다.

그 무렵 니체는 자주 논쟁의 대상이 되었다. 그런데 대개 '전문적인' 철학도들이 가장 격렬하게 니체를 배척했다. 이런 사실을 통해 나는 보다 높은 영역권에서 니체에 대한 반감이 퍼져 있다고 추론할 수 있었다. 그 최고권위자는 물론 야코프 부르크하르트였다. 니체에 관한 그의 여러 비판적인 논평이 유포되어 있었다. 게다가 니체를 개인적으로 알고 있어 니체에 대한 온갖 흥밋거리를 그다지 동정적이지 않게 떠벌리고 다닐 수 있는 사람이 몇 명 있었다. 그들은 대부분 니체의 저서는 거의 읽지 않았다. 그리하여 니체의 외견상 결함, 예를 들면 '신사인 체' 거드름을 피우는 행동, 피아노를 치는 겉멋 든 태도, 과장된 문체 등 그 당시 바젤 시민들의 신경을 건드리는 그의 기행(奇行)들을 장황하게 늘어놓았다.

이런 일들이 나로 하여금 니체를 읽는 것을 연기하도록 하는 구실이 된 것은 물론 아니었다. 오히려 반대로 아주 강한 동기가 될 수도 있었을 것이다. 그러나 나는 나 자신이 니체를 닮을지도 모른다는 은밀한 불안을 느끼며 주춤했던 것이다. 적어도 그를 주위로부터 고립시킨 그 '비밀'에 있어 비슷한 데가 있을지도 몰랐다. 누가 알겠는가? 니체가 내적인 체험과 통찰을 가지고 불행하게도 그것들에 관해 말하고자 했으나 아무에게도 이해받지 못했을 수도 있지 않은가 말이다. 분명히 그는 기인이었다. 아니면 적어도 그런 사람으로 여겨졌고 자연의 놀림거리라고도 생각되었다. 나는 어떤 경우에도 그런 존재가 되고 싶지는 않았다. 나 자신이 '또 하나의' 니체처럼 인식될 수도 있다는 가능성에 대해 두려움을 가지고 있었다.

작은 것을 큰 것과 비교하는 것이 허용된다면(융 자신과 니체를 비교해본다는 의미임-옮긴이) 니체는 물론 교수로서 저서들을 집필했고 꿈같은 높은 위치에 도달해 있었다. 그도 신학자집안 출신이긴 하지만 바다에까지 펼쳐진 크고 넓은 독일땅에서 태어난 반면, 나는 스위스 작은 국경마을의 보잘것없는 목사관에서 태어난 사람에 불과했다. 그는 세련된 고지(高地) 독일어를 구사했으며 라틴어와 그리스어도 알고 있었다. 아마도 그는 프랑스어, 이탈리아어, 스페인어까지도 알고 있었을 텐데, 거기에 비해 내가 좀 확실히 구사할 수 있는 언어라고는 바기스-바젤 사투리밖에 없었다. 그는 이 모든 훌륭한 것을 갖추고 있으면서 드디어 일종의 기인행세를 할 수도 있었지만, 나는 나 자신이 니체와 어느 정도 비슷한지도 따져보아서는 안 되는 처지였다.

이와 같은 두려움에도 불구하고 나는 호기심에 끌려 마침내 니체의 책을 읽기로 결심했다. 맨 먼저 수중에 들어온 책이 《반시대적 고찰》이었다. 나는 무척 열광하여 그 다음 곧바로 《차라투스트라는 이렇게 말했다》를 읽었다. 이 책은 괴테의 《파우스트》와 마찬가지로 나에게는 아주 강렬한 체험이었다. 차라투스트라는 니체의 파우스트였다. 이제 나의 제2의 인격은 차라투스트라였다. 물론 이것은 두더지의 흙두둑을 몽블랑산에 비교하는 격이긴 하지만 말이다.

그런데 차라투스트라는 의심의 여지 없이 병적이었다. 그렇다면 나의 제2의 인격도 병적이란 말인가? 그럴 수도 있다는 생각은 나를 공포감에 젖게 했다. 나는 오랫동안 그러한 것을 인정하지 않으려 했다. 하지만 그것은 나를 잠시도 가만두지 않고 좋지 않은 때에 반복해서 나타나 나 자신을 돌이켜보도록 밀어붙였다.

니체는 인생 후반, 그러니까 중년을 넘기고서야 제2의 인격을 비로소 발견했으나, 거기에 반해 나는 제2의 인격을 이미 소년시절부터 알고 있었다. 니체는 이름을 붙여서는 안 되는 아르헤톤 (Arrheton : 공개되어서는 안 되는 비밀로, 고대 신비제의와 관련이 있음—옮긴이)에 대해, 마치 만사가 순조로운 것처럼 순진하게 조심성없이 말했다. 나는 그것으로 인해 사람들이 좋지 않은 경험을 한다는 것을 재빨리 알아차렸다.

하지만 다른 한편 그는 너무나 천재적이어서 아직 젊은 나이에 바젤대학 교수로 부임해 왔다. 자신 앞에 무엇이 가로놓여 있는지 예기치 못한 채 말이다. 그는 바로 그 천재성에 힘입어 뭔가 잘못되었다는 것을 제때 알아차렸어야 했다. 내가 생각하기에 이것이 그의 병적인 오해였다. 그는 제2의 인격에 대해 전혀 알지도 못하고 이해하지도 못하는 세상에다 그것을 거리낌없이 앞뒤 재지도 않고 밝혀버렸다. 그는 자신이 겪은 황홀경을 함께 느끼고 '모든 가치의 전도(顚倒)'를 이해할 수 있는 사람들을 발견하리라는 유치한 희망에 사로잡혀 있었다. 그러나 그는 단지 교양 있는 속물들을 찾아냈을 뿐이었다. 우스운 비극처럼 니체 자신도 그들 중 한 사람이었다.

말로 전할 수 없는 신비에 빠진 상태에서 니체가 온갖 신으로부터 버림받은 우둔한 대중에게 그 신비를 선전하고자 했을 때는 그도 다른 모든 사람과 마찬가지로 자기 자신을 이해하지 못하고 있었다. 그런 이유로 니체는 과장된 문체, 도가 지나친 은유, 환희의 송가를 떠벌리게 된 것이었다. 이런 것들은 연관성없는 배울 만한 지식들에 온통 정신이 팔려 있는 세상사람들로 하여금 알아듣게 하려는 시도이긴 했지만 허사였다. 그리고 그는 줄타는 광대로서 자기 자신의 한도를 넘어 굴러떨어지고 말았다. 그는 이 세상에서 자신이 나아갈 길을 알지 못했고, 신들린 사람으로 주변에서 아주 조심스럽게 다루어야만 하는 인물이었다.

나의 친구와 지인들 중에서 공공연히 니체의 지지자라고 밝힌 단 두 사람이 있었는데 그 둘 다 동성애자였다. 한 사람은 자살로 인생을 마감했고, 또 한 사람은 사람들이 알아주지 않는 천재로 전락했다. 그외 다른 사람들은 차라투스트라의 현상에 결코 당황하지 않고 단단히 면역이 되어 있었다.

《파우스트》가 나에게 하나의 문을 열어주었다면 《차라투스트라》는 문을 세차게 닫아버렸다. 그 문은 오랫동안 철저하게 닫힌 채로 있었다. 나는 소 두 마리가 도깨비마법에 걸려 그 머리들이 동일한 고삐에 매여 있는 것을 발견한 늙은 농부와 같다는 생각이 들었다. 농부의 어린 아들이 어떻게 저런 일이 일어날 수 있느냐고 물었다. 농부가 대답했다. "얘야, 그런 건 말하는 게 아니란다."

우리는 모든 사람이 알고 있는 것들에 관해서 이야기하지 않으면 일이 제대로 되지 않는다는 것을 깨달았다. 이런 점에서 순진한 사람은 동료들에게 그들이 알지 못하는 어떤 것을 이야기하면 그것이 그들에게 얼마나 모욕이 되는지 이해하지 못한다. 사람들은 작가, 신문기자, 또는 시인 들에게만 그와 같은 무례한 행동을 허용할 뿐이다. 나는 새로운 관념이나 단지 특이한 측면까지도 오직 사실로써만 전달될 수 있다는 것을 이해했다. 사실들은 남아 있게 되는데, 시간이 지나면 책상 밑에 버려져 있지 않고 언젠가 어떤 사람이 그것을 만나게 되고, 그는 자기가 찾은 것이 무엇인가를 알게 된다.

나는 더 나은 방법이 정말 없어 사실들을 제시하는 대신 말만 늘어놓았다는 것을 깨달았다. 나에게는 사실들이 전적으로 결여되어 있었던 것이다. 나는 수중에 아무것도 가지고 있지 않았다. 나는 이전보다 더 경험주의로 치우치게 되었다. 나는 철학자들을 좋지 않게 여겼다. 철학자들은 온통 경험할 수 없는 것들에 관해서만 말을 늘어놓고, 정작 사실들을 가지고 답변해야 할 때는 침묵해버리기 일쑤였다. 나는 언제 어디선가 다이아몬드계곡을 지나온 것도 같은데, 내가 가지고 온 광석표본이 자갈돌이 아니라는 것을 사람들에게 확신시킬 수가 없었다. 그것을 더 가까이 들여다보면 나 자신까지도 확신할 수가 없었으니 말이다.

정신의학에서 길을 찾다

1898년에 이르러 나는 의사로서의 장래 직업에 대해 진지하게 생각하기 시작했다. 나는 곧 내가 전문의로 나가야 한다는 판단을 내리기에 이르렀다. 그러기 위해서는 외과와 내과만을 놓고 고려해야 했다. 나는 해부학에서 전문수련을 받았고 병리학을 특히 좋아했기 때문에 외과 쪽으로 마음이 기울었다. 필요한 재정이 생각대로 갖추어져 있었다면 십중팔구 외과를 직업으로 고려했을 것이다.

공부를 하기 위해 빚을 지지 않으면 안 된다는 것은 나에게 몹시 괴로운 일이었다. 나는 졸업시험을 마치고 나서 가능한 한 빨리 생계비를 벌어야 한다는 것을 알고 있었다. 그리하여 나는 어느 주립병원 조수의 길을 생각했다. 그곳이라면 대학병원보다는 오히려 유급직을 기대할 수 있는 편이었다. 대학병원에 임상의자리를 얻는 것은 상당부분 높은 사람들의 후원과 개인적인 호의에 달려 있었다. 나에 대한 의심스러운 평판과 내가 그토록 자주 겪은 소외감을 참작할 때 나로서는 감히 그런 경우의 행운을 생각할 수 없었다. 그래서 나는 보잘것없지만 적어도 어느 지방병원에 조수로는 들어갈 수 있는 가능성으로 만족했다. 그러면 그 나머지는 나의 노력과 유용성, 그리고 적응력에 달린 것이었다.

그런데 여름방학 동안 나에게 깊은 영향을 미친 사건이 일어났다. 어느 날 나는 내 공부방에 앉아 교과서들을 공부하고 있었다. 옆방 문이 반쯤 열려 있었고 그 방에서 어머니가 앉아 뜨개질을 하고 있었다. 그 방은 호두나무로 만든 둥근 식탁이 놓인 우리집 식당이었다. 그 식탁은 친할머니가 혼수로 가져온 것인데 그 당시 이미 70년이나 되어 낡아 있었다. 어머니는 식탁에서 1미터가량 떨어진 창가에 앉아 있었다. 누이동생은 학교에 갔고 가정부는 부엌에 있었다.

그때 갑자기 권총이 발사된 듯 폭음이 들렸다. 나는 벌떡 일어나 폭음이 들려온 옆방으로 뛰어들어갔다. 어머니는 뜨개질감을 떨어뜨린 채 넋을 잃고 팔걸이의자에 앉아 있었다. "무, 무슨 일이야? 바로 내 옆에서 소리가 났는데." 어머니가 말을 더듬으며 식탁을 쳐다보았다.

우리는 곧 무슨 일이 일어났는지 알게 되었다. 식탁판이 한가운데를 지나서까지 갈라져 있었다. 갈라진 데는 접합한 부분도 아니고 완전 통나무판이었다. 나는 말문이 막혔다. 어떻게 이런 일이 일어날 수 있단 말인가? 70년 동안 마를 대로 마른 통나무판이, 우리 고장 기후로 보면 비교적 습도가 높은 이 여름날에 어떻게 갈라진단 말인가? 춥고 건조한 겨울날 뜨거운 난로 옆에 있었다면 혹 있을 수도 있는 일이지만 말이다! 도대체 무슨 원인으로 그와 같은 파열현상이 일어났단 말인가?

나는 따지고 보면 기묘한 우연들도 있을 거라고 생각했다. 어머니는 고개를 끄덕이며 제2의 인격의 목소리로 말했다. "그래 그래, 뭔가 뜻이 있을 거야." 나는 내키지 않게 깊은 인상을 받았고, 거기에 대해 아무 말도 할 수 없어 화가 나기도 했다.

14일가량 지난 후 나는 저녁 6시에 집으로 돌아왔다. 우리 가족, 그러니까 어머니와 열네 살 난 누이동생, 그리고 가정부가 몹시 흥분해 있는 상태였다. 한 시간쯤 전에 또다시 고막을 찢는 폭음이 울렸다는 것이었다. 이번에는 이미 망가진 그 식탁이 아니라, 19세기 초엽에 만들어진 묵직한 가구인 찬장이었다. 그들은 그 찬장을 샅샅이 조사했지만 아직도 갈라진 곳을 발견하지 못하고 있었다.

나도 즉시 찬장과 그 주위를 자세히 살펴보았으나 허사였다. 그래서 나는 찬장 안쪽과 거기 있는 내용물들을 두루 조사했다. 빵바구니가 들어 있는 서랍에서 한 덩어리의 빵과 그 옆에 놓인 빵 자르는 칼을 발견했다. 그런데 그 칼날이 온통 부러져 있었다. 칼자루는 장방형 바구니 한 귀퉁이에 놓여 있었고, 다른 세 귀퉁이에는 칼날조각들이 한 개씩 흩어져 있었다. 그 칼은 오후 4시 커피시간에 사용하고 나서 넣어둔 것이었다. 그후에는 찬장을 건드린 사람이 아무도 없었다.

다음날 나는 조각난 칼을 들고 마을에서 제일 우수한 도장(刀

匠)에게 갔다. 그는 돋보기로 부러진 데를 조사한 다음 고개를 저었다. "이 칼은 조금도 문제가 없어. 강철에도 이상이 없고. 누군가 이 칼을 부러뜨려 조각을 냈구먼. 예를 들어 서랍 사이에 끼워 놓고 조각조각 부러뜨렸을 수도 있지. 이건 좋은 강철이야. 아니면 꽤 높은 곳에서 돌 위에 떨어뜨렸을 수도 있지. 파열이 될 리가 있나. 누군가 자네를 놀리고 있는 모양이야." (그 칼조각들은 융에 의해 조심스럽게 보관되었다.—편집자)

어머니와 누이동생은 방 안에 있다가 갑작스러운 폭음에 깜짝 놀랐다. 어머니의 제2의 인격이 나를 의미심장하게 바라보고 있었다. 그런데 나는 그저 침묵할 수밖에 없었다. 나는 전혀 예상하지 못했고 그 사건을 설명할 수 있는 방도가 없었다. 내가 깊은 인상을 받았다는 사실을 인정해야만 했을 때는 더욱 언짢아졌다. 왜, 어떻게 해서 식탁이 갈라지고 칼이 파열된 것일까? 우연이라는 가설은 분명 거리가 먼 이야기였다. 라인강이 우연히 단 한 번 거꾸로 흐른다는 것은 정말 있을 수 없는 일이었다. 다른 가능성들도 자동적으로 배제되었다. 그러면 무엇이라고 할 수 있단 말인가?

몇 주 후에 나는 어떤 친척들로부터 그들이 벌써 상당히 오래 전부터 책상이동 같은 심령술에 빠져 있다는 이야기를 들었다. 그리고 열다섯 살쯤 되는 어린 소녀를 영매로 삼고 있다고 했다. 그 모임에서 이미 얼마 전부터 그 영매를 나에게 소개할 생각을 하고 있었는데, 그 영매는 몽유상태와 심령현상을 불러일으킨다고 했다. 그 말을 들을 때, 나는 우리집에서 일어난 그 특이한 현상들에 대해 생각했고 그 현상들이 영매와 관련이 있을지도 모른다고 추측했다.

그리하여 나는 그 영매와 이에 관심이 있는 사람들과 함께 정기적으로 매주 토요일 저녁에 모임을 갖기 시작했다. 그 결과 영매의 넋두리도 들었고 벽이나 책상에서 두드리는 소리가 나는 것도 들었다. 영매와 관계없이 책상이 움직이는 것은 의문스러운 점이 있었다. 나는 제약적인 조건이 대체로 그런 실험들을 방해한다는 것을 금방 간파했다. 그리하여 나는 두드리는 소리가 분명히 저절로 난다는 사실을 인정하고 영매의 넋두리에 주의를 기울였다. 나는 이러한 관찰의 결과를 박사학위 논문에서 기술했다.

이 실험을 2년쯤 하고 나자 일종의 피곤이 찾아왔다. 나는 영매가 실험을 하면서 속임수로 심령현상을 만들어내는 것을 포착했다. 그것이 나로 하여금 실험을 중단하도록 했는데 무척 유감스러운 일이었다. 왜냐하면 영매의 사례에서 나는 제2의 인격이 어떻게 형성되고, 어떻게 어린아이의 의식 속으로 들어가며, 어떻게 자기 안에서 그것을 마침내 통합하는지를 배우고 있었기 때문이다.

그 소녀는 '조기 완성된 자'였다. 그녀는 스물여섯 살 때 결핵으로 사망했다. 나는 그녀가 스물네 살이 되었을 때 다시 한번 그녀를 만났으며 그녀 인격의 자립성과 원숙성에 잊지 못할 감명을 받았다. 그녀가 죽은 후 나는 그녀의 친족에게서 다음과 같은 이야기를 들었다. 그녀가 죽어가는 최후 몇 달 동안 그녀의 성격들이 하나하나 그녀로부터 분리되어 결국은 두 살짜리 어린아이 상태로 돌아가서 마지막 잠이 들었다는 것이었다.

이것은 전적으로 커다란 체험이었으며, 나의 이전 철학들을 모두 지양하고 나로 하여금 심리학적인 관점을 가질 수 있도록 해 주었다. 나는 인간의 영혼에 관해 어떤 객관적인 것을 경험했다. 하지만 그 체험 역시 내가 아무것도 이야기할 수 없는 그런 성질의 것이었다. 그 모든 사태를 함께 나눌 수 있는 상대가 나에게는 한 사람도 없었다. 이번에도 나는 숙고할 만한 문제를 해결하지 못한 채 그대로 둘 수밖에 없었다. 두서너 해가 지난 후에 비로소 이 경험에서 나의 박사학위 논문이 나오게 되었다.

내과병동에서는 프리드리히 폰 뮐러가 늙은 이머만 자리를 물려받았다. 뮐러에게는 내가 호감을 느끼는 점들이 있었다. 나는 예민한 지성이 어떻게 문제를 파악해서 이미 반쯤 해답이 들어 있는 질문들을 만들어내는가를 보았다. 그의 편에서도 내 안에서 뭔가를 발견한 모양이었다. 내 공부가 끝나갈 무렵, 그는 나에게 자신의 조수로서 뮌헨으로 함께 가자고 제안했다. 그는 뮌헨에서 초청을 받아놓은 것이었다. 그의 요청은 내 마음을 거의 움직여 나로 하여금 내과에 헌신하도록 할 뻔했다. 만일 전문가로서의 내 장래 행로에 관한 모든 의혹을 씻어주는 어떤 일이 그 사이에 일어나지 않았다면 아마도 그렇게 되었을 것이다.

나는 정신과강의를 듣고 임상실습에도 참여했으나 그 당시 정신과교수는 그다지 흥미를 돋워주지는 못했다. 특히 정신병원에서 겪은 일과 정신의학에 대한 경험이 아버지에게 끼친 영향을 상기하면 정신의학에 끌리지 않았다. 그래서 국가고시를 준비할 때 특기할 만하게도 정신의학 교과서는 맨 마지막에 손을 대게 되었다. 나는 정신의학에는 아무런 기대도 걸지 않았다. 크라프트 에빙(Kraft-Ebing)의 책을 펼치면서 이런 생각을 했던 일이 아직도 기억난다. '자, 그럼 정신의학자가 자신의 제재(題材)에 대해 뭐라고 말하는지 한번 볼까?' 강의나 임상실습은 나에게 조금도 어떤 인상을 남기지 못했다. 나는 임상실습에서 소개되었던 사례들을 하나도 기억할 수 없었다. 다만 지루하고 따분했다는 생각밖에 없었다.

나는 그 책의 서문부터 읽으면서 정신의학자가 어떻게 그의 주제를 소개하고 있는지, 또는 말하자면 그의 존재이유를 주로 어디에 두고 있는지 알아보고자 했다. 이러한 나의 오만한 태도에 대한 변명으로, 그 무렵 의학계에서는 정신의학이 아주 무시되고 있었다는 점을 밝혀두어야겠다.

정신의학에 대해 제대로 알고 있는 사람이 아무도 없었으며, 인간을 전체적으로 파악하고 병적인 이상현상도 함께 고찰하려는 심리학이 없었다. 병원 원장이 환자들과 함께 같은 건물 안에 갇혀 있어야만 했으며, 그 건물 역시 옛날 나환자수용소와 마찬가지로 도시에서 멀리 떨어져 격리되어 있었다. 그쪽으로는 아무도 눈을 돌리려 하지 않았다. 의사들도 일반인들과 거의 같은 수준으로 아는 것이 별로 없었고, 따라서 일반인들과 같은 느낌을 가지고 있었다. 정신병은 절망적이며 치명적인 일이었는데 그 그림자가 정신의학에도 드리워져 있었다. 정신의학자는 이상한 사람들이었는데, 나 또한 곧 나 자신의 경험으로 그러한 사실을 알아야 했다.

그런데 나는 서문에서 다음과 같은 문장을 읽게 되었다. "정신의학 교과서들이 다소 주관적인 특색을 띠는 것은 아마도 그 분야의 특이성과 학문 형성의 불완전성에 기인하고 있을 것이다." 몇 줄 더 나가자 저자는 정신병을 '인격의 병'이라 일컫고 있었다. 그때 갑자기 가슴이 격렬하게 두근거렸다. 나는 자리에서 일어나 심호흡을 하지 않으면 안 되었다.

나는 몹시 흥분한 상태였다. 왜냐하면 나에게 정신의학 외에는 다른 목표가 있을 수 없다는 것을 전격적으로 계시처럼 깨달았기 때문이었다. 정신의학에서만, 내가 관심을 가지고 있는 두 흐름이 합류하여 그 합해진 물의 힘으로 스스로 물길을 내어 흘러갈 수 있을 것이었다. 여기에 내가 사방으로 찾아헤매었으나 발견하지 못했던, 생물학적 사실과 정신적 사실에 관한 공동경험의 장(場)이 있었다. 정신의학은 자연과 정신의 충돌이 실제 사건이 되는 결정적인 분야인 셈이었다.

나에게서 격렬한 반응이 일어난 것은 크라프트 에빙이 정신의학 교과서들의 '주관적 특색'에 관해 써놓은 글을 읽을 때부터였다. 따라서 나는 이 교과서 역시 어느 정도 저자의 주관적인 고백일 거라고 생각했다. 저자가 자신의 선입견과 존재의 전체성을 가지고 경험의 객관성 배후에 서서 자기 자신의 전(全)인격으로 '인격의 병'에 관해 대답하는 고백 말이다. 이런 이야기는 정신과 임상교수들로부터 한 번도 들은 적이 없었다. 앞에서 말한 교과

서가 본래 다른 교과서들과 차이가 없는데도 이러한 몇몇 암시가 정신의학의 문제를 조명해주고 나로 하여금 정신의학의 매력에 걷잡을 수 없이 빠져들게 했다.

나의 결정이 내려졌다. 내과교수에게 그 결정을 알렸을 때 그의 얼굴에서 실망과 놀라움의 기색을 읽을 수 있었다. 내 옛날의 상처, 즉 다른 사람들과 떨어져서 소외자가 되는 느낌이 아프게 되살아났다. 그러나 이제는 그 이유를 한층 잘 알고 있었다. 내가 이런 동떨어진 세계에 흥미를 가지리라고는 그 누구도, 아니 나 자신까지도 상상하지 못했다. 친구들은 놀라고 의아해하며 나를 바보로 여겼다. 내가 내과의사로서 출세할 수 있는 기회가 바로 코앞에 있는데도 정신의학 같은 하찮은 것과 바꿔버리려고 하기 때문이었다. 그런 기회는 누구나 당연히 잡으려고 하며 나에게도 무척 유혹적이었다.

나는 아무도 나를 따라오려고도 하지 않고 따라올 수도 없는 옆길로 들어섰다는 것을 분명히 다시 한번 깨달았다. 그러나 결심은 섰고 그것은 숙명이라는 것을 알았다. 그 누구도, 그 어떤 것도 나의 확신을 흩뜨려놓을 수 없었다. 그것은 마치 두 개의 강물이 합류하여 세차게 흘러가면서 먼 목적지로 나를 가차없이 실어가는 것과도 같았다. '통합된 이중성'이라는 고양된 감정에 힘입어 나는 마법의 파도를 탄 것처럼 시험을 치러냈고 우수한 성적으로 합격했다.

그런데 엉뚱하게도 모든 것이 너무나 순조롭게 풀려가는 기적 뒤에 내가 정말 잘하는 병리해부학 과목에서 걸려 넘어지는 일이 있었다. 터무니없는 실수를 저지른 것이었다. 표본 속에 온갖 부스러기 말고는 상피세포만 들어 있는 것처럼 보였는데 아구창균이 구석에 있는 것을 놓치고 말았다. 다른 과목들은, 심지어 무엇에 관한 문제가 나올지 직관으로 미리 알아맞히기까지 했다. 그덕분에 몇 개의 위험한 암초들을 '나부끼는 깃발, 북소리와 휘파람소리'로 피해갔다. 거기에 대한 앙갚음인지 가장 자신있는 과목에서 정말 우스꽝스러운 방법으로 바보짓을 한 셈이었다. 그것이 아니었다면 아마도 나는 국가고시에서 최고점수로 합격했을것이다.

두 번째 후보자가 나와 같은 점수를 받았다. 그는 외톨이로 다녔는데 나로서는 속내를 알기 힘든 미심쩍은 인간으로 고리타분한 성품을 지니고 있었다. 사람들이 그와는 '자기 전공' 이외에그 어떤 것도 결코 화제로 꺼낼 수 없었다. 그는 모든 일에 대해서 뜻모를 묘한 미소로 반응을 나타냈으며, 그런 모습은 그리스에기나의 지붕 꼭대기 박공 조각상들을 떠올리게 했다. 그는 뭔가 우월감을 지니고 있으면서도 동시에 열등감과 당황해하는 마음이 있었고 상황에 전혀 적응할 줄을 몰랐다. 나는 그 점을 도무지 이해할 수 없었다. 그에게서 단 한 가지 적극적인 점이라고 인정할 수 있는 것은 거의 편집광적인 노력가라는 인상이었다. 그는 의학적인 사실이나 지식 외에는 그 어떤 것에도 관심을 보이지 않는 듯했다. 공부를 마치고 나서 몇 년 후 그는 정신분열증을앓았다. 나는 이러한 일치를 사건들의 특이한 병행현상으로 언급해둔다.

나의 첫 저서는 조발성치매(정신분열증)의 심리학에 헌정되었다. 그 책에서 내 인격이 선입견을 지닌 채로 이러한 '인격의 병'에 대하여 대답을 한 셈이었다. 정신의학은 아주 넓은 의미에서 병든 정신과 '정상'이라고 일컬어지는 의사의 정신 간의 대화이며, '병든' 인격과 치료자 인격 간의 대결이다. 그런데 치료자 인격이라는 것도 병든 인격과 마찬가지로 원래 주관적인 것이다. 나는 망상관념이나 환각이 정신병의 특이한 증상일 뿐 아니라 일종의 인간적인 의미도 지니고 있다는 점을 제시하려고 노력했다.

마지막 시험을 치른 날 저녁, 나는 오랫동안 열망했던 사치스러운 소원을 이루었다. 내 생애 처음으로 극장에 간 것이었다. 그때까지 그런 과도한 낭비를 할 만한 경제적인 여유가 없었다. 그러나 골동품을 팔아서 번 돈이 아직 얼마 남아 있어 그 돈으로 오페라구경도 하고 뮌헨과 슈투트가르트 여행도 할 수 있었다.

비제(Bizet)는 가없는 바다의 파도처럼 나를 매혹시키고 압도했다. 이튿날 기차를 타고 국경을 넘어 더 넓은 세계로 나갈 때도 〈카르멘〉의 음률이 귓가에 울렸다. 나는 뮌헨에서 처음으로 진정한 고대예술을 보았다. 그것은 비제의 음악과 더불어 내 속에서 어떤 분위기를 불러일으켰다. 그 깊이와 의미의 무게는 파악할 수 없지만 단지 예감은 할 수 있는, 봄과 같고 결혼식날과도 같은 그런 분위기였다. 하지만 바깥 날씨는 우중충했던 1900년 12월 1~9일의 한 주간이었다.

슈투트가르트에서 나는 라이머 융 박사 부인인 고모를 (마지막으로) 만났다. 그녀는 나의 할아버지 C. G. 융 교수가 비르기니

드 라소와의 첫 번째 결혼에서 낳은 딸이었다. 그녀는 매력적인 노부인으로, 번득이는 푸른 눈과 재치있는 기질을 지니고 있었다. 그녀의 남편은 정신과의사였다. 그녀는 헤아리기 어려운 환상의 세계와 현실로 돌아올 줄 모르는 추억의 세계에 깊이 잠겨 있는 듯했다. 그것은 이제는 다시 돌이킬 수 없는 가운데 사라져 가는 지난날의 마지막 숨결이었다. 그녀와의 만남은 내 소년시절의 향수와의 최종적인 작별이었다.

1900년 12월 10일, 나는 부르크횔츨리병원에서 조수자리를 얻게 되었다. 몇 년 사이에 바젤은 나에게 너무 좁게 여겨졌기 때문에 취리히로 오게 되어 기뻤다. 바젤 주민들에게는 단지 그들의 도시만 존재했다. 오직 바젤에서만 '제대로 되어 있으며' 비르스 강 너머로는 '재난'이 시작된다는 식이었다. 친구들은 내가 떠나는 것을 이해하지 못했고 얼마 지나지 않아 금방 돌아오리라고 여겼다. 그러나 그런 일은 일어날 리 없었다. 왜냐하면 바젤에서 나는 언제나 목사 파울 융의 아들이요, 조부인 카를 구스타프 융 교수의 손자라는 딱지가 붙어 있었기 때문이었다. 나는 소위 일종의 지식인집단에 속해 있었고 특정한 사회적 '동아리'에 들어 있었다. 나는 여기에 반감을 느꼈다. 나 자신을 그런 식으로 묶어 두고 싶지도 않았고 그렇게 할 수도 없었다.

정신적인 것과 관련하여 바젤의 분위기는 탁월했고 부러울 정도로 범세계적이라 여겨졌으나 나로서는 전통의 중압감이 심했다. 취리히로 왔을 때 나는 아주 다르다는 것을 느꼈다. 취리히와 세계의 관계는 정신적이 아니라 상업적인 것이었다. 이곳은 자유로운 분위기였고 나는 이 점을 높이 평가했다. 여기 사람들은 풍부한 문화배경이 없다는 것을 아쉬워하긴 했지만, 수세기에 걸친 거무스름한 안개를 어디서도 느끼지 않았다.

바젤에 대해서는, 이제는 이전 모습이 아니라는 것을 알면서도 오늘날까지 진한 애착을 가지고 있다. 나는 바흐오펜과 부르크하르트가 살던 시절, 대성당 뒤에는 참사회 회의장 낡은 건물이 서 있고 오래된 라인강 다리가 반쯤 목재로 되어 있던 시절을 아직도 기억하고 있다.

내가 바젤을 떠난다는 것은 어머니로서는 힘든 일이었다. 하지만 나는 어머니의 아픔을 덜어줄 수 없다는 것을 알았고, 어머니도 용감하게 감당해냈다. 어머니는 나보다 아홉 살 아래인 누이동생과 함께 살았는데, 누이동생은 나와는 여러 면에서 달랐고 섬세한 성격에다 몸이 약한 편이었다. 그녀는 마치 노처녀로 살아가도록 태어난 사람 같았으며 역시 결혼을 하지 않았다. 그러나 그녀는 괄목할 만한 인격을 발전시켰고 나는 그녀의 태도에 감탄했다.

그녀는 타고난 '숙녀'였으며 또한 그렇게 죽었다. 그녀는 위험하지 않다고 하는 수술을 받아야만 했는데 그만 회복하지 못하고 세상을 떠났다. 나는 그녀가 이전부터 미리 자신의 신변을 세세한 데까지 모두 정리해둔 사실이 알려졌을 때 깊은 감명을 받았다. 사실 그녀는 나에게 낯선 사람처럼 여겨졌으나 나는 그녀를 무척 존경했다. 나는 몹시 감정적인 편이었으나 누이동생은 그 반대로 천성이 무척 예민하면서도 늘 차분했다. 나는 그녀가 미혼 귀족여성 기숙사에 있는 모습을 상상해볼 수 있었다. 조부의 하나밖에 없는 몇 살 아래의 누이동생이 그런 기숙사에서 살았던 것처럼 말이다.

부르크횔츨리에서 일을 함으로써 오직 의향, 의식성, 의무와 책임으로 이루어진 분리되지 않은 현실 속에서 나의 생활이 시작되었다. 그것은 세속의 수도원으로 들어가서 보편적이고 평균적이며 진부하고 의미가 결여된 것들만을 믿겠다는 맹세를 따르는 것과도 같았다. 또한 생소하고 의미있는 것들은 모두 거부하고 비범한 것들은 모두 평범한 것으로 축소하겠다는 맹세를 지키는 것과도 같았다. 그곳에는 아무것도 가려진 것이 없는 표피적인 일, 단지 시작만 하고 이어지지 않는 일, 관련이 없는 우연적인 사건, 점점 협소한 범위로 한정되는 지식, 문제를 불러일으키는 허술한 일, 답답할 정도로 좁은 시야, 끝없는 사막 같은 일상 들이 있을 뿐이었다.

반년 동안 나는 정신병원 생활과 그 정신에 익숙해지기 위해서나 자신을 수도원 벽 안에 가두고는, 정신의학적인 사고방식을 익히려고 《정신의학 잡지》 50권을 처음부터 통독했다. 나는 인간의 정신이 스스로 붕괴하는 모습을 보면서 어떻게 반응하는지 알고 싶었다. 정신의학은 정신병이 생겼을 때 이른바 건전한 정신을 엄습하는 생물학적 반응을 조리있게 표현한 것이라고 여겨졌다. 나의 전공 동료들도 환자들과 마찬가지로 흥미로운 존재들로 보였다. 그리하여 나는 그후 몇 년에 걸쳐 스위스 동료들의 유전적 배경에 대한 은밀하면서도 교육적인 통계자료들을 작성했다. 그 작업은 나 자신의 개인적인 계발뿐만 아니라 정신의학적 반응에 대한 이해에도 도움이 되었다.

내가 연구에 몰두하고 스스로를 밀실로 몰아넣는 바람에 동료들로부터 멀어진 것은 말할 필요도 없다. 그들은 정신의학이 나에게 얼마나 낯선 것인지, 정신의학의 정신을 익히는 것이 나에게 얼마나 중요한 것인지 물론 알지 못했다. 그 무렵 나는 치료법에 대해서는 별로 관심이 없었으나, 소위 정상적인 것의 병적인 변형들은 내 마음을 강력하게 사로잡았다. 왜냐하면 그러한 것들은 정신에 관해 보다 깊은 인식에 이를 수 있는, 그토록 바라던 가능성을 제공해주었기 때문이었다.

이러한 전제 아래 정신의학자로서 나의 경력이 시작되었다. 그것은 나의 객관적 생애에서 기인한 주관적 실험이었다.

나는 나의 숙명을 정말 객관적으로 관찰할 수 있을 만큼, 그 정도로 나 자신을 드러내고 싶은 마음도 없고 그럴 능력도 가지고 있지 않다. 나는 자서전이 흔히 저지르기 쉬운 잘못을 범하게 될지도 모른다. 어떻게 되었어야만 했느냐에 관해 환상을 엮어나간다든지 생애를 위한 변명을 쓰는 그런 잘못 말이다. 결국 인간이란 스스로 판정하는 것이 아니라 도리어 좋든나쁘든 다른 사람들의 판결에 맡겨진 하나의 사건인 셈이다.

상처입은 자만이
다른 사람을 치유할 수 있다!

문제는, 신화의 상실을 견디지 못하고
외적인 것에 불과한 세계,
즉 자연과학의 세계상으로 향한 길을 찾을 수도 없고,
지혜와는 조금도 상관없는
언어의 지적인 즉흥연주로 만족할 수도 없는 사람들이다.

Carl Gustav Jung

카를 구스타프 융과 부인(1902)

환자들

취리히대학 정신병원인 부르크횔츨리에서의 수년간은 나의 수련기간이었다. 내가 관심을 기울이고 연구의 중심주제로 삼은 것은 '무엇이 정신병자의 내면에서 일어나고 있는가?' 하는 화급한 의문이었다. 이 의문은 그 당시 내가 이해하지 못하고 있던 문제였으며, 나의 동료들 중 그 누구도 이러한 문제에 신경을 쓰고 있지 않았다.

정신의학강의가 목표로 하는 것은 병든 인격에 관해 소위 추상화를 하고 진단과 증상의 기록, 통계로 만족하는 정도였다. 그당시 주류를 이루었던 이른바 임상적 관점에서는 의사에게 중요한 것이 한 인간이요 한 개체로서의 정신병자가 아니었다. 의사들은 진단과 증상에 관한 장황한 목록을 가지고 환자 X를 대해야 했다. 환자들에게 '꼬리표를 붙이고' 진단하여 도장을 찍으면 그것으로 일은 대충 끝나는 것이었다. 정신병자에 관한 심리학은 전혀 아무런 역할도 하지 못했다.

이런 상황에서 프로이트는 나에게 중요한 인물이 되었다. 그것은 무엇보다도 히스테리와 꿈의 심리학에 대한 기본적인 탐구를 그가 했기 때문이었다. 프로이트의 견해는 나에게 개별적인 사례들에 대한 보다 폭넓은 연구와 이해의 길을 열어주었다. 프로이트 자신은 정신의학자가 아니고 신경학자였지만 심리적인 문제를 정신의학에 도입했다.

그 무렵 깊은 인상을 남긴 한 가지 사례를 아직도 생생히 기억하고 있다. 그 사례는 '우울증'이라는 꼬리표가 붙은 채 입원하여 내가 근무하는 병동에 와 있던 젊은 부인에 관한 것이었다. 의사는 그녀를 보통 하던 식으로 어느 정도 주의를 기울여 진단했다. 병력(病歷) 확인, 검사, 신체 진찰 등이 이루어졌다. 진단은 정신분열증, 즉 당시 용어로 '조발성치매'로 내려졌다. 예후도 좋지 않게 나왔다.

처음에 나는 그 진단에 대해 감히 의심해보려 하지 않았다. 그 당시 나는 아직 젊은 데다 신참이었으므로 다른 진단을 내릴 자신이 없었을 것이다. 그런데도 그 사례는 나에게 이상하게 여겨졌다. 나는 문제가 되는 것이 정신분열증이 아니라 일반적인 우울증이라는 인상을 받고 나 자신의 방법으로 진찰해보려고 마음먹었다. 그 무렵 나는 연상진단법 연구에 몰두해 있었기 때문에 이 환자에게 연상검사를 시행했다. 더 나아가 나는 그녀의 꿈에 관해 얘기를 나누었다. 이러한 방법으로 나는 기어코 그녀의 과거를 드러내게 되었고, 그녀의 일상적인 병력이 밝히지 않고 있는 중요한 사실들을 알게 되었다. 나는 무의식으로부터 이른바 직접 정보를 얻었다. 그리고 이러한 정보를 통해 어둡고 비극적인 사연이 드러났다.

그 부인은 결혼 전에 대기업주의 아들인 한 남자를 알고 있었다. 그는 주위 모든 아가씨가 관심을 갖는 남자였다. 그녀는 매우 아름다운 편이어서 그의 마음에 들 거라고 생각했고 그럴 가망이 어느 정도는 있다고 믿었다. 그러나 그가 그녀에게 무관심한 것처럼 보였기 때문에 그녀는 다른 남자와 결혼을 했다.

5년 후 옛친구 한 사람이 그녀를 방문했다. 그들이 옛날얘기를 주고받는 중에 친구가 그녀에게 이런 말을 했다. "네가 결혼했을 때 그것이 어떤 사람에게는 충격이 되었던가 봐. 네가 좋아했던 그 X씨(대기업주의 아들)에게 말이야." 이것이 병을 얻는 계기가 되었다! 그녀의 우울증은 그 순간부터 시작되었고 몇 주 후에는 파국에 이르고 말았다.

그녀는 아이들을 목욕시키고 있었다. 처음에는 네 살 난 딸을 씻기고 그 다음에는 두 살 난 아들을 씻겼다. 그녀는 급수위생이 완벽하지 않은 시골에 살고 있었다. 맑은 샘물은 마실 물로 사용하고 깨끗하지 않은 강물은 목욕이나 세탁물로 사용했다. 그녀는 어린 딸을 씻기는 동안 딸이 스펀지를 빨고 있는 것을 보고도 그대로 두었다. 그녀는 심지어 어린 아들에게 깨끗하지 못한 물을 한 컵 주어 마시게 하기까지 했다. 물론 그녀의 이런 행동은 무의식적이거나 반의식적인 것이었다. 왜냐하면 그녀는 이미 우울증

초기증상으로 들어섰기 때문이었다.

얼마 지나지 않아 잠복기가 지나고 소녀는 장티푸스에 걸려 죽고 말았다. 그녀가 무척 사랑하던 딸이었다. 남자아이는 감염되지 않았다. 그때 그 부인은 우울증이 심해져 병원으로 오게 된 것이었다.

연상검사를 통해 나는 그녀가 살인자라는 사실을 알았고, 그녀가 가지고 있는 비밀의 세세한 부분까지도 많이 알게 되었다. 그녀가 우울증에 걸릴 만한 충분한 이유가 있다는 것이 분명해졌다. 요컨대 일종의 심인성 장애가 문제였던 것이다.

그렇다면 치료법은 어떠했는가? 그때까지 그녀는 불면증 때문에 최면제 처방을 받고 있었다. 또한 자살할 염려가 있었으므로 감시를 받았다. 하지만 그외 다른 치료는 시행되지 않았다. 그녀는 신체적으로는 건강한 편이었다.

나는 다음과 같은 문제에 직면하게 된 것을 알았다. 내가 그녀에게 사실대로 솔직하게 말해주어야만 하는가, 아니면 말하지 않아야 하는가? 내가 큰 수술을 감행해야 할 것인가? 그것은 나에게 중대한 양심의 문제였고 동시에 의무의 갈등을 의미했다. 하지만 나는 그러한 갈등을 어찌해서든지 혼자서 해결해야만 했다. 동료에게 문의했다면 그들은 아마도 "제발 그 부인에게 그런 사실을 말하지 말게나. 그녀를 더 미치게 만들 뿐일세"라고 나에게 경고했을 것이다. 하지만 나의 견해로는 결과가 그 반대로 나타날 수도 있는 것이었다. 아무튼 심리학에는 명백한 진리가 거의 없다. 하나의 문제는 우리가 무의식적인 요소를 고려하느냐 하지 않느냐에 따라 이렇게도 저렇게도 대답할 수 있다. 물론 나는 내가 어떤 위험을 무릅써야 한다는 것을 알고 있었다. 환자가 곤경에 처하면 나 역시 그렇게 되고 말 것이었다!

그럼에도 나는 결과가 아주 불확실한 치료법을 감행해보기로 결심했다. 나는 연상검사를 통해 알게 된 모든 사실을 그녀에게 말했다. 이렇게 하는 것이 얼마나 어려운 일인가를 짐작할 수 있을 것이다. 어떤 사람에게 대놓고 살인을 말한다는 것은 보통일이 아니다. 환자 편에서도 그 말을 듣고 동의한다는 것은 비극적인 일이었다. 하지만 그 결과로 그녀는 14일 만에 퇴원할 수 있었으며 다시는 입원하지 않았다.

내가 동료들에게 아무 말도 하지 않은 데는 또 다른 이유가 있었다. 그들이 이 사례에 대해 논의하면서 어떤 법적인 문제를 제기할지도 모른다는 두려움이 나에게 있었다. 사람들이 그 환자에게서 아무것도 입증할 수는 없었지만 그와 같은 논의가 그녀에게 비참한 결과를 가져다줄지도 모르는 일이었다. 나로서는 그녀가 평생을 통해 자기 죗값을 치르도록 일상생활로 돌아가게 하는 것이 더욱 뜻있는 일이라고 여겨졌다. 그녀는 운명에 의해 충분히 벌을 받았다. 그녀는 퇴원하면서 자신의 무거운 짐을 지고 떠났다. 그녀의 속죄는 이미 우울증과 병원 입원으로 시작된 셈이었다. 그리고 자식을 잃었다는 것은 그녀에게 깊은 고통이었다.

정신의학 사례 중 많은 경우 환자는 말하지 않은 사연을 가지고 있으며 대개 그것에 대해 아무도 모른다. 내가 보기에는 개인적인 사연을 조사한 다음 비로소 진정한 치료가 시작된다고 여겨진다. 그것은 환자의 비밀이며 바로 거기서 좌절하고 만 것이다. 동시에 그것은 치료의 열쇠를 지니고 있다. 의사는 단지 그 비밀스러운 사연을 어떻게 알아내는가를 터득해야만 한다. 의사는 증상만이 아니라 그 사람 전체를 꿰뚫는 질문을 던져야 한다. 대부분의 경우 의식적인 재료의 탐색만으로는 충분하지 않다. 때로는 연상검사가 길을 열어줄 수도 있다. 또한 꿈의 해석을 통해서나 환자와 오랫동안 끈기있게 인간적으로 접촉함으로써 그 일이 가능할 수도 있다.

1905년 나는 정신의학 대학교수 자격을 취득했고, 같은 해 취리히대학병원 정신과 상급의사가 되었다. 4년 동안 그 자리를 지키다가 일이 너무 많아져 1909년에 사직해야만 했다. 해가 지날수록 개인병원 업무가 한층 늘어나는 바람에 나는 더이상 대학병원 일을 따라갈 수가 없었다. 그러나 1913년까지 대학강사직은 유지했다. 나는 정신병리학을 강의했으며, 물론 프로이트 정신분석 기초와 미개인의 심리학도 강의했다. 이러한 것들이 나의 주요대상이었다. 처음 몇 학기 동안 나는 무엇보다 최면강의에 몰두했고, 자네와 플루르노이의 학설도 다루었다. 나중에는 프로이트 정신분석 문제에 중점을 두었다.

최면에 관한 강의에서도 나는 학생들에게 소개한 환자의 개인적인 사연을 캐묻곤 했다. 한 가지 사례를 나는 아직도 생생히 기억하고 있다.

한번은 58세쯤 된 중년부인이 찾아왔는데 종교적 성향이 있는 듯했다. 그녀는 하녀의 부축을 받으며 지팡이를 짚고 왔다. 17년째 그녀는 왼쪽 다리에 통증이 동반되는 마비증세로 고생하고 있었다. 나는 그녀를 안락의자에 앉히고 그녀의 사연을 물었다. 그녀가 입을 열어 한탄하기 시작했다. 자신의 병에 관한 온갖 사연을 시시콜콜하게 털어놓았다. 결국 나는 그녀의 이야기를 막으면서 말했다. "자, 이제 더이상 그렇게 많은 이야기를 할 시간이 없습니다. 내가 지금 당신에게 최면을 걸어야겠습니다."

내가 그 말을 하자마자 그녀는 눈을 감고 무아지경으로 깊이 빠져들었다. 최면을 걸지 않았는데도 말이다! 나는 이상하게 생각했으나 그녀를 그대로 두었다. 그녀는 쉬지 않고 떠벌렸으며 특이한 꿈에 관해 이야기했다. 그 꿈은 상당히 깊은 무의식의 체험을 나타낸 것이었다. 하지만 나는 이 사실을 한참 지난 후에야 비로소 알게 되었다. 그 당시에는 그것이 일종의 무아경일 거라고 추측했다. 하지만 그런 상황은 나를 좀 언짢게 했다. 그 자리에 내가 최면에 대해 설명해주려고 했던 학생 스무 명이 있었으니 말이다!

30분이 지난 후 내가 환자를 다시 깨우려고 했으나 그녀는 깨어나지 않았다. 나는 기분이 으스스해졌다. 내가 혹시 잠재적인 정신병을 일깨운 것은 아닌가 하는 생각이 들었다. 내가 그녀를 다시 깨우는 데 10분 정도 걸렸다. 그때 나는 학생들에게 내가 불안해하고 있다는 것을 눈치채지 못하도록 할 필요가 있었다! 그녀는 깨어나서 현기증을 일으키고 어리둥절해했다. 나는 그녀를 진정시키려고 했다. "제가 의사입니다. 모든 것이 잘되고 있습니다." 그러자 그녀가 "그런데 내가 나았어요!"라고 외치며 지팡이를 던져버리고 걸을 수 있게 되었다. 나는 당황한 나머지 얼굴을 붉히면서 학생들에게 말했다. "지금 여러분은 최면으로 어떤 일이 일어날 수 있는지를 보고 있습니다!" 하지만 나는 무슨 일이 일어났는지 조금도 짐작하지 못했다.

이것이 나로 하여금 최면을 버리도록 한 체험들 중 하나다. 실제로 무슨 일이 일어났는지 나는 이해할 수 없었으나 부인은 정말 완치되어 기뻐하면서 돌아간 것이다. 나는 늦어도 24시간 안에 그녀가 재발하리라고 예상했기 때문에 그녀에게 상태를 알려달라고 부탁하기까지 했다. 하지만 그녀의 통증은 재발하지 않았다. 나는 의혹을 가지면서도 그녀가 치유되었다는 사실을 받아들이지 않을 수 없었다.

다음해, 여름학기 첫 강의 때 그녀가 다시 나타났다. 이번에는 바로 얼마 전에 다시 시작된 심한 고통을 호소했다. 나는 그것이 내 강의가 재개된 사실과 관련이 있을 거라는 생각을 버릴 수 없었다. 아마도 그녀는 신문에서 내 강의에 대한 공고를 읽었을 것이었다.

나는 그녀에게 언제부터 통증이 시작되었으며 무엇이 그것을 야기했는지 물었다. 그녀는 그 어떤 무엇이 어느 특정한 시간에 일어났는지 기억하지 못했고 거기에 대해 조금도 설명하지 못했다. 드디어 나는 그녀의 통증이 정말로 신문에서 내 강의 공고를 읽은 바로 그날, 그 시각부터 시작되었다는 사실을 알아냈다. 그것은 나의 추측을 입증해준 셈이었으나 나는 여전히 그 기적적인 치유가 어떻게 일어날 수 있었는지 알지 못했다. 나는 다시 그녀에게 최면을 걸었고 그녀는 그때처럼 저절로 무아지경에 빠졌다. 그러고 나서 그녀는 통증으로부터 벗어났다.

강의가 끝난 후 나는 그녀의 인생에 대해 좀더 자세히 알아보기 위해 그녀를 붙잡아두었다. 그리하여 정신박약아인 그녀의 아들이 내가 맡고 있는 병동에 입원중이라는 사실이 밝혀졌다. 그녀는 두 번째 남편의 성을 가지고 있었고 아들은 첫 번째 결혼에서 낳은 자식이었기 때문에 나는 이 사실을 모르고 있었다. 그 아이는 그녀의 외동아들이었다. 그녀는 물론 아들이 재능이 뛰어나고 성공하기를 바랐는데, 그 아이가 어린 나이에 정신적으로 병들자 무척 실망하고 말았다. 그 무렵 나는 아직 젊은 의사로서 그녀가 아들에게 바라던 모든 것을 구현하고 있는 존재인 셈이었다. 그리하여 영웅의 어머니가 되고 싶은 그녀의 야심적인 갈망이 나에게 고착된 것이었다. 그녀는 이를테면 나를 양자로 삼아 자신의 기적적인 치유를 세상에 널리 선전했다.

사실상 그녀로 인해 나는 그 지방에서 마술사와 같은 명의로 명성을 얻게 되었다. 그 이야기는 곧 두루 퍼져나가 그녀 덕분에 나는 개인적으로 돌보는 환자들을 처음으로 얻게 된 셈이었다. 내가 정신치료법을 시행하게 된 것은 이와 같이 한 어머니가 정신이 병든 아들 대신에 나를 자기 아들로 삼은 일로부터 시작되었다! 물론 나는 그녀에게 이러한 관련성을 설명해주었다. 그녀는 모든 것을 잘 이해하며 받아들였고 나중에도 다시는 병이 재발되지 않았다.

이것이 실제적으로 나의 첫 치료체험이었으며 나의 첫 심리분석이라고 말할 수 있겠다. 나는 그 노부인과의 대화를 분명히 기억하고 있다. 그녀는 총명했으며 내가 자기를 진지하게 대해주고 자신과 아들의 운명에 관심을 보여준 데 대해 무척 고마워했다. 이것이 그녀에게 도움이 되었다.

처음에 나는 내 개인병원에서도 최면술을 사용했다. 그러나 최면술을 사용해도 암중모색으로 그칠 뿐이었기 때문에 곧 이 방법을 포기해버렸다. 우리는 개선이나 치료가 어느 정도 오래 지속되는지 전혀 알지 못했으며, 나는 그와 같이 불확실한 가운데 일하는 것에 대해 늘 저항을 느꼈다. 마찬가지로 환자가 무엇을 해야 하는가를 내가 결정하는 것도 별로 좋아하지 않았다. 나에게는 환자 스스로 어떤 방향으로 자연스럽게 발전해가는지 환자 자신으로부터 들어서 아는 것이 더욱 중요했다. 그러기 위해서는 꿈이나 무의식의 다른 표현들을 주의깊게 분석해보는 것이 필요했다.

1904~1905년에 나는 대학병원 정신과에 실험적 정신병리학 실습실을 개설했다. 그곳에서 나는 몇 명의 학생을 데리고 그들과 함께 심리적 반응, 즉 연상에 대해 연구했다. 프란츠 리클린(Franz Riklin) 1세가 나의 공동연구자였다. 루드비히 빈스방거(Ludwig Binswanger)는 그 당시 심리전기작용과 관련된 연상실험에 관한 박사학위 논문을 썼고, 나는 〈심리적 사실 진단에 관하여〉라는 논문을 썼다. 우리 동료 가운데는 칼 피터슨과 찰스

릭셔 등 미국인도 몇 명 있었다. 그들의 연구논문은 미국 학술지에 발표되었다.

이러한 연상에 관한 연구 덕분에 나는 그후 1909년에 클라크대학으로 초빙되었다. 그 대학에서 나의 연구에 관한 강연을 하기로 되어 있었다. 그와 같은 시기에 나와는 별도로 프로이트도 초빙되었다. 명예 법학박사학위가 우리 두 사람에게 주어졌다.

미국에서 내 이름이 알려지게 된 것은 역시 연상실험과 심리전기실험 때문이었다. 얼마 지나지 않아 미국에서도 많은 환자가 나를 찾아왔다. 나는 최초의 사례 하나를 아직도 생생히 기억하고 있다.

미국인 동료가 나에게 환자 한 사람을 보냈다. 진단서에는 '알코올 신경쇠약증'이라고 씌어 있었고, 예후는 '불치'라고 되어 있었다. 그에 따라 내 동료는 용의주도하게도 환자에게 미리 충고하기를, 나의 치료가 아무런 효과를 거두지 못하면 베를린의 신경학 권위자를 찾아가보라고 했다.

그 환자가 면담시간에 왔는데, 그와 잠시 이야기를 나눈 후에 나는 그가 일반적인 신경증을 앓고 있다는 것을 알았다. 환자 자신은 병의 심리적 원인에 대해 아는 것이 없었다. 나는 연상검사를 실시하여 이번 기회에 그가 심한 모성콤플렉스로 인해 고통당하고 있다는 것을 알아냈다. 그는 부자인 명문가 출신으로 마음에 드는 아내도 있고 이를테면 외견상으로는 아무 걱정이 없는 듯했다. 다만 그는 술을 과음할 뿐이었다. 음주는 괴로운 상황을 잊기 위해 자신을 마취시키려는 절망적인 시도였다. 물론 이러한 방식으로는 그가 곤경에서 벗어날 수 없었다.

그의 어머니는 큰 기업의 소유주였으며, 비범한 재능을 지닌 그 아들은 거기서 중요한 자리를 차지하고 있었다. 그는 사실 어머니에게 예속되어 있는 억압상태에서 이미 오래전에 벗어났어야 했지만, 그 화려한 자리를 희생할 결심이 서지 않았다. 그리하여 그는 자리를 주선해준 어머니에게 붙들려 있었다. 그는 어머니와 함께 있을 때라든지 어머니가 간섭하는 대로 따라야만 할 때마다 자신의 기분을 마비시키거나 날려버리기 위해 술을 마시기 시작했다. 하지만 사실 그는 따뜻한 보금자리를 빠져나오려고 하지 않았으며, 오히려 자신의 본능에 반하여 부유와 안락에 자신을 내맡겼다.

그는 단기간의 처치를 받은 후 술을 끊고 자신이 치료된 것으로 여겼다. 그러나 나는 그에게 말했다. "당신이 이전 상황으로 돌아간다면 병이 재발하지 않는다고 보장할 수가 없습니다." 하지만 그는 내 말을 믿지 않고 기분이 좋아져서 미국으로 돌아갔다.

그는 어머니의 영향을 받는 상황이 되자마자 다시 술을 마시기 시작했다. 그리하여 나는 그의 어머니가 스위스에 머무는 동안 그녀로부터 상담요청을 받았다. 그녀는 영리한 부인이었으나 강력한 권력의 화신이었다. 나는 아들이 맞서야만 했던 대상이 무엇이었는지 알게 되었고, 그가 거기에 저항할 만한 힘을 가지고 있지 않다는 것을 깨달았다. 신체적으로도 그는 다소 연약한 용모였고 어머니를 결코 당해낼 수 없었다.

그래서 나는 일종의 기습공격을 가하기로 결심했다. 그도 모르게 그의 어머니에게 그가 알코올중독으로 회사 직책을 더이상 수행할 수 없을 것이라는 진단서를 발급해주었다. 그를 해고해야 한다는 뜻이었다. 그녀는 나의 충고를 따랐고, 아들은 물론 나에게 몹시 화를 냈다.

여기서 나는 보통 같으면 의사의 양심으로 쉽게 동의할 수 없는 일을 저지르고 만 셈이었다. 그러나 환자를 위해서는 그 책임을 내가 져야 한다는 것을 알고 있었다.

그런데 그후 그는 어떻게 되었는가? 그는 이제 어머니로부터 벗어났고 자신의 인격을 발전시킬 수 있었다. 가혹한 처방에도 불구하고, 아니 오히려 바로 그것 때문에 그는 훌륭한 경력을 쌓아갔다. 그의 아내는 나에게 감사했다. 그녀의 남편은 알코올중독을 극복했을 뿐만 아니라, 이제는 자기 자신의 길을 아주 성공적으로 가고 있었기 때문이었다.

나는 그가 모르게 그런 진단서를 발급해주었기 때문에 그 환자에 대해 여러 해 동안 양심의 가책을 느꼈다. 그러나 나는 강제적인 방법만이 그를 자유롭게 해줄 수 있다는 것을 잘 알고 있었다. 그렇게 함으로써 그의 신경증도 치료되었다.

이와 마찬가지로 잊을 수 없는 또 하나의 사례가 있다. 한 부인이 면담시간에 나를 찾아왔다. 그녀는 이름을 밝히기를 꺼려했다. 이름 같은 것은 상관없었다. 그녀는 단 한 번만 나에게 상담받기를 원했으니까 말이다. 그녀가 상류계층에 속해 있다는 것은 분명했다. 그녀는 의사였다고 말했다. 그녀가 나에게 털어놓은 것은 일종의 고해였다. 그것은 20여 년 전에 질투심에서 살인을 범했다는 내용이었다. 그녀는 친구의 남편과 결혼하고 싶었기 때문에 가장 친한 친구를 독살했다. 그녀는 살인이 발각되지 않는다면 자신에게 아무런 결과도 오지 않을 거라고 생각했다. 친구 남편과 결혼하고 싶으면 간단히 친구를 없애버릴 수도 있는 것이었다. 이것이 그녀의 사고방식이었다. 그녀에게 도덕적인 고려는 안중에도 없었다.

그후는 어떻게 되었을까? 그녀는 정말 그 남자와 결혼했으나 그 사람은 곧바로 젊은 나이에 죽고 말았다. 그후 몇 년 동안 이상한 일들이 일어났다. 그 결혼에서 얻은 딸은 성인이 되자마자 어머니를 떠나려고 애를 썼다. 그 딸은 젊어서 결혼했으며 점점 세상을 등지고 살았다. 결국 어머니가 그 딸을 볼 수 없게 되더니 관계가 끊어지고 말았다.

그 부인은 열렬한 승마광으로 무척 아끼는 승마용 말을 여러 필 가지고 있었다. 어느 날 그녀가 말을 타면 말이 신경질을 부리기 시작하는 것을 알았다. 그녀의 애마조차도 그녀를 꺼려하며 등에서 떨어뜨렸다. 결국 그녀는 승마를 포기해야만 했다. 이제 그녀는 개들에게 의지했다. 그녀는 아주 잘생긴 사냥견을 기르며 그 개에 집착했다. 그런데 '우연히도' 바로 이 개가 마비증에 걸렸다.

이 일로 그녀는 더이상 참을 수 없게 되었다. 그녀는 '도덕적으로 끝장'이 났다. 그녀는 고백을 해야만 했고 그러기 위해 나를 찾아왔다. 그녀는 살인범이었으나 거기에 더하여 그녀 자신을 또한 살해했다. 그런 죄를 범한 자는 자신의 영혼을 파괴하기 때문이다. 살인범은 이미 자기 자신에게 유죄선고를 내린 셈이다. 누가 죄를 범하고 잡히면 그는 재판을 받고 형벌을 받게 된다. 누가 도덕적 지각 없이 몰래 죄를 짓고 발각되지 않았다 하더라도, 우리의 사례가 보여주듯이 벌을 받는 일이 있을 수 있다. 결국 모든 것은 드러나게 마련이다. 때로는 동물이나 식물까지도 그 죄를 '알고 있는' 것처럼 보인다.

그 부인은 살인으로 인해 심지어 동물들에게도 소외되었고 견딜 수 없이 고독한 신세가 되고 말았다. 그 고독에서 벗어나기 위해 그녀는 그 비밀을 나와 함께 나누었다. 그녀는 살인범이 아닌 어떤 사람과 그 비밀을 나누어야만 했다. 그녀는 자신의 고백을 선입견 없이 받아줄 한 사람을 찾고자 했다. 그럼으로써 그녀는 다시 어느 정도 인간관계를 맺을 수도 있기 때문이었다. 그 상대방은 직업적인 고해신부가 아니라 의사여야만 했다. 그녀는 신부라는 사람은 직무상 자신의 고백을 듣기는 하지만 사실을 있는 그대로 받아들이지 않고 도덕적 판단하에 받아들일 거라고 추측했다. 그녀는 사람과 동물 들이 자기를 떠나가는 것을 경험하고는 이 소리없는 판결에 그토록 충격을 받고 더이상 저주의 징벌을 견딜 수가 없게 된 것이었다.

나는 그녀가 누구인지 알아내지 못했으며, 그녀의 이야기가 진실이라는 어떤 증거도 없다. 나중에 나는 그녀의 삶이 어떻게 되었을까 자주 자문해보곤 했다. 왜냐하면 그때 그녀의 이야기는 아직 끝나지 않았기 때문이다. 아마도 그녀는 결국 자살을 하고 말았는지도 모른다. 나는 그 극한 고독 속에서 그녀가 어떻게 계속 살아갈 수 있었는지 상상할 수 없었다.

임상적 진단은 어떤 방향설정을 해주기 때문에 중요하다. 하지만 환자에게는 도움이 되지 않는다. 결정적인 점은 환자 '사연'의 문제다. 그것이 인간적인 배경과 인간적인 고통을 드러내고 바로 그 지점에서 의사의 치료는 시작되기 때문이다. 또 다른 한 가지 사례가 이런 점을 나에게 아주 분명히 보여주었다.

그 사례는 부인병동의 늙은 환자에 관한 것이었다. 일흔다섯 살인 그 부인은 40년째 병상에 누워 있었다. 그녀는 거의 50년 전에 병원에 들어왔으나 그녀의 입원을 기억할 수 있는 사람은 아무도 없었다. 그 무렵의 사람들은 모두 죽고 없었다. 다만 병원에서 35년 동안 근무해온 수간호사만이 그 환자의 사연에 관해 좀 알고 있을 뿐이었다.

노부인은 이제는 말을 하지 못했으며 음식도 유동식이나 반유동식밖에는 먹지 못했다. 그녀는 손가락으로 음식을 먹었는데 이를테면 삽질을 하듯이 음식을 입에다 떠넣었다. 우유 한 컵을 마시는 데 거의 두 시간이나 걸리는 경우도 많았다. 음식을 먹지 않을 때는 손과 팔을 규칙적으로 기묘하게 움직이고 있었다. 나는 그 동작의 성격을 이해할 수 없었다. 나는 정신병이 야기할 수 있는 파괴의 정도에 깊은 인상을 받았으나 그것을 설명할 수는 없었다.

임상강의에서 그녀는 긴장형 조발성치매의 사례로 제시되곤 했으나, 그것은 나에게는 아무런 의미가 없었다. 이러한 용어에는 그 부인의 기묘한 동작의 의미와 원인에 관련된 것은 조금도 들어 있지 않았기 때문이었다.

이 사례를 통해 내가 받은 인상은 그 당시 정신의학에 대한 내 반응의 특징을 보여주는 것이었다. 내가 조수가 되었을 때 정신의학이 지향하는 것에 대해서 그 어떤 것도 이해하지 못하고 있다는 느낌을 가졌다. 상사나 동료들 옆에서 나는 몹시 불편했다. 내가 우왕좌왕하며 암중모색을 하고 있는 데 반해 그들은 확신이 넘치는 듯이 행동했다. 나는 정신의학의 주요과제는 병든 마음속에서 일어나는 일들을 인식하는 것이라고 보았으나 그때까지는 그런 것들에 관해서 아무것도 모르고 있었다. 나는 이제 전혀 알지도 못하는 분야의 직업에 들어선 셈이었다!

어느 날 저녁 늦게 병동을 지나가다가 나는 그 노부인이 여전히 수수께끼 같은 동작을 하고 있는 것을 보았다. 나는 다시 한번 자문해보았다. "왜 저런 동작을 해야만 하는 것일까?" 그러고는 늙은 수간호사에게 가서 환자가 이전부터 늘 저런 모양으로 있었느냐고 물었다. 그녀가 대답했다. "그래요. 그런데 내 전임자는 그녀가 이전에는 구두를 만들고 있었다고 하더군요." 그 말을 듣고 나는 그 환자의 낡은 병력기록을 다시금 살펴보았다. 거기에 그녀가 구두를 수선하는 것 같은 동작을 한다는 내용이 있었다. 예전에는 구두수선공이 두 무릎 사이에 구두를 끼우고 그와 아주 비슷한 동작으로 실을 가죽에 꿰면서 잡아당겼다(시골의 구두수선공은 오늘날에도 그렇게 하는 것을 여전히 볼 수 있다).

그후 얼마 지나지 않아 그 환자가 죽자 그녀의 오빠가 장례식장에 나타났다. "당신 누이동생은 왜 병이 들었죠?"라고 내가 그에게 물었다. 그녀의 오빠는 자기 누이동생이 한 구두수선공을 사랑했는데 그 사람이 무슨 이유에서인지 그녀와 결혼하려고 하지 않았고, 그러자 그때 누이동생이 '돌아버렸다'고 했다. 그 구두수선공 같은 동작은 연인과의 동일시를 가리키는 것으로, 그녀가 죽을 때까지 계속된 것이었다.

그때 나는 이른바 '조발성치매'의 심리적인 기원에 관해 처음으로 어렴풋이 느낄 수 있었다. 그후로 나는 모든 주의를 정신병에서 의미있는 관련성들을 찾는 데 돌리게 되었다.

나는 한 여자환자를 생생히 기억하고 있는데, 그녀의 사연에서 정신병의 심리적인 배경, 무엇보다도 '의미없는 망상관념'의 심리적인 배경이 분명해졌다. 이 사례를 통해 나는 이전에는 무의미하다고 여겨졌던 정신분열증 환자의 말을 처음으로 이해하게 되었다. 그 환자의 이름은 바베트(Babett S.)로, 그녀의 사연은 내가 책으로 발표하기도 했다. 1908년에 나는 취리히 공회당에서 그녀에 관한 강연을 하기도 했다.

그 환자는 취리히 구시가의 좁고 누추한 거리 출신이었다. 그녀는 가난한 환경에서 태어나 자랐다. 그녀의 여동생은 창녀였고 아버지는 알코올중독자였다. 39세 때 그녀는 과대망상증을 특징으로 하는 편집증적인 조발성치매에 걸리고 말았다. 내가 그녀를 만났을 때 그녀는 20년 동안이나 정신병원에 입원해 있었다. 수백 명의 의대생은 그녀에게서 정신적 붕괴의 섬뜩한 과정에 대해 깊은 인상을 받았다. 그녀는 그러한 병증의 고전적인 사례가 되었다.

바베트는 완전히 정신이 돌아 사람들이 전혀 이해할 수 없는 말들을 지껄였다. 나는 힘들게 일을 하는 중에 그녀의 혼란스러운 말들의 내용을 파악하려고 애를 썼다. 예를 들어 그녀가 "나는 로렐라이다"라고 했다면, 그 이유는 의사들이 그녀의 상태를 설명하고자 할 때 항상 "그 말이 무슨 뜻인지 나는 알 수 없다"라고 말했기 때문이었다. 또는 그녀가 "나는 소크라테스의 대리인이다"라는 식으로 한탄한다면, 그것은 '나는 소크라테스처럼 부당하게 고발당하고 있다'는 뜻을 담고 있음을 나는 발견했다. 다음과 같은 이상야릇한 말들, 즉 "나는 없어서는 안 되는 이중공업학교다" "나는 옥수수가루 바다 위의 자두과자다" "나는 오직 달콤한 버터로만 만든 게르마니아요 헬베티아다" "나폴리와 나는 세계를 국수로 돌봐주어야 한다" 등의 말들도 그녀의 가치고양, 다시 말해 열등의식에 대한 보상을 의미하고 있었다.

나는 바베트와, 그와 비슷한 다른 환자들의 사례를 열심히 살펴본 결과, 이제까지 정신병에서 무의미한 것으로 여겨졌던 많은 사실이 겉으로 보이는 것처럼 그렇게 '정신이 돈' 것들만은 결코 아님을 확신하게 되었다. 여러 차례 나는 그런 환자들에게도 그 배후에는 정상이라고 일컬을 수밖에 없고 그렇게 간주될 만한 '인격'이 숨겨져 있는 것을 발견했다. 이따금 이러한 인격 역시 주로 목소리나 꿈을 통해 아주 이치에 맞는 발언과 항변을 할 수도 있었다. 예를 들어 몸이 병들어 있는 중에도 이런 인격이 다시 전면에 나타나 환자를 거의 정상으로 보이게까지 할 수도 있는 것이었다.

한번은 정신분열증 여자환자를 다루어야만 했는데, 그녀에게서 배후에 있는 '정상적인' 인격을 아주 분명하게 보게 되었다. 이 경우는 치료한다기보다 다만 돌봐주는 일밖에 할 수 없는 사례였다. 다른 의사들과 마찬가지로 나에게도 치유되기를 기대할 수 없는 가운데 죽음에 이르기까지 동행해주어야 하는 환자들이 있었다.

그 부인은 온몸 구석구석에서 나오는 소리들을 듣고 있었는데, 흉부 중앙의 소리가 '신의 소리'였다. "우리는 그 소리에 의지해야만 합니다." 나는 그녀에게 말하고는 나 자신의 용기에 놀라버렸다. 보통 이런 소리는 아주 이치에 맞는 발언을 하기 때문에 나는 그것에 힘입어 환자들과 그럭저럭 잘 지냈다.

한번은 "그가 성서에 관해 너에게 묻도록 하라!"는 소리가 있었다. 그녀는 많이 읽어서 낡아버린 성서를 들고 왔다. 그때마다 나는 그녀에게 성서 한 장을 읽도록 정해주어야만 했다. 그 다음에 올 때는 거기에 대해 그녀에게 물어보아야 했다. 나는 이런 일을 14일에 한 번씩 7년가량 했다.

처음에 나는 물론 이 역할을 좀 기이하게 여겼으나, 얼마 후에는 그 연습이 무엇을 의미하는지 알게 되었다. 이와 같은 방법으로 그녀의 주의력이 활발하게 유지되었으며, 그리하여 그녀는 무의식의 붕괴된 환상으로 더 깊이 빠져들지는 않게 되었다. 그 결과 6년쯤 지나자 전에는 온몸에 퍼져 있던 소리가 단지 그녀의 좌반신으로만 물러가 있었다. 반면에 우반신은 그 소리로부터 완전히 자유로워졌다. 그렇다고 그런 현상의 강도가 좌반신에서 배가된 것은 아니고, 이전과 그 세기가 마찬가지였다. 우리는 그 환자가 적어도 '반쪽은 치료되었다'고 말할 수 있을 것이다. 이것은 예기치 않은 성공이었다. 우리의 성경읽기가 치료효과를 가져오리라고는 상상도 하지 못했기 때문이었다.

환자를 연구함으로써 나는 피해망상과 환각이 일종의 의미의 핵을 내포하고 있다는 사실을 알게 되었다. 하나의 인격, 하나의 인생사, 하나의 희망과 욕망이 그 배후에 있었다. 우리가 그 의미를 이해하지 못한다면 그건 단지 우리의 문제일 뿐이다. 나는 정신병에 보편적인 인격심리학이 감추어져 있다는 사실과, 여기서도 오랜 인류의 갈등이 재발견된다는 사실을 처음으로 깨닫게 되었다. 우둔하고 감정없이 멍청하게 행동하는 듯한 환자들의 마음속에도 겉으로 보이는 것보다는 훨씬 많은 일, 훨씬 의미있는 일들이 일어나고 있다. 사실 우리는 정신병에서 새로운 것이나 미지의 것을 발견하는 것이 아니라 오히려 우리 자신의 존재의 바탕과 마주치게 된다.

정신의학이 마침내 정신병의 내용에 관심을 기울이기까지 얼마나 오랜 세월이 걸렸는지 나는 늘 놀라움을 금할 수가 없다. 환자의 환상이 무슨 의미가 있는지, 어찌하여 한 환자가 다른 환자와는 전혀 다른 환상을 가지고 있는지 묻는 사람이 없었다. 예를 들면, 어떤 환자는 제수이트에게 박해를 받고 있다고 생각하고, 또 다른 환자는 유대인이 자기를 독살하려 한다고 믿고 있으며, 제3의 환자는 경관이 자기를 뒤쫓고 있다고 하는데, 이런 것들이 무엇을 의미하는지 아무도 묻지 않았다. 사람들은 환상의 내용을 진지하게 받아들이지 않고 이를테면 그냥 일반적으로 '피해망상'이라는 식으로 말해버렸다.

그 무렵에 내가 했던 연구조사들이 오늘날 거의 기억나지 않는 것 역시 나에게는 기이하게 여겨진다. 나는 이미 20세기 초에 정신분열증 환자를 정신치료법으로 치료했다. 그 요법은 오늘날에 비로소 발견된 것이 아니다. 하지만 정신치료에 심리학을 도입하기까지는 아주 오랜 시간이 걸렸다.

아직 병원에서 근무할 때 나는 정신분열증 환자를 매우 신중하게 다루어야만 했다. 몽상가라는 비난을 받지 않기 위해 무척 조심하지 않으면 안 되었다. 정신분열증, 또는 그 당시 '조발성치매'라고 일컬어진 병은 불치병으로 여겨졌다. 정신분열증이 성공적으로 치료되는 경우, 사람들은 그 병이 정말은 정신분열증이 아니었다고 간단히 말하곤 했다.

프로이트가 1909년에 취리히로 나를 방문했을 때 나는 바베트의 사례를 그에게 제시했다. 나중에 그가 나에게 이렇게 말했다. "보시오, 융. 당신이 이 환자에게서 발견한 사실은 정말 흥미롭소. 하지만 당신은 도대체 어떻게 이토록 추한 여성과 몇 시간이고 며칠이고 함께 지내는 일을 참아낼 수 있었단 말이오?" 나는 좀 멍해져서 프로이트를 바라보았음이 틀림없다. 왜냐하면 나는 그런 생각은 결코 한 번도 해본 적이 없었기 때문이었다. 그녀가 그런 아름다운 망상을 가지고 그토록 재미있는 일들을 이야기해 주었으므로, 나는 그녀를 어떤 의미에서는 친구 같은 노파로 생각하고 있었다. 그리고 결국에는 그녀의 괴기한 헛소리의 혼돈 속에서도 인간적인 모습이 나타났다.

치료 면에서는 바베트에게서 아무것도 이룬 것이 없었다. 게다가 그녀는 이미 너무 오랫동안 앓고 있었다. 그러나 다른 사례들에서는 이런 종류의 주의깊은 개입이 지속적인 치료효과를 가져다주는 것을 보았다.

겉으로 보게 되면 정신병 환자에게서는 비극적인 붕괴만이 보인다. 하지만 감추어져 있는 환자 영혼의 다른 측면의 삶을 보는 일은 드물다. 우리는 자주 환자의 외관에 속는다. 나는 이런 경우를 젊은 긴장병 여환자의 사례에서 겪고는 놀란 적이 있다.

환자는 열여덟 살로 교양있는 가정 출신이었다. 열다섯 살 때 그녀는 오빠에게 유혹을 당했고 학교 친구들로부터도 성폭행을 당했다. 열여섯 살 이후로 그녀는 외롭게 혼자 지냈다. 그녀는 사람들 앞에 나타나는 것을 꺼리다가 결국 성질 사나운 경비견하고 만 마음을 나누게 되었다. 그 개는 다른 집 소유였는데, 그녀는 개를 자기에게로 끌어들이려고 애를 썼다. 그녀는 점점 더 이상해져 열일곱 살 때 정신병원으로 와 1년 반 동안 입원해 있었다. 그녀는 환청현상이 있었으며 음식을 거부하고 전혀 말이 없었다.

내가 처음 그녀를 만났을 때 그녀는 전형적인 긴장병 상태에 있었다.

몇 주가 지나는 동안 나는 그녀가 조금씩 말을 하도록 하는 데 성공했다. 거센 저항을 극복한 후에 그녀는 자기가 달에 살고 있었다고 말했다. 달에는 사람이 살고 있었는데 처음에 그녀는 남자들만 보았다. 그들은 당장 그녀를 데리고 그들의 자식과 아내가 머물고 있는 '달의 지하' 거주지로 갔다. 달의 높은 산 위에는 부인과 아이들을 약탈하여 죽이는 이른바 흡혈귀가 살고 있었기 때문에 달의 주민들은 말살위협을 받고 있었다. 그것이 인구의 반이 되는 여성들이 '달의 지하'에서 살아가야 하는 이유였다.

나의 환자는 이제 달의 주민들을 위하여 무언가를 하기로 결심하고 흡혈귀를 제거할 계획을 세웠다. 오랜 준비 끝에 그녀는 어느 탑의 망대에서 흡혈귀를 기다렸다. 그 탑은 그런 목적으로 세워진 것이었다. 며칠 밤이 지난 후 그녀는 마침내 흡혈귀가 먼 곳에서 커다란 검은 새처럼 날개를 퍼덕이며 이쪽으로 다가오는 것을 보았다. 그녀는 긴 제사용 칼을 옷 속에 감추고 흡혈귀가 도착하기를 기다렸다.

갑자기 흡혈귀가 그녀 앞에 우뚝 섰다. 그는 여러 쌍의 날개를 가지고 있었다. 그의 얼굴과 온몸은 날개로 덮여 있어 그녀는 깃털 외에는 아무것도 볼 수 없었다. 그녀는 기이하게 여기며 흡혈귀가 어떻게 생겼는지 알고 싶은 호기심에 사로잡혔다. 그녀는 칼을 손에 쥔 채 다가갔다. 그때 갑자기 날개가 펼쳐지면서 말로 다할 수 없이 아름다운 남자가 그녀 앞에 모습을 드러냈다. 그는 날개 달린 팔로 그녀를 단단히 껴안았기 때문에 그녀는 이제 칼을 사용할 수 없게 되었다. 게다가 그녀는 흡혈귀의 눈길에 홀려 도무지 칼로 찌를 수도 없었을 것이다. 그는 망대로부터 그녀를 들어올려 함께 날아가버렸다.

이런 비밀을 고백한 후에 그녀는 다시 막힘없이 말을 할 수 있게 되었다. 그런데 이제 또 그녀의 저항이 나타났다. 그녀가 달로 돌아가는 것을 내가 막아버렸다는 것이었다. 그녀는 이제 더이상 지구에서 떠날 수 없게 되었다. 그녀는 "이 세상은 아름답지 않으나 달은 아름답고 그곳의 삶은 의미가 깊다"고 말했다. 얼마 후 그녀는 긴장병이 재발했고 한동안 광란상태에 있었다.

2개월이 지나 그녀가 퇴원하게 되었을 때 사람들은 그녀와 다시 이야기를 나눌 수 있었다. 그녀는 지구에서의 삶이 불가피하다는 것을 차츰 알아갔다. 하지만 그녀는 이러한 불가피성과 그 결과에 필사적으로 대항했고 또다시 병원의 보호를 받아야만 했다. 한번은 내가 병실로 그녀를 찾아가서 말했다. "이런 것은 모두 당신에게 아무 소용이 없어요. 당신은 달로 돌아갈 수 없소!" 그녀는 이 말을 묵묵히 아주 무관심한 태도로 듣고만 있었다. 이번에는 그녀가 전보다 짧은 입원기간을 보낸 후에 퇴원했고, 어쩔 도리 없이 그녀의 운명에 맡겨졌다.

그녀는 어느 요양소에서 간호사자리를 얻었다. 그곳에 좀 조심성없이 그녀에게 접근하는 보조의사가 있었다. 그녀는 그에 대해 연발권총 사격으로 반응했다. 다행히도 그 남자는 가벼운 상처만 입었다.

그녀 자신이 연발권총을 마련한 것이었다! 이미 그전에도 그녀는 장전된 연발권총을 지니고 다녔다. 치료가 끝날 무렵 마지막 면담시간에 그 연발권총을 나에게 가지고 왔었다. 내가 깜짝 놀라 어쩐 일인가 묻자 그녀가 대답했다. "당신이 치료에 실패했다면 내가 이 권총으로 당신을 쏘아 죽였을 거예요!"

총격으로 인해 소동이 일어나자 그녀는 다시 고향으로 돌아갔다. 그녀는 결혼을 하고 여러 명의 아이를 낳았다. 병이 다시는 재발되지 않는 가운데 그녀는 동부에서 두 차례의 세계대전을 견뎌냈다.

그녀의 환상에 대해 어떻게 해석해야 할 것인가? 소녀시절에 당했던 근친상간으로 인해 그녀는, 세상의 관점에서는 굴욕을 느꼈지만 환상의 세계에서는 고양된 기분이 될 수 있었다. 그녀는 소위 신화의 영역으로 옮겨진 것이었다. 근친상간은 전통적으로 왕과 신들의 특권이기 때문이었다.

그 결과 세상으로부터 철저히 소외된 상태, 즉 정신병이 생기고 말았다. 그녀는 이를테면 지구 밖 세상에 존재하며 인간들과는 접촉하지 않았다. 그녀는 아주 멀리 우주공간으로 들어가 그곳에서 날개 달린 악마를 만나게 되었다.

흔히 그러하듯, 그녀는 치료를 받는 동안 악마의 모습을 나에게 뒤집어씌웠다. 따라서 나는 자동적으로 죽음의 위협을 받게 된 것이었다. 그녀를 정상적인 인간적 존재가 되도록 설득할 수 있는 사람이라면 누구나 그런 위험에 처했을 것이다. 그녀는 자신의 이야기를 통해, 말하자면 악마를 나에게 누설하고 지상의 인간과 맺어지게 된 셈이었다. 그리하여 그녀는 실생활로 돌아갈 수 있었으며 결혼까지 할 수 있게 되었다.

　그후 나는 정신병 환자의 고통을 다른 관점에서 보게 되었다. 왜냐하면 나는 이제 그들의 내적 체험의 의미있는 현상들을 알게 되었기 때문이었다.

꿈의 분석

나는 자주 나의 정신치료법이나 분석방법에 관해 질문을 받는다. 그 질문에 나는 분명한 답변을 할 수는 없다. 치료법은 각각의 사례에 따라 다르다. 어떤 의사가 나에게 자기는 엄격하게 이러저러한 '치료법을 따른다'고 말한다면 나는 그의 치료효과를 의심한다.

사람들이 문헌에서 환자의 저항에 관해 많은 것을 이야기하고 있어 환자에게 뭔가 강요하기를 원하는 것처럼 보인다. 치료는 환자로부터 자연스럽게 진전되어야 하는데 말이다. 정신치료와 분석은 인간 개체가 그러하듯 다양한 법이다. 나는 환자들을 될 수 있는 한 모두 개별적으로 다루는 편이다. 문제의 해결은 항상 개별적인 것이기 때문이다. 보편적인 원칙은 다만 최소한으로 설정되어야 한다. 심리적인 진리는 사람들이 그것을 반대로 뒤집을 수도 있을 때에만 타당한 것이 된다. 나로서는 고려의 대상이 되

지 않는 해결책도 다른 어떤 사람에게는 바로 적절한 해결책이
될 수도 있다.

물론 의사는 소위 '방법'에 관하여 알고 있어야만 한다. 하지만
그는 규격화된 일정한 방식에 매이지 않도록 주의하지 않으면 안
된다. 이론적인 전제는 다만 조심스럽게 적용되어야 한다. 오늘
은 그 전제가 타당할지 모르나 아마도 내일은 다른 전제들이 그
럴지도 모른다. 나의 분석에서는 이론적 전제들은 아무런 구실도
하지 못한다. 나는 의도적으로 체계적인 것을 멀리하고 있다. 나
에게는 각 개인에 대한 개별적인 이해만이 있을 뿐이다. 모든 환
자에게 각각 다른 언어가 필요한 법이다. 어떤 분석에서는 내가
아들러학파처럼 말하는 것으로 들릴 수도 있고, 다른 분석에서는
프로이트학파처럼 말하는 것으로 들릴 수도 있다.

결정적인 것은 내가 인간으로서 또 다른 한 인간과 대면하고
있다는 점이다. 분석은 일종의 대화이며 여기에 당사자 두 사람
이 참여하고 있는 것이다. 분석가와 환자는 서로 마주보고 앉게
된다. 의사도 무언가 할 말이 있고 환자도 마찬가지다.

정신치료에서는 어떤 '방법의 적용'이 중요한 것이 아니므로
정신의학 연구만으로는 충분하지 않다. 나 자신은 정신치료에 필
요한 것들을 갖추기까지 오랫동안 일해야만 했다. 1909년에 나는
이미 잠재적 정신병의 상징적 표현을 이해하지 못한다면 그 병을
치료할 수 없다는 것을 알고 있었다. 그 무렵 나는 신화학을 연구
하기 시작했다.

교양있는 지성적인 환자들을 다룰 때 정신과의사는 단순한 전

문지식 이상의 것이 필요하다. 의사는 모든 이론적인 전제에 매이지 않고, 환자를 실제로 충동질하는 것이 무엇인지 이해해야만 한다. 그렇지 않으면 그는 불필요한 저항을 불러일으키게 된다. 중요한 것은 이론의 증명이 아니라, 환자가 자기 자신을 한 개인으로 파악하는 것이다. 물론 이것은 총체적인 관점을 참조하지 않고는 불가능한 일이다. 의사는 그러한 관점을 습득해야만 한다. 그러기 위해서는 단지 의학교육만으로는 충분치 않다. 왜냐하면 인간 마음의 지평은 의사 상담실의 시야보다는 훨씬 많은 것을 포괄하고 있기 때문이다.

마음은 정말 신체보다도 더욱 복잡하고 접근하기 어렵다. 마음은 이를테면 세계의 절반으로, 우리가 그것을 의식할 때에만 존재하게 된다. 그러므로 마음은 단순히 개인적일 뿐만 아니라 세계의 문제이며, 정신과의사는 전체 세계에 관여해야 한다.

오늘날에는 예전과는 달리 우리 모두를 위협하는 위험이 자연에서부터 오는 것이 아니라 인간, 즉 각 개인과 다수의 마음에서 온다는 사실을 알 수 있다. 인간정신의 변이(變異)는 위험하다! 모든 것은 우리의 마음이 제대로 기능하느냐 하지 않느냐에 달려 있다. 만일 오늘날 어떤 사람들이 제정신을 잃어버리면 수소폭탄이 터질 수도 있다!

그런데 정신치료자는 단지 환자만을 이해해서는 안 된다. 그와 마찬가지로 중요한 것은 의사 자신이 자기를 이해하는 것이다. 그러므로 수련의 필수조건은 이른바 교육분석이라고 일컬어지는 자기분석이다. 환자의 치료는 말하자면 의사로부터 시작된다. 의사가 자기 자신과 자신의 문제를 다룰 줄 알고 있을 경우에만 환자에게도 그것을 가르칠 수 있다. 반드시 그래야만 된다. 교육분석에서 의사는 자기 자신의 마음을 인식하고 진지하게 다루는 법을 배워야 한다. 의사가 그 일을 할 수 없다면 환자도 이를 배우지 못한다. 의사가 배워 알지 못한 마음의 한 부분을 잃어버리는 것과 같이, 환자 역시 마음의 한 부분을 잃고 말 것이다.

그러므로 교육분석에서 의사가 개념체계를 습득하는 것만으로는 불충분하다. 의사는 피분석자로서 분석이 바로 자기 자신과 관계된 것임을 알아야 한다. 또한 교육분석은 실제적인 삶의 한 부분이지 무조건 암기하여(문자 그대로!) 배울 수 있는 방법이 아니라는 것을 깨달아야 한다. 자신의 교육분석에서 이러한 사실을 이해하지 못하는 의사나 치료자는 나중에 그에 대한 비싼 대가를 치르게 될 것이다.

물론 이른바 '작은 정신치료'라는 것도 있긴 하지만, 본래의 분석에서는 환자와 의사 모두 그 전인격이 대상이 된다. 의사가 자기 자신을 바치지 않고는 치료할 수 없는 사례들이 많이 있다. 치료에서 중요한 고비를 맞았을 때, 결정적인 것은 의사가 자기 자신을 드라마의 한 부분으로 보느냐 아니면 스스로를 자기 권위로 씌워버리느냐 하는 것이다. 인생의 심각한 위기에서는, 다시 말해 죽느냐 사느냐가 문제인 중대한 순간에는, 암시의 잔꾀 따위는 아무런 도움이 되지 않는다. 그때 의사는 그 전존재가 도전을 받게 된다.

치료자는 자기 자신이 환자와의 대결에서 어떻게 반응하는지 수시로 해명해야 한다. 우리는 의식으로만 반응하는 것이 아니다. 우리는 "우리의 무의식이 이 상황을 어떻게 체험하고 있는가?" 하고 항상 자문해보아야 한다. 따라서 우리는 우리의 꿈을 이해하도록 노력하고 세심한 데까지 주의를 기울여야 하며, 자기 자신을 환자와 마찬가지로 관찰해야 한다. 그렇지 않으면 사정에 따라서는 치료 전체가 빗나갈 수도 있다. 여기에 대한 사례를 하나 제시하고자 한다.

한번은 내가 대단히 지적인 부인환자 한 사람을 다룬 적이 있다. 그녀는 여러 가지 이유로 뭔가 의심스러운 듯이 여겨졌다. 처음에는 분석이 잘 진행되었으나, 얼마 후 나는 꿈에 대해 더이상 정확하게 해석할 수 없다고 느끼기 시작했다. 그리고 우리의 대화 역시 피상적이라는 사실을 깨달았다. 그래서 이 문제에 대해 그녀와 이야기를 나누기로 마음먹었다. 왜냐하면 그녀도 무언가 잘못되어가고 있다는 느낌을 당연히 가지고 있었기 때문이었다. 그녀가 다시 방문하기로 한 전날 밤, 나는 다음과 같은 꿈을 꾸었다.

나는 해가 질 무렵 계곡을 따라 시골길을 걷고 있었다. 오른쪽에는 가파른 언덕이 있었다. 그 위에 성이 있고 가장 높은 탑 위에는 한 부인이 난간 같은 곳에 앉아 있었다. 나는 그녀를 잘 보기 위해 머리를 한껏 뒤로 젖혀야만 했다. 나는 목에 경련이 일어나는 것을 느끼며 잠에서 깨어나고 말았다. 꿈속에서도 나는 그 부인이 내 환자라는 것을 알았다.

꿈에 대한 해석은 나로서는 금방 분명해졌다. 꿈속에서 내가 그녀를 그러한 방법으로 쳐다보아야만 했다면 현실에서는 아마도 그녀를 내려다보고 있었을 것이었다. 꿈은 의식적인 태도에 대한 보상 바로 그것이다. 나는 그녀에게 그 꿈이야기와 나의 해석을 들려주었다. 그러자 상황이 즉시 변화되어 치료가 다시 진전되기 시작했다.

나는 의사로서 환자가 나에게 어떤 소식을 가져오는지 항상 자문해야 한다. 환자가 나에게 무엇을 예시하는가? 환자가 나에게 아무것도 예시하지 않는다면 나는 공격목표가 없는 셈이다. 의사는 그 자신이 고통을 당할 경우에만 효과를 얻는 법이다. '상처 입은 자만이 치유할 수 있다.' 그러나 의사가 체면(Persona)을 갑옷처럼 두르고 있으면 그는 아무런 효과도 얻지 못하게 된다.

나는 나의 환자들을 진지하게 다룬다. 아마 나도 그들과 똑같은 문제에 직면해 있는지 모른다. 환자가 의사의 약한 부분을 덮어주는 적절한 고약이 되는 경우가 자주 있다. 그렇기 때문에 어려운 상황들이 의사에게도, 아니 바로 그 의사에게 발생할 수 있는 것이다.

모든 치료자는 제3자에 의해 점검을 받아야 한다. 그럼으로써 다른 관점도 가지게 된다. 교황 자신도 고해신부를 두고 있다. 나는 분석가들에게 늘 이렇게 충고한다. "고해신부 역할을 해줄 아버지 같은 사람이나 어머니 같은 사람을 가지도록 하시오!" 여성들은 그런 일에 대단한 재능이 있다. 여성들은 대개 뛰어난 직관과 정확한 비판력을 지니고 있으며, 남자의 비밀스러운 의향을 간파할 줄 알고, 경우에 따라서는 남자의 아니마(Anima)가 꾸미는 음모까지 꿰뚫어볼 줄도 안다. 여자들은 남자가 보지 못하는 측면을 본다. 그렇기 때문에 자기 남편이 초인(超人)이라고 확신하는 부인은 한 사람도 없는 것이다!

어떤 사람이 신경증에 걸려 있다면 분석과정을 거쳐야 한다는 것은 이해할 만하다. 그러나 그 사람이 '정상'이라면 분석을 받도록 강요해서는 안 된다. 하지만 나는 소위 정상성에 대해 놀랄 만한 체험을 했음을 확신있게 말할 수 있다.

한번은 말하자면 완전히 '정상적'인 문하생을 만난 적이 있다. 그는 의사였으며 선배동료가 써준 최고의 추천서를 들고 나를 찾아왔다. 그는 선배의 조수로 일해왔으며 선배의 업무를 인계받기도 했다. 이제 그는 정상적인 성공, 정상적인 직업, 정상적인 아내, 정상적인 자식들을 얻어 정상적인 작은 마을에서 정상적인 아담한 집에 살면서 정상적인 수입을 가지고 대체로 정상적인 식생활을 하고 있었다!

그는 분석자가 되기를 원했다. 내가 그에게 말했다. "당신은 분석자가 된다는 것이 무엇을 의미하는지 알고 있습니까? 그것은 당신이 우선 당신 자신을 알아가야 한다는 것을 뜻합니다. 당신 자신이 치료의 도구입니다. 당신이 올바르지 않다면, 어떻게 환자가 올바르게 되겠습니까? 당신이 확신을 가지고 있지 않다면 어떻게 환자를 확신시킬 수 있겠습니까? 당신 자신이 진정한 재료가 되어야만 합니다. 그렇지 못하다면 큰일입니다! 환자를 잘못 인도할 것입니다. 그러므로 당신은 먼저 당신 자신을 분석하는 일을 받아들여야 합니다."

그는 그러기로 동의했으나 곧바로 덧붙였다. "저에게는 선생님에게 말씀드릴 문제 따위는 없습니다." 그것이 나에게 경고가 될 수도 있었다. 내가 대답했다. "그럼 좋습니다. 이제 우리는 당신의 꿈을 살펴보기로 합시다." "나는 꿈 같은 것은 꾸지 않습니다"라고 그가 말했다. 내가 다시 대답했다. "당신은 곧 어떤 꿈을 꾸게 될 것입니다."

다른 사람이라면 아마도 바로 그날 밤에 꿈을 꾸었을 것이다. 하지만 그는 꿈을 전혀 기억하지 못했다. 그 상태로 두 주 정도 지나자 내가 좀 기분이 나빠졌다.

드디어 인상적인 꿈이 나타났다. 그는 꿈속에서 기차로 여행을 하고 있었다. 열차는 어떤 도시에서 두 시간 동안 정차했다. 그는 낯선 그 도시를 살펴 알고 싶은 마음이 생겨서 도시의 중심거리로 향했다. 그곳에서 그는 시청일 것 같은 중세풍의 건물을 발견하고 안으로 들어갔다. 그가 긴 회랑을 따라 여기저기 돌아다니다가 화려한 방들로 들어섰다. 그 방들의 벽에는 고화(古畵)와 질 좋은 벽장식용 양탄자가 걸려 있었다. 주변에는 값비싼 골동품들이 진열되어 있었다.

갑자기 점점 어두워지고 해가 지는 것을 보고 그는 '기차역으로 돌아가야 한다!'고 생각했다. 바로 그 순간 그는 자신이 길을 잃었다는 것을 알게 되었다. 출구가 어디인지 알 수가 없었다. 그는 겁이 나면서 동시에 이 집에서 한 사람도 만나지 못한 사실을 깨달았다. 그는 으스스한 기분이 들어 누구를 만날 것을 기대하며 걸음을 재촉했다. 그러나 아무도 만나지 못했다.

그때 그는 큰 문에 이르게 되어 '이것이 출구구나!' 생각하고 안도의 한숨을 쉬었다. 그가 문을 열어보니 그곳은 엄청나게 큰 방이었다. 방이 너무 어두워서 맞은편 벽조차 똑똑히 볼 수 없었다. 그는 너무나 놀란 나머지 반대편에 출구가 있을지도 모른다고 생각하며 텅 빈 넓은 방을 가로질러 뛰었다. 그때 그는 바로 방 한가운데 바닥에 뭔가 하얀 물체가 있는 것을 보았다. 그가 다가가서 보니 그것은 두 살가량 된 백치 아이였다. 아이는 몸에 똥칠을 하고 요강 위에 앉아 있었다. 그 순간, 그는 겁에 질려 소리를 지르며 잠에서 깨어났다.

이제 나는 충분히 알게 되었다. 그것은 잠재성 정신병이었다! 나는 그 꿈으로부터 그를 지도하려고 애를 쓰면서 진땀을 흘렸다고 해도 과언이 아니다. 나는 가능한 한 그에게 그 꿈이 그렇게 해로운 것은 아니라고 말해주어야만 했다. 세부사항들은 전혀 언급하지 않았다.

꿈이 말해주는 것은 대략 다음과 같다. 그가 시작했던 여행은 취리히로 오는 여행이다. 그는 그곳에서 단지 짧은 시간만 머문다. 방 한가운데 있던 아이는 두 살짜리인 그 자신이다. 어린아이의 그런 나쁜 버릇은 좀 유별나지만 그럴 수도 있는 법이다. 어린아이들은 똥이 색깔이 있고 냄새가 나기 때문에 그것에 호기심을 가지기 마련이다! 어린아이가 도시에서, 그것도 혹시 엄격한 가정에서 자라났다면, 그런 일은 한번쯤은 얼마든지 일어날 수도 있을 것이다.

그러나 꿈을 꾼 그 의사는 어린아이가 아니고 성인이었다. 그러므로 방 한가운데의 꿈의 영상은 불길한 상징이었다. 그가 나에게 꿈이야기를 했을 때, 나는 그의 정상성은 일종의 보상이라는 사실을 깨달았다. 나는 마지막 순간에 그를 간신히 붙잡은 셈이었다. 왜냐하면 그 잠재성 정신병이 하마터면 폭발하여 밖으로 드러날 뻔했기 때문이다. 이것은 막아야만 하는 것이었다.

그의 한 꿈으로부터 도움을 받아 나는 드디어 교육분석을 끝내는 적절한 구실을 찾는 데 성공했다. 우리는 둘 다 그 일이 끝나 무척 다행스럽다고 생각했다. 나는 그에게 나의 진단을 알리지 않았으나, 그가 위험한 정신병 환자에게 쫓기는 꿈을 꾸었을 때 아마도 그는 절망적인 공포가 다가오고 있다는 사실을 알았을 것이다.

그는 그후 곧장 집으로 돌아갔다. 그는 다시는 무의식을 건드리지 않았다. 그의 정상성 경향은 일종의 인격에 해당하는 것으로, 그 인격은 무의식과 대면하면 성장하는 것이 아니라 다만 폭파되고 말 것이었다. 이러한 잠재성 정신병은 흔히 인식하기가 매우 어렵기 때문에 정신치료자에게 '진딧물'인 셈이다. 이런 사례에서는 특히 꿈을 이해하는 것이 중요하다.

여기서 우리는 비전문가의 분석이라는 문제와 마주치게 된다. 나는 의사가 아닌 사람들이 정신치료를 배워서 시행하는 것에 대해 찬성하는 편이다. 그러나 잠재성 정신병의 경우에는 그들이 잘못 짚기가 쉽다. 그러므로 나는 비전문가가 분석가로 일하더라도 전문적인 의사의 점검을 받아야 한다고 생각한다. 비전문 분석가가 일을 하다가 조금이라도 의문점이 생기면 즉시 전문의에게 문의해야 한다. 잠재성 정신분열증을 알아차리고 치료한다는 것은 의사들에게도 대개의 경우 어려운 일인데 하물며 비전문가들은 더욱 그러할 것이 아닌가.

그러나 여러 해 동안 정신치료를 시행하고 스스로 분석을 받은 비전문가들은 그래도 뭔가를 알고 어느 정도 치료할 수도 있다는 사실을 나는 거듭 확인했다. 게다가 정신치료를 활용하는 의사들도 그 수가 결코 충분치 않다는 것이 문제다. 이런 직무는 아주 긴 기간의 철저한 수련이 필요한 법이다. 그리고 극소수의 사람들만이 가지고 있는 보편적인 교양이 요구된다.

집단무의식의 원형에 대하여

의사와 환자의 관계에서는, 특히 환자 편에서 전이가 일어난다든지 의사와 환자 간에 다소 무의식적인 동일시가 일어날 때에는 때때로 심령심리학적 성질을 지닌 현상이 야기될 수도 있다. 나는 이것을 자주 경험하는 편이다. 특히 인상깊었던 한 사례는 내가 심인성 우울증을 치료해준 환자의 경우였다.

그는 집으로 돌아가서 결혼했다. 그러나 나는 그의 아내가 마음에 들지 않았다. 처음 그녀를 보았을 때 나는 기분 나쁜 느낌을 받았다. 그녀의 남편은 나에게 감사하고 있었는데, 그 남편에 대한 나의 영향력 때문에 내가 그녀에게 눈엣가시 같은 존재가 되어버렸다는 것을 알게 되었다. 남편을 진정으로 사랑하지 않는 부인들이 질투심이 많아 남편의 교우관계를 깨뜨리는 일은 흔히 일어나는 법이다. 그러한 부인들은 자신들이 남편에게 속해 있지 않기 때문에 남편이 자신에게 전적으로 속해 있기를 바라는 것이다. 모든 질투의 핵심은 사랑의 결여에 있다.

아내의 태도는 환자에게 감당하기 힘들 정도로 큰 부담이 되었다. 그런 압박으로 결혼 1년 만에 그는 다시 우울증에 빠져버렸다. 나는 그럴 가능성을 예상하고 그에게 우울한 기분을 느끼는 즉시 나에게 연락하라고 말해두었다. 하지만 그는 그렇게 하지 않았다. 그것은 그의 침울한 기분을 대수롭지 않게 여긴 아내의 책임도 없잖아 있었다. 그에게서 아무런 소식도 들을 수 없었다.

그 당시 나는 B지역에서 강연를 해야 했다. 나는 한밤중 무렵 호텔로 돌아왔다. 강연 후 몇몇 친구와 함께 식사를 하고는 곧바로 잠자리에 들었는데 오랫동안 잠을 이루지 못했다. 새벽 2시쯤 막 잠이 든 것 같은데, 바로 그때에 나는 깜짝 놀라서 눈을 떴다. 누군가 방 안에 들어온 것 같은 느낌이 확실히 들었다. 문이 급하게 열린 것 같기도 했다.

나는 즉시 불을 켜고 살펴보았으나 아무도 없었다. 누가 잘못 알고 문을 열었나 싶어 복도도 조사해보았다. 그러나 복도는 쥐 죽은 듯이 고요했다. '이상하군, 누군가 방으로 들어왔는데!' 나는 이렇게 생각하며 일어난 일을 돌이켜 기억해내려고 애를 썼다. 그러자 내 이마와 뒷머리가 어떤 물체에 맞은 듯한 무지근한 통증 때문에 내가 눈을 떴다는 사실이 떠올랐다.

다음날 그 환자가 자살했다는 전보를 받았다. 그는 총으로 자살을 했다. 나중에 나는 탄환이 그의 뒷머리에 박혀 있었다는 이야기를 들었다.

이러한 경험에서 중요한 점은 원형적인 상황(이 사례에서는 죽음이라는 상황이지만)과 관련하여 종종 관찰되는 전형적인 동시성 현상이다. 무의식에서 시간과 공간을 상대화함으로써 나는 전혀 다른 곳에서 실제로 일어난 어떤 일을 지각할 수 있었다. 집단무의식은 모든 사람에게 공통된 것으로, 고대에서 '만물의 공감'이라고 불렀던 것의 기초다. 이 사례에서는 나의 무의식이 내 환자의 상태를 알고 있었던 셈이다. 나는 이미 그날 저녁 내내 보통때의 기분하고는 유난히 달리, 이상하게도 마음이 어수선하고 신경이 예민했던 것이다.

나는 환자를 어떻게 개종시켜보려고 한 적이 없으며 그것을 강요한 적도 없다. 나에게 가장 문제가 되었던 것은 환자가 자기 자신의 견해를 가지도록 하는 일이었다. 나에게는 환자의 숙명과 부합하는 대로 이교도는 이교도요, 기독교도는 기독교도요, 유대인은 유대인일 뿐이었다.

나는 신앙을 잃어버렸던 유대인 여자 한 사람의 사례를 기억하고 있다. 그것은 한 낯선 처녀가 나에게 환자로 찾아오는 내 꿈과 함께 시작되었다. 그녀는 나에게 자신의 사정을 들려주었다. 나는 그녀가 말하는 동안 '나는 이 여자를 도무지 이해할 수 없다. 무엇이 문제인지 모르겠군!' 하고 생각했다. 그런데 갑자기 그녀가 특이한 부성콤플렉스를 가지고 있다는 생각이 들었다. 이것이 꿈의 내용이었다.

다음날 나의 예약일정에 '4시 상담'이라고 되어 있었다. 한 젊은 처녀가 나타났다. 그녀는 유대인으로 부유한 은행가의 딸이었다. 아름답고 우아했으며 매우 지적으로 보였다. 그녀는 이미 분석을 받은 적이 있었다. 그러나 의사가 그녀에 대해 일종의 전이(轉移:이 경우는 '역전이'라고도 함—옮긴이)를 겪게 되어, 결국 그녀에게 더이상 자기를 찾아오지 말라고 부탁했다. 그렇게 하지 않으면 그의 결혼이 파괴될 것이기 때문이었다.

그 처녀는 몇 년째 심한 불안신경증으로 고통받고 있었다. 물론 앞에서 말한 그런 경험이 그녀의 병을 악화시킨 것이었다. 나는 그녀의 병력을 들음으로써 진단을 시작했으나 특별한 것은 발견할 수 없었다. 그녀는 잘 적응된 서구적인 유대인으로 교육도 철저하게 받았다. 처음에 나는 그녀의 사정을 이해할 수 없었다.

갑자기 내가 꾼 그 꿈이 생각났다. '맙소사, 꿈속의 처녀가 이 작은 처녀구나!' 하지만 나는 그녀에게서 부성콤플렉스의 흔적을 찾아내지 못했기 때문에, 이러한 사례에서 흔히 그러듯 그녀에게 할아버지에 대해 물었다. 잠시 동안 그녀가 눈을 감고 있는 것을 보고 나는 '바로 여기에 문제가 있구나!' 하고 즉시 깨달았다.

그리하여 나는 그녀에게 할아버지에 관한 이야기를 해달라고 했고, 그녀의 할아버지가 랍비로서 유대교 일파에 소속되어 있다는 것을 알아냈다. 내가 그녀에게 물었다. "하시딤파라는 뜻인가요?" 그녀가 그렇다고 대답했다. 내가 다시 물었다. "그가 랍비라면 혹시 자디크(Zaddik:하시딤파의 정신적 지도자—옮긴이)이 아닙니까?" 그녀가 대답했다. "그래요. 사람들은 그분이 일종의 성자였으며 천리안도 지녔다고 하더군요. 하지만 그것은 모두 허튼 소리지요! 그런 건 있을 수 없으니까요!"

이것으로 나는 그녀의 병력 청취를 마치면서 그녀의 신경증의 사연을 이해하게 되었다. 나는 그녀에게 이렇게 설명했다. "그런데 지금부터 당신이 받아들일 수 없다고 말할지도 모를 이야기를 좀 할까 합니다. 당신의 할아버지는 자딕이었습니다. 당신의 아버지는 유대교 신앙에 대해 배교자가 되었습니다. 그는 그 비밀을 발설하고 하느님을 잊었습니다. 그리고 당신은 하느님에 대한 두려움으로 고통당하고 있기 때문에 신경증에 걸린 것입니다." 이 말이 벼락과도 같이 그녀에게 충격을 주었다!

그 다음날 밤 나는 또 하나의 꿈을 꾸었다. 내 집에서 손님을 환영하는 잔치가 있었다. 그 처녀도 거기에 와 있었다. 그녀는 나에게 다가와서 물었다. "우산을 가지고 왔습니까? 비가 많이 내리고 있습니다." 나는 정말 우산을 찾아내 그것을 펴려고 이리저리 만지작거리며 그녀에게 건네주려 했다. 그런데 그 대신에 무슨 일이 일어난 것일까? 그녀가 여신이라도 되는 양 내가 무릎을 꿇고 그녀에게 우산을 바치고 있는 것이 아닌가!

내가 이 꿈을 그녀에게 말하고 나서 여드레 만에 그녀의 신경증은 사라졌다. 그 꿈은 그녀가 단지 경망스러운 인간이 아니라 그 내면에 성녀의 소질을 숨기고 있다는 것을 보여주었다.

그런데 그녀는 신화적인 관념을 가지고 있지 않았으므로 그녀 안에 있는 본질적인 것을 표현할 길이 없었다. 그녀의 관심은 모두 연애행각과 의복, 성적인 것으로 쏠리고 있었다. 그녀는 이러한 것들 외에는 아무것도 몰랐다. 그녀는 단지 지적인 것만 인지하고 있었으며, 의미없는 생활을 하고 있었다. 사실 그녀는 하느님의 비밀스러운 뜻을 이루어야 하는 하느님의 자녀였다. 그녀는 영적 활동이 요구되는 사람들에 속해 있었기 때문에, 나는 그녀 안에 있는 신화적이고 종교적인 관념들을 불러일으켜야만 했다. 그리하여 그녀의 삶은 의미를 갖게 되고 신경증은 흔적도 없이 사라졌다!

이 사례에서 나는 아무런 '방법'도 사용하지 않았고, 누멘의 현존을 인식했을 뿐이었다. 이 사실을 그녀에게 설명한 것이 치료가 이루어지도록 한 셈이었다. 여기에는 방법이란 것이 없었다. 여기서 중요한 것은 신에 대한 두려움이었다.

나는 사람들이 인생문제들에 대해 불충분하거나 잘못된 해답으로 얼버무릴 때 신경증이 되는 경우를 자주 보아왔다. 사람들은 지위, 결혼, 명성, 외적인 성공, 재물을 추구한다. 하지만 그들이 추구하는 것들을 소유하게 되었을 때조차 사람들은 여전히 불행하고 신경증을 앓는다. 그런 사람들은 대개 너무나 좁은 정신적인 한계에 갇혀 지낸다. 그들의 삶에는 흡족한 내용과 의미가 없다. 그들이 좀더 폭넓은 인격으로 발달할 수 있다면 신경증은 보통 사라진다. 그런 이유로 인격발달이라는 관념이 나에게는 처음부터 가장 중요한 의미를 지니게 되었다.

나의 환자들은 대부분 신자가 아니라 신앙을 잃어버린 사람들이었다. '길 잃은 양들'이 나를 찾아왔다. 오늘날에도 신자는 교회에서 상징을 체험할 수 있는 기회가 있다. 미사나 세례, 그리스도 본받기, 그리고 다른 많은 체험을 생각해보면 될 것이다. 하지만 그러한 상징의 삶과 체험은 신자의 활발한 참여를 전제로 한다. 그런데 오늘날 많은 사람은 바로 이것이 결여되어 있다. 주로 신경증 환자에게 이것이 결여되어 있다. 그러한 사례에서 우리는 결여된 부분을 채워주는 상징들을 무의식이 자율적으로 가져오는지 그렇지 않은지 관찰하는 일에 의존하게 된다. 그러나 그때에도 상징에 해당하는 꿈이나 환상을 경험하는 사람들이 그 의미를 이해할 수 있는지, 그리고 그 결과를 떠안을 수 있는지 하는 문제가 여전히 남게 된다.

나는 그러한 사례를 《집단무의식의 원형에 대하여》라는 저서에서 기술한 적이 있다.

어느 신학자가 어떤 꿈을 자주 반복해서 꾸었다. 그는 꿈에 산비탈에 서서 울창한 숲으로 덮인 깊은 골짜기의 아름다운 풍경을 바라보았다. 그가 그곳으로 가는 것을 이제까지 항상 무언가가 가로막았다는 것을 알았다. 하지만 이번에는 자신의 계획을 실천해보려고 했다. 그가 호수로 다가가자 으스스한 기분이 들더니 갑자기 한차례 가벼운 돌풍이 수면 위로 불어 음산한 물결을 일으켰다. 그는 겁에 질려 외마디 소리를 지르며 눈을 떴다.

처음에 이 꿈은 이해하기 어려운 듯이 보였다. 그러나 신학자로서 그는 돌풍으로 물결이 일기도 하고 병자들이 씻기도 했던 '연못', 즉 베데스다연못을 상기했을 것이다. 한 천사가 내려와 연못물을 건드리면 그 물은 치유력을 갖게 되었다. 가벼운 바람은 어디든지 원하는 대로 가는 영(靈)이다. 그런데 그 사실이 그를 몹시 두렵게 했다. 그것은 눈에 보이지 않는 현존, 스스로의 힘으로 살아 있는 누멘을 암시하는 것으로 그 앞에서 그는 공포에 질렸다.

그는 그 꿈이 베데스다연못에서 착상을 얻었다는 사실을 마지못해 인정했다. 그로서는 그런 착상을 가지기를 원치 않았다. 왜냐하면 그와 같은 것들은 단지 성서에나 나오고 기껏해야 일요일 오전 설교에서나 언급될 뿐이었기 때문이었다. 그것들은 심리학과는 아무런 관계가 없다. 사람들은 단지 예배 같은 것을 드리는 경우에는 성령에 관해 아는 듯이 잘 말하지만, 성령현상은 결코 체험하지 못하고 있다.

나는 그가 두려움을 극복해야 한다는 것을, 다시 말해 그 공포를 건너뛰어야 한다는 것을 안다. 그러나 환자가 자기 자신의 길을 감으로써 스스로 책임지기를 원치 않는다면 나는 결코 강요하지 않는다. 일상적인 저항에 '지나지 않는 것'이 중요하다고 하는 진부한 가정에 동의할 용의는 없다. 저항은 특히 완강할 때 주의할 필요가 있다. 왜냐하면 대개 그런 저항은 그냥 지나쳐서는 안 되는 경고를 뜻하기 때문이다. 치유에 효과적인 것은 독(毒)일 수도 있어 모든 사람이 다 견딜 수 있는 것은 아니다. 또는 하지 못하도록 하면 치명적인 결과를 가져오는 그런 수술이 치료에 도움이 될 수도 있다.

문제가 내적인 체험, 즉 지극히 개인적인 것일 때는 대부분의 사람이 섬뜩한 기분이 들어 도망하기 일쑤다. 그 신학자의 경우도 그러했다. 나는 물론 신학자들이 다른 사람들보다 더욱 어려운 상태에 있다는 것을 알고 있다. 그들은 한편으로는 종교적인 것에 가깝지만 다른 한편으로는 교회나 교리에 속박되어 있다. 내적 체험의 모험, 즉 영적인 모험은 많은 사람에게는 친숙하지 않다. 정신적인 실재가 있을 수도 있다는 가능성은 파문에 해당한다. '초자연적'이거나 적어도 '역사적'으로 근거를 가지고 있어야 한다는 것이다. 그러나 정신적인 경우는 어떠한가? 이러한 문제에 직면하게 되면 흔히 사람들은 갑자기 정신에 대해 예기치 않은 깊은 경멸을 나타낸다.

오늘날 정신치료에서 의사 또는 정신치료자는 환자나 환자의 감정과 이를테면 '함께 가야 한다'는 요청을 받고 있다. 나는 이것이 항상 옳다고는 생각지 않는다. 많은 경우 의사 편에서 적극적으로 개입하는 것이 요구될 때도 있다.

한번은 자신의 의사들을 포함해서 고용인들의 뺨을 때리는 습관이 있는 명문 귀족부인이 나를 찾아왔다. 그녀는 강박신경증에 걸려 어느 병원에서 치료를 받고 있었다. 물론 그녀는 얼마 지나지 않아 자신의 습관대로 수석의사의 뺨을 갈겼다. 그녀의 눈에는 수석의사도 단지 조금 나은 하인 정도로 보였다. 자신이 그에게 돈을 지불하고 있었으니까! 그러자 의사는 그녀를 다른 의사에게 보내버렸다. 그곳에서도 똑같은 일이 다시 벌어졌다. 그 부인은 사실 미친 것은 아니지만 신중하게 다루어야만 했기 때문에 의사가 좀 당황한 가운데 그녀를 나에게 보냈다.

그녀는 키가 약 180센티미터나 되는 아주 위풍당당한 인물로, 정말이지 누구를 때릴 만도 했다! 그녀가 드디어 나타났고 우리는 무척 즐겁게 대화를 나누었다. 그러고 나서 내가 그녀에게 좀 불쾌한 내용을 말해야만 하는 순간이 왔다. 그녀가 격분하여 자리에서 벌떡 일어나더니 나를 때리려고 위협했다. 나도 자리를 박차고 일어나면서 이렇게 말했다. "좋습니다. 당신은 귀부인입니다. 당신이 먼저 때리십시오. 레이디 퍼스트 아닙니까! 하지만 그 다음에는 내가 당신을 때릴 겁니다." 나는 정말 그대로 할 참이었다. 그녀는 도로 의자에 털썩 주저앉았다. 그녀가 탄식하듯 말했다. "여태껏 나에게 그런 말을 한 사람은 아무도 없었어요." 하지만 그 순간부터 치료는 성공적으로 진행되었다.

그 환자에게 필요했던 것은 남성적인 반응이었다. 이 사례에서는 환자와 '함께 가야 한다'는 것이 전적으로 틀린 것이 되었다. 그것은 그녀에게 전혀 도움이 되지 않았다. 그녀는 스스로를 도덕적으로 제약할 수 없었기 때문에 강박신경증에 걸린 것이었다. 그런 부류의 사람들은 본성에 의해, 바로 강박신경증을 통해 제약을 받게 되는 법이다.

수년 전에 한번은 나의 치료결과에 관해 통계를 내보았다. 지금은 정확히 기억할 수 없지만 조심스럽게 말해보면, 3분의 1은 실제로 나았고 3분의 1은 상당히 호전되었으며 3분의 1은 근본적으로 변화가 없었다. 그런데 호전되지 않은 사례들은 판정하기가 정말 어렵다. 왜냐하면 환자들이 여러 해가 지난 후에 비로소 많은 것을 인식하고 이해하게 되어 그때에야 비로소 치료효과가 나타날 수도 있기 때문이다. 이전 환자들이 얼마나 자주 다음과 같은 편지를 나에게 보냈는지 모른다. "선생님을 만나뵌 지 10년이 지나서야 비로소 무엇이 진정한 문제였는지 깨달았습니다."

나에게서 도망친 환자의 사례는 얼마 없다. 아주 드물지만 내가 환자를 내쫓아야만 했던 일도 있다. 그러나 그들 중에서도 나중에 긍정적인 편지를 보내준 사람이 몇 있었다. 따라서 치료의 성공에 대해 판정하는 것이 어려운 경우가 많다.

의사가 일생 동안 진료활동을 하는 중에 자신에게 중요한 의미로 다가오는 사람들을 만나는 것은 당연한 일이다. 행운이든 불행이든 세상의 관심을 끌어본 적이 전혀 없는 사람들, 그럼에도 불구하고 아니 바로 그렇기 때문에 비상한 측면을 지니고 있는 사람들, 혹은 전례가 없는 발전과 재앙을 두루 겪은 사람들을 의사는 만나게 된다. 그들은 대개 다른 사람들이 모든 삶을 바치기까지 끝없이 열광할 만한 비상한 재능을 가지고 있다. 그러나 이러한 재능이 기묘하고도 꺼림칙한 정신적인 기질 속에 뿌리박고 있어, 우리는 그것이 천재성과 관련이 있는 것인지 단편적인 발달과 관련이 있는 것인지 알 수가 없다.

사회적 평지에서 사람들이 만나게 되리라 전혀 예상하지 못했을 영혼의 자원들이 사실 같지 않은 황당한 상황에서 꽃을 피우는 경우도 드물지 않다. 정신치료의 효력을 위해 꼭 필요한 환자와 의사 간의 교감으로 인해 의사는 환자가 당하는 고통의 높이와 깊이로부터 받는 강렬한 인상을 외면할 수가 없다. 환자와 의사 간의 교감은 끊임없는 비교와 조정, 그리고 서로 마주 대하고 있는 두 정신적 실재의 변증법적 대결 속에서 이루어진다. 이러한 인상들이 어떤 이유로든 양쪽 중 어느 한쪽에 영향을 미치지 못할 때 정신치료 과정도 효과없이 답보하게 되고 아무런 변화도 생기지 않게 된다. 한 사람이 다른 사람에게 문젯거리가 되지 않는다면 어떤 해답도 찾을 수 없다.

오늘날 소위 신경증 환자들 가운데는 이전 시대라면 신경증, 즉 자기 자신과의 분열을 겪지 않았을 사람이 적지 않다. 그들이 신화에 의해 조상들의 세계와 여전히 관련을 맺고 있고, 그리하여 단지 바깥에서 보는 자연이 아닌 실제로 체험하는 자연과 연결되어 있는 그러한 시대와 환경에서 살았다면, 그들은 자기 자신과의 불일치를 면했을 것이다. 문제는, 신화의 상실을 견디지 못하고, 외적인 것에 불과한 세계, 즉 자연과학의 세계상으로 향한 길을 찾을 수도 없고, 지혜와는 조금도 상관없는 언어의 지적인 즉흥연주로 만족할 수도 없는 사람들이다.

우리 시대에 이와 같이 마음의 분열로 희생된 자들은 단지 '스스로 택한 신경증 환자들'에 지나지 않는다. 그들의 표면적인 증상은 자아와 무의식 사이에 벌어져 있는 틈이 메워지는 순간 사라진다. 이러한 분열을 자신에게서 깊이 느끼고 있는 의사는 무의식의 심적 과정을 누구보다 잘 이해할 수 있을 것이며, 심리학자가 빠지기 쉬운 자아팽창의 전형적인 위급상황을 피할 수도 있을 것이다.

원형의 신성한 힘의 작용을 자신의 체험으로 인식하지 못한 의사는 치료과정에서 그것과 마주치게 되었을 때 원형의 부정적인 영향을 거의 피해가기 힘들 것이다. 그는 원형을 과대평가하기도 하고 과소평가하기도 한다. 왜냐하면 그는 단지 지적인 개념만을 가지고 있을 뿐 경험적인 척도가 없기 때문이다.

여기서 심각한 탈선이 시작되는데, 그 첫 번째 탈선이 지적인 정복을 시도하는 것이다. 이것은 비단 의사에게만 국한된 문제는 아니다. 이것은 표면상 확실하고 인위적이나 이차원적인 개념에 불과한 세계를 위하여 원형의 영향과 그 실제적인 체험을 외면하려는 숨은 목적에 이바지한다. 그 세계는 삶의 진실을 소위 명료한 개념들로 은폐하려고 한다. 개념적인 것으로 옮기는 것은 체험으로부터 실체를 빼앗고 그 대신 단지 이름들만 붙이는 셈이다. 이제는 진실의 자리에 이름들만 들어서게 된다. 개념에 대해서 책임을 지는 사람은 아무도 없다. 이것이 바로 사람들이 바라는 안락함이다. 체험을 하지 않아도 되도록 보호해주겠다는 약속이기도 하다. 영혼은 개념들 속에 있는 것이 아니라 행위와 사실들 가운데 깃들어 있다. 말만 그럴듯해봐야 아무 소용이 없다. 그럼에도 이와 같은 과정이 끝없이 되풀이되고 있다.

그러므로 내가 경험한 바로는, 습관적인 거짓말쟁이들 외에 가장 어렵고 배은망덕한 환자는 소위 지식인들이다. 그들이야말로 한쪽 손이 하는 일을 다른 손이 전혀 모른다. 그들은 일종의 구획 심리학을 계발한다. 감정에 의해 조절되지 않는 지성으로 모든 일을 처리하려고 한다. 그런데도 그들은 신경증을 앓고 있다.

나의 피분석자들과의 만남에서, 그리고 그들과 나의 환자들이 나에게 끝없는 이미지의 연속으로 펼쳐보였던 정신현상과의 대면에서 나는 엄청나게 많은 것을 배웠다. 단지 어떤 학문적인 지식이 아니라, 무엇보다 나 자신의 본성에 대한 통찰을 얻게 되었다. 그리고 나의 오류와 실패로부터 배운 경우도 적지 않았다. 나는 주로 여성 피분석자들을 상대했다. 그들은 대부분 대단한 성실성과 깊은 이해심, 지적인 능력으로 그 작업에 임했다. 내가 치료에서 새로운 길을 개척할 수 있었던 것도 사실은 그들 덕분이었다.

몇몇 피분석자는 진정한 의미에서 나의 제자가 되었으며 내 생각을 세상에 소개하고 지지해주었다. 그들 중에는 수십 년 동안 우정을 보여준 사람들도 있다.

나의 환자들과 피분석자들은 나를 인간적 삶의 진실에 가까이 다가가도록 하여, 그것에 관한 본질적인 것들을 체험하지 않을 수 없도록 했다. 심리적 수준이 다른 여러 종류의 사람들과의 만남은 나로서는 유명인사들과의 단편적인 대화보다 훨씬 더 많은 의미가 있었다. 나의 생애에서 가장 아름답고 큰 성과가 있었던 대화들은 이름없는 사람들과의 대화였다.

프로이트와의 만남

그 세계는 가장 깊은 의미에서 나 자신의 세계였으며
프로이트의 세계와는 아무런 관계도 없었다.
나의 전존재는 진부한 생활에 의미를 부여해줄 수도 있는
아직 알려지지 않은 그 무엇을 찾고 있었다.

Carl Gustav Jung

카를 구스타프 융(1930)

이론적인 불화

나의 정신적 발달을 향한 모험은 정신과의사가 됨으로써 시작되었다. 아무것도 모르는 채 나는 정신병 환자를 임상적으로 밖에서부터 관찰하기 시작했다. 그렇게 함으로써 주목할 만한 성질의 정신과정과 마주치게 되었다. 나는 그것들을 기록하고 분류했지만 그 내용은 조금도 이해하지 못했다. 그것들은 '병적'이라는 진단으로 충분히 평가된 듯이 여겨졌다. 시간이 지나면서 내가 이해할 만한 것을 경험한 그런 환자에 대해 점점 더 관심을 기울였다. 즉 편집증, 조울증 그리고 심인성 장애와 같은 사례들이었다.

정신과의사로서 경력을 쌓아가는 초기부터 피에르 자네(Pierre Janet)를 비롯하여 브로이어와 프로이트의 연구가 나에게 많은 자극을 주었다. 무엇보다도 프로이트가 제시한 꿈의 분석과 해석 방법에 관한 단초는 정신분열증의 표현형태를 이해하는 데 도움이 되었다. 이미 1900년에 나는 프로이트의《꿈의 해석》을 읽었다. 당시 나는 그 책을 이해하지 못해 도로 제쳐두었다. 스물다섯 살에 프로이트의 이론을 검증하기에는 경험이 부족했다. 나중에야 비로소 그것이 가능하게 되었다. 1903년 다시 한번《꿈의 해석》을 읽기 시작하면서 나 자신의 생각과 관련이 있다는 것을 발견했다.

특히 나에게 흥미를 일으켰던 것은 신경중심리학에서 유래된 '억압기제'라는 개념을 꿈의 분야에 적용한 점이었다. 나는 단어 연상실험에서 억압현상과 자주 마주쳤기 때문에 이것은 나에게 중요한 문제였다. 환자는 어떤 자극어에 대해서는 연상어를 전혀 떠올리지 못하거나 반응시간이 무척 길어지곤 했다. 나중에 밝혀진 바에 의하면, 그러한 연상장애는 자극어가 정신적 상처나 갈등을 건드릴 적마다 일어났다. 하지만 환자들은 대부분 이런 사실을 모르고 있었고, 장애의 원인에 대해 물으면 환자는 흔히 기묘하게 꾸며낸 답변을 하곤 했다.

프로이트의《꿈의 해석》을 읽고 나는 억압기제가 연상장애에도 작용하고 있으며, 내가 관찰해온 사실들이 그의 이론에 부합한다는 것을 알게 되었다. 나는 프로이트의 논지를 단지 지지할 수는 있었다.

억압의 내용과 관련해서는 상황이 달라졌다. 이 점에서는 프로이트가 옳다고 인정할 수 없었다. 그는 억압의 원인을 성적 외상(Trauma)이라고 여기고 있었는데 나로서는 만족스럽지 않았다. 나의 치료과정에서는 신경증의 많은 사례에서 성욕의 문제는 다만 부차적인 역할을 할 뿐이고 다른 요인들이 주요원인이라는 것을 알 수 있었다. 예를 들면 사회적응, 비극적인 삶의 정황으로 인한 억압, 체면차리기 등의 문제들이었다. 나중에 나는 그러한 사례들을 프로이트에게 제시했으나, 그는 성욕 외의 다른 요인들은 원인으로 여기려 하지 않았다. 그 점이 나로서는 자못 불만스러웠다.

프로이트를 나의 생애에서 적절한 위치에 두거나 그에 대해 마땅한 태도를 취하는 일은 처음부터 쉬운 문제가 아니었다. 그의 저서에 친숙해질 무렵, 내 앞에는 대학에서의 인생가도가 펼쳐져 있었고 대학에서 승진하기 위해 논문 완성을 앞두고 있었다. 그런데 프로이트는 그 당시 대학세계에서 확실히 달갑잖은 인물이었기에 그와 관계를 맺는다는 것은 학문적인 명성을 얻는 데 언제나 불리한 일이었다. '유력인사들'은 프로이트에 관해 기껏해야 은밀히 언급했고, 학술회의에서 프로이트는 복도에서만 거론될 뿐 전체회의에서는 한 번도 토의되지 않았다. 그래서 나의 연상실험이 프로이트의 이론과 일치한다는 사실을 확인해야 한다는 것은 나로서는 결코 기분 좋은 일이 아니었다.

한번은 내가 실험실에서 이 문제에 대해 골똘히 생각하고 있을 때 악마가 나에게 속삭이기를, 내 실험의 성과와 결론을 발표하면서 프로이트에 관한 언급을 빼도 정당하다고 했다. 아무튼 나는 프로이트에 관해 뭔가 이해하기 오래 전부터 나의 실험을 면밀하게 해온 셈이었다. 그런데 그 순간, 나는 제2의 인격의 소리를 들었다. "네가 그와 같이 프로이트를 알지 못하는 것처럼 한다면, 그건 일종의 사기다. 사람은 인생을 거짓 위에 세울 수 없다." 그리하여 문제는 해결되었다. 그후로 나는 공공연히 프로이트 편에 서서 그를 위해 싸웠다.

뮌헨에서 열린 어느 학술회의에서 강박신경증에 관해 발표하면서 프로이트의 이름을 고의적으로 숨겼을 때 나는 처음으로 프로이트를 위해 싸웠다. 이 일과 관련하여 나는 1906년에 《뮌헨 의학 주간잡지》에다 강박신경증 이해에 본질적인 공헌을 한 프로이트의 신경증이론에 관해 논문을 기고했다. 이 논문을 보고 두 명의 독일 대학교수가 나에게 편지를 써서 경고하기를, 내가 프로이트 편에서 계속 그를 지지한다면 대학에서의 장래가 위태로워질 것이라고 했다. 나는 이렇게 답변했다. "프로이트가 말하는 것이 진리라면 나는 그와 함께할 것입니다. 연구를 제한하고 진리를 숨기는 것을 전제로 한다면 나는 경력 따위는 중요하게 여기지 않겠습니다." 그리하여 나는 프로이트와 그의 생각을 계속 지지해나갔다.

하지만 나 자신의 경험에 비추어 볼 때, 모든 신경증이 성적 억압이나 성적 외상으로 인해 생긴다는 그의 주장은 여전히 받아들일 수 없었다. 어떤 사례에서는 프로이트의 이론이 맞았으나 다른 사례에서는 그렇지 않았다. 아무튼 프로이트는 새로운 탐구의 길을 열었으며, 그 무렵의 프로이트에 대한 격분은 나로서는 이치에 맞지 않는 것으로 여겨졌다.

내가 〈조발성치매의 심리학〉이라는 논문에서 발표한 생각들은 그리 많은 호응을 얻지 못했고 내 동료들은 나를 조소했다. 하지만 이 논문을 통해서 프로이트를 만나게 되었다. 그가 나를 초대하여 1907년 2월 빈에서 우리의 첫 만남이 이루어졌다. 우리는 오후 1시에 만나 열세 시간 동안이나 그야말로 쉬지 않고 대화를 나누었다. 프로이트는 내가 만난 사람들 중에서 진정으로 중요한 최초의 인물이었다. 그 당시의 내 경험으로는 그 어떤 사람도 프로이트에 견줄 수 없었다. 그의 태도에는 진부함이 전혀 없었다. 내가 보니 그는 무척 총명하고 예리하며 어느 면에서나 괄목할 만한 사람이었다. 그러면서도 그에 대한 나의 첫인상은 모호한, 알 수 없는 구석이 여전히 남아 있는 느낌이긴 했다.

프로이트가 자신의 성이론에 대해 말한 내용은 나에게 깊은 인상을 남겼다. 그럼에도 그의 말들은 나의 의구심과 의혹을 씻어주지 못했다. 내가 그러한 점들을 여러 번 표명했지만, 그럴 적마다 그는 나의 경험부족을 내세웠다. 프로이트의 지적이 옳긴 했다. 그 무렵 나는 나의 반론을 뒷받침할 만큼 충분한 경험을 쌓지 못한 상태였다. 그의 성이론이 그에게는 개인적으로나 철학적인 의미에서나 대단히 중요하다는 것을 이해할 수 있었다. 그것은 나에게 깊은 인상을 주기도 했으나, 나로서는 그러한 성에 대한 단호한 평가가 그의 주관적 전제와 어느 정도로 연관되어 있는지, 그의 성이론이 입증 가능한 경험과 어느 정도까지 연관되어 있는지 분명치 않았다.

무엇보다 영혼에 관한 프로이트의 태도는 나에게 몹시 수상쩍게 여겨졌다. 어떤 인물이나 어떤 예술작품에서 영성(靈性)의 표현이 나타나는 경우에, 그는 언제나 의심하는 태도로 그것이 '억압된 성욕'임을 넌지시 시사하곤 했다. 성욕이라고 단적으로 판정할 수 없는 것은 '정신성 성욕'이라고 불렀다. 나는 그의 가설을 끝까지 논리적으로 밀고나간다면 문화에 대한 파괴적인 판단으로 이어질 것이라고 반박했다. 문화라는 것이 억압된 성욕의 병적인 결과로서 단지 소극(笑劇)으로 여겨질 것이 아닌가? 프로이트가 대답했다. "그렇고말고요. 그건 일종의 운명의 저주입니다. 우리는 거기에 대항할 만한 힘이 없습니다." 나는 결코 그의 의견에 동의하거나 그런 정도로 얼버무리고 끝낼 작정은 아니었다. 하지만 내가 아직은 토론을 감당할 만한 능력이 없다고 느꼈다.

첫 번째 만남에서 나에게 중요한 또 다른 어떤 것이 있었다. 그것은 우리의 우정이 끝난 후에 비로소 깊이 숙고해보고 이해할 수 있었던 일들과 관련이 있었다. 프로이트가 이상할 정도로 성이론을 마음에 품고 있다는 것은 명백한 사실이었다. 성이론에 대해 말할 때 그의 어조는 급해지고 거의 초조해지기까지 했다. 평상시의 비판적이고 회의적인 태도는 전혀 찾아볼 수 없었다. 그의 얼굴에 이상하게 동요하는 기색이 비쳤는데, 나로서는 그 원인을 잘 알 수 없었다. 성욕이 그에게는 일종의 누미노숨(Numinosum : 신성한 힘을 뜻함—옮긴이)을 의미한다는 사실은 나에게 강한 인상을 남겼다. 이러한 나의 느낌은 약 3년 후(1910) 빈에서 다시금 프로이트와의 대화가 이루어졌을 때도 확인할 수 있었다.

지금도 나는 프로이트가 다음과 같이 말하던 것을 생생히 기억하고 있다. "친애하는 융, 성이론을 결코 버리지 않겠다고 나에게 약속하십시오. 그것은 가장 본질적인 것입니다. 보시오, 우리는 성이론을 가지고 하나의 교리를 만들어야 합니다. 흔들리지 않는 보루(堡壘) 같은 것 말입니다." 그는 열정에 넘쳐서 말했는데, 그 말투는 아버지가 "사랑하는 아들아, 일요일마다 교회에 가겠다고 아버지에게 약속해다오!"라고 하는 것과 같았다.

내가 좀 놀라 그에게 반문했다. "보루라니요? 무엇에 대한 보루란 말입니까?" 그 말에 그가 대답했다. "검은 진흙탕 홍수에 대해서……." 그는 잠시 망설이다가 말을 이었다. "신비학의 홍수에 대해서." 무엇보다 나를 놀라게 한 것은 '보루'와 '교리' 같은 단어들이었다. 왜냐하면 교리, 즉 논의할 필요도 없는 신앙고백은 오직 의심을 단번에 눌러버리려고 할 때 사람들이 내세우는 것이기 때문이었다. 그것은 과학적 판단과는 더이상 아무런 관계가 없으며 개인적인 권력충동과 관계가 있을 뿐이다.

이것은 우리의 우정에 결정적으로 금이 가게 하는 충격이었다. 내가 그러한 주장과 결코 타협할 수 없다는 것을 나 자신이 잘 알고 있었다. 프로이트는 '신비학'이라는 말을, 그 무렵에 유행하기 시작한 심령술을 비롯하여 철학과 종교가 영혼에 관해 설명해놓은 모든 것으로 대략 이해하는 듯했다. 나에게는 성이론이 그야말로 '신비적'이었다. 다시 말해, 다른 많은 사변적인 견해와 마찬가지로 단지 가능성만을 지닌, 증명할 수 없는 가설에 불과했다. 내가 아는 바로는 과학적 진리는 얼마 동안만 만족스러운 가설이지 모든 시대에 걸친 교리는 아니었다.

그 당시에는 내가 제대로 이해하지 못했지만, 무의식적인 종교적 요인들이 프로이트를 엄습한다는 사실은 알아챘다. 그는 이러한 위협적인 무의식의 내용들에 대해 공동으로 방어할 사람으로 나를 끌어들이려고 했음이 분명했다.

그 대화에서 내가 받은 인상은 나를 혼란스럽게 했다. 나는 그때까지 성욕에 대해 생각하기를, 우리가 잃을지도 모를까 봐 성실을 다해 지켜야 할 만큼 불안정한 것으로는 여기지 않았다. 성욕은 프로이트에게는 다른 사람들의 경우보다 훨씬 더 많은 것을 의미하는 듯이 보였다. 그에게 성욕은 일종의 '종교적으로 관찰된 것'이었다. 그런 문제와 생각 들에 깊은 인상을 받게 되면 사람들은 대개 소심해져서 주저하게 된다. 그리하여 대화가 몇 번 어물어물 이어지다가 곧 내 쪽에서 끝나고 말았다.

나는 깊은 충격을 받고 당황하여 어쩔 줄을 몰랐다. 나는 새로운 생각들이 떼를 지어 나에게로 날아오는 미지의 신세계를 흘끗 들여다본 느낌이었다. 한 가지 사실은 분명했다. 항상 비종교성을 강조해온 프로이트가 일종의 교리를 준비했다는 것이었다. 또는 그가 잃어버린 질투하는 신 대신에 성욕이라고 하는 또 다른 강압적인 형상을 슬쩍 바꿔넣었다고 하는 편이 나을 것이었다. 그것은 원래의 것에 못지않게 성질이 급하고 요구가 많으며 강압적이고 위협적이며 도덕적으로도 양가성(兩價性 : 동일한 대상에 대한 반대감정이 공존하는 상태─옮긴이)이 있었다. 심리적으로 더 강력한 공포의 대상에 '신적'이거나 '악마적'인 속성이 부여되는 것과 마찬가지로, 프로이트에게는 '성적 리비도(Libido)'가 '숨은 신'의 역할을 맡게 된 셈이었다.

이러한 변신은 프로이트에게 다음과 같은 이로운 점이 있는 듯했다. 이 새로운 신성한 힘의 원리는 과학적으로 이론의 여지가 없는 것처럼 보였고, 모든 종교적인 부담으로부터도 벗어날 수 있었다. 그러나 엄밀히 말해 합리적으로 비교할 수 없는 두 대극, 즉 야훼와 성욕의 경우 그 심리적 특질로서의 신성성(神聖性)은 결국 동일한 법이었다. 단지 명칭만 바뀌었을 뿐이었다. 물론 그럼으로써 관점도 달라지긴 했다. 잃어버린 신을 위에서 찾는 것이 아니라 아래에서 찾는 셈이었다.

하지만 보다 강력한 대상에 대해 이런 명칭을 붙이든 저런 명칭을 붙이든 결국 무슨 상관이 있단 말인가? 만일 심리학이 없고 구체적인 대상들만 존재한다면 사람들은 실제로 하나를 파괴하고 그 자리에 다른 것을 갖다놓았을 것이다. 하지만 실제로는, 다시 말해 심리학적 경험의 영역에서는 긴박감, 불안증, 강박증 등이 조금도 없어지지 않고 있다. 그리하여 사람들이 불안과 양심의 가책, 죄책감, 강박증, 무의식성, 본능적 충동 들을 어떻게 극복하고 피할 것인가 하는 문제가 여전히 남게 된다. 이러한 문제의 해결이 밝은 관념론적인 측면에서 이루어지지 않는다면, 아마도 어두운 생물학적인 측면에서 이루어지게 될 것이다.

한순간 타오르는 불꽃처럼 이러한 생각들이 머리를 스치고 지나갔다. 훨씬 나중에 내가 프로이트의 성격에 대해 숙고했을 때 이러한 생각들이 중요하게 여겨졌고 그 의미가 분명해졌다. 무엇보다 나를 사로잡은 한 가지 특징이 그에게 있었는데, 그것은 신랄함이었다. 우리가 처음 만났을 때 이미 그의 신랄함이 두드러져 보였다. 내가 그 신랄함을 성욕에 대한 그의 태도와 연관시켜 바라볼 수 있기까지는 오랫동안 이해하지 못한 채로 있었다.

성욕은 역시 프로이트에게 신성한 힘이었으나 그의 용어와 이론에서는 성욕을 예외없이 생물학적 기능으로 표현해놓았다. 그가 성욕에 관하여 말할 때의 떨리는 어조만이 그의 내부에서 깊은 울림이 있다는 추론을 할 수 있도록 해주었다. 결국 그는 성욕 역시 내면에서 보면 영성을 포함하고 있으며 의미를 지니고 있다는 사실을 가르치고자 했다. 적어도 나에게는 그렇게 보였다. 그러나 그가 사용하는 구상적인 용어들은 그의 생각을 표현해내기에는 너무 한정되어 있었다. 그리하여 그는 실제로는 자신의 목적과 자기 자신에 역행하여 연구를 하고 있다는 인상을 주었다.

자기가 자신의 가장 나쁜 적이 되어 있는 경우, 그 사람의 신랄함보다 더 지독한 신랄함은 없을 것이다. 프로이트 자신의 말에 의하면, 그는 '검은 진흙탕 홍수'로 위협을 받고 있는 느낌이라고 했다. 하지만 누구보다도 프로이트 자신이 검은 심연을 퍼내려고 시도하고 있었다.

프로이트는 왜 자신이 성에 관한 이야기를 지속적으로 해야만 하는지, 왜 그러한 생각이 자신을 그토록 사로잡고 있는지 한 번도 자문해보지 않았다. '해석의 단조로움'이 자기 자신으로부터의 도피, 혹은 아마도 '신비주의적'이라고 불릴 수도 있는 자신의 또 다른 면으로부터의 도피를 표현하고 있다는 사실을 그는 전혀 깨닫지 못했다. 그가 그러한 측면을 인정하지 않는 한, 그는 결코 자신과의 일치에 이를 수 없었다.

그는 무의식 내용들의 역설과 모호성을 보지 못했으며, 무의식에서 떠오르는 모든 것은 위와 아래가 있고 안과 밖이 있음을 알지 못했다. 사람들이 밖에 관하여 말할 때, 프로이트가 그랬듯이, 전체의 반만을 고려하기 때문에 그 결과로 무의식에서 반작용이 일어나는 법이다.

프로이트의 이러한 일방성에 대해 어떻게 해볼 도리가 없었다. 아마도 그 자신의 어떤 내적 체험이 그의 눈을 뜨게 해주었을지도 모른다. 하지만 그때에도 어쩌면 그의 지성이 그러한 체험을 '단순한 성욕' 또는 '정신성 성욕'으로 격하해버리고 말았을 것이다. 그는 한쪽 면에만 치우쳐 있어, 바로 그러한 이유로 나는 그에게서 비극적인 모습을 본다. 그는 위대한 인물이었으며, 더 나아가 그 무엇에 홀린 사람이기도 했다.

빈에서 두 번째 대화가 있은 다음, 나는 그동안 별로 크게 주목하지 않았던 알프레트 아들러의 권력가설에 대해서도 이해하게 되었다. 대개의 아들들과 마찬가지로 아들러도 '아버지'에게서 말이 아니라 행동을 배운 것이었다. 그러자 사랑 혹은 에로스와 권력의 문제가 무거운 돌덩이처럼 내 마음을 누르는 것이 느껴졌다. 프로이트는 그 자신이 나에게 말한 것처럼 니체의 저서를 읽은 적이 전혀 없었다. 이제 나는 프로이트의 심리학이 니체의 권력원리의 우상화를 보상하는 정신사의 교묘한 책략이라는 것을 깨달았다.

이 문제는 '프로이트 대 아들러'가 아니라 '프로이트 대 니체'임이 분명했다. 그것은 내가 보기에 정신병리학 영역의 내부싸움 이상의 것을 의미했다. 에로스와 권력충동은, 같은 아버지에게서 났지만 서로 다투는 형제와 아들들과 마찬가지로, 하나의 동인(動因)에서 비롯된 정신적인 힘으로, 음전기와 양전기처럼 경험적으로는 대극의 형태로 나타난다. 하나는 인종(忍從)으로서의 에로스요 다른 하나는 원동력으로서의 권력충동인데, 그 반대도 가능하다.

이러한 사실들이 나에게 차츰 분명해졌다. 권력충동이 에로스에 대해 요구하듯이 에로스 역시 권력충동에 대해 많은 요구를 하게 된다. 하나의 충동은 다른 하나의 충동 없이 어디에 있겠는가? 인간은 한편으로는 그러한 충동에 굴복하면서도 다른 한편으로는 그것을 극복하려고 노력한다. 프로이트는 객체가 어떻게 그 충동에 굴복하는가를 제시했으며, 아들러는 인간이 객체를 지배하기 위해 어떻게 그 충동을 사용하는가를 제시했다. 운명의 손에 넘겨져 꼼짝할 수 없게 된 니체는 스스로 '초인(超人)'을 창조하지 않으면 안 되었다.

내가 추론한 바에 의하면, 프로이트는 에로스의 힘에 깊이 영향받고 있었기 때문에 에로스의 힘을 종교적인 누멘처럼 견고한 교리로까지 끌어올리기를 원했다. '차라투스트라'가 일종의 복음선포자라는 것은 비밀스러운 사실도 아니다. 프로이트는 명제를 정경화(正經化)하려는 의도를 가지고 심지어 교회와 경쟁하기까지 했다. 프로이트가 물론 이런 일을 아주 야단스럽게 하지는 않았지만, 그 대신 내가 스스로를 그의 예언자로 간주하려는 의도가 있지 않나 넘겨짚기도 했다.

그는 비장한 주장을 하고 곧바로 그것을 취소한다. 사람들은 대부분 신성한 힘에 대해서는 그와 같은 태도를 취하는데, 그러는 게 정상인 것이다. 왜냐하면 신성한 힘이란 어떤 면에서는 진실이지만 다른 면에서는 진실이 아니기 때문이다. 신성한 힘의 체험은 사람을 고양시키기도 하고 동시에 추락시키기도 한다. 프로이트가 성욕이 신성한 힘이며 그것은 일종의 신이면서 악마라는 심리학적인 진리를 좀더 고려했다면, 생물학 개념의 한계에 갇히지 않아도 되었을 것이다. 그리고 니체도 인간존재의 바탕을 좀더 단단히 붙들고 있었다면, 아마도 감정의 과잉으로 세계의 가장자리 밖으로 나가떨어지지는 않았을 것이다.

신성한 힘의 체험으로 마음이 격렬히 동요하게 되면 사람들이 매달려 있는 실이 끊어질 위험이 항상 있다. 그렇게 되면 어떤 사람은 절대적인 긍정으로, 또 다른 사람은 그와 마찬가지로 절대적인 부정으로 빠지게 된다.

동양에서는 '니르드반드바(Nirdvandva : 양쪽으로부터의 자유)'를 말한다. 나는 이것을 명심하고 있다. 마음의 진동추는 바른 것과 그른 것 사이가 아니라 의미와 무의미 사이를 왔다갔다 한다. 신성한 힘은 사람을 극단으로 잘못 인도하는 데 그 위험성이 있다. 그것은 작은 진리를 진리의 전부인 양 여기도록 하고 작은 잘못을 치명적인 잘못으로 여기도록 한다.

모든 것은 지나간다. 어제의 진리가 오늘은 허위가 되며, 그저께 잘못된 결론으로 간주되던 것이 내일은 하나의 계시가 될 수도 있다. 이럴진대 우리가 실제로 아는 것이 너무도 적은 심리학적인 사실들에서는 더욱 그러하지 않겠는가. 덧없을 정도로 작은 의식이 어떤 것을 인식해주지 않는다면 아무것도 존재하지 않는다는 사실이 무엇을 뜻하는지 우리는 아직도 전혀 알지 못하고 있다.

프로이트와 나눈 대화에서 나는 그가 성적 통찰의 신성한 빛이 '검은 진흙탕 홍수'에 의해 꺼져버릴지도 모른다는 두려움을 가지고 있다는 것을 알게 되었다. 그리하여 빛과 어둠의 투쟁이라는 신화적인 상황이 발생했다. 이것으로 이런 사태가 지닌 신성성이 밝혀지며, 프로이트가 서둘러 종교적 방어수단인 교리의 도움을 받으려 한 이유가 설명된다. 그 다음에 간행된 나의 저서 《리비도의 변환과 상징》은 영웅투쟁의 심리학에 집중되었는데, 프로이트의 기묘한 반응과 관련된 신화적인 배경을 주로 다룬 셈이다.

한편으로는 성적인 해석, 다른 한편으로는 '교리'의 권력지향이 나로 하여금 여러 해 동안 유형학의 문제와 더불어 마음의 대립성과 에너지론에 이끌리도록 했다. 그후 수십 년 동안 '신비학의 검은 진흙탕 홍수'가 뒤따랐다. 나는 우리 현대심리학의 의식적이고 무의식적인 역사적 전제들을 이해하려고 노력했다.

나는 선인지(先認知) 및 초심리학 일반에 관한 프로이트의 견해에 관심이 있었다. 1909년 빈으로 그를 찾아갔을 때, 나는 이러한 문제들에 대한 그의 생각을 물었다. 유물적 편견 때문에 그는 그런 질문 자체를 무의미하다고 거절했으며, 너무나 피상적인 실증주의 용어들을 늘어놓았다. 나는 혀끝에서 튀어나오려는 날카로운 반론을 억제하느라 애를 먹었다. 그가 초심리학의 중요성을 인식하고 '신비주의' 현상의 사실성을 인정하기까지는 수년이 걸렸다.

프로이트가 이런 식으로 말하는 동안 나는 이상한 느낌을 받았다. 마치 나의 횡격막이 철판으로 되어 있고 그것이 벌겋게 뜨거워져 한껏 달아오른 둥근 천장처럼 변해가는 느낌이었다. 그 순간 바로 옆에 있는 책장 속에서 커다란 폭음이 들려 깜짝 놀란 우리 둘은 뭔가 머리 위로 떨어지지 않을까 겁이 나서 벌떡 일어섰다.

내가 프로이트에게 말했다. "이것은 소위 촉매에 의한 외면화 현상의 한 가지 예가 될 것입니다." 프로이트가 대답했다. "오, 그것은 정말 허튼소리요." 내가 다시 말했다. "아닙니다. 선생님이 틀리셨습니다. 제가 말씀드린 것이 맞다는 것을 증명하기 위해 잠시 후 또 다른 폭음이 나리라는 것을 지금 예고합니다." 과연 내가 그 말을 하자마자 아까와 같은 폭음이 책장 안에서 들렸다.

오늘까지도 나는 무엇이 나에게 그와 같은 확신을 주었는지 알지 못한다. 그러나 나는 폭음이 다시 한번 있으리라는 것을 의심하지 않았다. 프로이트는 아연실색하여 나를 바라보기만 했다. 나는 그가 무엇을 생각하고 있는지, 그의 시선이 무슨 의미를 담고 있는지 알지 못했다.

아무튼 이 사건이 나에게 프로이트에 대한 불신을 불러일으켰으며, 나는 그에게 반대하여 뭔가 일을 저질렀다는 느낌을 갖게 되었다. 나는 그후에는 두번 다시 이 사건에 대해 프로이트와 이야기를 나누지 않았다.

리비도의 변환과 상징

1909년은 우리의 관계에서 결정적인 해가 되고 말았다. 나는 매사추세츠주 워체스터시에 있는 클라크대학에서 연상실험에 관한 강의를 해달라는 초청을 받았다. 프로이트 역시 따로 초청을 받았다. 우리는 함께 여행하기로 하고, 페렌치의 주선으로 브레멘에서 만났다. 자주 사람들의 입에 오르내리는 그 프로이트의 발작이 브레멘에서 일어났다.

그것은 '이탄(泥炭) 늪지대 시체들'에 대한 나의 흥미로 말미암아 간접적으로 촉발된 것이었다. 나는 북부독일의 어떤 지방에서 소위 '늪지대 시체들'이 발견되고 있다는 것을 알았다. 그것들은 늪지대에서 익사했거나 그곳에 묻힌 선사시대 인간들의 시체였다. 시체가 발견된 늪지대의 물은 뼈를 녹이는 동시에 피부를 무두질해주는 부식산을 포함하고 있어 시체들은 피부와 머리칼이 고스란히 보존되어 있었다. 원래 이것은 자연적으로 미라가 되는 과정이었다. 그 과정에서 시체는 이탄의 무게로 납작하게 압착되었다. 이런 시체들이 이따금 홀스타인이나 덴마크, 스웨덴 등지에서 이탄 채굴시에 발굴되곤 했다.

나는 이런 이탄 늪지대의 시체들에 관해 읽은 적이 있었기 때문에 브레멘에 머무는 동안 이 사실을 떠올렸다. 그러나 기억이 약간 흐려져 나는 그 시체들을 브레멘 도시의 납으로 된 지하실 미라들과 혼동했다. 이런 것들에 대한 나의 관심이 프로이트의 신경을 건드렸다. 프로이트가 몇 번인가 나에게 물었다. "왜 당신은 그런 시체들에 대해 관심을 갖는 거지요?" 그는 그 모든 것이 신경에 거슬렸는지, 함께 저녁을 먹으면서 대화를 나누다가 그만 갑자기 실신하고 말았다.

그후에 그가 나에게 말하기를, 시체들에 대해 떠벌리는 나의 모든 말이 내가 그의 죽음을 바라고 있음을 뜻하는 거라고 확신했다는 것이었다. 나는 이 해석을 듣고 무척 놀랐다. 나는 그의 환상의 강도가 얼마나 센지 충격을 받았다. 그 강도가 너무 세서 그를 실신하게 했음이 틀림없었다.

이와 비슷한 일로 프로이트가 다시 한번 내가 보는 데서 실신했다. 이것은 1912년 뮌헨에서 정신분석학회가 열리고 있던 기간에 일어난 일이었다.

어떤 사람이 아메노피스 4세(이그나톤)에 관한 화제로 대화의 방향을 돌렸다. 그 요점은 아메노피스가 아버지에 대해 부정적인 태도를 가졌기 때문에 기념석주에 있는 아버지의 카르투시(고대 이집트 왕이나 신의 이름을 둘러싸고 있는 타원형 윤곽)를 파괴했으며, 그가 창조한 위대한 일신교적 종교의 배후에는 부성콤플렉스가 깔려 있다는 것이었다. 이러한 이야기들이 나를 화나게 했다. 그래서 나는 아메노피스는 창조적이며 깊은 종교성을 지닌 사람으로서 그의 행동들이 아버지에 대한 개인적인 반항 따위로는 설명될 수 없다는 점을 논의하려고 했다.

내가 말하기를, 오히려 반대로 아메노피스는 그의 아버지를 우러러보는 마음으로 기렸으며, 그의 열성적인 파괴는 오직 아몬신의 이름에 대해서만 이루어졌다고 했다. 그는 어디서나 아몬신의 이름을 말살했다. 바로 그러한 이유로 그의 아버지 아몬 호텝의 카르투시 안에 있는 '아몬'이라는 이름도 긁어낸 것이었다. 다른 파라오들은 기념비나 입상조각에 새겨진 자기 혈통의 신적인 조상들 이름을 아예 자신들의 이름으로 대체했다. 그 파라오들은 조상들과 똑같은 신의 화신이었으므로 그렇게 할 권리가 있다고 생각했다. 그럼에도 그들은 새로운 양식이나 새로운 종교를 창시하지 않았다고 내가 지적했다.

바로 그 순간, 프로이트가 실신하여 의자에서 미끄러져 쓰러졌다. 모든 사람이 어쩔 줄을 모르며 그의 주위로 몰려들었다. 나는 그를 부축하여 옆방으로 데리고 가서 소파에 뉘었다. 내가 그를 옮기는 도중에 그는 반쯤 의식을 회복했다. 그때 그가 나를 바라보던 시선을 나는 결코 잊을 수 없을 것이다. 그는 마치 내가 자신의 아버지라도 되는 양 나약한 모습으로 나를 바라보았다. 이러한 실신을 일으키는 원인이 무엇이든지 간에 두 가지 사례의 공통점은 부친 살해에 대한 환상이었다. 그래서인지 분위기는 매우 긴장되어 있었다.

그 무렵 프로이트는 나를 자신의 후계자로 여기고 있다는 것을 자주 암시했다. 이와 같은 암시는 나를 괴롭게 했다. 나는 그의 견해를 정확하게, 다시 말해 그가 의도하는 그대로 지지할 수 없다는 것을 알고 있었기 때문이었다. 다른 한편으로 나는 아직 그가 인정할 만큼 내 반론을 밀고나가는 데 성공하지 못했으며, 또한 프로이트에 대한 존경심이 너무나 커서 서로의 견해를 가지고 결정적인 대결을 벌여보자고 강요할 수도 없었다. 나는 파당의 지도자가 되어 실제로 짐을 져야 한다고 생각하니 결코 달갑지 않았다. 그런 종류의 일은 나의 관심사가 아니었으며 나의 지적 독립성을 희생할 수도 없었다. 그러한 영광은 나의 진정한 목적에서 벗어나게 할 뿐 나에게는 전혀 고마운 일이 아니었다. 나는 진리탐구에 관심이 있는 것이지 개인적인 명성 따위에는 관심이 없었다.

1909년 브레멘에서 출발한 미국행 여행은 7주나 걸렸다. 우리는 매일 함께 지내면서 서로의 꿈을 분석했다. 그때 나는 몇 가지 중요한 꿈을 꾸었으나 프로이트는 그 꿈들을 잘 해석하지 못했다. 나는 그것으로 프로이트의 체면이 손상되었다고 여기지는 않았다. 최고의 분석가들에게도 꿈의 수수께끼를 풀 수 없는 경우가 종종 있기 때문이었다. 그것은 인간적인 실수에 불과하므로, 그런 이유로 우리의 꿈분석을 중지한다는 것은 생각해본 적도 없었다. 오히려 반대로 꿈의 분석이 나에게 많은 것을 의미했으며, 우리의 관계가 아주 소중하다는 사실을 발견했다. 나는 프로이트를 나이가 좀더 많고 보다 성숙하며 경험이 풍부한 인격으로 간주했다. 그런 점에서 나는 그의 아들처럼 느끼고 있었다. 그러나 그때 이러한 모든 관계에 대해서 심각한 타격이 될 만한 사건이 일어났다.

프로이트가 어떤 꿈을 꾸었다. 그 꿈이 포함하고 있는 문제를 여기서 늘어놓는 것은 옳지 않은 일이라고 생각된다. 나는 그 꿈을 최선을 다해 해석했으며, 그가 사생활에 관해 좀더 상세한 정보를 나에게 제공해준다면 꿈의 해석이 더욱 풍성해지겠다고 말했다. 나의 말에 프로이트는 기묘한 시선, 의심이 가득 담긴 그런 시선으로 나를 바라보았다. 그러면서 그가 이렇게 말했다. "하지만 나의 권위를 위태롭게 할 수는 없어!" 그 순간 그는 권위를 상실하고 말았다. 그때의 그 말이 나의 기억에서 영 잊혀지지 않았다. 그 말 속에 이미 우리 관계의 종말이 예시된 셈이었다. 프로이트는 개인적 권위를 진리보다 더 내세웠다.

이미 말한 바와 같이 프로이트는 그 무렵 내가 꾸었던 꿈들을 불완전하게 해석하거나 전혀 해석하지 못했다. 그 꿈들의 내용은 집합적이었으며, 많은 상징자료를 포함하고 있었다. 특히 한 꿈이 나에게 중요했다. 그 꿈이 처음으로 나로 하여금 '집단무의식' 개념을 생각하도록 했으며, 나의 책《리비도의 변환과 상징》의 서곡을 이룬 셈이었다.

그 꿈은 다음과 같았다. 나는 어느 낯선 2층집에 있었다. 그것은 '나의 집'이었다. 나는 2층에 있었는데 그곳은 로코코양식의 훌륭한 고가구들이 갖추어진 일종의 거실이었다. 벽에는 값진 옛그림이 많이 걸려 있었다. 나는 이 집이 정말 내 집일까 의아해하면서도 '나쁘지는 않군' 하고 생각했다. 그러나 그때 나는 아래층이 어떤 모양으로 되어 있는지 모른다는 것을 알았다. 층계를 거쳐 1층으로 내려왔다. 그곳에는 더 오래된 온갖 가구가 갖추어져 있었다. 나는 이 집의 1층 이 부분은 15~16세기의 물건들로 꾸며져 있음이 틀림없다고 생각했다. 가구들은 중세풍이었고 마룻바닥에는 빨간 벽돌이 깔려 있었다. 사방이 어두컴컴한 편이었다.

나는 "이제부터 정말 집 전체를 둘러보아야겠군" 하며 이 방에서 저 방으로 다녀보았다. 그러다가 육중한 문과 마주쳐 그 문을 열었다. 그 뒤에서 지하실로 통하는 돌계단을 발견했다. 나는 돌계단을 내려가 아름다운 천장이 있는 방으로 들어갔다. 그 방은 아주 고풍스러워 보였다. 나는 벽을 조사하다가 일반적으로 쓰이는 석재 사이에서 벽돌층을 발견했다. 그 벽돌들은 모르타르에 묻혀 있었다. 나는 이것을 보자마자 벽이 로마시대 것임을 알았다.

이쯤 되자 나의 흥미는 더해갔다. 나는 마룻바닥을 더욱 면밀히 조사했다. 마룻바닥은 석판으로 되어 있었다. 그중 한 개의 석판에 고리가 있는 것을 발견했다. 내가 그 고리를 잡아당기자 석판이 들어올려졌다. 그리고 그 밑으로도 아래쪽으로 향하는 좁은 돌계단이 있는 것이 보였다. 나는 또 그 돌계단을 내려가 바위를 뚫어 만든 나지막한 동굴로 들어섰다. 바닥에는 먼지가 잔뜩 쌓여 있었다. 그 먼지더미 속에 원시문화의 유물들처럼 뼈들이 사방으로 흩어져 있고 깨진 도자기조각들이 널려 있었다. 나는 매우 오래된 것이 분명한, 반쯤 삭아버린 두개골 두 개를 발견했다. 그 순간 나는 잠에서 깨어났다.

이 꿈에서 프로이트가 주로 흥미를 가졌던 것은 두 개의 두개골이었다. 그는 반복해서 두개골에 대한 화제로 돌아오며 그것과 관련된 '소원'을 발견하도록 나를 재촉했다. 이 두개골들에 대해서 내가 무엇을 생각한단 말인가? 그리고 이 두개골들은 누구의 것인가? 물론 나는 프로이트가 어떤 방향으로 몰고가려는지 잘 알고 있었다. 즉, 은밀한 죽음의 소망이 그 꿈에 잠재되어 있다는 식으로 나올 것이었다.

나는 자문해보았다. "그런데 프로이트는 나에게 진정으로 무엇을 기대하고 있는 것일까?" 누구에 대해서 내가 죽음의 소망을 지니고 있단 말인가? 나는 그러한 해석에 격렬한 저항을 느꼈다. 또한 그 꿈이 정말 무슨 의미를 지니는지 짐작이 가기도 했다. 그때 나는 나 자신의 판단을 믿지 않고 프로이트의 의견을 듣고 싶었다. 나는 그에게서 배우기를 원했다. 그래서 나는 그의 의도를 따라 이렇게 대답해주었다. "나의 아내와 처제의 죽음입니다." 결국 나는 죽음을 바라기에 알맞은 누군가의 이름을 대야만 했던 것이다!

나는 그 무렵 신혼이었기 때문에 나 자신의 내부에는 그러한 소원과 연관되는 것이 아무것도 없다는 사실을 잘 알고 있었다.

그러나 그 꿈의 해석에 대해 나의 견해를 프로이트에게 피력한다면 몰이해와 심한 저항에 부딪히지 않을 수 없을 것이었다. 나는 그와 다툴 만큼 감정이 끓어오르지는 않았다. 또한 내가 나 자신의 견해를 고집한다면 그와의 우정을 잃어버리게 될지도 모른다는 두려움이 있었다. 다른 한편으로는 그가 나의 대답을 가지고 무슨 이야기를 지어낼지 궁금했고, 그의 이론에 부합하도록 말을 해서 그를 속였을 경우 그의 반응이 어떠할지 알고 싶었다. 그래서 나는 그에게 거짓말을 한 것이었다.

나는 나 자신의 행위가 꾸지람을 듣는 정도로 끝나지 않으리라는 것을 잘 알고 있었다. 그러나 전시(戰時)에는 전시답게 행동하지 않으면 안 되는 것이다! 그에게 나의 정신세계를 통찰해보도록 한다는 것은 불가능한 일일 것이었다. 나와 그의 정신세계는 그 차이가 너무나 컸기 때문이었다. 사실 프로이트는 나의 대답을 듣고 크게 안심하는 듯이 보였다. 여기서 나는 그가 어떤 종류의 꿈들을 다루는 데는 전혀 무력하여 그 자신의 교리에서 도피처를 찾지 않으면 안 된다는 것을 알았다. 그 꿈의 진정한 의미를 발견하는 일은 나에게 달려 있다는 것을 깨달았다.

집은 일종의 마음의 이미지, 즉 그때까지의 무의식의 부가물을 수반하는 당시의 의식상태를 나타낸다는 것은 나에게 분명했다. 의식은 거실로 나타나고 있었다. 거실은 고풍스러운 양식이었음에도 사람이 살고 있다는 분위기를 풍겼다.

1층은 무의식의 제1표면을 나타내고 있었다. 내가 깊이 내려갈수록 풍경은 점점 더 이상해지고 어두워졌다. 동굴 속에서 나는 원시문화의 유물을 발견했다. 그것은 말하자면 나의 내부에 있는 원시인의 세계, 의식이 다다를 수도 없고 해명할 수도 없는 세계였다. 선사시대의 동굴을 인간이 자기 소유라고 주장하기 전에는 대개 동물들이 차지하고 있었던 것처럼, 인간의 원시적인 마음은 동물의 혼의 활동과 가까이 접하고 있다.

이 기간에 프로이트의 지적인 사고방식과 내 사고방식의 차이를 내가 얼마나 예민하게 느꼈는지 알게 되었다. 나는 19세기 말 역사적인 분위기가 농후한 바젤에서 성장했고 다행히도 옛 철학자들의 저술을 읽었기 때문에, 심리학의 역사에 관한 지식은 어느 정도 밝은 편이었다. 내가 꿈과 무의식의 내용에 대해 생각할 때, 역사적으로 비교해보지 않고 그렇게 하는 것은 결코 아니었다. 학생시절에 나는 항상 크루그의 낡은 《철학사전》을 사용했다. 나는 특히 18세기와 19세기 초의 저자들에 정통했다. 그들의 저서는 나의 그 1층 거실의 분위기를 이루는 세계였다. 여기에 비해 프로이트의 지적인 역사는 뷔히너, 몰레스호트, 뒤부아 레몽, 그리고 다윈에서 시작되고 있다는 인상을 받았다.

그 꿈은 내가 방금 묘사한 의식상황에 이제 또 하나의 의식층을 보탰다. 오랫동안 사람이 살지 않은 중세풍의 1층, 로마시대의 지하실, 그리고 끝으로 선사시대의 동굴, 이러한 것들은 흘러간 시대와 지나가버린 의식의 단계를 의미했다.

이 꿈을 꾸기 전 며칠 동안 어떤 의문들이 자꾸만 마음에 걸렸다. 그 의문들은 다음과 같은 것이었다. 프로이트의 심리학은 어떤 전제를 기초로 삼고 있는 것인가? 그것은 인간 사고의 어떤 범주에 속하는가? 그것의 거의 절대적인 인격주의는 일반적인 역사적 가정과 어떤 관계를 맺고 있는가? 등이었다. 그런데 나의 꿈이 해답을 주고 있었다. 그것은 문화역사의 기초를 분명히 보여주었다. 그 역사는 연이어진 의식층의 역사이기도 했다.

나의 꿈은 이와 같이 일종의 인간정신의 구조적 도식을 이루고 있었다. 그것은 정신의 기초를 이루고 있는, 전적으로 '비개인적'인 성질의 어떤 것을 가정하고 있었다. 이런 생각은 '딱 들어맞는' 것이었다. 그 꿈은 나를 지도해주는 이미지가 되었다. 그것은 세월이 지날수록 처음에는 미처 예상하지 못했던 정도로까지 확증되었다. 그 꿈은 개인정신의 밑바닥에 있는 선험적이고 집단적인 것에 대한 최초의 암시였다. 나는 이것을 우선 정신기능의 초기양식의 흔적이라고 보았다. 그후 경험이 쌓여감에 따라, 그리고 더욱 신뢰할 수 있는 지식을 기초로 해서 나는 그것을 본능의 형태, 즉 원형(原型)으로 인식하게 되었다.

나는 꿈을 배후에 그 의미를 숨기고 있는 '가면'으로 이해하는 프로이트의 주장에 동의할 수 없었다. 그 의미는 이미 인식된 바 있으나 소위 악의적으로 의식되지 못하도록 하고 있다는 것이었다. 나에게 꿈이란 자연의 일부로서 속이려는 의도를 품고 있지 않았다. 식물이 가능한 한 자라나려 하고 동물이 가능한 한 먹이를 찾으려고 하는 것과 똑같이, 꿈도 가능한 한 자연스럽게 어떤 것을 표현하려고 한다. 이러한 생명의 형태들은 우리의 눈을 속이려고 하지 않으나, 우리 자신이 근시안이어서 스스로를 속일지도 모른다. 우리는 귀가 먹었기 때문에 듣지 못하는 것이지 귀가 우리를 속이는 것은 아니다.

프로이트를 만나기 훨씬 전부터 나는 무의식과 무의식의 직접적 표현인 꿈을 자연의 과정으로 여겼다. 이 과정에는 무엇보다 요술이나 속임수, 그리고 어떤 자의적인 것도 끼어들 수 없다. 나는 의식의 잔꾀가 무의식의 자연과정에도 확대된다는 가정을 믿을 이유가 없다는 것을 알았다. 그와 반대로 나날의 경험을 통해 오히려 무의식이 의식의 경향에 대해 얼마나 강하게 저항하는가를 알게 되었다.

집에 관한 그 꿈은 나에게 기묘한 영향을 미쳤다. 그 꿈은 이전에 가졌던 고고학에 대한 관심이 되살아나게 했다. 취리히로 돌아온 후, 나는 바빌로니아의 유적에 관한 책을 찾아 신화에 관한 여러 연구논문을 읽었다. 이런 과정에서 나는 프리드리히 크로이처의 《고대민족의 상징과 신화》를 보게 되었는데, 그 글이 나에게 불을 댕겼다! 나는 미친 듯이 읽었고, 뜨거운 흥미를 가지고 산더미 같은 신화적인 소재와 그노시스트(영지주의) 저작 들을 두루 섭렵했다.

결국 나는 온통 혼란에 빠지고 말았다. 나는 일찍이 정신병적인 상태의 의미를 알아내려고 애를 쓸 때 대학병원에서 겪었던 것과 비슷한 혼돈상태로 빠져들었다. 마치 내가 가상의 정신병원에 있는 것 같았으며 크로이처의 책에 나오는 온갖 반인반마괴물, 요정, 남신과 여신 들을 나의 환자인 양 치료하고 분석해나가는 것처럼 느껴졌다. 이렇게 열중하는 동안 나는 고대신화학과 원시인의 심리학 사이에 긴밀한 관계가 있다는 것을 발견하지 않을 수 없었다. 이것이 나로 하여금 후자에 대해 철저한 연구를 하도록 이끌었다.

이런 공부에 몰두하는 동안 나는 전혀 알지 못하는 젊은 미국인 밀러 양의 환상자료들을 보게 되었다. 그 자료는 내가 존경하는 아버지 같은 친구 테오도르 플루르노이에 의해 제네바 《심리학지》에 발표된 것이었다. 나는 즉시 그 환상의 신화적 성격에 충격을 받았다. 그것은 나의 내부에 축적된 채 아직 정돈되지 않은 생각들에 촉매처럼 작용했다. 그런 것들로부터, 그리고 내가 획득한 신화에 관한 지식으로부터 나의 책 《리비도의 변환과 상징》이 서서히 내용을 갖추어갔다.

내가 그 책의 집필에 열중하는 동안, 나는 프로이트와의 결별을 예시하는 꿈을 꾸었다. 그중에서도 가장 의미심장했던 꿈은 스위스와 오스트리아 국경의 산악지대 풍경을 담고 있었다. 저녁 무렵, 나는 오스트리아제국의 세관관리 복장을 하고 있는 연상의 남자를 보았다. 그는 약간 구부정한 자세로 나에게는 눈길 한번 주지 않고 지나쳐버렸다. 그의 표정은 고집스럽고 다소 우울하고 짜증을 내는 듯했다. 그 장소에는 다른 사람들도 있었는데, 누군가가 나에게 저 노인은 실제로 이곳에 존재하는 것이 아니라 몇 년 전에 죽은 세관관리의 망령이라고 알려주었다. "그는 아직 제대로 죽지 못한(편히 저승길에 들어가지 못한—옮긴이) 망령들 가운데 하나입니다." 이것이 그 꿈의 첫 부분이었다.

나는 이 꿈을 분석하기 시작했다. '세관'과 관련하여 나는 금방

'검열'이라는 낱말을 떠올렸다. '경계'와 관련해서는, 한편으로는 의식과 무의식의 경계를 생각했고 다른 한편으로는 프로이트와 나의 경계를 생각했다. 국경에서의 아주 엄격한 세관검사는 분석을 암시하는 것으로 여겨졌다. 국경지대에서는 여행가방들이 열려져 밀수품이 없나 검사를 받게 된다. 이런 검사과정에서 무의식의 가정(假定)들이 드러나게 된다. 늙은 세관관리로 말할 것 같으면, 그의 직업이 그에게 즐겁거나 만족할 만한 것을 거의 가져다주지 않았으므로 그는 세상을 비뚤어지게 보았다. 나는 그가 프로이트의 유사물이라고 생각하지 않을 수 없었다.

그 무렵(1911) 프로이트는 나에게 권위가 상실된 존재이긴 했으나, 그래도 여전히 우월한 인격을 의미했으며 나는 그에게 부성을 투사(投射)했다. 그 꿈을 꾸었을 즈음에는 아직도 그러한 투사를 없애지 못하고 있었다. 그와 같이 투사가 일어나는 곳에서는 우리가 더이상 객관적인 존재가 되지 못하고 분열된 판단을 고집하게 된다. 한편으로는 우리가 의존적이 되고 다른 한편으로는 저항을 느끼게 된다. 그 꿈을 꾸었을 때에도 나는 여전히 프로이트를 존중하면서도 동시에 그에게 비판적이었다. 이런 분열된 태도는 내가 아직도 그 사태를 의식하지 못하고 어떤 성찰도 하지 않고 있다는 것을 나타냈다. 이것은 모든 투사의 특징이다. 그 꿈이 나로 하여금 이러한 사태를 명확하게 파악할 필요성을 느끼게 해주었다.

프로이트의 인격에 감명을 받아, 나는 될 수 있는 한 나 자신의 판단은 한쪽으로 밀어놓고 비판을 억제했다. 그것은 프로이트와 협조하려면 반드시 지켜야 할 조건이었다. 나는 스스로 타이르곤 했다. "프로이트는 너보다 훨씬 현명하고 체험도 많은 분이다. 현재로서는 다만 그분의 말을 듣고 배우기만 해야 한다."

그런데 놀랍게도 프로이트가 오스트리아 군주제국의 고집스러운 관리가 되어 있는 꿈을 꾼 것이었다. 꿈속에서 그는 죽었으면서도 아직도 세관검사관의 망령으로 돌아다니고 있었다. 이것이 프로이트가 자신에 대해서 내가 느끼고 있다고 암시했던 죽음에의 소원이라고 할 수 있단 말인가? 보통은 가질 수도 있는 그러한 소원을 나 자신에게서는 조금도 발견할 수 없었다. 왜냐하면 나는 어떤 희생을 치르더라도 프로이트와 함께 일할 수 있기를 바라고 있었고, 솔직히 말해 이기적인 태도로 그의 풍부한 경험을 나누어갖고 싶었기 때문이었다.

그와의 친밀한 관계는 나에게 많은 것을 의미했다. 나는 그가 죽기를 바랄 어떤 이유도 가지고 있지 않았다. 그러나 내가 의식적으로 프로이트를 지나치게 존경하고 칭송하는 데 대한 보상 또는 해독제로 그런 교정적인 꿈을 꾸었을 가능성은 있었다. 그러므로 꿈은 프로이트에 대해 좀더 비판적인 태도를 가지라고 권하고 있었다. 꿈의 마지막 문장이 프로이트의 잠재적인 불후성을 암시하는 듯이 여겨지긴 했지만, 나는 그 꿈으로 정말 충격을 받았다.

꿈은 세관관리 이야기만으로 끝나지 않았다. 얼마 후 두 번째로 더 생생한 꿈을 꾸었다. 나는 이탈리아 어느 도시에 있었다. 정오 무렵, 12시와 1시 사이였다. 불타는 듯한 햇볕이 좁은 길 위에 내려쬐고 있었다. 도시가 언덕에 세워져 있어 나는 바젤의 특정 지역, 콜렌산을 상기했다. 도시를 가로지르는 비르지히계곡으로 내려가는 좁은 길들은 부분적으로 계단 모양을 하고 있었다. 꿈속에서 그런 계단길 하나가 바르퓌서광장까지 밑으로 뻗어 있었다. 도시는 바젤이면서도 베르가모시와 비슷한 이탈리아의 어느 도시였다. 여름이었고 이글거리는 태양은 높이 솟아 있었으며 만물이 강렬한 햇빛을 받고 있었다.

군중이 내가 있는 쪽으로 몰려왔다. 나는 사람들이 가게문을 닫고 점심을 먹으러 집으로 가고 있다고 생각했다. 이런 인파 한 가운데로 완전무장을 한 기사 한 사람이 걸어왔다. 그는 내가 있는 곳을 향해 계단을 올라왔다. 그는 눈구멍만 나 있는 철모와 갑옷을 입고, 앞뒤로 커다란 붉은 십자가가 수놓인 흰 상의를 입고 있었다.

현대도시에서 사람들이 붐비는 대낮에 십자군전사 한 사람이 내가 있는 곳을 향해 걸어오는 것을 갑자기 발견했을 때, 내가 어떤 느낌을 가졌을지는 상상하기 어렵지 않을 것이다. 내가 특히 기묘한 인상을 받은 이유는 걸어다니는 많은 사람 가운데 그 십자군전사를 인지하는 사람은 하나도 없는 듯이 보였기 때문이었다. 어느 누구도 뒤돌아보거나 그를 주목해 보지 않았다. 마치 그가 나 이외에 다른 모든 사람에게는 전혀 보이지 않는 것 같았다.

나는 이 출몰이 무엇을 의미하는지 자문해보았다. 그때 누군가가 나에게 대답하는 듯이 느껴졌다. 그러나 말하는 사람은 보이지 않았다. "그렇습니다. 이것은 규칙적인 출몰입니다. 이 기사는 항상 12시와 1시 사이에 이곳을 지나가고 있으며, 아주 오랜 세월 동안(수세기 동안이라고 나는 추측했다) 그렇게 해왔으므로 모두 다 이 사실을 알고 있습니다."

기사와 세관관리의 모습은 대조적이었다. 세관관리는 흐릿했으며 '아직 제대로 죽지 못한' 스러져가는 유령이었다. 반면에 기사는 활기 넘치고 완전히 현실적인 존재 같았다. 두 번째 꿈 부분은 극도로 신성체험적이었으나, 국경의 그 풍경은 무미건조하고 그 자체로는 인상적이지도 않았다. 내가 그 풍경을 곰곰이 회상함으로써만 충격을 받을 뿐이었다.

이런 꿈들을 꾼 다음 얼마 동안 나는 기사의 신비로운 모습에 대해 많은 생각을 해보았다. 그러나 내가 오랫동안 그 꿈에 대해 명상하고 나서 그 의미를 얼마간 알 수 있게 된 것은 훨씬 나중의 일이었다. 나는 꿈속에서도 기사가 12세기 사람이라는 것을 알았다. 그때는 연금술이 시작된 시대였으며, 또한 성배(聖杯)탐구가 시작된 시대이기도 했다. 성배에 관한 이야기는 열다섯 살 때 처음으로 그것을 읽은 후로 나에게는 아주 중요한 것이 되었다. 위대한 비밀이 그 이야기의 배후에 아직도 감추어진 채 놓여 있다는 것을 나는 어렴풋이 알고 있었다. 그러므로 꿈이 성배기사들과 그들의 탐구세계를 그려낸다는 것은 나에게는 아주 자연스럽게 여겨졌다. 그 세계는 가장 깊은 의미에서 나 자신의 세계였으며, 프로이트의 세계와는 아무런 관계도 없었다. 나의 전존재는 진부한 생활에 의미를 부여해줄 수도 있는, 아직 알려지지 않은 그 무엇을 찾고 있었다.

마음을 탐구하기 위해 온갖 노력을 기울였는데도 정신의 가장 깊은 곳에서 너무나 잘 알려진 '너무나도 인간적인' 것 외에 다른 것은 발견하지 못했다는 사실은 나에게 큰 실망을 안겨주었다.

나는 시골에서 농부들과 함께 생활하며 자랐다. 나는 마구간에서 배울 수 없었던 것을 라블레(프랑스의 풍자작가)식 익살과 농촌 민담의 자유로운 환상에서 찾아냈다. 근친상간과 도착증은 나에게는 주목할 만큼 새로운 것도, 어떤 특별한 설명이 필요한 것도 아니었다. 범죄성을 지닌 그런 것들은 나에게 단지 인간존재의 추악함과 무의미성만을 너무나 선명하게 보여줌으로써, 인생의 참맛을 망쳐놓는 더러운 찌꺼기에 불과했다. 캐비지가 똥거름에서 자란다는 사실을 나는 늘 당연하게 여겼다.

하지만 솔직히 말해 나는 그 사실에서 유용한 통찰을 발견할 수 없었다. 나는 이 혐오스러운 것들에 신물이 나고 싫증이 나서 이렇게 생각했다. '그런 사람들은 모두 자연이나 인간마구간에 대해 아무것도 알지 못하는 도시인들이다.'

자연(본성)에 관해 아무것도 모르는 사람들은 물론 신경증적이다. 왜냐하면 그들은 현실에 적응하지 못하기 때문이다. 그들은 어린아이처럼 너무나 단순하기 때문에, 그들도 다른 사람과 똑같은 인간이라는 사실을 알도록 해주어야 한다. 하지만 그런 계몽이 신경증 환자를 치료할 수 있는 것은 아니다. 그들은 단조로운 일상의 수렁에서 빠져나올 때에만 건강을 회복할 수 있을 것이다. 그러나 그들은 이전부터 억압해오던 것에 머물기를 너무 좋아하기만 한다.

분석이 그들에게 뭔가 보다 나은 다른 것을 깨우쳐주지 못한다면, 그리고 이론 그 자체로 그들을 묶어놓고 단지 합리적이거나 '이성적'인 결정으로 해결책을 제시하며 유치한 것들을 버리라고 한다면, 어떻게 그들이 거기서 빠져나올 수 있겠는가? 이것이야말로 그들이 정말 할 수 없는 일이다. 그들이 의지하여 설 수 있는 어떤 것을 발견하지 못한다면 어떻게 그것을 할 수 있겠는가? 인간은 어떤 삶의 방식도 그것이 다른 것으로 교환되지 않는 한 버릴 수 없다. 완전히 이성적인 삶의 영위란 경험이 말해주는 바와 같이 대개 불가능하다. 특히 신경증 환자처럼 본성이 그와 같이 비이성적인 경우에는 더욱 그러하다.

이제 프로이트 개인의 심리가 왜 나의 중요한 관심거리가 되었는지 분명해졌다. 나는 어떻게 해서든지 그의 '이성적인 해결'의 실체를 알아내야만 했다. 그것은 나에게 인생문제였으므로, 그 해답을 얻기 위해 많은 희생을 치를 각오가 되어 있었다. 이제 그 해답이 눈앞에 드러났다. 프로이트 자신이 신경증에 걸려 있는 것이었다. 그 신경증은 쉽게 진단할 수 있는 것으로, 우리의 미국 여행에서 내가 발견한 바와 같이 무척 고통스러운 증상을 가지고 있었다.

그 무렵 그는 나에게 온 세상 사람이 다 약간은 신경증적이므로 우리는 관용을 베풀어야 한다고 가르쳤다. 그러나 나는 그것으로 만족할 생각이 전혀 없었고 더 많이 알기를 원했다. 즉, 어떻게 하면 신경증을 피할 수 있을 것인가를 알고자 했다. 나는 프로이트가 자신의 신경증을 치료하지 못한 상황에서는 프로이트나 그의 제자들이 정신분석 이론과 실천이 무슨 의미를 가지는지 이해할 수 없으리라는 것을 알았다. 프로이트가 이론과 방법을 동일시하고 그것들을 교리화하려는 의도를 밝혔을 때 나는 더이상 그와 협력할 수 없었다. 나로서는 물러서는 길 이외에 다른 선택의 여지가 없었다.

내가 《리비도의 변환과 상징》의 결말부분인 '희생' 장을 집필하기에 이르렀을 때, 나는 이것이 프로이트와의 친밀한 관계를 희생시키리라는 것을 예감했다. 거기서 나는 근친상간에 대한 나 자신의 견해, 리비도개념의 결정적인 변환, 그외 프로이트와 다른 생각들을 언급할 예정이었다. 나로서는 근친상간이 개인적인 착종(錯綜)을 의미하는 경우는 극히 드물었다. 대개 근친상간은 고도의 종교적인 내용을 나타낸다. 따라서 그것은 거의 모든 창조신화와 그외 수많은 신화에서 결정적인 역할을 하고 있다. 하지만 프로이트는 문자주의 해석에 집착하여 상징으로서의 근친상간의 영적인 의미를 파악하지 못했다. 나는 이 모든 것을 프로이트로서는 결코 받아들일 수 없으리라는 것을 알고 있었다.

나는 이 문제에 관해 아내와 의논하며 나의 우려를 말했다. 아내는 나를 안심시키려고 했다. 아내는 비록 프로이트가 나의 견해에 동의할 수는 없다 하더라도 너그럽게 봐줄 거라고 생각했다. 나 자신은 그럴 리 없을 거라고 확신했다. 나는 두 달 동안이나 글을 쓰지 못하고 갈등으로 괴로워했다. 내가 생각하는 바를 숨겨야 할 것인가, 친교가 깨지는 모험을 할 것인가? 결국 나는 글을 쓰기로 결심했고 그것은 프로이트와의 친교가 깨지는 결과를 가져왔다.

프로이트와 결별하게 된 후 나의 모든 친구나 친지들은 나를 떠나갔다. 사람들은 나의 책을 쓰레기라고 내놓고 말했다. 나는 신비주의자로 간주되었고, 이것으로 사태는 끝장을 보게 되었다. 오직 리클린과 메더 둘만이 내 곁에 머물렀다.

그러나 나는 고독해질 것을 예견하고 있었다. 소위 친구들의 반응에 대해서도 어떤 환상을 가지고 있지 않았다. 그것은 내가 미리 곰곰이 따져본 점이었다. 나는 여기에 모든 것이 걸려 있다는 것과 나의 확신에 책임을 져야 한다는 것을 알았다. 나는 '희생'장이 나 자신의 희생을 의미한다는 것을 깨달았다. 이러한 통찰로 나는 다시 집필할 수 있게 되었다. 아무도 나의 견해를 이해하지 못하리라는 것을 예상했지만 말이다.

돌이켜보면 프로이트가 가장 관심을 가졌던 두 가지 문제를 논리적으로 추구해들어간 사람은 나밖에 없었다고 말할 수 있겠다. 그 두 가지 문제는 '고태적 잔재'와 '성(性)'이었다. 내가 성의 가치를 인정하지 않는다고 일반에 널리 잘못 알려져 있지만, 오히려 그와 반대로 성은 내 심리학에서 정신 전체의 본질적인(유일한 것은 아니라 할지라도) 표현으로서 커다란 역할을 하고 있다. 그러나 나의 주요한 관심은 성의 개인적인 의미와 생물학적인 기능을 넘어서서 그것의 정신적인 측면과 신성체험적인 의미를 탐구하고 설명하는 데 있었다. 그리하여 프로이트가 매혹을 느꼈으면서도 파악하지 못했던 것을 내가 묘사하려고 했다. 이 주제에 관한 내 생각들은 나의 책《전이의 심리학》과《융합의 신비》속에 들어 있다.

성은 지하세계의 영(靈)의 표현으로서 아주 중요하다. 그 영은 '신의 또 다른 얼굴', 즉 신의 이미지의 어두운 면이다. 지하세계의 영의 문제는 연금술의 사고세계를 탐구한 이후로 내 마음을 사로잡았다. 원래 이것에 대한 나의 관심은 프로이트와의 초기 대화에서 촉발된 것이었다. 그때 나는 어리둥절한 가운데 그가 성의 현상에 대해 얼마나 깊이 감동하는가를 느꼈다.

프로이트의 가장 위대한 업적은 아마도 신경증 환자를 진지하게 다루고 그들의 독특한 개인적인 심리를 파고들어간 데 있을 것이다. 그는 환자의 사례가 스스로 말하도록 하는 용기를 가지고 있었다. 그런 방식으로 그는 개별적인 환자의 심리 속으로 들어갔다. 그는 말하자면 환자의 눈으로 관찰했으며, 그 결과 병에 대하여 그때까지 가능했던 것보다 한층 더 깊은 이해에 도달했다. 이 점에서 그는 불편성(不偏性)과 용기를 지니고 있었으며, 그럼으로써 많은 선입견을 극복해나갔다.《구약성서》의 예언자처럼 그는 거짓신들을 타파하고, 당시 마음의 부패를 무자비하게 폭로함으로써 수많은 불성실과 위선의 가면을 벗겨버렸다. 그는 자신의 연구가 인기없어도 개의치 않았다.

그가 우리 문화에 준 충격은 무의식으로 통하는 길을 발견한 것이었다. 그는 꿈을 무의식과정에 대한 가장 중요한 정보원으로 인정함으로써, 잃어버려 이제는 어쩔 수 없다고 여겨진 가치를 과거와 망각으로부터 되찾아왔다. 그는 자신의 경험으로 무의식적 정신의 존재를 증명했다. 그것은 그때까지는 단지 철학적인 요구에 의해서만 존재했는데, 이를테면 카를 구스타프 카루스(Carl Gustav Carus)와 에두아르트 폰 하르트만(Eduard von Hartmann)의 철학에서 특히 그러했다.

철학적으로 성찰해보면, 오늘날의 문화의식은 무의식개념과 거기에 따르는 결과들을 아직 받아들이지 않고 있다고 말할 수 있다. 반세기가 넘게 무의식과 직면해왔으면서도 말이다. 우리 정신의 존재가 두 개의 극을 가지고 있다는 사실에 대한 보편적이고 기본적인 통찰은 여전히 장래의 과제로 남아 있다.

내 안의 여인 아니마

무의식의 깊은 곳으로 가는 불확실한 길에
자신을 맡기는 일은 위험한 실험이나
수상한 모험으로까지 여겨진다.
"외람되게도 저 문을 열어젖혀라.
사람마다 통과하기를 주저하는 저 문을……."

Carl Gustav Jung

볼링겐의 집

신화와 환상

프로이트와 결별한 후 얼마 동안 나는 마음이 안정되지 않았다. 그것은 방향상실 상태라고 해도 과언이 아니었다. 나는 설자리를 찾지 못하고 완전히 허공에 떠 있는 느낌이었다. 무엇보다도 환자를 새로운 태도로 대해야 할 필요성을 느꼈다.

나는 아무런 선입견 없이 환자들이 스스로 이야기하기를 기다리기로 마음먹었다. 나의 의도는 우연에 맡겨보겠다는 것이었다. 그리하여 환자들이 자발적으로 꿈과 환상에 대해 이야기하기 시작했고, 나는 단지 질문만을 던졌다. "그것과 관련하여 당신에게 무슨 생각이 떠오릅니까?" "당신은 그것이 어떤 의미가 있다고 여깁니까?" "그것은 어디서부터 온 것입니까?" "당신은 그것에 대해 어떻게 생각하십니까?" 등의 질문이었다.

해석은 환자의 대답과 연상에서 자연히 도출되는 듯했다. 나는 이론적인 관점을 모두 접어두고 환자가 꿈의 이미지를 스스로 이해하도록 도와줄 뿐이었다. 나는 꿈을 다룰 때 이와 같은 방식을 꿈해석의 기본으로 삼는 것이 올바르다는 것을 곧 깨달았다. 바로 그것이 꿈이 의도하는 바이기 때문이다. 꿈은 우리의 출발점이 되어야 할 사실이다.

자연히 나의 '방법'으로 말미암아 수없이 많은 다양한 측면이 나오게 되었다. 그리하여 어떤 기준을 가져야만 할 필요성이 점점 더 절실해졌다. 그 기준이란 처음 시작을 위한 지침 같은 것이었다.

그 무렵 나는 이상하게도 명료한 정신상태 속에서 내가 걸어온 지금까지의 삶을 돌아보았다. 나는 생각했다. '너는 이제 신화의 문을 열 수 있는 열쇠를 가졌다. 그리고 무의식으로 들어갈 수 있는 모든 문을 열 수 있게 되었다.' 그러나 그때 내 안에서 속삭이는 소리가 있었다. "무엇 때문에 모든 문을 열려고 하는가?" 그러자 갑자기 내가 무엇을 이뤄왔는지 의문이 생겼다.

나는 과거 민족들의 신화를 설명해왔다. 영웅에 관한 책을 쓰고 사람들이 옛날부터 그 속에서 살아온 신화에 관한 책도 썼다. 그런데 오늘날 인간은 어떤 신화 속에서 살아가고 있는가? 기독교 신화 속에서 살아가고 있다고 말할 수도 있을 것이다. 나에게 묻는 소리가 들렸다. "너 자신은 그 신화 속에서 살고 있는가?" "솔직히 말해, 아니오! 나는 그 신화 속에서 살고 있지 않소." "그럼 우리는 이제 아무런 신화도 가지고 있지 않단 말인가?" "그렇소. 우리는 이제 아무런 신화도 가지고 있지 않은 것이 분명하오." "그러면 무엇이 너의 신화인가? 너는 어떤 신화 속에서 살고 있는가?" 여기에 이르자 내 마음이 편치 않아졌다. 그래서 나는 생각을 중단했다. 막다른 골목에 부딪히고 만 것이었다.

1912년 크리스마스 즈음에 나는 꿈을 꾸었다. 꿈속에서 나는 기둥과 대리석바닥, 대리석난간이 있는 화려한 이탈리아식 주랑(柱廊)에 있었다. 나는 르네상스양식의 황금의자에 앉아 있었는데, 내 앞에는 빼어나게 아름다운 탁자가 놓여 있었다. 그것은 에 머랄드와 같은 녹색 돌로 만들어져 있었다. 나는 거기 앉아서 먼 곳을 바라보았다. 주랑이 성탑 높은 곳에 있어서 멀리까지 내다 볼 수 있었다. 내 아이들도 탁자 둘레에 앉아 있었다.

갑자기 작은 흰 새 한 마리가 날아내려왔다. 작은 갈매기나 비둘기 종류였다. 그 새는 탁자 위에 사뿐히 앉았다. 나는 아이들에게 조용히 하라고 신호를 보냈다. 이 작고 귀여운 흰 새가 겁을 먹고 날아가버리지 않도록 하기 위해서였다. 그런데 홀연히 비둘기가 여덟 살가량의 금발머리 작은 소녀로 변신했다. 소녀는 아이들과 함께 달려가 그 성의 아름다운 주랑 안에서 같이 놀았다.

나는 사색에 잠겨 방금 경험한 일을 떠올렸다. 소녀가 돌아와서 두 팔로 다정하게 내 목을 감싸안았다. 그러더니 갑자기 소녀는 사라지고 비둘기가 돌아와서 사람의 목소리로 천천히 말했다. "나는 오직 밤의 첫 시간에만 사람의 모습으로 변할 수 있답니다. 그동안 수컷비둘기는 죽은 열두 명과 함께 바쁘지요." 그러고 나서 비둘기는 푸른 하늘로 날아가버리고, 나는 잠에서 깨어났다.

내가 이 꿈에 대해 설명할 수 있는 것이라고는, 그 꿈이 무의식의 신묘한 활성화를 나타내고 있다는 것뿐이었다. 그러나 나는 이 내적 과정이 어떻게 이루어지는지 알 수 있는 방도가 없었다. 수컷비둘기는 죽은 열두 명과 함께 무슨 일을 하고 있는 것일까? 에머랄드탁자에 관해서는 헤르메스 트리스메기스토스의 연금술 전설인 '에머랄드탁자' 이야기가 떠올랐다. 헤르메스는 연금술 지혜의 정수를 그리스어로 새긴 탁자를 남겨놓았다고 한다.

나는 열두 사도, 열두 달, 열두 별자리에 대해서도 생각해보았다. 하지만 이 수수께끼를 풀어낼 수가 없었다. 결국 나는 포기해야만 했다. 내가 할 수 있는 일은 인생을 살아가면서 나 자신의 환상에 주의를 기울이며 기다리는 것밖에 없었다.

그 즈음 끔찍한 환상이 되풀이해서 나타났다. 뭔가 죽은 것이 있는데 그것이 아직도 살아 있다고 느껴지는 그런 환상이었다. 예를 들면 시체를 화장하기 위해 화덕에 넣었는데 그것이 아직도 살아 있는 것을 발견하게 된다는 식이었다. 이와 같은 환상이 최고조에 달하자 한 꿈속에서도 나타났다.

나는 아를지방 근처 알리스막사를 연상하게 하는 어느 지역에 있었다. 그곳에는 메로빙거왕조 시대까지 거슬러 올라가는 석관들이 늘어선 길이 있었다. 꿈속에서 나는 시내 쪽에서 걸어왔는데, 내 앞에 무덤들이 길게 늘어선 비슷한 길이 보였다. 거기 석판대좌들 위에 죽은 자들이 고대 의상을 입고 두 손을 마주잡은 채 누워 있었다. 옛날 교회 지하묘소에 있는 갑옷 입은 기사들 같았다. 단지 그것과 차이가 나는 것은, 내 꿈속에서는 죽은 자들이 돌에 새겨져 있지 않고 기묘하게 미라로 만들어져 있었다.

나는 첫 번째 무덤 앞에 멈춰서서 시체를 바라보았다. 그것은 19세기 30대 남자의 시체였다. 나는 그의 의상을 흥미롭게 구경하고 있었는데, 갑자기 시체가 움직이더니 살아났다. 그는 두 손을 풀었다. 나는 내가 그를 바라보았기 때문에 그런 일이 일어난 것을 알았다.

마음이 편치 않은 가운데 계속 걸어가 다른 시체 앞으로 왔다. 18세기에 속하는 사람이었다. 내가 그를 바라보자 아까와 똑같은 일이 일어났다. 그는 살아나서 두 손을 움직였다.

이런 식으로 나는 온갖 무덤을 거쳐 12세기 시체가 있는 데까지 왔다. 그는 사슬갑옷을 입은 십자군으로, 두 손을 마주잡은 채 누워 있었다. 마치 나무에 조각한 모습처럼 보였다. 나는 한참 그를 지켜보면서 그가 정말로 죽었음을 확신할 수 있었다. 그런데 갑자기 그의 왼쪽 손가락이 꼼지락거리는 것이 보였다.

이 꿈은 오랫동안 내 뇌리에서 떠나지 않았다. 물론 나는 무의식에는 고대 체험의 유물이 남아 있다는 프로이트의 견해에 동의하고 있었다. 이 꿈과 비슷한 꿈들과 무의식의 실제 체험을 통해 나는 이 유물이 결코 죽은 형태가 아니라 살아 있는 정신에 속한다는 사실을 간파하게 되었다. 나는 내 후기연구에서 이 가정을 증명했으며, 여러 해가 지나면서 이것으로부터 원형설이 발전되어 나왔다.

이런 꿈들이 나에게 깊은 인상을 남겼으나 방향상실의 느낌을 지워주지는 못했다. 오히려 나는 무겁게 눌린 마음으로 지냈다. 때때로 마음이 너무 짓눌려 내가 어떤 정신장애를 앓고 있지 않나 의심이 갈 정도였다. 이 장애의 원인으로 여길 만한 것이 나의 과거에 있는 어떤 것일 수도 있다는 생각에 나는 두 번이나 내 전 생애, 그중에서도 특히 어린시절의 기억들을 주의를 기울여서 살펴보았다. 그러나 그러한 회고는 효과가 없었고, 나는 나의 무지를 인정할 수밖에 없었다. 그래서 나 자신에게 이렇게 말했다. "이토록 아는 것이 하나도 없으니 나의 머릿속에 떠오르는 대로 내버려둬보자." 그리하여 나 자신을 의식적으로 무의식의 충동에 맡겨버렸다.

처음 머릿속에 떠오른 것은 열 살이나 열한 살쯤 되었을 어린 시절의 추억이었다. 그 무렵 나는 벽돌로 집짓는 놀이에 열중했다. 내가 작은 집과 성을 세우고 병으로 현관과 천장을 만든 기억이 분명히 났다. 조금 후에 나는 흔히 보는 돌들을 사용하고 모르타르 대신 진흙을 사용했다. 이런 건축물들은 오랫동안 나를 매료시켰다. 놀랍게도 이런 기억들이 일종의 감격과 함께 떠올랐다.

나는 속으로 말했다. "아하, 여기에 삶이 있구나! 그 작은 아이는 여전히 여기에 있고, 내게 결여되어 있는 창조적인 삶을 누리고 있다. 그런데 나는 어떻게 거기에 도달할 수 있을 것인가?" 현재 성인이 된 남자와 열한 살 소년을 서로 이어준다는 것은 불가능해 보였다. 내가 그 시절과 다시 이어지기 위해서는 그곳으로 돌아가 아이의 놀이를 하면서 아이의 삶을 한번 더 살아보는 수밖에 없었다.

이 순간이 내 운명의 전환점이었다. 나는 오랫동안 망설이다가 마침내 그 놀이를 해보기로 결심했다. 아이의 놀이를 하는 것 외에는 할 수 있는 것이 정말 아무것도 없을 때 크나큰 체념과 굴욕감의 고통이 따랐다.

나는 놀이에 알맞은 돌들을 호숫가나 물속에서 찾아 모으기 시작했다. 그리고 작은 집들과 성과 마을 전체를 지었다. 그런데 교회가 아직 지어지지 않았다. 나는 정방형 지붕에 육각형 북을 얹어 정방형 건물을 지었다. 교회에는 제단이 있어야 했지만 나는 그것을 설치하는 것을 주저했다.

어느 날 나는 이 문제를 어떻게 해결해야 하나 생각하며 평소처럼 호숫가를 따라 모래사장에서 돌을 모으고 있었다. 한 순간, 붉은 돌 하나가 눈에 띄었다. 네 면으로 된 피라미드형으로, 높이는 4센티미터쯤 되었다. 물결과 파도에 씻겨 그런 모양으로 깎인 돌이었다. 순전히 우연하게 발견한 셈이었다. 저것이 교회 제단이구나! 나는 보는 순간 알아버렸다. 그 돌을 가져와 교회 지붕 밑 중앙에 놓았다. 그러는 동안 내 어린시절 꿈에 나온 지하의 남근상이 생각났다. 이런 관련성은 나에게 만족감을 주었다.

날마다 점심을 먹은 후 날씨만 좋으면 나는 집을 지었다. 식사를 마친 직후부터 환자가 올 때까지 그렇게 했다. 저녁에 일이 일찍 끝났을 때도 다시 나의 작업장으로 갔다. 이런 과정에서 나의 생각은 맑아지고 어렴풋이 느껴지는 환상을 붙잡을 수 있었다.

물론 나는 내 놀이의 의미를 생각해보며 자문했다. "너는 무엇을 하고 있는 것인가? 너는 종교의식을 치르듯이 작은 마을을 세워 완성해가고 있다!" 나는 어떻게 대답해야 할지 몰랐다. 하지만 내 신화에 이르는 길을 가고 있는 중이라는 확신은 느끼고 있었다. 건축은 시작에 불과했다. 그것은 한 줄기 환상을 풀어놓았다. 그 환상은 나중에 상세히 기록해두었다.

이런 종류의 일은 내 인생에서 늘 되풀이되었다. 내 후반기 인생에서 장애에 부딪힐 때마다 나는 언제나 그림을 그리거나 돌을 다루었다. 그런 일은 늘 그 다음에 이어지는 생각과 일을 위한 통과의례였다.

내가 그해(1957)에 쓴 《현재와 미래》 《현대의 신화》 《양심에 관하여》 같은 저작물은 아내가 죽은(1955년 11월 27일 사망) 후에 돌을 다루던 작업에서 나온 것이었다. 아내의 인생 완결, 종말, 그리고 그 일로 인해 내게 명료하게 다가온 인식들은 나를 나 자신으로부터 사납게 잡아채갔다. 나는 나를 다시금 안정시킬 필요를 매우 절실하게 느꼈고, 돌과 접촉함으로써 도움을 얻었다.

1913년 가을이 다가올 무렵, 내 안에서 느껴온 압박감이 밖으로 옮겨가 마치 대기 속에 있는 것처럼 여겨졌다. 실제로 주변분위기가 이전보다 어둡게 보였다. 이제는 정신적 상황이 아니라 구체적인 현실에서 압박감이 주어지는 듯했다. 이런 인상이 점점 더 강해졌다.

10월에 내가 혼자서 여행하고 있을 때 갑자기 한 환상이 나를 압도해버렸다. 나는 북해와 알프스산 사이의 지대 낮은 북쪽 나라들을 모두 삼키는 무시무시한 홍수를 보았다. 그 홍수는 영국에서 러시아까지 미쳤고, 북해 기슭에서 거의 알프스까지 이르렀다. 홍수가 스위스를 삼키려고 할 즈음, 나는 산들이 마치 스위스를 보호하려는 듯이 점점 높아지는 것을 보았다.

끔찍한 재앙이 벌어지고 있었다. 나는 엄청난 황톳빛 물결과 물에 떠내려가는 문명의 파편들, 헤아릴 수 없는 수천의 주검을 보았다. 어느새 바다는 피바다로 변했다. 이 환상은 한 시간 가까이나 지속되었다. 나는 혼란스럽고 역겨워지면서 나 자신의 연약함에 부끄러움을 느꼈다.

두 주가 지났을 때 그 환상은 똑같은 상황에서 다시 찾아왔다. 피바다로 바뀌는 장면이 더욱 끔찍했다. 내 안에서 어떤 소리가 들려왔다. "잘 보라, 이것은 정말 사실이다. 그리고 그렇게 될 것이다. 의심의 여지가 없는 일이다."

그 겨울에 어떤 사람이 나에게 가까운 장래의 세계정세에 관해 어떤 견해를 갖고 있는지 물었다. 나는 거기에 대해 생각해본 적이 없다고 대답했다. 그러나 피의 강물을 보았다고는 말했다. 그 환상이 나에게서 떠나지 않았다.

나는 그 환상이 혁명을 의미하는지 자문해보았으나 그런 일을 상상할 수는 없었다. 그래서 나는 그것이 나 자신과 관계된 것이라고 결론내리고, 내가 정신병의 위협을 받고 있다고 추정했다. 전쟁과 관련되었다는 생각은 전혀 들지 않았다.

얼마 지나지 않아 1914년 봄과 초여름에 나는 한 꿈을 세 번이

나 반복해서 꾸었다. 한여름에 북극의 추위가 들이닥쳐 땅이 얼어붙었다. 예를 들면 로렌지방 전체와 그 운하가 얼어붙은 것을 보았다. 모든 땅에 사람이 없고 모든 호수와 강은 얼어버렸다. 자라나던 온갖 식물도 얼어버렸다. 이 꿈의 이미지는 1914년 4월과 5월, 그리고 마지막으로 6월에 나타났다.

세 번째 꿈에서는 우주에 무시무시한 추위가 다시 몰아닥쳤다. 그러나 이 꿈은 뜻밖의 결말을 맺었다. 잎사귀는 있으나 열매는 없는 나무(내 인생의 나무라고 생각했음)가 서 있었는데, 그 잎사귀가 추위의 영향을 받아 치유력 있는 단물이 가득한 산딸기로 변했다. 나는 그 딸기를 따서 초조하게 기다리는 수많은 사람에게 나누어주었다.

1914년 7월 말, 나는 영국 의학협회로부터 초대를 받아 애버딘에서 열리는 한 학회에서 '정신병리학에서 무의식의 의미'에 관한 강연을 할 예정이었다. 나는 무슨 일이 일어나리라는 것을 알고 있었다. 그런 환상과 꿈 들은 운명적이기 때문이었다. 나의 두려움을 감안하면, 그 당시 내 상황에서는 내가 무의식의 의미에 관해 바로 이때 말하게 되었다는 것은 숙명처럼 여겨지기까지 했다.

8월 1일 세계대전이 발발했다. 이제 나의 과제는 분명해졌다. 나는 무슨 일이 일어났으며 나 자신의 체험이 집단의 체험과 어느 정도까지 연관이 있는지 이해하기 위해 힘써야만 했다. 그러려면 무엇보다 먼저 나 자신을 성찰해야 했다. 그 시작은 집짓기 놀이에서 생겨난 환상들을 그려내는 일이었다. 이제 이 작업이 우선시되었다.

끝없는 환상의 흐름이 펼쳐졌다. 나는 방향감각을 잃지 않고 길을 찾기 위해 최선을 다했다. 나는 낯선 세계 속에 속수무책으로 서 있었다. 모든 것이 내게는 어렵고 이해하기 불가능한 듯이 보였다. 나는 줄곧 팽팽한 긴장 속에 살았다. 마치 거대한 돌이 내게로 굴러떨어지는 듯한 느낌을 자주 받았다. 뇌우(雷雨)가 연이어 일어났다. 내가 그것을 견뎌낸 것은 맹목적인 힘을 지닌 하나의 문제 덕분이었다. 다른 것들은 그 뇌우에 부서지고 말았다. 니체와 횔덜린(Hölderlin)과 그외 많은 것이 부서졌다. 그러나 내 안에 마력 같은 힘이 있어, 내가 환상에서 겪은 것의 의미를 찾지 않으면 안 되도록 처음부터 나를 붙들어주었다. 내가 노도와 같은 무의식의 엄습을 견뎌냈을 때, 보다 높은 어떤 의지에 순종하는 느낌을 피할 수 없었고, 그러한 느낌은 나의 과제를 수행하는 데 나침반 역할을 해주었다.

나는 자주 흥분되어 내 감정을 요가로 제어해야만 했다. 그러나 내 안에서 무슨 일이 일어나고 있는지 경험하는 것이 나의 목표였기 때문에, 요가는 내가 안정되어 무의식과 더불어 다시 작업을 시도할 수 있을 때까지만 했다. 나 자신으로 다시 돌아왔다는 느낌을 갖자마자 나는 감정제어를 풀고 환상의 이미지와 내부의 소리가 새롭게 말하도록 했다. 인도 사람들은 이와 반대로 다양한 정신 내용과 이미지를 완전히 없애기 위한 목적으로 요가를 사용하고 있다.

감정을 이미지로 바꾸는 그만큼, 다시 말해 감정 속에 숨어 있는 이미지들을 발견하는 그만큼 내적인 안정이 생겼다. 만일 내가 감정에 나 자신을 내맡겼더라면 무의식의 내용에 의해 산산이 부서졌을지도 모른다. 어쩌면 나는 그 무의식의 내용을 막아버릴 수도 있었을 것이다. 하지만 그랬다면 어쩔 수 없이 신경증에 걸렸을 것이고, 결국 무의식의 내용이 나를 파괴했을 것이다. 나의 실험을 통해 나는 감정 배후에 숨은 이미지를 의식화시키는 것이 치료의 관점에서 얼마나 크게 도움이 되는지 알았다.

나는 최선을 다해 환상을 기록해나갔다. 그리고 환상이 생기게 된 정신적인 전제들도 표현하려고 노력했다. 하지만 나는 그것을 아주 서투른 말로 할 수밖에 없었다.

처음에 나는 환상을 내가 지각한 대로 '장중한 언어'로 꾸미기 일쑤였다. 그것이 원형의 양식에 어울리기 때문이었다. 원형은 열정적으로 말하고 심지어 과장하기까지 한다. 그런 언어양식은 나를 당황하게 하고 기분을 언짢게 했다. 마치 누가 못으로 석고 벽을 긁어대고 칼로 접시를 긁는 것처럼 말이다. 그러나 나는 무슨 일이 일어나고 있는지 몰랐으므로 어찌할 도리가 없었다. 나는 무의식이 스스로 선택한 양식으로 모든 것을 받아쓰는 수밖에 없었다. 자주 나는 그것을 귀로 듣는 것 같았고, 나의 혀가 말을 꾸미는 것처럼 느끼기도 했다. 그리고 스스로 중얼거리는 말을 나 자신이 듣는 경우도 있었다. 의식의 문턱 아래서는 모든 것이 펄펄 살아 있었다.

처음부터 나는 무의식과의 대면을 내가 나 자신에게 부과한 학문적인 실험으로 이해하고 있었고 그 결과에 대해 관심이 많았다. 지금도 그것은 나에게 부과된 실험이었다고 말할 수 있다. 가장 심각한 어려움들 중 하나는 나의 부정적 감정을 극복하는 일이었다.

나는 지금까지 내가 받아들일 수 없는 감정에 나 자신을 스스로 내맡겼다. 자주 터무니없어 보이고 저항감을 느끼게 하는 환상을 기록했다. 사람들이 그 뜻을 이해하지 못하는 한, 그것은 고상함과 우스꽝스러움이 마구 뒤죽박죽 섞여 있는 것에 불과했다. 그것을 견뎌내려면 많은 희생을 치러야 했다. 그러나 나는 그렇게 하지 않으면 안 되는 운명이었다. 나는 엄청난 노력을 기울여서야 비로소 그 미로에서 해방될 수 있었다.

내 마음 깊은 곳에서 움직이는 환상을 붙잡기 위해서는, 이를테면 나 자신을 그 속으로 빠져들어가게 해야만 했다. 거기에 대해 나는 저항감을 느꼈을 뿐 아니라 무척 불안하기도 했다. 자기 제어력을 잃어버리고 무의식의 제물이 되지 않을까 두려웠다. 나는 그런 상태가 되는 것이 무엇을 의미하는지 정신과의사로서 너무나 분명히 알고 있었다. 그러나 나는 그 이미지들을 내 것으로 삼으려는 시도를 감행해야만 했다. 만약 내가 그렇게 하지 않았더라면 그 이미지들이 나를 자기들 것으로 삼았을 위험성이 있었다.

내가 이러한 시도를 하게 된 한 가지 중요한 동기는 내가 감히 스스로 행할 수 없는 것을 나의 환자에게 기대할 수는 없다는 확신이었다. 돕는 자가 환자 옆에 있지 않느냐는 변명은 통하지 않는 것이었다. 소위 돕는 자인 나는 환자의 환상 내용을 나 자신의 견지에서 이해하지 못하고, 기껏해야 거기에 대해 쓸모도 별로 없는 몇 가지 이론적인 편견들을 가지고 있을 뿐이라는 것을 알고 있었다. 내가 나 개인뿐 아니라 나의 환자를 위해서 이러한 모험을 자청해서 한다는 생각은 나로 하여금 위험한 고비를 여러 차례 넘기게 했다.

필레몬과의 대화

    1913년 강림절(12월 12일)에 나는 결정적인 한 걸음을 내딛기로 결심했다. 나는 책상 앞에 앉아서 또다시 나의 두려움에 대해 생각하다가 그만 굴러떨어지고 말았다. 마치 바닥이 실제로 내 밑에서 무너져내리는 듯한 느낌이었다. 내가 캄캄한 심연으로 떨어지는 듯했다. 나는 공포에 질려 어쩔 줄을 몰랐다. 그런데 뜻밖에 별로 깊지 않은 곳에 부드럽고 끈적이는 덩어리가 있어, 나는 거기에 발을 딛고 섰다. 나는 안도의 한숨을 크게 내쉬었다. 하지만 나는 아직도 거의 칠흑 같은 어둠속에 있었다. 얼마 안 있어 내 눈이 어둠에 익숙해졌는데, 그것은 이제 희붐한 새벽빛과도 같았다.

    내 앞에는 어두운 동굴 입구가 있었고 거기 몹시 키가 작은 사람이 하나 서 있었다. 그는 가죽으로 만든 것 같기도 하고 미라가 되어 있는 것 같기도 했다. 나는 그의 옆을 지나 좁은 입구로 들어가서 무릎까지 차는 찬물을 헤치고 동굴의 맞은편 끝에 이르렀다. 거기 암벽 위에 붉은빛을 내는 수정이 하나 있었다. 내가 그 돌을 집어올리자 그 밑으로 빈 공간이 보였다. 처음에는 아무것도 눈에 띄지 않았으나 마침내 깊은 곳을 흐르는 물이 보였다. 시체 한 구가 흘러왔다. 금발의 청년으로 머리에 상처가 있었다. 그 뒤를 거대하고 검은 갑충 한 마리가 따라왔다.

바로 그때 깊은 물속에서 새로 태어난 붉은 태양이 떠올랐다. 눈이 부셔서 나는 그 돌을 다시 구멍에 얹으려고 했으나, 그 순간 구멍으로부터 액체가 뿜어져나왔다. 피였다! 진한 핏줄기가 분출하여 나는 구역질이 났다. 그 피는 견딜 수 없을 정도로 오래 쏟아져나오는 것 같았다. 드디어 피의 분출이 멎고 환상도 끝났다.

나는 이 환상으로 몹시 충격을 받았다. 물론 나는 환상의 주제가 영웅과 태양 신화이며 죽음과 부활의 드라마라는 것을 알았다. 이집트의 갑충은 재생을 상징하고 있었다. 마지막 부분에서 새날이 밝아오는 대목이 따라와야만 했는데, 그 대신 참을 수 없는 피의 분출이 이어졌다. 나로서는 온통 비정상적인 현상으로 여겨졌다. 이때 그해 가을에 본 피의 환상이 떠올랐고, 나는 방금 본 환상을 이해하려는 시도를 포기했다.

엿새 후(1913년 12월 18일)에 나는 다음과 같은 꿈을 꾸었다. 나는 갈색 피부의 낯선 원시인 청년과 어느 외딴 바위산 속에 있었다. 동이 틀 무렵이었다. 동녘 하늘이 벌써 훤히 밝아왔고 별들은 흐릿해졌다. 그때 산 너머로 지크프리트의 호른소리가 들려왔다.

우리가 그를 죽여야 한다는 것을 나는 알고 있었다. 우리는 총으로 무장하고 좁은 바위길에 숨어 그를 기다렸다.

갑자기 지크프리트가 떠오르는 해의 첫 햇살을 받으며 바위산 등성이 높은 곳에 나타났다. 그는 해골로 만든 수레를 타고 무서운 속도로 바위절벽을 달려내려왔다. 그가 모퉁이를 돌 때 우리가 총을 쏘았고 그는 총에 맞아 아래로 떨어져 죽었다.

그토록 위대하고 아름다운 것을 파괴했다는 가책과 불쾌감을 가득 안고, 사람들에게 살인범죄가 들킬지도 모른다는 불안에 쫓기면서 나는 도망가기 시작했다. 이때 비가 세차게 내리기 시작했다. 나는 이 비가 범행의 모든 흔적을 지워줄 것을 알고 있었다. 들킬 위험성은 없어졌고 삶은 다시 계속될 수 있었지만, 참기 힘든 가책이 마음에 남았다.

꿈에서 깨어나 그 꿈에 관해 깊이 생각해보았으나 그것을 이해할 수가 없었다. 나는 다시 잠을 자려고 했다. 그러나 내 안에서 어떤 소리가 들렸다. "너는 꿈을 이해해야 한다, 그것도 지금 즉시!" 마음속의 절박감은 점점 강도가 세져 마침내 이런 소리까지 들리는 무서운 순간이 오고야 말았다. "만일 네가 이 꿈을 이해하지 못한다면, 너는 너 자신을 총으로 쏘아야 한다!" 내 침실용 탁자 안에는 장전된 권총이 있었다. 나는 불안해졌다.

나는 또 한 번 깊이 생각하기 시작했다. 그러자 별안간 꿈의 의미가 밝혀졌다. "그것은 이 세계에서 벌어지고 있는 바로 그 문제가 아닌가!" 독일 사람들이 성취하고자 하는 것, 다시 말해 자신의 의지를 영웅적으로 실현하고자 하는 것이 지크프리트로 나타난 셈이었다. "의지가 있는 곳에 길이 있다!" 나도 그와 같이 하려고 했다. 그러나 이제는 그것이 더이상 가능하지 않았다. 지크프리트로 구체화된 영웅적인 태도는 나에게 더이상 맞지 않는다는 사실을 꿈이 가르쳐주었다.

살해행위 뒤에 나는 마치 나 자신이 총에 맞은 것처럼 깊은 연민을 느꼈다. 거기에는 영웅과의 은밀한 동일시, 그리고 사람이 자신의 이상(理想)과 의식의 관점을 희생하도록 강요당할 때 겪는 고통과의 동일시가 표현되어 있었다. 그러나 이런 영웅적 이상과의 동일시는 끝나야 한다. 왜냐하면 사람이 순종해야 할 대상, 자신의 의지보다 높은 존재가 있기 때문이다.

우선은 이 정도 생각으로 족하다고 여기며 나는 다시 잠이 들었다.

나를 수행하여 그 암살을 주도한 갈색 피부의 원시인은 원시적 '그림자(그늘)'의 화신이었다. 비는 의식과 무의식의 긴장이 풀어지는 것을 가리켰다.

물론 그 당시 나는 이 꿈의 의미를 몇 가지 암시 외에는 더이상 이해할 수 없었지만, 새로운 힘이 솟아나 무의식과의 실험을 끝까지 치러내는 데 도움이 되었다.

환상을 붙들기 위해서 나는 자주 하강(下降)을 상상했다. 한번 깊은 곳에 이르기 위해서 심지어 몇 번이나 시도할 필요가 있을 때도 있었다. 처음으로 나는 그야말로 300미터 깊이까지 내려가보았다. 그 다음에는 벌써 우주적인 깊이에까지 미쳤다. 그것은 마치 달나라여행이나 허공으로의 하강과 같은 것이었다.

처음에는 분화구의 이미지가 나타났고 저승에 와 있는 느낌이었다. 높은 암벽 밑에 두 형상이 보였는데, 하나는 흰 수염을 기른 노인이었고 다른 하나는 젊고 아름다운 처녀였다. 나는 용기를 내어 마치 그들이 실제 인간인 양 그들에게 다가갔다. 나는 그들이 내게 하는 말을 주의깊게 들었다.

그 노인은 자신이 엘리야라고 말했다. 그 말에 나는 충격을 받았다. 그 처녀는 나를 더욱 당황하게 했다. 그녀가 자기를 살로메라고 했기 때문이었다! 그녀는 장님이었다. 살로메와 엘리야, 이 무슨 기묘한 짝이냐! 그런데 엘리야는 자신과 살로메가 아득한 영원 전부터 함께해왔다고 확신있게 말했다. 그의 말은 나를 몹시 혼란스럽게 했다.

그들과 함께 검은 뱀 한 마리가 살고 있었는데, 그 뱀은 나에게 호감이 있음이 틀림없었다. 나는 엘리야를 가까이하려 했다. 그가 셋 중에서 가장 이성적이고 총명해 보였기 때문이었다. 살로메는 좀 의심스러웠다. 엘리야와 나는 오랫동안 대화를 나누었으나 그 뜻을 파악할 수는 없었다.

물론 나는 내 환상 속에 성서의 모습들이 나타난 이유에 대해 아버지가 목사였다는 사실을 가지고 설명해보려고 했다. 그러나 이것으로는 여전히 아무것도 밝혀지지 않았다. 그러면 그 노인은 무엇을 가리키는가? 살로메는 무엇을 의미하는가? 왜 그들은 함께 있는 것인가?

여러 해가 지난 후 내가 더 많은 것을 알게 되었을 때 비로소 노인과 젊은 처녀의 결합이 나에게 무척 자연스럽게 여겨졌다.

그러한 꿈속의 방황에서 사람들은 흔히 젊은 처녀와 동행하는 노인을 보게 된다. 많은 신화적인 이야기에서 그런 짝의 예들이 발견된다. 그노시스파의 전승에 따르면, 시몬 마구스는 사창가에서 데려온 한 젊은 처녀와 함께 다녔다고 한다. 그녀는 헬레나라고 불렸고 트로이 헬레나의 재현이라고 여겨졌다. 클링소르와 쿤드리, 노자와 무녀(舞女)도 마찬가지로 이러한 예에 속한다.

나의 환상 속에는 앞에서 언급한 바와 같이 엘리야와 살로메 외에 제3의 형상, 즉 크고 검은 뱀이 있었다. 신화에서 뱀은 영웅의 대역으로 나오는 경우가 많다. 영웅과 뱀의 결합과 관련해서는 많은 근거자료가 있다. 예를 들어 영웅은 뱀눈을 가지고 있다든가, 영웅이 죽은 후에 뱀으로 변하여 숭배를 받는다든가, 뱀이 영웅의 어머니라든가 하는 등의 이야기들이다. 나의 환상에서도 뱀의 출현은 영웅신화임을 가리키고 있다.

살로메는 하나의 아니마 형상이다. 그녀는 사물의 의미를 인식하지 못하기 때문에 장님이다. 엘리야는 지혜로운 노인 예언자의 모습으로 인식의 요소를 나타내지만, 살로메는 애욕의 요소를 나타내고 있다. 두 형상은 로고스와 에로스의 화신이라고 말할 수 있겠다. 하지만 이러한 정의는 너무 지적이다. 그 형상은 원래 나에게 보인 그대로, 다시 말해 무의식의 배후에서 전개된 과정으로 놔두는 것이 더 의미있을 것이다.

이 환상이 있고 얼마 지나지 않아 또 다른 형상이 무의식에서 떠올랐다. 그것은 엘리야의 모습에서 발전한 것이었다. 나는 그를 필레몬이라 불렀다. 필레몬은 이교도로 그노시스파의 색조를 띤 이집트적 헬레니즘의 분위기를 지니고 있었다. 그의 형상은 한 꿈속에 처음 나타났다.

푸른 하늘이 있었는데 그것은 바다 같았다. 하늘은 구름이 아닌 흙덩이로 덮여 있었다. 흙덩이가 부서져 푸른 바닷물이 그 사이로 보이는 듯했다. 그러나 물은 푸른 하늘이었다. 갑자기 오른쪽에서 날개 달린 것이 날아왔다. 그것은 황소뿔을 달고 있는 노인이었다. 그는 열쇠 네 개로 된 뭉치를 가지고 있었는데, 그중 하나를 들고 금방이라도 자물쇠를 열려는 것 같았다. 그는 날개가 돋쳐 있었고 그의 날개는 물총새 날개처럼 생겼는데 그 특유의 색깔을 하고 있었다.

나는 그 꿈을 이해할 수 없어 모습이 좀더 드러나도록 그 새를 그렸다. 내가 그림작업에 몰두하고 있던 어느 날, 우리집 정원 못가에서 죽은 물총새를 발견했다! 물총새를 취리히 근처에서 보기란 매우 드문 일이었다. 나는 우연한 일치처럼 보이는 그 일로 무척 충격을 받았다. 새의 시체는 아직도 상하지 않아 기껏해야 죽은 지 이틀이나 사흘 정도 된 것 같았다. 그리고 아무런 외상도 보이지 않았다.

필레몬과 또 다른 환상의 형상들을 통해 나는 인간의 마음속에는 내가 만드는 것이 아니라 스스로 만들어지는, 자신만의 고유한 삶을 지닌 것이 존재한다는 사실을 분명히 알게 되었다. 필레몬은 내가 아닌 다른 힘을 나타내고 있었다. 나는 환상 속에서 그와 대화를 나누었고, 그는 내가 의식에서 생각하지 않은 것들을 말했다. 나는 말하고 있는 것이 내가 아니라 그라는 것을 정확히 지각했다.

그는 내게 설명하기를, 내가 나의 생각을 만들어내는 것같이 보이지만 그의 견해로는 그 생각들이 숲속의 짐승이나 방 안에 있는 사람, 공중의 새처럼 자기만의 고유한 삶을 지니고 있다고 했다. 그는 나에게 이렇게 가르쳤다. "당신이 방 안에서 사람들을 본다면 당신은 당신 자신이 그 사람들을 만들었다거나 당신이 그 사람들에게 만든 책임이 있다는 등의 말을 하지 않을 것이다." 그리하여 그는 차츰 나에게 정신적인 객관성, '마음의 진실'을 깨우쳐주었다.

필레몬과의 대화에서 나와 내 사고의 객체 사이에 있는 차이가 분명해졌다. 그는 이를테면 객관적인 태도로 나를 대했다. 나는 내가 알지 못하고 내 생각이 아닌 것들을 말할 수 있는 어떤 것이 내 속에 존재한다는 사실을 이해했다. 그것은 심지어 나에게 적대적일 수 있는 것들까지도 말할 수 있었다.

심리학적으로 필레몬은 탁월한 통찰을 나타냈다. 그는 나에게 신비로운 형상이었다. 어떤 때는 그가 신체를 지닌 실제 인간과 비슷하게 다가오기도 했다. 나는 그와 함께 정원을 오르내렸다. 그는 나에게 인도인이 구루(Guru)라 부르는 존재와 같았다.

새로운 사람 형상이 뚜렷이 나타날 적마다 나는 그것이 개인적인 패배처럼 느껴졌다. "지금까지 당신은 그것도 몰랐군요!" 이런 말을 듣는 느낌이었다. 나는 그런 형상들이 끝없이 이어지지 않을까, 나 스스로 무지의 깊은 수렁 속으로 빠져들지 않을까 두려웠다. 나의 자아는 자신의 가치가 무시당했다고 여겼다. 넉넉한 외적 성공으로 내가 더 좋은 것을 배울 수도 있었는데 말이다.

나는 그 무렵 나의 '암흑(우리 영혼의 무서운 어둠을 정화하라 : 토마스 아퀴나스의 연금술서 《아우로라 콘수르겐스》에 있는 구절)' 속에서 환상의 어쩔 수 없는 산물들을 풀이해줄 실제적이고 구체적인 구루, 탁월한 지혜와 능력을 갖춘 자보다 더 좋은 것을 원하지는 않았다. 이러한 과제를 맡은 것이 필레몬이었다. 나는 이런 점에서 그를 싫든좋든 나의 스승으로 인정해야만 했다. 그는 사실 나를 깨우치는 생각들을 전해주었다.

15년 넘게 지난 후, 매우 교양있는 늙은 인도인 한 사람이 나를 방문했다. 그는 간디의 친구라고 했다. 우리는 인도의 교육, 특히 구루와 켈라(Chelah)의 관계에 대하여 대화를 나누었다. 나는 머뭇거리며 그가 모신 구루의 인격과 특질에 관해 이야기해줄 수 있느냐고 물었다.

그는 당연하다는 듯한 어조로 대답했다. "아, 네. 나의 구루는 샹카라샤리아였습니다."

"그는 수백 년 전에 죽은 베다의 주석가 아닙니까?" 내가 말했다.

"네, 그렇습니다." 그의 대답에 나는 크게 놀랐다.

"그럼 영혼을 말하는 것입니까?" 내가 물었다.

"물론 그의 영혼이었습니다." 그가 시인했다. 바로 그 순간 나는 필레몬이 떠올랐다.

"영혼의 구루도 있습니다." 그가 이어서 말했다. "대부분의 사람들은 살아 있는 사람을 구루로 삼지만, 늘 영혼을 구루로 삼는 사람들도 있습니다."

이러한 정보는 나를 위로했을 뿐 아니라 새로운 통찰을 주었다. 그러니까 나는 결코 인간세계에서 떨어져나온 존재가 아니었다. 오히려 비슷한 방식으로 열심히 노력하는 사람들을 만날 수 있다는 사실을 알게 되었다.

나중에 필레몬은 내가 카(Ka)라고 부른 다른 형상이 출현함에 따라 상대화되었다. 고대 이집트에서 '왕의 카'는 왕의 지상적 형태, 즉 형상을 지닌 혼으로 간주되었다. 나의 환상 속에서 카 혼은 땅 밑 심연 같은 곳에서 나왔다. 나는 그를 대지적인 형상으로 신의 주상(柱像)처럼 그렸는데, 받침은 돌로 만들었고 그 윗부분은 청동으로 이루어져 있었다. 그림 맨 위에는 물총새의 날개가 보이고, 카의 머리와 물총새 사이에 등근 형태로 빛나는 성운(星雲)이 하나 떠 있었다. 카의 표정에는 영기가 어려 있었다. 메피스토텔레스적이라고도 할 수 있을 것이었다. 한 손에는 채색된 탑, 혹은 성유골함 비슷한 물건을 들고 다른 손에는 철필 같은 것을 들고 그것으로 일을 하고 있었다. 그는 주장했다. "나는 신들이 황금과 보석 속에 숨겨놓은 바로 그것이다."

필레몬은 불구의 발을 가졌지만 날개 달린 혼이고, 반면에 카는 일종의 흙이나 금속에 깃든 혼을 나타낸다. 필레몬은 정신적 측면, 즉 '이해력'이지만 카는 이와 반대로 그리스 연금술의 안트로파리온(일종의 꼬마 난쟁이 요술사) 같은 자연혼이다. 이 사실을 당시에는 나도 잘 몰랐다. 카는 모든 것을 실재화하는 바로 그것이지만, 물총새의 혼, 즉 이해력을 덮어버리거나 아름다움, 즉 '영원한 반조(返照 : 과거는 아름답다는 의미와 연관이 있는 듯함—옮긴이)'로 대치한다.

차츰 나는 이 두 가지 형상을 통합할 수 있었다. 연금술연구가 이때 나에게 도움을 주었다.

환상을 기록하는 동안 나는 한번 이렇게 자문해보았다. "도대체 나는 무엇을 하고 있는가? 이것은 확실히 과학하고는 아무 상관이 없다. 그럼 이것은 무엇인가?" 이때 내 안에 어떤 소리가 있었다. "이것은 예술이에요." 나는 매우 놀랐다. 나의 환상이 예술과 관계가 있다고는 생각해본 적이 없기 때문이었다. 그러나 나는 속으로 이렇게 말했다. "아마도 나의 무의식이 내가 아닌 어떤 하나의 인격을 이루었고, 그것이 자신만의 고유한 견해를 말로 표현하는가 보다." 나는 그 소리가 한 부인에게서 유래한다는 사실을 알았고, 그것이 한 여자환자의 목소리임을 인식했다. 그녀는 재능있는 정신병 환자로 나에 대해 심한 전이현상을 나타내고 있었다. 그녀는 나의 내부에서 하나의 살아 있는 형상이 되었다.

물론 내가 한 것은 과학이 아니었다. 그럼 예술 이외에 다른 무엇이 될 수 있단 말인가? 온 세상에 오직 이 두 가지 가능성만이 있는 것 같다! 이런 식의 논쟁은 여성적인 논쟁방식의 전형이다.

나는 그 목소리에 대항하여, 나의 환상은 예술과 관계가 없다고 매우 단호하게 밝혔다. 그러자 그녀는 말이 없었다. 나는 계속 기록해나갔다. 그러자 다음 공격이 있었는데 아까와 똑같은 주장이었다. "그것은 예술이에요." 나는 다시 반박했다. "아니오, 그것이 아니오. 반대로 그것은 자연이오." 나는 새로운 항변과 싸울 작정을 하고 있었다. 그러나 뒤이어 아무 일도 일어나지 않았다. 나는 '내 안의 여인'이 언어중추를 가지고 있지 않다는 것을 고려하여 그녀에게 내 말을 사용하도록 제안했다. 그녀는 이 제안을 받아들이고 즉시 자신의 견해를 장광설로 늘어놓았다.

내 안에서 생겨난 한 여인이 나의 생각에 간섭한다는 것은 무척 흥미로운 일이었다. 십중팔구 그것은 원시적인 의미의 '혼'일 거라고 생각했다. 그 혼이 왜 '아니마'라고 불리게 되었는지 자문해보았다. 왜 사람들은 그것을 여성적인 것으로 상상하는가? 나중에 나는 내 안에 있는 여성상이 남성 무의식 속에 있는 전형적인, 또는 원형적인 형상이라는 것을 알게 되었고, 이를 '아니마(Anima)'라고 불렀다.

우선 나에게 인상깊었던 것은 아니마의 부정적 측면이었다. 보이지는 않지만 거기 있는 것이 느껴지는 그녀 앞에서 나는 좀 주눅이 들었다. 나는 그녀와의 관계를 다르게 맺으려고 시도하여 내 환상의 기록을 그녀를 향한 나의 편지라고 간주했다. 이를테면 나의 의식과는 다른 관점을 취하는 나 자신의 어떤 부분에게 편지를 보내는 셈이었다. 그런데 나는 뜻밖의 특이한 회답을 받았다. 나 자신이 마치 한 여성적인 혼에 의해 분석을 받는 환자처럼 여겨졌다!

매일 저녁 나는 글쓰는 일에 매달렸다. 내가 아니마에게 편지를 쓰지 않으면 그녀는 나의 환상을 파악할 수 없을 것이라 생각했기 때문이었다. 나의 성실한 글쓰기에는 또 다른 이유가 있었다. 이미 적어놓은 것은 아니마가 왜곡할 수 없을 것이고, 그걸 가지고 책략을 쓰지도 못할 것이었다. 이와 관련해서 보면, 우리가 어떤 것을 이야기하려고 마음만 먹는 것과 그것을 실제로 적어놓는 것에는 엄청난 차이가 있다. 나는 편지를 쓰면서 될 수 있는 한 정직하려고 노력했다. 옛 그리스 격언을 따른 것이었다. "네가 가지고 있는 것을 버려라. 그러면 받으리라."

　나는 차츰 내 생각과 그 소리의 내용을 구별하는 법을 배워나갔다. 예를 들어, 그녀가 내가 쓰는 글에 진부한 내용을 삽입하려고 하면 나는 이렇게 말했다. "그건 맞아요. 나도 예전에는 그렇게 생각하고 느꼈소. 그러나 나는 죽을 때까지 거기에 매여 있을 의무는 없어요. 무엇 때문에 그따위 굴욕을 당한단 말이오?"

　무엇보다도 문제가 되는 것은 의식과 무의식 내용을 구별하는 일이다. 무의식 내용은 이를테면 격리를 시켜야 한다. 그것을 가장 쉽게 할 수 있는 방법은 우리가 그 내용을 인격화하여 의식으로 하여금 그 인격들과 관계를 맺도록 하는 것이다. 그렇게 해야만 우리는 무의식 내용에서 힘을 제거할 수 있다. 그렇지 않으면 무의식이 그 힘을 의식에 행사하게 된다. 무의식 내용은 어느 정도 자율성을 가지고 있으므로 그 방법이 특별히 어려운 것은 아니다. 무의식 내용이 자율성을 가진다는 사실에 스스로 익숙해지는 것은 전혀 별개의 문제다. 하지만 바로 여기에 무의식과 교제

할 수 있는 가능성이 있는 것이다.

내 마음속 목소리의 주인공이던 그 여자환자는 현실에서는 남자들에게 치명적인 영향을 끼쳤다. 그녀는 내 동료 중 한 사람에게 그가 오해받는 예술가라고 설득하는 데 성공했다. 그는 그 말을 믿고 좌절했다. 그가 좌절한 원인은? 그는 자신의 평가에 의해서가 아니라 남의 평가에 의해 살았다. 이것은 위험한 일이다. 그로 인하여 그는 확신이 흔들렸고 아니마의 속삭임에 마음을 열어놓고 말았다. 아니마의 말은 대개 유혹하는 힘과 깊이를 알 수 없는 교활함을 지니고 있다.

무의식의 환상들이 내게 예술로 보였다면 나는 그 환상을 내면의 눈으로 보았거나 필름이 돌아가는 것처럼 볼 수 있었을 것이다. 그랬다면 그 환상은 어떤 감각적 인식에 불과한 것으로, 더이상 설득력을 갖지 못하며, 거기에 대한 윤리적 의무도 나에게 발생하지 않았을 것이다. 아니마는 나에게도 내가 오해받는 예술가라고 믿게 할 수 있었을 것이고, 소위 예술성이 나에게 현실을 소홀히 해도 되는 특권을 주었다고 설득할 수 있었을 것이다. 그런데 만약 내가 그녀의 소리를 따랐다면 그녀는 어느 날 나에게 아마도 이렇게 말했을 것이다. "당신이 하는 터무니없는 일이 예술이 되는 줄 알고 있나요? 천만의 말씀이에요."

무의식의 대변자인 아니마는 그 변덕스러운 이중성으로 한 남자를 형편없이 파멸시킬 수도 있다. 결정적인 것은 결국 언제나 의식이다. 의식이 무의식의 표현을 이해하고 거기에 대해 자기의 태도를 취하게 된다.

그런데 아니마는 긍정적인 측면도 있다. 무의식의 이미지를 의식에 전달해주는 것이 바로 아니마다. 이것이 내게는 중요했다. 10년 동안 나는 기분이 언짢고 안정을 잃었다고 느끼면 늘 아니마에게 도움을 청했다. 그러면 무의식에 무엇인가 배열이 되었다. 그 순간 나는 아니마에게 물었다. "당신은 지금 또 무엇을 하려는 거요? 당신은 무엇을 보고 있소? 나는 그것을 알았으면 하오!" 조금 저항을 하고 나서 그녀는 자신이 본 이미지를 항상 도출해냈다. 그 이미지가 나타나면 불안이나 우울은 사라졌다. 내 감정의 에너지 전체는 그 이미지 내용에 대한 관심과 호기심으로 전환되었다. 그러면 나는 그 이미지들에 관해 아니마와 이야기를 나누었다. 나는 꿈을 이해하듯 그 이미지를 가능한 한 잘 이해해야 했기 때문이다.

오늘날 나는 아니마와 더이상 대화할 필요가 없다. 나는 그런 감정을 가지고 있지 않다. 그러나 내가 그런 감정을 갖게 되었다면 똑같은 방식으로 대처했을 것이다. 오늘날 내게는 그 관념들이 직접 의식되고 있다. 왜냐하면 나는 무의식 내용을 받아들이고 이해하는 법을 배웠기 때문이다. 나는 내면의 이미지들에 대해 어떤 태도를 취해야 하는지 알고 있다. 나는 그 이미지들의 의미를 나의 꿈을 통해 직접 추론할 수 있기 때문에 이제는 중개자가 필요하지 않다.

죽은 자를 향한 일곱 가지 설법

그 무렵 내게 나타난 환상들을 나는 처음에는 '검은 책'에 기록했고 나중에는 '붉은 책'에 옮겨적었다. 나는 이 책을 그림들로 장식했다. 거기에는 대부분 나의 만다라그림이 그려져 있다. 나는 '붉은 책'에서 나의 환상을 미적으로 다듬으려는 쓸데없는 시도를 했는데, 그것은 결코 완결되는 일이 없었다. 내가 아직도 적합한 언어를 사용하지 않는다는 것을 깨달았고, 계속 그 환상을 번역해내야 한다는 것을 알았다. 그래서 나는 미화작업을 적절한 시기에 그만두고, 진지하게 환상을 이해하는 데 힘을 썼다.

나는 그 많은 환상이 든든한 토대를 필요로 한다는 것과 내가 우선 인간적인 현실로 돌아와야 한다는 것을 알았다. 나에게 현실이란 과학적인 이해를 의미했다. 무의식이 내게 가져다준 통찰을 통해 나는 구체적인 결론을 내려야 했다. 그리고 그것은 내 인생과제의 요점이 되었다.

'붉은 책'의 미화작업은 나를 무척 귀찮게 했지만 꼭 필요한 것이기도 했다. 왜냐하면 그런 작업을 함으로써 이미지에 대한 윤리적 의무를 비로소 깨달을 수 있었기 때문이다. 그것은 내 삶의 양식에 결정적으로 영향을 미쳤다. 삶을 대체할 만한 완전한 언어는 없다는 것을 분명히 알게 되었다. 언어가 삶을 대체하려고 시도한다면 언어뿐 아니라 삶도 망가지고 말 것이다. 무의식의 전제(前提)의 횡포에서 자유를 얻으려면 두 가지가 필요하다. 하나는 지적인 작업을 완수하는 것이고, 또 하나는 윤리적 의무를 갖는 일이다.

나 자신에 대한 실험에서 정신병의 구성요소들을 제시하는 심리적 내용을 정신과의사로서 일일이 추적하게 된 것은 물론 하나의 아이러니다. 그 내용은 사람들이 정신병원에서나 발견할 수 있는 것들이다. 그것은 정신병 환자를 치명적인 혼란에 빠뜨리는 무의식 이미지의 세계다. 그러나 그것은 동시에 합리적인 우리 시대에 사라져버린 신화를 형성하는 환상의 모태이기도 하다. 신화적 환상은 도처에 존재하지만 그것은 금지되거나 두려움의 대상이 되고 있다.

무의식의 깊은 곳으로 가는 불확실한 길에 자신을 맡기는 일은 위험한 실험이나 수상한 모험으로까지 여겨진다. 그것은 오류와 불확실의 길, 그리고 오해의 길이라고 간주된다. 나는 괴테의 다음과 같은 말을 생각한다. "외람되게도 저 문을 열어젖혀라. 사람마다 통과하기를 주저하는 저 문을……." 《파우스트》 제2부는 문학적 시도 이상의 것이다. 그것은 철학적 연금술과 그노시스파

사상에서 시작하여 니체의 《차라투스트라》에까지 이어지는 '황금사슬(연금술 용어임—옮긴이)'의 한 고리다. 또한 세계의 다른 극점을 향한 탐험여행으로, 대부분 인기가 없고 모호하며 위험하기도 하다.

환상에 관한 작업을 하던 바로 그 무렵, 물론 나는 '이승'에 발판이 필요했다. 그것은 가족이며 직업이었다고 말할 수 있다. 나는 그 낯선 내면세계에 치우치지 않도록 균형을 잡아주는 대극으로, 상식적이고 합리적인 생활을 영위하는 것이 가장 절실히 요구되었다. 가족과 직업은 내가 언제나 돌아올 수 있는 기반으로 남아 있었고, 그것은 내가 실제로 현실에서 살아가는 평범한 인간임을 증명했다.

무의식 내용은 나를 정상에서 벗어나게 할 수도 있었다. 그러나 가족과 내가 알고 있는 몇 가지 사실이 나를 필요로 하고 있었다. 그 사실들이란, 내가 의사면허를 가지고 있고 환자를 도와주어야 하며, 내게는 처와 다섯 아이가 있고 퀴스나흐트 제슈트라세 228번지에 살고 있다는 것 등이었다. 그것들은 내가 실제로 존재하고 있고, 니체처럼 괴기한 바람에 날리는 잎사귀가 아님을 날마다 증명해주었다. 니체는 내면의 사상세계 외에는 아무것도 소유하지 않았기 때문에 현실의 발판을 잃어버렸다. 사실 그가 자신의 내면세계를 소유했다기보다 오히려 내면세계가 그를 소유한 셈이었다. 그는 뿌리가 뽑혀 땅 위를 떠돌아다녔다. 그리하여 그는 과장하는 습성이 생기고 비현실성에 빠졌다.

그런 비현실성은 내가 가장 혐오하는 것이었다. 나는 저 세상이 아닌 이 세계의 삶을 살고자 했기 때문이었다. 내가 그토록 방황하고 침체되어 있던 때이긴 했지만, 내가 체험한 모든 것은 나의 실제적인 삶과 연결됨을 나는 항상 알고 있었고 삶의 의미를 폭넓게 채우고자 노력했다. 나의 좌우명은 '도전에 맞서 싸워라!'였다.

그러므로 나의 가족과 직업은 다행스럽게도 늘 현실감을 잃지 않게 했으며, 내가 정상인으로 실제로 존재한다는 사실을 보증해 주었다.

내 안에서 한 가지 변화가 매우 느리게 그 윤곽을 드러내기 시작했다. 1916년 나는 이 변화를 형상화하고 싶은 충동을 느꼈다. 말하자면 필레몬 자신이 말했을 법한 것들을 내가 정확히 표현하여 나타내도록 내적으로 강한 요구를 받았다. 그리하여 《죽은 자를 향한 일곱 가지 설법》이 특이한 언어로 나오게 된 것이다.

이런 작업을 하자 마음이 불안해지기 시작했다. 그런데 나는 그 불안이 무엇을 의미하는지, 또는 '사람(죽은 자―옮긴이)'이 나에게 무엇을 원하는지 알지 못했다. 나의 주변은 기이하고 긴장된 분위기가 감돌았다. 마치 대기에 유령 같은 실체가 가득한 듯한 느낌이었다. 그러자 집 안에 유령이 나오기 시작했다. 나의 맏딸은 밤중에 허연 형상 하나가 방을 가로질러 가는 것을 보았다. 다른 딸은 맏딸의 경우와는 별개로 밤중에 이불이 두 번이나 젖혀졌다고 말했다.

아홉 살 난 아들은 악몽을 꾸었다. 그 아이는 평상시에는 그림을 그리는 일이 별로 없었는데, 그날 아침에는 엄마에게 색연필을 달라고 하더니 자기가 꾼 꿈을 그렸다. 아들은 그것을 '어부의 그림'이라 불렀다. 그림 한가운데 강이 흐르고 한 어부가 강기슭에 낚싯대를 들고 서서 물고기를 낚았다. 어부의 머리 위에 난로가 있는데 거기서 불길이 일어나고 연기가 피어올랐다. 맞은편 강기슭 하늘로 마귀가 날아왔다. 그는 물고기를 도둑맞았다고 저주를 퍼부었다. 그러나 어부 위에 떠 있는 천사가 말했다. "너는 이 사람에게 어떤 짓도 해서는 안 된다! 그는 단지 좋지 않은 물고기만 낚으니까!" 내 아들은 이 그림을 어느 토요일 아침에 그렸다.

일요일 오후 5시경 현관문에서 초인종이 울렸다. 그날은 맑은 여름날이었다. 두 딸은 부엌에 있었는데 거기서 현관 앞 마당을 내다볼 수 있었다. 나는 초인종 근처에 있다가 그 소리를 들었고 종의 추가 움직이는 것도 보았다. 누가 왔는가 하고 모두 곧장 문으로 달려나갔다.

그러나 아무도 없었다! 우리는 그저 서로 얼굴만 쳐다볼 뿐이었다! 정말이지 공기가 아주 탁했다! 그 순간 나는 이제 무슨 일이 일어나리라는 것을 알았다. 온 집 안이 많은 유령무리로 가득 차 있었다. 그것들이 문 아래까지 서 있어서 숨이 막힐 지경이었다. 자연히 의문이 다급하게 마음속에서 일어났다. "도대체 이게 무슨 일이란 말인가?" 그러자 그것들이 합창을 해댔다. "우리는 우리가 찾던 것을 예루살렘에서 찾지 못하고 돌아왔다." 이 말은

《죽은 자를 향한 일곱 가지 설법》의 첫 구절과 일치했다.

그러자 내 안에서 생각들이 솟아나오기 시작했다. 나는 그 생각들을 사흘 저녁이 지나는 동안 적어내려갔다. 내가 펜을 쥐자마자 유령의 무리는 모두 사라졌다. 유령사건은 끝이 났다. 방은 조용해지고 대기는 맑아졌다. 그 유령들은 다음날 저녁까지 다시 조금 모였다가 또 그런 식으로 사라졌다. 1916년의 일이다.

이 체험은 있는 그대로, 또는 눈에 비친 그대로 받아들이는 수밖에 없다. 아마도 그것은 내가 그 무렵에 느끼던 감정상태, 즉 초심리(심령술)적인 현상이 일어날 만한 감정상태와 관계가 있을 것이다. 그것은 무의식적인 배열이었다. 그 특이한 분위기를 나는 원형의 누멘으로 인식하고 있었다. "적합하면 그것은 나타난다!" 지적인 측면에서는 물론 거기에 대해 자연과학적 인식을 장황하게 떠벌릴 것이고, 심지어 그 모든 체험을 변칙적인 것이라 하여 지워버릴 것이다. 변칙이 없는 세계는 얼마나 암울할 것인가!

이 체험이 있기 얼마 전에 나는 영혼이 내게서 떠나 날아가는 환상을 기록했다. 그것은 나에게는 중요한 사건이었다. 영혼, 즉 아니마는 무의식과의 관계를 설정한다. 어떤 의미로는 그것은 사자(死者)집단과의 관계라고도 할 수 있다. 무의식은 신화적인 '죽음의 나라', 즉 조상의 나라에 해당하기 때문이다. 그러므로 환상 속에서 영혼이 사라졌다면 그것은 영혼이 무의식 또는 죽음의 나라로 되돌아간 셈이 된다. 이것은 원시종족에서 비교적 자주 볼 수 있는 소위 '영혼의 분실' 현상과 일치한다.

죽음의 나라에서 영혼은 은밀히 활기를 띠며 무의식의 집단적 내용, 즉 조상의 발자취를 형상화한다. 영매처럼 영혼은 사자에게 스스로를 나타낼 수 있도록 해준다. 그러므로 영혼이 사라지자마자 '죽은 자들'이 나에게 나타났고, 《죽은 자를 향한 일곱 가지 설법》이 생겨나게 되었다.

　그 무렵, 그리고 그후로 내게는 죽은 자가, 응답이 없고 해결책이 없으며 구원되지 못한 자의 목소리로 더욱 뚜렷이 다가왔다. 그것은 나에게 숙명처럼 대답을 요구하던 의문이었다. 그 요구는 외부에서 내게로 온 것이 아니라 내면세계로부터 왔다. 그리하여 죽은 자와의 대화, 즉 '일곱 가지 설법'은 내가 세계를 향해서 무의식에 대해 전해줄 이야기에서 일종의 서곡을 이루었다. 무의식의 일반적인 내용에 관한 일종의 배열도식과 해석인 셈이었다.

　오늘날 내가 과거를 돌이켜보고 환상에 관해 작업하던 시절의 체험을 생각해보면, 그 작업이 소명과도 같이 나를 압도하며 다가왔던 것으로 기억된다. 그 환상의 이미지 속에는 나만이 아니라 다른 많은 사람과도 관계되는 것들이 포함되어 있었다. 이로써 내가 나 자신에게만 속해 있어서는 안 된다는 사실이 명백해지기 시작했다. 그후로 내 인생은 보편성에 속하게 되었다. 나로서는 중요하다고 여겨져 찾아본 지식들은 당시 학문에서는 아직 만날 수 없었다. 나는 원초적 체험을 스스로 겪어야 했고, 더 나아가 내가 체험한 것을 현실의 토대 위에 세우는 작업을 해야만 했다. 그러지 않았더라면 그 체험은 생명력 없는 주관적 가설에 머물러 있었을 것이다.

그 무렵 나는 영혼을 돌보는 일에 헌신하기로 했다. 나는 그것을 사랑하면서 미워했다. 하지만 그것은 나에게 아주 귀중한 보배였다. 내가 그 영혼의 말을 받아쓴 것은 내 존재가 비교적 전체성을 지니고 살아가면서 견뎌낼 수 있는 유일한 방법이기 때문이었다.

나는 오늘날에도 이러한 초기의 체험에서 결코 멀리 떠나 있지 않다고 말할 수 있다. 나의 저작, 즉 내가 정신적으로 이루어놓은 모든 것은 다 초기의 명상과 꿈에서 나온 것이다. 1912년에 그러한 명상이 시작되었으니 이제 거의 50년이나 되었다. 인생 후반기에 내가 이루어놓은 것도 모두 초기의 체험 속에 이미 들어 있었다. 처음에는 단지 감정이나 이미지의 형태로 있었지만 말이다.

나의 학문은 나를 혼돈상태에서 건져낼 수 있는 유일한 가능성이며 수단이었다. 그렇지 않았더라면 그 환상의 자료가 가시덩굴이나 쇠사슬처럼 나를 얽어매었을 것이다. 나는 될 수 있는 한 이미지와 그 내용을 일일이 이해하고, 합리적으로 정리하고, 무엇보다 삶 속에서 그것을 인식하기 위해 온갖 노력을 기울였다. 이것은 사람들이 대개 소홀히 하는 일이다. 사람들은 이미지들이 그대로 떠오르도록 하면서 거기에 대해 무척 놀라기도 하지만 그것으로 그치고 만다. 사람들은 그것을 이해하려고 고심하지 않는다. 거기서 윤리적 결론을 이끌어내는 일은 더구나 하지 않는다. 그리하여 사람들은 결국 무의식의 부정적 작용을 불러일으키게 된다.

또한 이미지들을 어느 정도 이해하면서도 그것에 대한 지식으로 이미지를 멈추게 할 수 있다고 믿는 사람은 위험한 오류를 범하고 있다. 자신의 인식을 윤리적 의미로 바라보지 않는 자는 권력원리에 빠지게 된다. 이로써 파괴적인 작용이 일어나 다른 사람뿐 아니라 이미지를 알고 있는 그 사람 자신도 상처를 입게 될 것이다. 무의식의 이미지는 인간에게 무거운 책임감을 안겨준다. 그것에 대한 몰이해와 윤리적 의무의 결핍으로 많은 개인이 전체성을 상실하고 분열적 성질로 변해 고통을 당하게 된다.

무의식 이미지에 몰두해 있던 시기에 나는 1905년부터 8년간 강사로 강의해온 대학을 그만두기로 결심했다. 무의식에 관한 실험과 체험으로 나는 더이상 지적 작업을 할 수 없게 되었다. 《리비도의 변환과 상징》의 저술을 마친(1911) 후에 나는 3년 동안 학술서적을 전혀 읽을 수 없었다. 나는 지적인 세계와 관련된 작업을 이제는 계속할 수 없다고 느꼈다. 나를 실제로 사로잡고 있는 것에 관해서 이야기할 수도 없었다. 무의식으로부터 드러난 내용들은 나를 이를테면 벙어리로 만들었다. 나는 그것을 이해할 수도 없었고 형상화하지도 못했다.

대학에서 나는 눈에 띄는 위치에 있었기 때문에, 강의를 계속하려면 먼저 전혀 새로운 다른 방향을 찾아야 한다고 생각했다. 나 자신의 지적 상황이 의혹덩어리 그 자체인 상태에서 젊은 학생들을 계속 가르친다는 것은 합당치 못한 일이라고 여겨졌다.

그리하여 나는 내 앞에 펼쳐진 학문적인 출세의 길로 나아갈 것인가, 나의 내적 인격 즉 '보다 높은 이성'의 길을 좇아 무의식과 직면하는 실험, 그 흥미있는 나의 과제를 서서히 밀고나갈 것인가 선택의 기로에 섰음을 알았다.

나는 심사숙고한 끝에 학문적 출세의 길을 버리기로 마음먹었다. 무의식과의 실험이 끝나기까지는 내가 공중 앞에 나설 수 없기 때문이었다. 뭔가 엄청난 것이 내 안에서 일어나고 있음을 느꼈다. 나는 내가 더 중요하다고 여기는 것을 믿기로 했다. 그것이 내 인생을 충만히 채울 것을 알고 있었고, 그 목표를 위해 나는 어떤 위험도 감수할 준비가 되어 있었다.

내가 대학교수가 되든 안 되든 그것이 무슨 문제란 말인가? 교수직을 버린다는 것은 물론 괴로운 일이었다. 숙명에 대해 분노하는 마음까지 있었다. 나는 누구나 이해할 수 있는 일반적인 것들에 스스로 만족하지 못하는 점을 여러 면에서 후회했다. 그러나 이런 종류의 감정은 지나가는 것이었고, 실은 하찮은 것이었다. 이에 반해 다른 것이 중요한 법이다. 우리가 내적 인격이 무엇을 원하고 무엇을 말하는지 주의를 기울인다면 마음의 고통은 사라진다. 이런 일은 내가 학문적 출세를 포기했을 때뿐 아니라 다른 경우에도 늘 겪어왔다.

사실 나는 이런 종류의 체험을 어렸을 때 처음 겪었다. 소년시절에 나는 성질이 급했다. 그러나 감정이 극에 달하게 되면 언제나 감정이 바뀌어 우주적인 고요가 뒤따랐다. 그 순간에는 온갖 것으로부터 내가 멀리 떠나 있었다. 바로 조금 전에 나를 흥분시킨 것은 이미 아득한 과거에 속하는 것처럼 보였다.

내가 교수직을 그만두기로 결심하고 나 자신을 비롯하여 아무도 아직은 전혀 이해할 수 없는 것들을 대상으로 작업하는 가운데 나는 뼈저린 외로움을 느꼈다. 그 일은 바로 금방 나에게 분명하게 일어났다. 나는 아무에게도 말할 수 없는 생각들에 빠져 있어야만 했다. 말해봤자 오해를 사기 십상일 것이었다. 나는 외부 세계와 내면의 이미지세계 간의 차이를 아주 예리하게 느꼈다. 당시에는 그 두 세계 사이의 상호작용을 지금 내가 이해하듯 인식할 수 없었다. 나는 단지 '안'과 '밖'의 화해할 수 없는 모순을 보았을 뿐이었다.

그러나 내가 심적 체험의 내용이 '진실'이며 그것은 나 자신의 개인적인 체험뿐만 아니라 다른 사람들의 집단적 체험으로서도 진실이라는 사실을 남에게 제시해줄 수만 있다면, 바깥세계와 다른 사람들과 접촉할 수 있는 길을 찾게 되리라는 것을 나는 처음부터 분명히 알고 있었다. 이 일이야말로 가장 철저한 노력을 요할 것이었다.

나중에 나는 이 사실을 나의 연구저술에서 제시했고, 나의 가까운 벗들에게 사물을 보는 새로운 방법을 전하기 위해 온갖 노력을 기울였다. 만일 내가 그 일에 성공하지 못했다면 나는 절대적인 고독에서 헤어나오지 못했을 것이다.

제1차 세계대전이 끝날 무렵에야 비로소 나는 미지의 어둠으로부터 차츰 빠져나오기 시작했다. 두 가지 사건이 계기가 되어 어두운 대기가 밝아졌다. 첫째는 나의 환상이 예술적 가치를 지니고 있다고 나를 설득하기로 마음먹은 어느 부인과 절교한 일이었다. 그리고 무엇보다 중요한 사건은 내가 만다라그림을 이해하기 시작했다는 사실이었다. 이것은 1918~1919년에 일어난 일이었다. 나는 첫 만다라를 1916년《죽은 자를 향한 일곱 가지 설법》을 쓰고 나서 그렸지만, 물론 그 무렵에는 그것을 이해하지 못했다.

1918~1919년에 나는 피억류 영국인 수용소의 책임자로서 샤토 드외에 있었다. 거기에 있는 동안 나는 아침마다 노트에 작은 그림, 즉 만다라를 그렸는데 그것은 당시 나의 내면적 상황과 연관된 듯이 보였다. 그 그림으로 내 정신의 변화를 매일 관찰할 수 있었다.

어느 날 나는 저 미학적인 여인으로부터 편지를 받았는데, 그녀는 내 무의식에서 일어나고 있는 환상이 예술적 가치를 지니고 있으므로 예술로 간주되어야 한다고 또다시 완강하게 주장하고 있었다. 그 편지는 내 신경을 건드렸다. 그것은 바보스러운 정도를 훨씬 뛰어넘는, 그래서 위험스러울 정도로 설득력이 있는 편지였다. 어쨌든 현대예술은 무의식으로부터 예술을 창조해내려고 모색하고 있다.

이런 주장의 밑바닥에 깔려 있는 공리주의와 자만심은 내 마음에 의혹을 불러일으켰다. 내가 만들어내는 환상이 정말 자연발생적인 것인지, 결국은 나 자신의 인위적인 발명품이 아닌지 헷갈렸다. 어떤 그럴듯한 영감은 자신의 공로로 돌리고, 이에 반해 열등한 반응은 우연히 일어났거나 낯선 원천에서 나온 것으로 돌리는 의식의 오만과 일반적인 편견에서 나도 결코 자유롭지 못했다. 마음이 혼란스럽고 언짢은 가운데서 다음날 변형된 만다라가 그려졌다. 원의 일부가 비죽 나와 균형이 흐트러져 있었다.

만다라가 참으로 무슨 의미인지 나는 차츰 깨달아갔다. 그것은 '형성, 변환, 영원한 마음의 영원한 재창조'였다. 그리고 그것은 '자기', 즉 인격의 전체성이었다. 모든 것이 잘돼가면 조화로우나 자기기만은 결코 용납하지 않는 것이었다.

나의 만다라그림들은 날마다 새롭게 나타나는 '자기' 상태와 연관되는 암호와 같은 것이었다. 그 속에서 나는 자기, 즉 나의 전체성이 활동하는 것을 보았다. 물론 처음에는 만다라 이미지들을 어렴풋이 이해할 수 있을 뿐이었다. 하지만 그것은 매우 중요한 표시로 여겨졌고, 나는 그것을 값비싼 진주 다루듯 했다. 나는 그것이 어떤 핵심적인 것을 의미한다는 사실을 분명히 느꼈고, 그 기간에 '자기'에 관한 생생한 개념을 얻게 되었다. 자기는 나자신인 동시에 나의 세계인 단자(單子)와 같은 것이라 생각되었다. 만다라는 이 단자를 표시하며 정신의 소우주적 성질에 해당했다.

그 무렵 내가 얼마나 많은 만다라를 그렸는지 이제는 기억이 나지 않는다. 정말 많은 만다라를 그렸는데, 그러는 동안 내 마음 속에는 계속 의문이 일었다. "이 과정은 나를 어디로 인도하는 것인가? 어디에 그 목표가 있는가?" 나의 경험에 의하면, 나는 이제까지 믿을 만한 가치가 있는 목표를 스스로 선택할 수 있었던 적이 없음을 알고 있었다. 나는 자아(Ego)가 최고의 위치에 있다는 생각을 완전히 버려야 한다는 사실을 체득했다. 그 일로 나는 좌절감을 느꼈다.

나는 《리비도의 변환과 상징》에서 시작한 바와 같이 신화에 대한 학문적 연구를 계속하고 싶었다. 그것이 나의 목표였으나 그렇게 될 수 없었다! 나는 무의식의 과정을 스스로 통과하도록 강력한 요구를 받았다. 나는 우선 나 자신을 무의식의 흐름에 맡기는 수밖에 없었고, 그것이 나를 어디로 데려갈지 알 수가 없었다. 만다라를 그리기 시작하면서 나는 그 모든 것, 내가 걸어온 모든 길, 나의 모든 발걸음이 하나의 점, 즉 중심점으로 돌아간다는 것을 알게 되었다. 만다라가 중심이라는 사실이 더욱 분명해졌다. 그것은 모든 길의 표현이다. 그것은 중심을 향한 길, 즉 개성화의 길이다.

대략 1918~1920년에 나는 정신적 발달의 목표가 '자기'임을 분명히 알게 되었다. 직선적 발달은 없고 다만 자기를 중심으로 한 순환이 있을 뿐이다. 단일형의 발달도 있지만 그것은 기껏해야 시작단계에서나 있는 일이고, 그 뒤에는 모든 것이 중심을 향한다. 이와 같은 인식은 내게 확신을 주었고 차츰 내적 평안이 회복되었다. 자기의 표현인 만다라로 인하여 나로서는 궁극적인 것에 이르렀음을 알았다. 아마도 다른 사람은 더 많이 알고 있겠지만, 그러나 나는 그렇지 않다.

내가 중심과 자기에 대한 생각을 확증하게 된 것은 몇 년 후 (1927) 한 꿈을 통해서였다. 그 핵심을 나는 하나의 만다라로 표현했는데, 이것을 '영원에 이르는 창'이라 불렀다. 이 그림은 《황금꽃의 비밀》에 재연되었다.

1년 뒤 나는 만다라와 똑같은 두 번째 그림을 그렸는데, 한가운데 황금의 성이 있는 그림이었다. 그 그림을 마무리하면서 나는 "왜 이것이 이리도 중국풍인가?" 하고 자문했다. 나는 중국풍으로 보이는 형태와 색깔 선택에 깊은 인상을 받았다. 사실 겉으로 볼 때 그 만다라에는 중국적인 것이 없었는데도 나에게는 그렇게 보였다.

얼마 지나지 않아 리하르트 빌헬름으로부터 편지를 받은 것은 이상한 우연의 일치였다. 그는 '황금꽃의 비밀'이라는 제목이 붙은 도교적인 연금술책 원고를 보내면서 내게 논평을 써달라고 부탁했다. 나는 즉시 그 원고를 탐독했다. 그 책은 뜻밖에도 만다라와 중심으로의 순회(巡廻)에 대한 나의 생각을 확증해주었다. 이 일은 나의 고독을 깨뜨리는 첫 사건이었다. 거기서 나는 동류의식을 느꼈고 거기에 나를 결속시킬 수 있었다.

이러한 우연의 일치, 즉 동시성을 기념하기 위해 나는 그 만다라 밑에 다음과 같은 문구를 적었다. "1928년 내가 난공불락의 황금성이 있는 이 그림을 그렸을 때, 프랑크푸르트에서 리하르트 빌헬름이 황금빛 성, 죽지 않는 몸의 맹아(萌芽)에 관한 천 년 묵은 오래된 중국 경전을 보내오다."

앞에서 언급한 1927년의 꿈 역시 만다라를 나타내고 있었다. 그 꿈은 다음과 같았다.

나는 거멓게 그을린 어느 더러운 도시에 있었다. 어두운 겨울 밤 비가 내렸다. 그곳은 리버풀이었다. 나는 여섯 명 정도 되는 스위스 사람과 함께 어두운 거리를 걸어갔다. 내 느낌으로 우리는 바다 쪽 항구에서 올라오고 있었고 실제 도시는 절벽 위에 있었다. 우리는 그 도시로 올라갔다. 그것은 내게 바젤을 생각나게 했는데, 아래쪽에 시장이 있었고 죽은 자의 골목을 지나 위로 올라가면 거기에 베드로광장과 큼직한 베드로교회가 있었다.

꼭대기에 이르자 가로등 불빛에 어렴풋이 비치고 있는 넓은 광장이 나타났다. 그곳에서 많은 거리가 합쳐지고 있었다. 도시의 여러 지역은 그 광장 주변에 방사형으로 배치되어 있었다. 중앙에는 둥근 못이 있고 그 한가운데에는 작은 섬이 있었다. 주위가 온통 비와 안개, 연기, 그리고 드문드문 불빛이 보이는 어둠속에 묻혀 있었지만, 그 작은 섬만은 햇빛에 빛나고 있었다.

그 섬 위에 단 한 그루 나무가 서 있었는데, 그것은 불그스름한 꽃들이 가득 달린 목련나무였다. 그 나무는 햇빛을 받고 서 있으면서 동시에 빛의 원천인 것 같았다. 내 동반자들은 지독한 날씨를 탓하기만 했지 그 나무는 아마도 보지 못한 모양이었다. 그들은 리버풀에 사는 또 다른 스위스 사람에 관해 이야기하고 있었다. 그가 어떻게 여기에 정착하게 되었는지 놀라워했다. 나는 꽃이 핀 나무와 햇빛에 빛나는 섬이 너무 아름다워 넋을 잃고 있었다. 그러면서 생각했다. '나는 그가 왜 여기에 정착하게 되었는지 알겠다.' 그러고는 잠에서 깨어났다.

꿈의 한 부분에 대해 한마디만 더 보충해야겠다. 그 도시의 구역들은 하나하나 중심점이 있고 거기서 방사형으로 배치되어 있었다. 중심점은 커다란 가로등에 비친 작은 광장이었는데, 그것은 그 섬의 축소형을 이루고 있었다. 나는 '다른 스위스 사람'이 이러한 이차적인 중심에서 가까운 지역에 산다는 것을 알았다.

그 꿈은 당시 나의 상황을 나타내주었다. 아직도 나는 비에 젖어 번질거리는 희끄무레한 노란색 비옷이 눈에 선하다. 모든 것이 매우 불쾌하고 어둡고 우중충했다. 그 무렵의 내 기분과 똑같았다. 하지만 나는 이 세상 것이 아닌 아름다움의 환상을 보았고, 그로 인해 비로소 살 수 있게 되었다. 리버풀은 '생명의 못'이다. 간(肝 : '리버'는 독일어에서 간에 해당하는 Leber와 발음이 비슷하다—옮긴이)은 옛날식으로 생각하면 생명이 자리하고 있는 곳이다.

그 꿈을 꾸고 나서 나는 종말의 느낌에 젖었다. 나는 그 꿈속에 삶의 목표가 그려져 있는 것을 보았다. 중앙이 그 목표다. 누구도 중앙을 넘어서 갈 수 없다. 그 꿈에서 나는 '자기'가 방향성과 의미의 원리이며 그것들의 원형임을 이해했다. 그 안에 치유의 기능이 들어 있다. 이러한 깨달음으로 나는 내 신화에 대한 예감을 처음으로 가졌다.

그 꿈을 꾼 후에 나는 만다라 표시하기 혹은 그리기를 그만두었다. 그 꿈은 의식의 발달과정에서 절정을 나타내는 것이었다. 그것은 나를 충분히 만족시켰다. 왜냐하면 그 꿈은 내 상황의 전체적인 모습을 보여주었기 때문이다. 게다가 내가 몰두하고 있는 일이 중요하다는 사실을 알았다. 그러나 아직 그것을 이해하지는 못했다. 내 주위에도 그것을 이해할 만한 사람은 아무도 없었다. 꿈을 통한 명증성은 나로 하여금 나를 채우고 있는 것들을 객관적으로 관찰할 수 있도록 했다.

그러한 환상이 없었으면 나는 아마도 방향감각을 잃고 그 작업을 포기해야만 했을지도 모른다. 하지만 여기에 마음이 표현되었다. 프로이트와 헤어졌을 때 나는 아무것도 알지 못하는 상태로 떨어질 것을 알았다. 그 무렵 프로이트를 넘어서 내가 아는 것은 없었다. 그러나 나는 어둠속으로 발걸음을 떼어놓았다. 이럴 때 그런 꿈이 나타나면 사람들은 그것을 은혜의 작용으로 여기게 될 것이다.

내가 그 무렵 체험하여 기록한 것을 과학적 작업의 그릇 속에서 추출해내기까지 따지고 보면 45년이나 걸렸다. 젊은이로서 나의 목표는 학문에서 뭔가를 성취하는 것이었다. 그러나 나는 나중에 그 용암의 흐름을 만났고, 그 불길의 열정은 내 인생의 방향을 바꾸어놓았다. 그것은 나로 하여금 그렇게 하도록 강요한 원료인 셈이었다. 나의 작업은 그 뜨거운 물질을 우리 시대의 세계관에 접목시키는 일이었는데, 그것은 어느 정도 성공한 시도였다. 그 최초의 환상과 꿈은 불에 녹아 흐르는 현무암과 같은 것이었다. 그것이 단단해져 돌이 되었고, 나는 그 돌을 다듬을 수 있었다.

나의 내적 이미지를 추적하던 그 몇 년은 내 인생에서 가장 중요한 시기였다. 그 기간에 온갖 본질적인 것이 정해졌다. 그 무렵에 모든 것이 시작되었다. 나중에 세부적인 것은 단지 보충하거나 명료하게 하기만 하면 되었다. 내 후기의 작업은 모두 그 기간에 무의식에서 솟아나와 나를 휩쓸었던 자료들을 보다 정교하게 다듬는 데 있었다. 그것은 필생의 작업을 위한 원재료였다.

연금술을 발견하다

연금술을 배워서 알게 되고 나서야 비로소
무의식이 하나의 과정이라는 사실이 분명해졌다.
그리고 무의식 내용에 대한 자아의 관계에 의해
정신의 변환과 발달이 일어난다는 사실을 깨달았다.

Carl Gustav Jung

카를 구스타프 융(1960)

의식과 무의식의 관계

나는 인생 후반기가 시작되면서 무의식과의 대면을 시도했다. 무의식에 관한 나의 작업은 오랜 기간이 걸렸다. 20년쯤 지나서야 비로소 나는 내 환상의 내용을 약간 이해할 수 있게 되었다.

우선 나는 내적 체험에 관해 역사에서 예시의 증거를 찾아야만 했다. 다시 말해 나는 "나의 가설이 역사 속에서 어디에 나타나는가?" 하는 질문에 답해야 했다. 그런 증거를 찾는 데 성공하지 못한다면 내 생각을 증명할 수가 없게 될 것이었다. 그런데 연금술과의 만남은 나에게 결정적인 경험이 되었다. 왜냐하면 그것은 그때까지 부족했던 역사적 기반을 나에게 제공해주었기 때문이었다.

분석심리학은 본질적으로 자연과학에 속한다. 그러나 그것은 어떤 다른 학문보다도 훨씬 더 관찰자의 개인적인 가설에 영향을 받기 쉽다. 그러므로 적어도 심각한 판단착오만이라도 범하지 않

으려면, 심리학자는 역사나 문헌에서 찾은 유례에 많이 힘입어야
한다.

1918~1926년에 나는 그노시스파의 저술을 진지하게 연구했
다. 그들 또한 무의식의 원초적 세계와 대면했다. 그들은 본능의
세계에 오염된 것이 분명한 내용과 이미지들을 다루었다. 하지
만 그들이 그러한 이미지들을 어떤 식으로 이해했는지 말하기는
어렵다. 이에 관한 정보가 적을 뿐만 아니라, 그 정보라는 것도
주로 그노시스파의 반대자인 교부들에게서 나온 것들이기 때문
이다.

그들이 그 이미지들에 관해 심리학적 견해를 가지고 있었다고
는 거의 볼 수 없다. 내가 품은 의문을 그노시스파 사람들과 연결
시키기에는 그들이 시간적으로 너무 멀리 떨어져 있었다. 내가
보기에 그노시스파의 전통은 현재와 단절된 것 같았고, 나는 오
랫동안 그노시스주의, 혹은 신플라톤주의와 현재를 잇는 다리를
발견하기가 힘들었다. 그런데 내가 연금술을 이해하기 시작하면
서, 그것을 통해 비로소 그노시스주의와 역사적인 연결이 이루어
짐을 알게 되었다. 연금술로써 과거와 현재 사이에 연속성이 생
기게 된 셈이었다. 연금술은 하나의 중세 자연철학으로서 한편으
로는 과거 즉 그노시스주의에, 다른 한편으로는 미래 즉 현대 무
의식의 심리학에 다리를 걸치고 있었다.

무의식의 심리학은 프로이트에 의해 한편으로는 전형적인 그
노시스적 성주제와, 다른 한편으로는 나쁜 아버지의 권위와 더불
어 개시되었다. 그노시스적인 야훼와 창조주 하느님이라는 주제

는 원초적 아버지와 음산한 초자아에 관한 프로이트의 신화 속에서 새롭게 재연되었다. 프로이트의 신화에서 야훼는 실망과 환각과 고통의 세계를 만들어낸 데몬(Dämon)으로 나타났다. 그러나 물질의 신비에 몰두하던 연금술사들에게서 이미 나타난 물질주의적 경향은 프로이트로 하여금 그노시스의 보다 넓은 본질적 측면, 즉 보다 높은 신으로서의 영혼의 원초상을 보지 못하게 했다.

그노시스의 전통에 의하면 인류에게 크라터(Kratēr : 섞는 그릇), 즉 정신적 변환의 용기(容器)를 부여한 것은 바로 그 보다 높은 신이었다. 크라터는 여성원리로서 프로이트의 가부장적 세계에서는 자리잡을 데가 없었다. 물론 프로이트 혼자만이 그런 편견을 가진 것은 아니었다. 가톨릭 사상의 영역에서 신의 어머니와 그리스도의 신부가 성스러운 신방으로 받아들여져 적어도 그 일부가 수용된 것은 수세기의 주저함 끝에 최근에야 비로소 이루어진 일이다. 개신교나 유대교의 영역에서는 아버지가 이전과 마찬가지로 지배적이다. 이에 반해 연금술철학에서는 여성원리가 두드러져 남성의 그것과 동등한 역할을 했다. 연금술에서 가장 중요한 여성상징의 하나는 물질의 변환이 완성되는 그릇이었다. 나의 심리학적 발견의 핵심도 이와 같은 내면의 변환과정, 즉 개성화였다.

연금술을 발견하기 전에 나는 동일한 주제의 꿈을 반복해서 꾸었다. 우리집 옆에 어떤 다른 건물, 말하자면 다른 측면 회랑이나 낯선 부속건물이 서 있었다. 그런 꿈을 꿀 적마다 나는 그 건물이 분명히 늘 거기에 있었는데도 왜 지금까지 모르고 지내왔는지 의아해하곤 했다.

드디어 내가 꿈속에서 그 다른 건물에 다다랐다. 거기서 나는 잘 꾸며진 서재를 발견했다. 그곳에는 주로 16~17세기 책들이 있었다. 돼지가죽으로 제본된 큼직하고 두꺼운 2절판 책들이 벽을 따라 꽂혀 있었다. 그 가운데 이상한 동판 글씨로 장식된 책이 몇 권 있었는데, 그 책의 그림들은 내가 이전에 한 번도 본 적이 없는 흥미로운 상징들을 담고 있었다. 그 당시 나는 그것이 무엇과 관계있는지 알지 못했다. 한참 후에야 그것이 연금술의 상징들임을 알게 되었다. 꿈속에서 나는 단지 그 책들과 서재 전체에서 풍기는 말할 수 없는 매력에 이끌렸다. 그것은 16세기 중세의 간행본과 인쇄물 들을 모아놓은 장서였다.

내가 잘 모르는 그 부속건물은 내 인격의 일부, 즉 나 자신의 한 측면이었다. 그것은 내게 속해 있으나 내가 아직 의식하지 못하는 어떤 것을 나타내고 있었다. 그 건물과 특히 서재는 연금술을 표현하고 있었다. 연금술은 내가 알지 못했으나 곧 배우게 될 것이었다. 15년쯤 지난 후에 나는 그 꿈에 나온 것과 거의 비슷한 장서를 실제로 모았다.

1926년 무렵 나는 연금술과의 만남을 예감케 하는 결정적인 꿈을 꾸었다.

나는 남부 티롤지방에 있었다. 전시였다. 나는 이탈리아전선에 있다가 거기서 키가 작은 농부 한 사람과 함께 그의 마차를 타고

후퇴했다. 사방에서 포탄이 터지고 있었다. 매우 위험했기 때문에 가능한 한 빨리 서둘러야 한다는 것을 알았다.

우리는 다리를 건너고 터널을 지나야 했는데 터널 천장 일부가 포탄에 맞아 부서져 있었다. 터널 끝에 이르자 우리 앞에 화창한 풍경이 전개되었다. 나는 그곳이 베로나지역임을 알아차렸다. 아래쪽으로 도시가 펼쳐져 있었는데 도시 가득 햇살이 빛나고 있었다. 나는 안심이 되었고, 우리는 그 무성한 롬바르드 초록 평원으로 달려들어갔다. 길은 아름다운 봄날의 시골풍경 한가운데로 뻗어 있었다. 우리는 논과 올리브나무와 포도밭 들을 보았다.

그때 길 건너편의 커다란 건물이 눈에 들어왔다. 그것은 큰 규모의 장원으로 북이탈리아 공작의 성 같았다. 많은 부속건물과 외곽건물이 있는 전형적인 장원이었다. 길은 루브르궁과 마찬가지로 넓은 뜰을 통해 성을 지나가고 있었다. 그 작은 마부와 나는 문을 통과하여 안으로 들어갔다. 거기서 우리는 멀리 떨어진 두 번째 문 너머로 햇살에 빛나는 풍경을 볼 수 있었다. 나는 주위를 둘러보았다. 오른쪽에는 장원 저택이 정면으로 보였고, 왼쪽에는 하인숙소와 마구간, 곡물창고, 그외 딴채 들이 길게 뻗어 있었다.

우리가 그 뜰 한가운데의 출입구 앞에 이르렀을 때 뜻밖의 일이 벌어졌다. 쿵 하는 둔탁한 소리와 함께 양쪽 문이 닫혔다. 농부는 마부석에서 뛰어내리며 소리쳤다. "이제 우리는 17세기 안에 갇혔습니다." 나는 체념하면서 생각했다. '그래, 일이 이렇게 되었구나! 그런데 여기서 무얼 하지? 이제 우리는 여러 해 동안 여기에 잡혀 있겠구나!' 그러나 언젠가 몇 년 후에 다시 나갈 수 있을 거라는 위안이 들기도 했다.

그 꿈을 꾼 후에 나는 세계사와 종교사, 철학사에 관한 수많은 책을 살펴보았지만, 나의 꿈을 설명해줄 수 있는 것은 발견하지 못했다. 한참 지난 후에야 나는 그 꿈이 연금술과 관계있음을 깨달았다. 연금술은 17세기에 절정에 이르렀던 것이다.

이상하게도 나는 헤르베르트 질베러(Herbert Silberer)가 연금술에 관해 쓴 것을 까맣게 잊고 있었다. 그의 책이 출간되었을 때 나는 그의 신비적 해석의 관점, 즉 구성적인 관점은 좋게 평가했지만 연금술은 정도에서 벗어난 것이며 어리석은 것으로 보았다. 나는 당시 그와 편지왕래가 있었고 그에 대한 공감을 표시하기도 했다. 그렇지만 그의 비극적 죽음(자살)이 보여주듯이, 질베러의 견해는 깊은 통찰에까지 미치지는 못했다. 그는 주로 후기의 연금술 자료를 사용했는데 나는 그 자료로는 아무것도 착수할 수 없었다. 후기 연금술 문헌은 환상적이며 바로크적이다. 사람들은 그 의미를 알고 난 후에야 비로소 거기에 얼마나 값진 것이 숨겨져 있는지 깨닫게 된다.

리하르트 빌헬름이 1928년에 내게 보내준, 중국 연금술에 속하는 '황금꽃의 비밀'을 통해 나는 연금술의 본질에 좀더 가까이 접근할 수 있었다. 그때 내 마음속에 연금술을 배워 알고자 하는 열망이 일었다. 나는 뮌헨의 한 서적상에게 부탁해 그의 수중에 들어오는 연금술책은 무엇이든지 내게 알려달라고 했다. 얼마 지나지 않아 나는 그 첫 번째 책을 얻었다. 그것은 《연금술총서

2권(1593년 출간)》으로, 라틴어로 씌어진 논문의 방대한 총서였는데, 그 가운데 연금술의 '고전'이 몇 편 있었다.

나는 그 책을 거의 2년 동안이나 방치해두었다. 이따금 그림들을 들여다보고는 그때마다 '아이쿠, 이게 무슨 터무니없는 그림이람! 사람들은 이 그림들을 도저히 이해할 수 없을 거야!'라고 생각했다.

그러나 그것은 나를 놓아주지 않았다. 결국 나는 그 문헌을 철저하게 공부해보기로 결심했다. 이듬해 겨울에 그 작업을 시작했는데, 나는 그 문헌들을 읽는 일에 곧 흥미를 붙였고 마음이 설레기도 했다. 물론 그 문헌의 내용은 여전히 명백한 헛소리로 여겨졌으나, 여기저기에 의미있는 듯이 보이는 것들이 있었고 때로는 내가 이해할 수 있다고 느끼는 문장도 몇 군데 발견되었다.

드디어 나는 그 문헌들이 상징들을 다루고 있다는 사실을 깨달았다. 그것은 이미 내게 익숙한 것이었다. 나는 생각했다. '이거야말로 환상적이다. 이 모든 것을 이해하는 법을 배워야만 한다.' 나는 그 작업에 완전히 매료되어 시간이 나는 대로 그 문헌에 몰두했다. 어느 날 밤 그 문헌을 공부하고 있을 때, 문득 내가 '17세기 안에 갇혔던' 꿈이 생각났다. 마침내 나는 그 의미를 파악했다. "아, 그렇구나! 이제 나는 연금술을 처음부터 전부 연구해야 될 운명에 처했구나!"

내가 연금술적 사고과정의 미궁에서 실을 찾기까지는 오랜 기간이 걸렸다. 내 손에 실을 쥐어주는 아리아드네(Ariadne : 그리스 신화에서 영웅 테세우스를 미궁에서 구하기 위해 실을 사용한 여인—옮긴이)가 없었기 때문이었다.

나는 《지혜의 장미원》을 읽으면서 어떤 기이한 표현들과 자주 반복되는 관용구에 주목했다. 예를 들면 '용해와 응고' '한 그릇' '돌' '원물질' '메르쿠리우스' 등이었다. 나는 이런 표현들이 언제나 특정한 의미로 반복해서 사용되고 있음을 알아차렸으나 그 의미가 무엇인지는 확실하게 파악할 수 없었다. 그래서 나는 전후 참조가 붙은 '주요어구사전'을 만들기로 마음먹었다. 시간이 지나는 동안 주요어구를 수천 개나 모았고, 인용구사전도 여러 권 나오게 되었다. 나는 알려지지 않은 언어를 해독하려는 듯이 순전히 문헌학적인 방법에 따라 작업했다. 이런 식으로 연금술의 표현방식이 어떤 의미를 갖는지 차츰 깨달아졌다. 그것은 내가 10년 이상이나 꾸준히 몰두한 과제였다.

나는 곧 분석심리학이 연금술과 기묘하게 일치한다는 것을 알게 되었다. 연금술사들의 경험은 나의 경험이었고, 그들의 세계는 어떤 의미로는 나의 세계였다. 이것은 물론 나에게는 바람직한 발견이었다.

이것으로 내 무의식의 심리학은 역사에서 대응물을 만나게 된 셈이었다. 이제 나의 심리학은 역사적 토대를 얻게 되었다. 연금술과의 비교는 그노시스주의로까지 거슬러 올라가는 정신적 연속성과 함께 나의 심리학에 실체성을 부여해주었다. 고대문헌들을 연구해나감으로써 내가 진료실에서 수집한 환상 이미지의 세계와 경험자료, 그리고 거기서 도출한 결론들이 모두 제자리를 찾게 되었다. 이제야 나는 그것들이 역사적 관점에서 무슨 의미를 지니는지 이해하기 시작했다. 그것들의 전형적인 성격에 대해 신화연구를 하면서 이미 이해하기 시작하긴 했지만 그러한 이해가 이제 더욱 심화되었다. 원초적 이미지와 원형의 본체가 내 연구의 핵심을 이루게 되었고, 역사 없이는 심리학, 특히 무의식의 심리학이 있을 수 없다는 사실을 깨달았다.

확실히 의식의 심리학은 개인의 생활에서 이끌어낸 자료로도 충분히 해나갈 수 있다. 그러나 우리가 노이로제를 이해하려고 하면 의식에 대한 인식보다 더 깊이 들어간 병력(病歷)이 필요하다. 그리고 치료과정에서 비상한 결단이 요구될 때 꿈이 나타나는데, 이것을 해석하려면 개인의 기억 이상의 것이 필요하게 된다.

연금술에 대한 나의 작업에서 나는 괴테와의 내적인 관계를 보게 된다. 괴테의 비밀은 그가 수세기 동안 지속된 원형적 변환과정에 사로잡혀 있었다는 사실이다. 그는 《파우스트》를 필생의 역작 또는 신성한 작품이라고 여겼다. 그는 《파우스트》를 자신의 '주요과업'이라 불렀으며, 그의 생애는 이 드라마의 틀 안에서 이루어졌다. 사람들은 그의 속에서 살아 움직이는 것이 생동하는 실체로서 초개인적인 과정이며 원형세계의 위대한 꿈이라는 것을 인상깊게 지각하게 된다.

나 자신도 그와 같은 꿈에 사로잡혀 있었고 열한 살 때부터 착수해온 '주요과업'이 있었다. 나의 생애는 하나의 과제, 하나의 목표로 가득 채워져 있었고 그것으로 통합되어 있었다. 즉, 인격의 비밀을 밝히고자 하는 과제요 목표였다. 모든 것은 이러한 중심점에서 설명되며 나의 모든 연구는 바로 이 주제와 연관된다.

나만의 고유한 과학적 연구는 1903년의 연상실험으로 시작되었다. 나는 그것을 자연과학분야의 작업으로는 나의 첫 연구라고 여긴다. 당시 나는 나만의 고유한 생각을 표현하기 시작했다. 《진단적 연상실험》후에 정신의학저서 두 권이 나왔는데, 그것은 《조발성치매의 심리학에 관하여》와 《정신병의 내용》이었다. 1912년에 《리비도의 변환과 상징》이 출간되었고, 이 일로 프로이트와의 친교가 깨졌다. 그 무렵 싫든좋든 나만의 독자적인 길이 시작되었다.

나 자신의 무의식 이미지에 몰두하게 된 것이 그 출발점이 되었다. 그 시기는 1913~1917년이었는데, 그후로는 환상의 흐름이 차츰 스러져갔다. 그것이 완전히 사라지고 더이상 마법의 산 속에 잡혀 있지 않게 되자, 나는 그 모든 경험을 객관적으로 보고 거기에 관해 사색을 시작할 수 있었다. 그때 나 자신에게 던진 첫질문은 "무의식과 더불어 무엇을 하는가?"였다. 거기에 대한 회답으로 저술된 것이 《자아와 무의식의 관계》였다. 1916년 파리에서 이 주제에 관한 강의를 했다. 그것은 좀더 확대되어 한참 후인 1928년에야 독일어로 출간되었다. 그 책에서 나는 무의식의 몇 가지 전형적인 내용을 기술했고, 그것은 무의식 내용에 대한 의식의 태도와 결코 무관하지 않음을 지적했다.

그와 동시에 나는 심리학적 유형에 관한 저술 준비에 힘썼다.

이것은 1921년에 출간되었다. 그 책이 나온 데는 다음과 같은 질문들이 중요한 역할을 했다. "내가 프로이트나 아들러와 어떻게 다른가? 우리의 견해들은 어떤 차이가 있는가?" 내가 거기에 관해 숙고했을 때 유형의 문제에 부딪히게 되었다. 왜냐하면 한 사람의 판단을 애초부터 결정하고 제약하는 것은 심리학적 유형이기 때문이었다. 그 저서는 무엇보다도 개인의 세계와의 충돌, 개인과 타인, 개인과 사물의 관계를 다루었다. 또한 의식의 여러 측면, 의식이 세계에 대해 취할 수 있는 여러 태도를 논의했다. 소위 임상적 관점에서 본 의식의 심리학을 기술한 셈이었다.

그 책에서 나는 수많은 문헌을 참조했는데 슈피텔러(Spitteler : 1919년에 노벨문학상을 받은 스위스 작가—옮긴이)의 저서, 그중에서도《프로메테우스와 에피메테우스》가 특히 도움이 되었다. 실러와 니체, 그리고 고대와 중세시대의 사상사 역시 어느 정도 도움이 되었다. 내가 감히 그 책 한 권을 슈피텔러에게 보냈으나 그는 아무 회답이 없었다. 그러나 바로 얼마 후에 그는 강의를 하면서 자신의 저서는 어떤 것도 '의미하지 않는다'고 확실하게 선언했다. 그렇다면 이러나 저러나 마찬가지니까 그는《올림포스의 봄(슈피텔러의 노벨문학상 수상작품—옮긴이)》대신에 "5월이 왔어요"라고 노래를 부를 수도 있었을 것이다.

유형에 관한 책은 한 인간의 모든 판단은 그의 유형에 의해 제약되며 모든 관점은 상대적이라는 사실을 알게 해주었다. 그리하여 이러한 다양성을 보상하는 단일성에 관한 물음이 제기되었다. 그것은 나를 직접 중국의 도(道)개념으로 이끌었다. 나의 내적 발달과 리하르트 빌헬름이 도에 관한 책을 내게 보내준 사실 사이의 상호일치작용에 관해서는 이미 언급한 바가 있다. 1929년 그와 공동작업으로 《황금꽃의 비밀》이 출간되었다. 그 무렵 나는 사색과 탐구를 통해 내 심리학의 핵심, 즉 '자기'라는 개념에 도달했다.

그후에 비로소 나는 세계로 돌아오는 길을 발견했다. 나는 강연을 하기 시작했고 이런저런 짧은 여행을 했다. 갖가지 수많은 논문과 강연은 말하자면 여러 해에 걸친 내적 몰두에 대한 평형추 구실을 해주었다. 그것들은 나의 독자나 환자 들이 내게 던진 질문들에 대한 회답을 포함하고 있었다.

내가 《리비도의 변환과 상징》을 낸 이래 줄곧 마음에 담아온 주제는 리비도에 관한 이론이었다. 나는 리비도를 물리적 에너지의 정신적인 유사물이라고 생각했다. 그리하여 그것을 거의 양적인 개념이라고 여겼고 따라서 리비도에 관한 질적인 본질 규정을 모두 배격했다. 나로서는 그 무렵까지 우세했던 리비도학설의 구체주의에서 빠져나오는 것이 중요했다. 다시 말해 나는 이제 더이상 허기(虛飢)본능, 공격본능, 성적 본능 따위로 말하고 싶지 않았다. 그 대신 이 모든 현상을 정신적 에너지의 다양한 표현으로 보고자 했다.

물리학에서도 에너지와 그것의 여러 가지 표현, 즉 전기, 빛, 열 등에 관해 말한다. 심리학에서도 마찬가지다. 심리학도 일차적으로 에너지를 취급한다. 말하자면 강도의 측정, 양의 많고 적음을 다룬다. 그런데 나타나는 형태는 무척 다양할 수 있다. 리비도를 에너지로 본다면 일종의 통일된 관점을 갖게 된다. 그러면 리비도의 성질에 관한 논쟁적인 질문, 즉 그것이 성이냐 권력이냐 배고픔이냐, 그밖의 어떤 것이냐 하는 질문들은 별로 중요하지 않게 된다.

내가 심리학을 위해 이루려고 한 것은 자연과학영역의 일반적인 에너지론과 같은 그러한 통일성이었다. 나의 저서《정신의 에너지에 대하여(1928)》에서 내가 목표로 삼고 추구한 것이 바로 그것이었다. 예컨대 나는 인간의 본능을 에너지과정의 여러 표현으로 여기며, 열이나 빛 들과 유사한 힘으로 본다. 현대 물리학자가 모든 힘을 이를테면 열에서만 끌어낼 수 없는 것과 마찬가지로, 심리학자 역시 모든 본능을 권력이나 성의 개념 따위로 분류할 수 없다. 이것이 프로이트가 초기에 범한 오류였다. 그는 나중에 이것을 자아본능이라는 가설로 수정했고, 좀더 지난 후에는 초자아에게 소위 최고의 힘을 부여했다.

《자아와 무의식의 관계》에서는 단지 나 자신이 어떻게 무의식과 관련을 맺게 되었는가에 대해서만 밝혔을 뿐 무의식 그 자체에 관해서는 아직 아무것도 말하지 않았다. 환상탐구에 몰두하면서 나는 무의식이 변환하기도 하고 변환을 야기하기도 한다는 사실을 알게 되었다. 연금술을 배워서 알게 되고 나서야 비로소 무의식이 하나의 과정이라는 사실이 분명해졌다. 그리고 무의식 내용에 대한 자아의 관계에 의해 정신의 변환과 발달이 일어난다는 사실을 깨달았다. 각 개인의 경우 그 과정을 꿈이나 환상에서 읽어낼 수 있다. 집단적인 세계에서는 그것이 반영된 표현이 특히 다양한 종교체계와 종교상징의 변환에서 발견된다. 개인적이거나 집단적인 변환과정에 대한 연구와 연금술의 상징에 대한 이해를 통해 나는 '개성화과정'이라는 내 심리학의 중심개념에 이르게 되었다.

나의 연구에서 본질적인 점은 일찍부터 세계관의 문제에 간여하고, 심리학과 종교적 문제의 대결을 다뤄왔다는 것이다. 그런데 나는 《심리학과 종교(1940)》에서 처음으로 그 문제를 자세하게 다루고, 그 뒤에 《파라셀시카(1942)》에서 다시 다루었다. 특히 그 두 번째 논문인 〈영적 현상으로서의 파라셀수스〉는 이 관점에서 볼 때 중요한 것이다. 파라셀수스(1493/94~1541, 의학을 발전시킨 스위스의 연금술사—옮긴이)의 문헌은 독창적인 생각으로 가득차 있고, 연금술에 관한 질문들이 그 표현방식이 후기에 속하고 바로크적이긴 하지만 분명히 표명되어 있다.

파라셀수스에 대한 연구를 통해 나는 드디어 연금술과 종교의 관계, 연금술과 심리학의 관계에서 연금술의 본질을 기술하기에 이르렀다. 다른 말로 하면, 그런 관점에서 연금술을 종교철학으로 제시한 셈이다. 《심리학과 연금술(1944)》에서 바로 이러한 작업을 했다. 그리하여 나는 1913~1917년에 겪은 나 자신의 경험의 토대인 마음의 밑바탕에 마침내 도달할 수 있었다. 내가 그 무렵 체험했던 과정은 그 책에서 논한 연금술의 변환과정과 일치했다.

내가 무의식의 상징표현이 기독교 또는 다른 종교와 어떤 관계에 있느냐 하는 문제를 항상 생각해온 것은 당연한 일이다. 나는 기독교 복음에 문을 열어놓고 있을 뿐 아니라 그것이 서구인 정신의 핵심을 이루고 있다고 생각한다. 그렇긴 하지만 그것이 시대정신의 세기적 변화에 부응하려면 새로운 관점이 필요하다. 그렇지 않으면 그것은 시대와 동떨어지게 되고 인간이 전체성을 가지는 데도 도움이 되지 않는다.

나는 나의 저술에서 이 사실을 제시하려고 노력했다. 나는 삼위일체교리와 미사경본을 심리학적으로 해석했는데, 미사에 관한 것은 3세기의 연금술사요 그노시스파였던 파노폴리스의 초시모스의 문헌과 비교했다. 기독교 관념과 분석심리학을 대면시키려고 시도하다가 나는 결국 심리적 형상으로서의 그리스도라는 문제에 이르게 되었다. 《심리학과 연금술》에서 나는 이미 그리스도와 연금술의 중심개념인 '라피스', 즉 둘 사이의 유사성을 제시할 수 있었다.

1939년에 나는 이그나티우스 로욜라의 '영성훈련'에 관한 세미나를 개최했다. 바로 그 무렵 나는 《심리학과 연금술》의 저술을 위한 연구에 몰두해 있었다. 어느 날 밤 잠에서 깨어나 침대 아래 환한 빛에 휩싸여 있는 십자가상의 그리스도 형상을 보았다. 그것은 실물 크기는 아니었지만 아주 뚜렷한 모습이었다. 나는 그리스도의 몸이 녹색 금으로 만들어진 것을 보았다. 그 모습은 영광스러웠지만 동시에 충격적이었다. 그러한 환상은 나에게 이상한 일이 아니었다. 왜냐하면 나는 최면과 비슷한 상태에서 생생한 이미지들을 자주 보기 때문이다.

그 무렵 나는 '영성훈련'에 나오는 명상의 하나인 '그리스도 아니마'에 관해 많이 사색하고 있었다. 그 환상은 내가 사색을 하는 가운데 뭔가를 간과하고 있다는 것을 지적하는 듯했다. 즉, 나는 연금술의 '비상한 금'과 '녹색의 금'이 그리스도와 유사하다는 사실을 간과했던 것이다. 내 환상이 이러한 연금술의 핵심상징을 가리키고 있고 그것이 본질적으로 연금술적인 그리스도 환상임을 이해하게 되자 마음이 놓였다.

녹색 금은 연금술사들이 인간뿐 아니라 무기물에도 존재한다고 여긴 생동하는 본성이다. 그것은 생명의 혼, 즉 '세계혼' 또는 '대우주의 아들', 전세계에 살아 있는 '안트로포스(Anthropos : 원래는 인간, 인류라는 뜻이지만 여기서는 좀더 근원적인 의미로 쓰이고 있음—옮긴이)'를 표현하고 있다. 이 혼은 무기물에게까지 부어진다. 그것은 금속에도 돌에도 존재한다. 그러므로 나의 환상은 그리스도 형상이 물질 속에 있는 그의 유사물, 즉 대우주의 아들과 합일한다는 사실을 보여준 셈이었다.

그 녹색 금이 내 눈에 띄지 않았다면 나의 '기독교적' 관점에서 무언가 본질적인 것이 빠졌다고 가정하게 되었을 것이다. 다시 말해 나의 전통적인 그리스도 형상이 어딘가 부족하므로 나는 아직도 기독교적인 발달을 좀더 추구해야 한다고 생각했을 것이다. 하지만 환상에서 금속이 강조되는 바람에 거짓없는 연금술적인 그리스도 개념이 영적으로 살아 있는 것과 육체적으로 죽은 물질의 합일로서 나에게 제시되었다.

나는 《아이온(1951)》에서 그리스도의 문제를 다시 다루었다. 그 책에서는 정신사적 유비(類比)문제를 다루지 않고 그리스도 형상을 심리학과 대면하도록 했다. 나는 그리스도를 온갖 외부적인 것으로부터 벗어난 형상으로 여기지 않고, 그리스도를 통해 표현된 종교적 내용이 수세기에 걸쳐 어떻게 발달했는가를 보여주고자 했다. 또한 그리스도가 어떻게 점성학으로 예언될 수 있었는지, 그리스도가 그가 살던 시대의 정신에 비추어서는 어떻게 이해되었는지, 그리고 2천 년 기독교 문명의 발전 속에서는 어떻게 이해되었는지 제시하는 것도 내게는 중요했다. 이것이 내가 기술하고자 했던 것들이며, 그를 중심으로 수세기 동안 축적된 온갖 흥미로운 난외주석도 함께 제시하고자 했다.

이러한 탐구를 하는 동안 역사적인 모습, 즉 인간 예수에 대한 의문이 또한 제기되었다. 그 의문은 중요한 의미를 갖는다. 왜냐하면 그가 살던 시대의 집단적 심성은 그 당시 형성되었던 원형, 즉 안트로포스의 원초적 이미지라고 할 수 있는데, 그것이 거의 알려지지 않은 한 유대인 예언자에게 집중적으로 반영되었기 때문이었다. 한편으로는 유대 전통에, 다른 한편으로는 이집트 호루스 신화에 뿌리를 내리고 있는 고대적 안트로포스 관념은 기독교시대 초기에 사람들의 마음을 사로잡았다. 왜냐하면 그것은 그 시대정신에 부합했기 때문이었다.

그리스도는 '사람의 아들'이자 하느님의 아들이며, 이 세계의 통치자인 '신성한 아우구스투스'에 대립하여 서 있었다. 이러한 생각이 원래는 유대인의 메시아 문제에 불과하던 것을 세계의 관심사로 만들어버렸다.

목수의 아들 예수가 복음을 전파하고 세상의 구주가 된 것을 단순한 '우연'으로 보는 것은 심각한 오해일 것이다. 그는 무의식적이긴 하지만 보편적인 그 시대의 기대를 그토록 완벽하게 표현하고 기술할 수 있을 만큼 비범한 재능을 지닌 인격의 소유자였음에 틀림없다. 인간 예수 이외의 그 누구도 그와 같은 메시지의 소유자가 될 수 없었다.

그 시대에 신적인 카이사르에 의해 구현된 로마제국의 막강한 권력은, 수없이 많은 개인뿐 아니라 모든 민족이 자주적인 삶의 방식과 정신적인 독립성을 빼앗긴 세계를 만들어냈다. 오늘날의 개인이나 문화공동체도 비슷한 위협, 즉 대중화의 위험에 처해 있다. 그리하여 많은 곳에서 그리스도 재림의 가능성과 거기에 대한 희망이 이미 활발하게 논의되고 환상을 보았다는 소문까지 나돌고 있는데, 그것은 구원을 기대하는 마음의 표현인 셈이다. 하지만 오늘날 그것이 취한 형태는 과거에서는 비교할 만한 것을 찾을 수 없고, '기술시대'의 전형적인 아이의 모습을 보일 뿐이다. 미확인비행물체(UFO) 현상의 전세계적인 확산 같은 것이 바로 그렇다.

성배전설과 동물 상징

나의 심리학이 얼마만큼 연금술과 상응하는지, 혹은 그 반대의 경우는 어떠한지를 최대한 제시하는 것이 목적이었으므로, 나는 종교적인 문제들과 함께 정신치료의 특수한 문제들이 연금술사들의 작업에서는 어떻게 처리되었는지 탐구하고자 했다. 중심문제, 즉 의학적 정신치료의 주된 문제는 전이(轉移)다. 이 점에서 프로이트와 나는 완전히 견해가 일치했다.

나는 연금술 안에도 전이에 상응하는 것이 있음을 입증할 수 있었다. 즉, 그것은 융합의 개념으로 질베러가 이미 그 심대한 중요성에 주목했다. 이와 같은 상응은 나의 책 《심리학과 연금술》에서도 밝혀진 바 있다. 여기에 대한 탐구는 2년 후 《전이의 심리학(1946)》으로 이어졌고, 마침내 나의 저서 《융합의 신비(1955~1956)》로까지 나아갔다.

내가 개인적으로나 학문적으로 몰두한 모든 문제와 거의 마찬가지로 전이의 문제도 꿈이 수반되거나 꿈의 예시가 있었다. 그 중 한 꿈에서 전이의 문제가 그리스도 문제와 함께 특이하고 예기치 않은 이미지로 암시되었다.

내가 아직 들어가보지 못한 커다란 부속건물 한 채가 딸린 우리집 꿈을 다시 꾸었다. 나는 그 부속건물을 들여다보기로 마음 먹고 드디어 그 안으로 들어섰다. 나는 양쪽으로 여는 커다란 문에 이르렀다. 내가 그 문을 열자 어느새 실험실이 꾸며진 방 안에 있게 되었다. 창문 앞에는 많은 유리병과 온갖 동물실험용 기구가 가득 놓인 탁자가 하나 있었다. 그곳은 내 아버지의 작업실이었다. 하지만 아버지는 그곳에 없었다. 작업실 벽을 따라 시렁들 위에 상상할 수 있는 온갖 종류의 물고기가 담긴 수백 개의 병이 얹혀 있었다. 나는 놀랐다. "그럼 이제 아버지가 어류학에 몰두하고 있단 말인가!"

내가 거기 서서 주위를 둘러보니 강한 바람이 불 때처럼 이따금 불룩해지는 커튼이 보였다. 갑자기 시골 출신 젊은이인 한스가 나타났다. 나는 그에게 커튼 뒤에 있는 창문이 열렸는지 살펴봐달라고 부탁했다. 그가 그쪽으로 갔다가 얼마 후에 돌아왔는데 몹시 충격을 받은 것을 알 수 있었다. 그는 공포에 질린 표정이었다. 그는 이렇게 말할 뿐이었다. "음, 저기에 뭐가 있어. 유령이 출몰한 거 같아!"

그래서 내가 직접 그리로 갔다. 거기서 나는 어머니방으로 통하는 문을 발견했다. 그 방에는 아무도 없었다. 분위기가 섬뜩했다. 엄청나게 큰 그 방 천장에는 양쪽으로 각각 다섯 개의 상자가 두 줄을 이루어 바닥에서 약 60센티미터 높이까지 걸려 있었다. 그것들은 마치 작은 정자 같았으며 가로세로 각각 약 2미터로 4제곱미터의 면적이었는데 각기 두 개의 침대가 있었다. 나는 현실에서 오래전에 돌아가신 어머니가 이곳을 방문했다는 것을 알았다. 그리고 그녀가 이 침대들을 유령들의 잠자리로 마련해놓았다는 것도 알았다. 그들은 쌍을 이루어 오는 유령들로 이를테면 영혼결혼을 한 배우자들이었는데, 거기서 밤을 보내고 낮에도 머물다 가곤 했다.

어머니의 방 건너편에 문이 하나 있었다. 나는 그 문을 열고 무척 넓은 홀 안으로 들어갔다. 그것은 안락의자와 작은 탁자, 기둥과 온갖 화려한 벽걸이 들로 꾸며진 큰 호텔 로비를 연상시켰다. 취주악이 요란하게 울려퍼졌다. 나는 뒤에서 음악소리를 계속 들었지만 그것이 어디서 나는지는 알 수 없었다. 그 홀에는 아무도 없고 '취주악단'만이 무용곡과 행진곡을 연주하고 있었다.

호텔 로비의 취주악은 과시하려는 듯한 즐거움과 세속성을 의미했다. 이 요란한 정면 뒤쪽에 다른 세계가 역시 같은 건물 안에 있다는 사실을 아무도 알지 못했다. 꿈에서 홀의 이미지는, 말하자면 나의 쾌활함 또는 세속적 즐거움을 희화화한 것이었다. 그러나 이것은 단지 표면에 불과하다. 그 뒤에 취주악에서는 찾을 수 없는 전혀 다른 것이 놓여 있다. 즉, 물고기실험실과 유령들을 위한 공중누각이 그것이다. 둘 다 섬뜩한 곳이었는데, 그 안에 신비로운 고요가 감돌고 있었다. 나는 여기에 밤이 깃들어 있다는 느낌이 들었다. 반면에 그 홀은 대낮의 세계와 그 천박한 세속성을 나타내고 있었다.

그 꿈에서 가장 중요한 이미지는 '유령들의 응접실'과 물고기 실험실이었다. 전자는 융합 또는 전이를 좀 별나게 표현하고 있고, 후자는 그 자신이 물고기인 그리스도에 대한 나의 몰두를 보여주고 있다. 둘 다 내가 10년 이상 줄기차게 탐구해온 내용이었다.

물고기에 대한 연구가 꿈에서는 아버지의 몫으로 되어 있는 것은 주목할 만한 일이다. 그는 소위 기독교 영혼들을 돌보는 사람이었다. 오래된 관념에 의하면, 이 영혼들은 베드로의 그물에 잡힌 물고기들이었다. 마찬가지로 주목되는 것은 동일한 꿈에서 어머니가 죽은 영혼들의 보호자로 나온다는 사실이다. 이리하여 꿈속에서 나의 부모님은 영혼치료 문제를 부담으로 안고 있었는데, 그것은 사실 나의 과제이기도 했다. 그런데 그 과제가 뭔가 미진한 채로 남아 있어 아직도 부모님에게 전가되어 있는 것이었다.

다시 말해, 그 과제는 무의식에 잠재된 채 미래의 몫으로 남아 있었다. 나는 '철학적' 연금술의 주요관심사인 융합의 문제를 아직 치열하게 다루지 못했고, 기독교인들의 중심인물(예수)이 내게 던진 물음에도 답하지 못했다. 또한 나의 아내가 필생의 과업으로 삼고 있는 성배전설에 관한 엄청난 작업도 아직 완수하지 못했다. 내가 《아이온》에서 물고기 상징을 연구하면서 '성배탐구'와 어부의 왕에 대한 생각을 얼마나 자주 했는지 지금도 기억하고 있다. 아내의 연구에 대한 배려가 나를 막지만 않았어도 나는 말할 것도 없이 성배전설을 나의 연금술연구에 포함시켰을 것이다.

나의 아버지를 회상하면 암포르타스의 상처로 고통받는 자, 그 상처가 잘 낫지 않은 '어부의 왕'이 생각난다. 이것은 연금술사들이 그 치료약을 찾아헤맨 기독교적인 고통이다. 나는 '벙어리' 파르치발(중세 성배전설의 영웅—옮긴이)로서 소년시절의 여러 해 동안 이 병에 대한 증인이었다. 파르치발처럼 나도 말은 할 수 없었다. 단지 어렴풋이 알아챌 뿐이었다.

아버지는 현실에서는 그리스도의 동물 상징에 관심을 가진 적이 없었다. 그 대신 그는 그리스도에 의해 제시되고 예고된 고통을 죽을 때까지 문자 그대로 체험했다. 하지만 그것이 그리스도를 본받은 결과라고는 뚜렷하게 의식하지 못했다. 그는 자신의 고통을 의사의 조언을 받아야 할 사적인 괴로움이라고만 여겼을 뿐, 일반적인 기독교인의 고통으로는 보지 않았다.

〈갈라디아서〉 2장 20절 말씀, 즉 '이제는 내가 산 것이 아니요 오직 내 안에 그리스도께서 사신 것'이라는 구절의 깊은 뜻이 그로서는 분명하게 이해되지 않았다. 그는 종교와 관련된 문제라면 어떤 것도 생각해보기를 꺼려했기 때문이었다. 그는 믿음만으로 만족하려 했으나 신앙은 그에 대한 신의를 저버렸다. 지성의 희생은 흔히 이런 식으로 보답을 받았다. '사람마다 이 말을 받지 못하고 오직 타고난 자라야 할지니라…… 천국을 위하여 스스로 된 고자도 있도다. 이 말을 받을 만한 자는 받을지어다(〈마태복음〉 19:11~12).' 맹목적인 수용은 결코 해답을 주지 못한다. 기껏해야 답보상태로 있게 할 뿐이며, 그로 인해 다음 세대가 심각한 부담을 안게 된다.

신들이 동물 형상의 상징을 가지고 있다는 것은 신들이 초인간적 영역뿐 아니라 인간 이하의 삶의 영역에까지 미친다는 것을 나타낸다. 동물들은 말하자면 신들의 그림자이며 그 성질 자체가 밝은 이미지와 연결되어 있다. '그리스도의 작은 물고기'는 그리스도를 따르는 사람들 자신이 물고기임을 보여주고 있다. 즉, 영혼의 치유가 필요한 무의식적인 본성을 지닌 심령들이다.

또한 물고기실험실은 교회의 영혼구제와 동일한 의미를 지니고 있다. 상처입은 자가 자신에게 상처를 입히듯이 치료자는 자신을 치유한다. 특기할 일은 꿈에서 결정적인 활동이 죽은 자에 의해 죽은 자에게 행해진다는 사실이다. 즉, 의식 너머의 세계, 무의식에서 그런 활동이 이루어지고 있다는 사실이다.

사실 그 당시는 내 과제의 본질적 측면을 알지 못했고 꿈도 만족스럽게 해석해낼 수 없었다. 나는 단지 그 뜻을 직감으로 느낄 수 있을 뿐이었고,《욥에의 회답》을 쓸 수 있을 때까지는 여전히 엄청난 내적 저항을 이겨내야만 했다.

이 책은 이미《아이온》에 그 뿌리를 두고 있었다.《아이온》에서 나는 기독교심리학을 다루느라 애를 썼다. 욥은 말하자면 그리스도의 예표(豫表)다. 그리스도와 욥은 고통의 관념으로 서로 연결된다. 그리스도는 고통받는 하느님의 종이며 욥 역시 그러했다. 그리스도의 경우 이 세상의 죄악이 고통의 원인이며, 기독교인의 고통은 거기에 대한 일반적인 응답이다. 어쩔 수 없이 "이 죄악은 누구의 책임인가?" 하는 물음이 제기된다. 궁극적으로 그 책임은 이 세상과 죄를 창조하고 그리스도 안에서 인간의 숙명적 고뇌를 스스로 짊어져야 했던 하느님에게 있다.

《아이온》에는 하느님 이미지의 밝고 어두운 측면에 관한 어려운 주제가 있다. 나는 '하느님의 분노'와 기도, 하느님 경외, "우리로 시험에 들지 말게 하옵소서"라는 주기도문 들을 언급했다. 양면적인 하느님 이미지는 〈욥기〉에서 결정적인 역할을 한다. 욥은 하느님이 어느 정도는 하느님 자신에 반해서 그의 편이 되어 주기를 기대한다. 여기서 하느님의 비극적 모순성이 드러난다. 이것이 《욥에의 회답》의 중심주제인 셈이다.

이 책을 쓰도록 한 외부적인 원인은 내가 처한 환경에 있었다. 일반대중과 환자들이 제기한 많은 질문이 나로 하여금 현대인의 종교적 문제에 관해 나 자신의 견해를 보다 분명하게 제시하도록 했다. 하지만 여러 해 동안 나는 망설였다. 왜냐하면 내가 그렇게 함으로써 일으키게 될 물의를 충분히 알고 있었기 때문이었다.

그러나 마침내 나는 이 위험하고 어려운 문제에 사로잡히게 되었고, 이에 대한 회답을 스스로 내리지 않으면 안 되었다. 나는 그 문제가 나에게 달려든 방식대로, 즉 감정을 억제하지 않은 채 체험한 그대로 써내려갔다. 나는 미리 마음먹고 의도적으로 그런 방식을 취했다. 내가 어떤 '영원한 진리'를 선포하는 것 같은 인상을 주지 않으려고 했던 것이다. 나의 책은 단지 대중들이 숙고하기를 바라고 기대하는 한 개인의 목소리요 문제제기일 뿐이었다. 내가 형이상학적 진리를 선포한다고 다른 사람들이 생각하리라고는 전혀 예상치 못했다.

그러나 신학자들은 나를 비난하고 있다. 왜냐하면 신학사상은 영원한 진리를 다루는 일에 늘 익숙해 있기 때문이다. 물리학자가 원자는 어떻게 구성되어 있고 어떤 성질을 가졌다고 말하거나 그 모형을 그린다고 해서 그가 영원한 진리를 표현하고자 의도하는 것은 아니다. 하지만 신학자들은 자연과학적 사고, 특히 심리학적 사고를 알지 못한다. 분석심리학의 자료에서 중요한 사실은 사람들의 진술, 즉 다른 장소와 다른 시간에서도 흔히 서로 일치하는 진술이다.

욥의 문제도 그 모든 결과를 포함하여 하나의 꿈에서 예시되었다. 그 꿈속에서 내가 오래전에 돌아가신 아버지를 방문했다. 그는 시골에 살고 있었는데 그곳이 어딘지는 알 수 없었다. 나는 18세기 양식으로 지어진 집을 보았다. 방이 무척 많았고 상당히 큰 부속건물이 몇 채 딸려 있었다. 나는 그곳이 원래 온천지역에 있는 여관이었으며 그동안 많은 위대한 인물과 유명인사, 왕자 등이 거기에 묵었다는 것을 알게 되었다. 게다가 몇 사람은 죽은 후에도 그들의 석관이 이 집 지하실에 있었다. 나의 아버지는 관리인으로 그것들을 지키고 있었다.

그러나 아버지는 관리인일 뿐만 아니라 생시와는 정반대로 훌륭한 재야학자라는 것을 알게 되었다. 나는 아버지를 그의 서재에서 만났는데, 이상하게도 정신과의사인 내 나이 또래의 Y박사와 역시 같은 직업을 가진 그의 아들이 거기 있었다. 내가 무슨 질문을 했는지, 아버지가 스스로 무엇을 설명하려고 했는지 잘 모르겠지만, 어쨌든 아버지는 서가에서 큼직한 성서를 꺼내왔다. 내 서재에 있는 메리안판 성서와 비슷한 두꺼운 2절판 책이었다. 아버지가 들고 있는 성서는 반짝이는 물고기껍질로 제본된 것이었다.

그는 구약부분을 펼쳤다. 내 짐작으로는 모세오경인 것 같았다. 아버지는 어떤 구절을 해석하기 시작했다. 그가 그 해석을 너무도 빠르게 현학적으로 했으므로 나는 따라잡을 수가 없었다. 나는 단지 아버지가 다방면의 방대한 지식을 드러내며 말하고 있다는 것은 알았다. 그 의미는 어느 정도 어렴풋이 눈치채기는 했으나 그것을 판단하거나 이해할 수는 없었다. Y박사도 전혀 이해하지 못한 듯했고 그의 아들은 웃음을 터뜨렸다. 그들은 나의 아버지가 일종의 노망이 든 흥분상태에서 의미없는 헛소리를 늘어놓는다고 생각하는 것 같았다. 그러나 나는 그것이 결코 병적인 흥분상태에서 나온 헛소리가 아니고, 너무나 지적이고 유식한 논증이어서 우리의 둔한 머리가 따라갈 수 없을 뿐이라는 사실을 분명히 알고 있었다.

주제가 매우 중요한 것이라 아버지는 거기에 매료되어 있었다. 그래서 그는 그와 같이 열렬하게 말했고 심오한 생각들이 흘러넘쳤던 것이다. 나는 짜증을 내면서, 아버지가 우리 같은 세 바보 앞에서 말해야 한다는 것이 유감스럽다고 생각했다.

두 사람의 정신과의사는 나에게도 물론 늘 있는 한정된 의학적 관점을 대표한다. 정신과의사들은 나의 그림자를 나타내는

데, 아버지와 아들은 이를테면 초판 그림자, 재판 그림자가 되는 셈이다.

그때 장면이 바뀌었다. 아버지와 내가 집 앞에, 아마 목재가 쌓여 있을 일종의 헛간을 향해 서 있었다. 거기서 쿵 하는 소리가 들렸다. 큰 나무둥치가 자빠지거나 던져질 때 나는 소리였다. 나는 거기서 적어도 두 사람의 노동자가 일하고 있는 듯한 인상을 받았다. 그러나 아버지는 내게 그곳에 유령이 자주 출몰한다고 알려주었다. 요란한 소리를 내고 있는 것은 역시 일종의 도깨비들이었다.

우리는 그후에 집으로 들어갔고 나는 그 집이 매우 두터운 벽을 하고 있는 것을 보았다. 우리는 좁은 계단을 거쳐 2층으로 올라갔다. 거기에 진기한 광경이 펼쳐져 있었다. 홀이 있었는데 그것은 파테푸르시크리에 있는 악바르 술탄의 회의실을 그대로 복제한 것이었다. 그곳은 천장이 높은 둥근 방으로, 벽을 따라 회랑이 있었다. 거기서 네 개의 다리가 대야 모양으로 만들어진 중심으로 뻗어 있었다. 그 대야는 거대한 기둥 위에 얹혀 술탄의 원형의자를 이루고 있었다. 그 높은 장소에서 술탄은 자문위원들과 철학자들에게 말하고 있었는데, 그들은 벽을 따라 회랑에 앉아 있었다. 그 전체는 어마어마한 만다라였다. 그것은 내가 인도에서 본 적이 있는 회의실과 꼭 일치하였다.

꿈속에서 나는 갑자기 가파른 계단이 중심으로부터 벽의 높은 지점에까지 뻗어올라가 있는 것을 보았다. 현실과는 전혀 부합되지 않는 일이었다. 계단 꼭대기에 작은 문이 있었다. 아버지가 말했다. "이제 내가 너를 가장 높은 현재 속으로 인도하겠다!" 아버지가 '가장 높은 현존'이라고 말하는 것 같기도 했다. 그러고는 아버지가 무릎을 꿇고 이마를 마루에 댔다. 나도 아버지를 흉내내어 그와 마찬가지로 벅찬 감동으로 무릎을 꿇었다. 그런데 무슨 이유인지 나는 이마를 마루에 완전히 댈 수가 없었다. 이마와 마루 사이에는 아마도 1밀리미터의 간격이 있는 것 같았다. 그러나 나는 아버지를 따라 같은 자세를 취하려고 했다.

그러다가 갑자기 나는 아버지를 통해 문 뒤 위쪽 외딴방에 다윗왕의 장군 우리아가 산다는 것을 알았다. 다윗은 우리아의 아내 밧세바 때문에 수치스럽게도 그를 배반했다. 그는 자신의 병사에게 명하여 우리아를 바로 적진 앞에 버리라고 했다.

이 꿈에 대해 설명하는 몇 가지 소견을 덧붙여야겠다. 시작 장면은 내가 아버지에게, 다시 말해 아버지에 상응하는 무의식에게 맡긴 과제가 어떻게 수행되고 있는가를 보여준다. 아버지는 분명히 성서(《창세기》 부분인 듯함)에 몰두하여 자신의 견해를 우리에게 알리느라 애를 쓴다. 물고기껍질은 그 책이 무의식의 내용임을 가리킨다. 왜냐하면 물고기는 말을 못하며 무의식적이기 때문이다. 아버지는 의사전달에 성공하지 못한다. 청중 일부는 이해능력이 없으며 일부는 악의가 있고 어리석다.

이러한 실패 후에 우리는 길을 건너 도깨비들이 일을 벌이고 있는 것으로 보이는 '다른 쪽'으로 간다. 도깨비현상은 대개 사춘기 전의 젊은이들 주변에서 일어난다. 즉, 이것은 내가 아직 미성숙하고 무의식적인 상태에 빠져 있음을 나타낸다.

인도의 풍경은 그 '다른 쪽'을 설명해준다. 내가 인도에 있을 때 궁중회의실의 만다라 구조는 나에게 중심과 관계된 내용의 표현으로서 강한 인상을 남겼다. 그 중심은 악바르대왕의 자리다. 그는 인도대륙을 지배하는 자로 다윗처럼 '이승의 왕'이다. 그러나 다윗의 죄없는 희생자, 다윗이 적에게 넘겨준 충성스러운 우리아장군은 대왕보다 더 높은 곳에 서 있다. 우리아는 하느님으로부터 버림받은 신인(神人)인 그리스도의 예표다. 게다가 다윗은 우리아의 아내를 '자기의 것'으로 삼았다.

나는 나중에야 우리아에 대한 암시가 무엇을 의미하는지 알게 되었다. 나는 구약에 나타난 양면적인 하느님 이미지와 그것으로 인한 결과를 심각한 손해를 감수하고라도 공개적으로 말하지 않을 수 없었을 뿐만 아니라 아내의 죽음으로 그녀를 빼앗겼다.

이것이 무의식에 숨은 채 나를 기다리고 있던 일들이었다. 나는 이러한 운명에 굴복해야 했다. 그런데 내가 완전히 굴복하기 위해서는 이마를 진짜로 바닥에 댔어야 했을 것이다. 그러나 그무엇이 그렇게 하는 것을 막고 적어도 1밀리미터는 떨어지게 했다. 내 안에서 그 무엇이 말했다. "그래 좋다, 하지만 전적으로 그런 건 아니다." 내 안의 그 무엇이 반항했다. 그리고 말 못하는 물고기처럼 되지 않기로 했다. 그런 것이 자유인 속에 없었더라면 〈욥기〉는 그리스도 탄생 수백 년 전에 씌어지지 않았을 것이다. 인간은 신적인 소명 앞에서도 결행을 유보하는 법이다. 그렇지 않다면 인간의 자유가 어디에 있겠는가? 자유를 위협하는 자를 위협할 수 없다면 그 자유가 무슨 의미가 있겠는가?

악바르보다 더 높은 곳에 우리아가 산다. 그는 꿈이 말하듯 '가장 높은 현존'이기까지 하다. 이런 표현은 원래 비잔틴문화를 제외하고는 오직 신에게만 사용한다. 여기서 나는 부처와 신들의 관계를 생각하지 않을 수 없다. 신앙심 깊은 아시아인들에게 타타가타(부처를 가리킴─옮긴이)가 그야말로 가장 높은 존재라는 것은 의심의 여지가 없다. 그 이유로 사람들은 소승불교가 무신론이 아닌가 의심하지만, 이는 크게 잘못된 것이다.

여러 신의 힘으로 인간은 창조주에 대한 통찰을 얻을 수 있다. 심지어 인간은 본질적인 측면에서, 즉 인간의 세계인식 면에서 창조를 폐기할 수 있는 가능성도 가지고 있다. 오늘날 인간은 지상에 있는 온갖 고등생물을 방사능으로 없애버릴 수 있다. 세계 소멸의 관념은 이미 부처에 의해 그 단초를 갖게 되었다. 피할 도리가 없이 노쇠, 질병, 그리고 죽음으로 이어지는 인연의 사슬은 큰 깨달음으로 끊어진다. 그리하여 존재의 환영(幻影)은 소멸된다. 쇼펜하우어의 의지의 부정은 이미 심상치 않게 가까이 다가온 미래의 문제를 예언적으로 알려주고 있다. 그 꿈은 인간세계에 오래전부터 있어온 생각과 징후, 즉 피조물이 그의 창조주를 근소하지만 결정적으로 능가한다는 관념을 드러내고 있다.

이야기가 꿈의 세계로 벗어났는데 이제 다시 나의 저술로 돌아와야겠다. 《아이온》을 쓰는 가운데 따로 다룰 필요가 있는 일련의 문제들이 제기되었다. 나는 그리스도의 출현과 새로운 기원

(紀元 : 아이온. 원래는 천문학에서 10억 년을 가리키는 시간단위임—옮긴이), 즉 물고기자리시대 시작과의 동시성을 설명하고자 했다. 그리스도의 생애와 객관적인 천문학사건, 즉 춘분점이 물고기자리로 들어간 현상 사이에는 동시성이 있다고 말해야 할 것이다. 그리하여 그리스도는 '물고기'이며, 함무라비가 숫양자리시대의 왕이었듯이 새로운 기원의 통치자로 나타난다. 이런 사실로부터 동시성의 문제가 제기되는데, 그 문제를 《비상관적 연결원리로서의 동시성》이라는 저서에서 논하였다.

《아이온》에서 다루어진 그리스도 문제는 결국 안트로포스, 즉 위대한 인물의 출현현상, 심리학 용어로 말하면 '자기' 현상이 각 개인의 체험 속에서는 어떻게 나타나는가 하는 문제로 귀착되었다. 이에 대한 회답을 나는 《의식의 뿌리에 관하여(1954)》에서 주려고 시도했다. 거기서 나는 의식과 무의식의 상호작용, 무의식으로부터의 의식의 발달, 그리고 보다 큰 인격, 즉 '내적 인간'이 각 개인의 삶에 미치는 작용을 다루었다.

연금술과 나의 무의식의 심리학을 대비해 본 결과물로 《융합의 신비》가 완성되었다. 거기서 나는 다시 한번 전이의 문제를 다루었다. 그러나 무엇보다도 연금술의 전영역을 일종의 연금술심리학, 혹은 심층심리학의 연금술적 기초로 기술하려는 원래의 의도를 살리려고 했다. 《융합의 신비》에서 나의 심리학은 결정적으로 현실에 자리를 잡았고, 든든한 역사적 토대도 갖추었다.

그리하여 나의 과제는 끝났고 작업은 완수되었으며, 이제 그것은 존립할 수 있게 되었다. 밑바닥에 도달한 그 순간, 나는 학문적으로는 파악할 수 없는 마지막 한계에 부딪혔다. 초월적인 것, 원형 그 자체의 본질에 관해서는 더이상 학문적으로 설명할 수 없는 것이었다.

내가 여기서 나의 저술에 관해 개략적으로 살펴본 것은 물론 요약에 불과하다. 사실 더 많이 이야기하든가 아니면 더 적게 이야기하는 편이 나았을 것이다. 이 장(章)은 내가 하는 다른 모든 이야기와 같이 즉석에서 말한 것이며 순식간에 생겨난 것이다.

나의 저술들은 내 생애의 정류장들이라 여겨질 만하다. 그것들은 나의 내적 발달의 표현이다. 무의식 내용을 탐구하는 일은 사람을 만들고 그에게 변환을 일으키기 때문이다. 나의 생애는 내가 행한 것, 내 정신의 작업이다. 이것들은 하나하나 떼어놓을 수가 없다.

나의 모든 저술은 말하자면 내부로부터 부과된 과제인 셈이다. 그것은 숙명적인 강요로 이루어졌다. 내가 쓴 것은 내부로부터 나에게 엄습해온 것들이다. 나는 나를 충동질하는 영혼으로 하여금 말을 하도록 허용했다. 나는 나의 저술에 대해서 어떤 뜨거운 공감을 기대한 적이 없다. 그 글들은 내가 살아온 동시대 세계에 대한 보상을 나타내고 있다. 나는 누구도 들으려고 하지 않는 것을 말해야만 했다. 그리하여 특히 연구 초기에는 완전히 외톨이가 된 느낌을 자주 받았다. 나는 사람들이 싫어하리라는 것을 알고 있었다. 왜냐하면 의식세계에 대한 보상을 받아들이는 것은 쉬운 일이 아니기 때문이다.

오늘날 나는 이렇게 말할 수 있다. "일찍이 내가 기대했던 것 이상으로 이토록 성공을 거둔 것이 무척 놀라운 일입니다." 그런데 나에게 늘 중요하게 여겨지는 것은 내가 말해야만 했던 것이 말해졌다는 사실이다. 나는 가능한 것이면 무엇이든 했다는 느낌을 가지고 있다. 물론 더 많이 더 훌륭하게 해낼 수도 있었을 것이다. 그러나 그것은 내 능력의 범위를 벗어나는 일이다.

아, 내 가슴에
두 영혼이 살고 있다

우리에게는 중세와 고대,
원시시대가 아직도 끝난 것이 아니다. 그런데
그와 반대로 우리는 발전의 분류(奔流)로 휘말려들어가
거친 폭력으로 미래를 향해 밀려가고 있으며
그럴수록 우리는 더욱 우리의 뿌리로부터
떨어져나가게 된다.

Carl Gustav Jung

볼링겐의 돌기념비

죽은 자들과 소통하는 곳

학문적 탐구를 통해 나는 차츰 나의 환상과 무의식 내용의 토대를 세울 수 있었다. 그러나 단어나 종이만으로는 그리 충분하지 않았다. 그 이상의 것이 필요했다. 나는 가장 깊은 생각과 나 자신의 인식 들을 이를테면 돌에 표현하거나 돌로써 고백해야 했다. 내가 손수 볼링겐에 지은 탑이 그 일의 시작이었다. 허무맹랑한 착상처럼 보일지 모르나 나는 실행에 옮겼고, 그것은 나에게 깊은 만족을 주었을 뿐 아니라 큰 의미를 가져다주었다.

처음부터 그 집은 물가에 짓는 것으로 정해졌다. 나는 이전부터 위쪽에 있는 취리히호숫가의 진귀한 풍경에 매력을 느끼고 있었다. 그리하여 나는 1922년 볼링겐에 있는 그 주변 땅을 샀다. 그곳은 성(聖) 마인라트 지역에 있는 교회 땅으로, 옛날부터 성 갈(Gall) 수도원에 속해 있었다.

처음에는 정식 집이 아니라, 중앙에 벽난로가 있고 벽 쪽으로 침대들이 놓여 있는 일종의 원시적인 단층 주거지를 세울 계획이었다. 그때 아프리카 오두막 하나가 머릿속에 떠올랐다. 몇 개의 돌로 둘러싸인 곳에 불이 피워져 있고 모든 가족생활이 그 불을 중심으로 영위되는 그런 오두막이었다. 사실 그 원시적인 오두막은 전체성, 말하자면 온갖 종류의 작은 가축까지도 참여하는 가족전체성의 관념을 구상화하는 것이었다. 나는 그와 같이 인간의 원초적 감정에 어울리는 주거지를 마련하려고 했다. 그곳은 신체적으로나 정신적으로 아늑한 느낌을 주어야 할 것이었다.

그러나 첫 건축단계에서 나는 이 계획을 변경했다. 왜냐하면 그 주거지가 너무나 원시적으로 느껴졌기 때문이었다. 나는 땅바닥에 웅크리고 있는 오두막이 아니라 정식 2층집을 지어야 한다는 것을 깨달았다. 그리하여 1923년 첫 번째 둥근 집이 세워졌다. 그것이 완공되었을 때 나는 그 집이 사람이 살 만한 탑이 되어 있는 것을 보았다.

그 탑에서 내가 누린 휴식과 재생의 느낌은 처음부터 매우 강력했다. 그곳은 나에게 모성적인 장소 같은 의미가 있었다. 그러나 그 탑이 말해야 하는 모든 것을 아직은 다 표현하고 있지 않으며 무언가 부족하다는 인상을 차츰 갖게 되었다. 그리하여 4년 후 1927년에 탑 모양의 부속건물과 함께 중앙건물이 추가되었다.

얼마 후 나는 다시금 뭔가 부족하다는 느낌을 받았다. 건물이 여전히 너무나 원시적인 듯이 여겨졌다. 그리하여 또 4년이 지난 후 1931년에 탑 모양의 구조물을 정식 탑에 덧붙여 세웠다. 나는 이 두 번째 탑에 나 혼자 있을 수 있는 방을 정했다. 내 머릿속에 인도의 집들이 떠올랐다. 단지 커튼으로 나누어진 방 한구석이긴 하지만, 인도 가옥에는 대개 사람들이 혼자 있을 수 있는 공간이 있었다. 거기서 그들은 30분이나 15분쯤 명상을 하거나 요가연습을 했다.

외딴방에 나 혼자 있다. 나는 늘 열쇠를 지니고 있다. 아무도 내 허락 없이 그 방에 들어올 수 없다. 여러 해가 지나는 동안 나는 벽에다 그림을 그렸다. 그리하여 시간으로부터 격리된 세계 (죽은 자의 세계도 포함됨—옮긴이)로, 현재에서 영원으로 나를 이끌고 간 모든 것을 묘사했다. 그곳은 사색하고 환상에 몰두하는 은신처였는데, 대개 환상은 매우 불쾌한 것들이었고 사색은 고통스러웠다. 그곳은 영적 집중의 장소였다.

1935년 울타리를 친 땅을 조금 갖고 싶다는 소원이 생겼다. 나는 하늘과 자연을 향해 트여 있는 좀더 넓은 공간이 필요했다. 그리하여 다시금 4년이 지난 후에 나는 호숫가에 뜰과 회랑을 더 만들었다. 이것이 전체의 네 번째 부분으로, 그 집의 삼위(三位)적인 주건물군과 나뉘어 있었다. 그리하여 사위(四位)가 생겨났다. 즉, 네 개의 서로 다른 건물부분이 그것도 12년의 세월이 지나 이루어졌다.

1955년 아내가 죽은 후에 나는 나 자신이 되어야 한다는 내적 의무를 느꼈다. 볼링겐 집 식으로 말하면, 나는 양쪽 탑 사이에 아주 낮게 기어들어가 있는 가운데 건물부분이 이를테면 나 자신이나 나의 자아를 표시한다는 것을 문득 발견했다. 그때 나는 한 층을 더 추가하여 그 부분을 높였다. 이전 같았으면 나는 그렇게 할 수 없었을 것이고, 그것을 단지 주제넘은 자기과장이라고 여겼을 것이다. 그러나 사실 그것은 노년에 이루게 된 자아 또는 의식의 확장을 나타낸다.

그리하여 아내가 죽은 지 1년 후에 모든 건물이 완성되었다. 첫 번째 탑 건축은 어머니가 돌아가시고 2개월 후 1923년에 시작되었다. 이 날짜들은 의미가 있다. 왜냐하면 우리가 다음에 보듯이 탑은 죽은 자들과 이어져 있기 때문이다.

처음부터 탑은 나에게 성숙의 장소였다. 즉, 그 안에서 내가 현재의 나, 과거의 나, 미래의 나로 다시 존재할 수 있는 자궁, 모성적 이미지의 장소였다. 탑은 내가 돌 속에서 다시 태어나는 듯한 느낌을 주었다. 그것은 미리 예감했던 것의 실현, 즉 개성화의 표현으로 여겨졌다. 청동보다도 오래갈 기억의 징표였다. 그것은 나의 존재에 대한 긍정처럼 느껴져 나에게 유익한 영향을 끼쳤다. 건축작업을 하는 동안에는 단편적으로 그때그때 구체적으로 필요한 것들만 좇아서 일을 했다. 그래서 내적인 연관성을 깊이 생각하지 못했다. 말하자면 일종의 꿈속에서 탑을 지은 셈이었다. 나중에야 비로소 나는 그것들이 결과적으로 의미있는 형태, 즉 정신적 전체성의 상징을 이루게 된 것을 알았다. 마치 오래전에 뿌린 씨가 싹이 트는 것처럼 그 일이 전개되었다.

볼링겐에서 나는 나에게 어울리는 나 자신만의 고유한 본체로 존재한다. 여기서 나는 이를테면 '어머니의 태초의 아들'이다. 연금술에서 매우 현명하게도 그렇게 말하고 있다. '노인'이니 '태고'니 하는 것은 내가 어린시절에 이미 경험한 것으로, 그것은 이

전부터 늘 살아 있었고 또 살아갈 제2의 인격이었다. 그는 시간 밖에 존재하며 모성적 무의식의 아들이다. 나의 환상 속에서 그 '태고'는 필레몬의 형상을 취했고 볼링겐에서도 활동하고 있다.

때때로 나는 내가 풍경과 사물 속으로 퍼져들어가 각각의 나무 속에, 출렁이는 파도 속에, 구름 속에, 오고가는 동물 속에, 그리고 그밖의 사물 속에 살고 있는 듯한 느낌을 받는다. 탑에는 10년 세월이 지나는 동안 온갖 것이 생성되어 성장하였고 그것들은 모두 나와 연합되었다. 모든 것은 그의 역사와 나의 역사를 가지고 있고, 여기에 배후의 공간 없는 영역을 위한 공간이 있다.

나는 전기를 쓰지 않고 벽난로와 화덕에 손수 불을 지핀다. 저녁에는 옛날 등잔에 불을 붙인다. 수도도 없어 나는 펌프로 직접 물을 긷는다. 장작을 패고 음식을 요리한다. 이런 단순한 일은 사람을 단순하게 만든다. 그런데 단순해지는 것이 얼마나 어려운 일인가!

볼링겐에서는 고요함이 나를 에워싸고 사람은 '겸허하기 그지없는 자연과의 조화 속에서' 산다. 수세기를 거슬러 올라가는 생각들, 그에 따라 먼 미래를 내다보는 생각들이 머리에 떠오른다. 여기서는 창조의 고통이 완화되며 창조성과 유희성이 거의 하나로 어울린다.

1950년 나는 돌로 일종의 기념비를 만들어 탑이 나에게 어떤 의미가 있는지 표현하고자 했다. 어떻게 돌이 생각나게 되었는지에 관해서는 흥미를 끄는 이야기가 있다.

나는 소위 뜰의 경계를 설정하는 담을 세우는 데 돌이 필요하여 볼링겐 근처 채석장에 돌을 주문했다. 내가 보는 데서 석공이 채석장 주인에게 담의 모든 측정치수를 불러주었다. 채석장 주인은 그것을 공책에 옮겨적었다. 돌이 배로 운송되어 하역을 하고 보니 초석이 완전히 잘못 측정되었음이 드러났다. 삼각형 대신에 사각형 돌덩어리가 실려온 것이었다. 그것은 주문된 것보다 훨씬 큰 치수의 완전 정육면체로, 모서리 하나의 길이가 50센티미터 정도 되었다. 석공이 화를 내며 뱃사람들에게 그 돌을 당장 도로 운반해가라고 했다.

그러나 내가 그 돌을 보고는 말했다. "아니오. 그건 내 돌이오. 내가 그 돌을 가져야겠소!" 나는 그 돌이 마침 내게 잘 어울린다는 것을 그야말로 곧바로 알았고, 그것으로 무엇인가 하기를 원했다. 다만 나는 그것이 무엇인지 아직은 모르고 있을 뿐이었다.

첫 번째로 연금술사 아르날두스 드 빌라노바(Arnaldus de Villanova, 1313년 죽음)의 라틴어 시구절이 떠올랐다. 그것은 내가 돌에 새겨넣은 최초의 글이기도 하다. 그것을 번역하면 다음과 같다.

여기 돌이 있네. 보잘것없는 것.
값도 아주 싸고……
바보들로부터 무시당할수록
현자들로부터는 더욱 사랑을 받는다네.

이 글은 무지한 자들로부터 경멸당하고 배척되는 연금술사의 돌을 묘사하고 있다.

곧 다른 무엇이 나타났다. 나는 돌의 앞면에서 자연 그대로 생긴 작은 원이 눈과도 같이 나를 바라보고 있는 것을 발견했다. 나는 그 눈 모양을 돌에 새기고 그 한가운데에 작디작은 남자를 새겨넣었다. 이것은 눈의 동공에 해당하는 작은 인형(눈부처라고도 함—옮긴이)으로, 일종의 카비르 또는 아스클레피오스의 텔레스포로스(그리스 신화에 나오는 의술의 신 아스클레피오스의 성인이 된 모습이라는 뜻—옮긴이)다. 고대의 많은 그림이나 조각에서 볼 수 있는 것처럼, 그는 두건 달린 외투를 입고 등불을 들고 있다. 그는 길을 안내하는 자이기도 하다! 나는 그 작업을 하면서 머리에 떠오른 몇 문장의 글을 그에게 봉헌했다. 그리스어로 된 그 비문을 번역하면 다음과 같다.

시간은 어린이다. 어린이처럼 놀며 장기를 둔다. 어린이의 왕국. 이것은 우주의 캄캄한 곳을 두루 다니며 별처럼 깊은 곳에서 빛나는 텔레스포로스다. 그는 태양의 문에 이르는 길, 꿈의 나라에 이르는 길을 인도한다.

내가 돌을 다루는 동안, 연이어 이런 어구들이 내 머리에 떠올랐다.

호수로 향한 세 번째 면에서는, 말하자면 돌이 스스로 라틴어로 말하도록 했다. 이 말들은 모두 연금술에서 따온 인용구들이다. 다음이 그 번역문이다.

나는 고아, 혼자다. 그런데도 어디서나 발견된다. 나는 하나의 존재, 그러나 나 자신과 대립하는 존재다. 나는 젊은이인 동시에 노인이다. 나는 아버지도 어머니도 모른다. 왜냐하면 사람들이 나를 물고기처럼 깊은 곳에서 끄집어올려야만 하므로. 아니면 하얀 돌처럼 하늘에서 떨어지므로. 숲과 산에서 나는 두루 쏘다니고 있다. 그러나 나는 인간의 가장 깊은 곳에 숨어 있다. 나는 누구를 위해서도 죽지만 시간의 변화에 영향을 받지 않는다.

마침내 나는 아르날두스 드 빌라노바의 시구절 아래에 라틴어로 '1950년 C. G. 융의 75회 생일을 기념하며 감사하는 마음으로 이것을 만들고 여기에 세우다'라고 새겼다.

돌조각이 완성되었을 때 나는 그것을 보고 또 보면서 스스로 감탄했다. 그리고 대략 이런 식으로 만든 것을 무엇이라 불러야 하는지 자문했다.

그 돌은 탑 바깥에 서 있어 마치 그 탑을 설명하고 있는 듯했다. 그것은 아직 남들에게는 이해되지 못한 채로 있는 거주자의 선언이었다. 내가 돌의 뒷면에 무엇을 새기고자 했는지 아는가? '메를린(중세 연금술사 또는 마법사, 극작가 이머만이 그를 소재로 희곡을 쓰기도 했음—옮긴이)의 외침!'이었다. 그 돌이 표현한 것을 보고 나는 메를린이 세상에서 사라진 뒤 숲 속에서 외친 선언을 연상했다. 메를린전설을 보면, 사람들이 여전히 그의 외침을 듣고 있지만 그 뜻은 이해하지 못하거나 해석하지 못한다고 한다.

메를린은 파르치발에 비견되는 인물을 만들려고 한 중세의 무의식적 시도를 나타내고 있다. 파르치발은 기독교의 영웅이고 메를린은 마귀와 순결한 처녀의 아들로서 파르치발의 어두운 형제다. 이 전설이 생긴 12세기에는 메를린이 표현하고 있는 것을 이해할 만한 전제(前提)가 아직 없었다. 그리하여 마침내 그는 추방되었고, 그가 죽은 후에도 숲 속에서 '메를린의 외침'이 울리고 있는 것이다. 아무도 이해하지 못하는 이 외침은 그가 구제받지 못한 상태로 여전히 살아 있다는 것을 의미한다. 엄격히 말해 그의 이야기는 오늘날에도 끝나지 않았고 그는 아직도 늘 배회하고 있다.

연금술과 관련된 메를린의 비밀은 무엇보다도 메르쿠리우스의 모습 속에서 계승되고 있다고 말할 수 있다. 그 다음 내 무의식의 심리학에서 다루어졌지만 오늘날까지 이해되지 못한 채로 남아 있다! 대부분의 사람들에게는 무의식과 함께하는 삶이 전혀 이해되지 않기 때문이다. 사람들에게 무의식이 얼마나 낯선 것인지, 나에게는 그것이 가장 인상적인 경험이다.

첫 번째 탑이 완성된 직후 내가 마침 볼링겐에 머물러 있을 때의 일이다. 1923~1924년의 겨울이었다. 내가 기억하기로는 눈이 덮여 있지는 않았다. 아마 이미 이른봄으로 들어가는 시점이었을 것이다. 나는 1주일 아니면 좀더 오래 혼자 있었다. 형언할 수 없는 정적이 주변을 둘러싸고 있었다. 그때 나는 이전에는 경험하지 못한 강렬한 체험을 했다.

아직도 생생하게 기억나는데, 어느 날 저녁 나는 난롯불가에 앉아 있었다. 커다란 주전자를 불 위에 놓고 설거지할 물을 끓이고 있었다. 물이 막 끓어오르자 주전자가 노래하기 시작했다. 그 노래는 여러 사람의 목소리 같기도 하고 현악기소리 같기도 했다. 수많은 소리로 이루어진 오케스트라 연주처럼 울리고 있었다. 그것은 정말 다성음악 같았는데, 원래는 내가 그런 소리를 도저히 참을 수 없어하지만 이번에는 이상하게도 흥미롭게 여겨졌다. 마치 탑 속에 교향악단이 하나 있고 탑 바깥에도 또 하나의 교향악단이 있는 듯했다. 서로 화답하는 것처럼 한 번은 한쪽 소리가 울리고 그 다음 번은 다른 쪽 소리가 울렸다.

나는 앉은 채 그 소리에 매료되어 귀를 기울였다. 한 시간이 훨씬 넘도록 나는 그 매혹적인 자연의 멜로디 협주곡을 듣고 있었다. 그것은 온갖 자연의 불협화음을 포함하고 있는 조용한 음악이었다. 불협화음은 당연한 현상이었다. 자연은 조화로울 뿐만 아니라 무섭도록 모순되고 혼돈스럽기도 하기 때문이다. 그 음악 역시 그러했다. 물과 바람 소리 같은 음률의 흐름이었고 도저히 말로 표현할 수 없을 정도로 신비로웠다.

1924년 이른봄, 나는 다시 볼링겐에 와 있었다. 나는 혼자 난로에 불을 지폈다. 이전처럼 고요한 저녁이었다. 그런데 밤중에 나는 탑 주위를 돌아다니고 있는 가벼운 발소리에 깨어났다. 멀리서 역시 음악이 울리더니 점점 가까워졌다. 그러더니 웃음소리와 말소리가 들렸다. 나는 생각했다. '누가 이렇게 돌아다니지? 무슨 일인가? 여기는 호수를 따라 작은 길밖에 없고 그 길로는 사람이 거의 다니지 않는데!' 나는 이런 생각들을 하다가 완전히 잠이 깨는 바람에 창가로 다가갔다. 덧창을 열었다. 그런데 사방이 조용했다. 아무도 보이지 않고, 아무 소리도 들리지 않고, 바람도 없고, 전혀 아무것도 없었다.

'이거 정말 이상한데?' 하고 생각했다. 나는 발소리, 웃음소리, 말소리가 실제로 들렸다는 것을 확신하고 있었다! 하지만 아마 내가 단지 꿈을 꾸었는지도 몰랐다.

나는 침대로 돌아가서 사람이 어떻게 착각에 빠질 수 있는지, 그런 꿈을 꾸게 된 원인이 무엇인지 생각해보았다. 그런 생각을 하면서 나는 다시 잠이 들었다. 그러자 곧바로 같은 꿈이 시작되었고 발소리, 말소리, 웃음소리, 음악소리가 또 들려왔다. 그와 동시에 나는 검은 옷차림을 한 수백 명의 모습을 보았다. 그들은 아마도 시골 청년들로, 주일날 입는 옷을 입고 산에서 돌아와 탑 양편으로 몰려들어 발소리를 요란하게 내며 웃고 노래하고 아코디언을 연주했다.

나는 짜증을 내면서 생각했다. '이럴 수가! 이게 꿈이라 여겼는데 이제 보니 실제구나!' 이런 느낌으로 나는 잠에서 깨어났다. 나는 다시 자리에서 벌떡 일어나 창문과 덧창을 열었다. 그러나 모든 게 그전과 똑같았다. 죽음처럼 고요한 달밤이었다. 그러자 이런 생각이 들었다. '이건 단순히 도깨비장난이야!'

물론 나는 꿈이 그와 같이 실제임을 강조하면서 동시에 깨어나도록 하는 것이 과연 무슨 뜻인지 자문해보았다. 보통은 그런 것을 유령 출몰에서만 경험한다. 깬다는 것은 현실을 자각한다는 뜻이다. 그 꿈은 현실과 같은 상황을 연출하여 일종의 깨어 있는 상태를 만들어놓는다. 이런 종류의 꿈은 일반적인 꿈에 반해서 반복에 의해 강조된 뚜렷한 현실감각을 꿈꾸는 자에게 전하려는 무의식의 경향을 드러낸다. 그런 현실성의 원인은 한편으로는 신체감각이고 다른 한편으로는 원형적 이미지임을 우리는 알고 있다.

그날 밤, 모든 것이 그와 같이 정말 현실이거나 적어도 그런 것처럼 보였다. 그리하여 나는 두 개의 현실을 거의 구분할 수 없었다. 그 꿈도 나는 전혀 이해할 수 없었다. 시골 청년들이 음악소리를 내며 길게 늘어서서 행진하는 것이 무엇을 의미하는가? 그들은 호기심으로 탑을 구경하려고 온 것 같았다.

그후에는 그와 같은 일을 경험하거나 그런 꿈을 꿔본 적이 없다. 그런 체험은 말문이 막히게 한다. 또한 그와 비슷한 일을 들어본 기억도 없다. 한참 후 내가 17세기 인물인 렌바르트 치자르트 (Rennward Cysat)가 쓴 루체른 이야기를 알게 되었을 때 비로소 나는 그 꿈에 관해 한 가지 의미를 깨달았다. 다음과 같은 이야기가 거기에 있다.

필라투스산의 높은 목장지대는 특히 유령이 출몰하는 것으로 유명하다. 오늘날에도 보탄(Wotan : 고대 독일 신화의 최고신, Wodan이라고도 함—옮긴이)이 그곳에 출몰한다고 한다! 치자르트는 필라투스산을 오르다가 어느 날 밤 사람들의 행렬로 인해 방해를 받았는데, 이들은 오두막 양편으로 몰려나와 악기를 연주하고 노래를 했다. 내가 탑에서 경험한 것과 꼭 같았다.

다음날 치자르트는 그와 함께 밤을 지낸 낙농업자에게 그것이 무슨 뜻이냐고 물었다. 그 낙농업자는 다음과 같은 사실만 알 따름이었다. 그들은 '젤릭 뤼트(스위스말로 '축복받은 죽은 자들'이라는 뜻임—옮긴이)', 즉 죽은 자의 영혼들로 보탄의 군대임이 틀림없다는 것이었다. 그들은 이런 식으로 돌아다니며 자기들의 존재를 알리는 습성이 있다고 했다.

나의 체험을 이렇게 설명할 수도 있겠다. 그것은 고독현상으로, 외적인 공허와 정적을 사람들 무리의 이미지로 보상하려는 것이라고 말이다. 그것은 똑같이 보상적인 현상인 은자(隱者)의 환각에 해당할 것이다. 그러나 그런 이야기들이 현실성을 갖기 위해서는 어디에 근거를 두어야 하는지 아는가? 사람들이 생각하기에, 내가 외로움으로 너무 예민해져서 그곳을 지나가는 '젤릭 뤼트'의 행렬을 감지했을 거라고 여길 수도 있다.

이런 경험을 하나의 심리적 보상이라고 설명하는 것은 전혀 만족스럽지 못하고, 일종의 환각이라고 말하는 것 역시 충분하지 못하다. 특히 나의 경험에 비견할 만한 17세기 이야기가 이미 있으므로 나도 똑같이 현실성을 고려해야 할 의무를 느꼈다.

최우선적으로 동시성현상을 생각해볼 수 있었다. 우리가 내적 감각으로 지각하거나 예감하고 있기 때문에 스스로 알고 있다고 생각하는 일들이 외부의 현실과 자주 상응하게 되는 것을 동시성현상이라고 한다. 실제로 나의 체험에 구체적으로 상응하는 사건이 있었다. 중세시대에 바로 그러한 젊은이들의 행군이 시행되었던 것이다. 그들은 용병들로 대개 봄에 중부지역에서 로카르노를 향해 행군했다. 거기 미누지오의 '카사 디 페로'에 집합하여 함께 밀라노로 행진했다. 그들은 이탈리아에서 군인으로 훈련받고 외국 용병으로 싸웠다. 내가 꾼 꿈은 봄마다 정기적으로 시행된 그러한 행군들, 청년들이 노래하며 쾌활하게 고향을 떠나는 그러한 행군들 중 하나였을 것이다.

나의 환상은 이 특별한 꿈의 체험에 오랫동안 빠져 있었다.

우리가 1923년에 볼링겐에서 집을 짓기 시작했을 때 나의 장녀가 우리에게로 왔다가 소리를 질렀다. "아니, 여기에 집을 지어요? 여기는 시체들이 있어요!" 물론 나는 '바보같이! 그런 말은 들어본 적 없어!'라고 생각했다. 그런데 우리가 4년 후에 다시 건물을 지을 때 실제로 해골을 발견했다. 그것은 2.2미터 깊이에 묻혀 있었다. 오른편 팔꿈치에 오래된 장총의 총알이 박혀 있었다. 뼈들의 상태로 보아 그 시체는 아마도 심하게 부패된 후에 무덤에 던져진 것 같았다. 그 시체는 1799년 린트에서 익사한 뒤에 호수 위쪽으로 떠밀려온 수많은 프랑스 병사 중 하나였다. 그 일은 프랑스 군인들이 몰려오는 그리나우의 다리를 오스트리아 군대가 폭파했을 때 일어났다. 해골이 있는 열린 무덤 사진에 그것이 발견된 '1927년 8월 22일'이라는 날짜가 적혀 있는데, 그 사진은 탑에 보존되어 있다.

그때 나는 나의 땅에서 정식 장례식을 거행했다. 병사의 무덤 위로 총을 세 번 쏘았다. 그리고 그를 위해 비문이 새겨진 비석을 세웠다. 나의 딸은 그 시체가 거기 있다는 것을 감지했던 것이다. 그녀의 감지능력은 내 외가쪽 할머니로부터 이어받은 것이다.

카르마

1955~1956년의 겨울에 나는 세 개의 석판에 친가쪽 조상의 족보를 새겨 회랑에 세웠다. 그 덮개에는 나 자신과 아내의 문장(紋章), 그리고 사위들의 문장에서 응용한 그림들을 그렸다.

융가(家)는 본래 불사조를 문장으로 삼았다. 불사조는 '젊음' '청년' '회춘' 들과 연관이 있음이 분명하다. 나의 조부는 아버지에 대한 저항심에서인 듯 문장의 내용들을 바꾸었다. 그는 열렬한 프리메이슨 회원이며 그 스위스 지부의 총책임자였다. 이런 상황이 그의 특별한 문장 개조에 크게 작용한 셈이었다. 그 자체로는 본질적인 문제가 아니지만, 내가 그것을 언급하는 것은 조부가 나의 사고 그리고 인생과 역사적인 연관성을 가지고 있기 때문이다.

조부의 개조에 부응하여 내 문장에도 원래 있던 불사조가 더이상 들어가 있지 않았다. 그 대신 오른편 위쪽에 청십자, 왼편 아래쪽에 황금들판의 푸른 포도, 그 사이 푸른 문장띠에 황금별이 그려져 있었다. 이러한 볼썽사나운 문장의 상징은 프리메이슨식이거나 장미십자회(17세기 초에 생긴 비밀결사로 접신술, 자연과학, 연금술 지식 등을 함양하려고 했음—옮긴이)식이다. 십자와 장미가 장미십자회의 대극의 문제, 즉 기독교적인 것과 디오니소스적인 것의 대극문제를 표시하는 것처럼, 십자와 포도 역시 천상과 지하 영혼의 상징이다. 대극합일의 상징은 황금별로 묘사되었는데 그것은 현자의 황금이다.

장미십자회는 신비학 내지는 연금술철학에서 나온 것이다. 그 창시자의 한 사람이 미카엘 마이어(1568~1622)인데, 그는 유명한 연금술사이며 게라르두스 도르네우스(16세기 말)와 동시대인이다. 도르네우스는 마이어보다 나이가 많고 덜 알려져 있지만 더 중요한 인물이다. 도르네우스의 논문이 1602년에 나온《화학의 극장》첫째 권을 채우고 있다. 그 무렵 두 사람이 살던 프랑크푸르트는 연금술철학의 중심지였던 것 같다. 미카엘 마이어는 궁중 백작으로서, 그리고 루돌프 2세의 시의(侍醫)로서 그 지방에서 유명하고 존경받는 인물이었다.

당시 마인츠 근방에 의학박사이자 법학박사인 카를 융(1654년 사망)이 살고 있었는데, 그에 관해서는 그외에 알려진 것이 없다. 18세기 초에 태어난 고조부대에 족보가 끊어졌기 때문이다. 고조부는 지그문트 융으로 마인츠 시민이었다. 족보가 없어진 것은 마인츠 시립문서보관소가 스페인 왕위계승전쟁시 포위되어 불타 버렸기 때문이었다.

분명히 유식했을 카를 융 박사가 그 두 연금술사의 글에 친숙했으리라는 것은 거의 확실하다. 당시의 약리학은 여전히 파라셀수스의 영향 아래 있었기 때문이다. 도르네우스는 그야말로 파라셀수스파였고 파라셀수스의 논문, 〈장수(長壽)에 대하여〉에 관한 방대한 주석을 집필하기까지 했다. 그 역시 다른 모든 연금술사와 마찬가지로 개성화과정을 다루느라 애를 썼다. 내 생애 작업의 대부분이 대극문제에 대한 탐구, 특히 그들의 연금술 상징 연구에 바쳐진 사실을 고려할 때, 예측되는 이러한 사건들이 흥미롭지 않을 수 없다. 그래서 나는 이런 이야기를 나의 독자들에게도 감추지 않고 알리고자 하는 것이다.

내가 석판에 족보를 새길 때 조상과 이어져 있는 숙명적인 연대성이 뚜렷이 인식되었다. 나는 부모나 조부모, 그리고 더 먼 조상들이 완성하지 못하거나 해결하지 못한 채 남겨놓은 일들과 문제들의 영향을 받고 있음을 아주 강하게 느낀다. 부모로부터 아이들에게 넘겨진 비개인적인 카르마(Karma : 불교 용어로 '업보')가 가족에게 존재한다는 생각이 자주 든다. 나는 조상들에게 숙명적으로 던져졌으나 아직 해답을 얻지 못한 물음에 내가 대답해야 하며, 지나간 세대가 완성하지 못한 채 남긴 것을 내가 완성하거나 계승해야만 할 것같이 늘 여겨진다.

이런 물음들이 그 성격에 있어 어느 쪽이 더 개인적이고 어느쪽이 더 보편적(집단적)인가를 결정하는 것은 어려운 일이다. 내게는 보편적인 쪽이 다루어야 할 사례로 여겨진다.

집단적인 문제가 집단적인 문제로서 인식되지 않을 때는 언제나 개인적인 문제처럼 보이고, 경우에 따라서는 개인적 정신영역에서 뭔가 혼란이 있다는 착각을 일으킬 수 있다. 실제로는 개인적인 영역이 장애를 받고 있지만, 당연히 일차적이라고 보이는 장애도 오히려 이차적일 수 있고 사회분위기의 참을 수 없는 변화의 결과일 수도 있다. 그러므로 그런 사례에서는 장애의 원인을 개인적인 환경에서 찾을 게 아니라 도리어 집단적 상황에서 찾아야 한다. 정신요법은 지금까지 이런 사정을 너무도 고려하지 않았다.

조금이라도 자기반성을 하는 사람이라면 누구나 그러하듯이, 나는 처음에는 인격의 이분화를 당연히 나 개인의 문제이며 책임으로 여겼다. 파우스트가 "아, 내 가슴에 두 영혼이 살고 있다"고 나에게 구원과도 같은 말을 하긴 했지만, 그런 이분성의 원인을 규명해주지는 않았다. 파우스트의 통찰은 바로 나의 경우에 맞는 것 같았다.

내가 《파우스트》를 알게 되었을 무렵에는 괴테의 기묘한 영웅신화가 어느 정도로 집단적이며 얼마만큼 독일인의 숙명을 예언하고 있는지 조금도 헤아리지 못했다. 그리하여 나는 남몰래 당혹스러워했다. 파우스트가 오만불손과 자기도취에 빠져서 필레몬과 바우키스를 죽였을 때 나는 마치 나 자신이 두 늙은이를 죽이는 일에 끼어들기라도 한 것처럼 죄책감을 느꼈다. 이런 특이한 상념에 나는 깜짝 놀랐다. 그 죄를 속죄하거나 그것의 재발을 막아야 할 책임이 나에게 있다고 여겨졌다.

나의 그릇된 결론은 내가 젊은날에 제삼자로부터 얻어들은 한 새로운 소문에서 비롯되었다. 즉, 나의 조부 융이 괴테의 사생아였다는 전설 같은 이야기가 전해져 내려오고 있다는 것을 알게 되었다. 이런 짜증스러운 소문이 《파우스트》에 대한 나의 유별난 반응을 뒷받침해주고 설명하는 것같이 여겨질 정도였으니, 그만큼 그것이 나에게 먹혀든 셈이었다. 나는 환생을 믿지는 않았지만 인도 사람들이 카르마라고 부르는 개념은 본능적으로 신뢰하게 되었다.

그 무렵 나는 무의식의 존재에 관해서 아무런 자각도 없었으므로 나의 그러한 반응을 심리학적으로 이해할 수는 없었다. 또한 나는 미래가 장기적인 전망으로 미리 무의식적으로 준비되며, 그리하여 투시력을 가진 사람은 훨씬 이전부터 앞으로 일어날 일을 알아맞힌다는 사실을 모르고 있었다. 지금도 일반인들은 그 사실을 잘 모르고 있지만 말이다.

예를 들면 야코프 부르크하르크는 황제가 베르사유에서 대관식을 한다는 보도를 접하고는 "저것은 독일의 몰락이다"라고 외쳤다. 그때 이미 바그너의 원형이 문을 두드리고 있었고, 그것과 함께 니체의 디오니소스적인 체험이 나타났다. 니체의 체험은 환희의 신, 보탄으로 말미암았다고 하는 편이 낫겠다. 빌헬름시대의 오만은 유럽을 전혀 딴판으로 만들어버렸고, 1914년의 재앙을 미리 준비하고 있었다.

청년시절(1893년 무렵) 나는 이러한 시대정신에 무의식적으로 사로잡혀 있었다. 그런데 나 자신을 그것으로부터 해방시킬 방도를 갖고 있지 않았다. 파우스트는 나의 심금을 울렸고 나에게 충격을 주었다. 하지만 그의 이야기를 개인적인 것으로 이해할 수밖에 없었다. 무엇보다도 내 마음을 가장 깊이 움직인 것은 선과 악, 정신과 물질, 빛과 어둠의 대극문제였다.

어리석고 앞을 내다볼 줄 모르는 철학자 파우스트는 자신의 어두운 측면, 자신의 음흉한 그림자 메피스토텔레스와 맞닥뜨렸다. 메피스토텔레스는 그의 부정적인 본성에도 불구하고, 자살 직전까지 간 의기소침한 학자와는 대조적으로 참된 생명의 혼을 나타내고 있다. 나 자신의 내적인 대극이 여기에 극화되어 있었다.

괴테는 나 자신의 갈등과 해결의 공식과 도식을 어느 정도 그려낸 셈이다. 둘로 나뉘어 있는 파우스트와 메피스토텔레스가 합해져 나 자신 속으로 들어와 하나의 사람이 되었고 그 사람이 바로 나였다. 다른 말로 하면, 나는 충격을 받고 이것이 나의 운명임을 인식했으므로 드라마의 모든 극적인 전환이 나 자신과 관련이 있었다. 이 장면에서는 내가 정열적으로 몰두하고 저 장면에서는 대결해야만 했다.

나는 어찌해서든지 해결책을 찾기로 했다. 나중에 나는 의식적으로 내 작업을 파우스트가 간과한 것들에 연결시켰다. 즉, 영원한 인간권리에 대한 존경, 옛것에 대한 인정, 그리고 문화와 지성사의 연속성 등이 그것이었다.

우리의 마음은 신체와 마찬가지로 조상 대대로 이미 존재해온 요소들로 이루어져 있다. 개별적인 인간의 마음에서 '새로운 것'이란 아득한 옛날의 구성요소들이 끝없이 변화하여 재결합된 것이다. 그러므로 신체나 마음은 현저하게 역사적 성격을 띠고 있으며 새로운 것, 즉 방금 생겨난 것 속에서는 알맞은 자리를 찾지 못한다. 다시 말해서 조상의 특징들은 그 속에 단지 부분적으로만 존재할 뿐이다.

우리의 정신이 필요로 하는 바도 그렇지만, 우리에게는 중세와 고대, 원시시대가 아직도 끝난 것이 아니다. 그런데 그와 반대로 우리는 발전의 분류(奔流)로 휘말려들어가 거친 폭력으로 미래를 향해 밀려가고 있으며, 그럴수록 우리는 더욱 우리의 뿌리로부터 떨어져나가게 된다.

옛것이 한번 파괴되면 그것은 대부분 아예 없어지고 만다. 그리고 파괴적인 전진은 결코 그칠 줄을 모른다. 하지만 그것은 바로 이러한 관계성의 상실이며 근원과의 단절로서 '문화 속의 짜증'과 성급함을 야기한다. 그리하여 사람들은 발전의 역사가 아직 전체적으로 완성되지 않은 현재에 사는 대신 미래에 살며, 황금시대가 오리라는 터무니없는 약속에 의지한다. 사람들은 점점 깊어지는 결핍감과 불만, 초조감에 사로잡힌 채, 새로운 것을 향해 아무 제지도 받지 않고 돌진하고 있다.

사람들은 현재 소유하고 있는 것으로 살지 않고 미래의 약속에 의지하여 살고 있으며, 현재의 빛 속에서 살지 않고 미래의 어둠 속에서 살고 있다. 사람들은 그 어둠속에서 적절한 때에 해가 솟아오르기를 기대하고 있다.

사람들은 모든 좋은 것이 나쁜 것들의 대가로 얻어진다는 사실을 인정하려고 하지 않는다. 보다 큰 자유에 대한 희망은 국가에 대한 예속의 증대로 사그라들고 만다. 가장 눈부신 과학의 발견이 우리에게 끔찍한 재앙을 가져온다는 것은 두말할 필요도 없다. 아버지와 아버지의 아버지들이 찾던 것이 무엇인지 우리가 이해하지 못하면 못할수록 우리도 그만큼 더욱 우리 자신을 이해하지 못하게 된다. 그리하여 우리는 온힘을 다하여 개인의 근원과의 단절이 심화되도록 부추긴다. 그러면 각 개인은 집단의 한 부분으로 단지 '중력의 혼(니체가 말한 집단정신—옮긴이)'을 따라가게 된다.

앞을 향한 개혁, 즉 새로운 방법 또는 '묘안'을 통한 개혁은 지금 당장은 확실하겠지만 길게 볼 때는 의심스러우며 어떤 경우에도 비싼 대가를 치르게 된다. 그것들은 전체적으로 인간의 즐거움, 만족 또는 행복을 증가시키지 못한다. 그것들은 대부분 실재의 허울좋은 사탕발림에 불과하다. 예를 들면 시간을 단축하는 조치들은 아주 불쾌한 방식으로 속도만 빠르게 하여 이전보다 더 시간이 부족하도록 만들고 있다. 그래서 옛스승들은 항상 이렇게 말하곤 했다. "모든 성급함은 마귀에게서 나온다."

그에 반해 역행을 통한 개혁은 일반적으로 비용이 덜 들고 더 오래가는 법이다. 왜냐하면 그 개혁은 보다 단순하고 확실한 과거의 길로 돌아가며 신문, 라디오, 텔레비전, 그외 겉으로 보기에 시간을 아낄 만한 온갖 신기술을 최대한 적게 이용하기 때문이다.

이 책에서 나는 나 자신의 주관적 세계관에 관해 많은 이야기를 했다. 그런데 그 세계관은 내가 이성적으로 궁리하고 짜낸 것이 아니다. 오히려 그것은 사람들이 의도적으로 반쯤 감은 눈과 반쯤 닫은 귀로 존재의 형상과 소리를 보고 듣고자 시도할 때 생기는 하나의 환상이다.

우리가 보고 듣는 것이 너무 뚜렷하면 우리는 오늘의 시간에 제약을 받아 우리 조상들의 혼이 오늘을 어떻게 받아들이고 이해하는지, 다시 말해 무의식이 어떻게 반응하는지를 감지할 수가 없다. 그리하여 우리는 우리 조상의 세계가 우리의 삶에 근원적인 즐거움으로 참여하고 있는지, 아니면 우리의 삶을 뒤집어놓고 있는지, 혐오감으로 외면하고 있는지를 알 수 없는 어둠속에 남게 된다. 우리의 내적인 평안과 만족은, 개체를 통하여 인격화된 역사적 가족이 우리 현재의 덧없는 상황과 조화를 이루고 있는지 그렇지 않은지에 따라 거의 대부분 좌우된다.

볼링겐에 있는 나의 탑에서는 사람이 마치 수백 년을 사는 것처럼 산다. 그곳은 나보다 더 오래 남아 있을 것이며, 그 위치와 양식을 통하여 아득한 과거를 가리키고 있다. 거기에는 오늘날을 떠올리게 하는 것이 아주 적다.

16세기 사람이 그 집으로 이사왔다면 그에게 새로운 것은 단지 석유등잔과 성냥일 것이다. 그밖의 것은 금방 익숙해질 것이다. 거기에는 죽은 자들을 괴롭힐 것이 아무것도 없다. 전깃불도 없고 전화도 없다. 내 조상들의 혼도 그러한 영적 분위기를 통하여 환대를 받는다. 왜냐하면 한때 그들의 삶이 남겨놓은 의문들에 대해 옳든 그르든 내가 할 수 있는 데까지 대답해주고 있기 때문이다. 나는 그러한 대답을 벽에다 그림의 형태로 그려놓기까지 한다. 마치 수세기에 걸친 조용한 대가족이 그 집에 모여살고 있는 것 같다. 거기서 나는 '제2의 인격' 안에 살면서, 생겨났다가 사라지는 생(生)을 전체적인 관점에서 바라본다.

여행

내가 끝없는 시간의 연속과 그 가운데서도
거의 변함이 없는 존재의 모습들로 말미암아 깊은 감명에
여전히 젖어 있을 때 갑자기 내 회중시계가 생각났다.
그리고 유럽인의 가속화된 시간을 떠올렸다.

Carl Gustav Jung

카를 구스타프 융(1958)

북아프리카,
순진한 인류의 청소년기로!

1920년 초에 한 친구가 튀니지로 사업차 여행을 떠나는데 자기와 동행하지 않겠느냐고 물어왔다. 나는 망설임없이 가겠다고 대답했다. 우리는 3월에 우선 알제로 향했다. 해안을 따라서 튀니지에 도착한 후 거기서 수사로 갔는데, 그곳에서 내 친구는 사업관계로 나와 헤어졌다.

드디어 나는 자주 동경해오던 곳에 있게 되었다. 즉 유럽이 아닌 나라, 유럽말을 쓰지 않고 기독교의 전제조건이 지배하지 않으며, 다른 종족이 살고 다른 역사적 전통과 세계관이 군중의 얼굴에 각인되어 있는 곳 말이다. 나는 유럽인들을 한번 외부에서 보았으면 하는 생각을 자주 했다. 어느 모로 보나 생소한 환경 속에서 유럽을 보고 싶었다.

아랍어를 모르는 것이 몹시 안타까웠지만 그럴수록 더욱 주의깊게 사람들과 그들의 행동을 관찰했다. 나는 여러 번 아랍풍의 카페에 앉아 한 마디도 알아들을 수 없는 아랍말 대화를 몇 시간이나 듣기도 했다. 이때 나는 사람들의 표정, 특히 그들의 흥분상태를 유심히 살폈고, 그들이 유럽인과 이야기할 때 그들의 몸짓에 나타나는 미묘한 변화에 주의했다. 나는 다른 눈으로 보는 법을 어느 정도 알게 되었고, '백인'을 그 고유의 환경 밖에서 관찰하는 법을 배웠다.

유럽인이 동양의 태연함과 냉담이라고 간주해온 것은 내가 보기에 가면처럼 여겨졌다. 그 가면 뒤에 뭐라고 설명할 수 없는 초조함과 마음의 동요가 있음을 감지했다. 이상하게도 내가 무어(Moor)인의 땅으로 들어갔을 때 나 자신도 이해할 수 없는 생각에 사로잡혔다. 그 땅에서는 특이한 냄새가 나는 듯했다. 그것은 땅이 피를 빨아들였을 때와 같은 피비린내였다. 우선 문득 떠오른 한 가지 생각은, 이 지방은 이미 3대 문명이 거쳐갔다는 것이었다. 카르타고문명과 로마문명, 기독교문명이 그것이었다. 기술문명시대가 이슬람과 어떠한 관계를 갖게 될지는 두고볼 일이다.

나는 수사를 떠나 남쪽 사파키스로 향했고, 그후에 사하라사막으로 들어가는 오아시스도시인 타우자르로 갔다. 그 도시는 좀 높은 고원 변두리에 있었는데, 그 기슭에 미지근하고 약간 짠 샘물이 풍부하게 솟아나 수천의 작은 수로를 통해 오아시스를 적시고 있었다. 높게 솟은 대추야자나무가 초록 그늘 진 지붕을 이고 있었으며, 그 아래에 복숭아와 살구, 무화과 들이 무성하게 자라고 있었다. 또한 그 밑으로 매우 짙은 초록빛 자주개자리풀들이

나 있었다. 보석처럼 반짝이는 물총새 몇 마리가 푸른 들을 가로질러 빠르게 날아갔다.

비교적 선선한 초록 그늘에 하얀 옷을 입은 사람들이 거닐고 있었고, 개중에는 서로 꼭 껴안고 다니는 정다운 쌍들이 많이 눈에 띄었는데 동성애관계를 공공연히 드러내고 있었다. 나는 문득 그리스 고전시대로 돌아간 것 같은 느낌이 들었다. 그 시대에는 이런 경향이 남성사회를 견고히 결합시키고 그것을 기초로 도시가 형성되었다. 여기서는 남자는 남자에게, 여자는 여자에게 말하고 있음이 분명했다. 나는 수녀처럼 베일로 깊게 얼굴을 가린 여성들을 단지 몇 명만 볼 수 있었다. 어떤 여자들은 베일을 쓰고 있지 않았다. 내 통역의 설명으로는 이들은 창녀라고 했다. 중심가에는 남성과 아이들이 대부분이었다.

내 통역은 동성애가 일반적으로 많고 또한 그것이 당연시되고 있다는 사실을 나에게 확인시켜주었다. 그러면서 곧바로 나에게 거기에 해당하는 제의(동성애적인 제안—옮긴이)를 해왔다. 그 마음 좋은 친구는 어떤 생각이 섬광과 같이 나에게 일어나 나의 관점을 밝혀주었는지 눈치채지 못했다. 나는 말할 수 없이 순진한 인류의 청소년기로 수세기를 거슬러 올라간 듯한 느낌을 받았다. 그 시기는 그들이 약간의 코란지식으로 도움을 받아 오랜 옛날부터 존재해온 원초적인 여명으로부터 벗어나기 시작하던 무렵이었다. 또한 그들을 위협하여 흩어지게 하려는 북방세력에 대해 방어를 하면서 그들 자신의 존재의식을 키워가던 때였다.

내가 끝없는 시간의 연속과 그 가운데서도 거의 변함이 없는 존재의 모습들로 말미암아 깊은 감명에 여전히 젖어 있을 때 갑자기 내 회중시계가 생각났다. 그리고 유럽인의 가속화된 시간을 떠올렸다. 그것은 전혀 예상치 못하고 있는 이 사람들 머리 위에 위협적으로 드리운 불안하고 어두운 구름이었다. 나는 문득 이 사람들이 사냥꾼을 아직 보지는 못했지만 막연한 불안을 느끼며 사냥꾼냄새를 맡고 있는 사냥감 짐승들처럼 여겨졌다. 그 사냥꾼은 다시 말해 시간의 신으로서 아직 영원을 연상케 하는 이들의 시간을 무자비하게 날과 시, 분과 초로 조각조각 잘게 쪼개게 될 것이었다.

타우자르에서 나는 네프타 오아시스로 갔다. 이른 아침 해가 뜨자마자 통역과 함께 말을 타고 떠났다. 우리가 타고 간 것은 잘 달리는 커다란 버새(수말과 암나귀의 잡종)여서 빨리 갈 수 있었다.

우리가 오아시스로 다가가자 온통 하얀 천을 휘감은 한 사람이 은으로 장식된 아름다운 가죽마구를 갖춘 검은 버새를 타고 우리에게로 왔다. 하지만 그는 당당한 자세로 우리에게 인사도 건네지 않고 우리 곁을 지나갔다. 그 우아하고 기품있는 모습이 강한 인상을 남겼다. 분명 그는 손목시계는 말할 것도 없고 아직 회중시계도 지니고 있지 않을 것이다. 왜냐하면 그는 명백히 스스로 의식함이 없이 언제나 그래왔던 사람일 것이기 때문이다. 그에게는 유럽인들에게서 흔히 볼 수 있는 경박한 어리석음도 없었다.

유럽인은 자신들이 오래전과는 다른 사람이라고 확신하지만, 그들이 그 기간에 어떤 존재가 되어버렸는지는 아직 모르고 있다. 시계라는 것은 소위 중세 이래로 시간과 그 동의어인 진보가 유럽인에게 슬며시 들어와 다시는 회복할 수 없는 그 무엇을 그들로부터 빼앗아갔다는 사실을 말해주고 있다. 그들은 짐을 가볍게 하고 불확실한 목표를 향해 점점 더 속력을 올리며 여행을 재촉하고 있다. 그들은 중량의 상실과 이에 따른 공허를 열차, 기선, 항공기, 로켓과 같은 성과물의 환상으로 보상하고 있다. 이런 것들은 빠른 속력으로 인해 유럽인으로부터 존재의 지속성을 더욱더 빼앗아가고, 더 나아가 유럽인을 속도와 폭발적인 가속도로 이루어진 또 하나의 다른 현실로 옮겨놓는다.

우리가 사하라로 들어갈수록 나는 시간이 점점 느려지는 느낌을 받았고, 심지어 시간이 거꾸로 가도록 위협당하고 있는 듯했다. 열기가 진동하며 점점 높아지는 바람에 나는 그만 몽롱한 상태로 빠져들었다. 우리가 오아시스 초입의 야자나무와 집에 이르자 모든 것이 언제나 그래왔던 것처럼 보였다.

다음날 아침 일찍 나는 숙소에서 집 앞의 여러 가지 낯선 소음으로 잠을 깼다. 그곳에는 넓은 광장이 있었는데 지난밤에는 비어 있었으나 지금은 사람들과 낙타, 버새와 당나귀들로 붐볐다. 낙타는 끙끙거리며 연일 이어지는 불쾌감을 갖가지 음조로 알리고 있었다. 당나귀도 귀에 거슬리게 시끄러운 소리를 질러댔다. 사람들은 공공연하게 흥분하여 소리지르고 몸짓을 하며 이리저리 뛰어다녔다. 그들은 거칠고 별로 믿음직하지는 않았다.

내 통역은 오늘 큰 축제가 벌어질 거라고 알려주었다. 간밤에 사막의 부족들이 몇 명 들어왔는데 회교 성자를 위해 이틀간 밤

일을 한다고 했다. 회교 성자는 빈민구호소 관리자와 같은 뜻으로, 오아시스에 많은 땅을 가지고 있었다. 사람들은 새 밭을 일구고 이에 속하는 수로를 놓을 것이었다.

광장의 아득한 저 끝에서 홀연히 먼지구름이 일더니 녹색 깃발이 펼쳐지고 북소리가 울렸다. 가죽바구니와 짧고 폭이 넓은 삽 모양의 가래를 든 수백 명 원주민 남자의 긴 행렬 맨 앞에 흰 수염을 단 품위있는 노인 한 사람이 보였다. 그는 언제나 100살이었던 것처럼 섣불리 흉내낼 수 없는 자연스러운 위엄을 갖추고 있었다. 그가 흰 버새를 탄 회교 성자였다. 그의 주위를 돌며 남자들이 작은 북을 들고 춤을 추었다. 온 사방이 흥분과 야성적이고 거친 부르짖음, 먼지와 열기로 가득 찼다. 열광적이고 격앙된 의도를 가지고 행렬은 마치 전쟁터로 가듯 오아시스를 통과하여 몰려갔다.

나는 이 소란한 무리를 적당한 거리를 두고 따라갔다. 내 통역은 우리가 '작업'이 이루어지는 장소에 이르기까지는 바투 다가가는 것을 결코 권하지 않았다. 그 장소에서 또 한 번 더욱 거센 흥분에 휩싸였다. 북소리와 거친 외침이 사방에 울렸다. 작업장은 마치 건드려놓은 개미둑 같았다. 모든 것이 엄청나게 서두르는 가운데 진행되었다. 무거운 모래짐을 바구니에 담은 채 많은 사람이 북소리에 맞춰 춤추고, 다른 사람들은 미친 듯이 급하게 땅을 파서 도랑을 내고 둑을 돋웠다.

이런 시끄러운 혼란 속에서 회교 성자는 그의 흰 버새를 타고 품위있고 온화하며 고령으로 지친 몸짓으로 여기저기 돌아다녔는데, 분명 사람들에게 지시를 내리는 듯했다. 그가 가는 곳에는 언제나 사람들이 더욱 소리를 높이며 서두르고 북소리가 빨라져 성자의 모습이 가장 효과적으로 돋보이게 배경을 만들어주었다.

저녁이 가까워지자 무리는 눈에 띄게 지치고 말수가 줄었다. 남자들은 곧바로 자신들의 낙타 곁에서 깊은 잠에 빠졌다. 늘 그러하듯 밤중에 개들의 웅장한 협주곡이 한차례 지나간 후 쥐죽은 듯한 적막이 깔렸다.

드디어 떠오르는 태양의 동살이 비치고, 그때 무에진(Muezzin : 회교 기도사)의 아침기도시간 알리는 소리가 울려퍼졌는데 그 소리가 내 마음을 깊이 흔들어놓았다.

그것은 나에게 하나의 교훈이었다. 이 사람들은 자신들의 격정으로 살고 있다. 다시 말해 그 격정에 의해 그들의 생이 영위되고 있다. 그들의 의식은 한편으로는 공간에서의 방향설정과 외부에서 받은 인상을 전달하고, 다른 한편으로는 내적인 충동과 격정에 의해 움직이고 있다. 그러나 그 의식은 성찰을 하지 않고 자아는 독립성이 결여되어 있다. 유럽인도 그들과 아주 다르지는 않지만 그래도 우리는 약간 더 복잡한 셈이다. 아무튼 우리는 어느 정도는 의지와 숙고된 의도에 따라 자의적으로 행할 수 있다. 오히려 우리에게 필요한 것은 삶의 강렬함이다.

나는 나의 생활을 그런 것들과 바꿀 생각은 없었지만 정신적으로는 전염되고 있었다. 그것이 외적으로는 감염성 장염으로 나타났다. 하지만 쌀뜨물과 칼로멜을 사용하는 토속적인 방법으로 며칠 뒤에 치유되었다.

깊은 인상과 생각을 가득 안고 나는 튀니지로 돌아왔다. 우리가 마르세유로 향하는 배에 승선하는 그 전날 밤 나는 꿈을 꾸었다. 그 꿈은 내 느낌으로는 어떤 결론을 내려주고 있는 듯했다. 그것은 당연한 셈이었다. 나는 늘 동시에 두 개의 영역에서 사는데 익숙해져 있었다. 하나는 의식적인 면에서 그것을 이해하고 싶으나 할 수 없었고, 또 하나는 무의식적인 면에서 그것을 표현하고 싶었는데 꿈의 형태 이외로는 더 잘 표현할 길이 없었다.

나는 꿈에서 아랍의 어느 도시에 있었다. 대부분의 아랍 도시처럼 여기에도 내성(內城)의 일종인 카스바가 있었다. 도시는 넓은 평원에 자리잡고 있었고 성벽이 그 도시를 둘러싸고 있었다. 그 성의 평면도는 사각이었고 성에는 네 개의 문이 있었다.

도시의 내부에 있는 카스바는 넓은 해자(垓字 : 성을 보호하는 연못)로 둘러싸여 있었다. 아랍 도시의 성은 어디나 실제로는 그렇지 않았지만 말이다. 나는 나무다리 앞에 서 있었다. 그 다리는 물을 건너 편자 모양의 어두운 문으로 이어져 있었다. 문은 열려 있었다. 성 안을 보고 싶은 욕심에 나는 다리를 건너갔다. 내가 다리 중간쯤 오자 검은 피부의 멋있는 아랍 사람 하나가 문에서 나와 내게로 왔다. 그는 우아하고 왕과 같은 모습의 청년으로, 두건 달린 하얀 외투를 입고 있었다. 나는 그가 그곳에 살고 있는 영주임을 알았다.

그가 나와 마주서더니 나를 붙잡고 땅바닥으로 내동댕이치려 했다. 우리는 서로 치고받고 격투를 벌였다. 싸우다가 난간에 부딪히면서 둘 다 해자에 빠졌다. 그는 거기서 나를 익사시키려고 내 머리를 물속에 처넣으려 했다. '안 돼, 이건 너무해.' 나는 속으로 생각하며 이번에는 내 쪽에서 그의 머리를 물속에 처넣었다. 그렇게 하기는 했으나 나는 그에 대해 깊은 존경심을 가지고 있었다. 단지 죽임을 당하고 싶지 않았을 뿐이었다. 나 또한 그를 죽일 마음은 없었고 단지 의식을 잃게 하여 싸우지 못하게만 하려고 했다.

그 다음 순간 꿈의 장면이 바뀌었다. 그는 나와 함께 성 중앙에 있는 커다란 팔각 궁륭형 천장의 방 안에 있었다. 방은 온통 하얗고 무척 수수하면서도 아주 인상적이었다. 밝은 대리석벽을 따라 낮은 소파가 놓여 있고 내 앞 바닥에는 책이 펼쳐진 채 놓여 있었다. 그 책의 유백색 양피지에는 까만 글씨들이 무척 아름답게 적혀 있었다. 그것은 아랍문자가 아니었고 오히려 위구르나 서부 터키의 문자 같았는데, 나는 그 글자들을 마니교의 투르판 단편 조각들을 통해 알고 있었다. 나는 그 책의 내용이 무엇인지 전혀 몰랐으나 그것이 내가 쓴 '나의 책'이라는 느낌은 가지고 있었다.

나와 격투를 벌이기까지 한 그 젊은 영주는 내 오른편 바닥에 앉아 있었다. 나는 그에게 설명하기를, 내가 그를 이겼으니 그가 이제 그 책을 읽어야 한다고 했다. 그러나 그는 그러지 못하고 망설였다. 나는 팔로 그의 어깨를 감싸며, 이를테면 아버지와 같은 관용과 인내로써 그 책을 읽도록 그를 재촉했다. 나는 무조건 그렇게 해야만 한다는 것을 알고 있었고, 그는 결국 나의 요구대로 해주었다.

그 꿈은 나에게 깊은 인상을 남겼다. 아랍 청년은 인사도 하지 않고 버새를 탄 채 우리 곁을 지나간 그 위풍당당한 아랍인의 복사판이었다. 그는 카스바의 주민으로 '자기'의 형상, 혹은 그보다도 '자기'의 사환이거나 전령이라고 하는 편이 더 나을 것이다. 그가 나온 카스바는 하나의 완전한 만다라다. 성채는 네 개의 문이 달린 사각의 성벽으로 둘러싸여 있는 것이다. 나를 죽이고자 한 그의 의도에는 야곱의 천사와의 격투라는 모티프가 암시되고 있었다. 성서의 표현을 빌리면 그는 주의 천사, 하느님의 사자와 같다. 그 천사 역시 야곱을 몰랐기 때문에 그를 죽이고자 했던 것이다.

사실은 천사가 내 속에 살고 있었다. 천사는 오직 '천사의' 진실만을 이해할 뿐 인간의 진실은 이해하지 못한다. 그리하여 처음에는 천사가 나의 적으로 등장한다. 하지만 결국 내가 그를 주관하게 된다. 꿈의 두 번째 부분에서 나는 성채의 주인이 되고 천사는 내 발밑에 앉아 나의 생각을 배워 알아야만 하고 그것을 통해 인간을 이해해야만 한다.

아랍문화와의 만남은 확실히 나에게 엄청난 충격을 주었다. 격정적이고 기분대로 살아가며 생(生) 그 자체에 한층 가까이 있으면서도 성찰을 모르는 이러한 인간존재가 우리 안에 있는 저 역사적 층(層)에 강력한 암시효과를 주었다. 그 역사적 층은 우리가 이제 겨우 극복했거나 최소한 극복했다고 믿고 있는 그것이었다. 그것은 마치 우리가 빠져나왔다고 착각하는 어린시절의 낙원과 같아서 아주 작은 자극으로도 또다시 무너져버릴 수 있는 것이다. 그렇다. 발전에 대한 맹신은 그것이 우리의 의식을 과거로부터 멀리 떼어놓을수록 더욱더 유치한 미래의 꿈에 매달릴 위험에 처하게 된다.

어린이답다는 것은 다른 한편 그 순진성과 무의식성 덕분에 훨씬 완벽한 '자기'의 이미지, 즉 꾸밈없는 개성을 갖춘 전인격의 이미지를 보여준다. 따라서 어린이나 원시인을 보게 되면 성숙한 문화인의 마음속에, 채우지 못한 욕구와 필요로 말미암은 갈망이 일어난다. 이것은 적응상태, 즉 페르소나(Persona : 자아가 외부세계에 적응하기 위해 세계가 바라는 대로 보여주는 모습-옮긴이)를 위하여 인간의 전체상에서 떨어져나간 인격부분에 해당된다.

내가 유럽 바깥의 정신적 장소를 찾아 아프리카로 여행했을 때, 나는 무의식적으로 내 안에서 그 인격부분을 발견해내고 싶었던 것이다. 유럽인이라는 존재의식의 압력과 영향으로 보이지 않게 된 그 부분을 말이다. 그 부분은 나에 대해 무의식적인 차원에서는 반대입장을 취하고 있다. 왜냐하면 나는 그 아랍 청년을 인정하지 않기 때문이다. 그는 자신의 본성에 따라 나를 죽이기 위해 나를 무의식화하려고(나를 물속에 집어넣으려고) 한다. 그러나 나는 인식을 통하여 그를 더욱 의식화하고자 한다. 그렇게 함으로써 그와 함께 살아가는 방도를 찾을 수도 있을 것이다.

검정에 가까운 그의 피부색은 '그림자(Schatten : 자아의 뒷면에 해당하는 층으로, 자신의 일부로 인정하고 싶지 않은 요소들이 모여 있음-옮긴이)'의 특징을 지니고 있다. 그러나 이 그림자는 개인적인 것이 아니라 민족적인 것으로, 나의 의식적인 인격과는 상관이 없고 오히려 나의 전인격, 즉 나의 '자기'와 관계가 있다. 카스바의 주인으로서 그는 이를테면 일종의 '자기'의 그림자다. 많은 부분에서 합리적인 특성을 가진 유럽인에게 인간적인 것은 무척 낯설다. 유럽인은 합리적인 특성을 꽤 자랑하고 있지만, 그것이 생의 열정을 희생하고 얻은 것이며, 그로 말미암아 원시적 인격 부분이 국부적인 지하존재로 떨어지는 운명을 맞았다는 사실을 알아차리지 못하고 있다.

내가 북아프리카를 본 것이 어떤 의미로 나에게 작용했는지 그 꿈에서 분명히 드러나고 있다. 우선 무의식적 정신 편에서 예기치 못한 강력한 공격을 가함으로써 나의 유럽적인 의식을 압도하려는 위험에 처하게 되었다. 의식의 차원에서는 그러한 상황을 전혀 지각하지 못했다. 반대로 나는 걸음걸음마다 유럽인이라는 자부심을 가졌으므로 우월감을 느끼지 않을 수 없었다. 그것은 피할 수 없는 일이었으며 그로 인해 이 다른 종류의 사람들에 대하여 얼마간 거리를 두고 냉담하게 대할 것이 강조되었다. 그러나 나는 내 속에 다른 사람의 것을 그와 같이 강렬하게 받아들이는 무의식의 힘이 있어, 그로 말미암아 거센 갈등이 일어난 사실을 파악하지 못했다. 꿈은 그것을 살인적 상황의 이미지로 묘사했다.

이런 혼란의 진정한 성격을 비로소 알게 된 것은 수년이 지난 후 열대아프리카에 머물고 있을 때였다. 그것은 '피부 밑이 검게 된다'는, 대개 과소평가한 정신적 위험을 처음으로 암시해주었다. 아프리카에 있는 뿌리없는 유럽인을 위협하는 정신적 위험이었다. '하지만 위험이 있는 곳에 또한 구원이 싹튼다'는 횔덜린의 말이 그런 상황에서 자주 떠올랐다. 그 '구원'은 경고해주는 꿈의 도움으로 무의식작용을 의식화할 수 있느냐에 달려 있다. 그러한 꿈은 우리 안에 있는 어떤 것이 단지 수동적으로 무의식작용의 지배를 받는 것이 아니라, 오히려 적극적으로 '그림자'와 동일시하려고 덤벼든다는 것을 나타내고 있다.

어린시절의 어떤 추억이 갑자기 그토록 생동하는 열정으로 의식을 사로잡아, 사람들로 하여금 그야말로 다시 원초적인 상황으로 돌아간 듯한 느낌을 갖도록 하듯이, 외견상 전혀 다르고 낯선 아랍의 환경이 우리가 까맣게 잊어버린 것처럼 보이지만 너무나 익숙한 선사시대에 대한 원초적인 추억을 불러일으킨다. 그것은 무성한 문명으로 덮여 있긴 하지만 아직도 현존하는 생의 가능성에 대한 추억이다. 우리가 그것을 순진하게 다시 체험해보려고 한다면 야만으로 전락하는 것이 될 것이다. 그리하여 사람들은 그것을 잊는 방향으로 나가려 한다. 그러나 그것이 갈등의 형태로 다시금 우리와 마주치게 되면, 우리는 그것을 의식 속에 붙잡고, 지금까지 살아온 대로 살 것인가, 잊혀진 것을 회복할 것인가, 두 가지 가능성을 두고 따져보아야 한다. 왜냐하면 잊어버린 것처럼 보이는 그것이 충분한 이유 없이 다시 그러한 발언을 할 리가 없기 때문이다.

살아 있는 정신구조에서는 단순히 기계적인 방식으로 일어나는 일은 없다. 모든 것은 전체적으로 관리되며 전체와의 관계성 속에서 일어난다. 그것은 특정한 목적과 의미를 지니고 있다. 하지만 의식은 전체에 대한 조망이 없으므로 대개 이러한 의미를 이해하지 못한다. 그러므로 우리는 우선 사실확인으로 그쳐야 하며, '자기의 그림자'와의 충돌이 무엇을 의미하는지에 관한 회답은 앞으로 진전되는 미래의 연구에 맡겨두어야 할 것이다.

아무튼 나는 그 무렵 이러한 원형적 체험에 대하여 아무런 예측도 없었고 역사적인 유사물에 관해서는 더더욱 아는 것이 적었다. 그 꿈은 궁극적인 의미가 분명히 밝혀지지 않은 채 기억 속에 생생하게 남아서 다음 기회에 다시 아프리카로 여행하고 싶은 강렬한 소원을 품게 했다. 이 소원은 5년 후에 비로소 이루어졌다.

푸에블로 인디언,
자기 자리에 있는 사람들

비평의 수단을 효과적으로 활용하려면 대상의 외부에 관점을 설정할 필요가 있다. 이 관점은 특히 그 성격상 어떤 다른 학문분야보다도 훨씬 주관적인 경향을 가진 심리학적 사항들에 아주 유용하다. 예컨대 우리나라를 밖에서 볼 기회를 한 번도 갖지 않는다면 어떻게 우리나라의 특성을 인식할 수 있겠는가? 밖에서 본다는 것은 다른 국가의 관점에서 본다는 말이다. 그렇게 하기 위해서는 외국의 집단정신에 대해 충분한 지식을 습득해야 하는데, 이러한 동화과정에서 국가적 편견과 고유한 특성들로부터 연유한 온갖 부담되는 것들과 마주치게 된다.

다른 사람으로 인하여 신경이 날카로워지는 모든 것은 나 자신에 대해 인식할 수 있도록 해준다. 내가 영국에서 스위스인으로서 어떤 면이 어울리지 않는가를 알면 영국을 비로소 이해하게 된다. 내가 유럽인으로서 어떤 면이 이 세계와 어울리지 않는가를 알면 우리의 가장 큰 문제인 유럽을 비로소 이해하게 된다. 유럽의 본질을 통찰하고 비판하는 데 있어 많은 미국인과의 친교와 미국여행 덕을 크게 본 셈이다. 유럽인에게는 마천루 꼭대기에서 유럽을 한번 바라보는 것보다 더 유익한 일이 없을 것 같다.

이제 나는 처음으로 유럽의 광경을 사하라사막으로부터 그 문명에 둘러싸인 채 관찰하였다. 그 문명과 우리 문명의 관계는 마치 고대 로마와 현대의 관계와도 같을 것이다. 그때 나는, 미국에서도 그랬지만, 내가 얼마나 백인의 문화의식 속에 갇혀 있거나 사로잡혀 있는가를 깨달았다. 그 무렵 좀더 깊은 문화수준으로 내려가서 역사적 비교를 계속해보리라는 소원이 무르익었다.

나의 다음 여행은 몇몇 미국인 친구와 함께 단체로 뉴멕시코의 인디언들, 그중에서도 도시를 세운 푸에블로 인디언을 찾아가는 것이었다. 하긴 '도시'라는 말은 좀 지나친 감이 있다. 사실은 촌락에 지나지 않았지만, 밀집된 가운데 서로 겹쳐 세워놓은 집들이 '도시'라는 말을 떠올리게 했고, 그들의 언어와 전체적인 생활양식도 그러했다.

거기서 나는 처음으로 유럽인이 아닌 사람, 즉 백인이 아닌 사람과 말하는 행운을 가졌다. 그 사람은 타오스 푸에블로의 추장으로, 마흔에서 쉰 살 사이의 지성적인 인물이었다. 그는 옥비에 비아노(산의 호수라는 뜻)라 불렸다. 나는 유럽인에게는 좀체 하지 않는 이야기를 그에게는 할 수 있었다. 확실히 그는 유럽인이 자신의 세계에 사로잡혀 있듯이 그 자신의 세계에 사로잡혀 있었다. 그러나 그것이 어떤 세계였던가! 유럽인과 말할 때는 오래전

부터 알고는 있으나 이해하는 것이 전혀 없는 모래사장으로 들어
선 느낌을 언제나 받았지만, 이 인디언과 말할 때는 마치 배가 낯
설고 깊은 바다 위를 헤쳐나가는 것 같았다. 그때는 새로운 해안
을 구경하는 것이 더 매력적인지, 원싯적부터 알려졌으나 거의
잊혀진 것들로 이어지는 새로운 통로를 발견하는 것이 더 매력적
인지 잘 알지 못한다.

옥비에 비아노가 말했다. "백인들이 얼마나 사납게 생겼는지
요. 그들의 입술은 얇고, 코는 날카롭고, 얼굴은 주름졌고, 눈은
완고한 눈초리를 하고 있소. 그들은 항상 뭔가를 찾고 있소. 무엇
을 찾는 거지요? 또한 백인들은 항상 뭔가를 원하며 언제나 불안
하고 차분하지 못하오. 우리는 그들이 무엇을 원하는지 모르오.
우리는 그들을 이해할 수 없소. 우리는 그들이 넋이 나간 사람들
이라고 확신하오."

나는 그에게 왜 백인이 모두 넋이 나간 사람들이냐고 물었다.

그가 대답했다. "그들은 머리로 생각한 것을 말하오."

나는 놀라서 물었다. "그건 당연한 거 아닌가요? 당신은 어디
서 생각하오?"

"우리는 여기서 생각하오." 그는 자신의 심장을 가리키며 대답
했다. 나는 오래 생각에 잠겼다. 생전 처음으로 누군가가 진정한
백인의 모습을 나에게 묘사해준 셈이었다. 그것은 마치 내가 지
금까지 단지 감상적으로 미화시킨 색채인쇄만을 보아온 것 같은
느낌을 주었다. 이 인디언은 우리의 아픈 데를 찔렀으며 우리가
눈이 멀어 보지 못하는 부분을 건드렸다.

나는 어떤 미지의 것, 그러면서도 무척 친밀한 것이 내 안에서 형체없는 안개처럼 피어오르는 것을 느꼈다. 그리고 이 안개 속에서 이미지들이 연이어 떠올랐다. 처음에는 갈리아의 도시들을 침략하는 로마군단의 모습이 보이고, 그 다음 율리우스 카이사르의 날카롭게 생긴 얼굴, 스키피오 아프리카누스, 폼페이의 모습들이 나타났다. 나는 북해와 백(白)나일강변에서 로마의 독수리를 보았다. 또한 아우구스티누스가 기독교 신조를 로마의 창끝으로 영국인에게 건네주는 모습과 카를대제가 이교도로 개종하는 그 아주 고명한 모습을 보았다. 그리고 약탈하고 죽이는 십자군 무리를 보았다. 나는 은밀하게 찔림을 받으며 전설적인 십자군의 낭만적 이야기가 얼마나 공허한가를 분명히 깨달았다.

그리고 콜럼버스와 코르테스, 그밖의 정복자들을 보았다. 그들은 불과 칼과 고문과 기독교를 가지고 멀리 떨어진 이 인디언들, 평화롭게 그들의 아버지인 태양의 품안에서 꿈꾸던 푸에블로 인디언들을 두려움에 떨게 했다. 나는 또한 성홍열에 오염된 옷과 화주(火酒)와 매독으로 사람들이 죽어간 남쪽 바다의 섬들을 보았다.

그것으로 충분했다. 우리가 식민지화, 이교도에 대한 복음전도, 문명의 전파 운운하는 것들이 또 하나의 다른 얼굴, 즉 사나운 맹금(猛禽)의 얼굴을 지니고 있었던 것이다. 냉혹한 집중력으로 먼 곳의 먹이를 탐색하는 그 얼굴은 해적이나 육지의 도둑들에게나 어울리는 그런 종류다. 우리의 문장(紋章) 방패를 장식하는 온갖 독수리와 그밖의 맹수들은 우리의 실제 본성에 잘 어울리는 심리학적인 표본들이다.

옥비에 비아노가 말한 것 중에 인상적인 또 다른 것이 있었다. 그가 말한 것은 이와 같이 특유한 분위기와 연관되어 있는 것으로 여겨졌기 때문에, 나의 보고가 충실해지려면 내가 그 분위기를 설명하지 않으면 안 될 것이다.

우리의 대화는 5층 주건물의 지붕 위에서 이루어졌다. 그곳에서 우리는 인디언들이 담요를 덮어쓴 채 다른 집 지붕 위에 서서 맑은 하늘로 날마다 떠올라 운행하는 태양을 골똘히 바라보고 있는 모습을 보았다. 우리 주변에는 바람에 말린 벽돌로 지어진 나지막한 사각 집들이 모여 있었는데, 거기에는 땅에서 지붕으로, 혹은 지붕에서 지붕으로 높은 층까지 이어진 특이한 사다리들이 걸쳐져 있었다(이전 불안한 시대에는 입구를 지붕에 두는 풍습이 있었음).

우리 앞에는 타오스고원(해발 약 2,300미터)이 굽이치며 지평선까지 뻗어 있고, 지평선에는 서너 개의 원추형 봉우리(오래된 화산)가 4,000미터 높이까지 솟아 있었다. 우리 뒤편으로는 맑은 강이 집 옆을 흐르고 있었고, 건너편 강가에는 불그스름한 흙벽돌 가옥들로 이루어진 두 번째 푸에블로 마을이 자리잡고 있었다. 가옥들은 부락의 중심을 향해 겹겹이 세워져 있었는데, 그것은 기묘하게도 마천루를 중심으로 한 미국 대도시의 조망을 미리 옮겨놓은 듯한 풍경이었다.

30분쯤 강 상류로 올라가면 외떨어져 웅장하게 서 있는 이름없는 산이 하나 있었다. 전설에 의하면 산이 구름에 덮이는 날에는 남자들이 비밀의식을 치르기 위해 산으로 사라진다고 한다.

푸에블로 인디언은 무척 폐쇄적이어서 종교에 관한 일에는 접근하기가 여간 힘들지 않았다. 그들의 종교행위는 의도적으로 비밀리에 행해진다. 그 비밀이 너무도 엄격하게 지켜져서 거기 관해 직접 물어보는 것은 소용이 없다고 여겨져 포기하고 말았다. 나는 이전에 그와 같은 비밀스러운 분위기를 경험해본 적이 없었다. 왜냐하면 오늘날 문화민족의 종교들은 모두 접근하기가 쉽고 그들의 제의는 오래전부터 더이상 비밀이 되지 않았기 때문이다. 하지만 이곳의 대기는 비밀로 가득 차 있었고, 그 비밀을 여기 사람들은 모두 알고 있었지만 백인은 접근조차 하기 힘들었다.

이런 기이한 상황은 나로 하여금 엘레우시스(풍요의 여신 데메테르를 비밀 축제를 통해 숭상하던 고대 그리스 도시—옮긴이)가 어떠했는가를 짐작하게 했다. 그 비밀은 엘레우시스 한 도시국가에는 알려져 있었으나 다른 데로는 결코 누설된 적이 없었다. 또한 파우사니아스(BC 470년경에 죽은 것으로 알려져 있는 인물로, 페르시아전쟁 때의 스파르타 지휘관)나 헤로도토스(BC 484년경에 태어나 BC 430년경에 죽은 것으로 알려져 있는 그리스 역사가—옮긴이)가 "그 신의 이름을 부르는 것을 나는 허락받지 못했다"라고 썼을 때 느낀 바를 이해할 수 있었다.

그런데 나는 그것을 비밀인 체하는 것으로 여기지 않고 살아 있는 비밀이라고 느꼈다. 그것을 폭로한다는 것은 개인에게나 집단에게 위험이 닥치는 것을 의미했다. 비밀의 보존은 푸에블로에게 막강한 백인들에 대한 자부심과 저항력을 부여해준다. 그것이 그들로 하여금 일치단결하는 힘을 갖도록 한다. 우리는 그들의 비밀의식이 중단되거나 사라지지 않는 한 푸에블로는 개별적인 집단으로 존속하리라는 확신을 가지고 있다.

종교적인 내용을 이야기할 때 인디언의 표정이 변하는 것을 보고 나는 놀랐다. 일상생활에서 인디언은 거의 감정표현이 없는 침착성을 유지할 정도로 엄격한 자기통제와 위엄을 보인다. 그러나 그가 비밀의식에 관한 것들을 말할 때는 숨길 수 없는 놀라운 감동이 그를 사로잡았다.

이 사실은 나의 호기심을 끌기에 충분했다. 이미 말했듯이 나는 그 비밀의식에 대한 직접적인 질문은 소용이 없는 것으로 여기고 포기해야만 했다. 하지만 내가 어떤 본질적인 것을 알고자 할 때는 조심스럽게 의중을 떠보는 발언을 하기도 하면서, 내가 잘 알고 있는 감정의 움직임이 있나 하고 상대방의 얼굴을 유심히 살폈다. 내가 본질적인 것을 맞히면 그는 묵묵부답이거나 엉뚱한 대답을 하곤 했으나, 깊이 감동을 받았다는 표시를 강하게 하면서 종종 눈에 눈물이 어른거리기도 했다. 그의 견해들은 그로서는 하나의 이론(눈물을 자아낼 정도로 아주 기가 막히게 만들어진 이론)이 아니고 그에게 알맞은 외부현실과도 같이 감동적인 크나큰 의미를 지닌 사실이었다.

내가 옥비에 비아노와 지붕 위에 앉아 있을 때 눈부신 태양이 점점 더 높이 떠올랐는데, 그가 태양을 가리키며 말했다. "저기 떠오르는 저것이 우리의 아버지가 아니고 무엇이겠소? 어떻게 그렇지 않다고 할 수 있단 말이오? 어떻게 다른 신이 있을 수 있단 말이오? 태양 이외에 다른 신은 없소." 그는 벌써부터 눈에 띌 정도로 흥분했고 그 강도가 더욱 심해졌다. 그는 적당한 말을 찾으려고 애쓰다가 결국 소리를 질렀다. "산 속에서 남자 혼자 뭘 하겠소? 태양 없이는 전혀 불을 피울 수 없을 것이오."

나는 그에게 태양이란 보이지 않는 하느님에 의해 만들어진 둥근 불덩어리라고 생각지 않느냐고 물었다. 내 물음은 불쾌감은 말할 것도 없고 놀라움조차 일으키지 않았다. 그는 겉으로는 전혀 아무런 반응이 없었다. 그는 내 물음을 어리석다고 여기지도 않았다. 그 물음으로 그는 아주 냉담해지고 말았다. 나는 넘을 수 없는 벽에 부딪힌 느낌이었다. 내가 얻은 유일한 대답은 "태양은 신이오. 누구나 그것을 알 수 있소"라는 것뿐이었다.

누구도 태양이 주는 엄청난 인상을 피할 수는 없지만, 이 성숙하고 위엄에 찬 남자들이 태양에 관해 말할 때 숨길 수 없는 감동에 사로잡히는 것을 본다는 것은 나로서는 깊은 울림을 안겨주는 새로운 경험이었다.

또 한번은 내가 강가에 서서 고원 위로 거의 2,000미터나 솟아 있는 산을 바라보고 있었다. 그때 나는 이런 생각을 해보았다. '이것이 미국대륙의 지붕이며 사람들이 이곳에서 태양을 마주 대하며 살고 있다. 마치 담요로 몸을 덮은 채 푸에블로 촌락의 높은 지붕 위에 서서 말없이 태양을 마주보며 생각에 잠겨 있는 남자들처럼 말이다.' 바로 이때 감정을 가라앉히느라 떨리는 깊은 목소리가 갑자기 내 등뒤에서 왼쪽 귀에 들려왔다. "당신은 모든 생명이 산에서 온다고 생각지 않소?" 나이가 좀 든 인디언 한 사람이 발소리가 나지 않는 사슴가죽신을 신고 나에게로 다가와서 이와 같이 나로서는 다 헤아리기 어려운 질문을 던졌다.

산에서 흘러내리는 강을 바라보니 이런 견해가 생겨나게 된 외적 이미지가 어떠한 것인가 알 것 같았다. 분명 여기서는 모든 생명이 산에서 나왔다. 물이 있는 곳에 생명이 있기 때문이다. 그 이상으로 명백한 것은 없다. 나는 그의 물음에서 '산'이라는 말과 함께 고양되는 감정을 느꼈고, 그 산 위에서 거행되는 은밀한 의식에 관한 소문을 생각했다. 나는 그에게 대답했다. "누구든지 당신이 진리를 말하고 있다는 것을 알 것이오."

아깝게도 우리의 대화는 곧 끊어졌다. 그래서 물과 산의 상징성에 대한 보다 깊은 통찰을 얻는 데까지는 이르지 못했다.

나는 푸에블로 인디언이 자신들의 종교에 관한 것은 말하기를 꺼려하면서도 미국인과 자신들의 관계에 대해서는 아주 기꺼이 강한 어조로 이야기하는 것을 알아차렸다. "왜?" 산호수(옥비에비아노) 씨가 말했다. "미국인은 우리를 가만놔두지 않는 거요? 왜 그들은 우리의 춤을 금하려 하오? 우리가 젊은이들을 키와(종교의식을 치르는 장소)로 데려가서 종교를 가르치려고 하면 왜 미국인은 우리 젊은이들이 학교에서 나오는 것을 허락하지 않는 거요? 우리는 미국인에 대항하는 일은 전혀 하지 않고 있소!"

한동안 침묵이 흐른 후에 그가 말을 이었다. "미국인은 우리의 종교를 금하려고 하오. 왜 그들은 우리를 가만놔두지 않는 거요? 우리는 우리 자신뿐만 아니라 미국인을 위해서도 그것을 하고 있소. 그렇소. 우리는 전세계를 위해서 하고 있소. 그건 모든 사람에게 이로운 일이오."

나는 그가 흥분하는 것을 보고 그가 분명 자신의 종교에서 아주 중요한 어떤 내용을 넌지시 암시하고 있다는 것을 알아차렸다. 그래서 내가 물었다. "당신들의 종교에서 시행하고 있는 것이 전세계에 이로움을 준다고 생각하는 거요?" 그는 자못 활기차게 말했다. "물론이오! 우리가 그것을 하지 않는다면 이 세상에서 이루어지는 일이 뭐가 있겠소?" 그는 의미심장한 손짓으로 태양을 가리켰다.

나는 우리의 대화가 이제 이 종족의 비밀의식에까지 근접한 무척 까다로운 영역에 이르렀음을 느꼈다. 그가 말했다. "우리는 세계의 지붕 위에 사는 민족으로 아버지 태양의 아들들이오. 그리고 우리의 신앙으로 날마다 우리 아버지가 하늘을 운행하도록 도와주고 있소. 우리는 이것을 우리 자신뿐만 아니라 전세계를 위해서 하는 것이오. 우리가 우리의 신앙을 더이상 활용하지 않으면 그때는 10년 안에 태양이 뜨지 않게 될 것이오. 그러면 항상 밤이 되고 말 것이오."

그 순간 나는 인디언 남자들 한 사람 한 사람의 의젓한 자기확신감과 '위엄'이 어디서 나오는지 뚜렷이 알게 되었다. 그는 태양의 아들로 그의 생명은 우주론적으로 깊은 의미가 있다. 그는 모든 생명의 아버지요 보존자인 태양이 날마다 떠오르고 지도록 돕고 있다. 우리가 이것을 우리 자신의 삶의 근거, 즉 우리의 이성이 짜내는 인생의 의미와 비교한다면, 우리의 것이 얼마나 빈약한지 충격을 받지 않을 수 없을 것이다. 우리는 순전히 질투심으로 인디언의 순진함을 슬쩍 비웃고 우리가 그들보다 영리하다고 여기고 있음이 틀림없다. 그럼으로써 우리가 얼마나 빈약하며 쇠락한 가운데 있는지 보지 않으려고 한다. 지식은 우리를 성숙하게 해주지 않고 오히려 우리가 이전에 살던 신화적인 세계에서 더욱 멀리 떨어지게 한다.

우리가 온갖 유럽의 합리주의에서 잠시 시선을 돌려 우리 자신을, 한쪽은 넓은 대륙의 초원으로 다른 한쪽은 잔잔한 바다로 기울어지는 저 고적한 고원의 맑은 공기 속으로 옮겨놓을 때, 그리고 동시에 우리가 세계의식성을 버리고 그 대신 그 너머에 놓여 있는 세계무의식성과 더불어 끝이 없는 듯이 보이는 지평(시야)을 확보할 때, 그때 비로소 우리는 푸에블로 인디언의 견해를 이해하기 시작할 것이다.

'모든 생명은 산에서 온다'는 것은 그에게는 그대로 직접 다가오는 확신이었다. 마찬가지로 그는 자신이 넓은 세계의 지붕 위에서 신과 가장 가까이 살고 있다는 사실을 깊이 인식하고 있었다. 무엇보다도 그는 신성한 귀를 지니고 있으며 그의 제의적 행위는 가장 빨리 저 먼 태양에 닿는다. 산의 신성, 야훼의 시나이산 계시, 엥가딘산에서 받은 니체의 영감 들은 모두 같은 맥락인 셈이다.

우리에게 어리석게 여겨지는 관념, 즉 제의적 행위가 태양에 마술적으로 '영향을 미칠 수 있다'는 생각은 따져보면 역시 비합리적이긴 하지만, 그래도 우리가 처음에 짐작했던 것보다는 훨씬 그럴듯해 보인다. 우리 기독교 신앙도 그밖의 다른 종교들과 마찬가지로 특별한 행위나 그 행위의 특수한 형식이 하느님에게 영향을 미칠 수 있다는 생각에 깊이 빠져 있다. 예를 들면 예배의식이나 기도, 혹은 하느님의 마음에 드는 도덕적 행위를 통하여 그렇게 할 수 있다고 생각한다.

인간의 제의적 행위는 신이 인간에게 끼치는 영향에 대한 응답이며 반응이다. 그것은 아마도 그 이상의 것, 즉 적극적인 '실현', 주술적 강요이기도 할 것이다. 인간이 신의 압도적인 작용에 충분히 응답할 수 있으며 반대로 신에게조차 결정적인 영향을 끼칠 수 있다고 느끼는 것은 인간 개인을 형이상학적 요소를 지닌 위엄에까지 이르도록 고양하는 자부심이 아닐 수 없다. 비록 무의식적인 암시에 지나지 않는다고 하더라도, '신과 우리'라는 이러한 동등한 관계가 인디언들의 저 부러워할 만한 의젓함의 근거가 되고 있음이 확실하다. 그러한 인간은 문자 그대로, 참으로 자기 자리에 있는 사람인 것이다.

케냐와 우간다,
아프리카의 고독을 겪다

조물주의 손에서 나온 것은 모두 좋다. _ 루소

내가 런던에서 웸블리전람회(1925)를 찾았을 때 영국 통치하에 있는 민족들의 빼어난 전시물은 나에게 큰 자극을 주었다. 나는 가까운 장래에 적도아프리카를 여행하리라 마음먹었다. 이미 오래전부터 나는 될 수 있는 한 유럽과 관련이 적은 나라에서 그곳 사람들과 함께 제법 긴 시간을 보내고 싶은 소원을 품고 있었다.

1925년 가을, 나는 영국인 한 명과 미국인 한 명 등 두 친구와 함께 몸바사로 갔다. 우리는 뵈르만기선을 타고 여러 아프리카 식민지에 직장을 가진 많은 영국 청년과 함께 여행을 했다. 우리는 승객들이 전혀 유람객이 아니고 숙명을 향해 다가가고 있다는 것을 분위기로 알아차렸다. 물론 종종 왁자지껄 명랑하게 떠들기도 했지만 심각한 기분은 피할 수 없었다.

사실 나는 아프리카에서 귀로에 오르기 전에 나와 함께 여행한 사람들 가운데 많은 사람이 어떤 운명에 처하게 되었는지 들었다. 몇몇 사람은 그후 두 달도 안 되어 죽는 불행한 일을 당했다. 그들은 열대 말라리아, 아메바성 이질, 그리고 폐렴으로 죽었다. 죽은 사람들 중에는 식탁에서 항상 내 건너편에 앉아 있던 젊은 이도 끼어 있었다. 또 한 사람은 아클레이 박사였다. 그는 고릴라 보존에 기여한 사람으로, 내가 아프리카여행을 떠나기 직전에 뉴욕에서 만난 적이 있었다. 나의 아프리카여행 시기와 같은 무렵에 그는 서쪽에서부터 고릴라서식지 탐험길을 떠났는데, 내가 아직 엘곤산에 머물러 있을 때 그 고릴라서식지에서 죽었다. 나는 그가 죽었다는 소식을 귀국한 후에야 들었다.

내 추억 속의 몸바사는 종려나무와 망고나무 숲에 감춰진 무더운 곳으로, 서구적이면서 인도적이었고 흑인들의 정착지이기도 했다. 그곳은 천연 항구를 끼고 정말 그림처럼 자리잡고 있었고, 오래된 포르투갈 요새로 인해 우뚝 솟아 있었다. 우리는 그곳에서 이틀을 묵은 후 저녁 무렵 좁은 궤도차를 타고 내륙지역인 나이로비로 향했다. 곧이어 우리는 적도의 밤으로 빠져들어갔다.

우리는 사람들이 모닥불 주위에 둘러앉아 오순도순 이야기를 나누고 있는 수많은 흑인마을을 해안지역을 따라 지나갔다. 열차는 잠시 후 비탈길을 오르기 시작했다. 정착촌을 다 지나자 칠흑 같은 밤이 전개되었다. 날씨는 점점 서늘해졌고 나는 잠이 들었다.

첫 햇살이 하루의 시작을 알릴 즈음 나는 잠에서 깼다. 방금 열차는 붉은 먼지구름에 싸인 채 붉은 바위로 된 가파른 산기슭을 돌아가고 있었다. 거기 우리 위 뾰족한 바위봉우리에 흑갈색의 호리호리한 형상이 꼼짝도 않고 긴 창에 몸을 의지한 채 기차를 내려다보고 있었다. 그의 옆에는 거대한 촛대선인장이 우뚝 서 있었다.

이 광경을 보고 나는 마법에 걸린 듯했다. 그것은 한 번도 본 적이 없는 낯선 모습이었으나 동시에 강렬한 '기시감(旣視感)'을 주었다. 즉, 내가 마치 이런 순간을 이미 한번 경험했고, 시간적으로는 멀리 떨어져 있으나 그 세계를 언제나 알고 있었던 것처럼 느껴졌다. 그것은 내가 어린시절의 시골로 돌아간 듯한 느낌이었으며, 오천 년 전부터 나를 기다리고 있는 저 검은 남자를 내가 이미 알고 있는 것 같은 느낌이었다.

이런 진기한 체험의 감흥이 야생의 아프리카를 여행하는 동안 줄곧 나를 따라다녔다. 이와 비슷한 미지의 경험을 딱 한 번 다른 데서도 한 적이 있는데, 그것은 내가 이전에 모셨던 오이겐 블로일러 교수와 함께 처음으로 심령심리학현상을 관찰할 때 일어난 일이었다. 우선 나는 이런 종류의 있을 수 없는 일들을 목격한다면 틀림없이 놀라고 말 것이라고 상상했다. 그러나 그 일이 실제로 일어나자 나는 전혀 놀라지 않았으며, 그 현상이 마치 당연한 것이고 오래전부터 내가 알고 있었던 것처럼 모두 정상적으로 여겨졌다.

나는 그 고독한 검은 사냥꾼을 보았을 때 그것이 내 마음의 어떤 면을 울렸는지 알아채지 못했다. 나는 단지 그의 세계가 까마득한 수천 년 전부터 나의 세계였다는 사실만을 알고 있을 뿐이었다.

나는 약간 몽롱해진 채 정오 무렵 말할 수 없이 눈부신 햇살을 받으며 1,800미터 높이에 있는 나이로비에 도착했다. 그 햇살은 저지대의 겨울안개를 헤치고 올라왔을 때 보게 되는 엥가딘의 태양을 연상케 했다. 놀랍게도 역에 모여 있는 많은 짐꾼이 회색과 백색 모직으로 만든 고풍스러운 스키모자를 쓰고 있었다. 그 모자들은 우리가 엥가딘에서 보거나 스스로 쓰고 다니곤 했던 것들이었다. 위로 접힌 테두리를 면갑(面甲)처럼 아래로 내리면, 알프스에서는 얼음같이 차가운 바람을 막고 이곳에서는 햇볕의 열기를 막는 데 유용하여, 사람들이 즐겨 쓰는 편이었다.

우리는 작은 포드차로 나이로비를 출발하여 넓은 야생동물 보호구역인 아티평원을 찾아갔다. 이 광활한 사바나의 나지막한 언덕 위에 서자 비할 데 없는 특이한 조망이 우리 앞에 펼쳐졌다. 아득히 먼 지평선에 이르도록 가젤, 영양, 누, 얼룩말, 흑멧돼지 등 거대한 짐승떼가 시야에 들어왔다. 그 짐승들은 조용히 앞으로 나아가며 풀을 뜯고 머리를 끄덕이면서 움직이고 있었다. 맹금의 침울한 소리 외에는 거의 아무 소리도 들리지 않았다. 그것은 까마득한 태초의 정적이요, 언제나 비존재의 상태로 있어온 듯한 세계였다. 조금 전까지만 해도 '이 세계'의 존재를 아는 사람이 없었다. 나는 동반자가 더이상 보이지 않을 만큼 멀리 떨어져 혼자라는 느낌을 가져보았다. 그때의 나는, '이것이 그 세계다!'라고 인식하고 자신의 지식으로 그 세계를 방금 이 순간 실제로 만들어낸 최초의 사람이었다.

여기서 의식의 우주적 의미가 더한층 분명해졌다. 연금술에서는 "자연이 불완전하게 둔 것을 예술이 완전하게 만든다"라고 말한다. 인간인 내가 보이지 않게 창조행위를 하고 있는 그 세계를 비로소 객관적 실재로 완성되도록 해주었다. 사람들은 이러한 행위를 창조주의 몫으로만 돌려왔다. 그럼으로써 우리가 인생과 존재를 정확하게 계산된 기계, 즉 인간정신과 함께 예지되고 예정된 법칙에 따라 무의미하게 계속 가동되는 기계라고 여기고 있음을 생각지 못한다. 그와 같이 암담한 태엽장치식 환상에는 인간과 세계와 신의 드라마가 없다. 거기에는 '새로운 해안'으로 인도하는 '새로운 날'이 없다. 단지 계산된 황량한 과정만이 있을 뿐이다.

나의 늙은 푸에블로 친구가 생각났다. 그는 푸에블로의 존재이유가 그들의 아버지인 태양이 날마다 하늘로 떠오르도록 돕는 사명에 있다고 믿었다. 나는 이러한 의미충족을 위하여 그들을 부러워하면서 아무런 기대도 없이 우리 자신의 신화를 돌아보았다. 이제 나는 그를 더욱더 잘 알게 되었다. 인간은 창조의 완성에 없어서는 안 될 존재로서 세계를 비로소 객관적 실재가 되게 하는 두 번째 세계창조자인 것이다. 객관적 실재가 되지 않은 상태라면 그 짐승들은 소리를 들려주지도 모습을 보여주지도 못하면서 묵묵히 먹고, 새끼를 배고, 죽고, 머리를 끄덕이며 수억만 년이 지나도록 비존재의 저 깊은 밤 속에서 정처없이 돌아다닐 것이다. 인간의 의식은 비로소 객관적 실재와 의미를 만들어냈으며 이로써 인간은 그의 위대한 존재확립 과정에서 없어서는 안 될 자리를 차지한 것이다.

당시 부설되고 있던 우간다철도를 타고 우리는 임시 종착역인 지기스티푸어('64'라는 뜻)로 갔다. 우리의 짐꾼들은 분량이 많은 탐험용 하물들을 차에서 내렸다. 나는 작은 상자(생활용품상자, 각각 머리에 이고 나르는 짐) 위에 앉아 파이프를 피워물고 우리가 이제 소위 오이쿠메네(그리스어로 '사람이 거하는 땅') 변두리에 있으며, 거기서부터 큰길과 오솔길이 끝없이 대륙으로 뻗어 있다는 사실을 곰곰이 생각했다.

얼마 후 불법이주자인 듯한 좀 늙은 영국인 한 사람이 내 옆에 끼어앉더니 역시 파이프를 꺼냈다. 그는 우리 일행이 어디로 가는 길이냐고 물었다. 내가 우리 목적지를 대강 이야기하자 그가 또 물었다. "아프리카에 처음 왔습니까? 나는 여기 산 지 40년이 됩니다."

"네." 내가 대답했다. "적어도 아프리카의 이쪽 부분은 그렇습니다."

"그럼 내가 당신에게 충고를 하나 해도 되겠습니까? 선생도 아시다시피 이곳은 인간의 나라가 아니고 신의 나라입니다. 그러니 무슨 일이 생기더라도 아무 걱정 말고 마음을 편안히 가지십시오." 그러고는 인사도 없이 일어나더니 이쪽으로 몰려오는 흑인들의 무리 속으로 사라졌다.

그의 말은 왠지 의미심장하게 여겨졌다. 나는 그의 말이 어떤 심리적 상태와 상응하는지 마음속으로 그려보려고 했다. 그 말은 그의 체험의 진수임이 분명한 듯했다. 이곳에는 인간이 아니라 신이 맨 위에 있고, 그리하여 의지와 의도가 아니라 신비한 섭리가 맨 위에 있는 것이었다.

나의 고찰을 마무리짓지도 않았는데 우리 자동차 두 대의 출발 신호가 울렸다. 우리는 짐 위로 기어올라갔고 건장한 여덟 명의 남자가 최대한 서로 꽉 붙잡았다. 그후 여러 시간을 마구 흔들리며 가다 보니 생각할 여유가 없었다.

다음 목적지인 카카메가는 예상보다는 훨씬 먼 거리에 있었는데, 그곳에는 지방행정관서와 아프리카 소총부대의 작은 병영, 양로원, 그리고 믿어지지 않겠지만 작은 정신병원도 하나 있었다. 저녁이 다가오는가 싶더니 갑자기 밤이 되었다. 그와 동시에 열대 날씨가 줄기찬 번개와 천둥과 소나기를 동반하는 바람에 우리는 순식간에 머리부터 발끝까지 흠뻑 젖었고, 골짜기의 급류는 위험스러운 장애물로 변했다.

한밤중에서 30분쯤 지난 후 하늘이 밝아올 무렵 비로소 우리는 지친 상태로 카카메가에 도착했다. 거기서 지방행정관이 고맙게도 자신의 응접실에서 우리를 맞이하여 위스키로 대접해주었다. 벽난로에는 반가운 불이 활활 타고 있었다. 고상하게 꾸며진 방 한가운데 놓인 커다란 책상은 영국 잡지들로 덮여 있었다. 서섹스의 농장에 있는 것과도 같은 느낌이었다. 나는 피곤해서 내가 현실에서 꿈으로 옮겨졌는지 꿈에서 현실로 옮겨졌는지 알 수 없을 정도였다. 그 다음에 우리는 처음으로 천막을 세워야 했는데, 다행히도 모든 작업이 잘 이루어졌다.

다음날 나는 후두염 신열로 깨어나 하루를 침대에 누워 있어야 했다. 그 덕분에 나는 이른바 '뇌염새'와 인상깊은 교제를 나누었다. 그 새는 정확한 음정으로 울었는데 마지막 음을 내고 나서 다시 처음부터 울기 시작함으로써 자신을 뽐내고 있었다. 열병에 대한 반주로서는 그 이상 신경을 건드리는 것은 생각할 수 없을 것이다.

바나나밭의 또 다른 날개 달린 서식자는 사람이 상상할 수 있는 가장 달콤하고 아름다운 플라지올레토(고음의 플루트) 선율을 두 번 내고는 세 번째는 아주 거슬리는 불협화음으로 끝낸다. '자연이 불완전한 채로 둔 것을……'이라는 구절이 생각난다. 그런데 방울새소리만은 자못 아름답다. 그 새가 울면 마치 종방울이 지평선을 두루 돌아다니는 것 같았다.

이튿날 우리는 지방행정관의 배려로 운반대를 모았다. 세 명의 토착민병이 호위병으로 보충되었다. 그리하여 이제 엘곤산으로 향하는 여행이 시작되었다. 우리는 곧 지평선에 솟아 있는 엘곤산의 4,400미터 높이의 분화구 벽을 볼 수 있었다. 길은 우산아카시아나무들이 우거진 비교적 건조한 사바나초원을 가로지르고 있었다. 그 지역 전체는 2~3미터 높이의 작고 둥근 둔덕들로 가득 덮여 있었는데, 그것은 흰개미집단의 낡은 집들이었다.

길가에 여행자를 위한 휴게소가 있었는데, 그것은 풀로 덮은 둥근 아도베벽돌 오두막이었다. 문이 열려 있고 안은 비어 있었다. 우리는 밤에 침입자를 막기 위해 그 오두막 입구에 등불을 밝혀놓았다. 그런 등불을 우리 요리사는 가지고 있지 않았다. 하지만 그 대신 그가 가지고 있는 작은 오두막집으로 크게 만족하고 있었다. 그러나 그것이 그에게 재앙이 될 뻔했다.

그는 우리가 5우간다실링을 주고 산 양을 바로 그 전날 그의 오두막 앞에서 도살하여 우리 저녁식사로 아주 맛있는 양고기요리를 준비해놓았다. 우리가 식사를 마치고 담배를 피우며 불 주위에 둘러앉아 있을 때, 멀리서 점점 다가오는 이상한 소리를 들었다. 그것은 곰이 으르렁거리는 소리 같기도 하고, 개들이 울부짖는 소리 같기도 하고, 날카로운 비명이나 히스테리성 웃음소리 같기도 했다. 내 첫인상은 바넘과 베일리의 희극공연 같은 것이었다. 하지만 곧바로 사태가 자못 위급해졌다. 굶주린 하이에나 무리가 우리를 사방에서 둘러싸고 있었던 것이다. 그것들이 양의 피냄새를 맡았음이 분명했다. 하이에나들은 지옥의 콘서트를 연주하고 있었다. 우리는 불빛 속에서 키 큰 코끼리풀 사이로 번득이는 그들의 눈빛을 보았다.

소위 인간을 공격하지 않는다고 하는 하이에나 고유의 성질에 관한 우리의 탁월한 지식에도 불구하고 우리는 이 일에 너무 안심하고 있을 수만은 없었다. 갑자기 휴게소 뒤에서 깜짝 놀랄 만한 사람 비명소리가 울려왔을 때 더욱 그러했다. 우리 요리사가 공포에 잔뜩 질려 우리에게 달려와 피지(하이에나) 한 마리가 오두막으로 들어와 자기를 죽일 뻔했다고 말했다. 우리는 우리의 '대포(9밀리미터 산탄 엽총)'를 움켜쥐고 번득이는 눈빛들이 보이는 방향으로 서너 방을 쏘았다. 야영지가 온통 소란스러웠다. 이것이 하이에나무리를 그토록 놀라게 했는지, 그것들은 항의하듯 떠들썩하게 소리를 내면서 그 지역을 떠나갔다. 그 밤의 나머지 시간은 처음에는 대원들 사이에서 웃음소리가 길게 이어지더니 별문제없이 조용히 지나갔다.

다음날 일찍 그 지역 추장이 닭 두 마리와 계란이 가득 담긴 바구니를 선물로 가지고 와서 하이에나를 쏠 수 있도록 하루만 더 머물러달라고 간청했다. 하이에나들이 바로 그 전날 밤 잠자고 있는 중년남자를 그의 오두막에서 끌고가 잡아먹었다는 것이었다. 아프리카에 확실한 것은 없다!

여명이 틀 무렵 짐꾼들 사이에서 또 한차례 웃음보가 터졌다. 이들이 전날 밤 사건을 되풀이하는 연극을 공연했기 때문이었다. 한 사람은 잠자는 요리사역을 연기하고 병사 중의 한 사람은 살금살금 다가와 잠자는 자를 거의 잡아먹을 뻔한 하이에나역을 연기했다. 이 연극은 관객을 무척 즐겁게 해서 얼마나 많이 반복되었는지 모른다.

이때부터 요리사는 '피지'라는 별명을 얻게 되었다. 우리 백인 세 사람은 이미 우리의 '상표'를 지니고 있었다. 나의 영국인 친구는 목덜미가 붉다고 해서 '붉은 목'으로 불렸다. 모든 영국인은 붉은 목덜미를 하고 있다는 소문 때문이었다. 미국인은 실제로 우아한 의상을 가지고 있다고 해서 '멋쟁이신사'라고 불렸다. 이미 쉰 살이 된 나는 흰 머리카락이 있었으므로 '늙은이'라 불렸다. 그들이 보기에 내 나이는 100살이었다. 이곳에서는 고령의 노인이 드물었다. 나는 흰 머리카락이 있는 사람을 거의 보지 못했다. '늙은이'는 '부기슈 심리학 탐험대'의 단장으로서 나에게 어울리는 명예로운 호칭이었다. 그 탐험대 이름은 런던 외무부가 엉뚱한 추측으로 우리에게 억지로 붙인 것이었다. 우리는 부기슈를 방문하기는 했지만 엘곤지역에서 가장 긴 시간을 보냈다.

나의 흑인들은 대부분 뛰어난 성격감정가임이 증명되었다. 그들의 직관적인 인식방법 가운데 하나는 상대방의 말씨, 몸짓, 걸음걸이를 기가 막히게 흉내내면서, 이런 방식으로 상대방이 되어 보는 것이었다. 나는 그들이 다른 사람의 감정의 특성을 꿰뚫고 있는 데 놀랐다. 나는 거리낌없이 그들과 오랫동안 환담을 나누었는데 그들은 그런 대화를 매우 좋아했다. 이런 식으로 나는 많은 것을 배웠다.

우리가 반(半)공식적으로 여행한 것이 짐꾼을 좀더 쉽게 고용하고 군인들의 호위를 받을 수 있다는 점에서 유리하다는 사실을 알게 되었다. 그것은 지나친 것이 아니었다. 왜냐하면 우리는 아직 백인의 통제하에 들지 않은 지역을 여행하려는 생각을 가지고 있었기 때문이었다. 그리하여 한 명의 하사와 두 명의 사병이 엘곤산으로 향하는 우리 원정대를 수행했다.

나는 우간다 총독으로부터 편지 한 통을 받았다. 그 편지에서 그는 수단을 거쳐 이집트로 돌아가는 영국 여인 한 사람을 맡아줄 수 없겠느냐고 부탁했다. 사람들은 우리가 그녀와 같은 여행 계획을 가지고 있다는 것을 알고 있고, 그 여인은 이미 나이로비에서 우리와 면식(面識)이 있었으므로 그 부탁을 거절할 이유가 없었다. 게다가 우리는 총독의 여러 가지 도움에 대해 매우 감사해하고 있었다.

내가 이 일화를 언급하는 것은 얼마나 미묘한 방식으로 원형이 우리의 행위에 영향을 미치는가를 보여주기 위해서다. 우리 세 명의 남자가 그렇게 모인 것은 순전히 우연이었다. 나는 이 두 명 외에 또 한 명의 친구에게 함께 가자고 청했었다. 그러나 그는 여건이 맞지 않아 함께 갈 수 없다고 대답했다. 이것으로 충분히 무의식 혹은 숙명의 배열이 이루어졌다. 삼위일체의 원형이 드러났고, 이러한 원형의 역사에서 언제나 반복하여 나타나듯이, 그것은 네 번째(카를 융은 사위일체가 삼위일체보다 더 완전한 원형이라고 보았다—옮긴이)를 불러들였다.

나는 내게 닥치는 우연을 받아들이는 경향이 있어서 그 여인이 우리 세 남자의 집단에 속하는 것을 환영했다. 그녀는 활달하고 용감했으며 우리의 일방적인 남성성에 대하여 유익한 보상이 되어주었다. 나보다 나이가 적은 친구가 나중에 열대 말라리아에 걸려 위험한 지경에 처했을 때, 제1차 세계대전에서 간호사로 일한 그녀의 경험이 고맙게도 도움이 되었다.

하이에나사건이 있은 후 우리는 추장의 간청에도 불구하고 계속 행군해나갔다. 지대는 약간 높아지고 제3기(紀) 용암류의 표징이 점점 많이 보였다. 우리는 거대한 난디화염나무들이 불길 같은 붉은 꽃에 온통 뒤덮인 채 서 있는 멋진 원시림지대를 지나갔다. 큼직한 갑충(甲蟲)과 그보다 더 큰 다양한 색채의 나비들이 숲 주변이나 숲 속 공터에 살고 있었다. 호기심 많은 원숭이들이 큰 나무 가지를 흔들어댔다.

우리는 곧 밀림에 둘러싸였다. 그곳은 낙원과도 같은 세계였다. 그 지대는 특히 아주 붉은 토양과 평평한 초원으로 이루어져 있었다. 우리는 주로 원래 나 있는 길을 따라 행군했는데, 그 길은 현저하게 좁아져 3~6미터 반경의 짧은 곡선을 그리며 밀림을 구불구불 지나가고 있었다.

우리는 길을 따라 난디지역으로 들어와 대부분이 원시림인 난디삼림을 통과했다. 우리는 아무 사고 없이 며칠째 우리 머리 위에 솟아 있던 엘곤산 자락의 휴게소에 도착했다. 여기서부터 좁은 산길로 등산하기 시작했다. 우리는 '라이본', 즉 치료사의 아들인 그 지역 추장의 환영을 받았다. 그는 우리가 전에 마주쳤던 작은 토종말을 타고 다녔다. 나는 그에게서 그의 부족은 원래 마사이족에 속하지만 거기서 분리되어 별개의 부족으로 엘곤산 기슭에서 살아가고 있다는 이야기를 들었다.

수시간의 등반 후에 우리는 아름답고 넓은 공터에 도착했다. 그곳은 맑고 차가운 작은 시내가 흐르고 약 3미터 높이의 폭포가 있었다. 우리는 폭포의 용소(龍沼)를 목욕장소로 정했다. 야영장은 거기서 조금 떨어져 경사가 완만하고 건조한 산중턱에 있었는데, 우산아카시아들로 그늘이 져 있었다. 근처에는 흑인부락이 있었다. 그 부락은 두 채의 오두막과 하나의 '보마', 즉 가시나무 울타리로 둘러싸인 광장으로 이루어져 있었다. 추장과 나는 스와힐리어(동아프리카 해안의 아라비아계 혼혈 흑인 언어—옮긴이)로 의

사소통을 할 수 있었다.

그는 우리를 위해 물을 길어주는 여인들을 정해주었다. 아직 성인이 안 된 두 딸을 데리고 있는 한 여인은 카우리허리띠(돈으로도 사용되는 작은 조개들로 만든 띠)까지 몸을 드러내놓고 있었다. 초콜릿빛 갈색 피부의 그녀들은 날씬한 몸매에 걸어가는 모습도 우아하고 느긋하여 아주 매력적이었다. 개울에서 돌아오는 그녀들의 쇠발목고리가 나지막하게 짤랑거리는 소리를 듣고, 곧이어 그녀들이 무게있는 걸음걸이로 머리에 물통을 안정되게 이고 키 큰 누런 코끼리풀들 사이로 나타나는 모습을 바라보는 일은 매일 아침 나의 즐거움이 되었다. 그녀들은 발목고리와 놋쇠 팔찌와 놋쇠목걸이, 구리나 나무로 만든 작은 실패 모양의 귀고리로 장식하고 있었고 아랫입술은 뼈못이나 쇠못으로 뚫려 있었다. 그녀들은 매우 친절했고 늘 수줍어하면서 매력적인 미소로 우리에게 인사했다.

나는 보통 예상하는 바와 같이 토착민 부인과 이야기를 나눈 일이 없었으나 단 한 번 예외가 있었다. 남부유럽 사람들처럼 여기서도 남자는 남자끼리, 여자는 여자끼리 이야기한다. 그렇지 않으면 연애를 의미한다. 백인이 흑인여자와 이야기를 하는 것은 자신의 권위를 해칠 뿐만 아니라 '흑인화'되는 심각한 위험에 빠지게 된다. 이것과 관련하여 나는 매우 교훈적인 사례를 많이 관찰했다. 흑인들이 어떤 백인들을 판단할 때 다음과 같이 말하는 것을 자주 들었다. "그는 나쁜 사람이오." 내가 왜 그러냐고 물으면 이렇게 대답했다. "그는 우리의 여자들과 같이 잔단 말이오."

내가 만난 엘곤 사람들의 경우, 남자는 몸집이 큰 가축을 기르고 짐승을 사냥하는 일에 종사하며, 여자는 '샴바(단감자, 아프리카수수, 옥수수 등의 경작지)'와 소위 동일화되었다. 여자는 아이, 염소, 닭 들을 데리고 있었는데 모두가 바로 그 둥근 오두막에 함께 살고 있었다. 그것이 여자에게 품위와 자기확신감을 주었다. 여자는 강력한 동업자인 셈이었다. '여성의 평등권'이라고 하는 것은 그러한 동반관계가 의미를 잃어버린 시대의 산물이다. 하지만 원시사회는 이기주의와 이타주의가 여자가 바라는 대로 무의식적으로 충분히 잘 조절되고 있다. 이러한 무의식적인 질서는 장애가 발생하면 금방 무너지고 만다. 그 장애는 오직 의식작용에 의해서만 보상될 수 있고 또한 그렇게 보상되어야 한다.

엘곤의 그 가족에 관해서 나에게 중요한 정보를 준 사람을 나는 즐거운 마음으로 회상한다. 그는 아주 잘생긴 청년으로 지브로아트라는 이름을 가졌는데, 추장의 아들로서 사랑스럽고 우아한 태도를 보였다. 나는 분명 그의 신뢰를 얻고 있는 듯했다. 그는 내 담배를 즐겨 얻어피우곤 했지만 다른 사람들처럼 선물받기를 탐하지는 않았다. 그는 나에게 흥미로운 이야기를 많이 들려주었고, 때때로 '신사적인 방문'을 했다.

나는 그가 무언가 마음속에 소원을 품고 있는 것을 느꼈다. 오랜 교제 후에 비로소 그가 나를 자신의 가족에게 소개시켜주겠다는 전혀 예기치 못한 요청을 했다. 그런데 나는 그가 아직 결혼을 하지 않았고 부모도 죽었다는 사실을 알고 있었다. 문제는 그의 누이였다. 그녀는 두 번째 부인으로 결혼했고 네 아이를 데리고 있었다. 그는 그녀가 나를 알 수 있는 기회를 갖도록 그녀를 한번 방문해주기를 간절히 원했다. 그에게는 그녀가 분명 어머니의 자리에 있는 듯했다. 나는 이런 사교적인 방식으로 가족생활을 들여다보고 싶었으므로 그의 요청을 수락했다.

'그 부인은 그녀의 집에 있었다(이 문구는 불어로 기록되어 있음—옮긴이).' 우리가 그 집에 도착하자 그녀는 오두막에서 나와 이 세상에서 가장 자연스러운 방식으로 내게 인사했다. 그녀는 서른 살 정도 되어 보이는 어여쁜 중년(엘곤에서는 서른 살이 평균 나이임—옮긴이) 부인으로, 필수품인 카우리허리띠 외에 팔찌와 발목고리를 하고 있었고, 아주 길게 늘어진 귓불에는 서너 개의 구리장식을 달고 가슴에는 작은 모피를 걸치고 있었다. 그녀의 작은 '므토토스(아이들)' 네 명을 그녀는 오두막에 가두어놓았는데, 그곳에서 아이들이 문틈으로 내다보며 신이 나서 킥킥거리고 있었다. 나의 부탁으로 그녀는 아이들을 내놓았다. 아이들이 안심하고 나오기까지 꽤 긴 시간이 걸렸다. 이 젊은 부인은 그녀의 동생처럼 아주 예의바른 태도를 보였다. 동생은 뜻한 바가 이루어져 얼굴 가득 희색이 만연했다.

우리는 앉지 않았다. 닭똥과 염소똥으로 덮인 먼지투성이 땅바닥 말고는 앉을 만한 곳이 없었다. 대화는 반(半)가족적인 응접실담화의 관습적인 범위 안에서 오고갔다. 즉 가족, 아이, 집, 그리고 뜰을 중심으로 한 이야기들이었다. 그녀보다 나이가 많은 첫째 부인의 소유지가 그녀의 땅과 맞닿아 있었는데, 그 부인은 여섯 명의 아이를 데리고 있었다. 그 '언니'의 '보마(소유지 가운데 광장'는 80미터 떨어진 곳에 있었다. 그런데 두 여인의 오두막 사이 삼각형을 이루는 중간지점에 남자의 작은 오두막이 있고, 그 뒤로 약 50미터 떨어져서 첫째 부인의 장성한 아들의 작은 오두막이 또 있었다. 두 여인은 각기 그녀들의 '샴바', 즉 바나나, 단감자, 굵직한 수수, 옥수수 들을 심은 경작지를 가지고 있었는데, 내가 만난 여주인은 이를 자랑스럽게 여기는 기색이 완연했다.

나는 그녀의 행동거지에서 우러나는 확신과 자부심이 거의 대부분 그녀의 분명한 전체성과의 동일시에 근거하고 있다는 느낌을 받았다. 그 전체성은 아이, 집, 작은 가축, 샴바, 그리고 무시할 수 없는 나머지 요소인 그녀의 매력적인 몸매로 이루어져 있었다.

남편에 관한 이야기는 그저 암시적으로만 언급될 뿐이었다. 그는 잠깐 있다가 없다가 하는 존재 같았다. 현재 그는 미지의 장소에 머물고 있었다. 여주인은 공공연히 아무 문제 없이 지금 여기 존재하는 자, 즉 남편의 진정한 '임시 처소'였다. 문제는 그가 여기 있느냐 없느냐가 아니라, 오히려 그녀가 자신의 전체성 속에 존재하면서 짐승떼와 함께 돌아다니는 남편의 '자기장(磁氣場)'의 중심이 되고 있느냐 하는 데 있는 것 같았다. 이 '소박한' 여인의 정신 내부에서 움직이고 있는 것은 무의식적이므로 우리가 다 알 수는 없다. 다만 세분화가 '좀더 진전된' 유럽의 비교자료를 통해 추론할 수 있을 뿐이다.

나는 백인여성의 남성화가 그녀들의 천연적인 전체성(샴바, 아이, 작은 가축, 자기 집, 그리고 부엌의 불)의 상실과 연관된 것이 아닌가, 다시 말해 여성의 결핍에 대한 보상이 아닌가, 그리고 백인 남성의 여성화는 여성의 남성화에서 야기된 후속결과를 의미하는 것이 아닌가 자문해보았다. 가장 합리적이라는 국가들이 성의 차이를 가장 많이 소멸시키고 있다. 현대사회에서 동성애가 맡은 역할은 대단하다. 그것은 부분적으로는 모성콤플렉스의 결과이며 일부는 자연의 합목적적 현상(번식의 저지!)이다.

나와 나의 여행 동반자들은 이루 말할 수 없는 아름다움과 깊은 고통을 동시에 지닌 아프리카 원시세계를 문이 닫히기 전에 체험하는 행운을 누렸다. 우리의 야영지생활은 내 인생에서 가장 아름다운 시절 중 하나였다. 사업에서 멀리 떠나 인생살이에 오염되지 않고 죄책감도 없이, 나는 아직도 원시 그대로인 땅에서 '신의 평화'를 만끽했다. 나는 헤로도토스가 말한 '인간과 그리고 다른 동물들'을 일찍이 그와 같이 관찰한 적이 없었다. 온갖 마귀의 어머니인 유럽과 나는 수천 킬로미터나 거리를 두고 있었다. 마귀들이 이곳까지는 미칠 수 없었다. 전보도, 전화도, 편지도, 방문도 없었다! 그것이 '부기슈 심리학 탐험'의 본질적인 구성요소였다. 나의 해방된 정신력은 큰 기쁨을 안고 태고의 광대한 곳으로 역류(逆流)하고 있었다.

하루종일 우리 야영지에 쪼그리고앉아 우리의 모든 동작을 결코 지칠 줄 모르는 흥미로 추적하는 호기심 많은 사람들과 매일 아침 '팔라버(Palaver : 포르투갈어로 '말'이라는 뜻인데, 아프리카 원

주민과의 협상을 가리킨다. 이하는 '협상회의'라고 표기한다—옮긴이)'
를 개최하는 것은 쉬운 일이었다. 나의 추장인 이브라힘이 나에
게 협상회의의 초보예절을 가르쳐주었다.

모든 남자(여자들은 우리를 방문한 적이 없다)는 땅바닥에 앉아야
했다. 이브라힘은 나에게 다리가 네 개 달린, 마호가니로 만든 작
은 추장의자를 가지고 와 거기에 앉도록 했다. 그러면 내가 인사
말을 건네고 '샤우리', 즉 협상회의의 내용을 설명했다. 참가자
대부분은 어느 정도 '피진(Pidgin : 두 언어 사이의 의사소통을 위해
극도로 단순화시킨 혼합어—옮긴이)' 스와힐리어를 할 수 있었다.
그래서 내가 작은 사전을 열심히 찾으면서 내 뜻을 표현하면 그
들은 나를 충분히 이해해주었다. 그 작은 책은 식을 줄 모르는 경
이의 대상이었다. 나는 표현수단이 빈곤했으므로 말을 간단하게
하지 않으면 안 되었다. 대화는 대부분 재미있는 수수께끼 알아
맞히기와 비슷해서 협상회의는 아주 인기가 있었다. 그러나 협상
회의가 한 시간 이상 걸리는 일은 드물었다. 그쯤 되면 사람들이
피로한 기색이 역력하여 몸을 흔들면서 호소했다. "아하, 우리는
너무 피곤합니다."

물론 나는 흑인의 꿈에 대해 관심을 가지고 있었으나 처음에는
아무것도 들을 수 없었다. 나는 사람들이 무척 가지고 싶어하는
담배, 성냥, 안전핀 같은 것을 작은 사례물로 제시했다. 그러나
그런 것은 아무런 도움도 되지 못했다. 나는 그들이 꿈을 이야기
하는 것을 꺼려하는 이유를 속시원히 규명할 수가 없었다. 내가
추측하기로는 두려움과 불신 때문이 아닌가 싶었다. 알다시피 흑

인들은 사진 찍히는 것을 무서워한다. 사람들이 사진을 찍음으로써 영혼을 빼앗아가지 않을까 두려워한다. 아마도 그들은 사진의 경우와 마찬가지로 사람들이 자신들의 꿈을 알아내어 자신들에게 해를 끼치지 않을까 두려워했을 것이다.

그런데 소말리아 해안과 스와힐리족 출신으로 이루어진 우리 짐꾼들에게는 이런 짐작이 맞지 않았다. 그들은 아랍의 꿈해몽서를 가지고 있었으며, 여행하는 동안 매일 그것을 참고했다. 꿈해석에 회의가 생기면 나에게까지 조언을 구했다. 내가 코란에 대한 지식이 있었으므로 그들은 나를 '책의 사람'이라 불렀고, 숨은 이슬람신자로 여기고 있었다.

한번은 '라이본', 즉 늙은 추장 치료사와 협상회의를 했다. 그는 값진 장식물이 달린 화려한 푸른 원숭이털 망토를 입고 나타났다. 내가 그의 꿈에 관해 묻자 그는 눈물을 글썽이며 나에게 설명했다. "예전에 라이본들은 꿈을 감득(感得)하고 그 꿈으로 전쟁이 일어날지, 질병이 생길지, 비가 올지, 사람들이 어디로 가축떼를 몰고 가야 할지 알아맞혔소." 그와 같이 그의 할아버지도 꿈을 꾸었다. 그러나 백인들이 아프리카로 온 후로는 아무도 꿈을 감득하지 않는다. 사람들은 더이상 꿈을 필요로 하지 않는다. 이제는 영국인들이 그것들을 다 알고 있기 때문이다!

그의 설명은 치료사가 존재이유를 상실했음을 의미했다. 사람들은 부족에게 충고하는 신의 목소리를 더이상 필요로 하지 않았다. '영국인이 그것을 더 잘 알고 있기 때문이다.' 예전에 치료사는 신들이나 숙명의 힘과 담판하여 그의 부족에게 충고했다. 그는 고대 그리스에서 피티아(델피의 아폴론신전에 있던 무녀―옮긴이)의 말이 가장 높은 권위를 지니고 있었던 것처럼 큰 영향력을 행사했다. 그러나 이제 치료사의 권위는 지방행정관에 의해 소멸되었다. 인생의 모든 가치는 이제 이승에 있다. 흑인이 육체적 힘의 중요성을 언제 의식하게 되느냐는 단지 시간문제요, 흑색인종의 활력에 달린 문제인 듯했다.

우리의 라이본은 어찌해서든지 당당하려고 하는 인물이 아니라 어딘지 울먹이는 늙은이 같았다. 그럼에도 불구하고, 혹은 바로 그렇기 때문에 그는 시대에 뒤떨어지고 다시는 돌아오지 않을 세계의 몰락을 생생하고 아주 인상적으로 나타내고 있었다. 그 몰락은 은밀하게 확산되고 있었다.

나는 수많은 경우에 신성체험에 관한 이야기, 특히 의례와 의식(儀式)에 관한 이야기를 꺼냈다. 이것과 관련하여 나는 그것을 어느 작은 마을에서 단 한 번 관찰했을 뿐이었다. 그 마을에는 활기찬 거리 한복판에 있는 한 채의 빈 오두막 앞에 정성스레 쓸어놓은 직경 수미터의 장소가 있었다. 그 중앙에 한 개의 카우리허리띠와 팔찌, 발목고리, 귀고리, 온갖 항아리 파편, 그리고 한 개의 무덤막대기가 놓여 있었다. 우리가 여기에 관해 알게 된 유일한 사실은, 이 오두막에서 부인 한 사람이 죽었다는 것이었다. 장례식에 관해서는 아무런 이야기도 없었다.

협상회의에서 사람들은 내게 강조하여 설득하기를, 그들의 서쪽에 사는 이웃사람들은 '나쁜' 이들이라고 했다. 그곳에서는 누가 죽으면 바로 옆마을에 알리고 저녁에 시체를 두 마을의 중간

지점에 갖다놓는다고 한다. 그러면 옆마을에서 여러 종류의 선물을 그 장소로 가져오는데, 다음날 아침에 보면 시체는 이미 거기에 없다. 옆마을 사람들이 시체를 먹었다는 소문이 분명히 나게 마련이다. 엘곤에서는 그러한 일이 결코 일어나지 않는다고 한다. 말할 것도 없이 시체는 숲 속에 갖다놓는다. 그러면 밤중에 하이에나가 장례를 치러준다. 사실 우리는 시체를 매장한 흔적은 전혀 찾지 못했다.

그러나 이번 기회에 나는 사람이 죽으면 시체를 오두막 한가운데 땅바닥에 놓는다는 말을 들었다. 치료사 라이본이 시체 주위를 돌며 사발의 우유를 땅바닥에 뿌리면서 중얼거린다. "아이크 아디스타, 아디스타 아이크!"

이 말의 뜻은 그동안 개최된 중요한 협상회의를 통해서 이미 알고 있었다. 그 협상회의가 끝날 즈음 한 노인이 갑자기 소리쳤다. "아침에 해가 뜰 때 우리는 오두막에서 나와 손에다 침을 뱉고 그 손을 태양 쪽으로 내민다." 나는 그 의식을 내 앞에서 해보도록 하면서 정확하게 재연하게 했다. 그들은 입 앞에 손을 대고 침을 뱉거나 입김을 세게 불고는 손을 뒤집어 손바닥이 태양을 향하도록 했다.

나는 그것이 무엇을 뜻하는지, 왜 그렇게 하는지, 왜 그들이 손바닥에 입김을 불거나 침을 뱉는지 물어보았다. 그러나 아무 소득이 없었다. "늘 그렇게 해왔습니다" 하고 대답할 뿐이었다. 어떤 설명을 얻는다는 것은 불가능한 일이었다. 분명한 것은, 사실은 그들도 단지 자기들이 그것을 하고 있다는 것만 알 뿐, 자기들이 무엇을 하는지는 모르고 있다는 것이었다. 그들은 이런 행위에서 아무런 의미도 파악하지 않는다. 그러나 우리도 또한 크리스마스트리를 밝힌다든지 부활절 달걀을 숨긴다든지 할 때처럼, 우리가 하고 있는 일이 무슨 의미인지도 모르면서 의식을 수행하는 경우가 있다.

그 노인은 이것이 모든 종족의 진정한 종교라고 말했다. 케비론도스족, 부간다족, 산에서 볼 수 있는 모든 부족, 그밖의 끝없이 많은 종족이 모두 '아디스타'를 숭배하고 있다고 했다. 아디스타는 처음 떠오른 순간의 태양을 가리키는 말이다. 오직 그 순간에만 태양은 '뭉구'신이 된다. 붉고 푸른 서쪽 하늘에 처음 나타난 가느다란 황금빛 초승달도 신이다. 그런데 오직 그 순간에만 신이고 다른 때는 아니다.

엘곤의 의식에서는 일출 순간 신성시되는 태양에의 봉헌이 분명 중요한 것이다. 봉헌하는 것이 침이면 그것은 원시적 관념으로는 자기 자신의 '마나', 즉 치유력과 매력과 생명의 힘을 포함하고 있는 물질이다. 봉헌하는 것이 입김이면 그것은 로호, 즉 아랍어로는 루흐, 히브리어로는 루아흐, 그리스어로는 프뉴마라고 하는 바람과 혼을 뜻한다. 그러므로 이러한 행위는 "나는 신에게 나의 살아 있는 혼을 드립니다"라고 말하는 것이 된다. 그것은 행위로 표현하는 말없는 기도로, 이렇게 말하는 것과도 같을 것이다. "주여, 당신의 손에 나의 영혼을 맡기나이다."

우리가 더 알아보니 엘곤부족은 아디스타 외에 땅속에 사는 '샤이탄(마귀)'인 '아이크'를 숭배한다고 한다. 그는 불안의 창조자이며 밤의 여행자에게 큰 타격을 가하는 차가운 바람이다. 노인은 아이크가 신비하기 그지없는 밀림의 키 큰 풀들을 어떻게 헤치고 지나가는지를 보여주기 위해 일종의 '로키(북유럽 신화에 나오는 파괴와 사악의 신—옮긴이)' 모티프인 휘파람을 불었다.

대체로 그 사람들은 창조주가 모든 것을 선하고 아름답게 만들었다고 확신하고 있었다. 창조주는 선과 악 그 너머에 있다. 그는 '음주리(엘곤족 언어로 '아름답다'는 뜻)'하고, 그가 만든 모든 것도 '음주리'하다.

"그런데 당신들의 가축을 잡아죽이는 그 나쁜 짐승은?" 하고 내가 묻자 그들이 대답했다. "사자는 선하고 아름답소." "당신들의 끔찍한 질병은?" 하고 묻자 이렇게 대답했다. "당신은 햇볕을 쬐고 누워 있소. 그건 아름다운 일이오." 나는 이러한 낙관주의에 깊은 인상을 받았다. 그러나 내가 곧 알게 되었듯이, 저녁 6시 무렵이 되자 이런 철학이 갑자기 중지되었다. 일몰 후부터는 다른 세계, 즉 어둠의 세계, 아이크의 세계가 지배한다. 그것은 악이요 위험이며 불안을 일으키는 것이다. 낙관적인 철학은 중지되고, 유령에 대한 공포의 철학과 재앙을 막으려는 마술적 풍습의 철학이 시작된다. 그러다가 일출과 함께 아무런 내적 모순 없이 낙관주의가 다시 돌아온다.

그것은 나에게 아주 인상깊은 감동적인 체험이었다. 나일강 근원에서 오시리스의 두 시종(侍從)인 호루스와 세트라는 이집트의 원초적 표상에 관한 지식을 얻게 되었으니 말이다. 아프리카의 원초적 체험은 말하자면 나일강의 거룩한 물과 함께 지중해

해안으로까지 흘러내려간 셈이었다. 아디스타는 호루스와 같이 떠오르는 태양이며 빛인 반면, 아이크는 어둠이며 불안을 만드는 존재인 것이다.

소박한 장례식에서 라이본, 즉 치료사의 주문과 그의 우유봉헌은 대극의 통일을 이룬다. 그는 서로 반대되는 두 대상에게 동시에 제물을 바친다. 그 두 대상은 동일한 힘과 중요성을 지니고 있다. 왜냐하면 낮이든 밤이든 그것이 지배하는 시간은 분명히 각각 열두 시간씩 지속되기 때문이다. 그래도 가장 의미있는 것은 적도의 어둠속에서 돌발적으로 첫 햇살이 섬광처럼 분출하는 순간이다. 그 생명력 넘치는 빛 속에서 밤은 사라지고 만다.

이 평원에서 맞이하는 일출은 날마다 나를 새롭게 압도하는 하나의 사건이었다. 첫 햇살의 웅대한 분출 그 자체보다도 오히려 그후에 일어나는 현상이 더욱 인상깊었다. 일출 직후에 나는 늘 야외용 접의자를 우산아카시아나무 밑에 갖다놓고 그 위에 앉아 있곤 했다.

내 앞의 작은 계곡 깊은 곳에 흑녹색에 가까운 어두운 밀림지대가 있고, 그 너머 계곡 건너편에 고원 가장자리가 솟아 있었다. 처음에는 밝음과 어둠이 날카로운 대조를 이루다가 모든 것이 빛속에서 선명하게 드러나고, 그 빛은 계곡 구석구석을 온통 환하게 밝혔다. 지평선은 저 너머에서 하얗게 빛나고 있었다. 떠오르는 빛이 차츰, 이를테면 몸 속으로 파고들어 몸 자체가 안에서부터인 듯 밝아지며 결국은 채색유리처럼 투명하게 빛났다. 모든 것은 번쩍이는 수정이 되었다. 방울새가 지평선을 맴돌며 지저귀었다. 그 순간 나는 어느 사원 안에 들어와 있는 듯이 여겨졌다. 그것은 하루 중에서 가장 거룩한 시간이었다. 나는 이 장엄한 광경을 식을 줄 모르는 감격으로, 아니 더 낫게 표현한다면 무궁한 황홀감으로 바라보고 있었다.

내가 자리잡은 장소 근처에 높은 바위가 있었는데, 거기에 덩치 큰 비비원숭이들이 살고 있었다. 매일 아침 그 원숭이들은 거의 움직이지 않은 채 조용히 산마루 바위 위에서 태양을 향해 앉아 있었다. 반면에 낮 동안은 숲 속에서 꽥꽥 소리치고 비명을 지르며 떠들고 다녔다. 원숭이들도 나처럼 일출을 경외하는 듯이 보였다. 그것들을 보자 이집트 아부 심벨 사원에서 경배의 몸짓을 해보이던 비비원숭이들이 생각났다. 그 원숭이들은 언제나 변함없이 다음과 같은 이야기를 들려준다. "옛날부터 우리는 세계를 구원하는 위대한 신을 숭배해왔습니다. 그가 거대한 어둠으로부터 환한 하늘빛으로 떠오를 적에 말입니다."

그 무렵 나는 마음속에 태초로부터 빛에 대한 동경이 깃들어 있다는 것과 태초의 어둠에서 빠져나오고자 하는 절실한 갈망이 있다는 것을 깨달았다. 거대한 밤이 오면, 모든 것은 빛에 대한 말할 수 없는 그리움과 깊은 우수의 음조를 띠게 된다. 이것은 원시인의 눈빛에 들어 있고 또한 짐승의 눈에서도 볼 수 있다. 짐승의 눈에는 슬픔이 배어 있다. 하지만 사람들은 그것이 짐승의 혼인지 혹은 저 태초의 존재가 표현하는 간절한 마음인지 알지 못한다.

이것이 아프리카의 분위기이며 그곳의 고독에 대한 체험이다.

그것은 태초의 어둠이며 모성적인 비밀이다. 그러므로 아침마다 태양의 탄생은 흑인들을 압도하는 경험이 된다. 빛이 되는 순간, 그것은 신이다. 그 순간이 구원을 가져다준다. 그것은 순간의 원초적 체험이다. 우리가 태양이 신이라고 생각할 때 이미 그 체험은 상실되고 망각되는 것이다. "우리는 유령들이 돌아다니는 밤이 이제 지나간 것이 기쁩니다!"라고 하면 그것은 단지 합리화에 불과하다. 사실은 자연의 밤보다도 그와는 전혀 다른 어둠이 그 땅을 짓누르고 있다. 그것은 헤아릴 수 없는 수백만 년 동안 언제나 지금과 같은 방식으로 존재했던 정신적인 원초적 밤이다. 빛에 대한 동경은 의식(意識)에의 동경인 셈이다.

행복했던 엘곤산 체류가 끝나갈 즈음, 우리는 몹시 서운한 마음으로 천막을 거두면서 다시 돌아올 것을 약속했다. 그 무렵 나는 예기치 않았던 이 멋진 체험을 다시는 갖지 못하리라는 것을 상상도 할 수 없었다. 그후에 카카메가 근처에서 금광지대가 발견되었고, 내가 가본 그 먼 나라(융은 유럽으로 돌아와 있었으므로―옮긴이)에서는 '마우마우운동(백인배격운동)'이 거세게 일어났다. 우리 쪽에서는 문화의 잠(꿈)에서 깨어나는 급격한 각성이 있었다.

우리는 엘곤산 남쪽 비탈을 따라 행군했다. 차츰 풍경의 특색이 바뀌어갔다. 빽빽한 원시림으로 덮인 고산들이 평원 가까이 다가왔다. 주민들의 피부색은 더욱 검어지고 몸매는 마사이족이 지닌 우아함을 잃어버리고 좀더 둔하고 비대해졌다. 우리는 부기슈지역에 도착해 서너 시간을 높은 곳에 있는 부남발레휴게소에서 지냈다. 거기서부터 넓은 나일계곡의 멋진 광경이 펼쳐졌다.

우리는 또 음발라로 이동하여 그곳에서 두 대의 포드트럭을 타고 마침내 빅토리아호수 연안에 있는 진자에 도착했다. 우리는 짐을 협궤철도에 맡겼는데, 14일에 한 번씩 기차가 키오가호수로 운행하고 있었다. 우리는 나무연료로 기관을 가열하는 외륜(外輪)기선을 타고 서너 번 사고를 겪은 뒤에 마신디항구에 도착했다. 거기서 우리는 무개차로 바꿔타고 고원에 있는 마신디마을로 들어갔다. 그 고원은 키오가호수와 앨버트 니안자를 갈라놓고 있었다.

앨버트호수에서 수단의 레쟈프로 향하는 도중에 한 마을에서 우리는 잊을 수 없는 경험을 했다. 아직 젊고 키가 큰 그 지방의 추장이 수행원들과 함께 나타났다. 그들은 내가 본 사람들 중에 피부색이 가장 검은 흑인들이었다. 그 무리는 별로 믿음직스러워 보이지 않았다. 니물의 마무르(총독)는 우리에게 세 명의 아프리카 토민군을 호위병으로 딸려보냈는데, 나는 이들도 우리의 고용인들과 마찬가지로 믿음직스럽지 못함을 곧 알아차렸다. 그들은 소총에 각기 세 개의 탄환밖에 없었다. 그러므로 그들이 있다는 것은 다만 정부당국의 상징적 시늉일 뿐이었다.

추장이 저녁에 '느고마(무도회)'를 개최하자고 제안했을 때 나는 그 생각에 동의했다. 나는 이런 방식으로 이 부족의 보다 좋은 면만을 보기를 원했다. 밤이 되어 우리가 모두 잠을 자고 싶어할 때, 북을 치고 각적(角笛)을 부는 소리가 들리더니 곧이어 번쩍이는 창과 곤봉과 칼로 호전적으로 무장한 60명의 남자가 나타났다. 조금 떨어져서 부인들과 아이들, 엄마 등에 업힌 젖먹이들까지 따라오고 있었다.

느고마는 그 사회에서 아주 중요한 행사임이 분명했다. 섭씨 34도가 계속되는 뜨거운 날씨에도 불구하고 이들은 큰 불을 피웠고, 부인들과 아이들이 그 주변을 둥글게 에워쌌다. 그들을 둘러싸고 남자들이 바깥으로 원을 만들었는데, 나는 위험이 다가왔다고 착각한 코끼리떼에게서 이런 광경을 목격한 적이 있었다. 나는 이런 집단행진을 좋아해야 할지 염려해야 할지 잘 몰랐다. 나는 우리의 고용인들과 군인들을 둘러보았다. 이들은 자취도 없이 막사에서 사라졌다! 나는 그들의 환심을 사려는 뜻에서 담배와 성냥, 안전핀 들을 나누어주었다.

남자들의 합창이 시작되었다. 제법 화음이 이루어진 강하고 호전적인 멜로디였다. 그 멜로디와 함께 다리들이 움직이기 시작했다. 부인들과 아이들은 불 주위를 총총걸음으로 돌고 남자들은 무기를 흔들며 불을 향해 다가왔다가 도로 물러나면서 춤을 추었다. 그러고 나서 거친 노래와 북소리, 각적소리와 함께 다시 새롭게 앞으로 나아갔다. 그것은 불빛과 매혹적인 달빛에 흠뻑 젖은 거칠고 열광적인 광경이었다.

내 친구와 나는 벌떡 일어나 춤추는 무리에 섞였다. 나는 내가 가진 유일한 무기인 코뿔소가죽채찍을 흔들며 함께 춤을 추었다. 나는 사람들의 표정이 밝아지는 것을 보고 그들이 우리의 참여를 기꺼이 받아들인다는 것을 알아차렸다. 그들의 열정은 더욱 달아올라 무리가 모두 발을 구르고, 노래하고, 소리지르고, 땀을 뻘뻘 흘리고 있었다. 차츰 춤과 북소리의 리듬이 빨라지기 시작했다.

이런 춤과 음악으로 흑인들은 일종의 혼수상태에 빠지기 일쑤였다. 이번에도 그랬다. 11시쯤 되자 통제력을 잃기 시작했고, 사태가 갑자기 자못 이상해지는 듯했다. 춤추는 사람들은 이제 단지 거친 무리에 불과했다. 나는 이 춤판이 어떤 결말을 가져올지 염려되었다. 나는 추장에게, 이제는 끝내고 그의 일행과 함께 잠자러 가라고 타일렀다. 그러나 그는 "한 번만 더, 한 번만 더, 한 번만 더"라고 했다.

나는 고향이 같은 두 사촌 중 한 사람인 사라신이 연구차 셀레베스로 여행하던 중 이런 느고마행사에서 잘못 날아온 창에 맞은 일이 기억났다. 그래서 나는 추장의 간청을 무시하고 사람들을 불러모아 담배를 나눠주며 잠자는 시늉을 해보였다. 그러고는 미소를 머금은 채 위협적으로 코뿔소가죽채찍을 흔들며, 좀더 좋게 표현할 어휘가 부족해서 스위스식 독일어로 크게 소리를 질러 그들을 윽박질렀다. "이제 그만! 이제 집으로 가서 자라고요." 물론 사람들은 내가 단지 장난으로 화난 척하고 있다는 것과 내가 그러는 것이 솔직히 말해 옳은 것 같다는 것을 알고 있었다. 대부분 웃음보를 터뜨리더니 다른 사람들의 등을 높이 타넘으며 사방으로 흩어져서 어두운 밤 속으로 사라졌다. 그후에도 꽤 오랫동안 멀리서 환호성과 북소리가 들려왔다. 마침내 정적이 깃들고 우리는 지칠 대로 지쳐 곤한 잠에 빠졌다.

나일강가의 레쟈프에서 우리의 행군은 끝났다. 우리는 거기서 외륜기선을 탔는데, 레쟈프의 수위가 낮아서 기선이 겨우 움직일 수 있었다. 곧이어 나는 내가 겪은 수많은 경험으로 인해 마음이 무거워졌다. 수천의 생각이 머릿속을 감돌았다. 새로운 인상들을 받아들이고 한없는 생각의 바다를 포용하는 나의 능력이 쉽게 바닥을 보인 것은 괴롭지만 분명한 사실이었다. 그래서 나는 나의 모든 관찰과 체험의 내적 연관을 확인하기 위해 그것들을 다시 한번 검토해보지 않으면 안 되었다. 나는 주의를 기울여야 할 만한 것들은 모두 기록했다.

나의 꿈들은 여행기간 내내 아프리카를 부인하는 전략을 완강하게 견지했다. 꿈들은 예외없이 고향의 풍경들을 보여줌으로써 아프리카여행을 원래 어떤 실제적인 것으로 보지 않고 오히려 증후적이거나 상징적인 행위로 간주하는 듯한 인상을 주었다. 무의식적인 과정이 그와 같이 풍성하게 인격화되는 것이 허용된다면 말이다. 이러한 가정은 가장 인상깊었던 외부사건조차 분명히 의도적으로 제외되고 있는 사실로 인해 자연히 성립된 셈이었다.

나는 여행의 전기간에서 단 한 번 흑인에 관한 꿈을 꾸었다. 그의 얼굴은 이상하게도 낯이 익었다. 한참 생각하고 나서야 비로소 나는 그를 이미 만난 일이 있다는 사실을 떠올릴 수 있었다. 그는 테네시주 차타누가에서 내 머리를 손질해준 이발사였다! 미국의 흑인! 꿈속에서 그는 벌겋게 달아오른 큼직한 전열가위를 손에 들고 내 머리에 대면서 머리카락을 '곱슬'로 만들려고 했다. 즉, 흑인 머리카락 모양으로 바꾸려고 했다. 나는 이미 고통스러운 열기를 느끼며 불안감에 잠에서 깨어났다.

그 꿈은 원시적인 것이 나에게 위험함을 말해주고 있었기 때문에 나는 그 꿈을 무의식의 경고로 받아들였다. 그 무렵 내가 가장 '흑인화'되기 쉬운 사람이었음이 분명했을 것이다. 나는 '모래파리열병'에 걸려 몹시 앓았는데, 이것이 아마도 나의 정신적 저항력을 저하시켰을 것이다. 나에게 위협적인 흑인의 모습을 보여주기 위해 미국에서 내 머리를 손질해준 흑인 이발사에 대한 12년 전의 오래된 추억이 동원된 셈이었다. 그것은 결코 현재를 떠올리지 않도록 하기 위함이었다.

그런데 꿈의 이와 같은 독특한 태도는 제1차 세계대전에서 사람들이 이미 겪은 경험과도 상응하는 것이다. 싸움터의 병사들은 전쟁에 관한 꿈보다는 고향 꿈을 훨씬 더 많이 꾸었다. 정신과 군의관들은 어떤 병사가 전쟁장면 꿈을 너무 많이 꾸면 그를 전선에서 떠나도록 하는 것을 원칙으로 삼았다. 왜냐하면 그는 외부의 인상들에 대한 정신적 저항력을 더이상 갖고 있지 못하기 때문이었다.

까다로운 아프리카 환경에서 겪은 사건들과 병행하여 나의 꿈속에서는 하나의 내적인 방침이 성공적으로 견지되고 관철되었다. 그것은 전적으로 개인적인 나의 문제들을 다루는 것이었다. 이 사실에서 나는 나의 유럽적 인격을 어떤 경우에도 온전하게 갖추고 있어야 한다는 것 외에 다른 결론은 내릴 수 없었다.

나는 내가 아프리카 모험에 비밀스러운 목적을 연관시키지 않왔나 하는 의심이 들어 스스로 놀랐다. 그 목적이란 유럽과 그의 문제에서 벗어나고자 하는 것이었다. 나 이전이나 나와 동시대의 수많은 사람처럼 그곳에 머물게 될 위험까지도 무릅쓰고 말이다. 그 여행은 '부기슈 심리학 탐험대(이것의 약자인 B. P. E가 짐상자에 검은 글씨로 적혀 있었다!)'라는 명칭과 같은 그런 종류의 원시 심리학 탐구라기보다 '아프리카 미개지'에서 융이라고 하는 심리학자에게 무슨 일이 일어났는가 하는 좀 고통스러운 물음을 던지는 듯이 여겨졌다. 그 물음을 나는 계속 회피하려고 했다. 내 나름대로는 원시세계 조건에 대한 유럽인의 반응을 연구하려는 이지적인 계획을 가지고 있었는데도 말이다.

하지만 이것은 내가 놀라움으로 깨달은 바와 같이 객관적이고 학문적인 물음이라기보다는 오히려 철저하게 개인적인 물음이었다. 이 물음에 대한 해답은 자신의 심리에 있을 수 있는 온갖 고통스러운 측면과 관련하여 주어질 것이었다. 내가 여행을 하기로 결심하게 된 것은 웸블리전시회 때문이라기보다 유럽의 분위기가 너무나 심상찮은 상황 때문이었음을 스스로 고백해야겠다.

그런 생각에 잠긴 채 나는 고요한 나일강물을 따라 북쪽으로, 그러니까 유럽 쪽으로, 미래를 향하여 미끄러지듯이 나아갔다. 여행은 카르툼에서 끝났다. 거기서 이집트가 시작되었다. 이로써 이 문화영역을 서양, 즉 유럽과 그리스 쪽에서 접근하지 않고 남쪽, 즉 나일강의 원천 방면에서 접근하고자 한 나의 희망과 계획이 충족되었다. 복잡한 아시아문화보다 이집트문화에 미친 함족의 기여가 나의 관심을 끌었다. 나는 나일강의 지리학적 경로와 함께 시간의 흐름을 따라가면서 거기에 관해 어떤 체험을 하기를 원했었다. 이 방면에서 내가 얻은 가장 큰 깨달음은 엘곤부족의 호루스 체험이었다. 그것은 이집트의 남쪽 관문인 아부 심벨 신전의 그 경배하는 몸짓에서 너무도 생생하게 회상되었다.

호루스 신화는 새롭게 부활하는 신성한 빛에 관한 이야기다. 선사시대의 원초적 어둠에서 처음으로 문화, 즉 의식을 통한 구원이 계시되었다고 말해진다. 그리하여 아프리카 내륙에서 이집트로 향한 여행은 나에게 마치 빛의 탄생의 드라마와 같은 것이었다. 그것은 나 자신과 그리고 나의 심리학과 아주 밀접하게 결부되어 있었다. 그것이 나에게 계시되었지만 말로 표현할 수는 없다고 느껴졌다. 나는 아프리카가 내게 무엇을 가져올 것인지 미리 알고 있지는 않았다. 그러나 지금 여기 만족할 만한 대답과 경험을 갖게 되었다. 그것은 내게 어떤 인류학적인 수집품, 즉 무기나 장신구, 항아리, 혹은 사냥 노획물보다 더 값진 것이었다. 나는 아프리카가 나에게 어떻게 영향을 미치는가를 알고 싶었고, 그리고 그것을 체험했다.

인도, 이방의 문화에서
유럽의 뿌리로!

인도여행(1938)은 나 자신이 의도한 것이 아니라 영국령 인도 정부의 초청으로 이루어진 것이었다. 캘커타대학에서 25주년 기념으로 개최하는 축제에 참가해달라는 초청이었다.

당시 나는 이미 인도 철학이나 종교사에 관한 책을 많이 읽어 동양 지혜의 가치에 대해 깊이 확신하고 있었다. 하지만 나는 소위 자급자족하는 사람으로서 인도를 여행해야 했다. 나는 마치 시험관 속의 인조인간처럼 나 자신 안에 머물러 있었다. 인도는 꿈과 마찬가지로 내 마음을 움직였다. 왜냐하면 나는 나 자신, 나의 고유한 진실을 찾으려 했고 그 일을 여전히 계속하고 있었기 때문이었다.

그리하여 인도여행은 그 무렵 연금술철학에 깊숙이 몰두하고 있던 나로서는 하나의 막간극이 된 셈이었다. 그 연금술철학 때문에 나는 홀가분한 마음으로 인도로 가지 못하고 1602년에 출간된《화학의 극장》첫 권을 들고 가야만 했다. 그 책에는 게라르두스 도르네우스의 가장 중요한 문헌들이 들어 있었다. 여행기간에 나는 그 책을 처음부터 끝까지 철저히 연구했다. 원초적 유럽사상의 총화는 이런 방식으로 이국 문화정신의 인상과 지속적인 접촉을 갖고 있었다. 이 두 가지는 한결같이 무의식의 정신적 근원 체험에서 표출된 것이므로 같거나 비슷하거나 적어도 비교 가능한 통찰들이 이루어졌다.

인도에서 나는 아주 다양한 이방문화를 처음으로 직접 인상깊게 대하게 되었다. 아프리카여행에서는 문화와는 전적으로 다른 인상들이 결정적이었다. 북아프리카에서 나는 자기 문화를 언어로 표현할 수 있는 사람을 만나서 대화할 기회를 갖지 못했다. 그러나 이제 나는 인도정신의 대변자들과 말하고 이것을 유럽정신과 비교할 수 있는 기회를 얻게 되었다. 그것은 나에게 매우 의미 있는 일이었다.

나는 미소레 군주의 '구루(스승)'인 S. 수브라마냐 이어와 꽤 많은 시간 동안 손님대접을 받으며 충분히 이야기를 나누었다. 그 외 다른 많은 사람과도 이야기를 나누었는데, 유감스럽게도 그 이름들은 잊어버렸다. 반면에 나는 소위 '성자'라고 하는 사람들과 만나는 것은 모두 피했다. 내가 그들을 피한 것은 나 자신의 고유한 진리로 만족해야만 했기 때문이며, 나 자신이 도달할 수 있는 것 이외의 다른 것들은 받아들여서는 안 되기 때문이었다.

내가 성자들로부터 배우고 그들의 진리를 나의 것으로 받아들였다면 그것은 나에게 도둑질처럼 여겨졌을 것이다. 그들의 지혜는 그들에게 속하고, 나 자신으로부터 나오는 것만이 나에게 속할 뿐이다. 더군다나 유럽에서 나는 동양으로부터 아무것도 차용할 수 없다. 오직 나 자신으로 살아야 하고, 나의 내면이 말하는 것이거나 본성이 내게 가져다주는 것으로 살아야 한다.

나는 인도 성자들의 인물의 중요성을 결코 과소평가하는 것은 아니다. 감히 그들을 개별적인 현상으로서 올바르게 평가할 수 있는 능력이 나에게는 없다. 예를 들면 나는 그가 말하는 지혜가 하나의 고유한 깨달음인지, 수천 년 이래 저잣거리를 돌고돌던 격언인지 알지 못한다. 실론에서 일어난 전형적인 사건을 기억하고 있다. 두 농부가 각각 이륜마차를 타고 가다가 좁은 길에서 서로 부딪쳤다. 싸움이 벌어지리라 예상했는데 그 대신 서로 조심스럽게 공손한 태도로 "아두칸 아나트만"이라고 중얼거렸다. 이 말은 '일시적인 방해일 뿐, 아무런 (개인적인) 감정이 없습니다'라는 뜻이었다. 이것이 일회적인 것인가, 아니면 인도의 전형적인 모습인가?

내가 인도에서 주로 몰두한 것은 악의 심리학적 성질에 관한 물음이었다. 이 문제가 어떻게 인도의 정신생활에 의해 통합되는가 하는 것은 내게 무척 인상적이었다. 나는 이에 관해 나로서는 새로운 이해를 얻게 되었다. 교양있는 중국인과의 대화에서도 나는 '체면을 잃는 일' 없이 소위 '악'을 통합하는 것이 일반적으로 가능하다는 사실에 늘 깊은 인상을 받았다. 동양 사람들에게는 도덕적인 문제가 우리의 경우에서처럼 우선적인 자리를 차지하지 않는 모양이었다. 그들에게 선과 악은 의미상으로 본성에 포함되어 있어서 사실은 유사한 것으로 다만 정도의 차이가 있을 뿐이다.

인도의 정신성이 선과 악을 똑같이 지니고 있다는 사실을 알았을 때 그것은 나에게 깊은 인상을 주었다. 기독교인은 선을 추구하면서도 악에 빠진다. 이에 반하여 인도인은 선과 악의 바깥에서 자신을 느끼거나, 명상이나 요가로써 이러한 상태에 이르려고 한다.

여기서 나의 이의가 제기된다. 그런 입장에서는 선도 악도 본래의 윤곽을 지닐 수 없을 것이며 그것은 일종의 정지상태가 되고 말 것이다. 사람들이 악을 진정으로 믿지 않는다면 선 역시 진정으로 믿지 않는 것이다. 기껏해야 그것은 '나의' 선이 무엇이냐, 혹은 '나의' 악이 무엇이냐, 즉 무엇이 내게 선으로 보이느냐 아니면 악으로 보이느냐를 의미할 뿐이다. 우리는 역설적으로 다음과 같이 말할 수 있을 것이다. 인도의 정신성에는 악도 선도 아주 결여되어 있거나, 그들이 선악의 대립에 큰 부담을 가지고 있어 니르드반드바, 즉 선악의 대립과 만 가지 일로부터의 해방을 필요로 한다고 말이다.

인도인의 목적은 도덕적인 완전성이 아니라 니르드반드바 상태다. 그들은 스스로를 자연으로부터 해방시키고자 하며 거기에 걸맞게 또한 명상을 통해서 형상이 없는 공(空)의 상태에 이르려고 한다. 이에 반해 나는 자연과 정신의 이미지에 대한 생생한 관찰을 고수하고 싶다. 나는 인간으로부터 해방되고 싶지도 않으며 나로부터도 자연으로부터도 그러고 싶지 않다. 왜냐하면 이 모든 것이 내게는 형언할 수 없는 경이(驚異)이기 때문이다. 자연, 영혼, 그리고 인생은 나에게 활짝 피어난 신성처럼 여겨진다. 내가 무엇을 더 바라겠는가? 나에게 존재의 최고의미는 오직 그것이 존재한다는 데 있지, 그것이 원래 아무것도 아니라거나 이제는 더이상 아무것도 아니라거나 하는 데 있지 않다.

나에게는 해방이란 것이 없다. 내가 소유하지 않고 내가 행하거나 체험하지 않은 그 어떤 것들로부터도 나를 해방시킬 수 없다. 진정한 해방은 내가 할 수 있는 것을 행했을 때, 내가 온전히 나 자신을 헌신하여 철저히 참여했을 때 비로소 가능한 법이다. 내가 참여하지 않고 물러서면 거기에 해당하는 영혼의 부분을 그만큼 절단하는 셈이 된다. 물론 그러한 참여가 나에게 무척 어렵게 여겨지는 경우도 생길 것이고, 내가 나 자신을 온전히 헌신할 수 없는 그럴듯한 구실도 있을 것이다. 하지만 그렇게 되면 나는 '무능'을 고백하지 않을 수 없게 되고, 내가 아마도 본질적인 어떤 것을 단념하고 과제를 완수하지 못했다는 사실을 통찰하게 된다. 나의 부적격성에 대한 이러한 깊은 인식은 적극적인 행위의 결여를 대체한다.

자신의 열정의 지옥을 통과하지 않은 사람은 결코 그것을 극복하지 못한다. 그러면 열정은 집 가까이 있게 되고 그가 미처 대비하기도 전에 불길을 일으켜 바로 그의 집을 덮칠 것이다. 사람들이 너무 많이 포기하고 내버려두고 겉으로 잊어버린 체하고 있을 경우, 그 포기한 것과 내버려둔 것이 두 배의 힘으로 되돌아올 가능성과 위험이 상존한다.

코나라크(오리사)에서 나는 브라만 학자 한 사람을 만났는데, 그는 내가 사원과 거대한 사원 수레를 방문했을 때 친절하게도 나와 동행하며 가르쳐주었다.

탑은 바닥에서 꼭대기까지 아주 음란한 조각들로 덮여 있었다. 우리는 이 주목할 만한 사실에 관해 오랫동안 이야기를 나누었다. 그는 이것을 정신적인 정화의 수단이라고 설명했다. 나는 그 기묘한 광경을 보고 입을 다물지 못한 채 경탄하고 있는 한 무리의 시골 청년들을 가리키면서 이의를 제기했다. 이 젊은 사람들은 아마도 정신적 정화를 체험하는 중이 아니라 성적인 환상이 그들의 머릿속을 가득 채우고 있을 것이라고 했다. 그러자 그 학자가 대꾸했다. "바로 그것입니다. 그들이 자신들의 카르마를 먼저 갚지 않고 어떻게 스스로를 정화할 수 있겠습니까? 저 덧붙여진 음란한 형상들은 사람들로 하여금 그들의 다르마(Dharma : 부처의 가르침, 계율)를 기억하도록 하기 위해 거기 있는 것입니다. 그렇지 않으면 이 무지한 사람들은 그것을 잊어버릴 것입니다!"

나는 그가 젊은 남자들이 마치 교미기를 벗어난 동물들처럼 자신들의 성욕을 잊어버릴지도 모른다고 믿고 있는 것을 보고 매우 이상하게 여겼다. 그러나 그 현자는 이 젊은이들이 동물들과 같이 의식이 온전히 깨어나지 못해 진실로 인상깊은 훈계가 그들에게 필요하다고 굳게 믿고 있었다. 이런 목적에 따라 그들은 사원으로 들어가기 전에 그 외부장식을 통해 그들의 다르마에 주의를 환기하게 된다. 다르마를 의식하고 실행하지 않고는 어떠한 정신적 정화에도 참여할 수 없는 것이다.

사원의 문을 지나갈 때 내 동반자가 두 사람의 '유혹하는 여인'을 손으로 가리켰다. 두 명의 여자 무용수 조각은 매혹적으로 엉덩이를 흔들며 입장하는 사람들에게 미소를 짓고 있었다. "이 두 무용수를 보세요." 그가 말했다. "이것들도 동일한 뜻을 지니고 있지요. 물론 당신이나 나 같은 사람들에게는 그런 것이 쓸모없지만 말입니다. 우리는 앎의 단계에 이르러 그 위에 서 있기 때문이지요. 하지만 저 시골 젊은이들에게는 그것이 필수적인 가르침이요 훈계가 됩니다."

　우리가 사원을 벗어나 남근상들이 늘어서 있는 곳을 따라 산책할 때 그가 불쑥 말했다. "이 돌들이 보이십니까? 이것들이 무슨 뜻인지 아십니까? 내가 당신에게 한 가지 큰 비밀을 알려드리겠습니다!" 나는 이 남근기념물의 성격은 아이들도 누구나 잘 아는 것이라 생각되어 어안이 벙벙해졌다. 그는 자못 진지하게 내 귀에 대고 속삭였다. "이 돌들은 남자의 은밀한 부분입니다." 나는 그가 그 돌들이 위대한 시바신을 의미한다고 말하리라 기대했었다. 나는 망연자실하여 그를 쳐다보았으나 그는 의미심장하게 고개를 끄덕이기만 했다. 마치 다음과 같이 말하는 것 같았다. "그래, 바로 그거라고요. 당신은 유럽인이라 무지하여 그런 걸 전혀 생각하지 못했을걸요!"

　내가 하인리히 치머에게 이 이야기를 들려주자 그는 아주 좋아하며 소리를 높였다. "이제야 드디어 내가 인도에 관해 진실된 뭔가를 듣는구나!"

산치의 탑들을 나는 잊을 수 없다. 그것들은 예기치 못한 강력한 힘으로 나를 사로잡아 감흥에 젖게 했다. 그 감흥이란 그 의미가 아직 나에게 알려지지 않은 어떤 사물이나 사람, 또는 사상 들을 대하게 되면 일어나곤 하는 그런 종류의 것이었다.

탑들은 바위언덕 위에 있었다. 푸른 초원에 큰 석판들이 깔린 편한 길이 그 언덕으로 이어져 있었다. 그 탑들은 묘비거나 반구형의 사리함이었는데,《대반열반경(大般涅槃經)》에 있는 부처의 지시에 따라 두 개의 밥그릇을 오목한 부분끼리 겹쳐놓은 모양을 하고 있었다. 그것들은 영국인에 의해 무척 경건한 방식으로 복구되었다. 이 구조물 가운데 가장 큰 것은 정교한 네 개의 문이 달린 울타리로 둘러져 있었다. 그곳에 들어서면 길은 왼편으로 시계바늘 방향으로 탑돌기를 하도록 되어 있다. 네 개의 주요한 지점에는 불상이 서 있다. 사람이 탑돌기를 한 번 마치면 그 다음에는 좀더 높은 곳에 위치한 두 번째 탑돌기길로 들어서게 되는데, 이 길 역시 같은 방향으로 나 있다.

평원으로 트인 넓은 전망, 바로 그 탑들, 사원의 잔해, 그리고 그 외딴 성지(聖地)의 정적 들은 형언할 수 없는 '전체'를 이루어 나를 완전히 사로잡았다. 일찍이 나는 어떤 장소에 이토록 매혹된 적이 없었다. 나는 나의 동행자와 떨어져서 이 압도적인 분위기에 빠져들었다.

이때 나는 먼 곳에서 점점 가까이 다가오는 규칙적인 징소리를 들었다. 한 무리의 일본인 순례자가 앞뒤로 나란히 서 행진하면서 작은 징을 치고 있었다. 그들은 태고의 기도, 즉 '옴 마니 파드메 훔'을 읊조렸는데, '훔'이라는 음에서 징을 쳐 소리를 냈다. 그들은 탑 앞에서 깊이 허리를 굽혀 절을 하고는 문을 지나 안으로 들어갔다. 거기서 그들은 다시 불상 앞에서 절을 하고 찬송가 같은 노래를 불렀다. 그들은 탑돌기를 두 번 수행하면서, 불상이 있는 곳마다 그 앞에서 찬가를 불렀다.

그들을 바라보고 있노라니 나의 정신과 감정도 그들과 함께 어울리게 되었다. 나는 그들이 나의 불명료한 부분을 그와 같이 멋지게 도와주러 온 사실에 대해 마음속으로 조용히 감사하고 있었다.

산치의 그 언덕이 나로서는 어떤 '중심'을 표현하고 있다고 여겨져 감동을 받았다. 거기서 불교의 새로운 실재가 나에게 나타난 셈이었다. 나는 부처의 삶을 개인의 인생 전체를 통해 스스로를 주장한 '자기'의 실현으로 이해했다. 부처에게 '자기'는 모든 신을 넘어서, 특히 인간실존과 세계의 정수(精髓)를 나타내고 있다. 그것은 하나의 세계로서 존재 자체의 측면뿐 아니라 세계에 의미를 부여하는 그의 인식도 함께 포괄하고 있다. 부처는 인간의식의 우주진화론적인 위엄을 파악하고 이해했음에 틀림없다. 그러므로 그는 만약 누군가가 의식의 빛을 꺼버린다면 세계는 '무(無)'로 빠져들고 말 것이라는 사실을 분명히 알고 있었다. 쇼펜하우어의 불후의 공적은 이 사실을 다시금 인식했다는 데 있었다.

그리스도 역시 부처와 마찬가지로 '자기'의 구현자다. 하지만 전혀 다른 뜻에서 그러하다. 둘 다 세상을 극복한 자들이다. 부처는 이를테면 이성적 통찰로써, 그리스도는 숙명적인 희생으로써 그 일을 이루었다. 기독교에서는 더 많이 고통을 겪는 데 주안점을 두고, 불교에서는 더 많이 깨닫고 행하는 방향으로 나간다.

둘은 모두 옳지만 인도(印度)적 의미에서는 부처가 보다 완전한 인간이다. 부처는 역사적 인격체이므로 사람들에게 좀더 쉽게 이해될 수 있다. 그리스도는 역사적 인간이면서 동시에 하느님이므로 파악하기가 훨씬 더 어렵다. 사실 그리스도 자신도 스스로를 파악할 수 없었다. 그는 단지 내부로부터 자신에게 부과된 일인 것처럼 자신이 희생당해야 한다는 사실만을 알았을 뿐이다. 그의 희생은 하나의 숙명으로 그에게 닥쳤다. 부처는 통찰에 따라 행동했다. 부처는 자신의 삶을 살다가 나이 들어 죽었다. 그리스도는 자신의 정체성을 가지고 활동한 기간이 무척 짧은 것으로 여겨진다.

후기불교에서도 기독교와 같은 현상이 일어났다. 즉, 부처도 이를테면 모방의 대상인 '자기'와 같은 형상이 된 것이다. 원래는 각 사람이 니다나(Nidâna : 인연)의 사슬에서 벗어나면 각자(覺者), 즉 부처가 될 수 있다고 부처 자신도 밝혔는데 말이다.

기독교에서도 사정이 비슷하다. 그리스도는 모든 기독교인 안에 완전한 인격체로 살아 있는 모범상이다. 그러나 역사적 발전은 '그리스도 모방'으로 이어져, 개인이 전체성에 이르기 위해 자기 고유의 숙명적인 길을 가는 것이 아니라 그리스도가 간 길을 본받아 따라가려고 한다.

이와 마찬가지로 동양에서도 부처를 신앙적으로 모방하는 방향으로 나아갔다. 부처는 모방의 대상인 모범상이 되었고, 그럼으로써 부처 자신의 이념은 약화되었다. '그리스도 모방'이 기독교 이념의 발전을 치명적으로 가로막은 것처럼 말이다. 부처가 바로 그 통찰로 인해 브라마(Brahma : 범천)의 신들을 능가하듯이, 그리스도도 유대인들에게 "당신들은 신들이다(《요한복음》 10 : 34)!"라고 외쳤다. 하지만 사람들은 그 말이 무슨 뜻인지 이해하지 못했다. 그리하여 소위 '기독교적' 서구는 새로운 세계를 창조하는 대신 세계파괴의 가능성으로 내닫고 있다.

인도는 나에게 알라하바드, 베나레스, 그리고 캘커타에서 세 가지 박사학위의 영예를 주었다. 첫째는 이슬람, 둘째는 힌두교, 셋째는 영국령 인도의 의학과 자연과학에 관한 학위였다. 이것은 내게 다소 과분한 것이었다. 나는 물러나 쉬고 싶었다. 그런데 마침 캘커타에서 이질에 걸려 열흘 동안 병원에 입원하게 되었다. 그리하여 다함이 없는 인상들의 바다에서 구원의 섬 하나가 나에게 마련되었고, 나는 다시 안정을 찾았다. 거기서 나는 수만 가지 만물과 그것들의 혼돈스러운 소용돌이, 인도의 높음과 깊음, 장려함과 말할 수 없는 궁핍, 아름다움과 어둠 들을 살펴볼 수 있었다.

내가 다시 어지간히 회복되어 호텔로 돌아왔을 때 나는 너무도 특이한 꿈을 꾸었다. 그 꿈은 다음과 같았다.

나는 취리히 친구들과 친지 몇 사람과 함께 영국 남부해안 근처로 짐작되는 어느 낯선 섬에 있었다. 섬은 작았고 사람이 거의 살지 않았다. 섬은 좁고 남북으로 30킬로미터가량 뻗어 있었다. 섬의 남쪽 바위가 많은 해안에 중세의 성이 있었는데, 우리는 한 무리의 여행객으로 그 성의 중앙뜰에 서 있었다. 우리 앞에는 장엄한 망루가 솟아 있고 그 문 너머로 널찍한 돌계단이 보였다. 우리는 그 계단이 흐릿한 촛불에 어슴푸레 비치는 위쪽의 주랑(柱廊) 홀로 이어져 있는 것을 볼 수 있었다. 그곳을 '성배(聖杯)의 성'이라고 불렀다. 오늘 저녁 여기서 '성배 환영식'이 있다고 했다. 이런 정보는 비밀스러운 듯했다.

우리 가운데 늙은 몸젠(1902년에 노벨문학상을 받은 독일의 역사가이자 작가—옮긴이)을 눈에 띄게 닮은 독일 교수가 있었는데, 그도 거기에 관해 아무것도 모르고 있었다. 나는 그와 아주 활달하게 대화를 나누면서 그의 박식함과 번득이는 지성에 깊은 인상을 받았다. 다만 한 가지가 마음에 걸렸다. 그는 계속해서 죽은 과거에 관해 언급하면서 성배역사의 프랑스적인 기원과 영국적인 기원의 관계에 대해 무척 아는 체하며 설교조로 말했다. 하지만 그는 성배전설의 의미도 모르고 그것을 살아 있는 현재로 인식하지도 못하는 듯했다. 반면에 나는 그가 모르는 그 두 가지 사실에 아주 강하게 깊은 인상을 받았다.

또한 그는 직접적이고 실제적인 주변상황은 지각하지 못하는 듯이 보였다. 그는 마치 대형 교실에서 학생들에게 강의하는 것처럼 행동했다. 나는 그에게 상황의 특이성에 주의하라고 했으나 소용이 없었다. 그는 계단도 보지 못했고 홀의 축제분위기도 알아차리지 못했다.

나는 어쩔 줄을 모르고 주위를 둘러보다가 내가 높은 성 건물의 울타리에 기대 서 있다는 것을 알았다. 건물 아랫쪽은 받침시렁으로 가려져 있는 듯했다. 그 받침시렁은 보통은 목제인 데 반해 검은 철로 되어 있었는데, 잎사귀와 줄기와 포도 들이 있는 포도나무 모양으로 정교하게 만들어져 있었다. 수평으로 뻗어 있는 가지들 위에 각각 2미터씩 간격을 두고 똑같이 인공 새둥지처럼 생긴 작은 철제 집들이 있었다. 문득 나는 잎사귀가 움직이는 것을 보았다. 처음에는 생쥐 때문이 아닌가 싶었다. 하지만 다음 순간 나는 모자 달린 외투를 입은 철제 난쟁이, 큐쿨라투스를 분명히 보았다. 그는 이 집에서 저 집으로 획획 옮겨다니고 있었다. 내가 놀라서 교수를 향해 외쳤다. "지금 저것 보세요, 저기……."

이 순간 장면이 사라지고 꿈이 바뀌었다. 우리 중에서 교수는 빠지고 다른 사람들은 전과 같았다. 우리는 성 밖 나무가 자라지 않는 바위 많은 지대에 있었다. 나는 어떤 일이 틀림없이 일어나리라는 것을 알고 있었다. 왜냐하면 성배는 아직 성 안에 있지 않고, 바로 그날 저녁에 성배 환영식을 해야 하기 때문이었다. 성배는 섬의 북쪽, 사람이 살지 않는 어느 작은 집에 숨겨져 있다고 했다. 그 집은 그곳에서 하나밖에 없는 가옥이었다. 나는 성배를 그곳에서 가져오는 것이 우리의 과제임을 알았다. 여섯 명가량 되는 우리 일행이 그곳에서 출발하여 북쪽을 향해 걸어갔다.

여러 시간을 힘들게 행군한 후에 우리는 섬에서 가장 좁은 장소에 도착했다. 나는 그곳이 하나의 만(灣)으로, 섬을 둘로 나누고 있다는 것을 발견했다. 가장 협소한 곳에서 물의 폭이 100미터가량 되었다. 해는 지고 밤이 다가왔다. 우리는 피곤해져 그곳에서 야영을 했다. 그 지역은 인적도 없고 황량한 곳이었다. 나무나 숲도 없고 단지 풀과 바위뿐이었다. 아무리 둘러보아도 다리도 배도 눈에 띄지 않았다. 무척 추운 날씨 속에 나의 동행인들은 차례로 잠이 들었다. 나는 무엇을 할 것인가 숙고한 끝에, 혼자서라도 해협을 헤엄쳐 건너 성배를 가져와야 한다고 마음먹기에 이르렀다. 나는 어느새 옷을 벗고 있었다. 바로 그때 꿈에서 깨어났다.

내가 다양하고 압도적인 인도의 인상들로부터 가까스로 벗어나자 이와 같이 유럽에 뿌리를 둔 꿈을 꾸게 되었다. 나는 이미 10년 전에 영국 여러 곳에서 성배의 꿈이 아직도 끝나지 않았음을 확인할 수 있었다. 성배 전설이나 작품에 관한 온갖 지식을 많이 쌓았음에도 불구하고 말이다. 이런 사실은 그 시적인 신화가 '하나의 그릇' '하나의 약' '하나의 돌'에 관한 연금술의 언술과 일치한다는 것을 분명히 알게 되었을 때 나에게 더욱 깊은 인상을 남겼다.

낮이 잊어버린 신화를 밤이 계속 이야기하고, 의식이 평범하게 만들어버리고 우스꽝스럽고 하찮은 것으로 축소시켜버린 그 거대한 모습들을 시인이 다시금 일깨우고 선견지명으로 살려낸다. 그리하여 그것들은 또한 '변화된 모양으로' 사색적인 사람들에 의해 다시 새로 인식되는 법이다. 위대한 과거의 것들은 우리가 착각하듯 죽지 않고 단지 그 이름이 바뀌었을 뿐이다. '모양은 작지만 힘은 강력한' 위장된 카비르가 새 집으로 옮겨간다.

꿈은 억센 손으로 그토록 강렬한 인도의 모든 낮의 인상을 지우고, 아주 오랫동안 내버려두었던 서양의 문제로 나를 옮겨놓았다. 그것은 '현인의 돌'의 탐구에서처럼 성배의 탐색에서 이전에 나타났던 문제였다. 나는 인도의 세계에서 끌어내어져, 인도가 나의 과제가 아니고 단지 나로 하여금 목표에 근접하도록 하는 하나의 과정일 뿐이라는 사실을 상기했다. 그 과정도 또한 중요한 것이기는 하지만 말이다. 그 꿈은 마치 나에게 이렇게 묻고 있는 것 같았다. "너는 인도에서 무엇을 하고 있느냐? 차라리 너와 동류인 성스러운 그릇, 너희들에게 긴급히 필요한 세계의 구원자를 찾아라. 너희들은 수백 년 동안 세워온 모든 것을 지금 파괴하려고 하고 있지 않느냐."

여행 마지막에 깊은 인상을 받은 실론은 이제는 인도가 아니었다. 그곳은 이미 남해지역이고 그야말로 낙원과도 같아서 오래 머물러 있을 수는 없었다. 국제적인 상업항구도시인 콜롬보는 저녁 5~6시에 맑은 하늘에서 비가 쏟아지므로 우리는 내륙의 구릉지대로 가기 위해 곧바로 그곳을 떠났다.

구릉지대에는 고대 왕도(王都) 캔디가 엷은 안개에 덮여 있었다. 식물들은 온습한 기후로 사시사철 푸르고 풍성하게 자라고 있었다. 부처의 성스러운 치아사리함이 보관되어 있는 달라다 말리가와 사원은 작기는 했지만 아주 매력적이었다. 나는 도서관에서 승려들과 이야기를 나누고 은박지에 새겨진 경전들을 구경하느라 꽤 오랜 시간을 보냈다.

나는 그곳에서 잊을 수 없는 저녁예불을 경험했다. 젊은 청년과 소녀 들이 산더미 같은 자스민꽃잎을 제단 앞에 잔뜩 뿌리며 낮은 소리로 기도문, 즉 만트라를 읊조리고 있었다. 나는 그들이 부처에게 기도하는 것이라고 생각했다. 그러나 나를 안내한 스님은 나에게 이렇게 설명했다. "아닙니다. 부처가 아닙니다. 부처는 니르바나(열반)에 있으므로 그에게 기도할 수는 없습니다. 그들은 이렇게 노래하고 있는 것입니다. 이 꽃의 아름다움처럼 인생도 그렇게 지나가버리고 말도다. 신(인도말로는 deva라고 하는데, '수호천사'라고 할 수 있음)이시여, 나와 함께 이 제물의 은덕을 누리소서." 젊은이들이 그렇게 노래한다는 것은 그야말로 인도적이라 아니 할 수 없었다.

예불은 만다팜이라고도 하고 인도 사원에서 대기실이라고도 하는 곳에서 한 시간의 북연주로 시작되었다. 다섯 명의 고수 가운데 네 명은 한 사람씩 사각의 홀 네 구석에 서고, 좀더 젊고 멋진 나머지 한 명은 홀 중앙에 섰다. 그는 독주자로 그 분야에서 진정한 예술가였다. 암갈색으로 번득이는 드러난 상체, 붉은 복대, 발에까지 닿는 긴 법복인 하얀 쇼카(Shoca), 흰 터번, 번쩍번쩍 빛나는 팔찌로 둘린 팔, 그런 모습으로 그는 쌍북을 가지고 '북소리를 봉헌하기 위해' 황금빛 불상 앞으로 나아갔다. 거기서 그는 지극히 아름다운 동작으로 몸과 손을 움직이며 혼자서 완벽한 예술의 신묘한 가락을 북으로 울리고 있었다.

나는 그를 뒤쪽에서 보았는데, 그는 작은 기름등잔들로 둘러싸인 만다팜 입구 앞에 서 있었다. 북은 복부나 명치를 울리는 태고의 언어로 말한다. 복부나 명치는 '기도하지' 않고, '은덕으로 가득한' 만트라나 명상적인 '발성'을 만들어낸다. 그러므로 그것은 존재하지 않는 부처에 대한 경배가 아니라 깨달은 사람의 자기구원의 여러 행위 중 하나다.

봄이 가까울 즈음 나는 귀로에 올랐다. 나는 압도적인 인상들로 인하여 봄베이에서는 더이상 배에서 내리지 않고 라틴어 연금술서에만 파묻혀 있었다. 인도는 어떤 자취도 없이 나를 스쳐지나간 것이 아니라, 그 반대로 영원에서 다른 영원으로 옮겨가는 자취들을 나에게 남겨놓았다.

라벤나와 로마,
보이는 환상과 보이지 않는 실재

일찍이 1914년 내가 처음으로 라벤나(이탈리아 북동부 라벤나주의 주도―옮긴이)에 갔을 때, 갈라 플라키디아의 묘비는 나에게 깊은 인상을 남겼다. 그것은 의미심장하게 보였으며 나는 거기에 무척 매료되었다. 20년쯤 지난 후 두 번째로 그곳을 방문했을 때도 마찬가지였다. 나는 그 묘비 앞에서 다시금 감동적인 특이한 기분에 사로잡혔다. 나는 그곳에 친지 한 사람과 함께 있었는데, 우리는 그리스정교회 침례당까지 가보았다.

거기서 무엇보다도 나의 관심을 끈 것은 실내에 가득한 부드러운 푸른빛이었다. 나는 그것을 이상하게 여기지도 않고 빛이 어디서 오는지도 알아보려고 하지 않았다. 그래서 빛의 근원이 없다는 놀라운 사실에 대해서도 생각이 전혀 미치지 않았다.

창문이 있었다고 기억되는 곳에서 무척 아름다운 네 개의 커다란 모자이크 프레스코 벽화를 보았다. 내가 그 벽화들을 잊은 모양이었다. 내 기억력이 조금도 믿을 만하지 못하다는 사실에 나는 화가 났다. 남쪽 그림은 요단강 세례를, 두 번째 북쪽 그림은 이스라엘 백성들의 홍해 통과를 묘사하고 있었다. 세 번째 동쪽 그림은 기억에서 거의 희미해지고 말았다. 아마도 요단강에서 나병 걸린 나아만이 몸을 씻는 장면이었을 것이다. 내 서재에 있는 오래된 메리안성서에는 이 기적장면과 아주 비슷한 그림이 있었다.

가장 인상적이었던 것은 우리가 마지막으로 살펴본 침례당 서쪽의 네 번째 모자이크였다. 그 그림은 익사하려는 베드로를 향해 그리스도가 손을 내미는 장면을 묘사하고 있었다. 이 모자이크 앞에서 우리는 적어도 20분을 멈춰서서 본래의 세례의식에 관한 이야기를 주고받았다. 특히 세례가 실제적인 죽음의 위험과 결부되어 있는 통과의례라는 주목할 만한 견해에 대해 토론했다. 그런 종류의 통과의례는 죽음과 부활이라는 원형적 사고를 통해 표현되는 생명의 위험과 결부되어 있었다. 그와 같이 세례 또한 본래는 적어도 익사의 위험을 암시하는 실제적인 '잠김'이었다.

나는 물속으로 가라앉는 베드로의 모자이크에 대해 뚜렷이 기억하고 있고, 요즘도 바다의 푸른빛, 모자이크의 돌 하나하나, 명대(銘帶 : 중세시대 그림을 설명하기 위해 넣은 글띠—옮긴이) 등 자세한 부분들까지 떠올릴 수 있다. 명대에 적힌 글은 그리스도와 베드로의 입에서 나오는 말들이었는데 그 글을 판독하려고 애를 썼던 기억이 난다.

침례당을 나온 후 나는 곧바로 판매대로 가서 모자이크의 사진을 구입하고자 했으나 찾을 수 없었다. 잠시 들른 방문이었으므로 시간이 모자라 그 사진을 구입하는 일은 뒤로 미루고 취리히에서 그것을 주문하리라 생각했다.

다시 집으로 돌아오고 얼마 지나지 않아 나처럼 라벤나로 여행을 떠날 친지에게 그 사진을 구해달라고 부탁했다. 물론 그는 그것을 찾아낼 수 없었다. 왜냐하면 그는 내가 설명한 모자이크가 전혀 존재하지 않는다는 사실을 확인했기 때문이었다!

그 사이에 나는 이미 어느 세미나에서, 본래 세례는 통과의례라고 하는 견해를 발표하면서 차제에 내가 그리스정교회 침례당에서 본 그 모자이크에 관해서도 언급했다. 그 그림의 묘사에 대한 기억은 요즘도 생생하다. 나와 동행했던 그 여인도 '자기 눈으로 본' 것이 존재하지 않는다는 사실을 오랫동안 믿을 수 없었다.

두 사람이 동시에 똑같은 것을 볼 수 있는지, 그렇다면 그 정도가 어떠한지 입증하는 것은 알다시피 매우 어려운 일이다. 하지만 이 경우에는 우리 두 사람이 적어도 그림의 특징들과 관련해서는 똑같은 것을 보았다고 충분히 보증할 수 있었다.

라벤나에서의 체험은 이전에 내가 당한 일들 중에서도 특이한 것이었다. 그 일을 설명하기란 거의 불가능하다. 아마도 갈라 플라키디아 황후(450년 사망) 이야기에서 나오는 한 사건이 어떤 빛을 던져줄지 모른다. 한겨울 비잔츠에서 라벤나로 항해하다가 폭풍을 만났을 때, 그녀는 폭풍에서 구출된다면 교회를 세우고 바다의 위험을 거기에 묘사하도록 하겠다고 서원했다. 그녀는 라벤나에 성조반니교회당을 세움으로써 그 약속을 지켰는데, 그곳을 모자이크로 장식하도록 했다.

중세 초기에 성조반니교회당은 그 모자이크와 함께 화재로 잿더미가 되었다. 그런데 밀라노의 암브로시아나에서 배를 타고 있는 갈라 플라키디아를 그린 소묘그림을 보게 되었다.

갈라 플라키디아의 모습에서 나는 그대로 충격을 받았다. 그리고 매우 세련되고 교양있는 이 여인에게, 극히 야만스러운 군주 옆에서 산다는 것이 무슨 의미가 있었을까 하는 의문에 사로잡혔다. 그녀의 묘비는 내가 그녀에게 인간적으로 다가갈 수 있는 마지막 유물처럼 여겨졌다. 그녀의 운명과 삶의 태도는 나를 깊이 감동시켰고, 그녀의 강렬한 특성 속에서 나의 아니마는 적절한 역사적 표현을 발견했다. 이러한 투사(投射)는 시간을 초월하는 무의식의 요소이기도 했다. 그리하여 환상의 기적(융이 존재하지 않는 모자이크를 본 일—옮긴이)이 일어날 수 있는 그와 같은 분위기가 무르익었던 것이다. 그것은 적어도 순간적으로는 실재와 구별되지 않았다.

남자의 아니마는 현저히 역사적인 성격을 띤다. 아니마는 무의식의 인격화로 역사와 선사(先史)에 깊이 물들어 있다. 아니마는 과거의 것들을 포함하고 있으며 남성이 그의 선사에 관해 알아야 할 것들을 남성 속에서 대신 보충해주고 있다. 남성 속에 아직도 살아 있는, 이미 있었던 모든 삶이 아니마다. 아니마와의 관계에서 나는 늘 나 자신이 원래 어떤 역사도 가지고 있지 않은 야만인처럼 여겨진다. 마치 이전도 이후도 없이 그야말로 무(無)에서 생겨난 자같이 생각된다.

아니마와의 대결에서 나는 내가 본 바와 같이 모자이크 속에 묘사된 그러한 위험에 실제로 부딪혔다. 나도 거의 익사할 지경에 이르렀다. 살려달라고 부르짖어 예수에 의해 구출된 베드로처럼 그와 같은 일이 나에게도 일어났다. 나도 파라오의 군사들(히브리인들을 추격하다 홍해에서 익사한 군대—옮긴이)같이 될 수 있었다. 하지만 나는 베드로와 나아만처럼 건강한 상태로 거기서 빠져나올 수 있었고, 무의식 내용의 통합이 내 인격 완성에 본질적으로 기여했다.

사람들이 이미 있던 무의식 내용을 의식에 통합할 때 무슨 일이 일어나는가 하는 것은, 아마도 말로 표현하기는 거의 불가능할 것이다. 우리는 그것을 단지 경험할 수 있을 뿐이다. 그것은 논의할 필요가 없는 주관적인 사건이다. 나는 나 자신을 어떤 일정한 양식과 방식으로 느끼게 된다. 그리고 이것은 나에게 하나의 사실이며, 그 사실을 의심한다는 것은 가능하지도 않고 합당하지도 않다.

마찬가지로 다른 사람에게도 일정한 양식과 방식으로 나 자신을 나타내게 된다. 이것 역시 의심할 수 없는 사실이다. 생기기 쉬운 인상과 견해의 불일치를 제거할 수 있는 법정은 우리가 아는 한 그 어디에도 없다. 통합으로써 변화가 일어났는지, 어떤 종류의 변화인지는 주관적 확신에 속하는 문제다. 이런 것들은 학문적으로는 인정될 만한 사실을 기술하지 않고, 그럼으로써 영락없이 '공인된 세계상(학계를 뜻함—옮긴이)'에서 탈락할지도 모르지만, 실제로는 대단히 중요하고 성과가 큰 사실들인 것이다. 실제적인 정신치료사나 정신치료에 관심이 있는 심리학자는 이런 사실들을 어떤 경우에도 간과해서는 안 될 것이다.

라벤나 침례당에서의 체험은 나에게 깊은 인상을 남겼다. 그후로 나는 내적인 것이 외적인 것처럼, 외적인 것이 내적인 것처럼 보일 수 있다는 사실을 깨달았다. 나의 육안이 틀림없이 보았을 침례당의 진짜 벽면은 본래대로 있는 세례반(洗禮盤)과 똑같이 실재로 여겨지는 환상으로 뒤덮여 그 모양이 바뀌고 말았다. 그 순간에 어느 것이 과연 실재였을까?

그런 종류의 경험은 내 경우만이 유일한 것은 결코 아니다. 하지만 어떤 사람이 그런 일을 직접 당하게 되면, 그는 거기에 대해 들었거나 어떤 책에서 읽은 경우보다도 더 진지하게 그것을 받아들이지 않을 수 없다. 대체로 사람들은 그런 이야기를 하면서 여차하면 온갖 설명을 성급하게 늘어놓으려고 한다. 아무튼 나는 우리가 무의식에 대한 이론을 확립하기 전에 무의식과 관련하여 더 많은 경험을 할 필요가 있다는 결론에 이르렀다.

나는 내 인생에서 많은 여행을 했고, 로마에도 가고 싶었다. 그러나 나는 그 도시의 인상을 감당할 자신이 없다고 느꼈다. 이미 폼페이만 해도 벅찼는데, 그 인상들은 나의 수용능력을 거의 넘어섰다.

나는 1910~1913년에 걸친 연구를 통해 고전시대의 심리학에 관해 몇 가지 통찰을 얻고 나서야 비로소 폼페이를 처음으로 방문할 수 있었다. 1917년 나는 제노아에서 배를 타고 나폴리까지 갔다. 우리가 해안을 따라 로마 지경을 항해할 때 나는 배의 난간에 기대 있었다. 저 너머에 로마가 있었다! 그곳은 이러저리 얽힌 서양 중세 기독교의 뿌리에 둘러싸인 가운데 옛문화의 화염이 아직도 연기를 피우며 타오르고 있었다. 그곳은 여전히 고전시대가 그 장엄함과 비열함을 그대로 지닌 채 숨쉬고 있었다.

예를 들어 파리나 런던에 가듯이 로마를 여행하는 사람들을 보면 나는 늘 놀라지 않을 수 없었다. 물론 이 도시나 저 도시나 기호에 맞게 즐길 수 있을 것이다. 하지만 사람들이 가는 데마다 그곳을 지배했던 정신에 의해 마음 깊은 곳에서 충격을 받을 때, 그리고 거기 있는 성벽 잔해와 둥근 기둥 하나가 내 눈에 이제 막 새롭게 인식될 때 문제는 달라지는 법이다. 이미 폼페이에서 예기치 못한 사물들이 인식되었고 내 능력으로는 감당하기 힘든 물음이 제기되었다.

1949년 이미 고령에 이르러 내가 그동안 미뤄두었던 일(로마여행—옮긴이)을 뒤늦게 해보려고 했으나, 차표를 사자마자 나는 기절해버렸다. 그후로 로마여행 계획은 단호히 접어두고 말았다.

환상들

나는 병을 통하여 또 다른 것을 얻었다.
그것은 존재에 대한 긍정이라고 설명할 수 있을 것이다.
존재하는 것에 대한 무조건적인 '긍정'이었다.
주관적인 반론 없이 말이다.
현존재의 조건을 내가 보는 그대로,
내가 이해하는 그대로 받아들이는 것이다.

Carl Gustav Jung

볼링겐의 탑

생의 한계점에 이르러

1944년 초 나는 발이 부러지는 일을 당하고 이어서 심근경색을 일으켰다. 의식을 잃은 상태에서 나는 헛소리를 하고 환상을 보았다. 그것은 분명히 내가 죽음의 위험에 직면하여 헤매고 있는 가운데 사람들이 내게 산소와 장뇌(樟腦 : 특유의 향기를 가진 방향제로, 의식을 깨우는 데 사용되었던 것 같다—옮긴이)를 흡입시켰을 즈음에 시작되었을 것이다. 환상의 이미지들이 너무 강렬하여 나 자신도 죽음이 가까워졌구나 하고 마음을 정리할 정도였다.

나를 돌본 간호사가 후에 "당신은 밝은 빛에 감싸여 있는 듯했어요!"라고 말했다. 그것은 그녀가 죽어가는 사람에게서 자주 보게 되는 현상인 셈이었다. 나는 생의 한계점에 이르렀고, 내가 꿈속에 있었는지 황홀경에 있었는지는 알 수 없다. 아무튼 지극히 인상깊은 일들이 나에게 일어나기 시작했다.

나는 아주 높은 우주공간에 있는 듯이 여겨졌다. 저 멀리 아래쪽에 지구가 장려한 푸른빛에 싸여 떠올라 있는 것이 보였다. 나는 그 짙푸른 바다와 대륙을 보았다. 내 발밑 저 아래에 실론이 있었고 앞쪽에는 인도대륙이 놓여 있었다. 시야에 지구 전체가 들어오지는 않았지만 그것이 둥근 공 모양이라는 것은 분명히 인식할 수 있었다.

지구의 윤곽은 그 기이한 푸른빛에 의해 은빛으로 빛나고 있었다. 지구는 지역에 따라 다채로운 색깔을 띠는 듯했다. 산화된 은처럼 암녹색으로 얼룩이 져 있기도 했다. '왼쪽' 멀리 넓게 퍼져 있는 곳에 적황색의 아라비아사막이 놓여 있었다. 거기서는 대지의 은빛이 적황색조를 머금은 듯했다. 그 다음 홍해가 보였고, 아주 멀리 아래쪽으로 지중해의 끝자락이 '왼쪽 위'와 마찬가지로 시야에 들어왔다. 다른 것들은 단지 희미하게 보일 뿐이었다. 나는 히말라야의 설산(雪山)들도 보았지만 그곳은 안개와 구름에 덮여 있었다. 나는 '오른쪽으로'는 보지 않았다. 나는 내가 지구에서 떠날 채비를 하고 있다는 것을 알았다.

나중에 나는 사람이 그러한 넓이의 시야를 확보하려면 우주공간으로 얼마나 높이 올라가야 하는지를 알아보았다. 그 높이는 약 1,500킬로미터다! 그렇게 높은 곳에서 지구의 모습을 바라보는 일은 그 어떤 것보다 멋지고 매혹적인 경험이었다.

얼마 동안 그렇게 바라본 후에 나는 몸을 돌렸다. 다시 말해 나는 인도양을 등지고 얼굴을 북쪽으로 향한 셈이었다. 그러자 내가 남쪽으로 방향을 바꾼 듯했다. 뭔가 새로운 것이 시야에 들어왔다. 얼마 떨어지지 않은 우주공간에서 운석처럼 생긴 거대한 검은 돌덩이를 보았다. 그 크기가 우리집만 하거나 더 큰 것 같기도 했다. 우주에 돌이 떠돌아다니고 있고 나 자신도 우주 속에 둥둥 떠 있었다.

그것과 비슷한 돌을 나는 벵갈만 해변에서 본 적이 있다. 그 돌은 흑갈색의 화강암덩어리로, 이따금 거기에 사원이 새겨져 있기도 했다. 그런 거대한 검은 덩어리는 나의 돌이기도 했다. 작은 전실(前室)이 입구 역할을 했다. 그 오른편 돌의자 위 연화대(蓮花臺)에 검은 피부의 인도인이 앉아 있었다. 그는 흰 옷을 입고 완전히 긴장을 푼 채 쉬면서 나를 잠잠히 기다리고 있었다.

두 계단이 그 전실로 이어져 있고 왼편 안쪽에 사원으로 들어가는 문이 있었다. 수없이 많이 파여 있는 조그만 벽감(壁龕)들은 야자기름과 불타는 심지들로 채워져 있었는데, 그것들은 밝고 작은 불꽃으로 화환을 이루어 문을 둘러싸고 있었다. 나는 그런 것을 실제로 한 번 본 적이 있었다. 내가 실론 캔디에서 거룩한 부처의 치아가 모셔져 있는 사원을 방문했을 때, 그런 모양으로 불꽃을 내고 있는 여러 줄의 기름등잔이 문을 둘러싸고 있었다.

내가 암석의 입구로 통하는 계단에 가까이 다가갔을 때 나에게 뭔가 기묘한 일이 일어났다. 나는 지금까지의 모든 것이 나에게서 벗겨져나가는 듯한 느낌을 받았다. 내가 마음먹고 바라고 생각했던 모든 것, 세속적 생활의 모든 환각이 나로부터 떨어져나가거나 제거되었다. 그것은 극도로 고통스러운 과정이었지만, 그런 중에도 뭔가 남은 것이 있었다. 내가 일찍이 살면서 경험하고 행한 것, 내 주변에서 일어난 모든 것은 지금도 나에게 남아 있는 느낌이었다.

나는 다음과 같이 말할 수도 있겠다. 나에게 남아 있는 그것이 바로 '나(Ich : '자아'라는 용어로도 쓰임—옮긴이)'라고 말이다. '나'는 이를테면 남아 있는 그것으로 이루어져 있었다. '나'는 나의 역사로 이루어졌으며, 그것이 참으로 나라는 절실한 느낌을 지니고 있었다. '나(자아)는 성취된 것과 지금까지 있었던 것의 그와 같은 묶음이다.' 이런 체험은 나에게 극도의 결핍감을 안겨주면서도 동시에 커다란 만족을 주었다. 내가 요구하거나 원하는 것은 더이상 없었다.

나는 말하자면 객관적으로 존재하게 되었다. 즉, 나는 내가 살아온 모든 것이었다. 처음에는 말살되고 빼앗기거나 약탈당했다는 느낌이 지배적이기도 했으나, 한순간 그런 느낌도 스러지고 말았다. 모든 것이 지나간 듯이 여겨졌다. 하나의 기정사실만 남았다. 이전의 일들과 다시 어떤 연관도 맺지 않고 말이다. 어떤 것이 떨어져나갔다거나 빼앗겼다는 아쉬움은 이제 없었다. 그와 반대로 나는 나라고 하는 모든 것을 지니고 있었다. 나는 오직 그것만을 가지고 있었다.

그외에 또 다른 생각에도 나는 몰두하고 있었다. 사원으로 다가가는 동안, 나는 내가 밝아진 공간으로 들어가게 된다는 것과 내가 실제로 속해 있는 모든 사람을 만나게 되리라는 확신을 가지고 있었다. 그곳에서 나는 마침내 나 자신 또는 나의 인생이 어떤 것과 역사적으로 관련되어 있는가를 이해하게 되리라 또한 확신했다. 나는 무엇이 내 이전에 있었고 왜 내가 존재하게 되었으며 내 인생이 어디로 계속 흘러갈 것인지 알게 될 것이었다.

내가 살아온 인생은 자꾸만 시작도 끝도 없는 역사처럼 여겨졌다. 나는 나 자신이 하나의 역사적 단편(斷片), 앞서거나 뒤따르는 본문도 없이 책에서 잘려진 장(章) 같은 느낌을 받았다. 나의 인생은 긴 사슬에서 가위로 잘려진 것처럼 보였고, 많은 물음은 해답이 없는 채로 남았다. 무슨 이유로 그와 같이 진행되었을까? 왜 나는 그런 가설들을 가지고 왔는가? 나는 그것으로 무엇을 이루었는가? 그 결과가 무엇인가?

이 모든 것에 대해 내가 돌로 된 사원으로 들어가기만 하면 금방 해답을 얻으리라고 나는 확신하고 있었다. 그곳에서 나는 모든 것이 왜 그렇게 되었는지, 다르게 되지 않은 이유는 무엇인지 깨닫게 될 것이었다. 나는 그곳에서 나의 이전과 이후에 관한 물음에 답할 수 있는 사람들을 만나게 될 것이었다.

내가 아직 이런 것들에 대해 숙고하고 있는 동안에 내 주의를 끄는 일이 일어났다. 아래쪽 유럽 방면에서 한 형상이 올라왔다. 그것은 나를 치료해준 의사였다. 좀더 정확하게 표현하면, 황금사슬 혹은 황금월계관으로 감싸인 그 의사의 형상이었다. 나는 금방 그를 알아보았다. "아, 나를 치료해준 의사군." 하지만 지금은 그가 그의 원형, 즉 코스(Kos : 히포크라테스의 고향)의 왕으로 나타나고 있다. 그는 옛날부터 존재해온 원형이 그 시대에 성육신한 그 왕의 화신으로 인생을 살아왔다. 그는 이제 자신의 원형의 모습으로 나타나고 있다.

아마도 나 또한 내 원형의 모습으로 나타났을 것이다. 나는 그것을 인지하지는 못했지만 그랬으리라 상상한다. 그 의사가 심연에서 형상으로 떠올라 나에게 이르러 내 앞에 서자 우리 사이에 소리없는 생각의 전달이 이루어졌다. 그 의사는 이를테면 지구를 대표해 나에게 어떤 통지를 하기 위해 온 것이었다. 그 내용은 내가 지구를 떠나려고 하는 데 대해 항의가 일어났다는 것이었다. 나는 지구를 떠나서는 안 되고 돌아와야만 한다는 것이었다. 그 통지를 받는 순간, 나의 환상은 끝나고 말았다.

나는 몹시 실망했다. 이제 모든 것이 허사가 된 듯했다. '잎사귀 떨구기'의 고통스러운 과정도 보람이 없게 되었다. 나는 그 사원 안으로 들어가서도 안 되고 나에게 속한 사람들에게로 가서도 안 되었다.

융합의 신비

　사실은 내가 다시 살기로 마음먹을 수 있을 때까지 3주는 족히 걸렸다. 나는 모든 음식에 대해 불쾌감을 느꼈기 때문에 먹지 못했다. 내 병상에서 조망되던 도시와 산의 풍경은 마치 그림이 그려진 커튼에 까만 구멍들이 나 있는 것 같기도 하고 사진이 실린 신문지에 구멍을 뚫어놓은 것 같기도 하여 나에게 아무런 감흥도 주지 못했다.

　실망한 마음으로 나는 생각했다. 이제 다시 나는 저 '작은 상자 체제' 속으로 들어가야 한단 말인가! 다시 말해 우주의 수평선 너머에 하나의 삼차원세계가 인공적으로 세워진 듯이 여겨졌다. 거기서는 모든 사람이 각각 혼자 작은 상자 속에 들어가 앉아 있었다. 그리고 이제 나는 다시금 그것이 가치있는 일이라고 억지로 믿어야 했다!

　삶과 모든 세계가 나에게는 감옥처럼 보였고 내가 다시 건강해

지리라는 사실에 무척 화가 났다. 모든 것이 마침내 자신으로부터 떨어져나갔다면 기뻤을 것이다. 하지만 이제 다시금 다른 모든 사람과 마찬가지로 나도 실에 매달린 채 작은 상자 속에 들어가 있는 것에 익숙해질 것이다. 내가 우주공간에 있을 때는 무중력상태였고 나를 잡아당기는 것이 아무것도 없었다. 그런데 이제 그것은 다 지나가버렸다!

나를 치료한 의사에게 나는 저항감을 느꼈다. 그가 나를 다시 삶으로 되돌려놓았기 때문이었다. 다른 한편 나는 그 의사가 걱정되었다. "아니 이럴 수가! 그가 정말 위험하다. 그는 내게 원형의 모습으로 나타나지 않았던가! 그런데 그런 모습에 이르렀다면 사람이 죽을 때가 되었다는 말이다. 그러면 그는 '그의 사람들(죽은 자들)'의 사회에 이미 속한 셈이다." 문득 그가 틀림없이 죽을 것이라는 섬뜩한 생각이 들었다. 나 대신에 말이다!

나는 그 일에 관해 그와 대화하려고 무척 애썼으나 그는 나를 이해하지 못했다. 그러자 나는 그에 대해 감정이 상했다. "그는 항상 왜 자신이 코스의 왕이라는 사실을 모르는 것처럼 하는가? 그가 이미 원형의 모습을 갖게 된 사실을 모르는 척하는가? 그는 거기에 대해 모른다는 것을 나로 하여금 믿게 하려고 한다!" 바로 그것이 나를 화나게 했다.

나의 아내는 내가 그에게 친절하지 않다고 비난했다. 그녀의 말이 옳았다. 하지만 나는 환상 속에서 그와 함께 체험한 모든 것에 대해 그가 대화하려고 하지 않는 것은 그에게 아주 나쁜 일이라고 여겨졌다. "나 원 참, 그는 조심해야 하고 그렇게 경솔해서는 안 되는데! 그가 자신을 위해 뭔가 해야 한다는 사실에 관해 그와 이야기를 나누고 싶은데!" 나는 그가 원형의 모습으로 나를 만났기 때문에 그의 목숨이 위태롭다는 것을 굳게 확신했다.

정말이지 나는 그의 마지막 환자였다. 날짜를 지금도 정확하게 기억하고 있지만, 1944년 4월 4일 나는 처음으로 침대 모서리에 앉아도 된다는 허락을 받았다. 그런데 바로 그날 그는 침대에 누웠고 다시는 일어나지 못했다. 나는 그가 때때로 발열에 시달린다는 말을 들었다. 그후 금방 그는 패혈병으로 죽었다. 그는 좋은 의사였고 천재적인 어떤 면을 가지고 있었다. 그렇지 않았다면 그가 내게 코스의 군주로 나타나지 않았을 것이다.

그 여러 주 동안 나는 기묘한 생체리듬 속에서 살았다. 낮에는 대부분 우울했다. 나는 수척하고 여위어 거의 몸을 움직이지 않았다. 몹시 낙담한 가운데 생각했다. '나는 이제 다시 이 회색의 세계로 들어가야만 한다.' 저녁 무렵이 되면 나는 잠이 들었고 나의 잠은 대략 자정까지 이어졌다. 그러고는 잠에서 깨어나 한 시간가량 깨어 있었는데, 이때는 전혀 다른 상태가 되었다. 나는 황홀경이나 엄청난 축복의 상태에 있는 듯했다. 나는 우주공간을 떠다니며 우주의 성 안에서 보호를 받는 것 같은 느낌이었다. 거대한 허공이지만 가능한 모든 행복감으로 충만했다. 그것은 도저히 말로 표현할 수 없는 영원한 지복(至福)이었다. '이건 너무나 멋지다!'고 나는 생각했다.

주위 사람들도 매혹적으로 보였다. 그 밤시간에 간호사가 나에게 음식을 데워왔다. 나는 그 시간에만 무엇을 먹을 수 있었고 입맛이 돌아왔다. 잠시 동안 그녀는 실제보다 훨씬 나이가 많은 늙은 유대 여자처럼 보였는데, 나를 위해 유대교 의식과 교리에 맞는 음식을 준비한 것 같았다. 내가 그녀를 얼핏 보았을 때 그녀는 머리 주위에 푸른빛 후광을 지닌 듯했다.

나 자신은 '파르데스 림모님(16세기 모세스 코르도베로가 쓴 유대 신비주의에 관한 논문의 제목)'의 석류정원에 있는 것처럼 여겨졌다. 거기서 티페레트와 말쿠트(유대 신비주의에 의하면, 이 둘은 신의 남성성과 여성성을 대표한다고 함)의 결혼식이 거행되고 있었다. 또는 내가 랍비 시몬 벤 요카이(Simon ben Jochai)가 된 듯했고, 저승에서 그의 결혼식 축하연이 벌어지고 있었다. 그것은 신비한 결혼식으로 유대 신비주의 전통에 나와 있는 것과 같았다. 그 결혼식이 얼마나 아름다운지 말로 다할 수 없을 정도였다. 나는 단지 줄곧 '저것은 지금 석류정원이다! 저것은 바로 티페레트와 말쿠트의 결혼식이다!' 하는 생각만 할 수 있을 뿐이었다. 내가 거기서 어떤 역할을 했는지는 정확하게 알 수 없다. 엄밀히 말하면 내가 그 축제 자체였다. 내가 결혼식이었다. 그리고 나의 지복은 그 축복된 결혼식이었다.

석류정원의 체험이 차츰 스러지면서 장면이 바뀌었다. 뒤이어 축제분위기에 휩싸인 예루살렘에서 '어린 양의 결혼식'이 있었다. 어떻게 했는지 하나하나 자세히 말할 수는 없지만 그것은 형언할 수 없는 지복의 상태였다. 천사들이 거기 있었고 빛이 있었다. 나 자신이 '어린 양의 결혼식'이었다.

그런데 그것도 사라지고 새로운 장면, 마지막 환상이 나타났다. 나는 넓은 계곡을 끝까지 걸어가서 부드러운 구릉 언저리에 이르렀다. 계곡이 끝나는 곳에 고대 원형극장이 있었다. 그 극장은 초록 풍경 속에 너무나 아름다웠다. 거기 극장에서 신성한 결혼식이 거행되었다. 남녀 무용수가 등장하고, 〈일리아드〉에 기록된 대로 꽃으로 장식된 침소에서 최고의 신 제우스와 헤라가 신성한 결혼식을 올리고 있었다.

이 모든 체험은 장려했다. 나는 밤마다 참으로 진정한 환희에 젖었는데 '만물의 형상이 주위에 떠돌고' 있었다. 환상의 주제들이 점점 뒤섞이고 희미해졌다. 환상은 대개 한 시간 정도 계속되었다. 그러고는 다시 잠이 들었고 아침 무렵이 되면 나는 벌써부터 이런 느낌이 들었다. '이제 다시 회색 아침이 오는구나! 이제 감방과도 같은 회색의 세계가 찾아오는구나! 얼마나 따분하며 얼마나 역겨운 난센스인가!' 내적 상태가 너무도 환상적이어서, 거기 비하면 이 세상은 아주 하찮게 여겨졌기 때문에 그런 생각이 드는 것이었다. 내가 이생에 다시 다가감에 따라, 환상상태는 첫 환상 후 3주 가까이 지나고 나서 종료되었다.

환상을 보는 동안 느끼게 되는 아름다움과 감동의 강도는 사람들이 결코 표현해낼 수 없을 것이다. 그것은 내가 일찍이 겪은 일들 중에서 가장 엄청난 경험이었다.

그러고 나서 찾아오는 낮의 대비! 나는 낮에는 괴로웠고 신경이 완전히 지쳐 있었다. 온갖 것이 나를 부아나게 했다. 모든 것이 지나치게 물질적이고 너무나 난폭하며 말할 수 없이 답답하고, 공간적으로나 정신적으로 제약되어 있으며, 확인할 수 없는 목적에 매여 인위적으로 좁아져 있었다. 그런데도 그것들은 진실인 것처럼 믿게 하는 최면력 같은 어떤 힘을 지니고 있었다. 사람들이 그것들의 무가치성을 분명히 인식했는데도 말이다. 사실 나는 그때부터 이 세계에 대한 믿음이 회복되기는 했지만, '인생'이란 그것을 위해 이미 마련된 삼차원의 세계체제 안에서 전개되는 존재의 한 단면일 뿐이라는 생각만 들었다.

내가 아직도 세세하게 기억하고 있는 것이 또 하나 있다. 석류정원 환상을 보기 시작하던 무렵에 나는 간호사에게, 그녀가 상해를 입는다면 나를 용서해달라고 부탁했다. 그 방이 위대한 신성함으로 차 있다고 했다. 그것이 그녀에게 위험하고 해로울 수 있었다. 그녀는 물론 내 말을 알아듣지 못했다. 나에게는 신성한 존재의 출현이 매혹적인 분위기로 여겨졌으나 다른 사람들에게는 참을 수 없는 것이 아닐까 두렵기도 했다. 그래서 내가 그 점은 어쩔 도리가 없다고 변명한 것이었다. 그때 나는 왜 사람들이 공간을 채우는 신성한 영의 '향기'에 관해 말하는지 그 까닭을 알게 되었다. 바로 이것이었다! 말할 수 없이 신성한 영이 그 방에 있었다. 그 현상을 설명한 것이 《융합의 신비》였다.

나는 사람이 이런 현상을 체험할 수 있으리라고는 상상해본 적이 없었다. 또한 계속 이어지는 환희가 과연 가능한지 생각해본 적도 없었다. 그 환상과 체험 들은 완전한 실재였다. 그 어떤 것도 상상체험이 아니었고, 모든 것은 그야말로 객관성을 지니고 있었다.

사람들은 '영원'이라는 표현을 꺼려한다. 하지만 나는 그 체험을 현재와 과거와 미래가 하나인 무시간적 상태의 지복이라고밖에 달리 일컬을 말이 없다. 시간 속에서 일어나는 모든 것은 거기서 하나의 객관적 전체성으로 통합된다. 아무것도 더이상 시간으로 쪼개질 수도 없고 시간개념에 따라 측정될 수도 없었다. 그 체험은 우선 하나의 상태, 즉 사람들이 결코 상상할 수 없는 감정상태라고 말할 수 있을 것이다. 내가 어제와 동시에 오늘과 내일 존재한다고 어떻게 상상할 수 있겠는가? 어떤 것은 아직 시작되지 않았고, 다른 것은 너무도 분명한 현재이며, 그리고 또 다른 것은 이미 끝난 일이었으나 그 모든 것이 그래도 하나였다. 감정이 파악할 수 있는 유일한 것은, 시작하는 일에 대한 기대와 방금 일어난 일에 대한 놀라움, 그리고 지나간 일의 결과에 대한 만족이나 실망이 모두 포함된 하나의 총체, 다채로운 전체라고 해야 할 것이다. 그것은 사람들이 빠져들어 있으면서도 완전한 객관성을 가지고 지각하게 되는 형언할 수 없는 하나의 전체였다.

이러한 객관성의 체험을 나는 나중에 또 한 번 하게 되었다. 그것은 아내가 죽은 후의 일이었다. 나는 그녀를 환상과도 같은 꿈에서 보았다. 그녀는 거리를 얼마 두고 선 채 나를 똑바로 바라보았다. 그녀는 한창 젊을 때의 모습이었는데 나이는 서른 살 정도였고, 영매였던 내 조카가 여러 해 전에 지어준 옷을 입고 있었다. 그 옷은 아마도 그녀가 입었던 옷들 중에서 가장 아름다운 의

상일 것이었다.

그녀의 얼굴은 즐겁지도 슬프지도 않은 그런 표정이었다. 감흥의 안개 저편에 있는 것처럼 감정반응이 조금도 없었다. 단지 객관적인 대상으로 이해되고 인식되는 얼굴이었다. 나는 그것이 그녀가 아니고 나를 위해 그녀로부터 제시되거나 유발된 이미지라는 것을 알고 있었다. 그것은 우리가 교제를 시작하고 결혼생활을 한 53년 동안에 일어난 일들, 그리고 또한 그녀 인생의 마지막을 포함하고 있었다. 그러한 전체성을 대면하게 되면, 사람들은 그 현상을 파악할 수 없기 때문에 그만 말을 잃게 된다.

내가 그 꿈과 환상에서 체험한 객관성은 완성된 개성화에 속한다. 그것은 가치평가라든가 우리가 감정적인 유대라고 부르는 것으로부터의 해방을 뜻한다. 감정적인 유대는 대체로 사람들에게 매우 중요한 법이다. 하지만 그것은 아직도 투사를 포함하고 있는데, 자기 자신이 되고 객관성에 이르기 위해서는 그 투사를 회수할 필요가 있다. 감정적인 관계는 강요와 예속으로 부담을 주는 열망의 관계다. 우리는 다른 사람에게 무엇인가를 기대하고 그로 말미암아 상대방과 우리 자신이 부자유하게 된다. 객관적 인식은 감정적인 연관성 너머에 있다. 이 사실이 중요한 비밀로 여겨진다. 객관적 인식을 통해서만 진정한 융합이 가능하다.

병을 앓은 후에 나에게는 왕성한 연구시기가 시작되었다. 나의 많은 주요저작이 그후에 비로소 출간되었다. 만물의 종말에 관한 인식 내지는 직관으로, 나는 새로운 방식으로 설명할 수 있는 용기를 갖게 되었다. 이제는 나 자신의 견해를 관철하려고 애쓰지 않고 생각의 흐름에 나를 맡겼다. 그리하여 문제들이 하나하나 차례로 나에게 다가와 무르익으면서 형상화되었다.

그런데 나는 병을 통하여 또 다른 것을 얻었다. 그것은 존재에 대한 긍정이라고 설명할 수 있을 것이다. 존재하는 것에 대한 무조건적인 '긍정'이었다. 주관적인 반론 없이 말이다. 현존재의 조건을 내가 보는 그대로, 내가 이해하는 그대로 받아들이는 것이다. 그리고 나 자신의 본질을 있는 그대로 받아들이는 것이다.

병의 초기에 나는 나의 태도에서 어떤 과오를 저질렀다는 느낌이 들었다. 그래서 그 사고가 어느 정도는 나에게도 책임이 있다고 느꼈다. 하지만 사람이 개성화의 길을 가는 중에, 즉 인생을 살아가는 동안에는 과오도 감수해야만 할 것이다. 그렇지 않으면 인생은 원만해지지(융은 인생에서 '완전성'보다 '원만성'을 추구하기를 권함—옮긴이) 않을 것이다. 어떤 순간에도 우리가 과오나 치명적인 위험에 빠지지 않는다는 보장은 없다. 사람들은 아마도 안전한 길이 있을 거라고 생각할지 모른다. 그러나 그 길은 죽은 자의 길일 것이다. 그러면 더이상 아무 일도 일어나지 않겠지만, 어떻든 그건 바른 길이 아니다. 안전한 길을 가는 자는 죽은 것과 다름없다.

병을 앓은 후에 비로소 나는 자신의 숙명을 긍정하는 것이 얼마나 중요한가를 깨달았다. 그럼으로써 이해할 수 없는 일이 일어날 때도 자아는 굴복하지 않게 되는 법이다. 참아내며 진리를 견디며 세계와 숙명을 받아들일 수 있는 자아가 형성되는 것이다. 그러면 사람은 패배에서도 승리를 체험하게 된다. 밖에서든 안에서든 아무것에도 방해를 받지 않는다. 자신의 고유한 연속성이 인생과 시간의 흐름을 이겨냈기 때문이다. 그러나 이것은 사람이 숙명의 의도를 주제넘게 간섭하지 않을 경우에만 이루어질 수 있는 법이다.

나는 또한 사람이 자기 자신 속에서 일어나는 생각들을 온갖 평가를 뛰어넘어 실제로 존재하는 어떤 것으로 받아들여야 한다는 사실을 이해했다. 옳으냐 그르냐 하는 범주는 항시 존재하지만 그것은 구속력이 없다. 왜냐하면 생각이라는 존재가 주관적인 평가보다 더 중요하기 때문이다. 평가 또한 존재하는 생각으로서 억압되어서는 안 된다. 그것들도 전체성의 현상에 함께 속하는 것이기 때문이다.

사후의 삶에 관하여

나는 깊은 충격을 받고 잠에서 깨어나 생각했다.
'아, 그렇구나. 그 사람이 나를 명상하고 있었구나.'
그가 하나의 꿈을 꾸었는데 그것이 나다.
그가 깨어난다면 내가 더이상 존재할 수 없으리라는 것을
나는 알았다.

Carl Gustav Jung

카를 구스타프 융의 부인(1882~1955)

꿈과 예감

　내가 저승과 사후(死後)의 삶에 관해 말하는 것은 모두 기억에 의한 것이다. 그것은 그 속에서 내가 살았고 나를 뒤흔들어놓았던 이미지요 생각들이다. 어떤 점에서 그것은 내 저작의 바탕을 이루고 있다. 엄밀히 말해 내 저작들은 이승과 저승의 조화에 대한 물음에 답을 주려는 늘 새로워지는 시도였다. 하지만 나는 사후의 삶에 관해 글을 쓴 적이 없다. 그러려면 내 생각을 증명해야 할 것이나 그렇게 할 수는 없는 일이다. 이제 나는 그런 생각들을 바야흐로 말하려고 한다.

　지금은 거기에 관한 이야기를 말하는 것, 즉 '신화화'할 수밖에 다른 도리가 없다. 자유롭게 그런 이야기를 하려면 아마도 죽음과 가까워질 필요가 있을 것이다.

　나는 우리에게 사후의 삶이 있었으면 하고 바라는 것도 아니요, 바라지 않는 것도 아니다. 그리고 그와 같은 생각들을 키워가고 싶지도 않다. 그러나 원하지도 행동하지도 않는데도 그런 종류의 생각들이 내 안에서 맴돌고 있다는 사실만큼은, 진실을 말하기 위해서 밝히지 않을 수 없다. 나는 그 생각들이 옳은지 그른지에 관해서는 알지 못한다. 다만 그런 생각이 존재한다는 것을 알고 있고, 내가 어떤 선입견으로 억누르지 않는다면 그 생각들은 진술될 수도 있음을 알고 있다. 그러나 선입견은 정신적인 삶이 풍성하게 나타나지 못하도록 방해하고 손상을 입힌다. 내가 더 나은 지식을 통해 정신적인 삶을 교정하기에는 그것에 대한 인식이 너무도 적다.

요즈음의 비판적 이성은 다른 많은 신화적 관념뿐만 아니라 사후의 삶에 관한 관념도 없애버린 듯하다. 이런 일이 가능해진 이유는 오늘날 인간이 대부분 오로지 그들의 의식과 자신을 동일시하고 자신들에 관해 알고 있는 지식만이 전부인 양 착각하고 있기 때문이다. 심리학을 조금이라도 아는 사람이라면 그러한 지식이 얼마나 한정되어 있는가를 밝히는 데 어려움이 별로 없을 것이다. 합리주의와 교조주의는 우리가 앓고 있는 시대병이다. 그것들은 모든 것을 아는 체한다.

사람들은 우리가 오늘날 제한된 관점에서 불가능하다고 여기는 것들 중 많은 것을 발견해낼 것이다. 공간과 시간에 관한 우리의 개념은 단지 근사치를 지니고 있을 뿐이며, 그런 까닭에 상대적이고 절대적인 편차(偏差)의 넓은 장이 열리게 되는 것이다. 그와 같은 가능성을 염두에 두고 나는 경이로운 영혼의 신화에 주의깊게 귀를 기울이며 나에게 닥친 일들을 주시한다. 그것이 내 이론의 전제에 맞는지 맞지 않는지는 상관하지 않고 말이다.

유감스럽게도 인간의 신화적 측면은 오늘날 심히 무시되고 있다. 인간은 이제 더이상 이야기를 만들어내지 못한다. 그리하여 많은 것을 놓치게 된다. 이해할 수 없는 것들에 관해 이야기하는 것은 가치가 있고 치유를 가져오는 법이다. 그것은 마치 사람들이 화롯가에 앉아 파이프담배를 피우며 유쾌하게 유령이야기를 나누는 것과도 같다.

사후의 삶에 관한 신화나 이야기가 '실제로' 무엇을 의미하는지, 또는 어떤 현실이 사후에 있는지 우리는 물론 알지 못한다. 그것들이 신인동형설(神人同形說)의 투사라는 가치를 넘어서 어떤 타당성을 지니고 있는지 우리는 결론을 내릴 수 없다. 오히려 우리는 우리의 이해를 넘어서는 것에 관해서는 확실한 증거를 얻는 것이 불가능하다는 사실을 분명히 해야 할 것이다.

환경이 전혀 다른 딴 세상을 우리는 결코 설명할 수 없다. 우리는 일정한 세계에 살며 그 세계를 통해 우리의 혼과 정신적인 전제가 함께 형성되고 부여된다. 우리는 타고난 구조에 의해 엄격하게 제한되어 있고, 그리하여 우리의 존재와 사고로써 이 세계와 관련을 맺는다.

신화적인 인간은 '그 너머로 나가기'를 갈망하지만 학문적인 책임을 고려하는 인간은 그것을 허락할 수 없다. 이성의 차원에서는 '신화화'야말로 쓸모없는 사변일 뿐이다. 하지만 감정의 차원에서는 치유를 가져오는 활동력이며 인간존재에 광채를 부여한다. 그 광채를 사람들은 놓치고 싶어하지 않는다. 사람들이 그런 것 없이 지내야 하는 어떤 그럴듯한 이유도 제시할 수 없다.

심령심리학은 사후에 계속되는 삶에 대해 과학적으로 가치가 있는 증명을 하고 있다. 죽은 자가 유령으로든 영매를 통해서든 자신을 나타내고, 자기만 알고 있는 일들을 전해준다. 충분히 증명될 수 있는 사례들이 있기는 하지만, 유령이나 목소리가 죽은 자와 동일한 것인가 아니면 심리적인 투사인가, 또는 그 말들이 정말 죽은 자로부터 나오는지, 어쩌면 무의식에 존재하는 지식에서 나오는 것은 아닌지 하는 의문은 여전히 풀리지 않은 채 남아 있다.

이러한 일들의 확실성에 대해 반대의견을 말하는 온갖 이성적인 고찰에도 불구하고 우리는 한 가지를 잊어서는 안 될 것이다. 대부분의 사람들에게 자신들의 인생이 현존을 넘어서 무한정한 연속성을 지니고 있다는 사실을 받아들이는 것은 매우 의미있는 일이다. 그렇게 하면 사람들은 훨씬 더 이성적으로 잘 살며 더욱 편안해질 것이다. 사람은 수백 년을, 상상할 수 없는 긴 시간을 보낼 수 있다! 그런데 왜 이와 같이 헛되이 분주하기만 한가?

물론 이것이 누구에게나 가치있는 것은 아니다. 불사(不死)의 필요성을 느끼지 않는 사람들도 있을 것인데, 그들로서는 일만 년을 구름 위에 앉아 하프를 켜고 있어야 한다는 것은 생각만 해도 섬뜩한 일이다! 또한 아주 비참한 인생을 살았거나 자신의 존재에 대해 너무나 혐오감을 느낀 나머지 인생이 완전히 끝나는 것이 계속 이어지는 것보다 더 좋다고 여기는 사람들도 적지 않다. 하지만 더 많은 경우에 있어 불사에 관한 문제가 너무도 절박하고 시급하며 또한 근본적으로 없앨 수 없는 것이기에, 사람들은 거기에 대해 어떤 견해를 마련하려는 시도를 감행하지 않을 수 없다.

그런데 어떻게 그 일이 가능할 것인가?

나의 가설은 무의식이 이를테면 꿈을 통해 우리에게 보내는 암시의 도움으로 그 일이 가능하다는 것이다. 우리는 대부분 무의식의 조언을 진지하게 받아들이지 않는다. 왜냐하면 우리는 그 문제에 관한 해답은 없다고 확신하기 때문이다. 수긍이 가는 이런 회의에 대해 나는 다음과 같은 고찰들을 제시하고자 한다.

우리가 어떤 것을 알 수 없는 경우에 우리는 그것을 지적인 문제로 다루는 것을 단념해야 한다. 나는 어떠한 이유로 우주만물이 생겨났는지 모른다. 앞으로도 결코 알 수 없을 것이다. 그러면 나는 이 문제를 학문적이거나 지적인 문제에서 제외시켜야만 한다. 하지만 거기에 관한 어떤 관념이, 예를 들어 꿈이나 신화적인 전승을 통해 나에게 제공된다면 나는 그것들을 기록해둘 것이다. 심지어 그것으로 하나의 견해를 짜내려고 시도할 것이 분명하다. 비록 그 견해가 언제나 하나의 가설로 남고, 그것이 증명될 수 없다는 사실을 내가 알고 있더라도 말이다.

인간은 사후의 생에 관해 견해를 짜내거나 묘사하는 데 가능한 한 모든 노력을 기울였다는 것을 입증할 수 있어야 한다. 그런데 그 일은 자신의 무능함을 시인하는 것이 될지도 모른다. 하지만 그 일을 하지 않는 사람은 뭔가를 잃어버리게 된다. 왜냐하면 그에게 질문을 던지는 것은 태고로부터 내려오는 인류의 유산이기 때문이다. 그것은 하나의 원형으로서 우리 인생을 온전하게 하기 위해서는 덧붙여야 마땅한 신비로 가득 찬 삶이다.

이성은 우리로 하여금 매우 좁은 한계에 매여 있도록 하며, 오직 이미 알고 있는 범위 안에서 이미 알고 있는 삶(이것 역시 조건부이긴 하지만)을 살도록 요구한다. 마치 사람들이 삶의 진정한 범위를 알고 있기나 한 것처럼 말이다! 하지만 실제로는 우리가 매일매일 우리 의식의 한계를 훌쩍 넘어서 살아가고 있다. 우리도 모르는 사이에 무의식이 함께 살고 있는 것이다. 비판적 이성이 우세할수록 인생은 그만큼 빈약해진다. 그러나 무의식과 신화를 의식화할수록 우리의 인생은 그만큼 통합을 이루게 된다. 과대평가된 이성은, 그것이 지배하면 개인이 궁핍해진다는 면에서 독재국가와 공통점을 지니고 있다.

무의식은 우리에게 뭔가를 알려주거나 영상으로 암시하면서 하나의 기회를 준다. 무의식은 어떤 논리로도 이해되지 않는 것들을 우리에게 때때로 전해줄 수 있다. 동시성현상과 예언적인 꿈, 예감 들을 생각해보라!

한번은 내가 볼링겐에서 집으로 가고 있었다. 제2차 세계대전 때였다. 나는 책이 있었지만 읽을 수 없었다. 기차가 움직이는 그 순간 익사자의 영상이 나를 엄습했기 때문이었다. 그것은 군복무를 할 당시의 사고에 관한 기억이었다. 기차가 달리는 동안 나는 그 영상에서 벗어날 수 없었다. 기분이 으스스해져 이런 생각이

들었다. '도대체 무슨 일이 일어난 것일까? 어떤 사고가 났단 말인가?'

나는 에를렌바흐에서 내려 여전히 그 기억을 떠올리며 근심에 잠긴 채 집으로 갔다. 내 둘째딸의 아이들이 정원 둘레에 서 있었다. 둘째딸은 그녀의 가족과 함께 우리집에서 살고 있었다. 그녀는 전쟁으로 인해 파리에서 스위스로 돌아와 있었다. 그 아이들이 모두 멍해 있는 것 같아 내가 물었다. "무슨 일이 있느냐?" 아이들이 자초지종을 말했다. 당시 막내였던 아드리안이 보트창고에서 물에 빠졌다는 것이었다. 그곳은 아주 깊은 곳이었다. 아드리안은 아직 헤엄을 칠 줄 몰라 거의 익사할 뻔했으나 그때 마침 형이 그를 건져주었다. 그런 일이 일어난 것은 내가 기차에서 익사자를 떠올리던 바로 그 시각이었다. 무의식이 역시 나에게 신호를 보낸 것이었다. 그렇다면 무의식이 다른 정보들을 나에게 주지 않을 이유가 어디 있겠는가?

이와 비슷한 일을 나는 처가의 한 사람이 죽었을 때 겪었다. 그 시각 나는 아내의 침대가 벽으로 둘러쳐진 깊은 구덩이가 되는 꿈을 꾸었다. 그것은 어딘지 고풍스러운 분위기를 풍기는 무덤이었다. 그때 나는 어떤 사람이 혼을 내뿜는 것 같은 깊은 한숨소리를 들었다. 내 아내와 닮은 부인의 형상이 구덩이에서 몸을 일으키더니 위로 떠올랐다. 그녀는 흰 옷을 입었는데 그 옷에 이상하게도 까만 표지가 찍혀 있었다.

내가 깨어나 아내를 깨우고 시계를 보았다. 새벽 3시였다. 그 꿈이 하도 기이하여 한 사람의 죽음을 예시하는 것일지도 모른다고 생각했다. 아침 7시에 아내의 조카가 3시에 죽었다는 소식을 들었다!

미리 눈치채는 것이라기보다 '미리 안다(좀더 확실하게 '예감한다'는 의미—옮긴이)'고 말할 수 있는 경우를 자주 만난다. 한번은 내가 가든파티에 참석하고 있는 꿈을 꾸었다. 나는 누이동생을 발견하고 깜짝 놀랐다. 왜냐하면 그녀는 이미 몇 해 전에 죽었기 때문이었다. 나의 죽은 친구도 거기 있었다. 나머지 사람들은 아직 살아 있는 친지들이었다. 누이동생은 내가 잘 아는 여인과 함께 있었다. 나는 꿈속에서 벌써 그 여인의 죽음이 임박했다고 추정하면서 그녀는 그렇게 되도록 정해져 있다고 생각했다.

나는 꿈속에서 그녀가 누구인지 알았고 그녀가 바젤에 살고 있다는 것도 알았다. 하지만 내가 꿈에서 깨어나자 그녀가 누구인지 아무리 애를 써도 기억이 나지 않았다. 그 꿈 전부가 아직도 눈앞에 생생한데도 말이다. 나는 바젤에 사는 친지들을 모두 떠올리며 그 기억의 이미지들에서 뭔가 연상되는 것이 없는가 주의를 기울여보았으나 아무 소용이 없었다!

몇 주 후 나는 가까이 지내던 여인이 사고로 죽었다는 소식을 들었다. 나는 그 여인이 꿈에서 보았으나 기억이 나지 않던 바로 그 여자라는 사실을 금방 알아차렸다. 나는 그녀와 관련된 일들을 아주 상세하게 기억하고 있었다. 그녀는 죽기 1년 전(지난해에 해당함—옮긴이)까지 오랫동안 나의 환자였다. 그녀를 기억해내려고 바젤의 친지들을 줄줄이 생각할 때도 그녀의 영상은 떠오르지 않았다. 십중팔구 그녀가 제일 먼저 떠올랐어야 하는데도 말이다.

이런 체험들을 하면 우리는 무의식의 가능성과 능력에 대해 일종의 존경심을 갖게 된다. 다만 우리는 비평적인 태도를 견지해야 하며, 그러한 '전달(무의식이 전해주는 내용들—옮긴이)'이 언제나 주관적인 의미도 함께 지니고 있다는 것을 알아야 한다. 그것이 실제와 부합하는 수도 있고 아닐 수도 있다. 아무튼 나는 무의식의 암시를 기초로 얻을 수 있었던 견해가 나에게 빛을 밝혀주고 예감의 영역을 내다보는 눈을 열어주는 것을 경험했다. 물론 나는 거기에 관해 계시록을 쓰지는 않겠지만, 나로 하여금 관심을 갖게 하고 문제를 제기하도록 하는 하나의 '신화'를 지니고 있다는 사실은 인정한다. 신화는 과학의 맨 처음 형태다. 내가 사후의 일들에 관해 말할 때 나는 내적 감동으로 말하는 것이며, 거기에 관한 꿈과 신화를 이야기하지 않고는 더이상 진전할 수 없을 것이다.

물론 사람들은 즉시 다음과 같은 반론을 제기할 것이다. 사후에도 삶이 이어진다는 신화나 꿈은 모든 인생이 영원하기를 바라는 우리 본성의 보상적 환상에 지나지 않는다고 말이다. 여기에 대한 반론도 나는 신화를 가지고 말할 수 있을 뿐이다.

그외에 적어도 정신의 일부는 공간과 시간의 법칙에 지배받지 않는다는 시사가 있기도 하다. 잘 알려진 J.B. 라인의 실험이 거기에 관한 과학적인 증명을 내놓았다. 내가 인생경험에서 그 사례들을 말한 바 있는 자연발생적인 예지, 초공간적인 지각 같은 수많은 경우 외에도 정신이 때때로 시공간적인 인과율을 넘어서 작용하고 있다는 증거들이 있다. 그리하여 시간과 공간에 관한 우리의 관념과 인과론이 다 함께 불완전하다는 점이 판명된다.

완전한 세계상은 이를테면 다른 차원으로 확대되어야 할지 모른다. 그래야 비로소 현상의 전체성이 일관성있게 설명될 수 있을 테니까 말이다. 그런 이유로 오늘날에도 여전히 합리주의자들은 심령심리학적인 경험은 있을 수 없다고 주장한다. 그들의 세계관이 유지되느냐 무너지느냐 하는 문제가 여기에 달려 있기 때문이다. 아무튼 그런 현상이 일어나고 있다면 합리주의적인 세계상은 불완전하므로 마땅하지 않다.

그러면 그 현상 뒤에 다른 가치의 현실이 존재할 가능성이 회피할 수 없는 문제가 된다. 우리는 시간과 공간, 인과론으로 이루어진 우리의 세계가 그 배후나 그 아래에 놓여 있는 다른 사물질서와 연관되어 있다는 사실을 확실히 이해해야 한다. 그곳에서는 '여기와 저기'라든지 '이전과 이후'라든지 하는 구별이 필요없다. 나는 적어도 우리 정신적 실존의 일부가 시간과 공간의 상대성에 의해 특징지어진다는 사실에 대해 도저히 논박할 수 없음을 알고 있다. 의식으로부터 점점 멀어져 공간도 시간도 없는 절대적인 상태에까지 이르게 되는 것 같다.

사후의 삶에 관한 나의 견해를 형성하거나 수정하거나 증명하는 것은 나 자신의 꿈일 뿐만 아니라 때로는 다른 사람들의 꿈이기도 했다. 특히 나에게 중요한 의미를 가진 꿈은 나의 제자인 60세 가까운 여인이 죽기 두 달 전에 꾼 것이었다.

그녀가 저승으로 갔는데 거기에 학교 교실이 있었다. 교실 맨 앞줄에 그녀의 죽은 여자친구가 앉아 있었다. 모두 뭔가 기다리는 분위기였다. 그녀는 선생이나 보고자가 있는지 둘러보았지만 보이지 않았다. 어떤 사람이 그녀에게 그녀가 바로 보고자라고 일러주었다. 죽은 자들은 모두 죽음 직후에 그들 인생의 종합적인 경험을 보고해야만 한다는 것이었다. 죽은 자들은 죽은 사람이 가지고 오는 인생경험에 큰 관심을 보였다. 이생에서의 행동과 발전이 결정적인 사건이 되는 것처럼 말이다.

아무튼 그 꿈은 매우 비일상적인 청중을 묘사하고 있다. 그와 비슷한 청중을 지상에서는 거의 찾을 수 없을 것 같다. 그들은 우리의 사고방식으로는 결코 주목할 만한 것이 못 되며 거기서 이끌어낼 수 있는 결론도 별볼일없는 인간적 삶의 심리학적 최종결과에 뜨거운 관심을 가지고 있다. 어쨌든 그 '대중'은 상대적으로 무시간성 속에 있고, '과정'이니 '사건'이니 '발전' 같은 것은 불확실한 개념이 되어버린 상황에 있다면, 바로 그러한 이유로 그들의 처지에서 결핍된 것에 가장 큰 관심을 기울일 수도 있다.

그 꿈을 꿀 무렵, 그녀는 죽음에 대한 불안감을 가지고 있었기에 그러한 가능성을 자신의 의식으로부터 될 수 있는 한 멀리 떨쳐내려고 했다. 하지만 바로 그러한 가능성과 면식을 갖는 것이 늙어가는 사람의 가장 중요한 '관심사'다.

이를테면 회피할 수 없는 질문자가 그에게 다가오고 그는 이에 답해야 한다. 그가 죽음에 관한 신화를 가져야 할 이유가 여기에 있다. 이성은 그가 들어갈 어두운 구덩이 외에는 아무것도 그에게 보여주지 않는다. 그러나 그 신화는 그의 눈앞에 다른 이미지를 가져다줄 수 있다. 그것은 유익을 주며 정신을 풍성하게 하는 사후세계 삶의 이미지들이다. 그가 이 이미지들을 믿거나 약간만 신뢰하더라도 그것들을 믿지 않는 사람과 마찬가지로 옳을 수도 있고 그를 수도 있다. 어쨌든 부인하는 자는 '무(無)'를 향해 가는 반면에, 원형의 도움을 받아들이는 사람은 죽음에 이르기까지 생명의 발자국을 따라간다. 두 사람 다 불확실성 속에 있다. 그런데 전자는 자신의 본능을 거스르고 있고, 후자는 본능을 따르고 있다. 이것은 현저한 차이이며 후자에게 이로운 점이 있음을 의미한다.

신화, 의식과 무의식의 사이

　무의식의 형상들도 '정보를 잘 받지 못한다'. 그래서 '앎'에 이르기 위해서는 의식과의 접촉이나 인간을 필요로 한다. 내가 무의식과 더불어 연구하기 시작했을 때 살로메와 엘리야의 환상(幻像)이 중요한 역할을 해주었다. 그 환상들은 뒷전으로 물러났다가 약 2년 후에 새로 나타났다. 그런데 놀랍게도 그 환상들은 변함없이 온전한 그대로였다. 그 환상들은 그동안에 전혀 아무일도 일어나지 않은 것처럼 말하고 행동했다. 하지만 내 인생에서는 너무나 엄청난 일들이 그동안에 일어났다. 나는 이를테면 처음으로 돌아가 다시 시작해야 했다. 그 환상들과 더불어 모든 것을 의논하고 설명해야 했다.

　그때 나는 그 일들을 겪으면서 몹시 이상하게 생각했다. 나중에야 비로소 무슨 일이 있었는지 이해할 수 있게 되었다. 그 두 환상은 그동안 무시간성이라 말해도 좋을 무의식 속으로, 그 자신 속으로 잠겨 있었던 것이다. 그것들은 자아나 자아의 변화하는 상황과 아무런 접촉 없이 머물러 있었기 때문에 의식세계에서 무슨 일이 일어났는지 '알지 못한 채' 있었던 것이다.

나는 일찍이 무의식의 형상이거나 흔히 그 형상과 혼동하기 쉬운 '죽은 자의 혼령'을 가르치는 경험을 한 적이 있다. 첫 번째는 1911년 친구와 함께 북이탈리아를 가로지르는 자전거여행을 할 때였다. 집으로 돌아오는 길에 우리는 파비아에서 마조레호수 아래 지역에 있는 아로나로 가서 밤을 보냈다. 우리는 호수를 따라 올라가서 테신(스위스 남부지방—옮긴이)을 거쳐 파이도까지 자전거를 타고 갈 작정이었다. 거기서 우리는 취리히로 가는 기차를 타고자 했다. 그러나 아로나에서 나는 한 꿈을 꾸었고, 그 꿈은 우리의 계획을 완전히 바꿔버렸다.

꿈속에서 나는 지난 세기의 고귀한 혼령들의 모임에 참여하고 있었다. 나는 나중에 1944년 검은 돌에서 환상으로 본 '고귀한 조상들'을 대했을 때와 비슷한 느낌을 받았다. 대화는 라틴어로 진행되었다. 남성용 가발을 쓴 신사가 나에게 어려운 질문을 던졌는데, 꿈에서 깨어난 후에는 그 내용이 더이상 기억나지 않았다. 나는 꿈속에서 그 질문을 이해했지만 그에게 라틴어로 답하기에는 언어구사력이 달렸다. 나는 깊은 수치심을 느꼈고 그런 감정이 내 잠을 깨웠다.

잠에서 깨어나는 그 순간, 나는 당시 연구하고 있던 '리비도의 변환과 상징'에 생각이 미쳤다. 나는 대답하지 못한 질문 때문에 그와 같이 열등감을 느꼈으므로, 즉시 기차를 타고 집으로 돌아와 연구에 착수했다. 자전거여행을 계속하느라 사흘을 써버리는 것조차 나로서는 불가능한 일이었다. 나는 답을 얻기 위해 연구해야만 했다.

나는 한참 지난 후에야 비로소 그 꿈과 나의 반응을 이해했다. 가발을 쓴 신사는 일종의 '조상 또는 죽은 자의 혼령'이었고, 그것이 나에게 질문을 던졌으나 나는 답을 하지 못했다! 그때는 답을 하기에는 너무 이른 시기였고 나는 아직 준비가 되어 있지 않았다. 하지만 내 책의 연구를 통해 나에게 던져진 질문에 답하리라는 막연한 예감은 지니고 있었다. 그 질문은 말하자면 나의 정신적인 선조로부터 나에게 제시된 셈이었다. 그들은 자기들의 시대에 경험할 수 없었던 것을 들을 수 있으리라는 기대와 희망을 가지고 있었다.

거기에 대한 대답은 다음 세기에 비로소 나올 수 있을지도 모른다. 질문과 대답이 영원 속에 이미 옛날부터 존재해온 것이라면 나의 노력이 아무런 필요도 없을 것이고, 그것들은 어떤 다른 세기에 발견될 수도 있을 것이다. 인간 본성에 제한없는 지식이 존재하는 것으로 여겨지기는 하지만, 그것은 단지 적절한 시간의 상황에서만 의식에 의해 파악될 수 있을 뿐이다. 그것은 한 사람의 마음속에서도 마찬가지라고 짐작된다. 그는 아마 여러 해 동안 어떤 것에 대한 예감을 품고 지내다가 나중 어떤 순간에 그것이 참으로 깨달아질 것이다.

내가 훗날 《죽은 자를 향한 일곱 가지 설법》을 집필할 때 나에게 결정적인 질문을 한 것도 역시 죽은 자들이었다. 그들은 이르기를, 자기들이 구하는 것을 예루살렘에서 찾지 못했기 때문에 거기서 돌아왔다고 했다. 나는 그 말을 듣고 무척 놀랐다. 왜냐하면 전통적인 견해에 따라 죽은 자는 많은 것을 알고 있다고 여겼기 때문이었다.

기독교의 가르침은 우리가 '내세'에서 '얼굴과 얼굴을 마주 대하듯 바라보게 된다'고 가정하고 있기 때문에, 우리는 죽은 자가 우리보다 훨씬 많이 알고 있다고 생각한다. 그러나 죽은 자의 혼령들도 그들이 죽는 순간에 이르기까지 알고 있던 것만 '알고' 그 외에는 모르는 것 같다. 그러므로 그들은 사람들의 앎에 참여하기 위해 인생 속으로 밀고들어오려고 애쓴다.

나는 그들이 바로 우리 뒤에 서서 우리가 어떤 회답을 자신들에게 주는지, 어떤 회답을 숙명을 향해 주는지 듣고자 하는 것 같은 느낌을 자주 받는다. 내가 보기에는 그들에게 가장 중요한 것은 살아 있는 자들, 다시 말해 그들 뒤에 살아남아서 계속 변화하는 세계 속에 존재하는 사람들로부터 자신들의 물음에 대한 회답을 얻는 것이 아닌가 싶다. 죽은 자들은 전지(全知)하나 모든 지식을 임의로 활용할 수 없고 단지 육체에 갇힌 살아 있는 사람들의 혼으로 흘러들어가는 일만 가능하다는 듯이 우리에게 묻고 있다. 그러므로 살아 있는 사람의 혼은 적어도 한 가지 면에서는 죽은 자에 비해 유리하다. 즉, 명쾌하고 결정적인 인식에 이를 수 있는 능력이 바로 그것이다.

시간과 공간의 삼차원세계는 내게는 좌표계처럼 보인다. '저쪽', 즉 무시공간성 속에서는 아마도 여러 측면을 지닌 원형으로 서, 원형을 둘러싼 규모없는 '인식의 구름'으로 나타날지도 모르 는 것들이 여기서는 종축과 횡축으로 서로 분리된 채 좌표에 놓 이게 된다. 어쨌든 독특한 내용을 구별할 수 있기 위해서는 좌표 계가 필요하다. 이런 종류의 작업은 규모없는 전지의 상태나 시 공간적인 제한과 주관이 없는 상태에서는 생각할 수 없는 것으로 보인다. 인식은 생성과 마찬가지로 이곳과 저곳, 위와 아래, 이전 과 이후 같은 대극을 전제로 한다.

사후에 의식이라는 것이 존재한다면 인류의 의식과 같은 방향 으로 계속 나아갈 것으로 여겨진다. 그 의식은 높은 수준이긴 하 지만 그때그때 한계가 변하기도 한다. 많은 사람이 죽음의 순간 에 자기 자신의 가능성에 미치지 못한 채 남아 있을 뿐만 아니라, 특히 생존시에 다른 사람들이 그들에 대해 알고 있는 것에 훨씬 미치지 못하는 경우가 있다. 그리하여 그들이 생전에 습득하지 못한 의식성 부분을 죽음에서 얻으려고 요구하게 된다.

이런 견해는 죽은 자에 관한 꿈들을 관찰함으로써 얻게 되었 다. 한번은 14일 전쯤에 죽은 내 친구를 방문하는 꿈을 꾸었다. 그는 생전에 인습적인 세계관 외에 다른 것은 알지 못했고 반성 이 결여된 태도로 줄곧 살았다.

그의 집은 바젤 부근의 틸링거언덕과 비슷한 언덕 위에 있었 다. 그곳에는 오래된 성이 있었는데 작은 교회와 몇 개의 자그마 한 건물이 있는 광장을 성곽이 둘러싸고 있었다. 그곳은 나로 하여금 라퍼스빌성 광장을 떠올리게 했다. 계절은 가을이었다. 고목의 잎은 이미 누런색으로 변했고 온화한 햇살이 그 광경을 비추고 있었다.

거기서 내 친구는 취리히에서 심리학을 공부한 그의 딸과 함께 책상머리에 앉아 있었다. 나는 그의 딸이 그에게 심리학에 관해 필요한 설명들을 해주고 있음을 알았다. 그는 딸이 말하는 내용에 매료되어 나를 향해 얼른 손짓으로만 인사를 했다. 그것은 마치 "나를 방해하지 말라!"고 암시하는 듯했다. 그 인사는 동시에 거절의 손짓이기도 했다.

그 꿈은 그가 지금 자신의 심리적 존재의 현실을 나로서는 물론 알 수 없는 방식으로 인식해야 한다는 사실을 말해주고 있었다. 생전에 그는 한 번도 그것을 할 수 없었다. 그 꿈의 영상은 나로 하여금 다음과 같은 말을 생각나게 했다. "거룩한 은자는 산 위로 배치되어……." 《파우스트》 제2부의 종장에 나오는 그 은자는 서로 보충하고 서로 높여주는 여러 발전단계를 묘사하는 것으로 여겨진다.

나는 사후 영혼의 발전에 관하여 또 하나의 경험을 했다. 아내가 죽은 지 1년쯤 지난 후 어느 날 밤 갑자기 잠에서 깨어나, 내가 그녀와 함께 프랑스 남부 프로방스지방에 있었고 그녀와 하루 온종일을 보냈다는 사실을 알았다(그런 꿈을 꾸었다는 뜻임—옮긴이). 그녀는 그곳에서 성배에 관한 연구를 하고 있었다. 이것은 내게 의미심장하다고 여겨졌다. 왜냐하면 그녀는 그 주제에 대한 연구를 마치지 못하고 죽었기 때문이었다.

주관적 단계의 설명은 내게 아무 의미가 없었다. 나의 아니마는 그녀에게 부과된 일을 아직 끝내지 못하고 있었던 것이다. 나는 내가 그것을 완성하지 못한 것을 알고 있었다. 그러나 아내가 사후에도 여전히 자신의 정신적 발전에 종사하고 있다는 생각은 내게 중요한 의미가 있는 것으로 여겨졌으며, 그리하여 그 꿈은 나를 안심시키는 어떤 요소를 지니고 있었다. 정신적 발전에 대해 사람들이 어떻게 상상하든지 간에 말이다.

이런 종류의 생각은 물론 부정확한 것이며 불충분한 관념을 제공한다. 마치 평면에 입체를 투사하거나 그 반대로 입체에서 사차원의 형태를 구성해내는 것과도 같다. 그것들은 스스로를 나타내기 위해 삼차원세계에서 정해진 원리를 이용한다. 수학이 경험을 뛰어넘어 관계에 관한 표현을 만들어내는 것을 꺼리지 않는 것처럼, 보이지 않는 표상들을 논리적인 원리에 따라 경험적인 자료들, 예컨대 꿈의 진술을 근거로 그려내는 일은 훈련된 상상의 본질에 속한다. 이때 이용되는 방법은 내가 명명했듯이 '필수적인 진술'이다.

그것은 꿈의 해석에서 사용하는 확충의 원리로, 단순한 자연수의 표시로써 아주 쉽게 설명될 수 있다.

1은 첫째 수사(數詞)로서 하나의 단위다. 그런데 그것은 또한 '단일성', 하나인 것, 전일(全一), 유일무이를 가리키기도 한다. 그것은 수사가 아니라 철학이념이거나 원형이며 신의 속성, 단자(單子)다. 인간의 이성이 이런 진술을 하는 것은 아주 적절한 일이지만, 오성은 1이라는 관념과 거기에 포함된 의미에 의해 한정되고 그것에 묶여 있다. 다시 말해 그것은 인위적인 진술이 아니라 1이라는 수의 본질에 의해 결정됨으로써 필수적인 진술이 되는 것이다. 이론적으로는 이와 똑같은 논리적인 조작이 다음에 이어지는 모든 개별적인 숫자의 관념에 따라 수행될 수 있다. 그러나 실제로는 급격한 수의 증가로 복잡해져서 그런 조작은 금방 중단되고 만다.

그밖의 단위는 모두 새로운 특성과 변이를 가져온다. 예컨대 4차방정식은 풀 수 있으나 5차방정식은 풀 수 없다는 것도 4라고 하는 수의 한 특성이다. 그러므로 4라는 수의 '필수적인 진술'은 그 수가 선행된 상승(수의 증가를 뜻함—옮긴이)의 정점인 동시에 종점이라는 것이다. 그밖의 모든 단위에서도 하나 또는 그 이상의 새로운 수학적 특성이 생기므로 더이상 공식화될 수 없을 만큼 진술은 복잡해지고 만다.

끝없는 수의 계열은 개별적인 피조물의 끝없는 수에 해당한다. 그와 마찬가지로 수의 계열은 개체로서 이루어진다. 수열의 첫 묶음인 10이라는 수의 특성만 보더라도, 어쨌든 단자로부터 시작된 추상적 우주진화론을 나타내고 있다. 그런데 수의 특성은 또한 물질의 특성이기도 하므로, 어떤 방정식은 질료(質料)의 반응을 예측할 수도 있다.

그러므로 나는 우리 이성의 수학적 진술(본래부터 이미 존재하는) 이외의 다른 진술들도 그 자체를 넘어서 눈에 보이지 않는 현실을 가리킬 수 있음을 인정하고 싶다. 나는 그런 진술의 예로서 쉽게 일반적인 동의를 얻거나 눈에 띄게 빈번히 출현하는 환상현상과 원형적 모티프를 생각한다. 수학 방정식이 어떤 물리적 현실에 해당하는지 우리가 모르듯이, 신화적 현실 또한 어떤 정신적 현실에 해당하는지 처음에는 알 수 없는 경우가 있다. 예를 들면 가열된 가스의 교란운동을 다스리는 방정식은 사람들이 그런 상황을 꼼꼼하게 조사하기 오래 전에 제시된 것이다. 아주 오랜 옛적부터 어떤 잠재의식적 과정의 진행을 표현하는 신화소(神話素)가 있었지만 오늘날에 와서야 비로소 우리가 그것을 제대로 인식할 수 있게 된 것이다.

어딘가에서 이미 도달하게 된 의식성의 수준은, 내가 보기에는 죽은 자가 도달할 수 있는 인식의 상한(上限)을 이룬다고 여겨진다. 아마도 그런 이유로 지상의 삶이 그토록 큰 의미를 지니며, 사람이 죽을 때 '저편으로 가져가는 것'이 그리도 중요한 모양이다. 오직 이곳, 대극이 서로 부딪치는 지상의 삶에서만 일반적인 의식은 고양될 수 있다. 이것은 인간의 형이상학적 과제로 여겨지는데 '신화화'가 없이는 단지 부분적으로만 채워질 수 있을 뿐이다.

신화는 피할 수도 면할 수도 없는, 의식적 인식과 무의식 사이의 중간단계다. 무의식이 의식보다 많이 알고 있다는 것은 기정사실이지만, 그것은 특별한 종류의 앎으로 영원 속의 앎, 대개 '지금 여기'와 관계가 없고 우리의 지적 언어도 고려하지 않는 앎이다. 오직 우리가 무의식으로 하여금 스스로 확충하여 진술할 수 있는 기회를 줄 때에만, 앞에서 수를 예로 들어 제시했듯이,

그것이 우리 이해의 범위 안에 들어오게 되고 새로운 측면이 우리에게 지각된다. 이러한 과정은 성공적인 꿈분석이 이루어질 적마다 확실한 방법으로 항상 반복된다. 그러므로 꿈의 진술과 관련하여 교조적인 선입견을 갖지 않는 것이 참으로 중요하다. '해석의 획일화'가 눈에 띄는 즉시 우리는 그 해석이 교조적이며 따라서 비생산적임을 알게 된다.

사후에도 영혼이 계속 살아남는다는 것을 타당하게 증명하는 일이 불가능하다 할지라도, 사람들로 하여금 거기에 대해 생각하도록 하는 체험들은 있다. 나는 그러한 체험들을 암시로 받아들일 뿐, 거기에 감히 깨달음의 의미까지 부여할 마음은 없다.

한번은 밤중에 눈을 뜨고 누운 채로 전날 무덤에 묻힌 친구의 갑작스러운 죽음에 대해 생각했다. 그의 죽음이 나를 사로잡고 있었다. 문득 그가 방 안에 있는 것 같은 느낌이 들었다. 그가 내 침상 옆에 서서 내게 자기와 함께 가달라고 부탁하는 듯했다. 어떤 모습을 보았다는 느낌은 없고 내적인 시각영상이었으므로 나는 스스로 그것을 환상이라고 여겼다. 하지만 솔직히 말해 그것이 환상이라고 증명할 수 있는지 나 자신에게 반문하지 않을 수 없었다. 그것이 환상이 아니라면, 친구가 정말 거기 있는데도 내가 그것을 환상으로 여긴다는 것은 부끄러운 일이 아닌가. 그러나 그가 현상적 존재로서 '실제로' 내 앞에 서 있다는 증거 역시 가질 수 없었다.

그때 나는 생각했다. '증거가 있든 없든 상관없다! 그를 환상이라고 여기는 대신 똑같은 자격을 가진 현상적 존재로 받아들이고, 시험삼아 최소한 실재라고 시인해보자.' 내가 그런 생각을 하는 순간, 그는 문 쪽으로 가서 내게 따라오라는 눈짓을 보냈다. 이를테면 자기와 동행하자는 것이었다. 그것은 물론 예상하지 못한 일이었다! 그래서 나는 다시 한번 따져보아야만 했다. 그러고 나서야 비로소 나의 환상 속에서 그를 따라갔다.

그는 나를 집 밖으로 데리고 나가더니 정원과 길거리를 지나 마침내 그의 집으로 갔다. (실제로 그의 집은 내 집에서 수백 미터 떨어져 있었다). 내가 집 안으로 들어가자 그는 나를 자신의 서재로 안내했다. 그는 발판에 올라서서 붉은 표지로 제본된 다섯 권의 책 중 두 번째를 가리켰다. 그것은 서가 꼭대기에서 두 번째 칸에 놓여 있었다.

그때 환상이 끝났다. 나는 그의 서재를 몰랐고 어떤 책이 있는지도 알지 못했다. 더군다나 그가 가리킨 책의 제목을 밑에서는 알아볼 수 없었다. 꼭대기에서 두 번째 칸에 있었기 때문이었다.

무척 기이한 체험이라 여겨져 다음날 그 친구의 미망인에게 가서 죽은 친구의 서재에서 무엇을 좀 확인해봐도 되겠느냐고 물었다. 과연 환상에서 본 서가 밑에 발판이 놓여 있었고, 멀리서도 붉은 표지로 제본된 다섯 권의 책이 보였다. 나는 그 책의 제목을 읽으려고 발판으로 올라갔다. 그것은 에밀 졸라의 소설 번역본이었다. 두 번째 권의 제목은 《죽은 자의 유언》이었다. 그 내용은 흥미로운 것 같지 않았지만 제목은 그 체험과 매우 의미있는 관련을 가지고 있었다.

어머니가 돌아가시기 전에 있었던 또 하나의 체험이 생각난다. 어머니가 돌아가셨을 때 나는 테신에 있었다. 그녀의 죽음이 예상치 못하게 갑작스러웠기 때문에 나는 그 소식에 큰 충격을 받았다. 어머니가 돌아가시기 전날 밤 나는 무서운 꿈을 꾸었다.

나는 어느 울창한 컴컴한 숲 속에 있었다. 환상적인 큼직한 바위덩어리가 원시림 같은 거대한 나무들 사이에 놓여 있었다. 장엄한 태고의 세계와 같은 광경이었다. 갑자기 우주에 울려퍼지는 듯한 날카로운 휘파람소리가 들렸다. 나는 너무 놀라 무릎이 후들거렸다. 그때 덤불에서 우지직 소리가 나더니 커다란 늑대 한 마리가 무시무시한 아가리를 벌리고 달려나왔다. 그 모습을 보고 나는 혈관의 피가 얼어붙는 느낌이었다. 그 늑대가 내 곁을 쏜살같이 지나갔다. 나는 이제 야생 사냥꾼이 한 인간을 물고 오라고 명령한 것을 알았다. 소스라치게 놀라 잠에서 깨어났는데 다음날 아침 어머니가 돌아가셨다는 부음을 받았다.

꿈이 나에게 이토록 큰 충격을 준 것은 드문 일이었다. 언뜻 보아도 그 꿈은 마귀가 내 어머니를 가로채갔다고 일러주는 듯이 여겨졌다. 그런데 사실 그것은 야생 사냥꾼 '그륀휘틀'로, 그날 밤 푄풍(알프스를 넘어오는 건조한 열풍—옮긴이)이 불어오는 정월의 날씨 속에서 늑대와 더불어 사냥을 하고 있었던 것이었다. 그는 알레만족속 선조들의 신 보탄이었다. 그는 나의 어머니를 그들의 조상들에게 '합류시켰다'. 다시 말해 부정적으로는 거친 주인에게, 긍정적으로는 '축복된 무리'에게 합류시킨 것이다.

기독교 선교사에 의해 비로소 보탄이 마귀가 되었다. 보탄 그 자체는 중요한 신이다. 로마인들이 바르게 인식했듯이, 메르쿠리우스 또는 헤르메스다. 그는 자연의 영으로서 성배전설의 메를린으로 다시 부활했으며 '메르쿠리우스의 영'으로 연금술사들이 찾던 비전(秘傳)이 되었다. 그러므로 그 꿈은 어머니의 영혼이 기독교적 도덕의 측면을 넘어 '자기'의 보다 큰 저승의 관계성 속으로, 다시 말해 대극의 갈등을 포괄하는 자연과 영혼의 통합 속으로 수용되었음을 말해주고 있었다.

나는 기차를 타고 곧장 집으로 달려갔다. 밤중에 기차에 앉아 있을 때 슬픔이 너무 컸다. 하지만 저 깊숙한 내면에서는 슬프지가 않았다. 그것도 기묘한 이유에서 그러했다. 기차로 오는 내내 마치 결혼식을 올리는 것처럼 계속 이어지는 무도곡과 웃음소리, 유쾌하게 떠드는 소리 들을 들었다. 이 체험은 그 꿈의 무시무시한 인상과는 완전히 대조를 이루었다. 여기서는 명랑한 무도곡과 쾌활한 웃음이 있어 슬픔에 잠길 수가 없었다. 슬픔이 다시금 나에게 몰려올 적마다 바로 다음 순간 나는 도로 즐거운 멜로디 한가운데 있었다. 그것은 한편으로는 따뜻함과 기쁨이요, 다른 한편으로는 충격과 슬픔으로 상반된 감정의 끝없는 변화였다.

그 대극은 죽음이 한 번은 자아의 관점에서, 또 한 번은 영혼의 면에서 표현된다는 사실로 설명할 수 있겠다. 전자의 경우 그것은 재앙으로, 악하고 무자비한 힘이 한 인간을 때려죽인 것처럼 여겨졌던 것이다.

죽음은 역시 무섭도록 가혹하다. 여기에 사람들이 속아서는 안 된다. 물리적인 사건으로뿐 아니라 정신적인 사건으로서 더욱 그러하다. 한 인간을 빼앗기고, 냉혹한 죽음의 정적만 남는다. 더이상 어떤 관계성도 맺을 희망이 없다. 모든 다리는 파괴되었다. 사람들이 오래 살아주었으면 하고 바라던 인간은 삶의 한가운데서 저승으로 끌려가고, 쓸모없는 인간은 늙도록 살아남는다. 이것이 숨길 수 없는 잔인한 현실이다. 죽음의 야만성과 전횡성은 사람들을 비통하게 만들어, 사람들은 자비로운 하느님도 없고 정의나 선도 없다고 단정하기에 이른다.

하지만 다른 관점에서 보면, 죽음은 하나의 즐거운 사건으로 여겨진다. 영원의 관점에서 죽음은 일종의 결혼이며 융합의 비의다. 영혼은 이를테면 자신에게 결여된 반쪽에 도달하여 통합을 이루게 된다. 그리스의 관들에는 그 회열이 무희들로써 묘사되었고, 에트루리아 무덤들에는 향연으로 표현되어 있다. 경건한 유대 신비주의자 시몬 벤 요카이가 죽을 때 그의 친구들은 그가 결혼식을 올린다고 말했다. 오늘날에도 많은 지방에서 만령절(萬靈節 : 11월 2일, 만인 위령의 날—옮긴이)에 무덤으로 '소풍'을 가는 풍습이 있다. 이 모든 것은 죽음이 본래 하나의 축제라는 지각을 나타내고 있는 셈이다.

어머니가 돌아가시기 몇 달 전에 나는 이미 1922년 9월에 그녀의 죽음을 암시하는 꿈을 꾸었다. 그 꿈은 나의 아버지에 관한 것으로, 나에게 깊은 인상을 주었다. 그가 죽은 후, 그러니까 1896년 이래로 나는 아버지에 관해 꿈을 꾼 적이 한 번도 없었다.

이제 그는 다시 내 꿈에 나타났는데 먼 여행에서 돌아온 듯했다. 그는 도로 젊어진 것 같았고 아버지로서 권위를 부리지도 않는 모습이었다. 나는 그와 함께 내 서재로 갔다. 나는 아버지가 그동안 어떻게 지내셨는지 들어 알게 되기를 몹시 기대했다. 그 무엇보다도 내가 아버지에게 내 아내와 아이들을 소개하고 내 집을 보여주며 그동안 내가 한 모든 일과 내가 무엇이 되었는지를 이야기하게 되기를 기대했다. 또한 나는 아버지에게 최근에 출간된 유형론 책에 관해 말씀드리고 싶었다.

그러나 나는 곧 그 모든 것이 불가능함을 알았다. 아버지는 깊이 생각에 잠긴 듯이 보였다. 나에게 뭔가를 원하고 있는 것 같았다. 나는 그것을 분명히 느꼈으므로 그에게 말하는 것을 삼갔다. 그러자 아버지가 내게 말하기를, 내가 심리학자이므로 상담을 하고 싶다고 했다. 그것도 결혼심리학에 관해서. 나는 그에게 결혼생활의 갈등에 관해 장광설을 늘어놓을 준비를 했다.

그러다가 잠에서 깨어났다. 나는 그 꿈을 잘 이해할 수 없었다. 그 꿈이 어머니의 죽음과 관련이 있으리라고는 생각도 못했다. 그런데 어머니가 1923년 정월에 갑자기 죽자 그 꿈의 의미가 비로소 분명해졌다.

내 부모님의 결혼생활은 서로 사이가 좋아 행복한 편이 아니었다. 그것은 많은 어려움으로 괴로웠던 인내의 시련이었다. 두 사람은 많은 부부에게서 나타나는 전형적인 잘못을 범하곤 했다. 그 꿈에서 나는 어머니의 죽음을 예견할 수 있었어야 했다. 26년의 공백 끝에 아버지가 내 꿈에 나타나 심리학자에게 결혼생활의 갈등에 관한 최근의 견해와 인식을 물어왔으니 말이다. 그로서는 그 문제를 다시 받아들여야 할 시기가 다가왔던 것이었다. 아버지는 자신의 무시간적인 상태에서 아마도 더 좋은 통찰을 얻지 못했던 모양이다. 그래서 변화하는 시간조건에서 몇 가지 새로운 관점을 얻을 수 있었던 살아 있는 사람에게 조언을 구해야만 했던 것이다.

그 꿈은 그와 같이 말하고 있었다. 의심할 나위 없이 나는 그 꿈의 주관적인 의미에 관한 통찰로써 더 많은 것을 얻을 수 있었을 것이다. 그런데 왜 나는 아버지를 어머니가 돌아가시기 바로 전에 보았을까? 어머니의 죽음에 대해 전혀 예측하지 못하고 있었는데 말이다. 그 꿈은 분명히 세월이 지날수록 깊어진 공감으로 나와 맺어진 아버지에게 초점을 맞추고 있었다.

시공간의 상대성 때문에 무의식은 지각만을 처리하는 의식에 비해 더 나은 정보원을 가지고 있다. 우리는 사후의 생에 대한 우리의 신화와 관련하여 꿈이 주는 약간의 암시나 이와 비슷한 무의식의 자발적인 발현을 통해 가르침을 받고 있다. 앞에서 말했듯이, 물론 이러한 암시에 인식이나 증거로서의 가치를 부여할 수는 없다. 그러나 이런 현상들은 신화적인 확충에 적합한 기초로 이바지할 수는 있을 것이다. 그것들은 탐구하는 지성에게 그 생명력에 불가결한 주변의 여러 가능성을 마련해주고 있다.

신화적 상상에서 중간세계가 없다면 정신은 교조주의에 갇혀 경직될 위험성이 있다. 또한 반대로 신화적인 내용을 고려하는 것이 피암시적인 약한 마음의 소유자들에게는 예감을 인식으로 여기고 환상을 실체화할 위험이 있다.

단일성과 무한성

널리 퍼져 있는 저승의 신화는 재생에 관한 관념과 표상으로 이루어져 있다.

우리보다 훨씬 오래되고 무척 분화된 정신문화를 지닌 나라, 즉 인도에서 재생의 관념은, 우리가 하느님이 세상을 창조하셨고 한 분의 구주가 있다고 여기는 것과 마찬가지로, 당연한 생각이다. 교양있는 인도인은 우리가 그들처럼 생각하지 않는다는 것을 알고 있지만 거기에 신경쓰지 않는다. 동양적 존재의 정신적 특성에 어울리게 출생과 죽음의 연속은 끝없는 현상이요, 목표도 없이 계속 굴러가는 영원한 운명의 수레바퀴로 여겨진다. 사람은 살고 인식하고 죽고 다시 처음부터 시작한다. 오직 부처에 이르러 목표에 관한 관념이 드러나는데, 그것은 이를테면 지상적 존재의 극복인 셈이다.

서양인의 신화에 대한 갈구는 '시작'과 '목표'를 지닌 진화론적 세계상을 요청하게 된다. 이러한 세계상은 시초와 단순한 '끝'을 가진 세계라든가 그 자체 안에 폐쇄된, 정적이고 영원한 순환과정의 세계관을 배척한다. 이에 반해 동양인은 이런 관념을 허용할 수 있는 듯이 보인다. 세계의 본질과 관련하여 보편적인 합의가 이루어지지 않은 것이 확실하고, 마찬가지로 천문학자들도 지금까지 이 문제에 관해 의견의 일치를 보지 못하고 있다. 서양인으로서는 정적이기만 한 세계의 무의미성을 견디지 못한다. 그들은 세계의 의미를 전제해야 한다. 동양인은 이런 전제를 필요로 하지 않고 자신이 그 전제를 구현한다. 서양인이 세계의 의미를 완성하고자 하는 반면, 동양인은 인간 속에서 의미의 실현을 위해 노력하며 자신으로부터 세계나 존재를 벗어버린다. 이것이 바로 부처다.

나는 양쪽 다 옳다고 생각한다. 서양인은 외향적인 경향이 강하고 동양인은 내향적인 경향이 강한 듯하다. 서양인은 의미를 투사하여 객체에 의미가 있는 듯이 추정한다. 동양인은 그 의미를 자신 속에서 느낀다. 그런데 의미는 밖에도 있고 안에도 있는 법이다.

재생의 관념에서 떼어낼 수 없는 것이 카르마의 관념이다. 결정적인 문제는 한 인간의 카르마가 개인적인 것이냐 아니냐 하는 점이다. 한 인간의 인생이 시작되도록 한 운명의 결정이 전생의 행위와 업적의 결과라면, 여기에는 개인적인 연속성이 있게 된다. 그런데 다른 경우 카르마가 이를테면 출생에 의해 묶인다면, 개인적인 연속성 없이 다시 구체적으로 생성될 것이다.

부처는 인간의 카르마가 개인적인 것이냐 아니냐 하는 질문을
제자들에게 두 번이나 받았다. 두 번 다 그는 이 물음을 피하고
토론하지 않았다. 이 물음은 존재의 환각에서 자기를 해방하는
데 도움을 주지 못한다. 부처는 제자들이 니다나(인연)사슬을 명
상하는 것, 다시 말해 출생, 삶, 늙음과 죽음, 고통스러운 사건들
의 원인과 작용에 대해 명상하는 것이 그들에게 더욱 유익하리라
고 여겼다.

　내가 살아가면서 감당하고 있는 카르마가 내 전생의 결과인지,
혹은 내 속에 유산을 모아 남겨준 조상의 소산인지, 이 물음에 대
해서는 나도 답을 잘 모르겠다. 내가 조상들의 인생의 결합으로
이루어져 있고 그들의 인생을 다시 구현하고 있단 말인가? 내가
옛날에 한 번 특정한 인격으로 살았고 내세에서 이제 해방을 꾀
할 수 있을 만큼 된 것인가? 나는 그것을 알지 못한다. 부처는 이
물음을 답을 하지 않은 채 남겨놓았다. 그런데 그도 그 물음에 대
한 확실한 답을 몰랐다고 짐작된다.

　내가 먼 옛날에 살았고 거기서 지금도 여전히 대답할 수 없는
어떤 물음에 부닥쳤다는 것은 충분히 상상할 수 있는 일이다. 내
게 부과된 과제를 풀지 못했으므로 다시 태어나야만 했다고 말이
다. 추측하기로는, 내가 죽으면 나의 한 일들이 따라올 것이다.
나는 내가 한 일을 함께 가지고 갈 것이다. 그런데 그 사이에 중
요한 문제는 내가 생의 마지막에 빈손으로 서 있지 않는 것이다.
부처가 젊은 제자들의 쓸모없는 사변을 막으려고 했을 때 부처도
이런 생각을 했을 것으로 여겨진다.

나의 존재의미는 인생이 나에게 물음을 가지고 있다는 것이다. 바꾸어 말하면, 나 자신이 세계를 향해 던지는 하나의 물음이며, 나는 거기에 대한 나의 대답을 제시해야 한다. 그렇지 않으면 나는 단지 세계가 주는 대답에 의지할 뿐이다. 그것은 내가 오로지 고심 끝에 인식하게 된 초개인적인 인생과제다. 아마도 그것은 나의 조상이 이미 골똘히 생각해보았지만 대답할 수 없었던 어떤 것일지도 모른다.

그래서 내가 《파우스트》의 결말에 아무런 해결책도 포함되어 있지 않은 사실에 깊은 인상을 받았던 것일까? 또는 니체가 풀려다가 수포로 돌아간 문제, 즉 기독교적 인간에서 사라지고 만 디오니소스적 체험에 깊은 인상을 받았던 것일까? 또는 나에게 도발적인 물음을 던진 것은 나의 알레만족, 프랭크족 조상의 성급한 보탄, 헤르메스신인가? 또는 내가 전생에 반항하는 기질의 중국인이었어서 그의 동양적인 영혼을 유럽에서 발견해야 하는 벌을 받고 있다고 한 리하르트 빌헬름의 농담 같은 추측이 옳았던 것인가?

내가 조상 인생의 결과로서 또는 개인적인 전생에서 얻은 카르마로서 느끼고 있는 것은, 아마도 오늘날 전세계를 잠시도 쉬지 않게 하고 특히 나를 사로잡고 있는 비개인적 원형일지도 모른다. 예를 들면 신성한 삼위(성부, 성자, 성령을 가리킴—옮긴이)의 장구한 발전, 그 삼위와 여성원리의 대립, 또는 악의 근원, 다시 말해 불완전한 기독교 신의 이미지에 관한 그노시스적인 물음에 여전히 미진한 대답 같은 것들이다.

나는 또한 대답이 요구되는 하나의 물음이 개인적인 성취를 통해 세계 속에 생겨나게 되는 가능성을 생각한다. 예를 들면 내가 제기하는 물음과 대답이 불만족스러울 수도 있다. 이런 경우에는 내 카르마를 가진 누군가가(아마도 나 자신이겠지만) 보다 완전한 해답을 주기 위해 다시 태어나게 될 것이다. 그러므로 세계가 어떤 대답을 필요로 하지 않는 한 나는 다시 태어나지 않을 것이며, 또한 나는 수백 년 동안 휴식할 수 있는 자격을 지니고 있다가 그와 같은 것에 흥미를 느끼는 누군가를 사람들이 필요로 할 때, 새롭게 과제에 임하여 소득을 얻을 수도 있을 것이라 상상해본다. 지금까지의 과제를 다 마칠 때까지 사람들이 이제 얼마간 휴식기간을 줄지도 모른다고 생각한다.

　카르마의 문제는 개인적인 재생이나 영혼의 윤회 문제와 마찬가지로 내게는 이해하기 어렵다. 나는 재생에 대한 인도인의 신앙고백을 '자유롭고 빈 마음으로' 존경하는 태도로 들으며, 나의 경험세계에서 재생의 경향을 보여준다고 당연히 생각될 만한 어떤 일들이 일어나지 않는지 어디서든 어떻게 해서든지 둘러보며 살핀다. 물론 나는 우리 주변에서 듣게 되는 비교적 많은 재생신앙의 증언들에는 관심을 두지 않는다. 내가 보기에 하나의 믿음은 믿음의 현상을 증명할 뿐 그 믿은 내용을 증명해주지는 않는다. 내가 받아들이기 위해서는 그것이 경험적으로 나타나야 한다.

　수년 전까지만 해도 여기에 대한 나의 관심에도 불구하고, 이런 관점에서는 확신할 만한 것을 발견할 수 없었다. 그런데 최근에 나는 죽은 친지 한 사람과 관련하여, 모든 면에서 재생의 과정을 묘사하는 일련의 꿈을 살펴보게 되었다. 어떤 면들은 심지어 부인할 수 없는 개연성을 가지고 경험적인 진실성에 이르기까지 주의깊게 관찰되었다. 하지만 이와 비슷한 것을 나는 두번 다시 관찰하거나 들어보지 못했으므로 비교 가능한 자료를 가지고 있지 않다. 나의 관찰이 주관적이며 일회성으로 그쳤으므로, 나는 단지 그런 현상이 존재한다는 사실만 전할 수 있을 뿐 그 내용은 말할 수 없다. 그런데 이와 같은 경험을 하고 나서는 재생의 문제를 좀 다른 관점에서 보게 되었음을 고백하지 않을 수 없다. 물론 내가 어떤 확정된 견해를 대변할 수 있는 입장에 있지는 않지만 말이다.

우리가 '저곳(저승)'에서도 이어지는 삶을 가정한다면, 우리는 정신적인 것 이외의 어떤 다른 존재를 생각할 수 없다. 왜냐하면 정신적인 삶은 시간과 공간을 필요로 하지 않기 때문이다. 정신적인 존재, 그중에서도 특히 우리가 이렇게 이미 몰두하고 있는 내적 표상들은 저승의 존재에 관해 온갖 신화적 사변의 자료를 제공해준다. 저승의 존재를 나는 표상의 세계에서의 전진이라고 상상해본다. 그리하여 정신이란 저쪽의 존재라고 할 수 있는데, '저승'이나 '죽은 자의 나라'도 그와 같은 뜻인 셈이다.

심리학의 관점에서 '저승의 삶'은 노년 정신생활의 논리적 연장으로 여겨진다. 나이가 들어갈수록 소위 관조, 성찰, 그리고 내적 이미지들이 당연히 더욱 중요한 역할을 하게 된다. '너희 늙은이들은 꿈을 꾸게 될 것이다(〈요엘〉 2 : 28, 〈사도행전〉 2 : 17).' 이것은 물론 노인의 영혼이 목석처럼 뻣뻣해지거나 굳어지지 않았을 경우를 전제로 한다. 이런 질병은 오래 방치하여 심해지면 약도 소용없게 된다. 노년에 인간은 그의 내면의 눈으로 추억들을 펼쳐보며 과거의 내적·외적 이미지들 속에서 자신을 생각하면서 인식하기 시작한다. 이것은 마치 저승 전단계거나 거기서 존재하기 위한 준비와도 같으며, 플라톤의 견해에 따르면 철학이 죽음을 준비하는 것과도 같다.

내적 이미지는 개인적인 회고 속에서 나 자신을 잃어버리는 것을 막아준다. 외적 사건의 기억에만 얽매여 있는 늙은이들이 많다. 그들은 그 속에 갇혀 있는 반면, 자신을 성찰하고 이미지로 바꾸는 회고는 '전진을 위한 후진'을 의미하게 된다. 내 인생을 통하여 이 세계 안으로 이끌었고 다시 이 세계에서 밖으로 인도하는 그 줄(노선)을 보려고 시도한다.

일반적으로 인류가 저승에 관해 지어내는 관념들은 그들의 희망적인 전망과 선입견이 그 형성과정에 개입하게 된다. 그러므로 대부분 저승은 밝은 관념하고만 결부되어 있다. 그러나 내게는 이것이 이해되지 않는다. 나는 우리가 죽은 후에 어여쁜 꽃으로 덮인 초원에 이르리라고 생각하기가 어렵다. 저승이 모두 밝고 좋기만 하다면 우리와 순수하고 축복받은 영혼들 사이에 친밀한 소통이 있어야 할 것이며, 전생에서부터 아름답고 선한 결과가 우리에게로 흘러올 수 있었을 것이다. 하지만 그런 이야기는 없다.

어찌하여 사람들과 죽은 자들 사이에 그와 같이 극복할 수 없는 단절이 있단 말인가? 죽은 혼령과 만난 일에 관한 보고를 보면, 적어도 그 반은 어두운 혼령으로 겁에 질린 체험들을 이야기하고 있다. 죽은 자의 나라는 고독한 혼령들의 고통은 개의치 않고 냉담한 침묵에 싸여 있는 것이 보통이다.

내가 무의식적으로 생각하고 있는 것을 따른다면, 대극적 성질이 완전히 결여된 '저쪽 세상'이 있다고 할 때, 나로서는 그 세계가 너무나 획일적이라고 여겨진다. 그곳에도 그 자체의 방식에 따라 신의 것인 '자연'이 있다. 죽은 후에 우리가 가는 세계는 거룩한 신성과 우리가 알고 있는 자연처럼 웅대하며 두려운 곳일 것이다.

또한 그 세계에서 고통이 완전히 끝난다는 것은 상상할 수 없다. 내가 1944년의 환상에서 체험한 바와 같이, 육체의 짐을 벗어버린 상태에서 의식을 지각하는 것은 깊은 희열을 느끼게 한다. 그럼에도 불구하고 거기에도 역시 어둠이 있었고 인간적 체온의 기묘한 소멸이 있었다. 내가 이르렀던 검은 바위를 생각해보라! 그것은 음울했고 아주 딱딱한 화강암이었다.

이것은 무엇을 의미하는가? 창조의 근본에 불완전함이나 근원적 결함이 없다면 어찌하여 창조충동, 완성된 것에 대한 갈망이 생기겠는가? 어찌하여 신들에게 인간과 창조가 중요했던가? 그리고 영원으로 이어지는 니다나사슬의 연속은 무엇인가? 어찌하여 부처가 존재의 고통스러운 환각에 대하여 그것의 '공(空)'을 설파하고, 기독교인이 임박한 세계의 종말을 바라는 것인가?

나는 저승에도 역시 어떤 제한이 있는 것이 가능한 일이라고 생각한다. 다만 죽은 혼령은 해방된 상태에서 한계가 어디에 있는지 차츰차츰 알아갈 뿐이다. '거기' 어딘가에 사후의 상태를 끝내고자 하는 제한적 세계의 당위성이 존재한다. 내가 생각할 때 이와 같은 창조적 당위성은 어떤 영혼을 다시 태어나게 할 것인가를 결정할 것이다. 어떤 혼령은 삼차원의 실존상태를 '영원한' 존재보다 더 축복된 것으로 여길 수도 있다고 상상해볼 수 있다. 그러나 그것은 아마도 그 혼령이 자신의 인간실존의 완전성이나 불완전성을 얼마나 저승으로 가지고 갔느냐에 좌우될 것이다.

만약 혼령이 어떤 통찰의 단계에 이르렀다면 삼차원의 인생을 연장한다는 것은 더이상 의미가 없다고 할 것이다. 그때 그 혼령은 이승으로 다시 돌아올 필요가 없을 것이며, 고양된 통찰은 다시 몸을 입고 싶은 욕구를 잠재울 것이다. 그러면 삼차원세계의 혼은 소멸되고 불교도들이 '니르바나'라고 일컫는 상태에 도달할 것이다. 하지만 아직도 카르마가 남아 있어 마무리를 해야 한다면 혼령은 다시 돌아오고 싶은 욕구에 빠지고 도로 삶을 취하게 된다. 심지어 무엇인가 더 완성해야 한다는 인식에서 그럴 수도 있을 것이다.

내 경우에는 무엇보다도 어떤 원인으로 내가 태어나게 되었는지 이해하려는 격렬한 충동이 있었을 것이다. 이 충동은 내 본질의 무척 확고한 요소다. 이와 같이 이해에 굶주린 본능은 무엇이 일어났으며 무엇이 일어나고 있는지 인식하기 위해, 또한 그것을 넘어서 인식할 수 없는 것에 대한 적은 암시에서 신화적 표상을 찾아내기 위해, 이를테면 의식을 만든 셈이다.

우리는 우리의 어떤 부분이 영원히 보존되는 것인지 증명할 수 있는 입장에 있지 않다. 우리는 기껏해야 우리 정신의 어떤 부분이 신체적인 죽음을 넘어서 계속 존재할 어떤 가능성이 있다는 말밖에 할 수 없다. 그와 마찬가지로, 계속 존재하는 그것이 스스로를 의식하는지도 우리는 잘 모른다.

이 물음에 대한 견해를 제시할 필요가 있을 때 사람들은 아마도 정신적 분열현상과 함께 겪게 되는 체험들을 염두에 둘 수 있을 것이다. 소위 콤플렉스가 분리되어 나타나는 대부분의 경우에 콤플렉스 자체가 의식을 가지고 있는 것처럼 인격체의 모습을 띠게 된다. 그리하여 예컨대 정신병자의 목소리가 인격화되고 있는 것이다. 인격화된 콤플렉스의 현상을 나는 이미 나의 박사학위 논문에서 다루었다.

우리는 원한다면 그 현상을 의식의 연속성을 증명하기 위해 제시할 수도 있을 것이다. 급성 뇌손상으로 인한 심한 의식불명 상태나 심각한 탈진상태에서 관찰되는 뜻밖의 새로운 사례들 역시 이런 가정을 뒷받침해준다. 이 두 가지 경우에 아주 심한 의식상실 상태에서도 외부세계의 지각과 아울러 강렬한 꿈의 체험이 일어날 수 있다. 의식불명 상태에서는 의식을 관장하는 부분인 대뇌피질이 차단되어 있으므로 그런 체험은 오늘날에도 설명되지 않는다. 그 체험들은 표면적으로는 의식상실 상태에서도 의식능력이 최소한 주관적으로는 보존되고 있음을 말해준다.

시공간에 속한 세속적 인간과 무시간적 인간, 즉 '자기'와의 관계에 관한 문제는 아주 까다로운 난제를 제기하고 있다. 여기에 대해 나는 두 개의 꿈을 통해 깨우침을 받았다.

1958년 10월에 꾼 꿈에서 나는 렌즈 모양으로 생긴 번쩍이는 두 개의 금속성 원반이 서로 밀접하게 곡선을 그리며 집 너머 호수를 향해 쏜살같이 날아가는 것을 내 집에서 바라보고 있었다. 그것은 두 개의 미확인비행물체(UFO)였다. 그후에 또 다른 물체 하나가 곧장 나에게로 날아왔다. 그것은 망원경의 대물렌즈 같은 둥근 렌즈였는데, 400~500미터쯤 떨어진 거리에서 잠시 멈추더니 다시 날아가버렸다. 그 다음 순간 다시 물체 하나가 허공을 가르며 날아왔다. 그것은 상자와 연결된 금속 부착물이 있는 대물렌즈로 일종의 마술램프였다. 그것은 60~70미터 떨어진 허공에 정지하더니 곧장 나를 향해 방향을 잡았다.

나는 놀라서 잠에서 깨어났다. 비몽사몽간에 머리에 떠오르는 사념들이 있었다. 우리는 늘 미확인비행물체가 우리의 투사(投射)라고 생각해왔다. 그러나 이제는 우리 자신이 그들의 투사라는 것이 드러나고 있다. 나라는 존재는 마술램프로부터 C.G.융으로 투사된 것이다. 그런데 누가 그 장치를 조작하고 있는가?

자기(Selbst)와 자아(Ich)의 관계에 대한 문제에 관하여 나는 이전에 이미 꿈을 꾼 적이 있었다. 그 꿈에서 나는 이리저리 여행을 다니고 있었다. 나는 어떤 작은 거리에서 언덕진 곳을 지나고 있었는데, 햇빛이 비치고 사방으로 넓은 시야가 펼쳐졌다. 길가 어느 작은 예배당에 이르렀는데 문이 반쯤 열려 있어 그 안으로 들어갔다. 놀랍게도 제단 위에는 성모상도 십자가상도 없고 다만 화려한 꽃들이 예쁘게 정돈되어 있을 뿐이었다. 그런데 그때 나는 요기(Yogi : 요가수행자) 한 사람이 제단 앞 바닥에 연꽃자세(가부좌를 가리킴—옮긴이)로 나를 향해 앉아 깊은 명상에 잠겨 있는 것을 보았다. 좀더 가까이 가서 살펴보니 그가 내 얼굴을 하고 있는 것이 아닌가!

나는 깊은 충격을 받고 잠에서 깨어나 생각했다. '아, 그렇구나. 그 사람이 나를 명상하고 있었구나.' 그가 하나의 꿈을 꾸었는데 그것이 나다. 그가 깨어난다면 나는 더이상 존재할 수 없으리라는 것을 나는 알았다.

그 꿈은 1944년 앓고 나서 꾼 것이었다. 그 꿈은 다음과 같은 비유를 말해주고 있다. 나의 '자기'가 이를테면 요기처럼 깊은 생각에 잠겨 나의 세속적인 형상을 명상하고 있다. 우리는 이렇게도 말할 수 있을 것이다. '자기'가 삼차원의 존재가 되기 위해 인간의 형상을 취하게 되었다고 말이다. 그것은 마치 바닷속으로 들어가기 위해 잠수복을 입는 것과도 같다. '자기'는 꿈의 영상에 나타난 작은 예배당이 암시하듯이, 종교적인 자세로서 저승의 실존을 포기한다. 그것은 세속적인 형상으로 삼차원의 세계를 경험할 수 있을 것이고, 보다 큰 의식성을 통해 좀더 넓은 범위까지 실현될 것이다.

요기의 형상은 말하자면 무의식적인 전생의 통합성을 나타낸다고 할 수 있다. 극동은 꿈에서 자주 그러하듯이 우리에게는 낯선, 의식에 대립되는 정신상태를 가리킨다. 마술램프와 같이 요기의 명상 역시 나의 경험적 현실을 '투사'하고 있다. 그런데 우리는 보통 이러한 인과관계를 반대로 인식하고 있다.

우리는 무의식의 산물에서 만다라 상징, 즉 통합성을 묘사하는 원과 사위상(四位像)을 발견한다. 그리고 우리가 통합성을 묘사할 때 바로 그와 같은 형상들을 사용한다. 우리의 기초는 자아의식, 즉 자아를 중심점으로 하는 빛의 영역이고 그것이 우리의 세계를 표현한다. 거기서 우리는 비밀에 싸인 어둠의 세계를 바라본다. 그런데 그림자 같은 그것의 흔적들이 얼마만큼 우리의 의식에서 야기되는지, 또는 그것이 얼마만큼 고유의 현실성을 지니고 있는지 우리는 알지 못한다. 피상적인 관찰은 의식이 그 원인이 된다는 가정을 뒷받침하는 듯하다. 그러나 좀더 자세히 살펴보면 일반적으로 무의식의 표상들은 의식에서 만들어진 것이 아니라 그들 고유의 현실과 자발성을 지니고 있다. 그런데도 우리는 그것들을 단지 일종의 주변현상으로만 보고 있다.

그 두 꿈의 뚜렷한 경향은 자아의식과 무의식의 관계를 완전히 뒤바꾸고 무의식을 경험적 인간의 생산자로 묘사하고 있다는 것이다. 이러한 도치는 '다른 쪽'의 견해에 따르면, 우리의 무의식적 존재가 참다운 것이며 우리의 의식세계는 일종의 환각이거나 일정한 목적을 위해 세워진 하나의 가상적 현실임을 가리키고 있다. 그것은 마치 우리가 그 속에 있는 동안만 현실로 여겨지는 꿈과 같은 것이다. 이러한 내용은 분명히 동양의 세계관과 무척 닮은 점이 많은데, 특히 마야(Mājā : 오직 정신만이 영원하고 물질세계는 환영이며 착각이라고 하는 힌두교의 오래된 신앙—옮긴이)를 믿는 점에서 그러하다.

그러므로 무의식의 통합성은 나에게는 모든 생물학적·정신적 현상의 고유한 영적 인도자로 여겨진다. 그것은 총체적인 실현, 즉 인간의 경우 전적인 의식화를 추구한다. 의식화는 넓은 의미에서 문화이며, 그리하여 자기인식은 이러한 과정의 정수이며 핵심이다. 동양은 의심할 나위 없이 '자기'에 신적인 의미를 부여하고, 고대 기독교의 관점에 따르면 자기인식은 신인식(神認識)에 이르는 길이다.

인류에게 결정적인 물음은 "당신이 무한한 것에 관련되어 있느냐, 그렇지 않으냐?" 하는 것이다. 이것이 인생의 시금석이다. 무한한 것이 본질적이라는 사실을 내가 알 때에야 비로소 나는 결정적인 의미가 없는 하찮은 일에 관심을 쏟지 않을 것이다. 내가 그것을 모를 때는 개인적인 소유로 생각하고 있는 이런저런 지위들 때문에 무엇인가 이 세상에서 인정받기를 고집할 것이다. 아마도 '나의' 재능이나 '나의' 미모 때문에 그럴지도 모른다.

인간이 그릇된 소유를 고집할수록 그리고 본질적인 것을 덜 느끼게 될수록 그의 삶은 더욱더 만족스럽지 못하게 된다. 그는 한정된 견해를 가지고 있으므로 제약을 받는 듯이 느낀다. 그리고 이것은 질투와 시기를 낳는다. 우리가 이생에서 무한한 것에 이미 접속되어 있다는 것을 이해하고 느낄 때 우리의 욕구와 자세가 달라진다. 결국 인간이 가치있는 것은 오직 본질적인 것 때문에 그러하다. 우리가 그것을 갖지 않는다면 인생은 헛된 것이다. 또한 다른 사람과의 관계에서도 무한한 것이 그 관계 속에 나타나느냐 그렇지 않으냐가 결정적인 것이다.

내가 극단적으로 제약을 당할 때 비로소 무한한 것을 느끼는 단계에 이르게 된다. 인간에게 가장 큰 제약은 자기 자신이다. 그것은 "나는 다만 그것에 불과하다!"는 체험 가운데 나타난다. 내가 자기 자신 안에서 아주 좁게 제약되어 있다는 의식만이 무의식의 무한성에 접속될 수 있다. 이러한 의식성에서 나는 나를 유한하면서도 영원하며 이것이면서도 저것으로서 경험한다. 내가 나를 개인적인 결합 속에서 궁극적으로 제약되어 있는 유일무이한 존재로 알게 되면서 또한 무한한 것을 의식할 수 있는 가능성도 지닌다. 오직 그러할 때에만 가능하다는 말이다.

오로지 삶의 공간을 넓히고 합리적인 지식을 어찌해서든지 증가시키는 데만 관심을 두는 시기에는 자신의 단일성과 유한성을 의식하는 것이 무엇보다 절실히 요구된다. 단일성과 유한성은 동의어다. 이것 없이는 무한성을 지각할 수 없다. 그렇게 되면 의식화라는 것도 없다. 단지 군중과 정치권력의 열광에서 표출되는 그런 것과의 망상적 동일시가 있을 뿐이다.

우리 시대는 모든 강조점을 이생의 인간에 두어왔다. 이로써 인간과 그의 세계의 신들림이 초래되었다. 독재자들이 출현하고 그들이 온갖 재앙을 가져오게 된 원인은, 영리하기 그지없는 지성인들의 근시안으로 인해 인간에게서 내세적인 것이 박탈된 데 있다. 그런 사람들처럼 인간은 무의식성의 제물이 되어버린다.

인간의 과제는 이를테면 그것과는 정반대로, 무의식에서 밀려오는 것에 관해서 의식하지 못하는 상태에 있거나 동일시하지 않고 그것을 의식화하는 것이다. 이 두 가지 상태에 있다는 것은 의식을 형성해가야 하는 그의 사명에 충실하지 못한 것이다. 우리가 인식할 수 있는 한, 인간실존의 유일한 의미는 존재 그 자체의 어둠속에 빛을 밝히는 것이다. 그뿐 아니라 무의식이 우리에게 작용하듯 우리 의식의 증가가 무의식에 작용한다는 사실까지도 추정해볼 수 있다.

만년의 사상

신화는 델피의 신탁이나 꿈처럼
이중의미를 지니고 있거나 그럴 가능성이 있다.
우리는 이성을 사용하는 것을 포기할 수도 없고
포기해서도 안 된다.
또한 욥이 이미 파악했듯이, 본능이 우리를 긴급히
도와주고 신이 신에 맞서 우리를 지지해주리라는
희망을 버려서는 안 된다.

Carl Gustav Jung

카를 구스타프 융(1958)

대극의 통합을 위하여

나 자신을 전기를 통해 밝히는 일에 이 장(章)의 설명이 없어서는 안 될 것이다. 독자에게는 이것이 이론적으로 보일지도 모르지만 말이다. 이 '이론'은 나의 삶에 속한 존재형태이며 삶의 방식을 나타내고 있다. 그것은 먹고 마시는 일과 마찬가지로 내게 꼭 필요한 것이다.

기독교에서 주목할 만한 점은 기독교의 도그마 속에 신성의 변화과정, 즉 '다른 측면'에서의 역사적 변형이 예견되고 있다는 사실이다.

이것은 창조신화에서 처음으로 시사된 하늘에서의 분열이라는 새로운 신화양식에서 일어나고 있다. 창조신화는 뱀의 모습을 한, 창조주의 적이 출현하여 첫 인간에게 (선악을 알게 되는) 의식성의 증대를 약속하면서 창조주에게 불순종하도록 꾀는 내용으로 되어 있다.

두 번째 시사는 천사의 추락, 즉 무의식 내용을 통한 인간세계에의 '성급한' 침범이다. 천사들은 특이한 종류의 무리다. 그들은 바로 그들 자체일 뿐 다른 것이 될 수 없다. 다시 말해 영혼이 없는 존재로서 그들 주인의 생각과 직관 외에 다른 것은 나타낼 수 없다. 천사 추락의 경우에는 오직 '나쁘기만 한' 천사를 다루게 된다. 그들은 잘 알려진 팽창작용을 불러일으키는데, 오늘날에도 우리는 그런 현상을 독재자의 망상에서 관찰할 수 있다. 추락한 천사들은 〈에녹서〉에 보고되어 있듯이, 인간과 결합하여 결국 인류를 다 먹어치우려고 하는 거인족을 낳는다.

그런데 이러한 신화의 세 번째 결정적인 단계는 구약의 신혼(神婚)관념과 거기에 따른 내용들을 성취하기 위해 신이 인간의 형상으로 자기를 실현한다는 것이다. 이미 기독교 초기에 성육신 관념은 '우리 속의 그리스도'라는 관념으로까지 발전했다. 이로써 무의식의 통합성은 내적 체험의 심리영역으로 엄습해왔고 인간에게 통합적인 형상을 예감하게 했다. 그것은 인간뿐만 아니라 창조주에게도 결정적인 사건이었다. 어둠에서 해방된 자의 눈으로 볼 때, 창조주는 그의 어두운 특성을 벗어버리고 최고의 선(善)이 되었다. 이러한 신화는 11세기에 또 다른 의식변화의 첫 징표가 주목되기까지 천 년 동안 깨어지지 않은 채 존속했다.

그후 초조와 회의의 증세가 심해지더니 20세기 말에 세계재앙의 표상이 우선 의식을 위협하며 두드러지게 나타나기 시작했다. 이것의 실체는 거인현상, 즉 "인간과 그 행위보다 더 위대한 것은 없다"는 의식의 오만이다. 기독교 신화의 피안성은 상실되었으며, 그리하여 저승에서 성취된 통합성이라는 기독교적 관념도 상실되었다.

빛에는 창조주의 다른 측면인 그림자가 따른다. 이러한 전개는 20세기에 와서 절정에 이르렀다. 지금 기독교세계는 실제로 악의 원리와 대립하고 있다. 다시 말해 공공연한 부정부패, 폭정, 허위날조, 예속 및 양심억압과 대립하고 있다.

적나라한 악의 발현은 러시아민족에게서 영속적인 형태를 취하게 된 것처럼 보이지만, 그 강력한 최초의 발화는 독일민족에게서 일어났다. 그럼으로써 20세기 기독교가 어느 정도까지 속이 비게 되었는지 변명할 여지 없이 입증된 셈이었다. 이에 대하여 이제는 더이상 악을 '선의 결여'라는 식의 완곡어법으로 과소평가할 수 없게 되었다. 악은 결정적인 현실이 되었다. 그것은 이제 이름을 바꾼다고 하여 이 세상에서 제거될 수 없게 되었다. 우리는 그것을 다루는 법을 배워야만 한다. 왜냐하면 그것은 우리와 함께 살려고 하기 때문이다. 그러한 일이 엄청난 피해 없이 가능할는지 당분간은 예측할 수 없다.

아무튼 우리는 하나의 새로운 방향설정, 즉 일종의 메타노이아(헬라어로 '회개'라는 말로 번역되나 여기서는 방향전환을 뜻함—옮긴이)를 필요로 한다. 우리가 악과 접하게 되면 거기에 빠져들 긴박한 위험이 있다. 그러므로 우리는 결코 악에 더이상 '빠져들어서는' 안 되며 선에도 빠져들면 안 된다. 이른바 사람들이 빠져버린 선은 도덕적인 성질을 잃게 된다. 그 자체가 나빠서가 아니라 우리가 그것에 빠져버렸으므로 그것이 나쁜 결과로 발전하기 때문이다. 중독 대상이 알코올이든 아편이든 또는 이상주의든 그 어떤 형태의 중독이든 똑같이 모두 악에서 나온다. 우리는 선악의 대극에 더이상 이끌려서는 안 된다.

윤리적 행위의 판단기준은 사람들이 '선'이라고 인식하는 것이 정언적 명령의 성격을 띠고 있고, 이른바 악은 무조건 피할 수 있다고 하는 사실에 이제는 더이상 기초할 수 없다. 악의 현실성을 인정하게 되면 선은 당연히 두 대극의 한쪽으로 상대화된다. 악도 마찬가지다. 그 둘이 합하여 하나의 역설적인 전체를 이루게 된다. 이것은 사실상 선악이 그 절대적인 성질을 잃는다는 것을 뜻한다. 우리는 그것이 판단을 의미하고 있음을 자각하지 않을 수 없다.

모든 인간 판단의 불완전성은 우리의 견해가 어느 때나 옳은 것이냐 하는 회의가 들게 한다. 우리도 잘못된 판단에 굴복할 수 있다. 우리가 도덕적 평가와 관련하여 확신을 가지고 있지 않는 한 윤리적 문제는 이 사실에 영향을 받게 된다.

그럼에도 우리는 결단을 내려야 한다. 선과 악(또는 불완전함)이 상대적이라고 해서 선악이라는 범주가 가치가 없다거나 존재하지 않는다는 뜻은 아니다. 도덕적 판단은 언제나 어디서나 존재하며 특유한 심리적 결과가 뒤따른다. 다른 데서 내가 이미 강조한 바와 같이, 지금까지와 마찬가지로 미래에 행해지거나 의도되거나 생각되는 온갖 잘못은 세계가 우리를 위해 돌아가든 그렇지 않든 상관없이 우리 마음을 응징할 것이다.

판단의 내용들은 시공간적 조건에 좌우되고 거기에 따라 변화한다. 도덕적 평가는 우리에게 확실한 것처럼 여겨지는 윤리규범에 언제나 근거하고 있는데, 그 규범들은 무엇이 선하고 악한지를 정확하게 알고 있다는 식으로 내세운다. 그런데 이제 도덕적 평가의 근거가 얼마나 불확실한가를 우리가 알기 때문에, 윤리적 결단은 오직 신을 따름으로써 보증할 수 있는 주관적이며 창조적인 행위가 된다. 다시 말해 우리는 무의식 측면에서의 자발적이며 결정적인 자극을 필요로 한다. 윤리, 즉 선과 악의 결정은 이런 자극에서 아무런 영향도 받지 않으며 우리를 어렵게 할 뿐이다. 어떤 것도 우리에게서 윤리적 결단의 고민을 면해줄 수 없다.

하지만 윤리적 결단이 요구한다면, 버릇없게 들릴지도 모르지만, 도덕적인 선이라고 알려진 것을 경우에 따라 피하고 악하다고 인정되는 것을 행할 수 있는 자유를 가져야 한다. 다른 말로 하면, 선악의 대극에 빠져들어서는 안 된다는 것이다. 그러한 일방성에 대하여 우리는 도덕적 형태를 갖춘 인도철학의 '네티 네티(neti-neti : '아니다 아니다'라는 뜻으로 부정의 부정, 즉 부정을 통한 긍정을 시사하는 말이다. 우파니샤드철학 이래 '절대'는 '네티 네티'에 의해서만 인식된다고 한다—옮긴이)'의 모본을 가지고 있다. 이로써 윤리규범은 경우에 따라 불가피하게 지양(止揚)되고, 윤리적 결단은 개인의 판단에 맡겨진다. 이런 생각 자체는 새로운 것이 아니다. 심리학 이전 시대에도 이미 '의무의 충돌'이라는 말로 늘 제기되었던 내용이다.

하지만 개인은 보통 자신의 결단능력을 결코 인식하지 못할 만큼 의식이 깨어나지 않은 상태에 있다. 이러한 이유로 당황스러운 가운데 의지할 수 있는 외부적인 법과 규정을 자꾸만 소심하게 찾고 있다. 인간의 일반적인 불충분함을 제외하면 그 책임의 많은 부분이 교육에 있다. 교육은 오로지 사람들이 통상적으로 알고 있는 것에만 초점을 맞추고 각 개인의 사적인 경험에 관해서는 말해주지 않는다. 그리하여 사람들을 결코 충족시킬 수 없다는 것을 확실히 알고 있으면서도 그런 이상주의적 관념들이 교육되고 있다. 또한 스스로 그것을 결코 실현해본 적도 없고 앞으로도 실현되지 못하리라는 것을 잘 아는 사람들이 다만 직책상 그런 것들을 설교하고 있는 것이다. 이런 상황이 제대로 점검되지 않은 채 받아들여지고 있다.

그러므로 오늘날 제기된 악의 문제에 대해 해답을 얻고자 하는 사람은 우선 철저한 자기인식, 즉 자신의 전체성에 대한 최선의 인식을 필요로 한다. 그는 자신이 얼마만큼 선을 행할 수 있으며 어떤 파렴치한 행위를 할 가능성이 있는지 냉철하게 알고 있어야 하며, 전자를 사실로 여기거나 후자를 착각이라고 여기지 않도록 주의해야 한다. 두 가지 다 가능성으로서는 진실이다. 사람이 원래 그래야 하듯이, 자기기만과 자기착각에 빠지지 않고 살고자 한다면 전자나 후자를 완전히 모면할 수는 없다.

그러나 사람들은 대체로 이러한 종류의 인식과는 거의 절망적일 정도로 아주 먼 거리에 있다. 많은 현대인이 더욱 깊이 자기인식을 할 수 있는 가능성이 정녕 있는데도 말이다.

이러한 자기인식이 필요한 이유는 바로 그러한 바탕에서 우리가 본능과 마주치게 되는 기층 또는 인간존재의 핵에 다가갈 수 있기 때문이다. 본능은 선험적으로 존재하는 동적 요인으로, 우리 의식의 윤리적 결단이 궁극적으로는 거기에 좌우된다. 그것은 무의식과 그 내용으로, 이에 대해서는 어떤 최종적인 판단도 없다. 우리는 그에 대해 선입견을 가질 수 있을 뿐이다. 왜냐하면 그것의 존재를 인식은 하면서도 붙잡을 수는 없고 그것에 합리적인 한계를 정할 수 없기 때문이다. 우리는 오직 의식을 확장해주는 학문을 통해서만 자연인식에 이르게 된다. 그와 같이 심화된 자기인식도 학문, 즉 심리학을 필요로 한다. 망원경이나 현미경을 광학지식 없이 이른바 손목이나 좋은 의지만으로 만드는 사람은 아무도 없다.

우리는 오늘날 심리학을 우리의 본성상 필요로 하고 있다. 국가사회주의(나치즘)와 볼셰비즘의 현상 앞에서 우리는 당황하여 멍한 채 어쩔 줄을 모르고 있다. 왜냐하면 우리는 인간에 관해 알지 못하거나 단지 왜곡된 반쪽 관념만 가지고 있기 때문이다. 우리가 자기인식을 가졌더라면 그렇게까지는 되지 않았을 것이다.

우리 앞에 악에 관한 두려운 문제가 놓여 있다. 하지만 우리는 해답은커녕 그 사실조차 알지 못한다. 비록 안다고 하더라도 '어떻게 이 모든 것이 그런 식으로 일어날 수 있는지' 이해하지 못한다. 타고난 순진성으로 어느 정치가가 선언하기를, 자기는 '악의 상상'조차 가지고 있지 않다고 했다. 정말 참다운 진실은 우리가 악의 상상을 가지고 있지 않더라도 악의 상상이 우리를 가지고 있다는 사실이다.

어떤 사람은 그것을 알고자 하지 않고 다른 사람은 그것과 동일시되고 있다. 이것이 오늘날 심리학적인 세계상황이다. 어떤 사람은 자신이 아직도 기독교인이라고 착각하면서 그들이 이른바 악을 정복할 수 있다고 믿는다. 하지만 다른 사람은 악에 빠져서 선을 더이상 보지 못한다. 악은 오늘날 가시적인 거대한 권력이 되었다. 인류의 반은 궁리하여 그럴듯하게 꾸며낸 신조에 의지하고, 나머지 반은 상황에 대처하는 신화의 결핍으로 어려움을 겪고 있다. 기독교를 믿는 민족들에게서 기독교는 잠든 상태에 있으며, 수백 년이 지나는 동안 자신의 신화를 계속 키워나가는 일을 소홀히 했다. 신화적 표상의 은밀한 성장운동을 표현한 사람들이 있었으나 아무도 그들의 말을 경청하지 않았다. 조아키노 다 피오레, 마이스터 에크하르트, 야코프 뵈메, 그외 많은 사람이 대중에게 음험한 인물로 남았다. 섬광과도 같은 유일한 빛은 피우스 12세와 그의 신조였다.

그러나 사람들은 내가 이런 말을 할 때 무슨 이야기를 하고 있는지조차 알지 못한다. 신화가 생동하지 않고 더이상 발전하지 않으면 신화는 죽은 것이라는 사실을 사람들은 이해하지 못한다. 우리의 신화는 벙어리가 되었고 아무런 해답도 주지 못한다. 잘못은 성서에 기록되어 있는 바와 같은 신화 그 자체에 있는 것이 아니라, 오직 그것을 더욱 발전시키지 않고 오히려 그런 방면의 온갖 시도를 억압한 우리 자신에게 있다.

본래의 신화 표현양식에는 그 자체에 발전 가능성을 가지고 있는 단서들이 충분히 있다. 예를 들어 그리스도가 다음과 같이 말한 데서도 그것을 찾아볼 수 있다. "뱀처럼 지혜롭고 비둘기처럼 온순하라(개역성경에는 '순결하라'고 되어 있음—옮긴이)." 사람들이 뱀의 지혜를 어디에다 사용할 것인가? 그리고 그것은 비둘기의 순진함과 어떤 관계가 있는가? "너희들이 어린이처럼 되지 아니하면……"이라고 했을 때 어린이가 실제로 어떠한가 생각해보는 사람이 누구인가? 승리자로서 예루살렘으로 입성하기 위해 필요한 나귀를 빼앗아오다시피 한 행위를 주님은 어떤 도덕적인 근거로 정당화했는가? 그리고 그후에 아이처럼 기분이 언짢아져서 무화과나무를 저주한 자는 누구인가? 불공평한 청지기 비유에서 어떤 도덕이 성립하는가?

그리고 성서 외경의 다음과 같은 주의 말씀에서 우리의 상황과 관련하여 어떤 깊고 넓은 인식을 갖게 되는가? "사람아, 네가 무엇을 하는지 안다면 복이 있을 것이요, 네가 그것을 모른다면 저주를 받고 범법자가 될 것이다." 바울이 "내가 원치 아니하는 악을 행한다"고 고백했을 때 이 말은 궁극적으로 무엇을 뜻하는가? 일반적으로 다루기 힘든 것으로 여기는 〈계시록〉의 명백한 예언들은 신용을 얻지 못하고 있으므로 그것은 언급조차 하지 않겠다.

일찍이 그노시스파로부터 제기된, "어디서 악이 나오는가?" 하는 문제는 기독교세계에서는 해답을 얻지 못했다. 마귀 구원의 가능성에 대해 오리게네스가 슬쩍 흘린 생각들은 이단으로 간주되었다. 하지만 오늘날 우리는 여기에 대해 해명해야 하며 답변을 해야 한다. 그런데도 우리는 빈손으로 서서 놀라고 당황하며,

우리가 그렇게도 절실히 필요로 하는 신화의 도움이 없다는 사실조차 이해하지 못하고 있다. 사람들은 정치적 상황뿐 아니라 두렵고 악마적이기까지 한 과학의 성과에서 은밀한 전율과 숨막히는 예감을 느끼고 있지만 어떤 해결책도 알지 못한다. 단지 극소수의 사람만이 이번에는 아주 오랫동안 잊혀져 있던 인간정신이 중요한 문제라는 결론을 내리고 있다.

신화의 계속적인 발전은 아마도 성령이 사도들에게 부어져 그들을 하느님의 아들로 만든 지점에서 시작될 수 있을 것 같다. 그들뿐 아니라 그들을 통해서 그후에 필리아치오, 즉 하느님 자녀로서의 지위를 받아들인 모든 다른 사람은 그들 자신이 흙에서 태어난 자생적인 동물일 뿐 아니라 두 번 태어난 존재로서 신성에 뿌리박고 있다는 확신을 갖게 되었다. 그들의 눈에 보이는 신체적인 삶은 이 세상에 속하지만 보이지 않는 내적 인간은, 기독교 구원역사의 신화 내용이 그러하듯이, 통합원형인 영원한 아버지에게서 나오고 그리로 돌아가는 것이다.

창조주가 온전한 존재이듯이 그의 피조물, 즉 그의 아들도 온전한 존재여야 할 것이다. 신적인 통합성이라는 표상에서 잘라내야 할 것은 아무것도 없다. 그런데 무슨 일이 일어났는지 알지도 못하는 가운데 통합성에 분열이 일어났다. 하나는 밝은 왕국, 또하나는 어두운 왕국이 생겨났다. 그러한 결말은 그리스도가 세상에 나타나기 전에도 분명히 예비되어 있었다. 그것은 특히 욥의 체험이나 기독교시대 바로 직전에 널리 보급된 〈에녹서〉에서 인지할 수 있다.

그와 마찬가지로 기독교에서도 이러한 형이상학적 분열이 분명히 계속 존재하고 있었다. 《구약성서》에서 야훼의 가까운 수행자로 나타난 사탄은 이제는 신의 세계와 정반대편에 서서 영원한 대극을 이루었다. 사탄은 근절되지 않을 것이다. 그러므로 세계를 창조한 것은 하느님이 아니라 마귀라는 신조가 11세기 초반에 이미 나온 것은 놀랄 일이 아니다. 그것은 기독교시대 후반기의 서막으로, 인간에게 위험한 학문과 예술을 가르친 것은 추락한 천사라고 '천사 추락 신화'가 이미 이야기한 후의 일이었다. 그렇게 이야기한 옛사람은 히로시마 원폭장면을 보고 대체 뭐라고 말하겠는가?

야코프 뵈메는 천재적인 환상을 통해 신의 표상을 대극적 성질로 인식하고 이로써 신화의 확장작업에 종사했다. 뵈메가 그 윤곽을 그린 만다라 상징은 분열된 신을 묘사하고 있는데, 더 안쪽으로 들어간 원이 서로 등을 맞댄 두 개의 반원으로 나뉘어 있다.

기독교 교리의 전제에 따르면, 하느님은 삼위 인격이 하나하나 모두 온전하므로, 분출된 성령 역시 어느 부분에서나 온전하다. 이러한 방식으로 모든 인간은 누구나 온전한 신을 공유하며 필리아치오, 즉 하느님 자녀로서의 지위를 공유하게 된다. 그리하여 대립되는 복합적인 신의 표상이 통합성으로서가 아니라 갈등으로서 인간에게 들어오게 된다. '하느님이 빛'이라는, 이미 수용된 표상에 신 이미지의 어두운 반쪽이 부딪치게 되는 것이다. 우리 시대에 벌어지고 있는 일들이 바로 이러한 과정을 보여준다.

그런데 인류의 책임있는 스승들은 이런 사실을 파악하지 못하고 있다. 그것을 인식하는 것이 그들의 과제인데도 말이다. 사람들은 우리가 중요한 시대적 전환점에 있다는 것을 확신하지만, 그것이 핵의 분열과 융합이나 우주 로켓으로 인해 초래된 것이라고 생각한다. 늘 그렇듯이 사람들은 그와 동시에 인간정신 속에서 일어나고 있는 일들에 관해서는 간과하고 있다.

심리학적 관점에 한해서 보면, 신의 표상은 심적 토대에서 현시된 것이며 이제 심한 분열의 형태로 의식되기 시작했다. 그러한 분열이 세계정치에까지 미치고 있으며 벌써부터 이에 대한 심리적 보상이 눈에 띌 정도로 나타나고 있다. 그것은 원 모양으로 보이는 자발적인 통합상으로 나타나고 있는데, 이것은 정신 내부의 대극의 합(合 : Synthese)을 묘사하고 있다. 이에 속하는 것으로, 1945년 초기에 시작되어 널리 퍼진 '미확인비행물체'에 관한 소문을 들 수 있다. 미확인비행물체는 날아다니는 기계를 의미하는데, 사람들은 다른 별이나 심지어 '사차원세계'에서 온 것이라고 가정하고 있다.

50년도 더 지난 이전(1918)에 나는 집단무의식에 대한 연구를 하다가 중심상징으로 보이는 이와 비슷한 종류가 있다는 사실을 발견했는데 그것이 바로 만다라 상징이다. 그러한 발견을 시론적으로 1929년에 처음 출간하기까지(《황금꽃의 비밀》이라는 책으로 출간—옮긴이) 10년이 넘도록 나는 주제를 좀더 확실히 하기 위해 계속 관찰기록을 수집했다. 만다라는 원형상이며 그 존재는 수천년에 걸쳐 확인되었다. 그것은 '자기의 통합성'를 나타내거나 심적 토대의 통합성을 분명히 보여준다. 신화적으로 표현하면 인간 안에 육화된 신성의 출현이다. 뵈메의 만다라와 대비하여 현대인의 만다라는 통합을 지향하고 있다. 다시 말해 분열에 대한 보상이나 선취된 분열극복을 묘사하고 있다. 이러한 과정이 집단무의식에서 일어나므로 그것은 어디에서나 나타난다. 미확인비행물체에 대한 소문 역시 이 사실을 말해주고 있다. 그것은 보편적으로 존재하는 기질의 징후다.

분석치료가 '그림자'를 의식화하는 한 일종의 분열과 대극긴장을 조성하게 된다. 긴장을 느끼는 쪽에서 통합을 통하여 타협을 꾀한다. 이 타협의 중개는 상징을 통하여 이루어진다. 대극 사이의 대립은 사람들이 그것을 심각하게 여기거나 그것으로 인해 심각한 사람으로 여겨질 때 참을 수 없는 한계에 이르게 된다. 논리학의 '배중원리(排中原理 : 형식논리학에서 두 개의 모순된 개념 사이에는 제삼자가 존재할 수 없다는 원리—옮긴이)'가 입증되며, 사람들은 아무런 해답도 알지 못한다.

그럼에도 모든 것이 잘되면 해답은 본성에서 자발적으로 제시된다. 오직 이때에만 해결은 확실한 것이 된다. 해결은 사람들이 그렇게 일컫는 바와 같이 '은혜'로 여겨진다. 해결은 대극의 대립과 쟁투에서 나오므로 그것은 대개 의식에 있는 것과 무의식에 있는 것이 섞인, 깊이를 알 수 없는 혼합물, 그러니까 일종의 상징이다. 쪼개진 동전의 반쪽 조각이 꼭 들어맞는 것과도 같다(고대 풍습에 따르면, 친구와 헤어질 때 '후대의 표시'로 동전을 쪼개어 각각 그 반쪽을 가졌는데, 원래는 그 쪼개진 동전을 가리켜 '상징'이라고 했다고 함—옮긴이). 그것은 의식과 무의식의 협동의 결과를 나타내는 것으로, 만다라의 형태 속에서 신의 표상과 닮은 형상을 얻게 된다. 이러한 신의 표상은 아마 통합성관념의 가장 단순한 설계도일 것이며, 대극의 쟁투와 화해를 우리가 볼 수 있도록 자발적으로 마음속에 떠오른 이미지일 것이다.

그러한 대립이 처음에는 순전히 개인적인 성질을 띠지만 곧바로 우리는 주관적인 대극이 단지 세계대극의 개별사례에 지나지 않는다는 사실을 통찰하게 된다. 우리의 정신은 세계구조로부터 조성된 것이다. 큰 것 속에서 일어나는 일은 마음의 가장 작고 가장 주관적인 것 속에서도 일어난다. 그러므로 신의 표상은 항상 강력한 맞상대에 대한 내적 경험이 투사된 것이다.

이 강력한 맞상대는 물체를 통하여 눈에 보이는 형태로 표현되는데, 그것으로 인하여 내적 경험이 결실을 맺게 된다. 그 물체는 이때부터 누미노제의 의미를 지니거나 신성함과 그 막강한 권능을 특징으로 한다. 이 경우에 사람들의 상상력은 단순한 물질성에서 벗어나 보이지 않는 것, 현상 뒤에 숨어 있는 것의 표상을 묘사하려고 시도한다. 나는 여기서 만다라의 가장 단순한 기본형인 원 모양과 가장 단순한 (생각으로) 원의 분할, 즉 사각 또는 십자가를 생각한다.

그러한 경험들은 인간에게 도움이 되거나 아니면 파괴적인 영향을 미친다. 사람은 그것을 이해하지도 못하고 장악하거나 지배하지도 못한다. 그는 그 체험에서 자유로워지거나 벗어날 수 없기 때문에 그것을 상당히 막강한 힘으로 느낀다. 그 체험이 자신의 의식적인 인격에서 기인한 것이 아니라는 사실을 정확하게 인식하면서 그는 그것을 마나, 데몬, 또는 신이라고 지칭한다.

과학적 인식은 '무의식'이라는 용어를 사용하는데, 그럼으로써 과학은 그것에 대해 아는 바가 없다는 것을 시인하는 셈이다. 과학은 정신의 실체에 관해서는 아무것도 모르고 다만 정신을 수단으로 사용해야만 인식을 할 수 있을 뿐이다. 그러므로 우리는 마나, 데몬, 또는 신이라는 명칭의 타당성을 반박할 수도 받아들일 수도 없다. 하지만 우리는 어떤 대상에 대한 체험과 결부된 생소함이 분명히 느껴진다는 것은 확인할 수 있다.

우리는 미지의 것, 생소한 것이 우리에게 일어나고 있음을 안다. 꿈이나 어떤 착상이 만들어지는 것이 아니라 어떤 식으로든지 저절로 생겨난다는 것을 우리가 알고 있듯이 말이다. 이런 방식으로 우리에게 밀려오는 것들을 사람들은 마나, 데몬, 신, 또는 무의식으로부터 나오는 작용이라고 일컬을 수 있다.

처음 세 가지 명칭은 누미노제의 정서적인 특성을 포함하고 그것을 일깨우는 큰 이점을 지니고 있는 반면에, 후자 즉 무의식은 흔히 쓰는 말이므로 더 현실성을 가지고 있다. 이 개념은 경험 가능한 것, 다시 말해 우리에게 익숙하고 가까이할 수 있는 일상적인 현실성을 포함하고 있다. 무의식은 사뭇 중립적이며 합리적인 개념이어서, 상상과정에서는 실제적으로 도움이 되지 못하는 것으로 입증되었다. 그 개념은 다만 학문적으로 이용하기 위해 만들어진 것이며 냉정한 관찰을 위한 것이다. 그것은 형이상학적인 요구를 하지 않으며 초월적 개념들보다 훨씬 적합한 편이다. 초월적 개념들은 반박할 여지가 많고 그럼으로써 일종의 광신주의로 기울기 쉬운 법이다.

그래서 나는 '무의식'이라는 용어를 선호하는 편이다. 물론 신화적으로 표현하고자 할 때 '신'이니 '데몬'이니 하는 말을 똑같이 잘 쓰게 된다는 것을 알고 있다. 하지만 내가 신화적으로 표현할 경우에도 '마나' '데몬' 그리고 '신'이 무의식이라는 말과 동의어라는 사실을 의식하면서 그런 용어들을 사용한다. 우리가 거기에 대해 알거나 모르는 범위는 전자나 후자나 마찬가지인 것이다. 그런데 어떤 목적을 위해서는 학문적인 개념보다 당연히 쓸모있고 효과적인 전자에 대해서 더 많이 알고 있다고 사람들은 믿는다.

데몬이니 신이니 하는 개념의 이점은 그것들이 대상의 객관화, 즉 인격화를 보다 잘 할 수 있다는 데 있다. 그 개념들은 정서적인 특성으로 인해 생명력과 활동력을 부여받는다. 증오와 사랑, 공포와 숭배는 대립의 무대로 들어서며 그 개념들을 고도로 극화시킨다. 그럼으로써 단지 '제시되었던 것'이 '활동하게 되는 것'으로 바뀐다. 전인(全人)은 도전을 받고 현실 전부를 걸고 투쟁으로 돌입한다. 오직 이런 방식으로만 그는 전체가 될 수 있고 '신이 태어날' 수 있게 된다. 다시 말해 신은 인간의 현실로 들어서며 '인간'의 형상 속에서 인간과 함께할 수 있게 된다. 이러한 종류의 육화를 통해 인간, 즉 그의 자아는 내부적으로 '신'으로 대체되며 신은 외부적으로 인간이 된다. 그것은 다음과 같은 예수의 말과 상응한다. "나를 보는 자는 아버지를 보는 것이다."

이러한 사실의 확인으로 신화적 용어의 결점이 드러난다. 신에 대한 기독교인의 일반적인 관념은, 전지전능하고 한없이 자비로운 아버지요 세상의 창조주다. 그 신이 인간이 되려고 한다면 당연히 철저한 케노시스(Kenosis : '비움'이라는 뜻의 헬라어—옮긴이)를 필요로 한다. 이 경우 전체는 극도로 작은 인간으로 축소되는데, 어찌하여 그런 육화로써 인간이 파열되지 않는지 이해하기 어렵다. 그렇기 때문에 당연히 교리적으로 모색한 나머지 예수를 일반적인 인간존재에서 벗어나는 특성으로 치장하게 된다. 예수에게는 무엇보다도 '마쿨라 페카티(원죄의 오점)'가 빠지게 된다. 바로 그러한 이유로 그는 적어도 신인(神人)이거나 반신(半神)이다. 기독교적 신의 표상은 모순 없이는 경험적인 인간으로 육화될 수 없다. 겉모양을 갖춘 인간은 신을 분명히 나타내기에는 적합하지 않아 보인다는 사실은 차치하고라도 말이다.

신화는 결국 유일신교를 중요하게 여겨야 한다. 전능하고 선한 신 곁에 영원한 어둠의 적수를 지금까지 두고 있는(공적으로는 부인된 가운데) 이원론은 포기해야 한다. 신화는 쿠자누스의 철학적인 대극복합과 뵈메의 도덕적 양가성을 받아들여야 한다. 이렇게 함으로써만 하나의 신에게도 그에게 마땅한 통합성과 대극의 합(合)이 보증될 수 있을 것이다.

대극이 '그 본성상' 상징을 통하여 더이상 각기 분리되어 다른 방향으로 나가거나 다투지 않고 서로 보완하여 인생을 의미있게 만들어갈 수 있다는 것을 체험한 자에게는 자연 및 창조신의 표상에 내포되어 있는 양가성이 아무런 어려움도 야기하지 않을 것이다. 오히려 그는 신의 필연적인 인간화의 신화, 즉 핵심적인 기독교 복음의 신화를, 대극에 대한 인간의 창조적인 대결로, 그리고 인격의 전체성인 '자기' 안에서의 합일로 이해할 것이다.

창조신의 표상에 내포된 필연적인 내적 대극은 '자기'의 통일성과 전체성 속에서 연금술의 대극융합이나 신비적 합일로서 화해하게 될 것이다. '자기'를 체험하는 가운데, 이제는 더이상 이전처럼 '신과 인간'의 대극이 극복되는 것이 아니라 신의 표상에 내포되어 있는 대극이 극복되는 것이다. 그것이 '신에 대한 예배', 즉 인간이 신에게 경의를 표할 수 있는 예배의 의미다. 빛이 어둠속에서 생겨나며 창조주가 그의 창조를 의식하고 인간이 자기 자신을 의식하게 된다.

그것은 인간을 창조질서에 가치있게 자리잡도록 하며, 또한 이를 통하여 의미를 부여하는 것을 목적 또는 목적 중 하나로 삼는다. 이것은 일종의 해석된 신화인데, 그것은 수십 년 동안 내 안에서 서서히 자라난 것이다. 그러한 것은 내가 인식할 수 있고 그 진가를 인정할 수 있으며 그리하여 나를 만족시키는 목적이다.

인간은 성찰하는 정신 덕분에 동물의 세계에서 빠져나오게 되며, 그는 인간 본성이 특히 의식의 발달을 높이 평가하고 있음을 그의 정신을 통하여 증명한다. 의식의 발달을 통하여 그는 자연을 소유하고 그 안에서 세계의 현존을 인식하며 이를테면 창조주를 입증한다. 이로써 세계는 현상이 된다. 의식적인 성찰 없이는 그렇게 될 수 없는 법이다.

창조주가 자신을 의식했다면 그는 의식을 가진 피조물을 필요로 하지 않았을 것이다. 또한 헤아릴 수 없이 많은 종(種)과 피조물을 생산해내는 데 수백만 년을 소비한 지극히 우회적인 창조과정이 목적지향적인 의도에서 나왔다는 것은 있을 법하지 않은 일이다. 자연의 역사는 먹고 먹히는 수백만 년의 과정을 통한 부수적이고 우연한 종의 변화를 우리에게 이야기해준다. 약육강식에 관해서는 생물학적이고 정치적인 인류역사가 너무나 많이 보고해주고 있다.

　그러나 정신의 역사는 별개의 문제다. 여기서는 성찰하는 의식의 기적, 제2의 우주진화론이 끼어든다. 의식의 의미는 무척 커서 다음과 같은 사실을 추측하지 않을 수 없다. 어마어마하고 의미없는 것처럼 보이는 모든 생물학적 향연의 어딘가에 의미의 요소가 숨어 있다고 말이다. 그 의미의 요소는 분화된 뇌와 항온동물의 단계에서 마침내 자신을 표명할 수 있는 길을 우연처럼 발견했던 것이다. 그것은 의도되거나 미리 내다본 것이 아니라 '어두운 충동'으로부터 예감되고, 느낌으로 알게 되고, 손으로 더듬어 찾아진 것이었다.

　나는 인간의 의미와 신화에 관한 이와 같은 생각으로 모든 것을 다 말했다고 착각하지는 않는다. 하지만 사람 모습의 아쿠아리우스(물병자리)시대를 앞두고 현재 물고기시대 말기에 언급될 수 있고 아마도 언급되어야만 하는 것을 내가 말했다고 확신한다. 물병자리는 두 개의 대립적인 물고기(일종의 대극융합) 뒤를 따르면서 '자기'를 표현하고 있는 것으로 여겨진다. 그것은 여유만만하게 그 항아리물을 남쪽 물고기 입에 부어넣는다. 물고기는 아들, 즉 아직 무의식적인 것을 나타내고 있다.

여기서 카프리코르누스(염소자리)의 상징으로써 암시된 미래가 2천 년 이상 세월이 지난 후에 출현한다. 카프리코르누스 또는 아이고케로스는 염소물고기라는 괴물인데, 그것은 함께 자라나서 구별하기 힘든 동물적 요소로 이루어진 대극으로, 산과 바다가 결합된 것이다. 이 이상야릇한 존재는 아마도 안트로포스, 즉 '인간'에게 대항하는 창조신의 본원적 표상일 수 있다.

여기에 관해서는 내가 재량껏 다룰 수 있는 경험자료, 다시 말해 내가 알게 된 다른 사람들의 무의식적 산물이나 역사적 기록뿐만 아니라 내 마음속에서도 아무런 응답이 없다. 통찰이 생기지 않는다면 사색은 의미가 없다. 사색은 예컨대 물병자리시대의 경우처럼 객관적 자료가 있는 곳에서만 의미가 있다.

우리는 의식화과정이 어디까지 이를 수 있을지, 그것이 어디로 인간을 옮겨놓을지 모른다. 그 과정은 창조설화에서 새로운 요소이며 이것과 비교할 만한 것은 없다. 그러므로 우리는 어떤 가능성이 그 속에 내재하고 있는지, 인간이라는 종(種)이 고대 동물 종류와 비슷하게 번성했다가 사라질 것이라고 예언할 수 있는지 알 수가 없다. 그런 가능성과 관련하여 생물학은 어떤 반대이유도 제시하지 못한다.

우리가 우주에서의 인간실존의 의미를 충분히 설명해주는 하나의 관념을 가진다면, 다시 말해 마음의 통합성, 즉 의식과 무의식의 협력이 이루어지게 하는 근원인 그러한 관념을 가진다면, 신화적 진술에 대한 욕구는 충족되는 셈이다. 무의미는 생의 충만을 방해하고 그렇기 때문에 질병을 뜻한다. 의미는 많은 것을, 거의 모든 것을 참을 수 있도록 해준다.

어떤 학문도 신화를 대체하지 못하고 어떤 학문으로도 신화를 만들어낼 수 없다. 왜냐하면 '신'이 아니라 신화가 인간 안에 있는 신적인 삶을 계시해주기 때문이다. 우리가 그것을 고안해내는 것이 아니라 그것이 일종의 '신의 말씀'으로 우리에게 말하고 있는 것이다. '신의 말씀'이 우리에게 오는 것이며, 우리는 그것이 신과 다른 것인지, 다르다면 어떻게 다른 것인지 구별할 수 있는 방편을 가지고 있지 않다. 이 '말씀'은 우리에게 자연발생적으로 다가와서, 우리를 강요하는 경우를 제외하고는 그 내용이 모두 인간적이며 인식할 수 있는 것들이다.

그것은 우리의 자유의지와는 상관이 없다. 우리는 '영감'을 설명할 수 없다. 우리는 '착상'이 우리가 궁리해낸 결과가 아니라 그런 생각이 어떤 식으로든지 '다른 곳에서' 우리에게로 스며들어왔다는 것을 안다. 하물며 선인식(先認識)에 속하는 꿈을 우리가 다루면서 어떻게 꿈을 자신의 이성의 작용으로 돌릴 수 있겠는가. 그런 경우에 사람들은 꽤 오랫동안 그 꿈이 일종의 예지 혹은 원견(遠見 : 멀리까지 내다본다는 의미―옮긴이)을 의미한다는 사실조차 모르고 있다.

그 말씀은 우리에게 닥치는 것이다. 우리는 그것을 견디느라 고생한다. 왜냐하면 우리는 심각한 불확실성에 내맡겨져 있기 때문이다. 신의 경우 대극의 복합으로서 의미심장한 말씀 안에서 '모든 것이 가능하다'. 다시 말해 진실과 허구, 선과 악이 다 될 수 있다. 신화는 델피의 신탁이나 꿈처럼 이중의미를 지니고 있거나 그럴 가능성이 있다. 우리는 이성을 사용하는 것을 포기할 수도 없고 포기해서도 안 된다. 또한 욥이 이미 파악했듯이, 본능이 우리를 긴급히 도와주고 신이 신에 맞서 우리를 지지해주리라는 희망을 버려서는 안 된다.

'타자의 의지'가 표현되고 있는 모든 것은 인간에 의해 형성된 재료, 즉 인간의 생각과 언어, 인간의 관념과 온갖 편견이다. 그러므로 그가 미숙한 심리학적 사고를 하기 시작할 때는 모든 것을 자신에게 관련시키고, 모든 것은 자신의 의도와 '자기 자신'으로부터 나온 것이라고 믿는다. 어린아이 같은 순진성으로 그는 자기 분야의 모든 것을 알고 있고 '그 자신'이 무엇인지도 안다고 추정한다.

그런데 그것이 그의 의식의 약점이요 무의식에 대한 불안임을 알아차리지 못한다. 또한 그가 의도적으로 고안해낸 것과 다른 원천에서 자연발생적으로 그에게 흘러들어온 것을 서로 구별하지 못하도록 그것이 방해하고 있다는 사실도 눈치채지 못한다. 그는 자신을 객관화하지 못하며, 그 자신을 그가 바로 가까이서 만나는 현상으로 여기지 못하고, '좋든싫든' 그와 동일시되는 현상으로 간주하지 못한다.

처음에는 모든 것이 그에게로 밀려들고 그에게 일어나며 그를 덮친다. 그러다가 힘들게 노력한 끝에 간신히 그는 자신을 위하여 비교적 자유로운 영역을 획득하고 이를 지켜나가는 데 성공한다.

이러한 성과를 확고히 거두고 난 후에야, 이미 주어졌기에 임의로 어떻게 할 수도 없고 제거할 수도 없는 자신의 근본과 기원을 대면하게 된다는 사실을 인식하는 단계에 비로소 이르게 된다. 그런데 그의 기원은 단순한 과거 정도가 아니다. 그것은 오히려 그의 존재의 지속적인 토대로서 그와 더불어 공생하고 있는 셈이다. 그의 의식은 적어도 물질적인 환경에 의존하고 있는 그만큼 그러한 공생에 의존하고 있다.

그는 안팎으로부터 인간에게 압도적으로 다가오는 이런 사실들을 신성의 관점에서 통합하고, 그 작용들을 신화의 도움으로 기술하고, 이것을 '신의 말씀,' 다시 말해 '다른 저편'의 누멘의 영감이요 계시로 이해한다.

원형, 그 역동적인 에너지

　남들과 뒤섞이지 않도록 개인을 보호하는 데는 지키고자 하거
나 지켜야 하는 비밀을 소유하는 것보다 더 나은 방법이 없다. 이
미 사회성 형성 초기에 비밀결사의 필요성이 인지된다. 충분한
근거를 가지고 지킬 만한 비밀이 존재하지 않는 경우에는 '비밀'
이 날조되거나 그럴듯하게 꾸며지고, 그 비밀은 내막을 잘 아는
특권을 지닌 사람들에 의해 '인지'되고 '이해'된다. 장미십자회
나 그밖의 많은 경우가 여기에 해당한다. 이런 가짜 비밀들 가운
데는 역설적이게도 내막을 잘 아는 사람들도 전혀 모르는 진짜
비밀이 있다. 그런 예는 그들의 '비밀'을 주로 연금술의 전통에서
끄집어내온 결사들에게서 볼 수 있다.

　그럴듯한 비밀의 필요성은 원시단계에서 중요한 의미를 지닌
다. 공동의 비밀은 결속을 위한 시멘트 역할을 해준다. 사회적인
단계에서 비밀은 개별 인격들의 결속 부족을 효과적으로 보상하

는 데 의미가 있다. 개별 인격은 타인과의 근원적이고 무의식적인 동일성으로 끊임없이 되돌아감으로써 반복해서 분열된다. 그러므로 자신의 개성을 의식하는 개체가 되려는 목표에 이른다는 것은 거의 가망이 없는 오랜 수련작업이 될 수밖에 없다. 왜냐하면 통과의례를 거친 우수한 개체들로 이루어지는 하나의 공동체역시 사회적으로 분화된 정체성이 중요함에도 불구하고 다시금 무의식적인 정체성에 의해 실현되기 때문이다.

비밀결사는 개성화에 이르는 과정의 중간단계다. 사람들은 자신을 분화시키는 일을 아직은 집단적인 조직에 맡기고 있다. 즉, 다른 모든 것과 구별되어 자기 자신의 발로 서는 것이 개인의 고유한 과제임을 여전히 인식하지 못하고 있다. 이러한 과제를 수행하는 과정에서 온갖 집단적인 동일성, 예를 들어 어느 조직체의 일원이 되는 것, 무슨 주의나 그와 같은 것들을 신봉하는 것 등은 장애물이 될 수 있다.

그런데 다리가 불편한 자를 위한 지팡이, 불안한 자를 위한 보호시설, 굼뜬 자를 위한 휴게소, 아기를 책임질 수 없는 자들을 위한 탁아소 들이 있다. 또한 마찬가지로 가난하고 약한 자들을 위한 합숙소, 난파선을 위한 항구, 고아를 위한 가족의 품, 실망하고 방황하는 자와 지친 순례자를 위한 열렬하고 찬란한 목표, 길 잃은 양을 위한 가축무리와 든든한 우리, 그리고 양육과 성장을 가져오는 어머니가 있다. 그러므로 이러한 중간단계를 장애물이라고 여기는 것은 잘못일 수도 있다. 오히려 그것은 오늘날 그어느 때보다도 익명성에 의해 위협을 받는 듯이 보이는 개인의 유일한 생존 가능성을 아주 오랜 기간 의미해온 셈이다. 우리 시대에 그것은 여전히 필수불가결한 것이어서 많은 사람이 그것을 당연히 최종목표로 여기고 있다. 한편, 인간을 가능한 한 독립성에 이르는 길로 더욱 나아가도록 하는 시도는 자만이거나 오만불손, 망상 또는 불가능한 것으로 보인다.

그럼에도 충분한 이유로 자극을 받아 더 넓은 곳을 향해 자기 자신의 발로 걸어가겠다고 마음먹는 사람이 있을 수 있다. 왜냐하면 그는 자신에게 제공된 온갖 껍데기, 형식, 울타리, 생활방식, 분위기에서 자신이 필요로 하는 것을 찾지 못했기 때문이다. 그는 홀로 걸어갈 것이며 동반자는 자기 자신밖에 없다. 그 자신이 여러 가지 의견과 경향으로 이루어진 다양성 그 자체인 셈이다.

그런데 이런 경향들이 반드시 같은 방향으로 나가는 것은 아니다. 오히려 그는 자신에 대해 회의를 느끼고 자신의 다양성을 공동행동으로 통합하는 데 큰 어려움을 겪을 것이다. 그가 외부적으로는 중간단계의 사회체제로 보호받고 있다 하더라도, 그것으로는 아직 내적 다양성에 대해 자신을 보호할 수는 없다. 내적 다양성은 그를 자기 자신과 불화하게 하고 외부세계와의 동일성에서 옆길로 빠지게 만든다.

공동체의 비밀에 정통한 사람이 미분화된 집단성에서 옆길로 빠지는 것과 마찬가지로, 개인 역시 외로운 오솔길에서 어떤 이유로도 누설해서는 안 되고 누설할 수도 없는 비밀을 필요로 한다. 이런 종류의 비밀은 그로 하여금 개인적인 계획 속에 고립되기를 강요한다. 참으로 많은 개인이 이러한 고립을 견뎌내지 못한다. 이들은 신경증 환자들로, 자기 자신뿐만 아니라 다른 사람들과도 부득이 숨바꼭질을 하면서 어느 것 하나도 진실로 진지하게 받아들이지 못한다. 그들은 보통 개인적인 목표를 집단적 동화의 필요성 때문에 희생시키며, 그러기 위해 주변의 온갖 견해와 확신, 이상 들을 부추긴다.

게다가 이러한 것들에 대한 합리적인 반론도 찾아볼 수 없다. 오직 우리가 발설할 수 없는 비밀, 즉 사람들이 두려워하거나 우리가 표현하는 언어로는 이해할 수 없는(그리하여 '미친 사람'의 범주에 속하는 듯이 보이는) 비밀만이 퇴보를 막아줄 수 있다. 그렇지 않으면 퇴보를 피할 수 없을 것이다.

많은 경우 이런 종류의 비밀을 가지고자 하는 욕구가 워낙 강하기 때문에, 더이상 책임질 수 없는 생각과 행동이 야기되기도 한다. 그 배후에는 대개 어떤 전횡이나 오만불손이 없다. 다만 개인에게 설명될 수 없는 잔인한 필연이 있을 뿐이다. 이것은 인간으로 하여금 무자비한 숙명성에 휩쓸리게 한다. 아마도 자신이 주인이라고 착각할 만한 가장 고유한 영역에서 생애 처음으로 보다 강하고 낯선 존재를 대면하게 될 것이다.

그 생생한 하나의 예가 천사와 싸워 좌골부가 탈골된 야곱의 이야기다. 야곱은 이 격투로 죽음을 면했다. 그 당시 야곱은 누구나 그의 이야기를 믿는 유리한 입장에 있었다. 오늘날 같았으면 사람들이 그저 의미심장한 미소만 보냈을 것이다. 그런 상황에서 야곱은 차라리 아무 말도 하지 않는 쪽을 택할 것이다. 야훼의 사자에 관한 사적인 견해를 구성해야 할 경우에는 더욱 아무 말도

하지 않았을 것이다. 그리하여 그는 싫든좋든 토론되지 않는 하나의 비밀을 갖게 되고 집단영역에서 분리될 것이다. 물론 그의 '마음의 유보' 역시 전생애 동안 거짓으로 꾸미는 데 성공하지 못한다면 결국 드러나고 말 것이다.

그런데 동시에 두 가지를 다 하려는 사람, 즉 개인적인 목표를 따르면서도 집단성에 보조를 맞추려는 자는 누구나 신경증적인 사람이 된다. 그러한 '야곱'은 천사가 더 강한 자라는 사실을 인정하려고 하지 않는다. 천사가 야곱과 싸운 후에 다리를 절었을 거라는 이야기는 없었던 것이다.

그러므로 자신의 다이몬(Daimon)의 충동에 따라 감히 중간단계의 경계를 넘어서고자 하는 사람은 '아무도 발을 들여놓지 않은' 곳에 정말로 이르게 된다. 그곳에는 그를 인도할 확실한 길도 없고 그를 보호할 지붕이 있는 집도 없다. 또한 예측하지 못한 상황, 이를테면 대강 해치울 수 없는 의무들의 충돌 같은 상황에 직면했을 경우 그 문제에 대처할 어떤 법칙도 없다. 대개 그와 같은 의무들의 충돌이 나타나지 않는 동안만 '사람이 없는 땅'으로의 여행이 계속되다가, 의무들의 충돌이 멀리서 낌새를 보이기만 해도 그 여행은 급히 끝나버린다. 그때 그가 도망친다 해도 나는 그것을 그의 탓으로 돌릴 수는 없다. 하지만 그가 자신의 나약함과 비겁함에서도 공로를 내세우려 한다면 나는 그를 칭찬할 수 없다. 나의 경멸이 그에게 해가 되지 않을 것이므로 나는 그에 대한 경멸을 조용히 표명할 수 있을 것이다.

그러나 어떤 사람이 밤낮으로 자신을 재판하는 일종의 심판관 앞에서 스스로 책임을 지고 의무들의 충돌을 해결하고자 모험을 시도할 때, 경우에 따라서는 '단독자'라는 상황에 놓이게 된다. 그는 공개적인 토론을 견디지 못하고 싫어하는 비밀을 지니게 된다. 그는 자기 자신에 대해 가차없는 고발과 끈질긴 변호를 견지하고, 세속적이거나 영적인 심판관으로 인해 편히 잠들 수가 없다.

그가 이런 심판관들의 결정을 싫증이 날 정도로 이미 다 알고 있지 않다면 의무들의 충돌에 결코 이르지도 않았을 것이다. 의무들의 충돌은 항상 훨씬 높은 책임의식을 전제로 한다. 그런데 바로 이러한 미덕이 집단적인 결정을 인정하지 못하도록 한다. 그러므로 외부세계의 법정이 내면세계로 옮겨지고, 잠긴 문 뒤에서 결정이 내려지게 된다.

그런데 이러한 변화는 그 개인에게 이전에는 몰랐던 중요한 의미를 부여해준다. 이제 그것은 잘 알려진, 사회적으로 정의된 자아일 뿐 아니라 무엇이 본래부터 가치있는가를 심리하는 기관이 된다.

이러한 내적 대극과의 대결만큼 의식화를 증대시키는 것은 없다. 지금까지 예측하지 못한 사실들이 고발될 뿐만 아니라 변론 역시 아무도 일찍이 생각해본 적이 없는 반론을 구상해내야 한다. 그럼으로써 한편으로는 외부세계의 적잖은 부분이 내면에 이르게 될 뿐 아니라 외부세계도 그만큼 비고 부담을 덜게 된다. 그러나 다른 한편으로는 윤리적 결정에 대한 심리가 최고법정 수준으로 높아지는 그만큼 내부세계의 무게가 증가한다. 이전에는 소위 단호하던 자아가 고소인의 특권을 잃고 대신 불리한 피고인으로 바뀌게 된다. 자아는 양가감정과 이중의미를 갖게 되며 몹시 어려운 지경에 빠지기까지 한다. 그를 넘어서는 대극성이 인식된다.

의무들의 충돌이 모두 해결되는 것은 결코 아니다. 최후심판의 날까지 거기에 관해 논의하고 토론하겠지만, 아마 전혀 해결되지 않을 것이다. 어느 날 갑자기 발작과도 같이 간단하게 결정이 내려지고 만다. 실제 생활이 영원한 모순 속에 정지되어 있도록 할 수는 없다. 하지만 대극의 쌍과 그 모순은 비록 행동의 충동 뒤로 잠시 물러나 있을 뿐 사라지는 것은 아니다. 그것은 끊임없이 인격의 통일성을 위협하며 또한 인생을 늘 또다시 모순에 말려들게 한다.

이러한 사태를 인식한다면 집에 머물러 있는 것, 다시 말해 집단의 울타리와 그 주거지를 결코 떠나지 않는 것이 권장할 만한 일처럼 보인다. 오직 이것들만이 내적 갈등에 대한 방어를 약속해준다. 아버지나 어머니를 떠나지 않아도 되는 사람은 부모 곁에서 확실하게 가장 나은 보호를 받을 것이다. 그러나 적지 않은 사람이 개인적인 길을 가도록 내몰린다. 이들은 무척 짧은 기간에 인간 본성의 긍정적인 면과 부정적인 면을 알아갈 것이다.

모든 에너지가 대극에서 생성되듯 마음도 역시 활동성의 필수 전제조건으로 내적 양극성을 지니고 있는데, 이는 이미 헤라클레이토스가 인식한 바와 같다. 이론뿐만 아니라 실제로도 이 양극성은 모든 생명체에 내재한다. 걸핏하면 깨지기 쉬운 자아의 통일성이 이와 같은 강력한 조건에 직면해 있다.

자아는 헤아릴 수 없이 많은 보호조치의 도움으로 수천 년의 과정을 거쳐 서서히 이루어진 것이다. 일반적으로 자아라는 것이 가능해진 것은 모든 대극이 서로 균형을 이루고자 하는 데서 비롯된 것으로 여겨진다. 이런 현상은 뜨거운 것과 찬 것, 높은 것과 깊은 것의 충돌 등에서 시작되는 에너지론의 과정에서 일어난다. 의식된 정신생활의 기초가 되는 에너지는 이런 현상들보다 먼저 존재하며, 그렇기 때문에 처음에는 무의식적이다. 그런데 그것이 의식화되기 시작하면서 우선 마나, 여러 신, 데몬 등과 같은 형상으로 투사되는 듯이 보인다. 그것들의 누멘이 인생을 결정하는 힘의 원천으로 여겨지는데, 사람들이 그것들을 이러한 형태로 관조하는 한 실제로 그러하다.

하지만 이런 형태가 퇴색하고 효력이 없어지는 그만큼 자아, 즉 경험적 인간은 이러한 힘의 원천을 소유하는 것처럼 보인다. 그러나 엄밀하게 말하면 소유라는 말에는 이중적인 의미가 있다. 즉, 한편으로는 사람들이 이러한 에너지를 탈환하거나 소유하고자 시도하며 심지어 그것을 차지했다고 착각하기도 하면서, 다른 한편으로는 사람들이 그 에너지에 사로잡힌다는 것이다.

물론 이런 이상한 상황은 의식 내용만이 정신의 존재형태라고 간주되는 곳에서만 일어날 수 있다. 이런 경우에는 역행적 투사로써 자아팽창이 초래되는 것을 피할 수 없다. 그러나 사람들이 무의식적 정신의 존재를 인정하면, 투사 내용들은 의식에 선행하는 타고난 본능적 형태로 받아들일 수 있다. 그럼으로써 그것들의 객관성과 자율성이 유지되고 자아팽창을 피할 수 있다.

의식보다 먼저 존재하며 의식을 규정하는 원형들은 실제적인 역할로 출현한다. 다시 말해 본능적 의식 토대의 선험적 구조형태로 나타난다. 원형들은 물(物) 자체를 결코 표현하지 않고 단지 형태만을 표현한다. 사람들은 그 형태 속에서 원형을 관조하고 이해한다. 물론 원형이 관조의 특성을 이루는 유일한 근거는 아니다. 그것은 단지 이해의 집단적 구성요소의 기초가 될 뿐이다. 원형은 본능의 한 특성으로, 그 동적인 기질을 나눠가지고 있으며, 그에 따라 하나의 특수한 에너지를 소유하게 된다. 그 에너지는 일정한 행동양식이나 충동을 유발하거나 강요한다. 다시 말해, 그것은 경우에 따라 편집적이고 강박적인 힘(누미노제)를 지니고 있다. 그러므로 원형을 그 특성에 비추어 '다이모니아'라고 이해하는 것이 마땅하다.

그러한 공식화를 통해 사물의 성질이 어느 정도 변화되리라고 믿는 사람이 있다면, 그는 단지 언어를 맹신함으로써 그럴 수 있을 뿐이다. 진정한 사실은 거기에 다른 이름을 붙인다고 해서 변하는 게 아니라는 것이다. 다만 우리 자신이 거기에 영향을 받을 뿐이다. 어떤 사람이 '신'을 '순수한 무(無)'라고 파악한다고 해도 그것은 더 포괄적인 상위(上位) 원리의 사실과는 아무 상관도 없다. 우리는 이전과 똑같이 거기에 매여 있다.

우리는 이름을 바꿨다고 해서 진실로부터 아무것도 제거하지 못한다. 새로운 이름이 일종의 부정의 뜻을 담고 있다면 기껏해야 대상에 대해 반대하는 태도를 나타내는 것이 될 뿐이다. 반면에 인식할 수 없는 것에 긍정적인 명칭을 붙이면 거기에 상응하여 긍정적인 태도로 바뀌는 효과를 가져오게 된다. 그러므로 우리가 신을 원형이라 지칭한다고 해도 그 고유의 본질에 관해서는 아무것도 진술한 것이 없다. 하지만 그렇게 함으로써 '신'이 의식보다 먼저 존재하는 우리의 마음에 이름을 올리게 되며, 결코 의식의 발명품으로 여겨질 수 없게 된다. 신은 이로써 제거되거나 폐기되지 않았을 뿐 아니라 오히려 경험 가능성에 근접한 위치로 옮기게 된다.

이러한 사실은 중요한 의미를 지니고 있다. 경험 가능성이 없는 사물은 마치 존재하지 않는 것처럼 쉽게 의심받을 수 있다는 점을 생각할 때 더욱 그러하다. 원시적·무의식적 정신을 재구성하려는 나의 시도를, 소위 신자라는 사람들이 즉각 '무신론'이라고 추정하거나 그것도 아니면 그노시스나 무의식처럼 정신적 현실이 아닌 것으로 추정하는 것을 볼 때, 얼마나 쉽게 그러한 의심을 받을 수 있는지 알게 된다.

무의식이 뭐가 어떤 것이라 하더라도 그것은 우리의 의식적 정신의 발달사에서 초기단계로 이루어져 있음이 틀림없다. 인간이 여섯 번째 창조의 날에 선행단계를 거치지 않고 온전한 영광 속에 만들어졌다는 가정이 우리를 만족시키기에는 너무나 단순하고 진부하다는 사실에 사람들이 상당한 의견일치를 보이고 있다. 그런데 정신에 관해서는 진부한 견해가 여전히 남아 있다. 정신은 원형적 전제를 가지고 있지 않은 백지상태(tabula rasa)이고, 출생시에 새로 생겨나며, 정신이란 단지 사람들이 스스로 상상하고 있는 것에 불과하다는 그런 견해들 말이다.

　의식은 계통발생학적으로나 개체발생학적으로 이차적인 것이다. 이러한 명백한 사실을 사람들이 언젠가 기어코 깨달아야 할 것이다. 신체가 수백만 년의 해부학적 전사(前史)를 가진 것처럼, 정신체계도 그러하다. 그리고 현대인의 신체가 모든 부분에서 이러한 발달의 결과를 나타내고, 어느 부분에서나 현재가 있기 전의 단계를 내비치고 있는 것처럼, 정신도 또한 그러하다.

　발달사적으로 볼 때 우리에게 무의식적이라 여겨지는, 짐승과 비슷한 상태에서 의식이 시작된 것처럼, 모든 어린아이는 이러한 분화과정을 되풀이한다. 어린아이의 정신은 전의식(前意識) 상태에서 결코 백지가 아니다. 그들은 이미 식별이 가능할 정도로 개성적인 형태를 이루고 있으며, 게다가 온갖 특수한 인간적 본능들을 갖추고 있고, 또한 보다 고급스러운 기능들의 선험적 토대를 갖추고 있다.

　자아가 이런 복잡한 바탕에서 생성되고 그것에 의해 일생 동안 유지되는 것이다. 그 토대가 기능을 멈추면 헛수고만 하게 되고 죽음을 가져온다. 그것으로 인한 삶과 현실은 아주 중요한 의미를 지니고 있다. 그것에 비하면 외부세계는 이차적인 의미를 지니고 있을 뿐이다. 나에게 그 토대를 붙잡고자 하는 내적 동인이 결여되어 있다면 외부세계가 무슨 뜻이 있겠는가.

　어떤 의식적인 의지도 생의 충동을 오랫동안 대체하지는 못할 것이다. 이 충동은 내부로부터 일종의 당위나 의지 또는 명령으로 다가온다. 우리가 그 충동을, 이를테면 이전부터 그랬던 것처럼

'개인적인 다이모니온'이라는 이름으로 지칭한다면, 우리는 최소한 심리학적인 정황을 적절하게 표현한 셈이다. 그리고 그 다이모니온이 우리를 사로잡은 곳을 원형이라는 개념으로 고쳐서 더 상세히 표현하려고 시도한다면, 우리는 무엇을 제거하는 것이 아니라 오히려 우리 스스로 생명의 원천으로 다가갈 뿐이다.

내가 정신과의사('마음의 의사'라는 의미임)로서 자연히 이와 같은 견해들을 가지게 되는 것은 당연한 일이다. 어떻게 하면 나의 환자들로 하여금 건강한 바탕을 다시금 찾을 수 있도록 도울 수 있는가 하는 것이 나의 최우선 관심사이기 때문이다. 그렇게 하기 위해서는, 내가 경험한 바에 의하면, 많은 지식이 요구된다!

대체로 의학도 그와 같이 발전해나간다. 의학은 마침내 치료비결을 찾아내 그 방법을 놀라울 정도로 단순화시킴으로써 발전된 것이 아니다. 반대로 그것은 엄청나게 복잡한 학문으로 성장해왔다. 하지만 적어도 가능한 한 모든 분야에서 지식을 빌려옴으로써 그렇게 된 것만은 아니다. 그러므로 나는 다른 분야에서 무엇을 증명하려는 생각은 조금도 없다. 다만 다른 분야의 지식을 내 분야에 유용하게끔 만들고자 시도할 뿐이다. 물론 그런 지식의 응용과 결과에 관해 보고하는 일은 나의 의무다.

우리는 한 분야에서 인식한 것을 다른 분야로 옮겨와서 실제로 응용해볼 때 소위 발견이라는 것을 하게 된다. X광선이 물리학적 발견이라는 이유로 그것을 의학에서 응용하지 않았다면 여전히 숨겨진 채 남아 있는 것이 얼마나 많겠는가. 방사선치료가 경우에 따라 위험한 결과를 초래할 가능성이 있는 경우, 그것은 의사로서는 관심을 갖게 되는 사안이지만 물리학자에게도 당연히 그렇다고 할 수는 없다. 물리학자는 방사선을 전혀 다른 방식, 다른 목적으로 이용하고 있는 것이다. 그는 또한 의학자가 그에게 X선 촬영의 해롭고 유익한 어떤 성질에 관해 주의를 환기시킨다고 해서 자신을 질책한다고 생각하지는 않을 것이다.

예컨대 내가 역사적이거나 신학적인 통찰을 정신요법분야에 응용한다면, 물론 그것은 다른 목적을 가진 전문분야에 한정된 채 남아 있을 때고는 다른 조명을 받으며 드러날 것이고 다른 결론으로 이끌어질 것이다.

마음의 역동성 밑바닥에 양극성이 존재한다는 사실로 인해 넓은 의미의 대극문제가 종교적이고 철학적인 관점을 모두 포괄하는 심리학적인 토론에서 다루어지게 되는 것이다. 이런 경우 종교적이고 철학적인 관점들은 당연히 전문분야의 독자적인 특징을 잃게 된다. 왜냐하면 그것은 심리적인 문제제기에 관련되기 때문이다. 다시 말해 그것은 여기서는 더이상 종교적이거나 철학적인 진리의 관점에서 고찰되는 것이 아니라, 오히려 심리학적 근거와 의미에서 고찰되는 것이다.

독자적인 진리에 대한 요구에도 불구하고 경험적으로, 즉 자연과학적으로 관찰할 때 그것은 우선 심리현상이라는 사실이 성립된다. 이 사실이 나에게는 이론의 여지가 없는 것으로 여겨진다. 종교나 철학이 그 자체의 근거를 필요로 한다는 사실은 심리학적 관찰방식에 함께 포함되며, 후자는 결코 그것을 부당하다고 배제하지 않고 오히려 특별한 관심을 기울여 고려의 대상으로 삼는다. 심리학은 '단지 종교적일 뿐'이라거나 '단지 철학적일 뿐'이라는 식으로 판단하지 않는다. 주로 신학 쪽에서 너무나 자주 듣게 되는 '단지 심리학적일 뿐'이라는 비난과는 반대인 셈이다.

일반적으로 생각해낼 수 있는 모든 진술은 정신에 의해 만들어진다. 정신은 특히 역동적인 과정으로 나타난다. 그 역동적인 과정은 정신의 대극성과 그 내용의 토대에 기인하며 양극간의 격차를 보여주고 있다. 설명원리는 필요 이상으로 늘려서는 안 되고, 에너지론적 관찰방식은 자연과학의 일반적인 설명원리로서 입증되었기 때문에, 우리도 심리학에서 그 방식에 국한해야 할 것이다. 또 다른 적합한 견해가 있다는 확실한 증거가 없는 데다가 정신의 대극성이나 양극성, 그리고 그 내용이 심리학적 경험의 아주 중요한 성과로 증명되었다.

정신에 관한 에너지론적 이해가 옳은 것이라면 양극성에 의해 설정된 한계를 뛰어넘고자 시도하는 진술들, 예컨대 형이상학적 진리에 관한 진술들이 어떤 타당성을 주장하려면 오직 역설로서만 가능할 뿐이다.

정신은 자신을 뛰어넘을 수 없다. 다시 말해 정신은 절대적 진리를 확립할 수 없다. 왜냐하면 그 고유한 양극성이 진술의 상대성을 야기하기 때문이다. 예를 들어 "영원한 본체는 운동이다" 또는 "영원한 본체는 유일하다"는 식으로 정신이 절대적 진리를 선언할 때는 언제나 싫든좋든 대극의 어느 한쪽에 빠지게 된다. 마찬가지로 다음과 같이 말해도 좋을 것이다. "영원한 본체는 정지다" 또는 "영원한 본체는 온갖 것이 된다"는 식의 일방성 때문에 정신은 스스로 해체되고 인식할 수 있는 능력을 잃게 된다. 정신은 성찰이 없는 상태로(성찰을 할 수 없기 때문에) 지나가고 사람마다 스스로 그런 상태에 의거하고 있다고 착각한다. 왜냐하면 사람이 다른 한쪽을 보지 못하거나 여전히 아무것도 보지 못하고 있기 때문이다.

이렇게 함으로써 내가 어떤 판정을 내린 것은 물론 아니다. 오히려 한계를 넘어서는 일이 아주 흔하고 심지어는 그것이 피할 수 없는 일이라는 사실을 간략하게 설명하고 있는 것이다. 왜냐하면 '만물유전(萬物流轉)'이기 때문이다. 명제에는 반대명제가 따르고 그 둘 사이에는 '인격 분열'이라는 세 번째 요소가 생겨나는데, 이는 이전에는 지각될 수 없었던 것이다. 이러한 과정을 통해 정신은 또 한 번 그 대극성을 드러낼 뿐이다. 정신은 그 어디서도 진정으로 자신 밖으로 벗어날 수 있는 길이 없다.

정신의 제한성을 설명하고자 노력하는 과정에서 내가 꼭 정신만이 존재한다고 생각하는 것은 아니다. 지각과 인식이 관련되는 한 우리는 정신을 넘어서 볼 수는 없을 뿐이다. 비정신적인, 초월적인 객체가 존재한다는 사실에 관해 자연과학은 묵묵히 확신하고 있다.

또한 자연과학은 그 객체의 진정한 성질을 인식하는 것이 얼마나 어려운가도 알고 있다. 특히 지각기관이 고장나거나 아예 없는 경우, 그리고 적합한 사고형태가 존재하지 않거나 그것이 우선적으로 창안되어야만 하는 경우에 더욱 그러하다. 우리의 감각기관뿐만 아니라 인공적인 보조기구로써도 실재하는 객체의 존재를 보증해줄 수 없는 경우에, 그 어려움은 엄청나게 커져서 그런 객체는 결코 실재하지 않는다고 주장하고 싶어지기도 한다.

하지만 나는 이런 성급한 결론을 내린 적이 없다. 왜냐하면 나는 우리의 인지능력으로 모든 존재형태를 파악할 수 있다고는 한 번도 생각해본 적이 없기 때문이다. 그러므로 나는 원형 형성 현상이라는 그 빼어난 정신적 사건은 일종의 '사이코이드(psychoid : 정신과 유사한 상태)'의 바탕에 기인한다는 공식까지 제시하기도 했다. 그것은 부분적으로만 정신적이거나 다른 존재형태일 것이다. 경험적인 자료의 부족으로 나는 사람들이 일반적으로 '영적'이라고 부르는 그런 존재형태에 관해 어떤 지식이나 인식도 가지고 있지 않다. 학문적인 입장에서는 내가 그것에 관해 믿는다는 것은 그리 중요하지 않다. 나는 나의 무지로 자족해야만 한다.

하지만 원형이 작용하고 있음이 증명되는 한, 비록 그 진정한 성질이 무엇인지 알지 못한다 하더라도 그것들은 나에게 실재인 것이다. 이것은 물론 원형에 대해 적용될 뿐만 아니라 정신의 성질에도 적용되는 말이다. 정신이 늘 자신에 관해 진술한다 해도 결코 자신을 뛰어넘을 수는 없다. 모든 이해와 모든 이해의 대상은 정신적인 것 그 자체이며, 그만큼 우리는 온통 정신적인 세계에 어쩔 도리 없이 갇혀 있다.

그런데도 우리는 장막 뒤에서 우리에게 작용하고 영향을 미치나 파악되지는 않는 절대적 객체가 존재한다고 가정할 만한 충분한 근거를 가지고 있다. 특히 정신적인 현현(顯現)처럼 현실적으로는 확인할 수 없는 경우에도 그런 가정은 가능하다. 가능성과 불가능성에 관한 진술은 오직 전문분야 안에서만 가치가 있다. 그 분야 밖에서는 그런 진술은 단지 주제넘은 말일 뿐이다.

되는대로 말하는 것, 즉 충분한 근거 없이 진술하는 것은 객관적인 입장에서는 금지되어 있지만, 객관적인 근거가 없는 것으로 보이는 경우에도 진술되어야 할 것들이 있다. 이 경우에도 정신역동적 근거라는 것이 관련되어 있는데, 사람들은 보통 이것을 주관적이라 부르고 단지 개인적인 것에 불과한 것이라고 간주한다. 사람들은 그 진술이 진정으로 개별적인 주체로부터 나왔고 오로지 개인적인 동기에서 야기된 것인지, 아니면 그것이 보편적으로 나타났고 집단적으로 존재하는 역동적 '유형(類型)'에서 솟아나온 것인지 구분하지 않음으로써 실수를 범하고 있다.

이를테면 후자의 경우, 그것은 주관적인 것이 아니라 심리학적으로 객관적인 것이라고 이해되어야 한다. 그런 경우에는 정해지지 않은 수의 개인이 내적인 충동에서 동일하게 진술하고 각자 어떤 하나의 견해가 절실히 필요하다고 느끼게 된다. 원형은 단순히 비활동적인 형태가 아니라 특수한 에너지를 갖추고 있으므로 그와 같은 진술의 동인(動因)으로 간주될 수 있고 그 진술의 주체로도 이해될 수 있다. 개인적인 인간이 그 진술을 하는 것이 아니라 원형이 그 개인 안에서 자신을 표현하고 있는 것이다. 그 진술이 저지되거나 무시되면, 의사로서의 경험이나 마음에 관한 일반적인 상식이 보여주듯 정신적 결핍현상이 생긴다. 개인의 경우에 그것은 노이로제 증상으로 나타나고, 노이로

제가 될 수 없는 사람들이 관련되었을 때는 집단적인 망상(妄想) 형성이 발생한다.

원형적 진술들은 본능의 전제조건에 기인하고 있으며 이성과는 아무 관계가 없다. 그 진술들은 이성적으로 논증된 것도 아니고 이성적인 반론으로 제거될 수도 없다. 그것들은 예전부터 세계상의 일부였으며 지금도 그러하다. 세계상이란 레비 브륄이 적절하게 명명한 대로 '집단표상'인 것이다. 확실히 자아와 그의 의지가 큰 역할을 한다. 하지만 자아가 하고자 하는 것은 대개 자기도 모르는 방식으로, 원형적 과정의 자율성과 누미노제에 의해 몹시 방해를 받게 된다. 원형적 과정을 실제적으로 고려하면 종교의 본질을 찾아낼 수 있다. 종교가 심리학적인 관찰방식을 감당하는 한에서 말이다.

그런데 사랑이 없으면

　여기서 나는 다음과 같은 사실에 집중하게 된다. 그것은 성찰의 영역 이외에 그보다 더 넓게 뻗어 있지는 않지만 적어도 그만큼은 넓은 또 하나의 영역이 존재한다는 사실이다. 이 영역에서는 합리적인 이해와 표현으로 파악할 수 있는 것이 거의 없다. 그것은 에로스의 영역이다. 고대의 에로스는 의미심장하게도 일종의 신으로, 그 신성이 인간적인 한계를 뛰어넘는다. 그리하여 그것은 이해되거나 표현될 수 없는 것이다.

　나는 내 이전의 많은 사람이 시도한 것처럼, 이 다이몬에 감히 다가가볼 수도 있을 것이다. 다이몬의 작용은 끝없는 하늘공간에서 캄캄한 지옥의 심연에까지 미친다. 그런데 예측할 수 없는 사랑의 모순들을 적절히 표현할 수 있는 언어를 찾아낼 용기가 내게는 없다. 에로스는 우주의 생성원, 창조자, 그리고 모든 의식성의 아버지요 어머니다. 내게는 "그런데 사랑이 없으면"이라고 한 바울의 조건문이 모든 인식 중에서 최초의 인식이며 신성 그 자체의 진수(眞髓)인 것처럼 여겨진다. "하느님은 사랑이다"라는 구절에 관한 현학적인 해석들이 어떠하든지 간에 이 문구는 신성이 '복합대극'임을 입증하고 있다.

의사로서의 경험뿐 아니라 나 자신의 생활이 끊임없이 나에게 사랑의 문제를 제기해왔다. 그런데 나는 한 번도 거기에 대해 가치있는 답변을 할 수 없었다. 나도 욥처럼 "손으로 입을 가릴 뿐입니다. 내가 한 번 말하였으니 다시는 더이상 대답하지 않겠습니다(〈욥기〉 40 : 4~5. 원문에는 〈욥기〉 39 : 34로 되어 있으나 잘못 표기된 것임—옮긴이)"라고 말하게 된다.

여기서 문제는 가장 큰 것과 가장 작은 것, 가장 먼 것과 가장 가까운 것, 가장 높은 것과 가장 깊은 것인데, 하나는 다른 하나 없이는 결코 언급될 수 없는 것이다. 어떤 언어도 이 모순을 감당할 수 없다. 사람이 무슨 말을 하든지 그 전체를 표현할 수 있는 말은 없다. 부분적인 측면에서 말하는 것은 항상 너무 과하거나 너무 부족하다. 왜냐하면 오직 전체만이 의미가 있기 때문이다.

사랑은 "모든 것을 참으며" 그리고 "모든 것을 견딘다"(〈고린도 전서〉 13 : 7). 이 구절이 모든 것을 말해주고 있다. 우리는 여기에 아무것도 덧붙일 것이 없다. 우리는 소위 가장 깊은 뜻에서 우주 창조의 근원인 '사랑'의 희생제물이거나 수단과 도구다. 내가 사랑이라는 말을 따옴표 속에 넣은 것은 그 말이 단지 열망, 선호, 총애, 소원 등과 같은 것을 의미하지 않고 개체보다 우월한 전체, 하나인 것, 나눌 수 없는 것을 의미한다는 사실을 암시하기 위해서다. 부분으로서의 인간은 전체를 파악하지 못한다. 그는 전체에 압도당하고 있다. 그는 찬성하거나 분개할 수도 있다. 하지만 언제나 그는 그 속에 갇혀 있고 에워싸여 있다. 언제나 그는 거기에 좌우되며 그것에 기인하고 있다.

사랑은 그의 빛이며 그의 어둠이며 그 끝을 예측할 수 없다. 그가 "천사의 혀로 말할지라도" 또는 과학적인 정밀성으로 세포의 생명을 가장 깊은 바탕까지 주의깊게 관찰한다고 하더라도, "사랑은 결코 그치지 않는다". 그는 사랑에다 온갖 이름을 마음대로 갖다붙일 수 있겠지만 그는 단지 끝없는 자기기만에 빠질 뿐이다. 그가 한줌의 지혜라도 가지고 있다면 그는 무기를 내려놓고 항복하며 미지(未知)를 미지라고, 즉 신의 이름으로 명명할 것이다. 그것은 자신의 열등함, 불완전성, 그리고 의존성을 시인하는 것이며 동시에 진실과 오류 사이에서 선택의 자유를 증언하는 것이다.

회고

나는 내 인생이 그렇게 지나간 것에 만족한다.
내 인생은 풍성했으며 내게 많은 것을 가져다주었다.
어떻게 내가 그토록 많은 것을 기대할 수 있었겠는가.
나 자신이 달라졌더라면 아마도 많은 일이
다르게 되었을 것이다.
하지만 되어야 하는 대로 되었다.

Carl Gustav Jung

카를 구스타프 융(1960)

비밀로 가득 찬 세계

사람들이 나를 현명하다거나 '지자(知者)'라고 한다면 나는 이 것을 받아들일 수 없다. 어떤 사람이 강에서 한 번 모자로 물을 가득 퍼냈다고 하자. 그것이 도대체 무슨 의미가 있는가? 나는 그 강물이 아니다. 나는 강에 있지만 아무것도 하지 않는다. 다른 사람들도 강에 있지만 그들은 대개 스스로 무언가를 해야 한다고 느끼고 있다. 나는 아무것도 하지 않는다. 벚나무 줄기가 자라도 록 돌봐야 할 사람이 나라고 생각해본 적이 없다. 나는 거기 서서 자연이 해낼 수 있는 것을 보고 경탄할 뿐이다.

어느 랍비에 관한 오래된 훌륭한 이야기가 있다. 그의 제자가 와서 이렇게 물었다. "옛날에는 하느님을 대면하여 본 사람들이 있었습니다. 그런데 오늘날은 왜 그렇지 못합니까?" 랍비가 대답 했다. "오늘날에는 그럴 정도로 허리를 깊이 굽힐 줄 아는 사람 이 더이상 없기 때문이다." 강물을 길으려면 허리를 얼마만큼은 굽혀야 하는 법이다.

다른 대부분의 사람과 나의 차이점은, 내게는 '칸막이벽'들이 투명하다는 것이다. 그것은 나의 고유한 특성이다. 다른 사람들은 그 벽들이 너무 두꺼워서 그 뒤를 보지 못하므로 거기에는 전혀 아무것도 없을 거라고 생각한다. 나는 어느 정도 그 배후의 과정을 인지하는 편이어서 내적 확신을 가지고 있다. 아무것도 보지 못하면 또한 아무런 확신도 갖지 못하며, 아무런 결론도 끌어낼 수 없거나 자신의 결론을 믿을 수도 없다. 나로 하여금 삶의 흐름을 인지할 수 있도록 해준 것이 무엇인지 알지 못한다. 그것은 아마도 무의식 그 자체일 것이다. 어쩌면 어릴 적 꿈들이었는지도 모른다. 그것들은 내 삶의 방향을 처음부터 결정해버렸다.

배후의 과정에 대한 지식이 세계에 대한 나의 관계를 일찍부터 미리 형성했다. 엄밀히 말하면 그것은 이미 나의 소년시절에 형성되었고 오늘날까지도 그대로 이어지고 있다. 소년이었을 때 나는 외로움을 느꼈는데 지금도 그러하다. 왜냐하면 내가 어떤 것을 알고 있고 그것을 다른 사람들에게 알려주어야 하는데 다른 사람들은 그것에 관해 아무것도 알지 못하고 대부분 전혀 알려고도 하지 않는 듯이 보이기 때문이다.

고독이란 주변에 사람들이 없기 때문에 생기는 것이 아니라, 중요하게 여겨지는 것을 전할 수 없거나 자기는 가치있다고 여기는 생각이 다른 사람들에게는 황당무계한 것으로 간주될 때 생기는 법이다. 나의 고독은 어릴 적 꿈의 체험과 함께 시작되었고, 내가 무의식에 대한 연구를 할 시기에 최고조에 달했다. 어떤 사람이 다른 사람들보다 더 많이 알게 되면 그는 고독해진다. 하지만 고독은 반드시 공동체에 대립하는 것만은 아니다. 고독한 사람보다 공동체에 대해 더 호감을 느끼는 사람은 없기 때문이다. 공동체는 모든 개체가 자신의 개성을 기억하고 다른 사람과 동일시되지 않는 곳에서만 만개하게 된다.

우리가 비밀을 가지고 알 수 없는 어떤 것에 대한 예감을 지니는 것은 중요하다. 그것은 인생을 어떤 비개인적인 신성한 힘으로 가득 채운다. 이것을 경험해보지 못한 사람은 중요한 것을 놓친 셈이다. 사람은 자신이 어떤 면에서는 비밀로 가득 찬 세계에 살고 있다는 것을 감지해야 한다. 그리고 그 세계 안에서는 마음속으로 예상되는 일뿐만 아니라 그외 설명할 수 없는 일들이 일어나고 있고 경험될 수 있다는 것을 알아차려야 한다. 예기치 못한 일들과 일찍이 들어보지 못한 일들이 바로 이 세계에 속하는 것들이다. 오직 그럴 때에만 삶은 온전해지는 것이다. 나에게 세계는 처음부터 무한히 크고 파악하기 어려운 것이었다.

나는 나의 사고를 뛰어넘는 것을 주장하기 위해 노력을 다했다. 내 안에는 데몬이 있었고 그것이 결국은 결정적이었다. 그것이 나를 포위했다. 내가 사리분별을 잃었을 때는 데몬에게 엄습을 당했기 때문에 그러하였다. 나는 한 번 도달한 곳에 결코 머물러 있을 수 없었다. 나의 환상을 맞아들이기 위해 서둘러 앞으로 나아가야만 했다. 물론 동시대인은 나의 환상을 인지할 수 없었다. 그들은 단지 헛되게 달아나는 사람만을 보았을 뿐이다.

나는 많은 사람에게 심한 타격을 가했다. 그들이 나를 이해하지 못한다고 알아차리기가 무섭게 그 상황은 나에게 끝장이 되고 말았다. 나는 계속 나아가야 했다. 나는 나의 환자를 제외하고는 사람들에 대해 참을성이 없었다. 나는 언제나 내적인 법칙을 따라야 했다. 나에게 부과된 그 법칙은 내게 선택의 자유를 주지 않았다. 물론 내가 그 법칙을 항상 따른 것은 아니었다. 사람이 어떻게 항상 일관성있게만 살아갈 수 있겠는가?

사람들이 내적인 세계와 접촉하고 있는 한 나는 많은 사람과 가까이 있었다. 그런데 그러다가 갑자기 내가 더이상 보이지 않게 되는 경우가 있었다. 나를 그들과 연결해주는 것이 이제는 없어졌기 때문이었다. 나는 비록 사람들이 나에게 말할 것이 더이상 없다 할지라도 그들이 여전히 거기 있다는 사실을 배우느라 애를 먹었다. 많은 사람이 나에게 생동하는 인간성을 느끼도록 일깨워주었으나 그것은 그들이 심리학의 마력이 미치는 범위 안에 나타났을 때뿐이었다. 다음 순간, 탐조등이 그 빛을 다른 곳으로 향하자 거기에는 아무것도 존재하지 않았다.

나는 많은 사람에 대해 강렬한 관심을 가질 수 있었지만 그들을 간파하고 나서는 즉시 마력은 사라지고 말았다. 그래서 나는 많은 적을 만들었다. 하지만 창조적 인간으로서 사람은 떠넘겨져 있고 자유롭지 못하며, 묶여 있고 데몬에게 몰리고 있다. "창피스럽게도/어떤 힘이 우리 심장을 앗아간다./천상에 있는 모든 것은 제물을 요구하므로./하지만 이를 소홀히 하면/좋은 일이 결코 생기지 않는다."(휠덜린)

이런 부자유함은 나에게 큰 슬픔을 불러일으켰다. 나는 자주 내가 전쟁터에 있는 것처럼 느껴졌다. 나의 친애하는 전우인 당신은 이제 쓰러졌다. 그러나 나는 계속 나아가야만 한다! 정말이지 나는 머물러 있을 수가 없다! 왜냐하면 "창피스럽게도 어떤 힘이 우리 심장을 앗아가기" 때문이다. 나는 너를 좋아하고 너를 정말 사랑한다. 하지만 나는 머물러 있을 수 없다! 그것은 가슴이 찢어질 정도로 아픈 순간이다. 나 자신이 희생제물이므로 머물러 있을 수 없다. 그런데 데몬이 사람이 빠져나가도록 해주면서 그와 함께 복된 모순을 가져다준다. 다시 말해 나는 나의 '불성실'과는 아주 명백하게 대극을 이루는, 예기치 못할 정도의 성실성을 유지할 수 있게 된 것이다.

아마도 나는 이렇게 말할 수 있을 것이다. 나는 사람들을 다른 사람보다도 더 많이 필요로 하고 동시에 훨씬 덜 필요로 한다고 말이다. 다이모니온이 작용하고 있는 곳에서는 사람들이 항상 너무 가깝고 너무 멀다. 다이모니온이 잠잠해진 곳에서만 사람들과 중간거리를 유지할 수 있다.

모든 사람이 명석한데
나만이 흐리멍덩하구나

데몬과 창조적인 것이 무조건 가차없이 나를 마구 휘둘렀다. 내가 계획한 일상적인 일들은 대개 손해를 보았다. 물론 언제나 어디서나 그랬던 것은 아니다. 그래서 나로서는 내가 뼛속까지 보수주의자인 것처럼 보인다. 나는 내 조부의 담배상자에서 담배를 꺼내 파이프에 담고, 알프스영양 뿔로 꼭대기를 씌운 그의 등산용 지팡이를 아직도 간직하고 있다. 나의 조부는 폰트레지나의 첫 휴양객들 중 한 사람으로 갔다가 그 지팡이를 가져왔다.

나는 내 인생이 그렇게 지나간 것에 만족한다. 내 인생은 풍성했으며 내게 많은 것을 가져다주었다. 어떻게 내가 그토록 많은 것을 기대할 수 있었겠는가. 그동안 일어난 것들은 그야말로 기대 밖의 일들이었다. 나 자신이 달라졌더라면 많은 일이 다르게 되었을 수도 있다. 하지만 되어야 하는 대로 그렇게 되었다. 그것은 내가 생긴 그대로 있었기 때문이었다.

많은 일이 의도한 대로 이루어졌으나 항상 나에게 이로운 것만을 가져다준 것은 아니었다. 그런데 대부분의 일이 저절로 숙명적으로 전개되었다. 나는 내 고집으로 말미암아 일어났던 어리석은 많은 일을 후회한다. 하지만 내가 그런 어리석음을 갖지 않았다면 나의 목표에 이르지 못했을 것이다. 그러므로 나는 실망하면서도 실망하지 않는다. 나는 사람들에 대해 실망하고 나 자신에 대해서도 실망했다. 나는 인간에게서 경이로운 것들을 경험했고 스스로 기대했던 것보다 더 많은 일을 해냈다. 그러나 나는 최종적인 판단을 내릴 수가 없다. 왜냐하면 인생이라는 현상과 인간이라는 현상은 너무도 큰 것이기 때문이다. 나이가 들수록 나는 그만큼 더 나 자신을 이해하지 못하게 되고 인식하지 못하게 되며 알지 못하게 된다.

나는 나 자신에 관해 놀라고 실망하고 기뻐한다. 나는 슬퍼하고 낙심하고 열광한다. 또한 나는 그 모든 것이기도 하다. 그런데 그 모든 것의 합을 계산할 수는 없다. 나는 어떤 결정적인 가치나 무가치를 확증할 입장이 못 된다. 나는 나 자신과 내 인생에 대해 판단을 내릴 수 없다. 내가 온전히 확신할 만한 것은 어디에도 없다. 나는 그 어떤 것에 대해서도 결정적인 확신을 결코 갖고 있지 않다. 나는 단지 내가 태어나 존재한다는 사실을 알고 있을 뿐이다. 그것은 마치 내가 어디에 실려다니는 것과도 같았다. 나는 내가 알지 못하는 어떤 것의 토대 위에 존재하고 있다. 온갖 불확실성에도 불구하고 나는 실존의 견고함과 내 존재양식의 연속성을 느끼고 있다.

우리가 태어난 이 세계는 거칠고 잔혹하며 동시에 신성한 아름다움을 지니고 있다. 무의미와 의미 중 어느 쪽이 더 우세하다고 믿느냐 하는 것은 기질의 문제다. 만약 무의미성이 절대적으로 우세하다면, 더 높은 정신발달 과정에서는 인생의 의미충족성이 점점 사라지고 말 것이라는 가정이 가능하다. 그러나 그것은 그렇지 않다. 적어도 나에게는 맞지 않는 이야기라고 여겨진다. 모든 형이상학적 문제가 그렇듯이 아마도 양쪽이 다 진실일 것이다. 인생은 의미가 있기도 하고 없기도 하다. 또는 인생은 의미를 가지기도 하고 가지고 있지 않기도 하다. 나는 의미가 우세하여 전투에서 이겼으면 하고 마음 졸이며 희망하고 있다.

노자가 "모든 사람이 명석한데 나만이 흐리멍덩하구나"라고 했는데, 그것이 바로 내가 이 늙은 나이에 느끼는 바다. 노자는 빼어난 통찰을 지닌 사람의 모범이다. 그는 가치와 무가치를 보았고 경험했으며 인생의 마지막에 자신의 고유한 존재로, 인식할 수 없는 영원한 의미로 돌아가기를 바랐던 사람이다. 인생을 충분히 보아온 노인의 원형은 언제까지나 진실이다. 지능의 어떤 단계에서도 이 유형이 등장하며, 그것이 늙은 농부든 노자와 같은 위대한 현인이든 동일한 유형이다.

노년이란 그런 것이면서 또한 하나의 제약이다. 그럼에도 불구하고 나를 충족시켜주는 것이 아주 많다. 식물, 동물, 구름, 낮과 밤, 그리고 인간 속에 있는 영원한 것 등이다. 내가 나 자신에 관해 불확실해질수록 온갖 사물과의 친화성이 그만큼 더 높아진다. 그렇다. 마치 나를 그토록 오랫동안 세계와 갈라놓았던 저 생소함이 나의 내면세계로 옮겨와서 나 자신에 대한 예기치 않은 낯설음을 보여주는 것처럼 여겨진다.

그는 망원경으로 자신의 영혼을 바라보았다.

온통 어지러웠지만 그것은 아름다운 별자리처럼 보였다.

그는 세계 속에 감추어진 세계를 그의 의식(意識)에 보태었다.

_ 콜리지(Coleridge)의 《노트》에서

1956년 여름 아스코나에서 개최된 에라노스학회에서 출판인 쿠르트 볼프(Kurt Wolff)가 취리히 친구들과 대화를 나누면서 카를 구스타프 융의 전기를 뉴욕의 판테온출판사에서 출간했으면 하는 뜻을 처음으로 밝혔다. 융의 동료 중 한 사람이었던 욜란드 야코비(Jolande Jacobi) 박사는 전기 집필 임무는 나에게 맡겨야 한다고 제안했다.

우리 모두는 이 작업이 결코 쉽지 않다는 것을 잘 알고 있었다. 융이 자신과 자기 생활이 세상에 공개되는 것을 꺼려한다는 사실은 잘 알려져 있었다. 그는 오랫동안 주저한 후에야 비로소 전기 집필에 동의해주었다. 하지만 일단 동의하고 나서는 매주 하루, 오후시간을 나와의 공동작업에 할애해주었다. 빠듯한 그의 작업

계획과 피로해지기 쉬운 그의 나이를 고려할 때 그것은 무척 많은 시간인 셈이었다.

우리는 1957년 초에 작업을 시작했다. 쿠르트 볼프는 그 책이 '전기'가 아니라 융 자신이 진술하는 '자서전'의 형식을 취해야 한다고 자신의 구상을 나에게 제시했다. 이러한 구상이 책의 형태를 결정했다. 그리하여 나의 첫 과제는 단지 질문을 하고 융의 답변을 적어내려가는 것뿐이었다. 처음에는 조심스러워하고 머뭇거리는 편이었으나 얼마 지나지 않아 그는 자기 자신에 대해, 성장과정과 꿈, 사상 들에 관해 상당한 열의를 가지고 이야기했다.

우리의 공동작업에 대한 융의 적극적인 태도는 1957년 말에 이르러 결정적으로 한 단계 더 발전했다. 내적 동요가 있었던 시간이 지나자, 그의 유년시절부터 오랫동안 잠재되어 있던 이미지들이 떠올라왔다. 그는 그러한 이미지들이 만년의 저작에 담겨 있는 사상들과 연관성이 있다는 것을 어렴풋이 느끼기는 했으나 아직 명쾌하게 파악할 수는 없었다.

어느 날 아침, 그는 나를 맞이하면서 유년시절에 관해서는 자신이 직접 기록하고 싶다고 털어놓았다. 그때까지 그는 어릴 적 기억들에 대해서 이미 많은 것을 나에게 구술했지만 아직은 전부 말한 것이 아니었다.

그러한 결정은 뜻밖인 만큼 반가운 일이긴 했으나, 융에게 글을 쓴다는 것이 얼마나 힘든 일인가를 나는 또한 알고 있었다. 그 일을 마음속으로부터 '사명'으로 느끼지 않는 한 그가 그와 같은 일을 감행하지 않으리라는 것도 알고 있었다. 그러므로 내게는 그의 시도가 이 책이 '자서전'으로서 내적인 자격이 있음을 입증해주는 것으로 여겨졌다.

이와 같은 변화가 있은 지 얼마 후에 나는 그의 구술을 다음과 같이 적어내려갔다.

나에 관한 책은 항상 일종의 숙명적인 사건이었다. 거기에는 무언가 예측할 수 없는 것이 있는데, 나 자신으로 하여금 미리 어떻게 쓰도록 한다든지 미리 계획을 세우도록 할 수가 없다. 따라서 이 자서전도 지금 벌써 처음 내가 생각했던 것과는 다른 길로 접어들고 있다. 어린시절의 기억을 기록한다는 것은 하나의 필수적인 일이 되고 말았다. 이 일을 하루라도 중단하면 그와 동시에 불쾌한 신체적 증상이 따라온다. 그러나 내가 그 작업을 하면 금방 그 증상은 사라지고 머리가 아주 맑아진다.

1958년 봄에 융은 그의 유년시절, 학창시절(대학 이전까지—옮긴이), 대학시절에 관한 세 장(章)을 마무리했다. 그는 이 세 장을 '내 생애의 초기 사건들에 대해서'라고 불렀다. 이 장들은 1900년 그가 의학수업을 마친 부분에서 끝나고 있다.

하지만 융이 이 책을 위해 집필한 것은 이 글들만이 아니었다. 1959년 1월, 그는 볼링겐에 있는 그의 별장에 머물렀다. 그는 매일 오전시간을 우리가 그동안 써놓은 책의 장들을 읽는 데 할애했다. 그가 '사후의 삶에 관하여'라는 장을 나에게 돌려주면서 이렇게 말했다. "내 안에서 무언가가 심금을 울렸습니다. 거기에 마음이 기울어 내가 쓰지 않으면 안 되겠습니다." 그리하여 '만년의 사상'이라는 장이 생겨났는데, 그 글에서 그는 아마도 가장 광범위하면서도 가장 깊은 자신의 사상들을 말하고 있다.

같은 해인 1959년 여름, 역시 볼링겐에서 융은 '케냐와 우간다' 장을 썼다. '푸에블로 인디언' 부분은 원시심리학에 관한 일반적인 문제를 다룬 1926년의 단편적인 미발표 원고에서 가져온 것이었다.

'지그문트 프로이트'와 '무의식과의 대면' 장을 보완하기 위해 나는 1925년의 정기적인 세미나에서 여러 문장을 인용했다. 그 세미나에서 융은 처음으로 자신의 내적 발달에 대해 몇 가지 내용을 언급했다.

'정신의학적 활동' 장은 1956년에 취리히 부르크휠츨리 정신병원의 젊은 조무의사들과 융이 나눈 대화를 기초로 씌어졌다. 그 무렵 융의 조카들 중 한 명이 거기서 정신과의사로 일하고 있었다. 그 대화는 퀴스나흐트에 있는 융의 집에서 이루어졌다.

융은 원고를 다 훑어보고 나서 승인을 했다. 때때로 그는 문장을 고치기도 하고 보완을 제안하기도 하고 스스로 덧붙이기도 했다. 반대로 나는 융에 의해 씌어진 장들을 우리의 대화록으로 보충하기도 하고, 그가 종종 간단히 암시만 하고 넘어갔던 대목을 다듬기도 하고, 반복되는 부분은 삭제하기도 했다. 책이 진척되어갈수록 그의 작업과 나의 작업이 더욱 긴밀하게 융합되었다.

이 책이 씌어지는 방식에 의해 어느 정도 그 내용도 결정되었다. 대화나 자연스럽게 이어지는 구술은 즉흥성을 특징으로 하기 마련인데, 이 '자서전'도 이러한 특징을 지니고 있다. 그 장들은 섬광처럼 융의 외적인 삶과 그의 작업을 단지 잠깐만 비추어줄 뿐이다. 그 대신 그 장들은 마음을 가장 진정한 현실로 여겼던 한 인간의 체험과 그의 정신세계의 분위기를 전해주고 있다. 나는 종종 융에게 외적 사건들에 대해 물어보았으나 얻는 것이 없었다. 인생경험의 정신적인 정수(精髓)만이 그의 기억 속에 남아 있었으며, 그것만이 애써서 말할 가치가 있는 것이었다.

책의 체재를 갖추는 형식상의 어려움보다 더 근본적인 문제는 융의 개인적인 성격이었다. 융은 대학시절의 친구 한 사람에게 보낸 편지에서 이 점에 관해 진술했다. 그 친구는 융에게 청년시절의 추억을 써보도록 부탁했다. 편지교환은 1957년 말에 이루어졌다.

…… 정말 자네 말이 맞네! 사람이 늙으면 내적으로나 외적으로 젊은시절의 추억을 다시 떠올리기 마련이지. 한번은 30년 전에 이미 나의 제자들이 내가 어떻게 무의식의 개념에 이르게 되었는가를 설명해달라고 권유한 적이 있네. 그때 나는 세미나형식을 빌려 그 요구를 들어주었네. 최근에 나에 관해 '자서전' 같은 것을 써보라는 제의가 여러 군데서 들어왔네. 하지만 내가 그런 일을 한다는 것은 전혀 상상도 할 수 없었네. 나는 자서전들을, 그리고 그것들의 자기기만과 고의적인 거짓말들을 너무도 잘 인

지하고 있고 자기 자신을 기술한다는 것이 불가능한 일임을 너무나 잘 알고 있기에, 나는 감히 그런 일을 착수하려는 엄두도 못 내고 있었네.

그런데 요즘 다시금 나는 자서전적 정보에 관해 질문을 받고 있는데, 이번 기회에 나의 기억자료 속에 어떤 객관적인 문제들이 묻혀 있는 것을 발견했네. 그 문제들은 아마도 좀더 자세히 검토할 가치가 있을 걸세. 그리하여 나는 그 일의 가능성에 대해 숙고한 후에 마침내 결심을 했네. 최소한 내 인생의 최초의 기억을 객관적으로 관찰하는 일을 이뤄내기 위해 그외 다른 책무는 멀리하기로 말일세.

이 작업은 너무나 어렵고 이례적인 일이기 때문에 그 결과를 생전에는 공개하지 않겠다고 스스로 다짐해야만 했네. 이와 같은 조치는 침착함과 거리를 확보하기 위해서 필요하다고 여겨졌네. 나에게 생생하게 남아 있는 모든 기억은, 마음을 불안과 격정으로 몰아넣는 정서적인 경험들과 관련되어 있다는 사실을 알게 되었네. 이것은 객관적인 설명을 위해서는 무척 불리한 전제조건이네! '물론' 자네 편지는 내가 그 일을 착수하기로 소위 결심을 한 바로 그때에 도착했다네.

항상 그랬듯이 내 인생에서 모든 외적인 것은 우연한 것이고, 오직 내적인 것만이 실체성이 있으며 결정적인 가치를 지니고 있다는 점이 숙명적이네. 그 결과 외적인 사건에 대한 기억들은 모두 희미해졌네. 아마도 '외적인' 경험들은 한 번도 실재가 된 적이 없거나, 아니면 단지 나의 내적 발달단계와 일치할 때만 실재가 되었을 것일세. 내 존재의 이러한 '외적인' 발현들 중 헤아릴 수 없이 많은 것이 나의 기억에서 사라지고 말았네. 그것은 내가 모든 정력을 기울여 그러한 일들에 참여했기 때문인 듯이 여겨지기도 하네.

그런데 누구나 이해할 수 있는 자서전을 만들어내기 위해서는 바로 이러한 것들이 필요하지 않겠는가? 즉 만났던 사람들, 여행, 모험, 갈등, 운명의 시련…… 그외 많은 것 말일세. 하지만 이러한 것들은 거의 예외없이 간신히 회상할 수 있을 정도의 환영(幻影)이 되어버렸고, 그것들은 아무리 애를 써도 더이상 나의 상상력을 자극하지 못하네.

그런 만큼 나의 '내적' 경험에 관한 회상은 점점 더 생생해지고 다채로워지고 있네. 그런데 이제는 표현의 문제가 제기되는데 적어도 지금으로서는 내가 그것을 감당해낼 수 없을 것 같네. 이러한 이유들로, 미안하지만 자네 요구를 들어줄 수가 없겠네. 정말 유감스럽게 생각하네. ……

이 편지에는 융의 태도의 특성이 잘 나타나 있다. 그는 이미 '그 일을 착수하기로 결심'했음에도 불구하고, 그 편지는 거절로 끝나고 있다! 이러한 긍정과 부정 사이의 갈등은 그가 죽는 날까지 결코 수그러든 적이 없었다. 항상 회의의 찌꺼기가 남아 있었고, 미래의 독자들에 대한 두려움이 남아 있었다.

그는 이러한 회상록(여기서 회상록이라는 말은 자서전과 동의어로 쓰이고 있음—옮긴이)을 학문적인 작업으로 여기지 않았을 뿐 아니라 그에 관한 저서로 생각하지도 않았다. 오히려 그는 이것을 '자신도 기고한 아니엘라 야페의 기획'이라 말하기도 하고 그렇게 쓰기도 했다. 그의 요청으로 이 자서전은 그의 '전집' 시리즈에 포함되지 않고 있다.

융은 유명한 인물이든 가까운 친지나 친구든 그들과의 만남에 관해서 말할 때는 특히 조심스러워했다.

나는 나의 시대에 유명한 많은 사람, 학계와 정계의 거물, 탐험가, 예술가, 문필가, 군주, 그리고 재벌 들과 이야기를 나누었습니다. 그러나 솔직히 말해 단지 적은 수의 만남만이 나에게 체험으로 남았습니다. 우리는 파도가 이는 바다에서 서로 깃발을 내려 예의를 표하는 배들과도 같았습니다.

대개 사람들은 내게 부탁할 일들을 가지고 있었는데, 거기에 관해서는 내가 언급할 수도 없고 해서도 안 됩니다. 이러한 인물들이 세상사람들의 눈에는 어떻게 비쳤는지 상관없이, 그들에 대한 기억은 남아 있지 않습니다. 그런 만남들은 따분하기만 해서 금방 시들해지고 더 깊은 관계성이 이어지지 않았습니다.

그런데 내게 어떤 의미가 있고 먼 옛추억처럼 다가온 관계에 대해서는 말을 할 수가 없습니다. 왜냐하면 그것은 나의 가장 깊은 내적인 삶일 뿐만 아니라 그들의 삶이기도 하기 때문입니다. 항상 닫혀 있는 문을 세상의 눈앞에 열어젖힌다는 것은 나로서는 할 수 없는 일입니다.

외적인 사실들의 결핍과 불완전성은 다른 것들, 즉 융의 내적 경험에 관한 보고와 풍부한 사상들로 충분히 보충되고 있다. 그 것들은 융 자신도 말했듯이 전기적이라고 일컬어질 수 있는 것들 이다. 그러한 것들은 융에게 매우 전형적인 것으로, 그의 인생의 바탕을 이루고 있었다. 무엇보다 중요한 것은 종교적인 사상들이 다. 이 책은 융의 종교적인 고백을 담고 있다.

융은 여러 다양한 경로를 통해 종교적인 문제들과 씨름하도록 이끌림을 받았다. 거기에는 어린시절부터 이미 종교적 경험의 실 체와 맞닥뜨리도록 하고 생애가 다할 때까지 그를 따라다닌 특수 한 체험이 있었다. 또한 마음과 그 내용과 현상에 관계되는 것은 무엇이든지 모두 파악하고자 하는 걷잡을 수 없는 지적 호기심이 있었다. 지적 호기심은 그의 학자다운 면모를 보여주는 것이었 다. 그리고 마지막으로 중요한 것은 의사로서의 양심이었다.

융은 자기 자신을 그 무엇보다도 의사로 여기고 있었다. 그는 정신적으로 고통받는 사람의 치료에 있어서 종교적인 태도가 결 정적인 역할을 한다는 사실을 간과하지 않았다. 이것은 마음이 자율적으로 종교적인 내용을 담은 관념들을 만들어내고 있으며 마음이 '원래 종교적'이라고 하는 그의 인식과 일치하는 셈이었 다. 그리고 많은 신경증이 마음의 이와 같은 근본적인 특성을, 특 히 인생 후반기에 무시하는 데서 연유하고 있음이 융에 의해 밝 혀졌다.

종교적인 것에 대한 융의 개념은 많은 점에서 전통적인 기독교 와 다르다. 특히 악의 문제에 대한 그의 답변이라든지, 신이 선하기만 하거나 '사랑하기만 하는' 그런 존재가 아니라는 그의 관념을 보면 그러하다. 교의적인 기독교의 관점에서 본다면 융은 국외자다. 세계적인 명성에도 불구하고 자신의 저작물에 대해 사람들이 반발하는 것을 보고 융은 이런 점을 감지했다. 이러한 사실로 그는 마음아파했다.

자신의 종교적인 사상이 제대로 이해되지 못하고 있다고 느끼는 연구자(융을 가리킴―옮긴이)의 실망이 이 책의 행간 여기저기에 섞여 있다. "중세였더라면 사람들이 나를 화형시켰을 것이다!"라고 그가 격한 어조로 말한 적이 한두 번이 아니었다. 그가 죽은 후에야 비로소 융이 우리 세기의 교회사에서 결코 빼놓을 수 없는 인물이라는 신학자들의 목소리가 점점 더 커지고 있다.

융은 분명히 기독교를 신봉했으며 그의 저작에서 가장 중요한 것들은 기독교인의 종교적 문제들을 다루고 있다. 그는 이러한 문제들을 심리학적인 관점에서 보았으며, 신학적인 문제제기와는 의식적으로 경계를 지었다. 그렇게 함으로써 그는 믿음을 요구하는 기독교 신앙에 대해 이해와 숙고의 필요성을 제기했다. 그로서는 이것이 당연한 것이며 삶에서 필수적인 것이었다. 그는 1952년 어느 젊은 목사에게 다음과 같은 편지를 썼다.

나는 나의 모든 생각이 태양 주위의 행성들처럼 신을 중심으로 돌면서 불가항력적으로 태양과도 같은 신에게로 끌려가고 있음을 발견합니다. 만일 내가 이러한 힘에 저항한다면 그것은 아주 심각한 죄라고 느끼게 될 것입니다.

융은 회상록에서 꼭 한 번, 처음으로 신과 신에 대한 개인적인 체험을 진술하고 있다. 그가 교회에 대한 젊은시절의 반항에 관해 글을 쓰고 있을 즈음, 한번은 이렇게 말했다. "그 무렵 나로서는 신이라는 존재야말로 적어도 가장 확실한 직접적인 체험의 하나임이 분명했다."

학문적인 저작에서는 융은 신에 관해 말하지 않고 '인간 마음 속에 있는 신의 형상'에 관해 말할 뿐이다. 이러한 말들은 모순이 되지 않는다. 하나는 주관적인 체험에 기초한 말이고, 다른 하나는 객관적이고 학문적인 진술이다. 전자의 경우는 일반인으로서 말하는 것으로, 그 생각들이 열정적인 감정과 직관, 길고 풍부한 내적·외적 인생경험들과 연관되어 있다. 후자의 경우는 연구자의 입장에서 말하는 것으로, 그 진술이 인식론적인 한계를 넘어서지 않고 의식적으로 사실과 입증 가능한 것에만 국한하고 있다.

학자로서 융은 경험론자인 셈이다. 융이 회상록을 위해서 개인적인 종교적 느낌과 경험을 이야기할 때, 독자들이 그의 주관적인 경험의 여로를 기꺼이 따라오리라고 전제하고 있다. 하지만 비슷한 경험을 한 사람들만이 융의 주관적인 진술이 자기에게도 가치가 있다고 인정할 수 있게 된다. 그들 마음속 신의 형상은 서로 비슷하거나 같은 특징을 지니고 있다.

융은 '자서전'을 집필하는 데 그토록 긍정적이고 적극적인 태도로 참여했음에도 불구하고 그 책의 출간문제에 대해서는, 이해할 만한 일이긴 하지만, 오랫동안 무척 비판적이고 부정적이었다. 그는 일반대중의 반응을 두려워했다. 그 이유는 무엇보다 그가 종교적인 경험과 생각을 솔직하게 털어놓았기 때문이었다. 또한 그의 저서 《욥에의 회답》으로 인해 경험한 사람들의 적의가 아직도 생생했고 세계의 몰이해와 오해가 너무나 고통스러웠기 때문이었다.

나는 이러한 자료를 한평생 간직해왔고 그것을 세상에 드러내려는 생각은 추호도 없었습니다. 만일 무슨 일이 발생하면 다른 저서의 경우보다 더 많은 상처를 받을 것이기 때문입니다. 나는 화살이 더이상 미치지 않고 부정적인 반응을 견딜 수 있을 만큼 내가 이미 세계로부터 멀리 떨어져 있는지 알 수가 없습니다.

나는 몰이해와 사람들이 이해하지 못하는 것을 말하는 자가 빠져드는 그러한 고독을 겪을 만큼 겪었습니다. 욥에 관한 책이 그토록 많은 몰이해에 이미 부딪혔다면, 나의 회상은 더욱 부정적인 반응을 불러일으킬 것입니다.

'자서전'은 내가 연구하고 노력하여 얻은 빛에 비추어 살펴본 나의 생애입니다. 이 둘은 하나입니다. 그러므로 나의 사상을 알지 못하거나 이해하지 못하는 사람들로서는 이 책을 읽는 것이 힘들 것입니다. 나의 생애는 어떤 의미에서는 내가 글로 써온 내용의 정수이며 그 반대가 아닙니다. 내가 어떻게 존재하느냐와 내가 어떻게 글을 쓰느냐 하는 것은 서로 다른 것이 아닙니다. 나의 모든 생각과 나의 모든 노력은 바로 나 자신입니다. 그러므로

'자서전'은 단지 소문자 아이(i)의 윗점, 즉 전체를 완성하는 최후의 한 점에 해당하는 셈입니다.

회상록이 모양을 갖추어가는 몇 해 동안 일종의 변환과 객관화의 과정이 융의 마음에도 일어나고 있었다. 한 장(章) 한 장 진척되어감에 따라, 그는 이를테면 자기로부터 점점 멀어져 결국에는 그 자신뿐만 아니라 자신의 생애와 작업의 의미에 대해서도 거리를 두고 바라볼 수 있게 되었다. "내 생애의 가치가 어떤가 스스로 질문해본다면, 몇 세기의 사상을 놓고 나 자신을 평가할 수 있을 것입니다. 그때 나는 '그래, 내 생애도 뭔가 의미가 있구나'라고 말하게 될 것입니다. 그러나 지금 이 시대의 사고방식으로 평가한다면 내 생애는 아무 의미도 없을 것입니다."

이런 말들 가운데 표현된 비개인성과 역사적 연속성의 감정은 융에게 특징적인 것이었다. 그 두 가지 특징은 각 장이 진행됨에 따라 더욱더 강하게 드러난다.

사실 융의 회상록은 그의 학문적 사상과 밀접하게 연관되어 있다. 그가 어떻게 그의 사상에 이르게 되었는가를 이야기하고 인식의 배후에 있는 주관적 체험을 보고하는 것이 독자를 연구자의 정신세계로 인도하는 데 가장 좋은 방도가 될 것이다. 느낌을 따라 인도한다는 그러한 목적을 융의 '자서전'은 고도로 충족시키고 있다.

'저술이 이루어지기까지'라는 장도 마찬가지로 짧은 장으로 되어 있다. 전체 저작이 20권 이상이나 되는데 어떻게 달리 해볼 도리가 있겠는가? 또한 융은 말이나 글에서 자신의 사상세계를 일목요연하게 요약해 전해주려는 의향이 없었을 것이다. 그가 한번은 그런 요청을 받았을 때 그의 특징인 다소 격렬한 어조로 답장을 썼다.

…… 그와 같은 것은 전적으로 내 소관 밖의 일이라고 분명히 말씀드려야겠습니다. 내가 그토록 애를 써서 상세히 표현한 것을 짧은 형태의 글로 내놓는다는 것은 나로서는 도저히 할 수 없는 일입니다. 그렇게 하려면 나의 온갖 증거자료를 생략해야 할 것이고, 연구결과를 이해하는 어려움을 조금도 덜어주지 못하는 단정적인 표현방식에 의존하지 않으면 안 될 것입니다. 이미 먹은 것을 되새김질하는 쌍발굽동물들의 독특한 반추(反芻)작용은 오히려 나의 식욕을 떨어뜨릴 뿐입니다. ……

따라서 독자는 '저술이 이루어지기까지' 장을 단지 짧은 기간에 이루어진 노장(老匠)의 회고로 알고, 그 정도로만 마음에 받아들여야 할 것이다.

이 훌륭하고 어려운 과제를 감당하는 데 많은 사람이 나를 도와주었다. 그들은 이 책이 서서히 모양을 갖추어가는 것을 곁에서 관심을 가지고 지켜보았으며, 자극과 비평으로 작업을 지원해주기도 했다. 그 모든 분에게 감사의 뜻을 전한다. 여기서는 다음 분들만 이름을 밝혀두고자 한다. 로카르노의 헬렌과 쿠르트 볼프는 이 책에 대한 착상이 실현되기까지 도와준 분들이다. 그리고 취리히 퀴스나흐트의 마리안느와 발터 니후스 융은 이 책을 만드는 여러 해 동안 충고와 행동으로 내 곁을 지켜주었다. 또한 팔마 데 말로르카의 리처드 F. C. 훌은 결코 지칠 줄 모르는 인내로 나를 즐겨 도와주었다.

1961년 12월, 아니엘라 야페

자아(Ich, Ego)

나를 나로서 자각하게 하는 정신기능의 중심이며, 외적 실재(세계, 집단정신) 및 내적 실재(무의식)와 관계를 맺는 의식의 중심이다. 외적 인격(페르소나)을 통하여 외적 실재와 관계를 맺고, 내적 인격(아니마, 아니무스)을 통하여 내적 실재와 관계를 맺는다.

외적 실재를 인식하는 자아의 네 가지 기능

1) 감각(Empfindung, sensation)

물리적 자극이 인식을 매개하는 심리기능으로, 그것이 존재하고 있다는 사실을 일차적으로 파악하게 한다. 어린이와 원시인의 가장 특징적인 본질을 이룬다. 구체적 감각과 추상적 감각으로 나눌 수 있다.

2) 사고(das Denken, thinking function)

그것이 어떤 것인가 하는 점에 대해 말해주는 판단기능이다. 이 기능으로 사물에 이름을 부여하는 개념화, 개념끼리 관련성을 맺게 하는 체계화 들이 이루어진다.

3) 감정(Fühlen, feeling)

그것에 일정한 가치를 부여하는 과정에 대해 말해주는 기능으로, 일종의 정서적 판단이다. 그것이 가치있느냐 무가치하냐, 수용할 것인가 배척할 것인가, 기분이 좋으냐 불쾌하냐, 좋아하느냐 싫어하느냐 등을 평가한다.

4) 직관(Intuition)

과거, 현재, 미래를 포함한 전체적인 면에 대한 본능적인 통찰기능이다. 그것의 가능성 내지 그것에 내포되어 있는 의미를 직접적으로 파악하는 특징이 있다.

* 사고와 감정은 합리적·이성적 축(rational axis), 즉 판단의 축으로 서로 대극을 이룬다. 감각과 직관은 비합리적 축, 즉 지각의 축(perceptional

axis)으로 대극을 이룬다.

사고가 의식적 판단이 될 때 감정은 무의식적 판단이 되고 그 반대도 가능하다. 사고가 의식기능이 되면 감정은 열등기능이 되고, 감정이 의식기능이되면 사고는 열등기능이 된다는 말이다. 감각과 직관의 경우도 마찬가지다. 대극은 상호 보상(보완)의 관계로 나아가기도 한다.

카를 구스타프 융의 여덟 가지 유형론

외적 실재와 내적 실재에 대한 반응의 다양성에 따라 나누는 심리적 유형론이다. 심리적 에너지의 방향, 즉 내향성이냐 외향성이냐에 따라 나누게 된다.

1) 외향적 사고형(der extravertierte Denktypus, extraverted thinking type)

주로 객관적 규준에 따라 진행되는 사고기능에 의해 생활하는 형이다. 객관적 상황에 합당한 지적 작업에 의거하여 판단한다. 종합력이 있어 자료의 통합·재통합을 거쳐 적극적으로 안건을 창출하고 정확하게 일을 추진해나간다. 흐리멍덩한 개념을 분명하게 하고 문제의 소재를 이성적으로파악하여, 사람들로 하여금 일치된 의견에 도달하도록 하며 지식의 확장에 기여한다. 여자보다는 남자가 많다.

정부기관에서 정책을 입안하고 추진하는 행정가, 법관, 회사의 종합기획실 멤버, 방대한 자료수집에 근거한 과학자, 보수적인 사회개혁가, 종합력이 뛰어난 학자 등이 여기에 주로 해당한다.

2) 내향적 사고형(der introvertierte Denktypus, introverted thinking type)

하나하나의 관념에 대한 깊은 통찰을 통해 지식의 심화에 이바지하는 형으로, 객관적 사실보다 관념과 이념에 영향을 잘 받는다. 창백한 수재형인경우가 많다. 이념의 실천에서는 불안한 면을 나타내며, 자기 신념을 설명하는 데도 미숙하고 분노를 잘 표출한다.

철학자, 이상론자, 사회적으로 위험한 사상의 소유자 등이 여기에 주로 해당한다.

3) 외향적 감정형(der extravertierte Fühltypus, extraverted feeling type)

사람들과 쉽게 사귀고 모든 사람을 즐겁게 해주는 형으로, 사람에 대한 장단점을 정확히 파악하고 있으며 사람에 대한 환상에 사로잡히지 않는다. 내향적 사고형, 즉 철학적인 사고를 하는 사람을 멀리하는 경향이 있다. 진지한 내적인 질문에 귀를 기울이지 않으려고 일부러 시끄러운 음악을틀거나 사람이 많은 곳으로 달려간다.

사교계 유력인사, 파티의 여주인공 들이 여기에 해당한다.

4) 내향적 감정형(der introvertierte Fühltypus, introverted feeling type)

조용하고 사귀기 힘들며 이해하기 힘든 우울질의 여성들이 이런 형인 경우
가 많다. 하지만 무엇이 내적으로 진실로 중요한 요소인가를 알고 있다. 결
코 설교하지도 자기를 주장하지도 않지만 내적 기준에 의거하여 생활하므
로 은연중 다른 사람들에게 영향을 주며 한 집단의 윤리적 지주가 되기도
한다. 겉으로는 냉담성이 나타나나 안으로는 깊은 공감능력을 지니고 있다.

5) 외향적 감각형(der extravertierte Empfindungstyp, extraverted sensation type)

구체적 감각기능이 탁월한 형으로, 어떤 형과도 비교할 수 없는 현실주의
자다. 잡다한 현실적 경험을 쉴새없이 쌓아가며 온갖 일을 알고 있다.

실무형 행정관료, 유통사업가, 디자이너, 응용미술가, 건축가, 대중소설
가, 청중의 성격을 재빠르게 파악하는 유능한 사회자, 기획전문가, 고급
오디오제품 마니아 등이 여기에 해당한다.

6) 내향적 감각형(der introvertierte Empfindungstyp, introverted sensation type)

고도로 예민한 사진 건판 같은 형으로 아주 예민한 감수성을 지니고 있다.
사람이나 풍경의 모든 빛깔, 그늘, 형태 등 세밀한 곳까지 지각한다. 멍청
한 표정으로 한 곳만 응시하고 있는 것 같으나 본인은 행복감에 젖어 있는
경우가 많다. 대개 생활력이 약하고 비현실적인 불안감을 지니고 있다.

심미적 예술가들이 여기에 해당한다.

7) 외향적 직관형(der extravertierte intuitive Typus, extraverted intuition type)

객체가 가지고 있는 가능성을 재빠르게 파악하여 현실에서 그 가능성이
실현되도록 계기를 만들어주는 데 비상한 능력을 가진 형이다. 내향적인
천재들을 외부세계에서 꽃피도록 한다. 인재를 발굴하여 미래를 창조하는
사람들이다.

유능한 매니저, 출판사 사장, 화랑 주인, 증권투자가, 벤처기업가, 정당 당
수, 신문기자나 CEO 등이 여기에 해당한다.

8) 내향적 직관형(der introvertierte Intuitive Typus, introverted intuition type)

구체적 현실에서의 가능성보다 정신세계에서의 가능성을 더 잘 파악하는
형으로, 현실감각이 결여되기 쉽다. 합리적인 도덕성을 찾기 어렵고 도덕
성을 갖춘다 해도 현실적 영향력이 적다. 귀신이야기에 몰두하거나 이상
심리학에 경도되기도 한다. 합리적인 인간형이 볼 때는 신비주의자나 몽
환가로 비친다.

종교적 예언가, 풍수가, 기공가, 선지자, 시인, 무당, 심리학자 등이 여기에
해당한다.

에난티오드로미(Enatiodromie)

심적 대극의 반전(反轉) 현상으로, 주로 인생 후반기에 일어나는 급격한 심리적 변화를 가리킨다. 예를 들어 외향적 감정형이던 사람이 어떤 계기로 그 대극인 내향적 사고형으로 돌변하는 경우가 있다. 이런 극단적인 심리적 변화를 잘 감당하지 못하면 정신질환에 걸리기 쉽다.

무의식(das Unbewuβte, the unconsciousness)

자아에 속하지 않으며 자아와 아직 연관되지 않고 있는 모든 심리적 경향과 내용을 일컫는 말이다.

개인무의식과 집단무의식으로 나뉜다. 개인무의식은 개인의 출생 이후 경험을 바탕으로 이루어지며 개인에 따라 성격이 다르다. 집단무의식은 선천적인 것으로, 시간과 공간을 초월한 인류 보편적 성격을 띠고 있다.

페르소나(Persona)

외부세계가 요구하는 대로 보여주는 모습이다. 개인적인 특징(개성)이 전적으로 배제되는 것은 아니지만, 진정한 의미에서 개성적인 '나'라고 볼 수 없고, 남들이 나를 어떻게 볼까 신경쓰며 다른 사람들에게 보여주는 '나'인 셈이다. 다시 말해 집단정신의 요구를 받아들이며 살아가는 타협적인 모습이다. 이런 과정을 '타협 형성(形成)'이라고 한다.

페르소나는 제거되거나 동화될 대상이 아니라 다만 자아와 구별하는 것이 필요하다. 페르소나에의 동일시와 페르소나의 무의식화 사이에서 자아가 페르소나를 통해 외부세계와 균형잡힌 관계를 맺는 것이 중요하다.

그림자 혹은 그늘(Shatten, Shadow)

자아의 뒷면으로, 자아의 그늘진 어두운 면을 가리킨다. 무의식적인 측면에 있는 자아의 분신이라고 할 수 있다. 보통은 개인무의식 단계에 있으므로 의식화가 용이하기도 하다.

스스로 감당하지 못할 정도의 울분, 갑작스럽게 튀어나오는 욕설, 저주의 말, 거친 행동, 평소에는 잘 드러나지 않던 인색·편협·비겁·경박 등의 태도 들에서 그림자의 요소를 발견하고 스스로 놀라게 된다.

그림자는 의식의 빛 가운데 그 정체를 드러내지 않으려고 빛을 피하는 속성이 있다. 자기 자신의 일부로 받아들이기 싫은 부분이다. 의식적으로 밝고 선한 것을 내세우는 사람들일수록 그 내면의 그림자는 더욱 짙어지기 쉽다. 결

으로 완벽해 보이는 사람이 의외로 엉뚱한 사고를 치는 경향도 여기서 기인
한다고 볼 수 있다.

그늘이 전적으로 부정적이고 부도덕한 것만은 아니다. 의식의 빛 가운데 드
러나기만 하면, 다시 말해 자기에게 그늘이 있다는 사실을 인식하고 자기의
일부로 받아들이면, 그늘도 창조적이고 긍정적인 기능을 할 수 있다.

그늘의 투사(Projektion, projection)

일반적으로 자신의 무의식을 상대방에게 뒤집어씌워서 의식적으로 집착하는
콤플렉스를 가리켜 투사라고 한다. 자신 속에 있는 그늘을 상대방에게 투사
하는 심리현상을 그늘의 투사라고 한다. 대개 자아와 비슷한 대상에게 향하
는 경향이 있다.

개인무의식의 차원에서는 그늘의 투사가 주로 친밀한 인간관계(부부, 고부,
동료 등)에서 일어난다. 집단무의식의 차원에서 일어날 때는 신화적 형태를
띠므로 극히 파괴적인 양상을 보인다.

아니마(Anima)

남성의 무의식 속에 있는 여성적 요소다. 남성이 원래부터 지니고 있는 여성
적 요소와 여성에 대한 경험의 총체가 무의식으로 들어가 있는 상태다.

아니마가 부정적으로 작용하면 무결단적 성격, 무기력, 자발성 상실, 감정장
애 등이 일어난다. 긍정적으로 작용할 때는 남성에게 영감의 원천이 되기도
한다.

아니무스(Animus)

여성의 무의식 속에 있는 남성적인 요소다. 원래적인 것과 남성경험의 총체
가 무의식으로 들어간 상태다. 아니무스는 역사적인 감정(역사성, 과거에 대
한 추억)은 없고, 미래와 현재만 생각하는 경향이 있다. 정치상황을 비롯한
바깥상황에 관심이 많다.

아니무스가 부정적으로 작용할 때는 차갑고 파괴적이며 타산적인 소유욕, 지
배욕, 독점욕, 잔혹, 무모, 공포, 숨막히는 침묵, 완고, 사악 등으로 나타난다.
긍정적으로 작용할 때는 결단성있게 일을 처리하며 강한 생활력을 나타낸다.

원형(Archetypus, Archetype)

개인무의식 차원과는 상관없는 원시성, 고태성(古態性)을 띠는 상징들로 이

루어져 있다. 단순한 지적 개념이 아니라 미증유의 에너지를 방출할 수 있는 근원이다. 시간과 공간, 지리적 조건, 인종의 차이를 넘어선 보편적 인간성의 원초적 조건들이다. 시공을 넘어 보편적이고 반복적인 체험을 항상 재생할 수 있는 인간 내면의 가능성, 혹은 그런 가능성의 틀이다. 원형은 꿈속에서뿐만 아니라 신화와 민담의 세계에서도 발견할 수 있다.

자기(Selbst, Self)

의식과 무의식을 통틀어 언제나 사람으로 하여금 전체가 되게 해주는 구심점이다. 다시 말해 인격이 분열되지 않고 전체적인 통일을 이루도록 하는 근원적 가능성이다.

원초적으로 인간에 조건지어져 있는 원형으로 자기원형이라고도 한다. 어느 누구도 아닌 '그 사람 전체'를 뜻한다는 면에서 진정한 의미의 개성과 같은 말이다.

개성(Individualität)

자아의 일회성이나 특수성을 말하는 것이 아니라 의식·무의식을 모두 포괄하는 전체로서의 성품을 가리킨다. 개성화(Individuation)는 자기실현이라는 말과 동의어로 쓰이는데, 이것이 진정한 인생의 목표, 심리학 내지는 정신치료의 목표가 되어야 한다.

자기실현(Selfstverwirklichung, Selfrealization)

자기 전체의 인격을 실현하는 것을 말한다. 이것은 인간 내부에서 우러나오는 필연적 요구로, 자기(Selbst)가 보내는 메시지를 자아(Ich)가 파악하여 현실세계에 능동적으로 실천해나가야만 가능하다.

그런데 자아는 자기의 메시지를 받기에 적합한 상태에 있지 않으므로 자기는 비상한 수단을 통해 자아에게 메시지를 보내야 한다. 그 비상수단이 바로 상징이다.

상징(Symbol)

원형은 상징을 통해 그 모습을 나타낸다. 특히 자기원형은 상징을 통하지 않고는 스스로 모습을 나타낼 방도가 없다.

1) 꿈의 상징

자기 상징들을 꿈에서 만나게 된다. 꿈의 해석은 상징해석이라고 해도 과언이 아니다. 상징해석은 자기의 메시지를 듣기 위한 필수과정인 셈이다. 꿈은 성욕의 왜곡된 소원성취라는 면도 있지만 예시(豫示)적인 면이 더 강하다.

2) 종교상징

종교도 상징을 통해 근본진리를 나타낸다. 그러한 상징을 잘 활용할 때 종교의 긍정적인 기능이 발휘되는 법이다. 종교상징을 제거한 개신교는 그런 점에서 가톨릭에 비해 빈약한 면이 있다.

3) 만다라(Mandala) 상징

만다라는 산스크리트어로 '원륜(圓輪)'이라는 뜻이다. 원래는 힌두교와 탄트라불교에서 종교의례를 거행하거나 명상할 때 사용하는 상징적인 그림을 가리킨다. 만다라는 기본적으로 통합된 우주를 상징하는.것으로, 통합상징이라고도 한다. 대개 원이나 사각의 형태를 띤다.

만다라 상징은 기독교와 다른 종교에서도 나타나며, 미술치료를 받는 정신병 환자들의 그림에도 자주 등장한다. 정신병 환자들의 경우, 만다라는 해체된 정신을 통합하고자 하는 무의식적인 욕구를 담고 있다.

중세 연금술에서도 신, 즉 통합상징을 원이나 구(球)로 나타냈다.

렐리기오(Religio)

다시(re) 결합한다(ligio), 다시 생각한다는 뜻이다. 자기가 상징을 통해 보내는 메시지에 자아가 깊은 관심과 주의를 기울이는 태도를 가리키는 용어다. 삶에 에너지를 주는 원천, 즉 삶의 기반에 주목함으로써 자신의 뿌리를 만나고자 하는 태도다.

자기실현을 위해서는 반드시 렐리기오의 상태를 견지해야 한다.

자기실현의 과정

페르소나(집단정신)에서 자아를 분리하는 단계가 선행되어야 하며, 그 다음 무의식의 의식화단계를 거쳐야 한다. 그동안 의식하지 못하고 있던 그림자(그늘)를 인식하고, 아니마·아니무스를 의식화하며 자기(Selbst)의 메시지를 렐리기오의 태도를 통해 듣고 자기 전체로서의 삶을 구현해나가야 한다.

이러할 때 진정한 개성화가 이루어진다. 그 과정은 한 알의 밀이 땅에 떨어져 죽는 것과 같은 깨어짐과 아픔이 따른다.

개성화(자기실현)에서 경계해야 할 점

1) 개인지상주의(Individualismus)와 혼동해서는 안 된다.

고의적으로 개인적 특수성을 강조하는 것은 자아의 특질을 내세우는 것에 불과한 것으로, 진정한 개성화라고 볼 수 없다. 히피운동에서 보듯이 개인 지상주의자들일수록 무의식적으로 더욱 강하게 집단에 의지하는 경향이 있다.

2) 자기팽창(Selbst-Inflation)과 구별해야 한다.

원형층이 자아의식을 점차 동화시켜가면 의식에 변화가 생겨 자아가 신화 적 인물과 동일시되어 이른바 마성인격(魔性人格)이 되기 쉽다. 초인적인 힘을 가지고 있는 것처럼 느끼고 스스로 영웅이나 구세주가 된 것 같은 기 분으로 행동한다.

조울증의 조양증 분열 환자의 과대망상에서 이런 현상을 보게 된다. 정상 적인 일반인의 경우에도 자기가 무슨 위대한 사명을 받은 것처럼 흥분상 태에서 행동하는 것을 보게 된다. 이런 것은 자기실현인 것 같지만 사실은 자기팽창에 불과하다. 자기팽창은 의식성의 결여와 객관성의 상실을 초래 한다.

3) 완전성(Vollkommenheit)을 의미하는 것이 아니다.

완전한 자기실현은 불가능하다. 완전주의를 추구하게 되면 오히려 독단적 이고 파괴적이 되기 쉽다. 완전성이 아니라 원만성(Vollständigkeit)을 추구 하는 가운데 대극의 통일을 이루어가야 한다.

ㄱ

갈라 플라키디아(Galla Placidia)
504, 506–507
개성화 367, 378, 404, 417, 525–526,
601
《고대민족의 상징과 신화 Symbolik
und Mythologie der alten
Völker》 301
검은 책 344
〈계시록〉 585
〈고린도전서〉 619
괴레스(Joseph von Görres) 194
괴테(Johann Wolfgang von Goethe)
73, 116, 118, 153, 156,
168–169, 345, 373, 418–420
교육분석 250–251, 257
구루(Guru) 336–338, 488
그노시스주의(Gnosticism, 영지주의)
301, 334–335, 345, 366–367,
372, 379, 585
그리스도(예수) 28–36, 59–60,
380–382, 386–389, 394–396,
495–497, 593

그림자(Schatten, 그늘) 332,
391–393, 437–440, 589
근친상간 246, 307, 309
《기독교 교리 Christliche
Dogmatik》 111
《꿈의 해석 Die Traumdeutung》
276

ㄴ

남근상 32–35, 42, 51–52, 59, 69, 95,
110, 321
남자 인형 48–52, 59, 69, 83
노인 60, 70, 131–132, 334, 404
노자(老子) 334, 629
누멘(Numen) 128, 264, 266, 286,
349, 599, 607
누미노숨(Numinosum) 280
누미노제(Numinose) 590–591, 608
누이동생 26, 28, 42, 56–57, 215–216
니르드반드바(Nirdvandva) 287, 490
니체(Friedrich Nietzsche) 141,
197–201, 285–286, 325, 346,
375, 419, 451

ㄷ

다이몬(Daimon) 604, 618
《대반열반경(大般涅槃經)》 494
대성당 광장 체험 74-85, 110, 121
데몬(Dämon) 367, 591-592, 607,
　　625-627
도르네우스, 게라르두스 (Gerardus
　　Dorneus) 416-417, 488
돌 46-52, 321-322, 401, 405-407,
　　515
동시성 261, 358, 396, 413, 536
두프렐, 카를 (Karl Duprel) 194
뒤부아 레몽(Dubois-Reymond) 299

ㄹ

라벤나(Ravenna) 504-509
라인(Joseph Banks Rhine) 539
레니, 구이도 (Guido Reni) 39
레비 브륄(Lévy-Bruhl) 617
로마(Roma) 509-510
로욜라, 이그나티우스 (Ignatius
　　Loyola) 30, 379
리비도(Libido) 283, 309, 312,
　　376-377
《리비도의 변환과 상징
　　Wandlungen und Symbole
　　der Libido》 51, 288, 295, 302,
　　309, 352, 357, 374, 376, 544
리클린, 프란츠 (Franz Riklin) 1세
　　230, 310

ㅁ

마이어, 미카엘 (Michael Majer) 416
〈마태복음〉 387
만다라(Mandala) 344, 355-358, 392,
　　394, 436, 571, 588-590
메더(Maeder) 310
메를린(Merlin) 408-409, 555
모성비의(母性秘儀) 117
몰레스호트(Moleschott) 299
뮐러, 프리드리히 폰 (Friedrich von
　　Müller) 208
미확인비행물체(UFO) 382, 569,
　　588-589
밀러(Miller) 302

ㅂ

바베트(Babett S.) 238-239, 242-243
바흐오펜(Johann Jakob Bachofen)
　　188, 215
《반시대적 고찰 Unzeitgemäßen
　　Betrachtungen》 199
보탄(Wotan) 412-413, 419, 554-555
볼링겐(Bollingen) 401-414, 423-424
뵈메, 야코프 (Jakob Boehme) 584,
　　587, 589, 593
부르크하르트, 야코프 (Jacob
　　Burckhardt) 141, 187-188,
　　197, 215, 419
부르크횔츨리(Burghölzli) 정신병원
　　214, 216, 221

부처 395, 494-497, 559-561, 566
북아프리카 427-440
분석심리학 365, 372, 379, 390
붉은 책 344-345
뷔히너(Büchner) 299
브레멘(Bremen) 291-292
브로이어(Josef Breuer) 275
블로일러, 오이겐 (Eugen Bleuler)
　455
비더만(Biedermann) 111, 115
《비상관적 연결원리로서의 동시성
　Synchronizität als ein Prinzip
　akausaler Zusammenhänge》
　396
빈스방거, 루드비히 (Ludwig
　Binswanger) 230
빌라노바, 아르날두스 드 (Arnaldus
　de Villanova) 406, 408
빌헬름, 리하르트 (Richard Wilhelm)
　358, 370, 376

ㅅ

〈사도행전〉 564
산치(Sānchi) 494-495
삼위일체 104, 379, 464
상징 257, 264-265, 295, 309, 329,
　367-371, 378, 380, 386-388,
　416, 588-590, 593
성령 74, 192, 266, 586-587
성만찬 상징 36
성배전설 306, 386-387, 498-500, 548

성이론(프로이트) 279-288
소크라테스(Socrates) 132
쇼펜하우어(Arthur Schopenhauer)
　133-135, 138, 143, 153-154,
　197, 395, 495
수학 문제 60-63
《순수이성 비판 Kritik der reinen
　Vernunft》 133, 142
슈튀켈베르거(Stückelberger) 71-72
슈피텔러, 카를 (Carl Spitteler) 375
스베덴보리(Emanuel Swedenborg)
　195
시몬 벤 요카이(Simon ben Jochai)
　521, 556
신경증(Neurose) 64-67, 263-271,
　278, 307-308
신비학 281, 288, 416
신화 11, 270, 316, 577-599
신화화 531, 533, 551
실러(Friedrich von Schiller) 375
실론(Ceylon) 489, 501, 514-515
〈심리적 사실 진단에 관하여 Zur
　psychologischen
　Tatbestandsdiagnostik〉 230
《심리학과 연금술 Psychologie und
　Alchemie》 379, 383
《심리학과 종교 Psychologie und
　Religion》 378
십자가 416, 590

ㅇ

아니마(Anima) 9, 27, 254, 334,
340-343, 349, 507, 549
아들러, 알프레트 (Alfred Adler)
285-286, 375
아버지 25-26, 48, 65, 81, 86-87,
93, 104-109, 141-144, 174,
177-186, 384-387, 390-393,
556-558
아스클레피오스(Asklepios) 51, 407
《아우로라 콘수르겐스 Aurora
Consurgens》 337
《아이온 Aion》 381, 386, 388,
395-396
아퀴나스, 토마스 (Thomas Aquinas)
337
아트마빅투(Atmavictu, 생명의 숨결)
52
악마 79, 92-93, 95, 110, 115, 121,
192
안개의 벽 68-73, 79
《양심에 관하여 Über das Gewissen》
322
어머니 40-41, 43, 48, 96-103,
174-175, 185, 384-386, 554
〈에녹서〉 578, 586
에로스(Eros) 285-286, 334, 618-620
에셴마이어(Eschenmayer) 194
에카르트, 마이스터 (Meister Eckart)
584
엘곤산(Mount Elgon) 460-479
엠페도클레스(Empedocles) 132

연금술 306, 338-339, 365-380, 383,
386, 406-409, 416-417, 500,
600
《연금술총서 2권 Artis Auriferae
Volumina Duo》 370
연상실험 222, 230-231, 277, 291,
374
영매 206-207
〈영적 현상으로서의 파라셀수스
Paracelsus als geistige
Erscheinung〉 378
《오디세이 Odyssey》 189
《오르비스 픽투스 Orbis pictus》 42
오리게네스(Oregenes) 585
외리, 알버트(Albert Oeri) 187-190
외상(Trauma) 30, 276
요기(Yogi) 570
〈요엘〉 564
〈요한복음〉 168, 497
〈욥기〉 84-85, 389, 394, 619
《욥에의 회답 Antwort auf Hiob》
388-389, 642
원형(原型) 270-271, 300, 319, 326,
373, 381, 397, 464, 517-520,
536, 542, 547, 608-617
유령 347-349, 384-385, 411-412
《유령을 보는 자의 꿈 Träume eines
Geistersehers》 194
유물론 141, 181-182
융합 386, 525, 556
《융합의 신비 Mysterium
Coniunctionis》 311, 383,
396, 523

《의식의 뿌리에 관하여 *Von den Wurzeln des Bewußtseins*》 396

인도(印度) 42, 325, 336-337, 394, 403, 487-503, 514, 559, 581

ㅈ

자기(Selbst) 9, 11, 356-357, 360, 376, 396, 436-438, 495-496, 555, 569-572, 594

《자기관조(自己觀照, *Selbstschau*)》 102

자기실현(Selfstverwirklichung) 9

자네, 피에르 (Pierre Janet) 226, 275

자아(Ich, Ego) 356, 403-404, 516, 544, 569-572, 606-607, 617

《자아와 무의식의 관계 *Die Beziehungen zwischen dem Ich und dem Unbewußten*》 374, 377

자아팽창 270, 607-608

잠재성 정신병 256-258

장미십자회 416, 600

적도아프리카 453-486

전이(轉移) 259, 262, 339, 383-384, 386, 396

《전이의 심리학 *Die Psychologie der Übertragung*》 311, 383

《정신병의 내용 *Der Inhalt der Psychose*》 374

《정신의 에너지에 대하여 *Über die Energetik der Seele*》 377

정신병 사례 222-246, 252-258, 261-264, 267-268

제1의 인격 89-92, 128-132, 154, 158, 167-173

제2의 인격 86, 89-91, 128-131, 143-144, 167-175, 199, 277, 405, 424

제1차 세계대전 324, 354, 464, 484

제2차 세계대전 536

조발성치매(정신분열증) 213, 222, 236, 238, 240, 242

《조발성치매의 심리학에 관하여 *Über die Psychologie der Dementia praecox*》 278, 374

조아키노 다 피오레 (Gioacchino da Fiore) 584

종교의식 36, 322, 446-449, 474-475

《죽은 자를 향한 일곱 가지 설법 *Septem Sermones ad Mortuos*》 347, 349-350, 355, 545

《지혜의 장미원 *Rosarium Philosphorum*》 372

《진단적 연상실험 *Diagnostischen Assoziationsstudien*》 374

질베러, 헤르베르트 (Herbert Silberer) 370, 383

집단무의식 261, 295, 588-589

《집단무의식의 원형에 대하여 *Über die Archetypen des kollektiven Unbewußten*》 265

ㅊ

《차라투스트라는 이렇게 말했다 *Also sprach Zarathustra*》 199, 201, 346
초심리학 288-289
초핑기아(Zofingia) 183, 187, 191
최면 226-230
추룽가(Churinga) 51
츠쇼케, 하인리히 (Heinrich Zschokke) 102
치자트, 렌바르트 (Rennward Cysat) 412

ㅋ

카(Ka) 338
카루스, 카를 구스타프 (Carl Gustav Carus) 193, 312
카르마(Karma) 417, 419, 492, 560-561, 567
카비르(Kabir) 52, 407, 500
칸트(Immanuel Kant) 133, 138, 142-143, 197
《캉디드*Candide*》 192
케르너, 유스티누스 (Justinus Kerner) 194

콤플렉스(Complex) 231, 261-262, 293, 470, 568
쿠자누스(Cusanus) 593
퀴스나흐트(Küsnacht) 52, 346
크라프트 에빙(Kraft-Ebing) 209-210
크로이처, 프리드리히 (Friedrich Creuzer) 301
크루그(Krug) 119, 299
클라크대학 231, 291

ㅌ

탑 401-414, 423
태양 숭배 446-450
텔레스포로스(Telesphoros) 51, 407
투사(投射) 303, 507, 525, 534, 569-570

ㅍ

파라셀수스(Philippus Aureolus Paracelsus) 378, 417
《파라셀시카*Paracelsica*》 378
파르치발(Parzival) 387, 408-409
파사방(Passavant) 194
《파우스트*Faust*》 116-118, 168-169, 199, 201, 345, 373, 418-420, 548
페렌치, 산도르 (Sándor Ferenczi) 291
페르소나(Persona) 437

폼페이(Pompeii) 509–510

푸에블로 인디언 442–452

프로이트, 지그문트 (Sigmund Freud)
182, 222, 226, 231, 242–243,
275–312, 319, 361, 366–367,
375, 377, 383

플라톤(Platon) 132, 565

플루르노이, 테오도르 (Théodore
Flournoy) 226, 302

플뤼엘리(Flüeli) 151–152

피셔, 안드레아스 (Andreas Vischer)
188

피우스 12세(Pius XII) 584

피타고라스(Pythagoras) 132

필레몬(Philemon) 169, 335–338,
347, 405

필리아치오(Filiatio) 586–587

《현대의 신화 Ein moderner
Mythus》 322

《현재와 미래 Gegenwart und
Zukunft》 322

《화학의 극장 Theatrum Chemicum》
416, 488

《황금꽃의 비밀 Das Geheimnis der
Gordenen Blüte》 358, 376,
588

횔덜린(Hölderlin) 325, 439, 626

ㅎ

하느님 74–85, 89–93, 95–96,
107–122, 171, 179–180, 394,
389, 394

하르트만, 에두아르트 폰 (Eduard
von Hartmann) 197, 312

헤겔(Georg Wilhelm Friedrich
Hegel) 133

헤라클레이토스(Heracleitos) 132,
606

헤르메스 트리스메기스토스 (Hermes
Trismegistos) 318